RO DBT
온전히 개방적인 변증법적 행동치료
과잉통제 질환 치료의 이론과 실제

RADICALLY OPEN DIALECTICAL BEHAVIOR THERAPY:
Theory and Practice for Treating Disorders of Overcontrol

Copyright © 2018 by Thomas R. Lynch
All Right Reserved.
Korean translation rights arranged with New Harbinger Publications, Inc., U.S.A
through Danny Hong Agency, Seoul
Korean translation copyright © 2024 by Happy Han-ga

이 책의 한국어판 저작권은 대니홍 에이전시를 통한 저작권사와의 독점 계약으로 해피한가에 있습니다.
신저작권법에 의해 한국 내에서 보호를 받는 저작물이므로 무단전재와 복제를 금합니다.

RO DBT

온전히 개방적인 변증법적 행동치료
과잉통제 질환 치료의 이론과 실제

토머스 R. 린치 지음, 나경세 옮김

해피한가

안내사항

이 책은 관련 주제에 대한 정확하고 권위 있는 정보를 제공하기 위한 것입니다. 본 출판사는 이 책의 내용과 관련하여 어떠한 심리적, 재정적, 법률적 및 기타 전문적 서비스도 제공하지 않습니다. 전문적 지원이나 상담이 필요하신 경우에는 해당 분야 전문가를 찾아가시기 바랍니다.

이 책에 쏟아진 찬사들

RO DBT는 뇌과학을 임상에 적용한 것으로, DBT, 마음챙김 기반 접근, 감정·성격·발달이론, 진화이론, 말라마티 수피즘의 다양한 측면을 통합하여 개발한 진정 혁신적인 치료법이다. RO DBT는 지나친 억제, 즉 과잉통제를 특징으로 하는 다양한 질환에 적용할 수 있다. RO DBT는 내담자뿐만 아니라 치료자에서도 사회적 신호와 비언어적 의사소통을 직접 개입의 대상으로 삼는 최초의 치료법이다… 이 책은 RO DBT의 이론과 실천에 관한 것으로, 기술 수업 내용을 설명하는 『기술훈련 매뉴얼』과 더불어 과학과 임상에 기반한 범진단적 치료를 실행하고자 하는 임상의에게 훌륭한 지침서가 될 것이다.

- **미마 시믹**Mima Simic, **MD. MRCPsych.** 아동청소년 섭식장애 서비스 공동 책임자 및 영국 런던 머슬리병원 아동청소년 정신과 자문 의사

RO DBT는 오늘날 근거 기반 임상 개입 분야에서 가장 창의적인 인물 중 한 명이 내놓은 새롭고 포괄적인 설명서다. RO DBT는 몇 안 되는 범진단적 과정에 초점을 맞춘 현대적 기법들과, 이러한 과정을 긍정적인 방향으로 이끌기 위한 새로운 평가 및 개입 기법을 결합한다. RO DBT는 유연성, 개방성, 유대감, 사회적 신호에 중점을 두며, 상담실 가구 배치부터 비언어적 단서가 사회적 정보를 전달하는 방법에 이르기까지 중요한 디테일을 세세하게 알려준다. RO DBT는 여러 임상 분야에 걸친 근거 기반 치료에 도움이 될 것이다. 적극 추천한다.

- **스티븐 C. 헤이즈**Steven C. Hayes, **PhD.** 수용전념치료(ACT) 공동개발자, 미국 리노 네바다 대학교 심리학과 석좌교수, 『마음에서 벗어나 삶으로 들어가라』의 저자

RO DBT는 내재화 및 외현화 질환에 대한 전통적 관점을 흥미롭게 재개념화하고, 전통적인 CBT에 반응하지 않는 다양한 문제를 해결할 수 있는 귀중한 새 도구를 제공한다. 나는 대학원 수업에 RO DBT 이론과 기법을 반드시 포함시킬 것이다. 특히 초보 임상가

가 라뽀를 빨리 형성하기 어려운 내담자에게 체계적으로 접근할 수 있는 방법을 알게 된다면 매우 유용할 것이다. 임상가는 흔히 내담자가 치료를 조기에 중단하거나 전통적인 기법에 반응하지 않을 때 당황하고 자신의 역량에 비관하게 된다. RO DBT는 임상가가 치료 반응을 잘 보이지 않는 이러한 내담자들을 자비로운 시각으로 바라볼 수 있는 방법을 제공할 뿐만 아니라, 이들에게 도움이 될 수 있는 여러 영역에서 개선을 이룰 수 있도록 도와준다. 임상가라면 모두가 기쁜 마음으로 도구상자에 RO DBT를 추가할 것이다.

- **린다 W. 크레이그헤드**Linda W. Craighead, PhD. 미국 에모리대학교 심리학 교수 겸 임상 교육 책임자, 『식욕 알아차리기 워크북』의 저자

역자 서문

이 책은 매사에 진지하고 심각한, 일명 '과잉통제형overcontrolled 인간'을 위해 쓰였습니다. 저자인 토머스 R. 린치Thomas R. Lynch 박사는 기존의 변증법적 행동치료Dialectical Behavior Therapy, DBT(본문에서는 '표준standard DBT'라고 지칭)가 경계성 성격장애와 같은 과소통제undercontrolled 질환에서는 상당히 효과적이지만, 강박장애나 신경성 식욕부진 같은 과잉통제 질환에서는 효과적이지 못함을 파악했습니다. DBT는 훌륭한 인지행동치료 기법이지만, 유명한 격언대로 모두에게 맞는 크기의 옷은 없나 봅니다.

쉽게 충동을 조절하지 못하고 고통을 감내하는 것을 어려워하는 과소통제 내담자와 달리, 과잉통제 내담자는 지나치게 감정을 억제하며 사회적 규범과 규칙을 너무나 철저하고 완벽하게 지키려고 합니다. 사회에서는 흔히 이러한 사람들을 선량하거나 바람직한 사람으로 여기며 칭찬과 찬사를 아끼지 않습니다. 하지만 이들은 정말 그렇게 좋기만 할까요?

과잉통제형 인간은 내면의 감정을 겉으로 솔직하게 드러내지 못하고 사람들과 진정성 있는 친밀감을 형성하지 못함으로써, 결과적으로 고립감과 외로움에 빠지기 쉽습니다. 또한 남들이 자신의 약점을 알까 봐 전전긍긍하며 편히 어울리기 어려워합니다. 매사에 엄격한 규칙과 기준을 적용하기 때문에 자신이나 다른 사람이 사소한 실수나 잘못을 할 때 쉽게 용서하지 못하고 냉정하거나 가혹한 모습을 보이기도 합니다.

저자는 과잉통제의 발달 과정과 그 양상을 추적해 가면서, 온전히 개방적인 변증법적 행동치료Radically Open Dialectical Behavior Therapy, 일명 RO DBT를 그 해결책으로 제시합니다. 그 바탕에는 다미주이론polyvagal theory과 진화심리학evolutionary psychology 등의 성과들이 자리잡고 있습니다. 지금까지의 많은 인지행동치료 기법들이 개인의 '내면'에 초점을 맞췄다면, RO DBT는 과감하게 내면보다는 외면에 초점을 맞춥니다. 린치 박사는 과잉통제형 인간이 가장 변화시켜야 할 것이 있다면 그것은 바로 본인이 겉으로 드러내고 남들에게 보이는 표정, 말투, 제스처라고 말합니다. 내면의 다짐이나 마음가짐도 중요하지만, 자신과 타인에게 유대감, 친화, 친절을 드러내는 것이야말로 부족tribe에 속하는 지름길이라고 말입니다.

이 책에는 저자가 지난 수십년 간 시행착오를 반복하며 쌓아 온 노하우가 집약되어 있습니다. 역자가 이 책을 번역하는 데에는 실로 많은 노력과 시간이 소요되었는데요, 저자가 주장하는 내용이 외래와 입원 상황에서 환자를 치료하는 데 도움이 됨을 확인하면서 우리나라에 꼭 필요한 책이라는 확신을 가질 수 있었습니다. 책임감, 의무감, 죄책감, 시기심 등 온갖 유형의 마음의 규칙과 굴레에 갇혀 무거울 대로 무거워진 사람들에게, 저자가 내내 강조하는 유치함silliness은 그 어떤 진지함gravity보다도 효과적이었습니다. 물론 유치함 또한 어디까지나 진지함과의 변증법적 균형 안에서만 효과적이겠지만, 유치함을 상대적으로 더 많이 활용하고 더 의식하게 된다는 것은 그만큼 평상시의 무게 중심이 진지함 쪽으로 많이 기울어져 있음을 의미하지 않을까 싶습니다.

니체는 『차라투스트라는 이렇게 말했다』에서, 자신의 운명과 삶을 있는 그대로 긍정하는, 일명 넘어가는 자Übermensch가 되기 위해서는 낙타와 사자에 이어 어린아이로 변신하는 과정을 거친다고 말합니다. 니체가 말하는 어린아이와 같은 상태는 기존 가치에 얽매이지 않는 긍정성과 창조성을 지닌 존재인데요, 이를 구체적인 현실에서 구현하는 첫 단초로 유치함 만한 것도 없어 보입니다.

책의 번역과 관련하여 독자 여러분께 양해를 부탁드릴 것이 있습니다. 이 책은 『RO DBT 기술훈련 매뉴얼The Skills Training Manual for Radically Open Dialectical Behavior Therapy: A Clinician's Guide for Treating Disorders of Overcontrol』과 동시에 발매되었습니다. 저자인 토머스 린치 박사가 수십년 동안의 임상 적용과 연구를 통해 RO DBT를 다듬어 왔기에 가능한 일이었으리라 생각됩니다. 그러다 보니 본문 곳곳에 『기술훈련 매뉴얼』을 참조하라는 내용들이 많습니다. 하지만 안타깝게도 번역 작업은 한 번에 한 권씩만 할 수 있기에, 이 책이 발간되는 2024년 1월에는 『기술훈련 매뉴얼』이 우리말로 번역되어 있지 않습니다. 역자는 처음 RO DBT에 대한 이 두 권의 책을 접한 뒤 무엇을 먼저 번역해야 할지 잠시 고민했었습니다. 그리고 이 책을 먼저 번역하기로 결론을 내렸습니다. 매뉴얼은 실용적이지만 그 기저에 있는 이론적 배경과 문제의식 없이 기술들만 취하는 것이야말로 경계해야 할 것이라는 생각이 들었기 때문입니다. 비록 이 책이 먼저 우리말로 나왔지만 시간이 지나더라도 짝인 『기술훈련 매뉴얼』을 꼭 번역하겠다는 다짐을 해봅니다.

고맙고 다행스럽게도 이 책에는 무려 200쪽이 넘는 분량의 온라인 자료가 무료로 제공되고 있습니다(https://www.newharbinger.com/9781626259287/radically-open-dialectical-behavior-therapy/#nh-book-accessories). 이 자료는 『기술훈련 매뉴얼』의 주요 내용들을 담고 있어서 유용하게 활용할 수 있으리라 생각됩니다. 역자는 이 자료 또한 한글로 번역하며 틈틈이 임상 현장에서 유용하게 활용하고 있습니다. 비록 이 책을 출간하는 시점에서 아직 완성된 상태는 아니지만, 작업 중인 과정의 자료를 독자들과 함께 공유하는 것도 경직된 과잉통제적 완벽주의에서 벗어나 부족 독자 여러분과 함께 하는 방법이라는 생각에 링크를 공유합니다(https://blog.naver.com/happy_han-ga/223209787528).

번역어는 임상 현장 및 학계에서 널리 통용되는 용어들을 중심으로 선택하였습니다. 문맥에 따라 emotion은 감정 혹은 정서로, practice는 연습 또는 실천으로 번역하였습니다. 아무쪼록 이 책이 과잉통제 내담자들 및 임상 전문가분들께 조금이나마 도움이 되면 좋겠습니다.

끝으로, 온전한 개방성을 비롯한 핵심 번역어 선택에 값진 조언을 해주신 조서은 교수님께 깊은 감사의 말씀을 드립니다.

감사합니다.

차례

역자 서문 ···7
감사의 말 ···19
핵심 용어 ···23
서론 ···25
    RO DBT의 핵심 원리 ···25
    책 내용 개관 ···27
    RO DBT에서 유치함은 웃음 그 이상이다 ···28

1장   온전한 개방성과 과잉통제 질환 ···31

자기통제: 좋은 것도 지나칠 수 있는가? ···31
  과잉통제의 정의 ···32
  과잉통제는 성격 기능부전과 관련된다 ···33
  만성 질환에서는 성격이 중요하다 ···34
RO DBT의 기본 가정 ···35
  심리적 웰빙에 대한 정의의 중요성 ···35
  커뮤니티의 전제 조건으로서 자기통제 ···36
  자기통제의 숨은 비용 ···38
  좋은 습관이 안 좋을 때 ···40
  신경조절이론을 사용하여 생기질을 치료 대상으로 삼기 ···41
  변화의 새로운 기전: 중요한 것은 사회적 신호다 ···42
치료법 개발과 효과성 연구 ···44
  치료저항성 우울증 및 부적응적 과잉통제를 대상으로 하는 RCT ···45
    첫 번째 RCT ···46
    두 번째 RCT ···48
    세 번째 RCT ···49
  신경성 식욕부진증에 대한 RO DBT ···51
  치료저항성 과잉통제 질환을 다루기 위한 RO 기술훈련 ···53
  법의학 집단에서 RO DBT의 적용 ···54
  치료저항성 불안에서 RO DBT 적용 ···55
  자폐스펙트럼장애에서 RO DBT 적용 ···56

2장 과잉통제 질환에 대한 신경생물사회이론 ···57

사회정서 기능의 새로운 신경조절모형 ···57
- 자율신경계: SNS ···58
- 자율신경계: PNS ···58
- 인간의 반응 ···59
  - **사회적 안전 단서** ···61
  - **생소함 단서** ···62
  - **보상 단서** ···64
  - **위협 단서** ···65
  - **압도적 위협 혹은 보상 단서** ···65
- 기본 가정 요약 ···68

과잉통제 질환에 대한 생물사회이론 ···71
- '본성' 요소 ···72
  - **높은 억제성 통제** ···73
  - **디테일 중심 처리 과정** ···75
  - **높은 위협 민감성** ···76
  - **낮은 보상 민감성** ···76
  - **기대 보상** ···77
  - **소비 보상** ···78
  - **보상 학습** ···79
- '양육' 요소 ···80
- '대처' 요소 ···85
  - **내면의 감정을 감추는 것은 사회적 유대감에 부정적 영향을 끼친다** ···86
  - **낮은 개방성과 경직된 대처는 새로운 학습에 부정적 영향을 끼친다** ···90

사회적 신호: 변화의 새로운 기전 ···92

3장 평가 전략 ···95

과잉통제 평가: 개념적 프레임워크 ···95
흔한 실수와 잘못된 가정 ···97
- 개인적 행동과 공개적 행동을 구분하지 못함 ···97
- 보이는 모습이 전부라고 가정함 ···98
- 자해를 항상 충동적인 것으로 가정함 ···101
- 오직 감정만이 중요한 것이라고 가정함 ···102
- 겉모습만 보고 판단하거나 위험의 경중을 헤아리지 않음 ···102

과잉통제 진단 프로토콜: 단계별 과잉통제 진단 과정 ···103
- 1단계 ···104
  - **대처 스타일 평가하기: 단어 짝 체크리스트** ···104
  - **구조에 대한 개인적 욕구 척도** ···106
  - **수용과 행동 질문지 제 2판** ···106

       2단계 ···107
       3단계 ···108
           임상가 평정 과잉통제 특성 평가 척도(서식 3.1, 서식 3.2) ···109
           과잉통제 전반적 원형 평가 척도(서식 3.3, 서식 3.4) ···109
   향후 방향 ···110

4장 치료의 가정, 구조, 목표 ···113

   RO DBT의 핵심 가정 ···114
   치료 구조 및 대상 개요 ···116
       오리엔테이션과 약속 ···117
       개인치료에서 치료 대상의 위계화 ···118
           동맹파열 복원 ···119
           과잉통제 행동 테마와 관련한 내담자의 사회적 신호 결핍 다루기 ···120
       치료 위계를 활용하여 개인치료 회기를 구조화하기 ···122

5장 내담자의 참여를 극대화하기 ···125

   물리적 환경을 통한 내담자의 참여 증진 ···126
   오리엔테이션 및 약속을 통한 내담자의 참여 증진 ···129
       1-2회기 ···130
           1-2회기의 전반적 목표 ···133
           과잉통제를 치료 대상으로 삼는 것에 대해 내담자의 약속받기 ···134
           자살 행동 및 자해 다루기 ···139
           과잉통제 내담자에서 생명을 위협하는 행동을 평가하기 ···144
           RO DBT 위기 관리 프로토콜 ···146
               RO DBT 위기 관리 프로토콜 ···146
           과거의 외상, 성적인 문제, 원한에 대해 기꺼이 논의할 의향이 있다는 신호를 전달하기 ···150
           RO 기술훈련 수업에 참석하겠다는 내담자의 약속 이끌어 내기 ···153
       3회기와 4회기 ···154
           3-4회기의 전반적 목표와 주제 ···154
           사회적 유대감과 관련된 가치와 목표 파악하기 ···154
           과잉통제의 생물사회이론 가르치기 ···159
           사회적 신호와 사회적 유대감을 연결하기 ···162
               "되게 멋진 불륜이죠" ···166
               "정말 흥미로운 소식이 있습니다" ···167
           RO DBT 다이어리 카드 소개하기 ···170
   과잉통제에서 특징적으로 나타나는 약속 문제 ···171
   순서화를 통해 참여 향상하기 ···174

6장 사회적 신호의 중요성: 미세모방, 거울뉴런, 사회적 유대감 ···179

- 사회적 유대, 모방, 거울뉴런 ···180
- 모두에게 맞는 옷은 없다 ···183
- 눈 맞춤 ···184
- '헤드라이트 앞의 사슴' 반응 ···186
- 압박 줄이기 전략 ···188
- '가열하기' 전략 ···190
- 협력적 사회적 신호를 치료적으로 활용하기 ···191
  - 진실된 미소 ···192
  - 예의 바른 혹은 사회적 미소 ···193
  - 입을 다문 협력적 미소 ···194
- 부족 대사로서의 치료자 ···196
  - 눈썹 추켜올리기 ···198
  - 개방성과 편한 태도 전달하기 ···199
  - 유대감 제스처와 접촉 ···201
  - 놀림, 비우월성, 장난스러운 도발 ···203
  - 유화, 복종, 부끄러움 ···205
  - 치료적 한숨 ···206
- 부적응적 과잉통제 사회적 신호 다루기 ···207
  - 강도 미소 ···207
  - 모호하고, 낮은 강도의, 간접적인 사회적 신호 ···208
  - 운율과 목소리 톤 ···211
- 부족의 중요성 ···212

7장 온전한 개방성과 자기탐구: 개인 훈련, 치료적 모델링, 슈퍼비전, 팀 자문 ···215

- 개방성은 부족 접착제다 ···216
- 개방성, 협업, 순응 ···218
- 개방성, 부족, 학습 ···220
- 건강한 삶의 비결: 건강한 자기회의 함양 ···223
- 온전한 개방성이란 무엇인가? ···226
- 자기탐구 실천 및 자신을 드러내기 ···230
- RO DBT 팀 자문과 슈퍼비전 ···233

과잉통제 문제를 다루는 치료자는 도움이 필요하다 ···233
내담자와 치료자의 성격 스타일 간의 상호작용 ···237
슈퍼비전과 치료 결과를 향상하기 위해 자문팀 활용하기 ···239
RO 자기탐구 일지 ···242
자문팀을 통한 자기탐구 및 자신을 드러내는 연습 ···245
자문팀을 통한 자기탐구 및 자신을 드러내는 연습 프로토콜 ···246
RO DBT 자문팀 회의 구성 ···247
의제 설정과 팀 리더의 책임 ···248
서기의 역할 ···249
팀 기능 모니터링 ···249

8장 치료동맹, 동맹파열, 복원 ···251

RO DBT의 치료적 입장 ···251
치료동맹 ···253
동맹파열과 복원 ···256
동맹파열 인지하기 ···256
동맹파열 복원하기 ···262
조기 중도 탈락 방지 ···266

9장 치료 대상 선정과 개입: 사회적 신호를 최우선적으로 고려하기 ···273

무엇보다 가장 중요한 것은 친절 ···274
온전히 개방적인 삶: 공유할 가치가 있는 삶을 만들기 ···276
RO DBT 치료 목표 위계화로 회기를 구조화하기 ···278
탱고는 두 명이 춘다: 사회적 신호의 정의 ···279
무엇을 치료 대상으로 삼을 것인가: 성공적 치료의 열쇠 ···280
우리는 세상을 있는 그대로 보지 않고, 우리가 보는 대로 본다 ···283
치료 대상 선정: 궁금할 때가 가장 효과적이다 ···284
회기 중에 나타나는 사회적 신호를 치료 대상으로 삼기: 기본 원칙 ···286
회기 중에 나타나는 사회적 신호 문제를 치료 대상으로 삼기: 단계별 프로토콜 ···287
말하기보다는 보여 주기 ···290
달래거나 걱정하지 않기 ···291
짧게 하기 ···291
과잉통제 사회적 신호 테마를 치료 대상 선정에 활용하기: 기본 원칙 ···292
치료 대상 선정: 흔한 함정들 ···294
정보 과부하 ···294

대상을 식별하기 위한 노력 ···294
　　　더 많은 통찰의 필요성 ···295
　　　말하기보다는 보여 주기 ···295
　　　빠른 해결에 대한 욕망 ···296
　　과잉통제 사회적 신호 테마를 활용해 정식으로 단계별 치료 대상 선정하기 ···297
　　　1단계: 회기 테마 소개하기 ···297
　　　2단계: 특정한 과잉통제 테마와 관련하여 떠오르는 단어를 물어보기 ···297
　　　3단계: 과잉통제 주제를 가치 목표와 연결하기 ···297
　　　4단계: 내담자의 과잉통제 테마 행동을 어떻게 인지할 수 있을지 물어보기 ···297
　　　5단계: 사회적 신호를 설명하는 행동 라벨에 합의하기 ···298
　　　6단계: 사회적 신호 대상과 관련한 생각과 감정 식별하기 ···299
　　　7단계: 새로운 대상을 모니터링하고 결핍을 고치려는 충동을 차단하기 ···299
　　　8단계: 테마와 대상을 서열화하기 ···300
　　과잉통제 테마를 활용한 치료 대상 선정: 임상 사례 ···300

다이어리 카드로 치료 대상 모니터링하기 ···304
　　다이어리 카드: 3가지를 명심할 것 ···305
　　　1. 다이어리 카드는 필수다 ···305
　　　2. 다이어리 카드를 완성하지 않는 것은 강력한 사회적 신호다 ···305
　　　3. 중요한 것은 사회적 신호다 ···308
　　RO DBT 다이어리 카드: 구성 요소 ···308
　　RO DBT 다이어리 카드 서식의 간략한 개요 ···312
　　회기 중 RO DBT 다이어리 카드 검토 프로토콜 ···313

가치 목표, 테마, 대상 ···315

대상 설정에서 개입까지: 치료 전략의 개요 ···317
　　과잉통제 테마를 다루는 RO DBT 치료 전략 ···318
　　　감정 표현 억제 ···318
　　　　하위테마 1의 치료 전략: 억제되거나 솔직하지 못한 표현 ···319
　　　　　자유로운 감정 표현의 이점을 가르치기 ···319
　　　　　사회적 상호작용에 앞서 생리적 각성을 변화시키기 ···319
　　　　　과잉학습된 억제 장벽 허물기 ···320
　　　　　수반성을 활용하여 "전 괜찮아요" 현상 조성하기 ···320
　　　　하위 테마 2: 2. 감정 경험 감소 및 감정 인식 저하에 대한 치료 전략 ···321
　　　　　행동 노출 활용하기 ···321
　　　　　무감각 및 신체 감각 모니터링 ···322
　　　　　외현적 행동을 활용하여 감정에 이름 붙이기 ···323
　　　　　내담자가 애도하는 법을 배우도록 돕기 ···323
　　　　　자기탐구 독려하기 ···324
　　　　　비판단적 인식을 함양하기 ···324
　　　　　감정에 대한 마음챙김을 개발하는 숙제 ···325
　　　지나치게 조심스럽고 과잉경계하는 행동 ···326
　　　　지나치게 조심스럽고 과잉경계하는 행동에 대한 치료 전략 ···326
　　　　　새로운 행동을 하기 전에 사회적 안전 시스템(PVS-VVC) 활성화하기 ···326
　　　　　유연한 마음은 변화한다(VARIEs) 가르치기 ···327

####### 경직된 규칙지배적 행동 ···327
####### 경직된 규칙지배적 행동의 치료 전략 ···328
######## 말하기보다는 물어보기 ···328
######## 내담자가 자연스러운 변화를 허용하고 강박적 해결을 늦추게 하기 ···329
######## 비생산성 기술을 장려하기 ···330
######## 장난스러운 도발을 사용하여 경직된 신념에 도전하고 강박적 규칙지배적 행동을 차단하기 ···330
######## 경직성이 관계에 끼치는 부정적 영향 강조하기 ···332
######## 구조와 통제에 대한 강박적 욕구에 대한 충동 서핑 ···333
######## 완벽주의적 성향을 사랑하는 법 배우기 ···333
####### 냉담하고 소원한 관계 ···334
####### 냉담하고 소원한 관계에 대한 치료 전략 ···334
######## 동맹파열 복원과 관계 증진기술을 연계하기 ···334
######## 의견 불일치 강화하기 ···335
######## 비판적 피드백에 대한 개방성을 늘림으로써 관계를 향상하기 ···335
######## 사회적 포용을 전달하기 위한 인정 기술 가르치기 ···336
######## 자기개방을 증진하기 위해 매치 +1 기술 가르치기 ···336
####### 시기나 원망을 유발하는 심한 사회적 비교 ···336
####### 시기와 원망에 대한 치료 전략 ···338
######## 시기와 원망에 대한 반대행동 기술 가르치기 ···338
######## 무엇보다 중요한 것은 친절임을 모델링하기 ···338
######## 자애명상 가르치기 ···339
######## 용서 훈련 가르치기 ···339
사회적 신호 하위유형을 사용하여 치료 대상 선정하기 ···340
####### 과잉비친화 하위유형 ···341
####### 과잉친화 하위유형 ···343

10장 변증법과 행동 전략 ···349

왜 변증법인가? ···349
확고부동한 중심성 vs 순순히 놓아 버림 ···352
장난스러운 도발 vs 자비로운 진지함 ···354
치료자는 장난스럽게 도발할 때와 자비로운 진지함을 발휘할 때를 어떻게 알 수 있을까? ···360
치료적 놀림이 안 먹히면 자비로운 진지함으로 전환한다 ···363
"제가 지금 이 말을 왜 했을까요?" ···364
1단계 ···365
2단계 ···366
3단계 ···367
변증법적 사고는 경직된 사고를 완화하는 데 도움이 된다 ···369
그 외 흔히 나타나는 과잉통제 변증법적 딜레마 ···371
'수수께끼의 곤경' ···373
'나는 남들과 달라' ···374
'아무도 나를 이해할 수 없어' ···378
'어떤 질문이든 대답할 수 있어' ···379

'나는 어떤 유형으로도 분류할 수 없어' ⋯380
행동 원리와 전략 ⋯384
기본 학습 원리 정의 ⋯385
강화 ⋯385
처벌 ⋯386
소거 ⋯387
소거 격발 ⋯387
조성 ⋯388
자연적 강화 vs 임의적 강화 ⋯388
고정적(지속적) 강화 vs. 간헐적(가변적) 강화 ⋯389
사회적 신호로 행동 분석하기 ⋯389
조작 행동과 반응 행동 구분하기 ⋯391
치료가 효과가 없는가? 행동의 관점에서 생각하라! ⋯392
행동 노출을 통한 사회적 유대감 강화 ⋯394
부족에 대한 간단한 노출로 보상 학습을 증진하기 ⋯395
비공식적 노출을 통한 두려운 자극에 대한 습관화 ⋯395
비공식적 노출로 애도 다루기 ⋯400
과잉통제 행동에 대한 체인분석 및 해결분석: 전반적 원칙 ⋯400
단계별 체인분석 수행하기 ⋯402
1단계: 문제에 대한 명료한 서술 ⋯402
2단계: 기여 요인 파악 ⋯402
3단계: 사건의 유발 요인 및 관련성 확인 ⋯402
4단계: 사건에 대한 자세한 설명 ⋯402
5단계: 결과 설명 ⋯405
6단계: 해결분석 실행 ⋯406
부적응적 사회적 신호를 치료 대상으로 삼기: 큰 그림 ⋯406
선천적 생물학적 사회적 신호 vs 문화적 사회적 신호 ⋯407
간접 사회적 신호와 위장된 요구 ⋯419
'반발' 반응 ⋯420
"나를 아프게 하지 말아요" 반응 ⋯426

11장 마지막 말, 실전 질문, 치료 순응도 ⋯435

자주 묻는 질문 ⋯435
내가 RO DBT를 준수하고 있는지 어떻게 알 수 있는가? ⋯435
내가 과잉통제 내담자와 강력한 작업동맹을 맺고 있는지 어떻게 알 수 있는가? ⋯436
내가 정말 온전한 개방성을 실천해야 하나? 진짜? ⋯437
내가 자기탐구를 연습하면서 올바른 질문을 하는지 어떻게 알 수 있는가? ⋯437
마지막 말 ⋯438

부록 1 대처 스타일 평가하기: 단어 짝 체크리스트 ⋯441

부록 2 임상가 평정 과잉통제 특성 평가 척도 ⋯444

부록 3 과잉통제 전반적 원형 평가 척도 ⋯447

부록 4 RO DBT 반구조화 자살경향성 면담 ⋯465

부록 5 간접 사회적 신호를 대상으로 삼기: 회기 중 프로토콜 ⋯469

부록 6 효과적인 RO DBT 체인분석을 위한 단계 설정: 회기 중 프로토콜 ⋯481

부록 7 RO DBT 체인분석 및 해결분석 활용: 원칙과 회기 중 프로토콜 ⋯485

부록 8 RO DBT 준수: 자기평가 체크리스트 ⋯500

미주 ⋯522
참고문헌 ⋯529
찾아보기 ⋯551

감사의 말

부족tribe이 없었다면 이 책은 세상에 나오지 못했을 것이다. 나는 먼저 기꺼이 개인적 어려움과 통찰을 제공해 준 환자들에게 감사를 표하고 싶다. 그들은 나의 스승이자 이 모든 작업의 원동력이었다.

하지만 누구보다도 무한한 지지, 에너지, 지적 공헌을 해준 내 아내이자 절친한 친구이면서 동료인 에리카 스미스-린치에게 가장 큰 감사를 표한다. 인간 본성에 대한 그녀의 통찰과 기존 패러다임에 대한 의문(나는 이 대부분을 중요하게 고려했다)이 아니었다면, 이 책의 많은 부분이 존재하지 못했을 것이다. 에리카는 치료의 핵심 철학적 가정을 개발하고 정교화하는 데 도움을 주었고, 새로운 RO 기술과 치료자 훈련 기법을 개발하는 데 단연 큰 역할을 했다. 에리카는 RO DBT의 든든한 버팀목이었다.

나는 또한 지난 10년 동안 내 연구실의 선임 과학자이자 부책임자로 있는 로엘리 헴펠에도 큰 빚을 졌다. 정신생리학에 대한 그녀의 기초과학 지식과 분석적 두뇌, 예리한 호기심은 변화의 기전을 연구하는 데 필수불가결한 요소였다. 그녀는 MRC기금으로 수행한 다기관 무작위대조연구randomized controlled trial, RCT의 임상시험 담당자였고, (아침 식사 직전에 진행되는) 대부분의 생물행동학과 실험 연구를 주도했다. 로엘리는 에리카의 든든한 버팀목이었다.

또한 리 애나 클라크가 치료의 근간이 되는 신경조절모형을 정교화하고 강화하기 위해 쏟은 시간과 신중한 도전이 없었다면 결코 이 작업을 완수하지 못했을 것이다. 그녀는 최적의 자기조절, 생기질bio-temperament의 중요성, 다차원적 구조로서 과소통제undercontrol와 과잉통제overcontrol의 유용성에 대한 통찰을 보여 주었다. 마지막으로, 내가 듀크대학교에서 치료법을 개발하던 초기에 개방성, 유연성, 용서에 대한 새로운 기술을 개발하는 데 큰 도움을 준 것을 비롯해 폭넓은 지적·실용적 기여를 해준 제니퍼 S. 치븐스에게 감사의 말을 전한다.

내가 훌륭한 임상 학술연구자들을 멘토로 둔 것은 매우 큰 행운이었다. 그중 다섯 명은 RO DBT의 개발에 지대한 공헌을 했다. 첫 번째로, 나는 급진적radical 행동주의에 대한 대부분을 켄트주립대학교의 박사과정 지도교수였던 앨런 프루제티로부터 배웠다. 나는 앨런에게 마샤 리네한을 소개받아 표준standard DBT를 배웠다. 나는 리네한과 함께 연구할 수 있었던 것에 대해 감사했다. 그 연구는 NIDA로부터 기금을 지원받은 표준 DBT 최초의 다기관 RCT였다(공동 연구책임자: 워싱턴대학교의 리네한과 듀크대학교의 린치). 나는 이 연구를 진행하는 동안 다른 기관으로부터 기금을 지원받는 연구를 동시에 수행하고 있었다. 그중 NIMH K23 경력개발기금은 두 명의 저명한 정신의학 연구자들인 랑가 크리슈난과 칩 레이놀즈를 만나 배울 수 있는 기회가 됐다. 랑가는 듀크대학교 의학센터의 정신과 과장이자 세계적인 우울증 연구자였다. 내가 듀크대학교에서 안식년을 보내는 동안 랑가가 보내 준 격려, 조언, 지원은 이루 말할 수 없을 정도였다. 그는 내가 NIMH 기금을 지원받는 콘테뇌과학센터 같은 곳에서 굵직한 연구에 공동연구자로 함께 참여할 수 있게 해주었다. 나는 그곳에서 케빈 라바와 그렉 맥카시를 만났고, 그들과 함께 뇌과학와 행동과학을 결합한 우울증 치료 모형을 개발하기 시작했다. 내가 NIMH K23 기금을 통해 또 다른 중요한 멘토인 찰스(일명 칩) F. 레이놀즈를 만난 것도 이 시기였다. 그는 피츠버그대학교 웨스턴정신의학연구소에서 근무하고 있었으며, 임상시험과 우울증 연구 분야의 세계적 석학이었다. 칩은 내게서 뭔가 쓸 만한 것을 알아본 것 같았다. 그는 내 연구기금 신청서와 논문을 다듬는 데 귀중한 시간을 많이 할애했다. 그는 NIMH 프로그램 담당자와 함께 듀크대학교에 있는 내 클리닉과 연구실도 방문했다. 나는 랑가와 칩이 연구팀을 관리하고 협업하는 방식을 존경했다. 그들은 늘 겸손하고 다른 관점에 대해 열린 자세로 임했다.

오랫동안 RO DBT에 대해 작게나마 강력한 방식으로 영향을 끼친 주요 인물들에게도 감사를 전한다. 먼저 소피 러쉬브룩은 내가 기술 매뉴얼의 최종 버전을 완성하고 훈련과 슈퍼비전 기법을 개선하는 데 큰 역할을 했다. R. 트렌트 코드 3세와 제이슨 루오마는 리더십을 발휘하여 우리가 매뉴얼을 훨씬 더 잘 다듬고 전파할 수 있게 해주었다. 감사하게도 재키 퍼슨스는 이 책의 초고를 통찰력 있게 읽고, 내가 RO DBT를 다른 기법들과 비교하지 않고 '내 본연의 목소리'로 설명하도록 격려해 주었다. 또한 크리스틴 던클리가 다기관 RCT 초반에 제시해 준 임상 관찰과 통찰은 다양한 핵심 개념과 치료 목표를 구체화하는 데 매우 큰 도움이 됐다. 클라이브 로빈스는 RO DBT의 개발 초기에 가장 큰 영향을 준 사람들 중 한 명이다. 클라이브는 내가 듀크대학교에서 임상 인턴십과 박사후과정을 하는 동안 주된 임상 슈퍼바이저이자 연구 멘토였다. 그는 내가 제시한 새로운 개념을 비판하고 반박함으로써 이를 더 완벽하게 다듬을 수 있게 해주었다. 이와 비슷하게 나는 마틴 보후스의 지지적이면서도 때로는 도전적인 피드백 덕분에 RO DBT와 표준 DBT의 차이를 더 잘 설명할 수 있게 됐다. 섭식장애에 대한 우리의 연구와 그에 따른 경험적 지원은 상당 부분 유니스 첸, 미마 시믹, 마티나 울프, 마리안 티틀리의 노력과 변치 않는 열정적 지원 덕분에 가능할 수 있었다. 법의학 환경에서 RO DBT를 적용하는 데 큰 역할을 해준 로라 해밀턴과 그녀의 팀에게도 특별한 감사를 드린다. RO 기술 단독 사용의 효과성을 검증하는 새로운 연구의 원동력이 된 리처드 부스와 그의 연구팀에게도 감사의 마음을 전한다. RO DBT의 자애명상loving kindness meditation 프로토콜을 개발하고 연구하는 데 중요한 역할을 한 프랭크 키프에게도 감사의 말을 전하고 싶다. 우리는 프랭크가 확보한 기금 덕분에 자애명상 프로토콜을 검증하는 RCT를 진행하고 그 결과를 RO DBT에 적용하는 경험적 근거를 마련할 수 있었다.

당연한 말이지만, 위에서 열거한 이름들은 그간 RO DBT 작업에 기여한 사람들의 극히 일부에 불과하다. 여기서 다른 많은 이들이 각양각색으로 RO DBT에 기여한 내용을 전부 열거하기에는 너무 길지만, 이들은 매우 큰 공헌을 했으며 그 모두에게 감사드린다는 말을 하고 싶다. 이들의 이름은 다음과 같다(부디 내가 한 명도 빠짐없이 열거했기를 바란다). 자크 로젠탈, 린다 크레이그헤드, 이안 러셀, 벤 월리, 알렉스 채프먼, 헤더 오마헨, 바네사 포드, 린다 조지, 수 클라크, 데이비드 킹던, 마이클라 스웨일즈, 존 베이어스, 짐 카슨, 레슬리 브로너, 데이비드 스테펜스, 칼 레쥬웨, 댄 블레이저, 스티브 홀론, 마크 윌리엄스, 사라 버포드, 케이트 챈추리아, 밥 레밍턴. 또한 나날이 확장되고 있는 우리 부족의 선임 임상 트레이너들, 수련 중인 트레이너들, 전세계 슈퍼바이저들로부터 받은 열정, 에너지, 피드백에 대해서도 매우 큰 감사를 표한다. 이들의 이름은 다음과 같다. 핍 토머스, 매기 스탠튼, 니콜 리틀, 알렉스 포크, 크리스티 콜웰, 렉시 기블린, 앤 그레샴, 크리스 크비데라, 미셸 마슬러, 네이트 톰식, 지미 포트너, 카린 홀, 크리스틴 프리칭거, 커스틴 매카티어, 카트리나 헌트, 에이미 갈리아.

그간 내가 지도했던 학생, 박사후 연구원, 레지던트, 인턴 여러분에 대해서도 감사의 마음을 전하고 싶다. 이들이 실용적·지적으로 제공해 준 기여, 지원, 새로운 아이디어는 다양한 방식으로 크게 도움이 됐다. 이들 중 많은 이들은 이제 선임급 역할을 하고 있다. 이들의 이름은 다음과 같다. 커스틴 길버트, 사라 베스 오스틴, 에밀리 밴더블릭, 가이 미존, 다비나 웡, 켈리 쿡로비츠, 모리아 스모스키, 새미 바나완, 로리 리첼, 스티븐 소프, 메간 반슬리, 디오니시스 세레티스, 프루 쿠퍼, 크리스틴 슈나이더, 앤 애슨스, 캐롤라인

코자, 다니엘 딜런, 크리스틴 비트 페리, 베스 크라우즈, 타마르 멘델슨, 젠 모스.

    RO DBT가 근거를 확립할 수 있는 기반을 마련해 준 외부 연구기금의 역할도 빼놓을 수 없다. NIMH, NARSAD, AFSP, MRC-EME(영국), 콘테뇌과학센터(듀크대학교), 노화센터(듀크대학교), 하트포드재단 등의 다양한 기관들이 오랫동안 지원해 주지 않았더라면, 이렇게 RO DBT를 활용한 근거 기반 매뉴얼을 발간하지 못했을 것이다. 특히 내 NIMH 연구 담당자였던 에니드 라이트는 내가 RO DBT를 개발하던 초기에 연구기금에 대한 갈피를 못 잡고 있을 때 매우 큰 도움을 주었다. 마지막으로, 전문적 출판 역량, 현실적 제언, 지혜를 바탕으로 내가 생각했던 것보다 훨씬 더 나은 책을 만들 수 있게 도와준 담당 뉴하빈저 출판사의 선임 편집자 재비어 캘러핸과 담당자들(특히 캐서린 메이어, 에린 히스, 맷 매케이)에게 감사드린다. 이들의 유연성, 경험, 믿음 덕분에 마침내 원고가 완성되어 세상으로 나올 수 있었다. 부디 이 책이 여러분에게 재미있고 유익할 수 있기 바란다.

핵심 용어

접근 대처approach coping: 고통의 원인에 직접 관여하거나 유발한 문제를 적극적으로 해결하려는 시도를 통해 고통을 감소하는 전략

생기질biotemperament: 감정의 지각과 조절에 영향을 미치는 유전적 및 생물학적 소인 ('특성'과 비교)

디테일 중심 처리detail-focused processing: 전체보다 부분에 훨씬 더 많은 주의를 기울이는 것을 특징으로 하는 감각 자극 통합 스타일("나무만 보고 숲은 보지 못한다")

등쪽 미주신경 복합체dorsal vagal complex, DVC: 생리적·감정적 차단, 부동화immobilization, 통증 완화에 관여하는, 진화적으로 더 오래된 미주신경 가지('배쪽 미주신경 복합체'와 비교)

한계점edge: 피하고 싶고, 창피하고, 남에게 인정하고 싶지 않은 행동·생각·감정·이미지·감각을 가리키는 RO DBT 용어('자신을 드러내기', '내 안의 미지의 영역'도 참조)

감정 유출emotional leakage: 일반적으로 편하다고 느끼는 것보다 더 높은 강도로 감정을 표현하게 되는 것

무표정flat face: 감정이 드러나지 않는 표정

자신을 드러내기outing oneself: 개인적 성장이 일어날 수 있는 지점을 찾기 위해 취약성, 불완전성, 또는 개인적 한계점을 남에게 드러내는 것('한계점', '내 안의 미지의 영역'도 참조)

내 안의 미지의 영역personal unknown: 학습이 일어날 수 있는 심리적 성장의 가장 먼 한계점

은연중에 전달하기smuggle: RO DBT 치료자가 전체 이야기를 전부 말하지 않고 새로운 아이디어의 씨앗이나 작은 부분을 심어 내담자에게 새로운 정보를 소개함으로써, 내담자가 즉시 받아들이거나 거부해야 한다는 강박감 없이 정보를 심사숙고할 수 있는 기회를 가지게 하는 기법

사회적 안전 시스템social safety system: 만족감, 편안함, 친화 욕구와 관련된 신경 기질 ('배쪽 미주신경 복합체'도 참조)

사회적 신호social signal: 형식, 의도, 또는 행위자의 인식과 무관하게 다른 사람이 있을 때 하는 모든 행위(외현적 행동overt behavior)

특성trait: 생물학 및 환경에 의해 조절되는 지속적 행동 패턴('생기질'과 비교)

가열하기/열 식히기turn the heat on/take the heat off: 내담자의 참여도를 높이거나, 학습 기회를 제공하거나, 치료 과정을 강화하기 위해 내담자를 향한 치료자의 관심(예: 눈 마주침)의 양을 늘리거나 줄이는 것

충동 서핑urge-surfing: 강박적 욕구나 행동 충동을 알아차리기만 하되 행동하지 않고, 마음챙김을 통해 그것들이 파도처럼 밀려오고, 최고조에 다다르고, 내려가는 듯이 관찰하는 것

가치 목표valued goal: 정서적 중요성을 지니고, 핵심 원칙에 부합하며, 행동의 지침이 되는 개인적 목표

배쪽 미주신경 복합체ventral vagal complex, VVC: 안전과 소속감, 탐색에 대한 충동과 관련된, 진화적으로 더 최근에 발달한 미주신경 가지('등쪽 미주신경 복합체'와 비교)

서론

이 책은 새로운 범진단적 치료법인 **온전히 개방적인 변증법적 행동치료**radically open dialectical behavior therapy, RO DBT를 다루고 있다. RO DBT는 과도한 억제성 통제, 이른바 과잉통제overcontrol를 특징으로 하는 질환을 대상으로 한다. RO DBT는 임상가가 난치성 우울증, 신경성 식욕부진증, 강박성 성격장애 같은 만성적인 문제를 지닌 내담자를 치료하는 데 유용하게 사용할 수 있다. 이 책만 따로 읽을 수도 있지만, 『온전히 개방적인 변증법적 행동치료의 기술훈련 매뉴얼: 임상가를 위한 과잉통제 질환 치료 지침The Skills Training Manual for Radically Open Dialectical Behavior Therapy: A Clinician's Guide for Treating Disorders of Overcontrol(이하 **기술훈련 매뉴얼**)』(T. R. Lynch, 2018), 수업, 사용자 친화적 유인물과 워크시트, 상세한 지침서를 함께 활용할 때 가장 효과를 볼 수 있다.

RO DBT의 핵심 개념인 **온전한 개방성**radical openness은 행동 방식이다. 하지만 정서적 웰빙이 개방성, 유연성, 사회적 유대감이라는 세 가지 특징이 합쳐진 마음 상태라는 중심 전제에서 비롯된 마음 상태이기도 하다. 마음 상태로서 온전히 개방적인 삶은, 늘 변화하는 환경으로부터 배우기 위해 **내 안의 미지의 영역**personal unknown을 능동적으로 개척하는 것이다. 온전한 개방은 겸손함과 세상으로부터 기꺼이 배우려는 자세를 모델링함으로써 관계를 향상한다. 이처럼 **온전한 개방성**은 종종 확고한 신념과 생각을 단념하게 하며, 바로 이로 인해 **온전한 개방성**을 실천하는 것이 고통스러울 수도 있다.

RO DBT의 핵심 원리

RO DBT는 20년에 걸친 임상 경험과 중개연구를 통해 개발된 지침 기반 치료법이다(Rounsaville, Carroll, & Onken, 2001). RO DBT는 새로운 치료법으로서 기존의 치료법들과 유사성과 차이점을 모두 지니고 있다.

이 새로운 치료법에 변증법적 행동치료dialectical and behavior therapy, DBT라는 용어를 그대로 사용하기로 결정한 것은, 그것이 RO DBT가 기반한 근본적인 두 뿌리임을 드러내기 위함이다. 하지만 DBT라는 용어가 들어갔다고 해서 마치 그것이 RO DBT의 전부처럼 여겨서는 안 될 것이다. RO DBT는 폭넓은 철학, 병인론, 치료 모형, 치료 기법들을 바탕으로 탄생했다. 그중에서도 특히 변증법적 철학, 변증법적 행동치료, 마음챙김 기반 기법, 인지행동치료, 게슈탈트Gestalt 치료, 동기강화면담motivational interviewing, 기초감정이론, 정서뇌과학, 성격 및 발달이론, 진화이론, 말라마티 수피즘Malâmati Sufism의 영향을 많이 받았다.

RO DBT의 핵심 원리는 다음과 같다.

- 인간의 본질은 부족이다. 인류는 생존을 위해 장기간 지속할 수 있는 사회적 유대감을 형성하고, 값진 자원을 공유하고, 부족 혹은 집단으로 함께 일하는 능력을 개발해야 했다.
- 심리적 웰빙은 개방성(수용성receptivity), 유연성, 사회적 유대감의 세 요인들이 합쳐져 이루어진다. **온전한 개방성**이라는 용어는 이 세 가지 역량이 합쳐진 것을 말하며, 그 자체로 RO DBT의 핵심 철학적 원리이자 핵심 기술이다.
- 중요한 것은 사회적 신호다. 과잉통제 내담자의 외로움의 근본 원인은 친사회적 신호 전달의 결핍이다.
- 질환들마다 핵심 유전형 및 표현형이 다르기 때문에 그에 맞는 다양한 치료 기법들이 필요하다.[1]
- 과잉통제는 생물, 환경, 개인적 대처 방식 간의 복합적인 상호작용을 아우르는 다차원적 패러다임이다.
- 과잉통제 질환을 지닌 사람은 생기질적 결핍deficits 및 과잉excesses으로 인해 행동 반응이 더 경직되게 되고, 그 결과 변화하는 환경 여건에 유연하게 적응하기 어려워진다.
- 의지를 끄려면turn off(즉, **하향조절하려면**downregulate) 의지가 필요하다!
- **온전한 개방성**은 우리가 사물을 있는 그대로가 아니라 우리가 보는 대로 본다고 가정한다.
- 건강한 삶의 비결 중 하나는 건강한 자기회의self-doubt를 함양하는 것이다.
- **온전한 개방성**과 **자기탐구**self-enquiry는 경험적인 것으로, 머리로만 알 수 있는 것

이 아니다. 치료자는 **온전한 개방성**을 내담자에게 모델링하기 위해 스스로 먼저 연습하고 실천해야 한다.

책 내용 개관

1장에서는 지나친 자기통제라는 것이 과연 존재할 수 있는지에 대해 질문하고, 부적응적 과잉통제란 무엇이며, 그것이 만성 및 치료저항성 정신병리와 어떤 관련이 있는지 설명한다. 또한 최신 기초 뇌·행동 연구 결과를 바탕으로 RO DBT와 다른 진화이론과의 관련성을 다룬다. 마지막 부분에서는 RO DBT의 효과성 검증을 위해 완료됐거나 진행 중인 임상연구를 개략적으로 설명한다.

2장에서는 과잉통제 질환의 신경생물이론을 뒷받침하는 이론적 근거와 기초과학을 다룬다.

3장에서는 과잉통제 질환의 단계적 진단 과정 및 이때 사용하는 도구를 다룬다.

4장에서는 RO DBT에서 과잉통제 내담자의 자살 행동을 평가하고 다루는 방법을 비롯한 치료 구조, 치료적 입장, 전반적 치료 대상을 개략적으로 설명한다.

5장에서는 과잉통제 내담자의 참여를 극대화하기 위해, (1) 치료 세팅에서 신체적·환경적 요인, (2) 내담자를 치료로 이끌고 약속과 다짐을 받는 전략과 프로토콜, (3) 개입의 타이밍과 순서를 설명한다.

6장에서는 사회적 신호와 관련한 RO DBT의 핵심 원리를 자세히 다룬다. 이 장에서는 치료자가 회기 중에 내담자의 참여를 극대화하고 치료 결과를 향상하기 위해 비언어적 사회적 신호를 활용하는 법을 담고 있다.

7장에서는 **온전한 개방성**과 **자기탐구**의 핵심 원리 및 전략을 개괄하고, **온전한 개방성**의 원리를 슈퍼비전이나 자문에서 다룰 수 있는 구조적 프로토콜을 논의하며, 끊임없는 **자기탐구**를 훈련할 수 있는 구체적 연습 및 실천 방법을 다룬다.

8장에서는 치료동맹의 파열을 복원할 수 있는 RO DBT 프로토콜을 구체적으로 설명하며, 내담자가 치료에서 중도 탈락하는 것을 방지하는 전략을 다룬다.

9장에서는 내담자의 가치 목표에 부합하는 맞춤형 치료 대상을 선정하기 위해 과잉통제 테마를 활용하는 단계적 프로토콜을 제시한다.[2] 이 장은 과잉통제 테마에 근거한 목표 설정의 임상 예제를 수록하고 있다. 이를 통해 회기 중에 사회적 신호가 얼마나 많이 나타나는지, 치료자가 자신의 비언어적 사회적 신호를 어떻게 내담자의 부적응 행동을 차단하고 참여를 증진하기 위한 방법으로 활용하는지 명확히 보여 준다.

10장에서는 RO DBT에서 치료자의 행동을 인도하고 치료자가 내담자를 대하는 새로운 방법을 촉진하기 위해 변증법적 사고를 활용하는 법을 자세히 설명한다. 특히 이 장에서는 RO DBT의 핵심 변증법인 **자비로운 진지함**compassionate gravity과 **장난스러운 도발**playful irreverence이 함께할 수 있는 법을 다룬다. 또한 비공식적 행동 노출 원리 및 상세한 행동 **체인분석**chain analysis을 포함한 RO DBT의 핵심 행동 전략의 개요를 설명한다.

11장에서는 향후 연구 및 논의를 촉진하기 위한 목적으로, 치료 개념과 존재 방식으로서 **온전한 개방성**의 방향과 의의를 제시한다. 또한 치료자가 RO DBT에 부합하는 치료를 하는지 평가하는 데 유용한 몇몇 대표적인 질문들도 제시한다(똑같은 용도로 사용할 수 있는 정식 체크리스트는 **부록 8**에 수록되어 있다.

RO DBT에서 유치함은 웃음 그 이상이다*

과잉통제 내담자는 삶을 지나치게 진지하게 여기기 때문에, RO DBT에서는 유치함을 매우 진지하게 다룬다. 과잉통제 내담자는 휴식과 장난을 어려워한다. 실제로 이들에게 웃음과 경박함은 심야 유령 열차를 타고 과속으로 돌진하는 길 잃은 여행자를 위한 무대 공연과 같다. [편집자 주: 멈춰요! 중단해요! 그만둬요! 이 정도 유치함은 한 페이지로 **충분해요**. 저자의 품위 없는 주절거림에 대해 사과드립니다. 저희는 저자에게 이 절을 다시 쓰고, 이 책 전체에 걸쳐 유치한 언어를 사용한 부분을 점검하라고 부탁, 아니 **요구했음을** 독자들께 분명히 말씀드리는 바입니다. 저희는 독자들이 나머지 내용들을 읽으면서 더 이상 귀중한 시간을 낭비하지 않도록 곧바로 1장으로 넘어가실 것을 강력히 말씀드립니다. 속담에도 나와 있듯이, 즐거움과 유치함보다는 일과 노력이 먼저니까요. 저희는 일에 진심이라고요!]

RO DBT에서 유치함은 웃음 그 이상이다. 과잉통제 내담자는 이미 지나치게 진지하다. 그들은 장기 목표를 달성하기 위해 강박적으로 일하는 반면에, 편히 쉬고, 놀고, 다른

---

* 다른 말로 하자면, 유치함은 절대적으로, 긍정적으로, 틀림없이, 최상급으로, 구제 불능으로, 당당하게, 배꼽 빠지도록, 지나칠 정도로, 코로 커피를 뿜으며, 닥치고 도전하는 것이다!

사람들과 어울리는 법은 모른다. 과잉통제 내담자는 친목 활동을 고된 일처럼 느낀다.
[저자 문의: 전 지금까지 어때 보이나요?] [편집자의 회신: 별론데요?]

대부분의 성인들이 사람들 앞에서 유치하게 보이는 것을 꺼림에도 불구하고, 유치함이 치료 효과를 나타내는 이유가 뭘까? 간단한 대답은 바로 우리는 사회적으로 굴욕당하거나 외면받는 것에 대한 뿌리 깊은 두려움 때문에 무언가를 피한다는 것이다. 그런데 만약 유치함이 그렇게 두렵다면, 그것은 왜 그렇게 흔할까? 또 왜 그렇게 많은 사람들이, 특히 친구들과 함께 있을 때 유치한 짓을 즐길까? 흥미로운 것은, 잘 생각해 보면 우리는 어린이들과 상호작용할 때 재미있는 표정을 짓고, 유치한 목소리를 내고, 과장된 몸짓을 보인다는 것이다. 이는 **우리가** 안전하다고 느껴서가 아니라, 우리가 아이들에게 유치하게 행동하는 것이 **아이들에게** 안전감을 느끼게 하고, 이를 통해 아이들이 더 잘 배우고, 탐색하고, 성장할 수 있게 해준다는 것을 직관적으로 알기 때문이다.

따라서 당신의 나이와 무관하게, 당신이 다른 사람과 같이 있을 때는(특히 그 사람이 치료를 받으러 오는 내담자처럼 당신보다 더 취약하고 낮은 위치에 있을 때는), 유치한 행동은 곧 친절을 베푸는 행위이자 비우월성 동등함과 친근함을 나타내는 강력한 신호다. 모든 부모가 알고 있듯이 가장 유치한 행동은 마음에서 우러나오는 것이고, 유치한 사회적 신호를 받는 사람뿐만 아니라 보내는 사람에게도 재미를 선사한다. 다만 우리에게 문제가 있다면, 우리는 더 이상 7살짜리 어린애가 아니기 때문에 유치하게 굴면서 재미를 느끼는 것이 종종 힘들 수 있다는 것이다. 다행인 것은 까칠한 어른들도 유치함을 즐기는 법을 배울 수 있다는 것이다. 그러기로 마음먹고, 깊이 몸을 담그고, 수없이 연습을 반복하기만 하면 된다.

과잉통제 내담자도 마찬가지다. 그들은 치료자가 먼저 그런 행동을 모델링하는 것을 보기 전까지는, 놀거나 쉬거나 공공연히 감정을 표현하는 것이 사회적으로 허용된다고 믿지 않을 것이다. 그렇기 때문에 여러분은 이 책에서 종종 '알 수 없는 사람들의 유치한 말을 방송하는 작가들Writers Airing Silly Sayings Attributed to Unknown People, WASSA UP'이라는 단체에서 추천하는 특이한 언어와 텍스트를 보게 될 것이다. 이는 삶이 얼마나 유치해질 수 있는지 (당연히 반복해서) 일깨워 주는 가장 좋은 방법이다. 그러니 WASSA UP을 주목하라! [편집자 주: 하느님 도와주세요.]

1장

온전한 개방성과 과잉통제 질환

자기통제(먼 목표를 이루는 데 상충되는 욕구·충동·행동·욕망을 억제하고 만족을 지연하는 능력)는 종종 성공과 행복과 동일시된다. 실제로 자기통제 부족은 현대 문명에서 특징적으로 나타나는 많은 개인적·사회적 문제와 관련된다. 물질 남용, 범법 행위, 가정 폭력, 경제적 어려움, 10대 임신, 흡연, 비만 등 다양한 유형의 문제들이 자기통제 부족과 종적·횡적으로 관련되어 있다(Baumeister, Heatherton, & Tice, 1994; Moffitt et al., 2011). 자기통제 결핍을 이해·예방·치료하는 데만도 상당한 수준의 정부 예산을 바탕으로 과학 연구들이 진행되고 있다.

자기통제: 좋은 것도 지나칠 수 있는가?

하지만 연구 결과 자기통제가 지나친 것은 모자란 것만큼이나 문제가 될 수 있다. 지나친 자기통제는 사회적 고립, 인간관계 기능 저하, 심각하고 치료하기 어려운 정신건강 문제(예: 신경성 식욕부진증, 만성 우울증, 강박성 성격장애)와 관련 있다(T. R. Lynch & Cheavens, 2008; Zucker et al., 2007). 대부분 사회에서는 파괴적 효과를 나타낼 수 있는 감정과 충동을 공개적으로 표출하는 것을 억제하고 개인적 만족을 미루는 것을 미덕으로 삼고 있기 때문에, 지나친 억제성 통제(일명 과잉통제)로 인한 문제는 거의 관심을 받지 못하거나 왜곡된 나머지 임상가가 파악하기 어렵게 됐다.

부적응적 과잉통제는 신중히 표현된다. 과잉통제형 인간은 높은 방어적 각성(불안, 우울, 원망 등)을 경험하더라도, 정작 그에 대한 질문을 받으면 자신이 경험하는 개인적 고통을 대수롭지 않게 얘기할 가능성이 높다("전 괜찮아요"). 그 결과 그들은 정신건강 치료를 잘 안 받는다. 직계 가족이 아니면 과잉통제형 인간의 내면적·심리적 고통을 모르는 경우가 많다. 그래서 그들은 자신들의 협소하고 경직된, 규칙지배적rule-governed 행동과 소원한 인간관계 스타일이 정상적이거나 심지어 이상적이라고까지 생각한다. 그들은 삶에 진지하고, 높은 개인적 기준을 설정하며, 열심히 일하고, 예의 바르게 처신하는 편이며, 원하는 목표를 달성하거나 다른 이를 돕기 위해 개인적 욕구를 희생할 때도 많다. 하지만 정작 속으로는 다른 사람들과 어떻게 어울리거나 친밀한 관계를 형성해야 하는지 갈피를 못 잡을 때가 많다. 과잉통제는 수도원에 앉아서 묵상하거나 로켓을 개발하는 데는 유용하지만, 사회적 유대감을 형성하는 데는 문제가 될 수 있다.

과잉통제의 정의

부적응적 과잉통제의 네 가지 핵심 특징은 다음과 같다.

1. **낮은 수용성과 개방성**: 새롭거나 예측 불가능하거나 반증적disconfirming 피드백에 대한 낮은 개방성, 불확실하거나 계획되지 않은 위험 회피, 의심, 잠재적 위협에 대한 과잉경계hypervigilance, 비판적 피드백을 무시하거나 묵살하려는 특징적 성향
2. **통제의 유연성 부족**: 구조와 질서에 대한 강박적 욕구, 지나친 완벽주의, 높은 사회적 책임과 의무감, 강박적 리허설이나 미리 생각하기나 계획, 강박적으로 해결하고 접근하는 대처 방식, 경직된 규칙지배적 행동, 높은 도덕적 확신(무언가를 하는 데 있어서 오직 하나의 '올바른' 방법만이 있다는 확신)
3. **감정 표현을 늘 억제하고 감정을 잘 인식하지 못함**: 맥락에 안 맞는 억제된 감정 표현(예: 칭찬받을 때 무표정함), 가식적이거나 안 어울리는 감정 표현(예: 고통스러울 때 웃거나 실제로 전혀 걱정스럽지 않은데 걱정하는 모습을 보임), 고통을 늘 과소표현함, 신체 감각을 잘 인식하지 못함
4. **사회적 유대감과 타인과의 친밀감이 낮음**: 냉담하고 소원한 인간관계, 자신은 남들과 다르다는 느낌, 잦은 사회적 비교, 시기와 원망을 자주 느낌, 공감 부족

과잉통제는 성격 기능부전과 관련된다

『정신질환의 진단 및 통계 편람 제5판Diagnostic and Statistical Manual of Mental Disorders, DSM-5』(American Psychiatric Association, 2013)에 수록된 10가지 성격장애를 간략히 살펴보면, 하나같이 감정 및 충동 조절과 인간관계에서 광범위하고 오래된 어려움을 보인다. 쉽게 알기는 어렵겠지만, 성격장애의 이러한 특징은 기존의 분류 기준인 내재화internalizing/외현화externalizing 질환(Achenbach, 1966; Crijnen, Achenbach, & Verhulst, 1997)과 겹치는 다른 두 가지 계열 혹은 범주로 분류할 수 있음을 시사한다. 이 가정은 대규모 동반이환 연구들에서 두 가지 광범위한 대처 방식인 과잉통제와 과소통제가 각각 내재화와 외현화 문제의 만성화와 관련된다는 일관되고 뚜렷한 결과를 보고한 것에 근거한다. DSM-5에 따르면 과소통제(경계성·연극성·반사회성·자기애성) 성격장애는 억제성 통제의 부족과 무질서하거나 극적인 관계가 특징인 반면, 과잉통제(강박성·회피성·편집성·분열성) 성격장애는 지나친 억제성 통제와 냉담하거나 소원한 인간관계 스타일을 특징으로 한다(T. R. Lynch, Hempel, & Clark, 2015).

현재까지 발표된 성격장애 연구들은 절대적으로 DSM-5의 B 군, 그중에서도 경계성과 반사회성에 초점을 맞춰 왔다(Clark, 2005b). 이에 비해 A군 및 C군 성격장애는 유병률이 높고(Coid, Yang, Tyrer, Roberts, & Ullrich, 2006), 기능부전이 심하고, 의료 이용률이 많음에도 불구하고(Maclean, Xu, French, & Ettner, 2014), 해당하는 연구들이 적다. 실제로, 과잉통제의 원형적 질환인 강박성 성격장애는 지역사회 및 임상 표본에서 가장 유병률이 높은 성격장애다(Lenzenweger, 2008; Zimmerman, Rothschild, & Chelminski, 2005).

연구 결과 흥미로운 것은, 나이가 들면서 과소통제 성격장애는 관해나 완화되는 반면(Zanarini, Frankenburg, Reich, & Fitzmaurice, 2010; Abrams & Horowitz, 1996), 과잉통제 성격장애는 똑같거나 오히려 더 심해지는 양상을 보인다는 것이다(Abrams & Horowitz, 1996). 과소통제 성격장애는 극적인 표현이나 노골적이고 무모한 행동이 관심을 끌게 되고, 이를 통해 교정적 피드백과 심리적 도움을 받을 가능성이 높아져서 시간이 흐르면서 관해되는 비율이 더 높아진다. 반대로 과잉통제 성격장애를 지닌 사람들은 고통을 감내하고, 만족을 지연하고, 감정을 공개적으로 드러내지 않을 수 있는 능력이 있으며, 이로 인해 문제가 잘 드러나지 않음으로써 교정적 피드백과 심리적 도움을 받을 확률도 낮아진다(Morse & Lynch, 2004; T.

> 결과적으로, 과잉통제 질환이 있는 사람은 딱히 괴로워 보이지 않을 때도 혼자서 조용히 괴로움을 겪을 때가 많다.

R. Lynch & Aspnes, 2001). 결과적으로 과잉통제 질환을 지닌 사람은 딱히 괴로워 보이지 않을 때도 혼자서 조용히 힘들어할 때가 많다.

만성 질환에서는 성격이 중요하다

이 책에서는 치료저항성 및 만성 질환에 개입하는 데 있어서 성격을 중요시해야 함을 주요 전제로 삼고 있으며, 광범위하게 자리 잡고 있는 성격 차원과 과잉학습된 지각 및 규제 편향이 심리적 변화를 방해하는 것으로 본다. 예를 들어 단극성 우울증 내담자의 약 40-60%가 동반이환 성격장애 진단 범주를 충족하며(Riso et al., 2003), 이중 가장 흔하면서 가장 치료에 반응하지 않는 것이 과잉통제 성격장애다(Fournier et al., 2009). 과잉통제(특히 강박성) 성격장애는 만성 통증으로 괴로워하는 사람들에게서 가장 흔한 성격장애로, 유병률이 62%에 이른다(Dixon-Gordon, Whalen, Layden, & Chapman, 2015).

RO DBT는 이러한 현상이 생기질에서 비롯된다고 가정한다(T. R. Lynch et al., 2015. 비슷한 결론을 제시하는 다음 문헌도 참고. Clark, 2005b). 생기질이 그렇게 강력한 작용을 하는 이유는, 중추 인지central cognition(혹은 의식) 수준에서의 대응뿐만 아니라 감각수용체sensory receptor(혹은 전의식preconscious) 수준에서도 지각, 학습, 외현적 행동에 영향을 끼칠 수 있기 때문이다. 예를 들어 과잉통제형 인간이 파티에 참석해서 함께 웃고 있는 사람들을 본다면, 생물학적으로 그 상황에서 보상보다는 잠재적 위협에 치우칠 가능성이 더 높은데 이 과정은 순식간에 일어난다(L. M. Williams et al., 2004). 전의식 수준에서 방어적 각성과 도망치고 싶은 충동이 촉발되는 것이다. 과잉통제형 인간은 의식적으로 알아차리기도 전에 이미 위협을 감지한다. 말하자면 뇌에서는 이미 결정이 내려져 있다. 이러한 위협 지각은 빠르게 '나는 못 어울리고 농담을 잘 못하니까 저 사람들이랑 같이 있으면 바보처럼 보일 거야' 같은 의식적 생각으로 이어질 수 있다.

이와 반대로 생기질적 위협 민감성threat sensitivity이 높지 않은 정상적인 보상 민감성reward sensitivity을 지니고 있는 사람은, 똑같은 파티에 참석해서 '저 사람들이 즐거운 시간을 보내고 있는 것 같네. 나도 같이 끼어야지'라고 생각할 것이다.

한 가지 중요한 것은, 과소통제와 과잉통제가 일차원적 성격 구조가 아님을 이해하는 것이다. 즉, 과잉통제와 과소통제는 단순히 자기통제의 양극단을 나타내는 것이 아니다. 이 두 가지는 질환의 스펙트럼에 따른 핵심 유전형(생물학) 및 표현형(행동 표현)의 차이를 반영하는 다차원적 구조로 구성된다. 이는 다음의 두 가지 중요한 치료적 함의를 제기한다.

1. 치료를 시행할 때는, 지각 편향을 초래하고 학습 및 유연한 대응에 지장을 줄 수 있는 개개인의 생기질적 차이를 고려해야 한다.
2. 과소통제 문제를 치료할 때는 억제성 통제를 강화하고 기분에 치우친 행동을 감소하는 개입에 중점을 둬야 하는 반면, 과잉통제 문제를 치료할 때는 억제성 통제를 완화하고 감정 표현, 수용성, 유연성을 늘리는 개입을 시행해야 한다.

부적응적 과소통제와 과잉통제가 특징인 질환들의 예가 **표 1.1**에 제시되어 있다.

표 1.1. 치료하기 어려운 과소통제 및 과잉통제 질환들

과소통제 질환 (감정조절이 안 되고 충동적)	과잉통제 질환 (감정 억제와 위험 회피)
경계성 성격장애	강박성 성격장애
반사회성 성격장애	편집성 성격장애
폭식-제거 섭식장애	회피성 성격장애
자기애성 성격장애	신경성 식욕부진증
연극성 성격장애	분열성 및 분열형 성격장애
품행장애	자폐스펙트럼장애
양극성장애	치료저항성 불안
외현화 질환들	내재화 질환들

RO DBT의 기본 가정

심리적 웰빙에 대한 정의의 중요성

RO DBT는 대부분의 사회들에서 자기통제가 많으면서도 보편적으로 나타나며, 자기통제에 부여하는 가치가 사회가 일탈이나 비정상적 행동을 정의하는 데 영향을 준다고 가정한다.[3] 사회 규범으로부터의 일탈에는 명시적 규칙 위반(예: 범죄 행위), 좀 더 모호한 사회적 관습이나 기대를 은근히 저버림, 사회적 에티켓 위반(예: 눈 맞춤에 대한 문화적 기대를 저버림)이 모두 포함된다.[4] 치료는 그 정의상 '정상적' 기능을 재건하는 것과 같기 때문에, 사회적 가치와 규범은 응당 치료 가치와 목표에도 영향을 끼친다.

자기통제에 대한 사회적 숭배는 과잉통제 내담자들에게는 축복이자(사람들은 흔히 내담자의 자기통제를 우러러본다) 저주이기도 하다(사람들은 흔히 과잉통제 내담자만의 어려움을 잘 모른다). 실제로 과잉통제 내담자들은 스스로에게(그리고 남들에게도) 높은 기준을 적용하며, 밖에서(즉, 공개된 장소에서) 일탈적 모습을 드러내지 않는 데 달인이다. 그들이 폭동을 선동하거나 즉흥적으로 편의점을 털고 다니는 일은 없다. 그들은 길 건너편에서 상대방에게 소리치지도 않는다. 그들은 (자신을 포함해) 거의 모든 곳에서 실수를 찾아내는 완벽주의자다. 또한 나중에 문제가 생기는 것을 방지하기 위해 누구보다 열심히 일하는 사람들이기도 하다. 그들은 삶을 더 진지하게 여기고, 더 열심히 노력하고, 미리 계획하고, 공공장소에서 제대로 처신하는 법을 배울 필요가 없다. 그들은 미덕이 넘쳐 흐르고, 자기통제를 통제하지 못하며 그 결과 힘들어한다. 그래서 RO DBT에서는 내담자에게 무엇이 '잘못인지' 강조하기보다는, 건강한 것이 무엇인지 관찰하는 것부터 시작한 뒤 그렇게 관찰한 내용을 치료적 개입에 활용한다.

RO DBT에서는 심리적 건강(혹은 웰빙)이 서로 긴밀히 연결돼 있는 다음의 세 가지 핵심 기능을 포함한다고 가정한다.

1. 학습을 가능하게 하는 새로운 경험과 반증적 피드백에 대한 수용성과 개방성
2. 변화하는 환경에 적응하는 유연한 통제
3. 장기간 유대 지속 및 부족이나 집단의 협업 능력에 인류의 생존이 달려 있다는 전제에 기반하여, 최소한 한 명 이상과의 친밀감과 사회적 유대 형성

초완벽주의자인 과잉통제 내담자들에게 가장 유익한 치료법은, 그들이 능동적으로 웰빙을 추구할 수 있는 법을 가르쳐 주는 것이다.

커뮤니티의 전제 조건으로서 자기통제

지나친 자기통제가 지나친 개인적 괴로움을 초래한다면, 과도한 자기통제가 비정상 혹은 일탈 행동과 거의 관련이 없는 이유는 무엇일까? 그 답은 바로, 사회를 구성하는 데 자기통제가 수행하는 본질적 역할에 있다. 이러한 가정은 진화이론의 영향을 받은

것으로, 우리의 부족적 본성에서 답을 찾아야 한다.

신체적으로만 보면 인류는 다른 종에 비해 딱히 뛰어난 점이 없다. 우리는 날카로운 발톱, 뿔, 두꺼운 가죽, 보호해 주는 털이 없다. 그럼에도 불구하고 우리가 살아남은(그리고 번성한) 것을 보면, 우리의 신체적 약점은 곧 인류가 개인적 힘, 속도, 강인함 이상의 것에 의존해 살아남은 증거라는 말도 일리가 있다. RO DBT의 관점에서 보면, 인류는 부족 안에서 협업하고 직계 가족이 아닌 다른 부족원과도 귀중한 자원을 공유할 수 있는 능력을 개발했기 때문에 살아남은 것이다. 이를 위해 인류는 유전적으로 서로 다른 개인들을 자신의 생존을 위한 더 오래되고 이기적인 성향보다는 부족의 생존을 우선시하는 방향으로 하나로 묶는 법을 개발해야만 했다(비슷한 내용으로 다음을 참고. Buck, 1999). RO DBT에서는 이렇게 유전적으로 다양한 개인들을 '부족의 생존'을 위해 하나로 묶을 수 있는 진화적 과제의 최종 산물로 다음의 세 가지를 제시한다.

1. 행동 성향을 억제하는 능력: 이는 우리가 감정에 기반한 성향이나 충동(예: 공격하거나 도망침)을 겉으로 드러내는 것을 조절하는 능력을 개발했음을 의미한다. 우리가 충동대로 행동하지 않는 것은 동료 부족원도 남에게 해가 될 수 있는 충동(예: 때림)을 곧바로 표현하지 않을 것이라는 믿음으로 이어지며 함께 살 수 있는 기반이 됐다.
2. 자신의 의도와 세상에 대한 관찰 내용을 전달하는 법을 조절하는 능력: 이는 우리가 의도와 감정을 있는 그대로 완전히 표현하지 않고도(누군가를 때리지 않고도) 전달할 수 있는(공격 욕구가 들 때 노려보는) 고도로 정교한 사회적 신호 체계를 개발했음을 의미한다. 우리는 의도를 멀리서(예: 얼굴 표정, 제스처, 목소리 등으로) 전달함으로써, 의도에 완전히 몰두하지 않은 채 불필요한 에너지 소모를 줄이고, 갈등을 해소하며, 협력을 추구할 수 있는 더 안전한 수단을 확보할 수 있게 됐다. 또한 우리의 의도와 감정을 같은 종족의 다른 구성원에게 드러내는 것은, 인류의 특징인 강력한 사회적 유대감을 형성하는 데 필수적이었다. 우리가 자연에서 관찰한 것을 표현하고(예: "소가 보여") 같은 종족의 다른 사람으로부터 이에 대해 사실 여부를 확인받는 것(예: "아냐, 내가 볼 땐 호랑이야. 도망치자!")은, 우리가 더 이상 개인적 인식에만 의존하여 살아가지 않아도 된다는 엄청난 진화적 이점을 제공해 주었다. 이는 우리가 왜 그렇게 다른 사람들의 의견에 신경을 쓰는지 설명하는 데 유용하다.

3. 미래를 계획하고 유지할 수 있는 능력: 우리가 잠재적인 미래의 결과를 상상할 때처럼, 수반성contingency을 평가하는 데 관여하는 뇌 영역이 발달하면서 끈기persistence와 계획성planning이 진화했을 가능성이 높다. 하지만 끈기와 계획성 간에는 차이가 있다. 계획성은 미래의 행동의 결과를 고려하는 반면, 끈기는 이미 하고 있는 것을 중단했을 때의 결과를 고려한다(Smith et al., 2007).

이러한 진화적 발전은 인류가 점점 더 다양하고 척박한 환경에서 살아남을 수 있는 능력을 촉진했다. 예를 들어 우리는 향상된 사전 계획 능력을 통해 식량의 가용성이 계절에 따라 달라진다는 것을 기억하고, 향후 계획을 수립하는 데 이 지식을 활용할 수 있게 됐다. 우리는 또한 흥분성 반응 경향을 억제하고(예: 귀중한 자원을 곧바로 소비하지 않음) 방어적 반응 경향을 낮춤으로써(예: 우리를 화나게 만든 사람을 곧바로 공격하지 않음), 공격받는 것에 대한 두려움 없이 한 집단으로 일하면서 귀중한 자원을 축적함으로써 나중에 필요할 때 사용할 수 있게 됐다.[5] 따라서 억제성 통제력은 커뮤니티의 기반이 됐으며, 끈기와 더불어 인류가 장기적인 목표와 계획을 실현할 수 있게 해주었다. 예를 들어 사람들은 피곤할 때 바로 누워서 여름철 과일을 먹는 대신 몇 주 동안 계속해서 사과를 땄다.[6] 또한 앞서 본 것처럼 사회적 신호와 상호작용 능력은, 호랑이를 소로 착각하는 경향이 있는 근시안적 부족원의 목숨을 구하는 데 도움이 되고 사과 수확철에는 시력이 안 좋은 구성원의 끈기 있는 노력이 부족에 도움이 됨을 의미한다.

자기통제의 숨은 비용

자신을 다스릴 수 있는 능력의 결핍과 더 나은 판단에 반하는 행동은, 플라톤Plato의 『프로타고라스Protagoras』가 처음 빛을 본 때로 알려진 기원전 380년부터 인간적 괴로움의 핵심 원천으로 여겨져 왔다. 하지만 만약 자기통제가 그렇게 개인과 종의 생존에 중요한 것이었다면, 자기통제가 높은 사람들이 그렇게 심한 외로움과 만성 정신건강 문제로 괴로워하는 이유는 무엇일까?

현대 심리학 이론은 자기통제를 순차적인 두 단계로 봄으로써 이 난제를 해결한다. 즉 사람은 먼저 자기통제와 관련한 갈등의 존재를 파악한 뒤, 갈등을 적극적으로 해소하기 위해 자기통제력을 발휘한다(Neal, Wood, & Drolet, 2013). 여기서 중요한 것은, 유혹에 굴복하는 것(예: 텔레비전 보기)과 장기적 목표를 달성하는 것(예: 건강 유지를 위한 달리기)처럼 서로 상충되는 동기가 마음 속에서 불협화음을 일으킨다는 것이다. 우리는 대개 자기통제가 부족할 때 더 나은 판단에 반대되는 행동을 하는 것으로 알고 있기 때문에, 습관적 자기통제가 왜 더 나은 판단에 반대될 수 있는지 의문을 가질 수 있다. 하지만 과잉통제형 인간이 더 나은 판단에 반하는 행동을 하는 것은, 자기통제가 부족해서가 아니라 지나치기 때문이다.

가장 큰 적은 바로 과잉통제형 인간이 타고난 생물학적 이점인 자기통제 그 자체다. 자기통제는 종종 접근 대처approach coping와 동일시된다. 전통적으로 접근 대처는 스트레스를 감소하는 가장 건강하고 유익한 방식으로, 회피 대처avoidance coping는 부정적 성격 특성, 잠재적으로 해로운 활동, 전반적으로 불량한 예후와 관련된 것으로 여겨져 왔다. 실제로 접근 대처의 유익한 효과를 근거로 하여, 접근 대처를 늘리는 데 중점을 두는 다양한 치료법이 개발됐다(Hayes, Wilson, Gifford, Follette, & Strosahl, 1996; Linehan, 1993a; Kohlenberg & Tsai, 1991).

하지만 지나친 자기통제가 특징인 사람은 자신에게 해가 될 때조차도 강박적으로 접근 행동을 사용하는 경향이 있다. 예를 들어 과잉통제형 인간은 단지 불쾌하기 때문에 중요한 일을 미루지는 않을 것이다. 그보다 오히려 삶의 다른 환경은 아랑곳하지 않고 오직 자기 일을 마치는 데에만 강박적으로 몰두할 것이다(예: 야근을 하느라 근처 식당에서 하는 정기 회식에 빠짐). 이와 마찬가지로 과잉통제형 인간은 사회적 사건에서 비롯되는 불안에서 벗어나기 위해 사건을 피하기보다는, 회피가 더 적응적일 수 있는 상황에서조차도 자신을 억지로 끌고 간다(예: 지하철에서 강도를 당했는데도 점심 북클럽에 참석하려고 함). 과잉통제형 인간의 문제는 **지나치게 많이** 문제해결에 몰두해 있다는 것인데, 오히려 많은 치료법들이 정확히 이 영역에서 내담자들의 결핍을 교정하는 데 중점을 둔다. 종종 치료자만큼이나 과잉통제 내담자에게 당혹스러운 것은, 과잉통제형 인간의 우수한 접근 대처 능력이 꼭 모든 맥락에서 우수한 결과로 이어지지는 않는다는 것이다. 일반적으로 접근 대처 척도에서 높은 점수를 기록하는 사람이 일을 잘하는 것은 사실이다. 이들은 열차를 정시에 운행하고, 프로젝트를 완수하며, 자원을 적절히 절약하고, 중요한 목표를 달성한다. 하지만 인간관계에서는 이런 식으로 숙달된 과잉통제가 통하지 않는다. 친밀감의 정의상, 과잉통제형 인간이 친밀한 관계를 추구하려고 하면 통제를 포기하고 타인에게 자신의 취약성을 드러내야 한다는 딜레마에 빠지게 된다. 이는 곧 내면의 감정을 숨기고 무능해 보이지 않으려 하는 타고난 경향과 반대로 가야 함을 의미한다. 게다가 그저 단순히 실행하고, 생각하고, 수용하는 식으로는 뇌에서 비롯되는 행동 문제에서 벗어나기 어렵기 때문에, 이들에게 잠재적 보람이 있는 사회적 만남에 접근하도록 장려하기만 하는 것은 오히려 역효과를 낼 수 있다.

좋은 습관이 안 좋을 때

과잉통제 내담자는 상황이나 잠재적 결과와 상관없이, "잘 모르겠으면 자신을 더 통제하라"를 모토로 삼는다. 이러한 과잉통제는 습관이자 고역이기도 하다. 내담자는 감정에 기반한 행동 충동을 억누르고 만족을 지연하기 위해 통제 노력을 기울여야 한다.

과잉통제가 이렇게 수많은 문제를 양산하고 있다면, 과잉통제 내담자들은 왜 자신들이 지닌 우수한 통제 능력을 사용해서 **부적응적** 자기통제를 억제하지 않는 걸까? 당면한 환경적 단서가 습관적인 자기통제를 억누르는 것이 적응적이라는 신호를 보냄에도 불구하고, 지나치게 심한 자기통제는 이를 통제하는 데 필요한 자원을 고갈시킬 수 있다. 연구 결과에 따르면 의지를 발휘하는 것은 포도당 형태의 에너지원을 고갈시키고, 이러한 고갈은 후속 대처에 부정적 영향을 끼친다(Gailliot et al., 2007). 따라서 지나친 자기통제는 습관적 피로감을 유발한다. 보유 자원이 고갈되면 덩달아 자기통제 능력도 줄어들고, 결과적으로 습관적 반응이 우세하게 된다(Neal et al., 2013; Muraven & Baumeister, 2000). 습관적 반응은 현재의 환경 자극이 익숙할 때 가장 잘 나타난다. 습관은 인지적 자원을 별로 사용하지 않고도 의식적 노력만큼의 효과를 볼 수 있다는 장점이 있다(예를 들어 나는 숙련된 운전자이기 때문에, 운전하는 데 많은 인지적 노력이 필요하지 않다. 내 운전 행동에 대해 많이 생각하지 않을 때 운전을 더 잘할 수도 있다).

과잉통제형 인간이 사회적 상황을 그렇게 피곤해하는 이유는?

거의 모든 과잉통제 내담자들은 공통적으로 사회적 상황에서 정신적 피로감을 호소한다. 다른 사람들은 그런 데서 만족이나 흥미, 활력을 느끼는데도 말이다. 과잉통제 내담자는 흔히 사회적 일정이 끝나면 자극이 없는 곳에서 쉬는 시간을 갖고 싶어 한다(예: 창문의 블라인드를 완전히 내리고, 귀마개를 하고, 혼자만의 시간을 가지고 싶다고 가족들에게 부탁하고, 아스피린을 한 알 먹고, 침대 속으로 들어간다). 과잉통제형 인간은 어려운 시험을 보거나 복잡한 세금 계산을 끝내는 데에는 별로 많은 에너지를 소모하지 않지만, 계획에 없던 파티는 굉장히 부담스러워할 수 있다. 이러한 반응은 과잉통제형 인간과 그렇지 않은 사람들의 근본적 차이를 보여 준다.

과잉통제형 인간은 도대체 왜 그렇게 사회적 상황을 피곤하게 여기는 걸까? 사회적 상호작용이 상당히 예측 불가능하다는 것이 하나의 설명이 될 수 있다. 우리는 다른 이들이 우리에게 어떻게 반응할지 결코 확실히 알 수 없다. 과잉통제형 인간이 생기질적으로 높게 지니고 있는 위협 민감성과 불가피한 예측 불가능성이 맞물리면, 사회적 상호작용을 더 적대적인 것으로 인식하게 될 가능성이 높다. 흥미롭게도 과잉통제 내담자는 사회적 상호작용 중에서도 자유롭게 대화를 나누고 지정된 역할이 없는 활동(예: 소풍, 함께 모여 축하해 주기, 팀 빌딩)보다는, 주제가 명확하고, 목표가 확실하며, 정해진 역할만 수행하면 되는 활동(예: 비즈니스 미팅, 수업, 합창 연습)을 덜 불안해하고 더 선호한다. 과잉통제형 인간은 정해진 틀이 없는 친목 모임에 참여하여 어떻게 행동하고 무슨 말을 할지 종종 감을 못 잡을 때가 있다. 비록 그들이 옳은 일을 하고, 예의 바르게 행동하고, 상황을 통제하려는 강한 욕구를 지닌 것은 근본적으로 친사회적이지만, 이러한 속성이 맥락과 무관하게 경직되고 강박적으로 적용되면 사회적 유대감을 약화하는 기능을 초래한다.

쉽게 말해 과잉통제형 인간은 파티를 즐기고, 흥겹게 떠들며 놀고, 흥청망청 밤을 불태우고, 분위기에 물들고, 음악에 맞춰 춤을 추고, 열정적으로 록 음악을 연주하고, 자유를 만끽하는 법을 모른다. [저자 주: 오, 맙소사] 과소통제 내담자에게 왜 파티에 가는지 물어보면, "가고 싶으니까요"라고 대답할 것이다. 똑같은 질문을 과잉통제 내담자에게 하면, "가는 게 맞다고 생각해서요"라고 대답할 것이다. 이런 식으로 과잉통제형 인간의 행동은 기분보다는 규칙에 지나친 지배를 받는다. 이런 유형의 행동은 생물학적으로 높은 위협 민감성, 낮은 보상 민감성, 높은 억제성 통제와 맞물리면서 삶을 지나치게 심각하게 대하고 스스럼없이 다른 사람들과 어울리는 것을 어렵게 한다. 결국 과잉통제형 인간은 사교 모임에 참여할 때마다 자신의 생기질을 쉽게 버리지 못한다. 이러한 패턴은 과잉통제형 인간의 외로움의 근간을 이루는 핵심 요인으로 여겨진다.

신경조절이론을 사용하여 생기질을 치료 대상으로 삼기

어떻게 하면 에너지를 끊임없이 고갈시키는 습관을 변화시킬 수 있는 에너지를 발굴할 수 있을까? RO DBT는 부교감신경계parasympathetic nervous system, PNS와 교감신경계sympathetic nervous system, SNS 간의 신경억제성neuroinhibitory 관계를 입증하는 기초 감정 연구를 활용함으로써 이 난제를 해결한다(Berntson, Cacioppo, & Quigley, 1991; Porges, 1995). 즉 RO DBT는 과잉통제 내담자에게서 생기질의 영향력을 약화함으로써, 하향식top-down 조절 능력이 덜 고갈된 상태로 회복하게 도와주는 상향식 bottom-up 조절 기법을 가르친다(『기술훈련 매뉴얼』 5장 3과 참조). 이러한 기법들은 그리 많은 노력을 들이지 않고도 효과를 볼 수 있고, 과잉통제 내담자 뇌의 실행 통제 영역에 꼭 필요한 짧은 휴식을 제공함으로써, 내담자가 새로운 RO 기술들을 더 쉽게 배우고 적용할 수 있게 해준다.

변화의 새로운 기전: 중요한 것은 사회적 신호다

RO DBT 이전의 어떤 이론도 인류에게서 자기통제가 발달하면서 나타난 핵심 문제를 다루지 않았다. 한때 라이벌이었던 종(예: 서유럽의 네안데르탈인)은 멸종했는데, 왜 현생 인류와 비슷하게 억제적이고 부족적인 성향을 지니고 있는 호모 사피엔스는 번성할 수 있었을까? 어쩌면 부족 구성원들이 본능적으로 다른 사람들의 경험을 자신의 것처럼 느낄 수 있었던 것처럼, 우리가 집단의 힘을 강화하는 독특한 방법을 개발한 것에 답이 있을지도 모른다.

찰스 다윈Charles Robert Darwin의 기념비적 저작인 『인간과 동물의 감정 표현The Expression of the Emotions in Man and Animals』(Darwin, 1872/1998)이 출간된 이후, 많은 이론가들과 연구자들이 인간의 감정이 의사소통을 목적으로 진화했다는 비슷한 주장을 펼쳤다. 그럼에도 불구하고 과학이 인지·생리·주의·신경생물학 같은 내적 경험을 연구하는 데 점점 더 정교하게 접근하면서, 치료에서 이러한 주장은 점차 경시됐다. RO DBT는 **긴밀한 사회적 유대를 형성**하는 데 **신경조절이론**과 **감정 표현의 의사소통 기능**을 함께 접목함으로써, 과잉통제 행동이 심리적 고통으로 이어지는 기전에 대한 독특한 이론을 제시한다.

이 이론의 핵심은, 과잉통제 내담자는 생기질적으로 높게 설정된 위협 민감성으로 인해 신경생물학에 기반한 사회적 안전 시스템을 갖추기가 더 어렵다는 것이다(T. R. Lynch et al., 2013; T. R. Lynch, Hempel, & Dunkley, 2015). 안전감을 경험하는 것은 만족이나 우정, 사회적 참여와 관련된 뇌 영역인 PNS의 배쪽 미주신경 복합체ventral vagal complex, VVC를 활성화한다(2장 참조). 이 영역은 목소리 톤, 얼굴 표정, 사람의 말에 귀 기울이기나 지속적인 눈 맞춤처럼 사회적 참여와 관련된 근육을 조절한다(Porges, 1995, 2001). 우리는 안전하다고 느낄 때 자연스레 다른 사람과 어울리고 싶어 하며, 이럴 때 얼굴 표정과 목소리가 더 편안하고, 다채롭고, 유쾌해진다. 하지만 환경을 위협적으로 지각하게 되면 뇌에서 투쟁-도피 반응과 관련한 행동을 조절하는 SNS가 우세해지면서,

심박수가 빨라지고 얼굴과 머리의 횡문근이 비활성화되며, 그 결과 사회적 세계에 참여할 수 있는 능력이 줄어든다(Porges, 2001).

맥락에 맞지 않게 감정을 **억제하거나 부적절하게 표현하면**(즉, 내부 경험과 외부 표현이 어긋나면), 신뢰할 수 없거나 진실되지 않은 사람으로 여겨질 수 있으며(Boone & Buck, 2003; English & John, 2013; Kernis & Goldman, 2006), 이로 인해 사회적 유대감이 줄어들고 심리적 고통이 심해진다는 강력한 연구 결과가 있다(Mauss et al., 2011). 이렇게 과잉통제에서 생기질적으로 높게 설정돼 있는 위협 민감성**과 함께** SNS를 통한 사회적 안전 반응으로부터의 철수는, 내부 경험을 드러내지 않는 것을 과잉학습하는 성향과 맞물리며 사회적 배제와 외로움을 유발함으로써 심리적 고통을 악화시킨다는 가설을 세울 수 있다.

RO DBT의 독특한 부분은, 사람의 감정이 행동의 **동기를 부여하고**(예: 투쟁-도피 반응) **의도를 전달할 뿐만 아니라**(예: 얼굴 표정), 미세모방micromimicry과 고유감각proprioceptive 피드백을 통해 유전적으로 무관한 개인들 간에도 친밀한 사회적 유대와 이타적 행동을 **촉진한다고** 가정한다는 것이다. 이 과정은 인류에게 엄청난 진화적 이점을 제공함과 동시에 공감과 이타주의를 개발하는 데 핵심 요소였던 것으로 추정된다. 우리는 본능적으로 다른 사람의 입장이 돼 볼 수 있는 능력을 통해서, 자신이 대접받고 싶은 대로 다른 사람을 대할 수 있게 됐다(예를 들어, 우리는 거의 모르는 사람을 위해 기꺼이 심각한 부상이나 죽음의 위험을 감수할 수도 있다).

RO DBT는 다음 세 가지 방법으로 이러한 이론을 치료적 개입에 접목한다.

1. 내담자에게 맥락에 맞는 감정 표현과 비언어적으로 사회적 신호를 전달하는 전략을 가르친다. 이는 사회적 유대감을 강화하는 효과가 입증된 것들이다.

2. 사회적 안전 시스템과 관련된 뇌 영역을 활성화하는 기술을 가르침으로써, 과잉통제에서 생기질에 의해 결핍되거나 과잉된 부분을 중점적으로 조절한다. 또한 내담자가 사회적 상호작용에 참여하기 전에 먼저 이러한 기술을 활용하도록 독려한다. 이러한 접근을 통해 과잉통제 내담자가 자연스럽게 얼굴 근육의 긴장을 풀고 친근함에 대한 비언어적 신

> RO DBT는 내담자에서 '잘못된' 것을 강조하기보다는, 우리 모두가 지니고 있는 건강한 부분에 대한 관찰에서부터 시작하고, 이러한 관찰에 기반하여 치료적 개입을 시행한다.

호를 보낼 수 있도록 함으로써, 상대방으로부터 호혜적이고 협력적 반응을 촉진하고 사회적 상호작용을 부드럽게 만들 수 있게 한다.

3. RO DBT는 치료자가 과잉통제 내담자의 참여를 증진하기 위해 거울뉴런mirror neuron 시스템과 고유감각 피드백을 활용하고, 개방성이나 비우월성nondominance, 친근한 의도를 나타내는 보편적 제스처·자세·표정을 의도적으로 활용하는 법을 가르친다. 과잉통제 내담자들은 흔히 치료자가 먼저 본을 보이지 않으면, 놀고, 편안히 쉬고, 잘못을 인정하고, 감정을 공개적으로 드러내는 것이 사회적으로 용인되지 않는다고 생각하기 때문에, 치료자가 개인적 삶에서 RO DBT의 **온전한 개방성**을 실천하는 것이 중요하다.[7]

치료법 개발과 효과성 연구

이 책은 부적응적 과잉통제를 이해하고 치료하는 것을 목표로 한 중개연구의 최종 산물이다. 나는 이 책이 출간되기 약 25여년 전에 치료저항성 및 만성 우울증에 표준standard DBT(Linehan, 1993a)를 적용했을 무렵부터 RO DBT 치료 기법을 개발하기 시작했다. 당시만 해도 나는 자기통제가 부족한 사람들에 대한 치료법인 DBT를 주 치료 대상(경계성 성격장애)과 변증법적으로 반대쪽에 있는 대상(과잉통제, 높은 고통감내, 인간관계에 무관심한 사람들)에게 적용했을 때 나타날 수 있는 어려움을 완전히 이해하지 못했다. 표준 DBT는 자기통제에 대한 명확한 프로토콜을 정립했지만, 지나친 자기통제가 특징인 사람들에게 무엇이 필요한지는 확실히 제시하지 못했다.

나는 오랫동안 자기통제가 높은 사람들은 늘 적응적이라고 생각해 왔다. 하지만 표준 DBT는 자기통제가 통제되지 않는 사람들을 치료하는 데 한계가 있음을 확인했고, 이를 통해 기존의 내 생각에 의문을 제기하면서 RO DBT를 개발하게 됐다. 나는 과잉통제 질환들에 대한 이해를 더 심화하면서 새로운 치료법의 이론과 개입을 더 정교화해 나갔다. 실제로 이러한 수정과 변경은 효과적인 치료법을 개발하는 데 가장 중요한 부분이다(Carroll & Nuro, 2002; Waltz, Addis, Koerner, & Jacobson, 1993). 이러한 수정과 변경 과정이 계속 이어지며, 개발 초기에 치료법을 지칭하는 약자도 응용 DBT, DBT-D, DBTD+PD, EOC에 대한 DBT, MED + DBT 등으로 변화되어 갔다.

우리는 이름을 정하는 어려움에도 불구하고, 개발 초기의 예비 무작위대조연구randomized controlled trials, RCT를 통해 몇 가지 중요한 결과들을 얻을 수 있었다. 핵심 RO 개념과 기술, 과잉통제에 대한 생물사회이론의 초기 버전, 첫 번째 RO DBT 매뉴얼 개발이 그것이다. 우리는 또한 예비 연구(T. R. Lynch, Morse, Mendelson, & Robins, 2003) 결과에서 나타난 장점과 늘어난 임상 경험을 바탕으로 계속해서 매뉴얼을 다듬어 나갔다.

우리는 초기 RO DBT의 범진단적 속성에 힘입어 더 광범위한 질환과 치료 상황을 대상으로 하는 새로운 생각과 연구에 박차를 가했다. 그리하여 이 책을 쓰고 있는 이 시점에는 최신 RO DBT 연구와 훈련, 임상 작업이 다양한 연령군(아동, 청소년, 젊은 성인, 노인), 다양한 질환(신경성 식욕부진증, 만성 우울증, 자폐증, 과잉통제 성격장애들, 치료저항성 불안증), 유럽과 북미의 다양한 문화권, 다양한 상황(교정 시설, 입원, 외래)으로 확장됐다. 또한 RO DBT의 구성 요소들이 효과가 있음을 입증한 연구(기술훈련 단독 효과를 입증한 연구의 일례로 다음을 참고. Keogh, Booth, Baird, & Davenport, 2016) 및 개발 중인 매뉴얼(가족 구성원을 위한 RO 기술훈련, RO 커플 치료)의 응용을 통해 다양한 직역의 치료자들(심리학자, 간호사, 사회복지사, 정신과 의사, 가족치료자, 작업치료사)을 대상으로 훈련이 확대됐다. 전세계적 연구를 통해 300명 이상의 환자들이 RO DBT 치료를 받았고, 훨씬 더 많은 환자들이 임상 환경에서 치료를 받았다. 이에 따라 RO DBT의 실현가능성feasibility, 수용성acceptability, 효과성efficacy은 논문으로 출판된 다섯 개의 임상 연구 결과 및 최근에 완료된 다기관 연구를 통해 근거가 확립되었다. 이 장의 나머지 부분에서는 완료 및 현재 진행 중인 연구들에 대한 간략한 소개와 더불어, 효과성 연구의 개요 및 향후 방향에 대한 몇 가지 참고 사항을 제시한다.

치료저항성 우울증 및 부적응적 과잉통제를 대상으로 하는 RCT

현재까지 3개의 RCT가 부적응적 과잉통제와 만성 우울증에서 RO DBT(와 그 초기 버전들)의 실현가능성, 수용성, 효과성을 파악했다. 첫 2개의 RCT는 표준 DBT(Linehan, 1993a)의 응용 버전을 활용한 예비 연구였다(T. R. Lynch et al., 2003; T. R. Lynch & Cheavens, 2007). 이들 연구에서 우리는 종합적인 RO DBT 치료 매뉴얼을 개발하려는 목적으로, 우울증 및 부적응적 과잉통제와 관련된 특징에 초점을 맞춰 표준 DBT를 수정했다. 두 연구에서 모두 중장년 및 노인들에서 우울증 환자들을 모집했는데, 이는 이들 연령 집단이 과잉통제 대처(경직성, 인지적 비유연성inflexibility, 낮은 개방성, 감정 표현 소실)를 더 특징적으로 보인다는 선행 연구 결과에 따른 것이다(Morse & Lynch, 2000; T. R. Lynch, Cheavens, Morse, & Rosenthal, 2004; Schaie, Willis, & Caskie, 2004). 세 번째 연구는 세 기관에서 진행된 대규모 다기관 RCT였는데, 치료가 일반화될 수 있는지 파악하기 위해 치료저항성 우울증을 앓는 전 연령대의 성인들을 모집했다. 이들 각각의 연구들은 다음 절들에서 자세히 다루고 있다.

첫 번째 RCT

첫 번째 RCT(T. R. Lynch et al., 2003)의 주요 목표는 치료저항성 우울증과 과잉통제 문제에 대한 표준 DBT(Linehan, 1993a)의 실현가능성과 유용성utility을 검증하는 것이었다(T. R. Lynch et al., 2003; T. R. Lynch & Cheavens, 2008).[8] 우리는 과잉통제 우울증과 경계성 성격장애에서 나타나는 문제들이 본질적으로 다른 점을 고려하여, 표준 DBT에 기반하면서도 과잉통제 질환에서 고유하게 나타나는 문제들을 다루기 위해 부분적으로 변형한 기술을 적용했다. 예를 들어 치료 극초반의 경직성, 새로운 경험에 대한 낮은 개방성, 감정 억제는 중년 및 노년기 우울증 표본에서 중요한 중재요인moderators 또는 매개요인mediators임을 확인했다(Morse & Lynch, 2000; T. R. Lynch, Robins, Morse, & Krause, 2001). 이러한 발견은 첫 번째 RCT의 치료 목표를 설정하고, 현재 활용 중인 새로운 기술과 개입을 개발하는 데 매우 중요한 역할을 했다. 이 연구는 우울증과 과잉통제 문제를 지닌 사람들을 대상으로 표준 DBT를 변형한 기술(RO DBT-Early 또는 RO DBT-E)을 14주씩 2회 시행하고 개인치료자와 매주 30분씩 전화 연락을 하는 방식으로 진행됐다. 전화 연락은 이후 3개월 동안 2주 간격으로 시행한 뒤 마지막 3개월 동안은 3주 간격으로 유지했다. 치료 대상으로 삼은 과잉통제 문제들로는 감정 표현 억제, 원망bitterness과 원한resentment, 과잉대처, 경직된 규칙지배적 행동, 운명론적 사고 등이 있었다. 과잉통제 문제에 특징적인 변증법적 딜레마(예: 격렬한 집착 vs 무신경한 묵인)도 발굴하여 매뉴얼에 수록했다(C. Reynolds, Arean, Lynch, & Frank, 2004). 치료의 전반적 목적은 내담자들이 더 유연하게 대처하는 법을 배우고 습관적인 경직된 대처에서 벗어날 수 있도록 하는 것이었다(T. R. Lynch, 2000).

60세 이상 만성 우울증 환자 34명이 무작위로 항우울제 단독 투여 또는 항우울제와 RODBT-E(현재 RO DBT 매뉴얼의 초기 버전을 활용) 병합 치료군으로 배정됐다. 참가자들은 듀크 우울증 평가 스케줄Duke Depression Evaluation Schedule(George, Blazer, Hughes, & Fowler, 1989)에 따라 단극성 주요우울장애의 현재 삽화를 충족해야 했고, 17항목의 해밀턴 우울증 평가 척도Hamilton Rating Scale for Depression, HAM-D(Hamilton, 1960)에서 18점 이상이거나 벡 우울척도Beck Depression Inventory, BDI(A. T. Beck, Rush, Shaw, & Emery, 1979)에서 19점 이상이어야 했다. 정신건강의학과 전문의가 종단-전문-전체 자료longitudinal, expert, all data, LEAD 표준(Spitzer, 1983)을 활용하여 정신질환의 진단 및 통계 편람 제4판Diagnostic and Statistical Manual of Mental Disorders, DSM-IV(American Psychiatric Association, 2000)에 의거하여 진단했다. RODBT-E 군 참가자들의 45% 및 항우울제 단독 투여 군 참가자들의 18%가 DSM-IV의 II축 질환에 대한 구조화된 임상적 면담Structured Clinical Interview for DSM-IV Axis II Disorders, SCID-II에 따라 1개 이상의 성격장애 진단을 충족했다. 가능하면 평가자가 참가자들이 어떤 치료군에 배정됐는지 알지 못하게 하려고 했으나, 그러지 못한 경우도 있었다. 대부분의 참가자들은 평생 동안 평균 8회 이상의 선행 우울증 삽화를 보고했다. 두 군의 참가자들 사이에 치료 전 평가 항목에서 유의한 차이 없이 무작위가 성공적으로 이루어졌다. 모든 군간 비교에 양측 검정($p<0.05$)을 적용했고, 군내 비교에는 본페로니Bonferroni 교정을 적용하여 p 값이 0.006 미만일 때 통계적으로 유의한 것으로 설정했다. HAM-D 점수가 8점 이하일 때 우울증 관해로 정의했다(E. Frank et al., 1991).

RODBT-E 군의 71%와 항우울제 단독 치료군의 47%가 치료 후 평가에서 관해된 것으로 나타났다. 6개월 추적 결과에서는 RODBT-E 군의 75%와 항우울제 단독 치료군의 31%가 관해 상태로 확인됐다(T. R. Lynch et al., 2003). RODBT-E 군은 치료 전에 비해 치료 후에 BDI로 측정한 자기보고 우울 증상이 유의하게 감소됐고 이 차이는 추적 관찰 시점에서도 그대로 유지됐으나, 항우울제 단독 치료군에서는 유의한 변화가 없었다. 오직 RODBT-E 군에서만 타인의 호감을 얻는 데 대한 두려움과 관련된 부적응적 성격 유형이 유의미하게 개선된 것으로 나타났다. 또한, RODBT-E 참가자들에서만 스트레스를 받은 이후의 적응적 대처 능력이 유의하게 호전됐으며, 이는 6개월의 추적 기간 동안 유지됐다. 상황에 덜 압도되고, 사회적 지원을 더 잘 찾으며, 타인에게 화풀이를 덜 하는 것이 전체적인 대처 능력 향상과 관련이 있었다.

연구 자료에 대한 2차 분석 결과, 사고 억제 수준이 높을수록 치료 6개월 이후 우울 증상이 더 심한 것으로 나타났다. 이는 감정 경험 및 표현을 억제하는 것이 안 좋은 예후와 관련된다는 가설을 예비적으로 뒷받침하는 결과였다(Rosenthal, Cheavens, Lejuez, & Lynch, 2005). 첫 번째 RCT의 가장 큰 한계는 각 군에 무작위로 배정된 참가자 수가 17명에 불과할 정도로 표본 크기가 작았다는 점이다.[9] 이 연구에 시범적으로 적용된 새로운

RO 기술 중 일부는 치료팀의 주간 회의를 통해 개발된 것이다. 이 회의 때는 RODBT-E에 대한 환자들의 반응, 관련 문헌에 대한 논의, 결과에 대해 중재 혹은 매개 작용을 했을 것으로 여겨지는 요인들에 대한 논의 등을 진행했다(T. R. Lynch et al., 2004; Rosenthal et al., 2005). 또한 나는 치료법의 개발자로서 핵심 집단 회의와 치료를 완료한 참가자들과의 개별 면담도 진행했다. 이러한 회의 및 면담의 목적은 과잉통제 문제를 더 잘 이해하고, 변형된 개입의 수용성과 신뢰성을 파악하기 위한 것이었다. 우리는 여기서 얻은 정보를 통해 RODBT-E를 더 다듬을 수 있었고, 이는 후속 RCT의 임상적 토대가 됐다.

두 번째 RCT

두 번째 RCT는 첫 번째 RCT에서 시험적으로 확인한 새로운 RO 기술과 치료 대상을 추가적으로 검증할 수 있도록 설계된 것으로(T. R. Lynch & Cheavens, 2007), 과잉통제 문제와 치료저항성 우울증을 대상으로 더욱 포괄적인 RO DBT 치료 매뉴얼 제작을 목표로 했다.[10] 연구 포함기준은 55세 이상, SCID-I에 의한 주요우울장애 현재 삽화 충족, SCID-II에 의한 성격장애의 존재, 17항목 HAM-D 점수 18점 이상이었다. 전체 표본 중 78%가 과잉통제 유형의 성격장애 진단기준을 충족했는데, 그중 강박적 성격장애, 편집성 성격장애, 회피성 성격장애가 가장 많았다. 모든 평가자는 환자가 어떤 치료군에 배정됐는지 알지 못했으며, 주된 치료 지표는 17항목 HAM-D 점수였다. 관해는 HAM-D 점수 10점 미만으로 정의됐다.

연구는 치료저항성 우울증과 성격장애를 함께 지닌 환자들만 포함하기 위해 다음 두 가지 단계로 진행됐다. 1단계에서 참가자들(65명)은 임상적으로 권고하는 최선의 항우울제 치료를 받기 위해 8주 동안 정기적으로 정신건강의학과 의사에게 진료를 받았다. 이 단계에서 14%의 참가자만 50% 이상의 우울 증상 감소를 보였고, 전체 표본의 85%가 치료저항성 우울증의 기준을 충족했다.

2단계는 1단계에서 항우울제 치료에 적절한 반응을 보이지 않은 참가자들 중 지속적인 치료에 동의한 사람들(37명, 초기 표본의 57%)을 대상으로 진행됐다. 이들은 24주 동안 RODBT-E2(RODBT-Early의 두 번째 매뉴얼) 군이나 일반적인 항우울제 치료를 받는 통상적 치료군으로 무작위 배정됐다.[11] 두 군의 참가자들 모두 정신건강의학과 전문의에 의해 항우울제를 처방받았다.

RODBT-E2는 매주 2시간의 기술훈련과 1시간의 대면 개인치료, 그리고 항우울제 치료로 진행됐다. 참가자들은 치료 시간 이외에 RODBT-E2 치료자와 전화 상담을 받을 수 있었다(다만 실제로 활용 빈도는 극히 적었다). RODBT-E2 연구 치료자들은 매주 90분 간 팀 자문회의를 가졌다. 통상적인 정신과 치료를 시행하는 군에서는 약물을 처방하는 의사와의 정기적인 진료가 최소한 월 1회 이상 진행됐고, 필요한 경우 추가적인 상담이 이루어졌다. 최적의 항우울제 용량과 치료 효과를 확보하기 위해 복용량을 조정하거나 약물의 종류를 변경하는 것이 권장됐다.

치료 후 평가 결과 RODBT-E2 군의 71%와 대조군의 50%에서 관해를 보였다. 이러한 경향은 3개월 추적 기간 동안 유지되다가 6개월째는 두 군의 차이가 사라졌다. RODBT-E2 군에서는 통상적인 정신과적 치료군에 비해 성격 기능부전이 유의하게 개선됐고, 이 차이는 6개월 뒤에도 그대로 유지됐다.

초기의 두 개의 RCT는 두 군 간의 치료 효과 차이에 대한 통계적 검정력을 충분히 확보하지 못했다는 큰 한계를 지니고 있었다. 그럼에도 불구하고 RODBT-E 군은 대조군에 비하여 우울증 관해율이 높았으며, 이는 중요하고 의미 있는 발견이었다(T. R. Lynch et al., 2003). 또한 RODBT-E2는 대조군에 비해 성격 지표의 개선 효과가 훨씬 더 우수했다. 처음 두 RCT에서는 모두 고령, 성격장애, 자살 충동, 만성 우울증 환자들을 대상으로 했다. RODBT-E와 RODBT-E2에서의 중도 탈락율은 각각 6%와 28%로 낮은 편이었다. 두 번째 RCT에서 중도 탈락율이 더 높은 것은 그만큼 참가자들의 병리가 더 심각했음을 의미한다(실제로 성격장애가 있어야만 연구에 참여할 수 있었다). 또한 첫 번째 RCT의 참가자들이 이미 더 큰 규모의 종단 연구에 참여하고 있었던 것도 낮은 중도 탈락율에 영향을 끼쳤을 것으로 보인다. 두 RCT는 모두 초기 버전 RO DBT의 실현가능성, 수용성, 임상적 유용성에 대한 예비적 근거를 제시했다.

우리는 특히 두 번째 RCT를 통해 임상 매뉴얼을 더욱 발전시킬 수 있었다(T. R. Lynch & Cheavens, 2008). 이를 바탕으로 과잉통제 질환에 대한 새로운 생물사회이론을 개발하고, 개방성을 극대화하고 유연한 대처를 늘리며, 경직된 규칙지배적 행동을 줄이는 데 초점을 맞춘 새로운 RO 기술이 등장할 수 있었다.[12]

세 번째 RCT

처음 두 차례 RCT의 성과에도 불구하고, 치료저항성 만성 우울증에 대한 RO DBT는 두 번째 RCT를 끝으로 개발이 중단될 뻔했다. 그 이유 중 하나는, 미국과 영국의 여러 독립적 기금 검토자들이 처음 두 번의 RCT 결과가 추가적인 수정이나 연구 없이 RO DBT 매뉴얼을 그대로 발간할 만큼의 충분히 강력한 근거가 안 된다는 피드백을 주었기 때문이었다. 나 역시도 회의적이었다. 내 임상 경험에 따르면, 과잉통제 내담자들에 대한 이해는 이제 겨우 첫 발을 내딛은 것에 불과했다. 나는 연구실을 듀크대학교에서 영국의 엑서터대학교로, 나중에는 사우샘프턴대학교 이전하기로 결정했는데, 이는 새로운 기회, 아이디어, 협업의 계기가 되면서 RO DBT가 현재의 모습을 갖추는 데 큰 도움이 됐다. 치료저항성 우울증과 과잉통제를 대상으로 한 우리의 세 번째 RCT인 RefraMED(Refractory Depression: Mechanisms and Efficacy of RO DBT) 프로젝트가 바로 여기서 탄생했다. RefraMED 프로젝트는 다기관 RCT로서, 참가자들은 무작위로 배정되어 7개월 동안 RO DBT와 통상적인 치료를 함께 받거나 통상적인 치료만을 받게 했다. RO DBT는 매주 1시간씩 총 29회의 개인 회기와, 2시간 30분씩 총 27회의 기술 수업으로 구성됐다. 통상적 치료군에 배정된 환자는 국가의료서비스National Health Service, NHS나 민간 의료기관에서 제공하는 모든 치료를 받을 수 있었다. 참가자들은 영국의 도싯, 햄프셔, 북웨일즈에서 모집됐다. 선정기준은 18세 이상, HAM-D 점수 15점 이상, SCID-I에 의한 현재 주요우울장애 진단기준 충족, 치료저항성 또는 만성 우울증, 최소 6주 이상 적절한 용량의 항우울제를 복용하면서도 증상이 호전되지 않는 것이었다. 극적이거나 예측 불가능한 B군 성격장애, 양극성장애, 정신병, 물질 의존이나 남용이 주 진단인 환자들은 제외됐다.

다음 세 가지 변수를 계층화한 적응형 알고리즘을 통해 무작위 할당을 함으로써 기준 시점에서 군 간 균형을 맞췄다.

1. 조기 혹은 만기 발병
2. HAM-D 점수 25점 이상 혹은 이하
3. 성격장애 진단의 유무

참가자가 어느 군에 배정됐는지 모르는 숙련된 평가자가 무작위 배정 후 각각 7개월, 12개월, 18개월 시점에 평가를 진행했다. 주요 결과 지표는 이 세 시점에서 측정한 HAM-D의 우울 증상 심각도였다. 총 250명의 참가자들이 적응형 알고리즘을 통해 RO DBT(162명) 및 통상적 치료군(88명)으로 무작위 배정됐다. 동반이환 질환을 지닌 환자들이 많아서, 86%가 하나 이상의 1축 진단을, 78%가 하나 이상의 2축 진단을 지니고 있었다. 세 번째 RCT에서는 RO DBT 준수 자기평가척도(**부록 8** 참조)와 과잉통제 내담자를 식별하는 데 도움이 되는 새로운 척도(3장 참조)가 처음으로 활용됐다.

신경성 식욕부진증에 대한 RO DBT

RO DBT는 체중 증가에 대한 극도의 두려움과 저체중을 특징으로 하는 심각한 정신질환인 신경성 식욕부진증(American Psychiatric Association, 2000) 치료에도 활용됐다. 성인 신경성 식욕부진증 환자의 경우 특별히 더 우수한 것으로 알려진 치료법은 없다(H. J. Watson & Bulik, 2013). 영국와 미국의 지침에 따르면(National Collaborating Centre for Mental Health, 2004; Americ1an Psychiatric Association, 2006), 성인 신경성 식욕부진증 환자에 대한 특별한 권장 치료법은 없는데, 이는 이 질환에 대한 새로운 이론적 및 치료적 접근이 필요함을 시사한다.

신경성 식욕부진증은 냉담함, 사회적 위축, 인지적 경직성, 동일성에 대한 고집, 새로움을 추구하지 않는 행동, 구조와 대칭에 대한 강한 개인적 욕구, 높은 위협 민감성, 지나친 완벽주의 등의 특징으로 인해 오랫동안 과잉통제 질환으로 개념화되어 왔다(Fairburn, 2005; T. R. Lynch, Hempel, Titley, Burford, & Gray, 2012; Safer & Chen, 2011; Zucker et al., 2007). 신경성 식욕부진증이 있는 사람은 타인의 감정을 인식하는 데 어려움이 있고, 특히 부정적 감정을 표현하는 능력이 부족하다(Geller, Cockell, Hewitt, Goldner, & Flett, 2000). 신경성 식욕부진증에서 나타나는 다음의 특징은 이 질환이 과잉통제에 대한 생물사회이론에 부합함을 보여 준다.

- 위협 민감성(Harrison, Tchanturia, & Treasure, 2010)
- 보상 둔감성(Harrison, O'Brien, Lopez, & Treasure, 2010)
- 어린 시절의 불인정invalidation과 비판(Kyriacou, Treasure, & Schmidt, 2008; Mountford, Corstorphine, Tomlinson, & Waller, 2007)
- 감정 표현 억제(Geller et al., 2000)
- 감각 추구 행동 저하(Rossier, Bolognini, Plancherel, & Halfon, 2000)
- 완벽주의(Franco-Paredes, Mancilla-Díaz, Vázquez-Arévalo, López-Aguilar, & Álvarez-Rayón, 2005)
- 냉담하거나 소원한 인간관계(Zucker et al., 2007)

RO DBT는 과잉통제가 어느 정도 신경성 식욕부진증 발병에 선행한다는 연구 결과에 기반하여, 제한적이고 의식화된 식이를 경직된 부적응적 과잉통제 대처로 인한 증상이나 결과로 개념화함으로써 신경성 식욕부진증의 원인과 치료에 대한 독창적 관점을 제시한다(T. R. Lynch et al., 2013). PNS와 SNS 간의 신경억제성 관계를 근간으로 하는 RO DBT는 강박적 단식을 이해하는 새로운 방법이 될 수 있다. 특히 RO DBT 모형에 따르면, 강렬한 섭식 제한 시기가 지나고 나면 내담자의 신경 조절 체계가 몸의 고갈된 대사 상태를 생명에 위협이 되는 것으로 인식하면서 더 오래전부터 진화해 온 PNS의 등쪽 미주 복합체dorsal vagal complex, DVC를 활성화하는데, 이로 인해 SNS가 매개하는 에너지 고갈 행동 양상(예: 도망치거나 싸우려는 충동)이 억제됨과 동시에, 통증에 대한 민감성이 낮아지고 감정적 무감각이 증가한다(예: 단조로운 정동). 따라서 RO DBT에서는 내담자가 불안한 각성을 하향조절하는 수단으로서 식사 제한을 발달시키지만, DVC 활성화가 단조로운 정동을 유발하여 사회적 고립을 초래한다고 가정한다(J. J. Gross & John, 2003; T. R. Lynch et al., 2013).

섭식장애를 다루는 다른 대부분의 접근 방식들과 다르게, RO DBT는 섭식장애를 치료하는 치료자가 음식, 체중, 체형 등의 섭식장애 요인들과 무관한, 내담자의 목표와 가치를 파악하는 것을 핵심으로 본다. RO DBT 치료자는 처음부터 내담자의 문제가 섭식장애 그 이상이라는 생각을 은연중에 전달할 것이다. 이러한 접근 방식은 치료자가 내담자의 심리적 문제에 집중하는 동시에, 내담자의 부적응적 신경성 식욕부진증을 치료의 최우선 순위로 설정함으로써 오히려 이를 강화하는 것을 방지하기 위한 것이다(더 자세한 내용은 4장 **「치료 구조 및 대상 개요」**를 참조).

RO DBT에서 신경성 식욕부진증에 대한 마음챙김 기반 접근법은 내담자가 지니고 있는 음식에 대한 혐오 반응 경향(예: 팽만감, 구역, 구토 충동, 파국적 사고)을 극복하는 연습을 하는 데 중점을 둔다. 이는 기존의 마음챙김 식사와는 반대로, 내담자가 음식과 관련한 혐오적 감각·감정·생각을 알아차리고 그러한 감각·감정·생각이 위기인 것처럼 반응하지 않도록 하는 데 중점을 둔다. 치료자는 내담자가 음식에 대한 회피 반응 경향을 냉정하게 관찰하도록 권장하고, 이것이 선원들이 뱃멀미를 극복하거나 제트기 조종사들이 심한 메스꺼움을 극복하는 데 사용하는 기술과 비슷하다는 점을 상기하게 한다.[13]

한 연구에서는 제한형restrictive-type 신경성 식욕부진증 입원 환자들에 대한 치료 목적으로 RO DBT를 변형하여 사용하는 것의 실현가능성과 결과를 검증했다(T. R. Lynch et al., 2013).[14] 제한형 신경성 식욕부진증으로 진단받은 47명의 입원 환자(평균 체질량지수body mass index, BMI 14.43)들이 RO DBT(평균 치료 기간 21.7주)를 받았다. 치료의향Intent-to-treat, ITT 분석 결과, RO DBT는 체중 증가를 강조하기보다 내담자가 공유할 가치가 있는 삶을 찾는 데 중점을 두었음에도 불구하고 체중 개선 효과가 큰 것으로 나타났다. ITT 분석에서 나타난 BMI 증가는 다른 입원 환자 프로그램(Hartmann, Weber, Herpertz, & Zeeck, 2011)에서 보고됐던 효과 크기(d = 1.2)보다 더 큰 1.71이었다. 치료를 완료한 환자의 35%는 완전 관해에 도달했고 55%는 부분 관해를 보여서, 전체 반응율은 총 90%에 달했다. 참가자들은 또한 섭식장애와 관련한 정신병리 증상(d = 1.17), 섭식장애와 관련한 삶의 질(d = 1.03), 심리적 고통(d = 1.34)에서도 유의한 개선 효과를 보였다. 신경성 식욕부진증의 회복에 대한 연구들에서 치료 중 BMI가 높을수록 더 재발 방지 효과가 높다는 결과가 보고된 점을 고려하면(Carter et al., 2012; Commerford, Licinio, & Halmi, 1997), 이는 외래 환자들에서의 관해 비율과 비슷한 수준이면서도 이들보다 더 심한 저체중 및 만성 환자들을 대상으로 했다는 점에서 주목할 만하다.

RO DBT 개인치료에 평균 32주의 RO 기술훈련을 추가하여 과잉통제를 치료한 소규모 사례에서도 좋은 결과를 보였다(E. Y. Chen et al., 2015). 참가자들은 19-55세 사이의 외래 여성 신경성 식욕부진증 환자 9명이었으며, BMI는 평균 18.7이었다.[15] 이 중 75%는 폭식-제거형에 대한 아임상적 양상이거나 전체 진단 기준을 충족했다. 기준 시점에서 대부분(88%) 참가자들이 우울증을 비롯한 DSM-IV 1축 장애를 동반하고 있었고, 63%는 강박성 성격장애를 비롯한 DSM-IV의 2축 장애를 동반하고 있었으며, 25%는 자살경향성 또는 비자살적 자해 병력을 보고했다. 독립적인 평가자가 치료 전후에 표준화된 임상 면담을 진행했다. ITT 분석 결과, 치료 종료 시점에서 전체 참가자의 62%에서 유의하게 체중이 증가하고 생리가 다시 시작됐다. BMI 증가에 대한 효과 크기(d = 1.12)는 6개월(d = 0.87) 및 12개월(d = 1.21) 추적 시점에서 계속 유지됐다. 치료 종료 시점에서 섭식장애 검사Eating Disorder Examination의 총점 개선 효과(d = 0.46)는 추적 6개월째(d = 0.45) 유지됐다가 12개월째(d = 0.34) 감소했다.

나는 현재 스웨덴 웁살라대학교의 동료들과 협업하면서, 가설 기반 변화 기전에 중점을 두고 신경성 식욕부진증 성인들에게 RO DBT를 적용하는 연구를 진행하고 있고, 사우스런던, 모즐리 NHS재단트러스트, 런던 정신의학연구소와 협업하며 치료저항성 섭식장애 청소년 환자들에 대한 RO DBT의 효과를 검증하는 예비 연구도 진행 중이다.

치료저항성 과잉통제 질환을 다루기 위한 RO 기술훈련

RO DBT처럼 다중 요소로 구성된 치료에서는, 치료를 구조화하는 데 꼭 필요한 구성 요소를 정하는 것이 중요한 문제다. 예를 들어 만약 RO 기술훈련만 한다면 중요한 임상 결과를 달성하는 데 얼마나 효과적일까? 한 연구팀은 이 질문에 대한 답을 찾기 위해, 과잉통제 성격장애 치료에서 RO 기술훈련이 통상적 치료에 비해 얼마나 효과가 있는지 알아보는 비무작위nonrandomized대조연구를 시행했다(Keogh et al., 2016).

이 연구는 치료저항성 성인 참가자 117명을 대상으로, RO 기술훈련군(58명)을 먼저 모집한 뒤 대기자 명단에 등록된 통상적 치료군(59명)을 모집했다. 통상적 치료군에 참가한 사람들은 치료 여건이 확보되는 대로 RO 교육 회기에 참여했다.[16]

기준 시점에서 측정한 사회인구학적 및 임상적 변수에서 RO 기술 치료군과 통상적 치료군 간의 유의한 통계적 차이는 없었다. 두 군의 참가자들에게서 치료 전후의 주요 지표들을 측정했다. RO 기술훈련 참가자들에게서 3개월 후 추적 조사를 시행했고, 훈련 6회기 및 18회기 시점에서 치료동맹과 집단 프로세스를 측정했다.

RO 기술훈련에 참여한 58명 중 약 10%인 6명이 중도 탈락하고 5명은 사후 평가를 완료하지 않아서, 총 47명(81.5%)이 응답을 완료했다. 주요 변수들에서 중도 탈락자와 치료 완료자 간의 유의한 차이는 없었다. 통상적 치료군 59명 중 22명을 제외한 총 37명(62.7%)이 치료 후 조사를 완료했다.

연구 결과 RO 기술훈련군은 통상적 치료군에 비해 전반적 정신병리 증상의 개선 폭이 더 컸고, 중등도의 치료 효과 크기를 보였다.[17] 이 연구는 RO 기술훈련이 개발자의 임상적 개입이나 슈퍼비전 없이도 치료저항성 과잉통제 성인에게 유용하게 활용될 수 있다는 예비 근거를 제시했다는 점에서 중요하다.

법의학 집단에서 RO DBT의 적용

최근 과잉통제 혹은 과소통제를 특징으로 하는 두 유형의 폭력 범죄자를 식별하는 연구를 기반으로(Megargee, 1966; Megargee & Bohn, 1979) 법의학 환경에 RO DBT가 적용됐다. 과잉통제 범죄자는 과소통제 범죄자에 비해 더 내성적이고, 수줍음이 많고, 소심하고, 긴장과 불안을 잘 느끼며, 계획적이고, 책임감 있게 행동하고, 타인에 대한 적대감을 부인하는 경향이 높은 것으로 나타났다(Robins, John, Caspi, Moffitt, & Stouthamer-Loeber, 1996; Du Toit & Duckitt, 1990; M. Henderson, 1983a, 1983b; Hershorn & Rosenbaum, 1991). 과거에는 과잉통제 범죄자가 억압된 분노가 축적될 때 폭력을 행사한다고 여겨졌다. 즉 자기통제 역량을 넘어설 정도로 반복적으로 자극을 받으면 극단적 형태의 분노(그리고 폭력 행동)로 나타나고, 뒤이어 굴욕감과 절망을 느낀다는 것이다(Tsytsarev & Grodnitzky, 1995). 최근에는 과잉통제형 인간의 폭력 행동이 감정 외에도 다른 요인에 의해 유발될 수 있다는 연구 결과(Chambers, 2010)를 바탕으로, 과잉통제에서의 폭력을 억제형(반응적 폭력이 특징)과 통제형(계획적 폭력이 특징)으로 구분하는 모형도 제시됐다. 실제로 많은 연구들이 분노가 폭력의 필요조건이나 충분조건이 아님을 보고했다(Bandura, 1973; Polaschek & Collie, 2004).

하지만 현재까지 법의학 환경에서 진행된 대부분의 연구들은 과소통제 범죄자에 대한 이론화 및 치료적 개입에 치중하고 있으며(Novaco 1997; Davey, Day, & Howells, 2005), 범죄자에 대한 프로그램 역시 분노 조절을 통해 자기통제를 개선하는 데 중점을 둔 인지행동치료cognitive behavioral therapy, CBT를 기본으로 하고 있다(Hanson, Bourgon, Helmus, & Hodgson, 2009; Hollin, Palmer, & Hatcher, 2013; Tew, Harkins, & Dixon, 2013; Wong & Gordon, 2013). 일반인구 집단을 대상으로 하는 분노 조절 CBT 치료는 최소 중등도 이상의 효과 크기를 보인 반면(DiGiuseppe & Tafrate, 2003; Gansle, 2005; Sukhodolsky, Kassinove, & Gorman, 2004), 범죄자 집단에서의 연구 결과는 일관되지 않다. 분노 조절 치료에 참여한 131명의 남성 폭력 범죄자를 대상으로 한 연구 결과에서는(Low & Day, 2015), 과소통제 범죄자들에서만 치료 효과가 있었다.[18] 현재 영국 램튼병원의 피크스병동에서는 과소통제 및 과잉통제 대처를 모두 아우르는 치료 모형(과잉통제 범죄자에 대해서는 RO DBT를 적용하고, 과소통제 범죄자에게는 표준 DBT를 적용)을 검증하고 있다.

치료저항성 불안에서 RO DBT 적용

아직까지는 초기 단계이지만, RO DBT는 치료저항성 불안장애 치료에 유용하게 활용될 수 있다. 불안에 대해 경험적으로 검증된 효과적인 치료법들이 있지만, 단지 60%의 내담자들만이 이러한 치료에 부분적 반응을 보일 뿐이다. 많은 내담자들이 잔류 증상을 지니거나 치료저항성 상태에 머물러 있다. 흥미롭게도 한 연구에 따르면, 과잉통제 기질과 성격 특성을 지닌 내담자들은 치료에 가장 큰 저항성을 보였다. 예를 들어 강박장애와 강박성 성격장애는 극도로 경직된 사고방식(강박장애에서 나타나는 강박과 정신적 의식), 변화나 불확실성을 견디기 힘들어하는 등의 몇몇 전형적인 과잉통제 대처 방식을 공유하고 있다(Gallagher, South, & Oltmanns, 2003; A. T. Beck, Freeman, & Davis, 2004). 또한 강박장애와 강박성 성격장애 모두 오래됐거나 쓸모없는 물건을 버리지 못하는 등의 부적응적인 저장 형태를 수반하는 경우가 많다(Steketee & Frost, 2003).[19]

자폐스펙트럼장애에서 RO DBT 적용

RO DBT이 근거하는 범진단적 모형은 자폐스펙트럼장애 역시 행동 및 인지적 경직성, 감정 표현 결핍, 인간관계에서의 냉담함 같은 전형적인 과잉통제 문제를 지니는 것으로 본다. 연구에 따르면, 자폐스펙트럼장애를 지닌 사람들은 질서와 예측 가능성을 추구하고, 규칙에 기반한 대처 방식을 활용하며, 표현의 범위가 제한적이고, 사회적 인지 능력이 떨어진다(Baron-Cohen & Wheelwright, 2003; Lawson, Baron-Cohen, & Wheelwright, 2004). 자폐스펙트럼장애를 지닌 사람은 기능 수준이 높아도 냉담하고 사회적으로 위축될 뿐만 아니라 디테일details에만 초점을 맞추기 때문에, 맥락을 통합하거나 상황의 요점을 파악하지 못한다(Zucker et al., 2007). 자폐스펙트럼장애에서 전반적인 구성보다 디테일에 몰두하는 것은 반복적으로 관찰되는 특징인데(Happé & Frith, 2006), 아직 연구는 제한적이지만 신경성 식욕부진증과 강박성 성격장애에서도 이와 유사한 방식의 정보처리 편향이 나타나는 것으로 추정된다(Zucker et al., 2007). 따라서 비록 아직은 자폐스펙트럼장애에서 RO DBT를 적용한 연구가 체계적으로 진행되지 못했지만, RO DBT가 자폐스펙트럼장애에 대한 임상적 적합성을 지니고 있다고 가정하는 것도 타당해 보인다.

이 장에서 다룬 내용

▶ 자기통제가 지나치게 심한 것은 지나치게 적은 것만큼이나 문제가 될 수 있다.
▶ 생기질적 요인은 전의식 수준에서 지각, 학습, 외현적 행동에 영향을 끼치고 방해할 수 있기 때문에 지나친 자기통제를 유발하는 요인이 될 수 있다.
▶ RO DBT를 단독으로 사용하거나 RO 기술훈련을 표준 DBT와 함께 사용한 연구 결과들은, 이 기법들이 만성 및 치료저항성 정신질환에서 유용하게 활용될 수 있음을 보여 준다.

2장

과잉통제 질환에 대한 신경생물사회이론

이 장의 목적은 RO DBT의 치료적 개입의 근거가 되는 이론과 과학에 대한 개요를 제공하는 것이다. 이를 위해 서로 다르지만 관련 있는 이론 두 개를 소개한다. 첫 번째는 모든 인간에게 적용되는 사회정서socioemotional 기능에 대한 전반적 신경조절모형neuroregulatory model이다. 이 모형은 변화하는 환경 조건에 따라 유연하게 대응할 수 있는 능력을 촉진하는 데 관여하는 정서 자극의 하향식 및 상향식 처리 과정과, 중추신경계와 자율신경계 간의 순환 처리 과정을 설명한다. 두 번째는 과잉통제 대처가 시간이 지남에 따라 어떻게 발전하고 유지되는지 설명하는 신경생물사회이론neurobiosocial theory이다. RO DBT의 개입, 치료 대상 선정, 변화 기전 가설은 모두 이 두 모형을 기반으로 한다.

사회정서 기능의 새로운 신경조절모형

RO DBT의 신경조절모형은 감정을 무조건 혹은 조건 자극에 의해 촉발되어 행동에 동기를 부여하고, 의도를 전달하며, 적어도 인간에게서는 개체와 종족 모두의 생존에 필수적인 긴밀한 사회적 유대감을 촉진하는, 진화적으로 준비되고 학습된 반응 경향으로 정의한다. 조절 기능은 감정에 대한 수직통합vertical-integrative 관점과 유사하게(Panksepp, 2005; Tucker, Derryberry, & Luu, 2005), 감정이 뇌에서 진화적으로 더 오래전에 발달한 시스템에서 더 새롭게 발달된 시스템의 방향으로(예: 뇌간에서 변연계를 거쳐 피질 영역으로) 처리된다고 가정한다.

RO DBT는 사회정서 행동을 이해하는 데 있어 자율신경계 및 그와 관계된 신경 기질의 역할을 중요시한다. 그 이유는 감정 반응 중 발생하는 본능적visceral 및 생리적 변화의 대부분이 이 시스템에서 비롯되기 때문이다. 자율신경계는 뇌와 척수 밖에 있는 신경 조직으로 정의되는 말초신경계peripheral nervous system의 일부로, 몸의 내장, 땀샘, 감각계를 조절하며, 뇌와 척수로 구성되는 중추신경계가 다른 신체 부위와 주고받는 신호를 처리하는 역할을 담당한다. 중추신경계는 시상하부, 편도, 전전두엽 피질과 영역 등에서의 활동을 통해 자율신경계의 하위 반사 기전을 제어하고, 억제하고, 우회할 수 있다(Jessell, 1995). 우리 몸은 자율신경계 덕분에 외부 환경의 요구에 부응하여 내부 상태를 빠르게 변화시킬 수 있다. 이는 환경의 위협이나 보상을 신속히 파악하고 적절히 대응해야 생존할 수 있는 상황에서 굉장히 중요하다(Darwin, 1872/1998; Porges, 2009). 자율신경계가 수행하는 본능적 반응 혹은 신체 기능은 사회적 신호(예: 얼굴 표정, 목소리 톤, 자세)에도 영향을 끼친다. 마지막으로, 자율신경계는 SNS와 PNS로 구성되며 모든 신체 기관에 관여한다.

자율신경계: SNS

SNS는 일반적으로 에너지를 소비하고 몸이 행동할 수 있게 준비하는 이화작용catabolic(예: 심박수 증가, 발한, 골격근으로의 혈류 증가, 소화기계 억제 같은 변화를 유발하는 투쟁-도피 반응) 시스템이다. 우리의 모형에서 이 시스템은 자극이 잠재적인 위협이나 보상으로 여겨질 때마다 활성화된다. SNS는 부신 수질에 작용해 카테콜아민catecholamine인 아드레날린adrenaline과 노르아드레날린noradrenaline을 혈류로 분비한다. SNS의 작용은 이렇게 몸 전체적으로 확산하는 경향이 있다.

자율신경계: PNS

PNS는 일반적으로 동화작용anabolic을 하며, 조직의 성장, 에너지 보존, 휴식이나 소화를 촉진한다. 대부분의 PNS의 신경 섬유는 척수의 두개cranial 혹은 천골sacral 부위(척추의 맨 위와 그 아래 부위)에서 유래한다. 뇌간에 있는 핵에서 유래하는 중요한 신경인 미주신경도 PNS에 속한다. PNS는 그것이 조절하는 기관의 내부나 인접 부위에 존재하기 때문에 SNS와 달리 국소적이고 세부적인 작용을 한다. 흥미롭게도, 10번 뇌신경으로도 알려져 있는 미주신경은 뇌간 내에서 VVC(신미주new vagus)의 일부인 의문핵nucleus ambiguous과 DVC(구미주old vagus)의 일부인 등쪽 미주신경 운동핵에서 기원한다(Porges, 1995). 이 두 가지 미주신경은 모두 심박수를 늦추는 작용을 하지만, 전체적인 효과는 질적·양적으로 다르다(Porges, 1995, 2001). PNS-VVC(신미주)는 사회적 안전, 소속감, 탐색과 관련 있는 반면, PNS-DVC(구미주)는 차단, 부동화, 통증에 대한 무감각과 관련 있다(Porges, 2001).

이러한 복잡성을 설명하기 위해 우리의 모형은 감정조절을 상호교류하는 다음의 세 가지 요소로 크게 분류한다.

1. 지각 부호화encoding 조절
2. 내적 인지 조절
3. 외적 인지 조절

지각 부호화 요인은 자동적 전의식 조절 과정을 설명한다. 내부 조절과 외부 조절의 분리는, 사람이 속으로는 불안을 느끼지만 겉으로는 불안의 명확한 징후를 드러내지 않는 이유를 설명하는 데 유용하다. 우리의 모형에서 **각성arousal은** 대부분의 사람들이 '느낌feelings'이라고 부르는, 자율신경계에 의해 매개되는 본능적 반응과 신체 감각을 포함하는 내부 감정 경험의 강도와 관련 있으며, **유의성誘意性valence**은 긍정적·부정적 유발 자극에 부여되는 쾌락적hedonic 가치를 일컫는다. 각성과 유의성은 모두 에너지 소비(예: 유해한 자극을 피하기 위해 사용하는 노력의 양)에 필요한 대사 과정을 조절하고, 내적 행동 충동 및 반응 경향(예: 관계를 형성하고 싶은 충동)의 유형과 강도에 영향을 끼친다.

인간의 반응

인간에게 이상적 설정값은 내부 및 환경 자극을 수용하고 낮은 수준으로 처리할 수 있는 안전하거나 차분히 준비된 상태로 볼 수 있다. 하지만 일반적으로 감각 입력이 환기적이거나evocative(저장된 표상에 근거한 기대치에 벗어남. L. Gross, 2006) 감각 뉴런 발화에 상당한 변화가 생기면 무의식적 평가 과정이 개시되고, (긍정적이거나 부정적인) 유의성을 빠르게 부여함으로써 해당 자극을 유발 감정에 따라 다음의 다섯 유형 중 하나로 분류한다.

1. 안전(긍정적 유의성, 낮은 각성)
2. 생소함(모호한 유의성)
3. 보상(긍정적 유의성, 높은 각성)
4. 위협(부정적 유의성, 높은 각성)
5. 압도적 위협이나 보상(불일치하는 유의성, 낮은 각성)

각각의 자극 유형은 종의 생존과 관련된 특정한 유형의 환경 자극(예: 거미나 얼굴 표정)에 자동적으로 주목하고 반응하도록 진화한 자연 선택 과정의 최종 결과를 반영한다(Adolphs, 2008; Davis et al., 2011; Mineka & Öhman, 2002). 또한 각 자극은 고유한 신경 기질 및 신체 반응 패턴과 연관되어 있으며, 이는 타인과의 관계에 대한 욕구 및 비언어적 사회적 신호(예: 얼굴 표정, 목소리 톤, 자세)에도 영향을 끼친다. 이렇게 종에 특화된 무조건 자극은 삶을 통한 학습과 뇌의 성숙에 따른 후성유전학적epigenetic 조절로 기능이 변화될 수도 있지만, 적어도 생애 초반에는 무조건 반응을 유발한다(Bendesky & Bargmann, 2011; McEwen, Eiland, Hunter, & Miller, 2012). 감정 반응은 내적 단서(예: 신체 감각이나 기억) 및 외적 단서(예: 하루 중 일정한 시간에 담배를 피우고 싶은 충동이 듦)에 의해 유발될 수 있다.

유발 자극에 대한 초기 평가(혹은 1차 평가primary reappraisals)는 감각수용체나 전의식 차원에서 이루어진다. 예를 들어 감정을 표현하는 얼굴을 의식적으로 인지하려면 최소 17-20밀리초(1초가 1000밀리초임을 기억하라)가 필요하지만, 우리의 뇌와 몸은 고작 4밀리초라는 짧은 시간 만에 생리적 반응을 시작한다(L. M. Williams et al., 2004, 2006). 지각 부호화 요인은 뇌가 개인의 생존과 안녕에 필수적인 자극에 집중할 수 있도록, 나머지 방대한 감각 자극들을 걸러내는 기능을 한다. 만약 자극이 약하거나, 반복적이거나, 혹은 둘 다라면, 일반화된 각성 시스템은 상위 뇌 영역을 활성화하지 못하면서 전의식 차원에서의 중요한 조절 기능을 수행하지 못한다. 대부분의 사람들이 처음에는 시계의 똑딱거리는 소리를 성가시게 여기지만, 강도가 낮고 반복적인 특성으로 인해 시간이 지남에 따라 습관화되거나 이를 인식하지 못

> 인류의 조상에게 부족 사회로부터 고립되는 것은 굶주림이나 포식자에 의해 거의 확실한 죽음을 의미했다.

하게 되는 것처럼 말이다. 만약 이러한 과정이 없다면 중추신경계로 들어오는 수많은 정보(예: 이 글을 쓰고 있는 내 컴퓨터 앞에 있는 벽의 색깔)와 수많은 자극의 홍수에 빠지게 될 것이다.

신경지적neuroceptive 경향에는 무조건 자극(예: 뱀을 보는 것)에 대한 선천적 반응 및 조건 자극에 대한 학습 반응(예: 총이 유아에게는 감정을 유발하지 않지만, 더 나이 많은 아이에게는 상당한 감정을 유발함)이 모두 포함된다. 생기질 또한 지각과 조절을 전의식적으로 편향키시는 기능을 하기 때문에, 감각수용체 수준에서 감정 처리에 강력한 작용을 할 수 있다. 다행히도 1차 평가에 대해서는 하향식 조절 과정을 통해 중추 인지 수준에서 재평가할 수 있다. 예를 들어 구부러진 막대기를 발견한 등산객은 방어적 각성이 고조되며 깜짝 놀라면서 "뱀이다!"라고 외친 뒤, 구부러진 모양을 빠르게 파악하며 대부분의 경우처럼 이를 막대기로 재평가하면서 자동적 방어 각성이 하향조절되고 다시 원래의 기분 상태로 돌아간다. 중추 인지 수준에서의 재평가 역시 개인적 경험에 큰 영향을 받는다. 예를 들어 아이와 부모가 밤새 폭설이 내렸다는 소식을 접했을 때, 그때가 평일인지 주말인지에 따라 반응이 달라질 수 있다. 한편 내적 반응 경향에서는 행동 자체보다는 행동하려는 성향이 충동적 요소에 속한다. 누군가를 때리고 싶다는 생각이 든다고 해서 곧바로 권투 선수처럼 주먹을 휘두르지는 않는 것처럼 말이다. 사람이 실제로 다른 사람을 때리는지 여부는 타고난 자기통제 능력뿐만 아니라, 그 사람이 처한 상황, 선행 학습, 생기질적 성향에 크게 좌우된다. 이미 언급했고 지금부터 자세히 다루겠지만, 우리의 모형은 뇌가 다섯 유형의 감정 관련 자극을 감지하고 반응하도록 진화적으로 설계되고 발달해 왔다고 가정한다.

사회적 안전 단서

사회적 안전 단서social safety cues는 부족에 속해 있는 느낌과 관련된 자극이다. 혹독한 환경에 살았던 인류의 조상들에게는 부족에 속하는 것이 개인의 생존에 필수적이었다. 공동체로부터 소외된 영장류가 며칠 또는 몇 주 안에 영양 부족이나 포식자에 노출되어 사망하는 것처럼(Steklis & Kling, 1985), 인류의 조상에게 부족 사회로부터 고립되는 것은 굶주림이나 포식자에 의해 거의 확실한 죽음을 의미했다. 우리는 부족에 속해 있다고 느낄 때 안전, 보호, 안정, 성취,

> 의식적으로 안면 근육을 움직이는 방식과 신체 자세를 변경하는 것만으로도 신경생물학에 기반한 사회적 안전 시스템을 유발할 수 있다.

돌봄 받는다고 느낀다.

사회적 안전 시스템은 사회적 유대감connectedness을 촉진한다. 이 시스템이 활성화될 때 우리는 평온한 안정감과 타인과의 관계 형성 욕구를 경험하며, 자연스럽게 더 개방적이고 장난기 넘치며 세상에 대한 호기심을 갖게 된다. 우리의 사회 안전 시스템에 속한 신경계는 의사소통 및 긴밀한 사회적 유대감을 형성하는 데 필요한 신체 근육을 관장한다(Porges, 2007). 이러한 사회적 안전 근육은 사람의 목소리가 내는 고주파 소리 진동에 맞춰 다른 사람의 말을 더 잘 듣고(중이 근육), 자연스러운 목소리 톤(후두, 인두, 성대 근육)으로 다른 사람에게 따뜻함과 친근함을 전달하며, 얼굴에서 감정 표현을 숨기지 않고 공개적으로 드러내(안면 근육) 진정성과 신뢰성을 알리는 데 일조한다. 이러한 반응에 근본이 되는 핵은 뇌간의 특수한 내장 원심성efferent 기둥에 위치해 있는데, 이는 의문핵에서 나와 심장에 작용하는 미주신경 섬유와 해부학적으로 연결되어 있다. 얼굴과 머리의 근육을 제어하는 운동 신경은 심박수를 늦추고 혈압을 낮추며 각성을 감소하여 평온한 상태를 만드는 억제성 신경계와 직접 상호작용한다(Porges, 2003a). 포지스Porges는 이렇게 뇌간에 있는 심장-얼굴 연결고리link로 인해, 성공적인 사회 참여는 PNS-VVC를 활성화하여 평정심을 유지하고 자신을 진정시킬 수 있는 능력에 달려 있다는 가설을 세웠다(Porges, 2003b, 2009; Porges & Lewis, 2009). 우리의 모형에 따르면, 사회적 안전 반응은 사회적 참여 신호, 에너지 대사 소비 감소, 자유로운 조작 행동을 촉발한다. 몸이 이완되고, 심박수가 느려지며, 호흡이 깊어지고, 얼굴 표정이 내면 경험과 일치하며, 쉽게 눈을 맞추고, 정확히 들을 수 있고, 누군가에게 손을 뻗어 만지고 싶어진다. 하지만 사회적 안전 신호가 줄거나 없으면 얼굴과 머리의 횡문근에 대한 PNS-VVC의 작용이 하향조절되면서 자연스레 공감적 지각과 친사회적 신호에 문제가 생긴다. 과잉통제 내담자는 생기질적으로 위협에 대한 민감성이 높아서 사회적 안전과 관련된 기분 상태를 경험할 가능성이 낮다. 하지만 다행스러운 것은, 의식적으로 안면 근육을 움직이는 방식과 신체 자세를 변경하는 것만으로도 신경생물학에 기반한 사회적 안전 시스템을 유발할 수 있다는 것이다. 이것의 치료적 의미에 대해서는 이후의 장들에서 명확히 설명하고 있다.

생소함 단서

생소함 단서novelty cues는 불일치하거나 예상치 못한 자극으로, 해당 단서가 우리의 웰빙에 중요한지 여부를 결정하기 위해 자동적 평가 과정을 개시한다. 예상치 못한 일이 벌어지면, SNS가 활성화되지 않으면서도 PNS-VVC의 사회적 안전 시스템 또한 잠시 작동을 멈춘다. 각성하지만 흥분하지는 않는 것이다. 몸은 움직이지 않지만 움직일 준비는 갖춘다(Bracha, 2004; Schauer & Elbert 2010). 이때는 생소함 단서의 잠재적 중요성을 평가하기 위해(밀리초 단위로) 정지된 상태로, 숨을 멈추며, 생소함 단서로 주의를 기울이는, 이른바 '정향반응orienting response'을 보인다(Bradley & Lang, 2007; Porges, 1995). 그리고 최종적으로 해당 자극에 유의성(예: 안전, 위협, 압도됨)을 할당한다. 생소함 자극이 안전한 것으로 평가되면 평온한 상태로 되돌아가 얼굴 표정, 신체 자세, 발성 등을 통해 주변 사람들에게 안전 신호를 보낼 것이다. 하지만 생소함 자극이 보상이나 위협으로 평가되면 SNS가 활성화된다. 생기질적으로 디테일에 초점을 맞추는 과정이 강화되어 있는 과잉통제 내담자들은 환경에서의 사소한 불일치까지 알아차릴 가능성이 높아서 디테일에 주의를 덜 기울이는 다른 내담자들에 비해 정향반응을 더 자주 보이며, 위협 민감성이 높아서 모호한 자극을 부정적으로 해석하는 편향성을 지닐 수 있다. 흥미롭게도 모든 사람은 모호한 자극을 더 불쾌한 것으로 평가하며 모호하지 않은 자극에 비해 반응 시간이 더 길다(Hock & Krohne, 2004). 감정에 대한 RO DBT 모형에 따르면, 우리의 뇌는 감각수용체 수준에서 모호한 자극(예: 멍한 표정이나 낯선 소리)을 잠재적 위협으로 평가하도록 진화해 온 반면(혹독한 환경에서 살았던 인류의 조상은 실제로 위협적인 것을 감지하지 못하는 대가를 감수할 수 없었기 때문이다), 감각수용체 수준의 1차 평가 과정에서 유의성을 할당하지 못하는 경우에는 논리와 언어가 포함된 진화적으로 더 새로운 평가 과정을 필요로 하게 된다. 그 결과 반응 시간은 더 느리지만 장기적으로는 더 정확한 평가와 효과적인 행동을 할 수 있다. 그래서 과잉통제 내담자는 높은 위협 민감성으로 인해 현재 순간의 모호한 자극에 자동적으로 부정적 유의성을 할당함으로써 하향식 평가 가능성을 낮출 것이다. 미래의 수반성을 평가할 때는 그와 반대로 진행된다.

감정의 진화와 얼굴 표정

인간을 비롯한 모든 영장류에서 두려움과 공격성을 나타내는 표정은 자동적 방어 반응을 유발한다(Adolphs, 2008; Davis et al., 2011). 무조건적이고 전염성 자극인 얼굴 표정은 후속 자극에 대한 인식에도 영향을 끼친다. 예를 들어, 짧은 시간 동안 행복한 얼굴 표정을 본 사람은 자신이 경험했던 시각 자극을 구체적으로 의식하지 못한 상태에서 과일 음료의 매력, 상쾌함, 금전적 가치를 더 높이 평가했다(Berridge & Winkielman, 2003). 따라

> 서 표정으로 특정한 감정을 표현하는 것은 다른 사람과 상호작용하고 영향을 끼치는 수단, 즉 자신의 의도를 전달하고 그 신호를 받는 사람에게 감정 반응을 유발하는 수단으로 진화한 것으로 보인다.

보상 단서

보상 단서rewarding cues는 잠재적으로 만족스럽거나 즐거운 것으로 평가되는 자극으로, SNS의 흥분성 접근 시스템을 활성화한다. 이는 즐거운 일이 곧 일어날 것이라는 기대감을 경험하게 한다. 이때는 심박수가 빨라지고 호흡이 가빠지면서 흥분과 희열을 느낀다. 보상 민감성은 주변 환경으로부터 정적 강화 신호(Gray, 1987; Gray & McNaughton, 2000; Smillie & Jackson, 2005)와 긍정적 정서성affectivity(Brenner, Beauchaine, & Sylvers, 2005; D. Watson & Naragon, 2009)을 감지하는 신경지적 경향이다. 보상 신호는 흥분성 접근과 목표 지향적 활동에 동기를 부여하며 SNS를 활성화하는데(Brenner et al., 2005), 우리의 모형에서는 이를 SNS 욕구적 보상appetitive reward이라고 부른다. 보상 민감도가 높은 사람은 보상 민감도가 낮은 사람에 비해 더 낮은 수준의 보상 자극에 대해서도 더 높은 흥분 반응을 보이게 된다. 조증 취약성이 보상 민감도가 높아진 사례라면(Depue & Iacono, 1989; Depue, Krauss, & Spoont, 1987; Meyer, Johnson, & Carver, 1999; Salavert et al., 2007), 우울증은 낮은 보상 민감도(Henriques & Davidson, 2000) 및 접근 동기의 결핍(Shankman, Klein, Tenke, & Bruder, 2007)과 관련된다는 연구결과들이 일관되게 보고됐다. SNS 욕구 보상 반응 경향이 강하게 활성화하면 얼굴 정서와 사회적 단서에 대한 민감도를 낮추는 PNS-VVC 공감 반응이 줄어들 것이다(즉, 타인의 중요한 음성 단서나 얼굴 표정을 놓칠 수 있다). SNS 욕구 보상 활성화로 인한 과도한 목표 중심적 행동은 환경에 부정적 영향을 끼칠 수도 있다(누군가 자신의 생각이나 행동에 지나치게 흥분한 상태로 대화에 끼어들거나 주도하는 모습을 상상해 보라). SNS 욕구 보상 활성화 때 주로 나타나는 행동 반응으로 다음 두 가지의 외현적 행동이 있다.

1. 흥분성 접근(예: 맛있어 보이는 사과에 손 뻗기)
2. 과도한 목표 중심적 욕구 행동, 일명 '추구pursuing'(고양이에게 생선 맡긴다는 속담을 생각해 보라)

우리의 모형은 기대 보상과 소비 보상을 구분한다. 기대 보상은 접근·추구 반응과 SNS 흥분성 각성(예: 토끼를 쫓아가서 잡기)을 뜻하며, **소비 보상**consummatory reward은 보상 달성(예: 소비하고 소화하기), PNS 활성화, 쾌락적 즐거움, 휴식, 소화, 만족을 뜻한다.

위협 단서

위협 단서threatening cues는 위험하거나 유해할 가능성이 있는 것으로 평가되는 자극이다. 위협 감지는 투쟁-도피 시스템의 활성화와 관련 있으며(Gray, 1987), 행동 억제 시스템의 활성화와도 어느 정도 관련 있다(Gray, 1987; Gray & McNaughton, 2000). 우리는 위협을 느낄 때 나쁜 일이 일어나거나 원하는 목표를 이루지 못할지 모른다는 불안을 경험한다. SNS가 활성화되면서 불안해지고, 과민해지고, 도망가거나 공격하고 싶은 충동이 든다. 이때는 사회적 안전(PNS-VVC)에 기반한 공감적 지각과 친사회적 신호 모두 제 기능을 하지 못한다. 몸은 긴장되며, 투쟁이나 도피를 대비하기 위해 호흡은 가쁘고 얕아지며 심박수는 빨라진다. 억지로 가짜 미소를 짓거나, 표정이 굳어지고, 목소리 톤이 단조로워지고, 제스처에 여유가 보이지 않으며, 시선을 피하거나 적대적으로 응시하고, 상대의 말을 오해할 가능성이 높아진다. 위협이 제거되지 않은 채 계속 위협 각성 수준이 증가하면 공포 또는 공황 상태에 이를 수 있으며, SNS와 PNS 사이의 균형이 더 오래전부터 존재해 왔던 진화 시스템(즉, 구미주신경 또는 PNS-DVC) 쪽으로 기울어지면서(Porges, 2007) 긴장성tonic 부동화를 유발한다. 하지만 이 상황에서도 유기체가 벗어날 (즉, SNS가 재활성화될 수 있는) 방법은 있다.

압도적 위협 혹은 보상 단서

압도적 단서overwhelming cues는 위협 혹은 보상 자극이 계속 감소하지 않거나 증가해서 SNS에 의한 행동 대처 반응(예: 도피, 투쟁, 흥분성 접근)이 효과를 못 보거나 차단될 때마다 진화적으로 더 오래전부터 존재해 왔던 비상 차단 시스템을 촉발한다(Porges, 2007). 예를 들어 비행에 대한 극심한 공포를 지닌 사람은 비행기 문이 닫힌 뒤 실신할 가능성이 높다. 탈출할 수 있는 통로는 차단됐지만 유발 단서는 계속 존재해서 이륙이 임박할수록 그 강도가 점차 더 높아지기 때문이다. 따라서 SNS에 기반한 반응이 비효율적이거나 압도적일 때는(예: 곰의 저녁 식사가 될 것 같은 상황), 뇌와 몸은 에너지를 보존하고 생존을 극대화하기 위해 투쟁·도피·접근 행동을 중단한다(압도적 보상 단서의 예는 『기술훈련 매뉴얼』 5장 2과의 「너무 가까우면서도 너무 먼」 참조). 차단 반응은 부담이 덜한 상황에서는 비수초화unmyelinated 경로를 통해 장에서 소화 조절 기능을 하는 구미주신경(PNS-DVC)을 상향조절한다(Porges, 2007). 일반적으로 PNS-DVC가 많이 활성화되면 PNS-VVC의 사회적 안전 반응과 SNS의 흥분성 및 방어적 각성이 모두 하향조절된다. PNS-DVC의 차단 작용은 서맥(심박수 감소), 무호흡(호흡 중지), 위장 운동 증가, 통증 역치 증가를 촉발한다(Porges, 2007). 사회적 안전 시스템과 투쟁-도피 시스템이 모두 비활성화됨에 따라 심박수, 호흡, 신체 움직임이 느려지고, 얼굴 표정이 사라지며, 움직이지 못하고, 무감각해지고, 실신하고, 통증을 느끼기 못한다.

질병 행동에서 DVC의 역할을 조사한 동물 연구에 따르면, DVC 활성화는 우울증의 임상 증상과 유사한 행동인 흥미 상실, 무기력, 사회적 위축 등을 유발한다(Marvel, Chen, Badr, Gaykema, & Goehler, 2004). 실제로 만성 우울증이 있는 사람은 SNS의 방어적 각성이 높고 PNS-DVC의 무감각을 번갈아 나타낸다. 특히 불안한 걱정이나 반추가 강렬하게 나타나는 것은 신경지적으로 압도적 자극으로 지각되면서, PNS-DVC에 의해 매개되는 부동화 및 무감각(즉, 무쾌감증)을 유발하여 SNS의 방어적 각성을 차단하거나 억제한다. 이는 자율신경계 각성 감소를 통해 간헐적으로만 강화되기 때문에, 만성적으로 우울한 과잉통제형 인간은 부적응 행동을 변화시키려는 동기를 갖기가 매우 어렵다. 뇌와 몸은 극심한 음식 부족을 생명을 위협하는 것으로 해석하기에, 스스로 기아를 유발하는 것(신경성 식욕부진증)도 PNS-DVC의 차단 반응을 통해 유사한 방식으로 강화될 수 있다. 비록 신경성 식욕부진증 환자가 PNS-DVC 상태(즉, 음식을 안 먹는 상태)에 있을 때 평온함을 느낄 수 있지만, 이러한 조절 전략 때문에 자신을 죽이는 불행한 결과에 이를 수 있다. 또한 PNS-DVC 활성화에 따른 평온한 정동으로 인해 사회적 유대감에 대한 진정한 욕구를 유연하게 표현하기 어려워지면서 사회적 고립감도 심화된다(T. R. Lynch et al., 2013). 비자살적 자해도 비슷한 방식으로 PNS-DVC 활성화를 통해 부분적으로 강화될 수 있다. 계획적으로 자해를 한 경우에도, 피가 날 정도로 자해를 하는 행위 자체가 SNS의 불안·각성을 끄는 PNS-DVC의 차단 반응을 유발하여 자해 행동을 간헐적으로 강화할 수 있다. 이러한 가설에도 불구하고 인간에게서 이를 검증하는 연구는 꼭 필요하다. 우리의 모형에서 중요한 점은, 사람은 신경지neuroception 측면에서 지각 및 조절 편향(예: 개인력 및 생기질적 특성)에서 완전히 자유로울 수 없다는 것이다. 생기질 및 학습과 경험의 개인적 차이로 인해 유발 자극을 잘못 평가하는 경우는 꽤 흔하다(예: 진심으로 도와주겠다는 제안을 교묘한 계략으로 오해함). 하지만 대부분의 경우 우리의 신경 조절 시스템은 잘 작동하며, 다음 이야기처럼 변화하는 환경 조건에 신속히 대응하고 순간의 요구에 맞게 행동을 조정할 수 있다.

미스터 빈은 즐거운 저녁 식사를 마친 뒤 여유 있게 동네 산책을 나간다(높은 사회적 안전: 미스터 빈은 편안하고 사회적이다). 하지만 그날따라 유독 거리가 한산해 보인다(약한 생소함 단서: PNS-VVC가 약간 줄어들고 미스터 빈은 호기심과 약간의 경계심을 지닌다). 갑자기 길 끝에서 흰색 밴 한 대가 나타나더니, 미스터 빈을 향해 굉음을 내며 돌진한다(강한 생소함 단서: PNS-VVC의 사회적 안전 시스템이 더 줄어들고, 미스터 빈은 매우 주의를 기울이며 집중한다). 밴이 요란한 소리를 내며 멈춘 뒤 건장한 남성 세 명이 모두 똑같은 흰색 유니폼과 마스크를 쓰고 뛰어내린다. 그들은 미스터 빈을 향해 돌진한다(중상 수준의 위협 단서: SNS의 방어적 각성이 활성화된다). 그들은 뛰어오며 "이빨! 이빨! 영광스러운 이빨!"이라고 외친다.

미스터 빈은 도망치기로 결심한다(SNS의 도피 반응 활성화: 미스터 빈은 탈출하여 도주하려고 한다). 하지만 추격자들이 너무 빠르다. 그들이 미스터 빈을 붙잡자, 미스터 빈은 그들을 때리려고 한다(SNS의 투쟁 반응 활성화: 미스터 빈이 방어적 공격을 개시한다). 하지만 그들은 너무 강하다. 그들은 그를 밴 뒤쪽으로 던져 버리고 밝은 조명이 달린 안락의자에 묶는다.

미스터 빈은 공포에 질려 얼어붙으면서도 탈출할 방법을 계속 찾는다(SNS 공포 반응: 미스터 빈은 겁에 질리지만 여전히 움직일 수는 있다). 안타깝게도 그는 너무 단단히 묶여서 탈출할 방법이 보이지 않는다. 그는 무력감을 느낀다(PNS-DVC 탈진 반응: 미스터 빈은 포기하고 싶은 충동을 느낀다). 설상가상으로 악당들은 그의 입을 강제로 벌리고 뾰족한 물체와 튜브로 이빨을 찍고 찌르기 시작하고, 낮게 웅웅거리는 소리와 물 흐르는 소리가 들린다. 미스터 빈은 점점 정신이 아득해지면서 납치범들이 하는 말이 귓가에서 멀어진다(PNS-DVC 차단 작용 활성화: 미스터 빈은 해리와 실신 상태가 된다).

미스터 빈은 깨어난 뒤 경찰차에 앉아 옆에 있는 친절한 경찰관에게 무슨 일이 일어났는지 이야기하고 있다. 미스터 빈은 불량한 치위생사들로 구성된 악당 조직인 '흉악한 치실 전문가단'의 가장 최근 희생자인 듯하다. [편집자 주: 정말 흉악하네요.] 미스터 빈은 옅은 미소를 지으며 심호흡을 한다. 그는 약간 피곤하지만 이가 매우 깔끔하게 느껴지고 입김이 민트향처럼 상쾌하게 느껴진다는 사실에 놀란다(미스터 빈의 PNS-VVC 사회적 안전 시스템이 재가동된다).

기본 가정 요약

우리의 신경조절모형은 사회정서 기능에 대한 (환원주의에 반대되는) 통합적 이론을 제시한다. 이 모형은 감각수용체, 중추 인지, 반응 선택 조절 요인을 분리함으로써 중앙 집중 하향식 모형(Thayer & Lane, 2000, 2009)과 말초 상향식 감정 기능 모형(Porges, 1995, 2007)을 통합한다. 이 모형은 다음을 포함한 다양한 잠재적 매개 요인의 영향을 설명한다.

- 생기질(위협과 보상 민감성)
- 사회전기sociobiographical(외상 이력, 문화 및 가족, 강화 이력)
- 시간(빠르고 자동화된 vs 느리고 수고로운)
- 각성(자극의 강도)
- 유의성(쾌락적/긍정적 및 부정적 평가)
- 내적 동기(휴식, 제휴, 탐색, 얼어붙음, 접근, 추구, 도피, 투쟁, 맥 빠짐, 실신 충동)

이 모형은 안정적이고 맥락과 무관한 반응 패턴(예: 성격, 습관, 기분)을 설명하며, PNS와 SNS 간의 신경억제성 관계를 활용하는 기술을 통해 경직된 습관적 반응(및 생기질적 편향)을 수정할 수 있는 기전을 제시한다(Berntson et al., 1991; T. R. Lynch et al., 2015). 또한 우리는 환경에서 안전, 생소함, 보상, 위협, 압도적 보상이나 위협 여부를 끊임없이 탐지하도록 진화해 왔으며, 그 결과 의식적 지각 밖의 더 낮은 수준에서도 항상 감정 경험이 존재할 수 있다. 마지막으로 이 모형은 사회적 신호, 사회적 안전, 감정의 소통과 촉진 기능에 중점을 두고, 종의 생존 및 개인의 안녕이 모두 부족 안에서 유대감을 오랫동안 유지하고 협력하는 능력에 크게 좌우된다고 가정함으로써 RO DBT의 치료 전략에 큰 영향을 끼친다. 표 2.1은 신경조절모형의 핵심적인 자율신경계 요소가 사회적 신호에 끼치는 영향에 대한 가설을 제시한다.

표 2.1. 감정에 대한 RO DBT의 신경조절모형

	유발 단서[a]에 대한 신경지[b]				
	안전 단서	생소함 단서	보상 단서	위협 단서	압도적 단서
1차 신경 기질 반응	PNS[c]-VVC[d] 작동	SNS[e] 활성화 없이 PNS-VVC 위축	SNS-E[f] 활성화	SNS-D[g] 활성화	PNS-DVC[h] 작동
촉발되는 자율신경계	사회적 안전 참여 시스템 (적응 기능: 종 내 소통 강화, 사회적 유대감 촉진)	정향 및 1차 평가 시스템 (적응 기능: 환경에서 위협이나 보상을 식별하고 적절히 대응할 수 있는 신속한 수단 제공)	흥분성 접근 시스템 (적응 기능: 목표 달성을 극대화하는 목표 추구 행동 촉진)	방어적 회피 시스템 (적응 기능: 위험 회피를 극대화하는 방어적 투쟁과 도피 행동 촉진)	비상 차단 시스템 (적응 기능: SNS 투쟁/도피/접근 반응이 효과가 없을 때 생존에 필요한 밧수 에너지 비축)
1차 행동 충동	사회화	가만히 있음	접근이나 추구	도망이나 공격	포기
자율신경계 반응	몸이 이완됨, 호흡이 느려지고 깊어짐, 심박수가 감소함	몸이 열어붙음, 호흡이 멈춤, 단서를 향함	몸이 움직이고 활기참, 호흡이 빨라지고 심박수가 빨라짐	몸이 긴장되고 조급함, 호흡이 빠르고 얕아짐, 심박수가 빨라짐 많이 남	몸이 움직이지 않음, 심박수와 호흡이 느려짐, 통증 억지가 증가함
내수용[i] 경험과 관련한 감정 단어	이완, 사회화, 만족, 개방, 장난스러움	명료하나 흥분되지는 않음, 호기심, 집중, 평가	흥분, 들뜸, 열정, 목표 지향적	불안하거나 예민함, 방어적으로 다성됨	무감각, 무용담, 트렌스trance 상태, 무반응, 무감동, 통증 비감수성

사회적 신호에 대한 영향	사회적 신호 능력이 일시 정지함	공감적 지각 및 표현은 가능함	공감적 지각 능력 및 진사회적 신호 역량 모두 손상	SNS 접근, 투쟁, 도피 반응—소실, 상황에 맞지 않는 사회적 신호
행동이나 표현(외현적 행동이나 사회적 신호)	눈 맞춤과 얼굴 표정에 별 어려움 없음, 다른 사람들을 말을 경청하고 접촉, 쉽게 접근할 수 있는 모습, 사회적·수용적 개방적 탐색	정향반응("이게 뭐지?") 정지, 바라봄, 귀 기울임	충분성 접근 목표 지향적 행동, 제스처 커짐, 타인의 얼굴 표정과 미묘한 얼굴 사회적 단서에 둔감함	얼굴 표정 제한, 제한된 제스처, 단조로운 목소리, 시선을 회피하거나 적대적 응시, 투쟁-도피 반응	무표정한 얼굴, 단조로운 목소리, 느린 발화, 해리·졸도·실신

a **단서**: 몸 안(예: 행복한 기억), 몸 밖(예: 예상치 못한 시끄러운 소음), 상황(예: 시간)에 따라 나타나는 감정 유발 자극

b **신경지**: 사람이 유발 자극을 평가하거나 판단하는 방식. 1차 평가는 의식적 의식적 지각 없이 감수용체 수준에서 빠르게 일어남. 2차 평가는 1차 평가에 대한 느린 하향식 재평가로, 신경적으로 세로 발달한 중추 인지 및 의식 수준에서 감정을 처리함

c **PNS**: 부교감신경계

d **PNS-VVC**: 부교감신경계 배쪽 미주신경 복합체(신미주), 사회적 안전 시스템

e **SNS**: 자율신경계

f **SNS-E**: 교감신경계 충분성 접근 시스템

g **SNS-D**: 교감신경계 방어적 회피 시스템

h **PNS-DVC**: 부교감신경계 등쪽 미주신경 복합체(구미주), 차단 시스템

i **내수용**interoceptive: 몸 안의 경험과 감각과 관련한 감정

이제 신경조절모형에서 도출된 과잉통제 질환에 특화된 RO DBT의 생물사회이론을 검토해 보자. 두 이론은 모두 부적응적 과잉통제를 치료하는 데 필수적이다. 신경조절모형은 과잉통제 문제를 대상으로 삼는 개입에 초점을 맞추고 있으며, 생물사회이론은 임상가와 내담자가 과잉통제가 어떻게 발달하고 유지되는지 이해할 수 있게 해준다.

과잉통제 질환에 대한 생물사회이론

부적응적 과잉통제는 크게 다음 세 가지 요인이 복합적으로 작용하여 발생하는 것으로 본다.

1. 본성(생기질과 유전적 영향)
2. 환경(가족, 문화·여건, 학습의 영향)
3. 대처(스트레스 상황에서 과도한 자기통제를 발휘하고, 강박적으로 문제를 해결하며, 친사회적 신호에 결핍을 나타내는 경향)

이 이론에 따르면, 부적응적 과잉통제에는(변화에 대한 수용성에 대한) 지각 결핍과 조절 결핍(예: 맥락에 안 맞게 억제되거나 솔직하지 못한 표현)이 있다. 특히 위협 민감성 증가, 보상 민감성 감소, 높은 억제성 통제, 디테일 중심 처리 경향에 대한 생기질적 소인이 정확성, 성과, 자기통제를 중시하는 문화적 경험과 결합하여 위험 회피, 감정 절제, 냉담하거나 소원한 사회정서 대처 스타일을 만듦으로써, 새로운 기술을 배우고 긍정적인 사회적 강화제를 활용할 수 있는 기회를 제한한다. 이 이론은 최적의 웰빙을 위해서는 개방성 및 사회적 신호와 더불어 다음의 세 가지 요소가 중요하다고 강조한다.

1. 학습을 위해 새로운 경험이나 반증적 피드백에 대한 수용성
2. 변화하는 상황에 대한 유연한 적응
3. 최소 한 명 이상과의 사회적 유대감

이 이론을 그림으로 표현하면 **그림 2.1**과 같다.

그림 2.1. 과잉통제 질환에 대한 생물사회이론

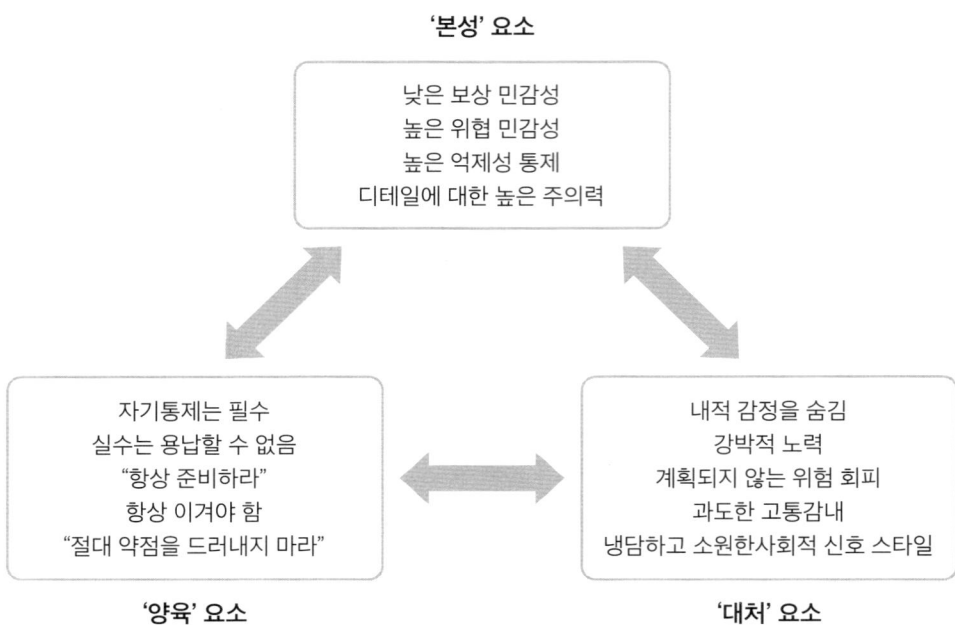

'본성' 요소

'본성nature' 요소는 과잉통제 대처를 악화시키는 생물유전적 및 생기질적 소인을 말한다. 과잉통제 내담자들은 생물학적으로 다음 네 가지의 생기질적 결핍 또는 과잉 상태에 있고, 그에 따라 과잉통제 질환이 발생하는 것으로 여겨진다.

1. 방어적 각성 및 불안 증가(높은 생기질적 위협 민감성에 의함)
2. 쾌락 및 흥분에 대한 자발적 경험 감소(낮은 생기질적 보상 민감성에 의함)
3. 자기통제, 고통감내, 만족 지연에 대한 우수한 능력(높은 생기질적 억제성 통제에 의함)
4. 전체적인 양상보다는 디테일 위주의 처리에 우선적으로 주의를 기울임(높은 생기질적 디테일 중심 처리에 의함)

생기질적 소인은 감정 반응의 감각수용체(전의식) 수준에서 지각과 조절에 영향을 끼치고, 그 결과 영향을 받는 사람이 알지도 못하는 사이에 중추 인지 기능(예: 언어 기반

재평가)과 반응 선택(예: 외현적 행동과 사회적 신호)에 간접적인 영향을 끼침으로써 강력한 작용을 한다. 극단적인 경우에는 변화하는 환경에 맞춰 외현적 행동을 더 경직되고 덜 적응적으로 만들 수 있다.[20] 예를 들어 생기질적으로 높은 위협 민감성과 자기통제를 지닌 과잉통제 내담자는 직장, 집, 헬스장, 파티 등의 상황에 관계없이 항상 긴장을 느끼고 긴장한 것처럼 보일 수 있는 반면, 그러한 생기질적 소인이 적은 사람은 상황에 맞게 행동을 더 손쉽게 수정할 수 있다(예: 직장에서 일할 때는 절제하지만 사무실 파티 때는 마음껏 춤을 춤).

높은 억제성 통제

높은 **억제성 통제**inhibitory control는, 감정에 따른 행동이나 표현 경향을 억제하고(예: 내면의 감정을 감춤), 만족을 지연하고(예: 유혹을 이김), 즉각적이지 않은 미래의 수반성에 주의를 기울이고(예: 미리 계획함), 장기적 목표를 달성하기 위해 단기적 보상이 없는 행동을 지속할(예: 고통감내) 수 있는 우수한 능력을 말한다. 억제성 통제는 유연성, 유머, 임기응변, 개방적 감정 표현이 필요한 상황(예: 파티 참석, 비 맞으면서 춤 추기, 로맨틱한 데이트, 가족과의 명절 식사, 십대 아들의 피드백을 듣고 있기)에서 자발적으로 탈억제하거나 통제를 내려놓지 못할 때 문제가 된다. 지나친 억제성 통제가 특징인 사람은 원하는 목표를 달성하기 위해 쾌락보다는 전략적 수단에 과도하게 의존한다. 이들은 기분보다는 규칙에 따라 행동할 때가 지나치게 많다. 따라서 과잉통제 내담자에게 파티에 온 이유를 물어보면 즐거움보다는 의무나 책임감 때문이라고 말할 가능성이 높다. 이 점은 과잉통제 내담자의 행동이 현재의 기분이나 감정에 따르기보다는 추론·논리·예측·규칙 등과 관련한 비정서적 과정을 실행한 결과임을 의미하기 때문에, 이들의 치료에서 매우 중요하게 고려할 부분이다.

구조와 통제에 대한 욕구가 높은 사람들을 대상으로 한 연구에 따르면, 이들은 스트레스를 받을 때 불확실성을 빠르게 해소하고 정해진 해결책을 찾으려는 경향이 높다(즉, 새로운 해결 방법보다는 과거의 해결 방법을 우선적으로 사용할 가능성이 높다). 이러한 유형의 반응 스타일은 환경 변화로 더 이상 이전의 해결책이 안 듣는 상황에서도 기존의 방법을 포기하기 힘들기 때문에 오히려 더 많은 오류를 범할 수 있다(Brand, Schneider, & Arntz, 1995; Neuberg & Newsom, 1993; Thompson, Naccarato, Parker, & Moskowitz, 2001). 경직된 규칙에 따라 행동하고 태세 전환이 어려운 것은 과잉통제 질환의 특징으로, 감정과 직관보다는 이성과 논리를 선호하는 정보 처리 편향과 문제 해결 스타일을 반영한다.

연구에 따르면 질적으로 서로 다른 위협에 대한 두 가지 생기질 반응이 존재한다. 첫 번째는 **회피 대처avoidance coping**다. 이는 혐오적 각성을 낮추기 위해 위협 관련 단서를 외면하려는 자동적 경향으로, 하향식 실행 통제 과정을 통해 민감성을 억제한다(Hock & Krohne, 2004). 두 번째는 **접근 대처approach coping**(혹은 **경계vigilant 대처**)다. 이는 미래의 사건을 방지하기 위해 위협 관련 단서에 관심을 가지거나 접근하는 자동적 경향을 말한다(Hock & Krohne, 2004). 전통적으로 접근 대처(또는 경계 대처)가 스트레스를 줄이는 가장 건강하고 유익한 방법으로 여겨져 왔으나(Kohlenberg & Tsai, 1991; Hayes et al., 1996), 최근 연구에 따르면 접근 또는 경계 대처도 경직되거나 습관적으로 사용하면 문제가 된다(Hock & Krohne, 2004). 과잉통제 내담자는 스트레스를 받을 때 강박적으로 경계하고 접근하는 대처 방식을 활용할 가능성이 높기 때문에, 이러한 구분이 특히 더 중요하다.

강박적 노력과 과도한 접근 대처는 여러 생기질적 소인들의 복합적인 영향을 반영한다. 예를 들어, 한 연구에서는 민감한 사람sensitizers뿐만 아니라 억압적 사람repressors도 몇 가지 중요한 차이가 있지만 위협에 과민반응을 보이는 것으로 나타났다(Hock, Krohne, & Kaiser, 1996). 억압적 사람은 위협 단서에 빠르게 반응하지만, 위협 신호에 대한 기억이 약해지도록 재빨리 피하거나 주의를 다른 곳으로 돌리는 전략을 함께 사용한다. 민감한 사람도 위협 단서에 빠르게 반응하지만, 주의를 다른 곳으로 돌리는 대신 향후에 나타날 부정적 상황을 통제하거나 예방하기 위해 오히려 위협을 처리하는 과정을 강화한다. 억압적 사람의 초기 민감성은 하향식 실행 통제 과정에 의해 억제된다(Hock & Krohne, 2004). 이들은 높은 생기질적 위협 민감성과 높은 기질적 억제성 통제(과잉통제의 핵심 기능)가 합쳐져 감각수용체에서부터 낮은 수준의 위협을 감지하고, 이후 우수한 억제성 통제를 통해 빠르게 하향조절하는 과정을 개시하는 것으로 보인다.

과도한 억제성 통제와 자기통제는 억압적 대처 스타일과도 반복적으로 관련된다. 억압적 사람은 삶에서 감정을 배제하거나 논리적인 접근을 중시한다. 웨인버거Weinberger, 슈워츠Schwartz, 데이비슨Davidson(1979, p. 338)는 억압적 사람은 자신의 감정 반응을 인식하지 못하고 사회적으로 더 바람직해 보이기 위해 "(단지 다른 사람뿐만 아니라) 자신도 부정적 정동의 영향을 쉽게 받지 않는다는 확신을 갖기 위해 적극적으로 노력하는 것처럼 보인다"라고 설명한다. 이와 대조적으로 방어적이고 불안이 높은 사람은, 불안을 인정하지만 그럴 때 불편하거나 부끄러워하는 기색을 보인다.[21]

데라크샨Derakshan과 아이젱크Eysenck(1999)에 따르면, 억압적 대처 스타일을 많이 활용하는 사람은 대개 자신이 보고하는 내용(즉, 어떤 감정도 경험하지 않는다고 믿음)을 믿고 실제로 그렇게 행동하려고 한다. 하지만 이들은 불안이 낮다고 보고함에도 불구하고 위협에 대한 높은 생리적 각성 상태를 보이며(Weinberger, Tublin, Ford, & Feldman, 1990), 실제로 불안이 낮은 사람들에 비해 낮은 심박변이도를 보인다(Pauls & Stemmler, 2003). 억압적 사람은 또한 위협적이거나 부정적인 자극에 극히 민감한 주의력 및 부호화 전략을 사용한다(Bonanno, Davis, Singer, & Schwartz, 1991; Fox, 1993; Furnham, Petrides, Sisterson, & Baluch, 2003). 칼보Calvo와 아이젱크(2000)는 위협 자극을 처리하는 네 개의 실험을 시행한 결과, 억압적 사람들에게서 초기 경계에 이어 회피가 나타났는데 이는 불안이 낮은 사람들에 비해 늦은 것임을 밝혔다. 억압적 사람은 또한 고도의 인상impression 관리(예: 갈등 상황에서 지나치게 동의하거나 순응적인 행동)가 특징인데, 이는 부정적 정동을 피하고 예상되는 사회적 거부로 인한 자존감 저하를 방지하는 데 도움이 되기 때문이라는 가설이 있다(Kiecolt-Glaser & Murray, 1980; Weinberger, 1995). 억압적 특성이 많은 사람은 상호작용의 맥락과 내용에 따라 다양한 반응을 보인다. 예를 들어, 많은 연구들에서 이들은 긍정적인 면을 과장하기보다는 부정적인 면을 축소하는 양상을 보였다(다음 종설을 참고. Myers, 2010). 또한 억압을 많이 하는 사람들은 피드백을 개인적으로 받을 때는 회피적이고 자기기만적 전략을 선호하는 반면, 공개적으로 받을 때는 피드백에 귀를 기울이고 다른 사람들이 자신을 어떻게 여기는지 신경 쓰며 인상을 관리하는 모습을 보였다(Baumeister & Cairns, 1992; Pauls & Stemmler, 2003). 가장 중요한 것은, 앞서 인용한 연구에서 나타난 양상들은 모두 부적응적 과잉통제에서 흔히 나타나는 행동 패턴에 똑같이 적용되며, RO DBT에서 변화시키려는 대상이라는 점이다.

디테일 중심 처리 과정

과잉통제 내담자는 전체적인 패턴 처리(예: 넓은 관점이나 큰 그림을 고려)보다는 디테일(예: 사소한 불일치를 과도하게 인식)과 지엽적 패턴 인식(예: 비대칭에 대한 과잉 인식)을 선호한다. (둘 다 핵심 과잉통제 질환들인) 신경성 식욕부진증과 자폐스펙트럼장애로 진단받은 사람들을 대상으로 한 연구 결과, 이들은 전체적인 처리를 요하는 과제에서는 수행능력이 떨어지고(Happé & Frith, 2006; Lang, Lopez, Stahl, Tchanturia, & Treasure, 2014; Lang & Tchanturia, 2014) 세부적이거나 국소적 처리 능력은 우수한 것으로 나타났다(Aloi et al., 2015; Lopez, Tchanturia, Stahl, & Treasure, 2008, 2009; Losh et al., 2009). 디테일 중심 처리 과정은 감각수용체 또는 피질하subcortical 영역에서(즉, 전의식적으로) 개시되는 비정서적 생기질적 특징을 반영하는 것으로 보인다. 결과적으로 과잉통제 내담자는 나무만 보고 숲을 못 보는 경향이 많다. 이는 패턴 인식과 관련된 기본적인 지각 과정(예: 책이 잘못 정렬되어 있음)과 관련 있기 때문에 비정서적인 것으로 간주된다. 하지만 이는 빠르게 감정적으로 될 수 있다. 책꽂이에 책이 제대로 정렬되지 않은 것을 발견하면 책을 똑바로 꽂거나 제대로 정렬하고 싶은 충동이 들고, 이러한 충동이 차단되면 좌절이나 불안이 느껴질 수 있다. 과잉통제의 디테일 중심 처리 능력과 우수한 억제성 통제가 결합되면, 직업·관계·여가 선택에도 큰 영향을 끼친다. 예를 들어 과잉통제형 인간은 세부적인 분석(예: 체스, 지도 읽기, 데이터 분석, 회계), 끈기, 연습, 자기수양이 필요한 여가나 직업 활동(예: 발레, 스카이다이빙, 스쿠버다이빙, 등산)에 참여하는 경향이 있으며, 친사회적 결속과 상호 노력의 측면에서 성공의 척도가 되는 팀 및 인간관계 활동보다는 개인적 통제가 더 큰 비중을 차지하는 혼자 하는 활동(예: 마라톤, 컴퓨터 게임)을 선호하는 경우가 많다.

높은 위협 민감성

과잉통제에서 디테일 중심 처리 과정이 우세한 것은 환경의 사소한 변화(즉, 생소함)를 알아차릴 가능성을 높일 수 있는데, 과잉통제의 높은 위협 민감성은 이러한 사소한 불일치를 잠재적으로 위험한 것으로 평가할 가능성이 높다. 생후 2-3년 시점에서 낯선 사건을 극도로 조심스럽고 굉장히 수줍게 대하는(억제성) 집단과, 반대로 두려움 없고 외향적으로 대하는(비억제성) 집단을 대상으로 한 종단 코호트 연구에서 이러한 특성은 생후 6년까지 지속되는 것으로 나타났다. 생후 6년이 경과한 시점에서 억제성이 강한 아동에서는 보편적으로 새로움과 난관에 반응하는 생리적 영역인 시상하부-뇌하수체-부신hypothalamic-pituitary-adrenal, HPA 축, 망상 활성화계reticular activating system가 더 활성화되는 징후를 보였다(Kagan, Reznick, & Snidman, 1987a). 이 결과는 수줍음이 많고 억제성이 강한 어린이에게서 불확실성과 생리적 각성 상태에 관여하는 신경계 반응의 역치가 낮음을 의미한다.

낮은 보상 민감성

위험 회피 및 보상 둔감성은 낮은 접근 동기 및 높은 행동 억제와 관련성이 높다(Kasch, Rottenberg, Arnow, & Gotlib, 2002; Smoski et al., 2008). 보상 반응은 다음의 세 가지 요소로 이루어진다(다음 종설을 참고. Dillon et al., 2014).

1. 기대(인센티브) 보상 반응
2. 소비 보상 반응
3. 보상 학습

기대 또는 인센티브 보상 반응은 보상 추구하기, 원하기, 먹이 찾기와 관련한 욕구적-긍정적 정동 시스템과 기대 과정, 배쪽 선조체ventral striatal 도파민 시스템과 관련한 뇌 영역과 관련 있다. 소비 보상 반응은 쾌락적 취향 및 기분 좋은 촉감과 관계된 배쪽 선조체, 안와 전두 피질orbital frontal cortex, 오피에이트opiate, 감마아미노뷰티르산 gammaaminobutyric acid, GABA 시스템과 관련 있다(Berridge & Robinson, 2003; Ikemoto and Panksepp, 1999; Panksepp, 1981, 1982, 1986, 1998). 만성 스트레스는 으레 기대 보상과 소비 보상을 모두 감소한다(Kumar et al., 2014). 보상 학습은 정적 강화에 따른 행동 반응 변화를 일컫는다. 한 예로, 무쾌감증이 있는 사람은 정적 강화제를 접하고 나서의 보상 학습에 문제가 있다(Dillon et al., 2014).

기대 보상

기대 보상anticipatory reward이라는 용어는 욕망, 바람, 흥분, 들뜸, 에너지, 열정, 유능한 느낌, SNS 활성화, 흥분성 접근 행동, 도파민 분비 등과 관련된 욕구적 혹은 인센티브에 따른 동기부여를 지칭한다(다음 종설을 참고. Depue & Morrone-Strupinsky, 2005). 기대 보상 반응은 사회적 유대감과 소속감을 이루는 데 중요하며, 얼굴 특징(예: 매력적인 얼굴), 미소, 친근한 목소리, 제스처 같은 무조건 사회적 자극과도 관련 있다(Porges, 1998). 이 용어가 사회적 상호작용에 사용될 때는, 사회적 친밀감을 원하거나 사회적 참여를 추구하는 정도를 의미한다.

과잉통제는 보상 자극에 덜 민감하게 반응하는 생기질적 소인과 관련이 있다. 보상 민감성은 인접한 환경의 특정한 자극을 잠재적 보상 요인으로 평가하거나 정적 강화제로 보는 역치로 정의할 수 있다. 과잉통제의 낮은 보상 민감성은 열정, 기쁨, 흥분성 접근 행동 가능성을 감소한다. 한 예로 섭식장애의 기대 보상 요인 및 그와 관련한 뇌 영역에 대한 최신 종설에 따르면(Kaye, Wierenga, Bailer, Simmons, & Bischoff-Grethe, 2013), 도파민이 매개하는 기대 보상은 폭식-제거(우리 모형에 따르면 과소통제 질환)형에서 더 높고 식욕부진증(과잉통제 질환)에서 더 낮다.[22]

소비 보상

소비 보상consummatory reward은 원하는 보상을 소비하거나 달성하는 것과 관련한 즐거움을 일컫는 것으로, 내인성 뮤$_\mu$-오피에이트 방출, PNS-VVC 활성화, PNS 휴식/소화 행동과 관련된 것으로 알려져 있다. 인간에게서 소비 보상 경험은 인간관계의 따듯함, 사회적 유대감, 만족감, 포만감, 행복감 및 웰빙의 증가와 관련 있다. 뮤-오피에이트에 의해 매개 및 조절되는 보상 경험은 인간이 맨 처음 타인과의 친밀감을 욕망하는 데 필수적인 요소로 여겨진다. 즉, 지금 타인과 사회적으로 교류하고 싶은 욕구(기대 보상)는 과거의 사회적 만남에서 경험했던 즐거움의 크기에 상당한 영향을 받는다는 것에 주목해야 한다(Depue & Morrone-Strupinsky, 2005). 따라서 기질적으로 뮤-오피에이트 보상 시스템이 높은 사람은, 중립적이거나 낮은 수준의 친사회적 혹은 애매한 만남을 보상 경험으로 부호화할 가능성이 높다(예: 매장 직원과의 비교적 가벼운 상호작용을 매우 즐거운 것으로 경험함). 기질적으로 뮤-오피에이트 보상 시스템이 높은 사람은, 과거의 경험을 통해서 사회적으로 모호한 상황에 접근할 때 즐거움을 느낄 수 있다고 예상한다. 따라서 기대 보상 민감성이 낮은 사람(즉 과잉통제형 인간)은, 기대 보상 시스템 및 이와 관련한 흥분성 접근 행동을 활성화하고 사회적 상호작용에서 만족스러운 보상이나 즐거움을 경험하기 위해 더 높은 수준의 친사회적 안전 신호를 필요로 하리라는 것을 예측할 수 있다. RO DBT는 과잉통제형 인간이 **낮은** 기대 보상 반응(낮은 보상 민감성), 비사회적 보상에 대한 **평범한** 소비 보상 반응, 사회적 혹은 친화적 보상에 대한 **낮은** 소비 보상 반응을 보인다고 가정한다.[23]

흥미로운 것은, 보상을 다룬 대부분의 연구들이 긍정적 감정 경험을 생리적 휴지 상태와 구분하지 않았다는 것이다. 우리의 신경조절모형은 차분한 정적 휴지 상태가 사회적 신호에 끼치는 영향을 관찰함으로써 부분적으로나마 흥분성 보상 상태와 구분할 수 있다고 주장한다(표 2.1 참조). 적어도 인간에게서는 생리적 휴지가 곧 사회적 휴지를 의미한다고 볼 수 있다. 즉 우리는 부족의 일원이라고 느낄 때 안전감을 느끼며, 그에 동반되는 사회적 안전 활성화(PNS-VVC 참조)는 공감 반응과 친사회적 신호를 강화한다. 이에 반해 흥분성 보상 상태는(PNS-VVC 사회적 안전 시스템의 하향조절과 SNS 흥분성 보상의 상향조절을 통해) 사회적 신호 확대와 공감 능력 저하를 보이는 것이 특징이다. 또한 기대 보상은 정신적 이미지, 보상 접근 방식, 반응성과 관련 있는 반면, 소비 보상은 경험에 대한 개방성 및 긍정적 정동과 관련 있다(Gard, Gard, Kring, & John, 2006). RO DBT는 과잉통제 내담자가 PNS-VVC를 통한 사회적 안전을 경험할 가능성이 낮은 이유가, 어느 정도 높은 생기질적 위협 민감성 때문이라고 가정한다. 즉 이들은 감각수용체 시스템이 잠재적 위험에 과민하게 반응하기 때문에 파티에서 즐거운 시간을 보내기 힘들다.

친화적 혹은 사회적 보상 이론을 통해 과잉통제를 설명할 때 어려운 점은, 다른 사람들에 비해 과잉통제 내담자가 비사회적 보상에서 경험하는 쾌락적 즐거움의 양은 별다른 차이가 없을 것으로 예상되는 반면(다음 종설을 참고. Dillon et al., 2014), 사회적 상호작용에서 느끼는 쾌락적 즐거움 및 긍정적인 사회적 자극에 대한 반응성은 낮을 것으로 예상된다는 것이다. 이 가설은 아직 검증되지 않았다. 매커덤스McAdams(1982)의 관찰과 유사하게, 보상 반응에 대한 모형은 교제 욕구(예: 혼자 있는 것에 대한 두려움, 다른 사람들과 굳이 친해지지는 않더라도 함께 있고 싶은 욕구)와 친밀감 욕구(예: 친밀한 사회적 관계에 대한 욕구, 사회적 고립 기간이 필요할 수도 있다는 인식)를 분리하는 것이 유용할 수 있다. 소속되고 싶거나 다른 사람들과 함께 있고 싶은 욕구는 수數적 안전과 관련한 저차원적이거나 오래된 진화적 반응인 반면, 친밀감에 대한 욕구는 감정 표현의 촉진 기능 및 핵심 부족 본성과 관련한 고차원적 또는 새로운 진화적 반응을 나타낸다. 마지막으로, 특히 인간의 사회적 상호작용을 이해하려고 할 때는 비쾌락적 동기를 포함하도록 보상 개념을 확장할 필요가 있다. 예를 들어, 앞서 언급한 것처럼 과잉통제형 인간은 사회적 상호작용을 보상이나 즐거움으로 기대하거나 경험하지 않고, 의무감이나 책임감으로 접근하려는 (비정서적 접근 대처) 동기를 지닐 수 있다.

보상 학습

과잉통제 내담자의 보상 학습은 생소하거나 예측 불가능한 상황에 대한 습관적 회피에 부정적 영향을 받는 것으로 여겨진다. 현대 보상 학습 이론은 예측이 실패하는 지점에서 학습이 발생한다고 가정한다. 즉, (과거 경험을 근거로) 예측한 것과 실제로 경험한 것 사이에 불일치가 있을 때(즉, 예측이 불가능할 때) 새로운 학습이 가능할 수 있다. 학습은 기대가 깨질 때, 즉 예측이 불가능할 때 학습이 가장 강력해지고 결과가 점점 더 예측 가능해지면 학습이 느려지다가 결국 멈춘다(Hollerman & Schultz, 1998). RO의 **자기탐구** 원칙(7장 참조)에 명시된 개념과 유사하게, 학습은 **내 안의 미지의 영역**과 마주할 때만 가능하다.

이는 과잉통제 내담자를 명확히 이해하는 데 도움이 된다. 즉, 이들이 루틴을 강박적으로 사용하고 구조화하는 것은 삶을 예측 가능하게 하고 불안을 통제하지만, 삶을 즐기지 못하는 숨겨진 대가를 치러야 한다. 연구에 따르면 뇌의 흑질substantia nigra과 배쪽 피개 영역ventral tegmental areas에 있는 도파민 뉴런은 예측 불가능한 보상 자극에 의해 활성화될 가능성이 가장 높으며, 이 과정은 "결과가 점점 더 예측 가능해짐에 따라 속도가 느려지다가 완전히 예측 가능해질 때 종료된다."(Hollerman & Schultz, 1998, p. 304) 따라서 보상 경험과 후속 학습의 성패는 다양성, 예측 불가능성, 미지에 대한 노출에 달려 있다. 대부분의 과잉통제 내담자들의 특징인 가능한 모든 미래의 결과를 예측하고 사전에 계획하려는 강박적 욕구는, 새로운 학습을 방해할 뿐만 아니라 정체와 체념을 증가시킬 수 있다. 과잉통제형 인간이 경험하는 긍정적 기분은 운이나 우연(예: 복권 당첨)보다는 성취감(예: 유혹을 뿌리침, 다른 사람이 놓친 오류를 발견함)과 관련된 경우가 많다. 과잉통제 관점에서 보면, 행복은 쟁취하는 것이고 여가 시간은 자기계발에 사용해야 한다. 안타깝게도 뛰어난 자기통제를 지닌 과잉통제형 생기질적 능력은 종종 타인과 세상도 자신처럼 비슷하게 통제할 수 있다고 여긴다. 이제 과잉통제에 대한 RO DBT 생물사회이론의 '양육' 요소와, 부적응적 과잉통제의 발달 및 유지에 대한 사회생물전기적 환경의 영향으로 넘어가 보자.

'양육' 요소

우리의 모형에서는 과잉통제 생물사회이론의 '본성' 요소가 '양육nurture' 또는 다른 사회전기적 요소(가족, 문화, 주변)와 상호작용하며 과잉통제 대처를 강화·유지·심화하는 식으로 기능한다고 본다. 과거(어린 시절의 외상, 과거의 학습) 혹은 현재(현재 생활 조건, 새로운 학습)의 요소 모두 사회전기적 영향을 끼칠 수 있으며, 상호작용은 반복적이고 양방향적으로, 즉 본성이 양육에 영향을 끼치거나 그 반대의 방식으로 일어난다. 예를 들어 아동의 행동 억제를 조사한 연구에 따르면, 불안하고 고립된(예: 수줍고, 소심하고, 사람을 피하고, 말을 잘 못하는) 아이는 기질적으로 사회적 거절에 예민했다(London, Downey, Bonica, & Paltin, 2007). 불안하고 고립되고 외면받은 아이는 사회적 거절 경험 전후에 더 큰 사회적 무력감(예: 사회적 교류에서 주도권을 잡지 못하거나 사회적으로 어려움을 겪을 때 쉽게 포기함)을 보였다(Gazelle & Druhen, 2009). 이 아이들은 행동 거절 과제를 수행하기 전과 수행하는 동안 대조군에 비해 거절당하는 느낌을 더 심하게 경험하는 것으로 보고했고, 이때 미주신경의 과도한 억제 및 심박수의 지속적인 증가도 함께 관찰됐다(Gazelle & Druhen, 2009). PNS 미주신경 강도의 척도인 휴지기 호흡성 동부정맥respiratory sinus arrhythmia 감소는 불안(Beauchaine, 2001) 및 행동 억제가 높은 아동에서 사회적 안전 시스템(PNS-VVC)의 결핍과 관련됐다(Rubin, Hastings, Stewart, Henderson, & Chen,

1997). 한 연구에 따르면, 고립된 아동이 사회적 배제를 예상하며 느끼는 불안은 모호한 사회적 자극을 거부적인 것으로 인식할 가능성을 높이는 것으로 나타났다(Downey et al., 1998). 또래 집단 따돌림(예: 학교에서 쉬는 시간에 아무도 다가오지 않거나, 고의로 무시하거나, 자기들끼리 노는 데 안 끼워줌)과 같은 사회적 배제는 고통스러운 거절 경험이다. 특히 과잉통제 대처에 대한 이해와 관련하여, 불안하고 고립되고 외면받은 아동군(8-9세)은 정상 대조군에 비해 또래 거부 실험 중 '화'를 행동으로 표현하는 경우가 훨씬 많았는데, 흥미롭게도 이는 불과 몇 분 만에 가파르게 감소해서 대조군과 비슷한 수준이 됐다(Gazelle & Druhen, 2009). 불안하고 고립된 아이가 또래로부터 거절당한 후 드러내는 화(예: 괴로워하는 표정)가 빠르게 억제되는 것과 유사한 과정은 과잉통제 내담자에서도 흔히 관찰된다(즉, 거절 경험을 겉으로 드러내지 않고 숨기거나 감춤). 이러한 생물행동학적 대처 패턴은 과잉통제 대처의 근간이 되는 본성-양육의 상호작용 유형을 보여 주는 한 예다.

실로 많은 연구들이 아동기 외상과 가족 정신병리가 부적응적 과잉통제와 연관된 문제를 유발하거나 지속하고 사회정서적 웰빙에 영향을 끼친다고 보고했다(Cheavens et al., 2005; Cloitre, Miranda, Stovall-McClough, & Han, 2005; Cloitre, Stovall-McClough, Zorbas, & Charuvastra, 2008; White, Gunderson, Zanarini, & Hudson, 2003). 예를 들어 지역사회 표본을 대상으로 한 종단 연구에서는, 신체적 또는 성적 외상, 신체적 방임, 기타 성격장애 증상들을 보정한 후에도 정서적으로 냉담한 어머니(예: "나는 아이를 칭찬하지 않는다"라고 답함)의 자녀에게서 과잉통제 성격장애 증상(회피와 편집)이 더 많이 나타났다(Johnson, Smailes, Cohen, Brown, & Bernstein, 2000). 다른 종단 연구들에서도 생애 초기(유아기 및 걸음마기)의 정서적 방임과 학대는 내재화 질환의 발생과 관련됐다(Keiley, Howe, Dodge, Bates, & Pettit, 2001; Kim, Cicchetti, Rogosch, & Manly, 2009; Manly, Kim, Rogosch, & Cicchetti, 2001). 반면 광범위한 학대, 특히 정서적 방임이 아닌 신체적이거나 성적 학대를 경험한 아동은 외현화 문제를 일으킬 가능성이 더 높았다(Kim et al., 2009).

사회적 유대감보다 성과에 높은 가치를 부여하는 가족·문화적 영향은 부적응적 과잉통제 대처를 더욱 악화시킬 수 있다. 성과에 높은 가치를 부여하면 자신이 비슷한 수준에 있는 다른 사람들보다 최소한 비슷하거나 더 나은지 확인하기 위해 자주 사회적으로 비교하게 되고, 자신보다 나아 보이는 상대를 시기할 수 있다. 가족·문화적으로 높은 성과에 가치를 부여하는 것은 아이가 자신이 또래에 비해 특별하거나, 다르거나, 우월하거나 혹은 그래야 한다는 생각(예: 더 똑똑함, 더 순응적임, 더 책임감 있음, 더 부지런함, 더 유능함)을 강화할 수 있다. 유아기 때 특별함, 독특함, 높은 성취가 중요하다고 강조받은 아이는 또래들에 비해 사회 불안을 더 잘 느끼고 기이하거나 '유별난' 방식으로 행동할 가능성이 높았다(Turkat, 1985). 이때 아이가 불안을 다루기 위해 하는 행동에 따라 질환의 유형도 달라진다. 예를 들어 편집성 성격장애의 전단계에 있는 아이는 경계하는 태도를 취하고 자신이 아웃사이더인 것에 대해 은연중에 남을 비난한다(Turkat, 1985). 강박성 성격장애의 전단계에 있는 아이는 긍정적 평가를 극대화하기 위해 완벽주의와 억제를 점점 늘리게 되고, 회피성 성격장애의 전단계에 있는 아이는 평가받는 상황을 회피하고 (즉, 타인과의 접촉 및 판단될 가능성이 있는 가능성을 줄임) 순응적이거나 복종적인 태도를 취한다. 이러한 상호작용 방식은 시간이 지남에 따라 간헐적으로 강화되면서 정상적 발달

표 2.2. 환경에 의해 처벌받는 행동

처벌을 유발하는 행동 유형	행동의 예
실수함	무언가를 모호하게 설명함 잘못된 단어를 사용함 시험이나 회의 준비를 제대로 못함 질문이나 문제에 대해 곧바로 대답하지 못함
주도권을 잡음 자신에게 관심을 집중시킴 자랑함	위험한 일을 시도함 낮잠 또는 휴식 놀이 탐구심 인기가 없거나 독특한 의견 제시 군중 속에서 눈에 띔
감정을 드러냄 취약성 또는 약점을 노출함	울거나 신음함 화냄 신이 나서 말함 거리낌 없이 춤을 춤 내면의 감정에 너무 직설적이거나 솔직함 의존적 태도 누군가를 지나치게 신뢰함
돌봄, 사랑, 이해를 요청하거나 바람	포옹 요청 다쳤을 때 도움을 요청 로맨스나 '진정한 사랑'을 찾기 다른 사람이 어떤 생각을 하는지 신경 씀

과정을 방해한다.

결코 실수를 용납하지 않는 가족·문화적 메시지가 반복되면, (인생은 실수로 가득 차 있기 때문에) 아이는 자신이 결코 충분히 좋은 존재가 될 수 없다고 생각하며 부적응적 완벽주의가 악화될 수 있다. 그 결과 아이는 실수할 가능성을 방지하기 위해 위험을 감수하지 않고 피하는 법을 배우고, 비판에 매우 민감해지며, 자신의 가치가 타인에 비한 수행 능력에 의해 결정된다고 생각한다. 이는 치열한 독립성, 태연함, 무관심, 지루함, 만사태평함, 냉담함, 과장된 친사회적 행동으로 나타나기도 한다. **표 2.2**와 **표2.3**에 과잉통제형 인간이 처벌과 보상에 따라 보이는 다양한 행동이 나와 있다.

표 2.3. 환경에 의해 보상받는 행동

보상을 유발하는 행동 유형	행동의 예
위대한 업적을 달성함 만족을 지연함 유능해 보임 사회적으로 비교함 어떤 대가를 치르더라도 승리함	열심히 일하거나 공부함 계획하고, 연습하고, 리허설함 은퇴 또는 안 좋은 날을 대비해 저축함 또래와의 비교 우위에 따라 자신의 가치를 판단함 목표를 달성하거나 굴욕을 겪지 않기 위해 거짓말을 하거나 속임수를 사용함 옳음, 라이벌에게 승리함, 결코 패배를 인정하지 않음
질서정연함과 규칙 준수 본분을 다하고 부지런함 희생	문제에 논리적이고 감정적이지 않은 방식으로 접근함 마감일을 절대 어기지 않음 항상 예의 바르고 옳은 일을 함 지쳐 있을 때도 다른 사람을 배려함
고통을 감내함 끈기와 인내를 보임 자기통제를 발휘함	헬스장에서 혹독한 훈련 과정을 견딤 모든 역경을 이겨내고 전진함 자신이나 다른 사람에게 전혀 힘든 내색 안 함 항상 인내함 결코 괴로움, 노골적 화, 고통을 드러내지 않음
감정 또는 의도를 간접적으로 표현함	누군가와 말을 안 함 은밀하게 행동함 복수를 계획하고 실행함

다음 이야기는 사회전기적 피드백이 과잉통제 내담자에게 얼마나 강력한 영향을 발휘하는지 잘 설명하고 있다.

어머니는 항상 본인이 음악적 재능이 있었지만 어릴 적부터 악기를 연주할 기회가 없었다고 불평하셨어요. 어머니는 제가 다섯 살 때 처음으로 바이올린을 사 주셨고 과외도 시켜 주셨어요. 전 한 번 연주를 하려면 그 전에 몇 시간씩 연습을 해야만 했어요.

실제로 전 꽤 바이올린을 꽤 잘 연주하게 됐어요. 제가 아홉 살쯤 됐을 때 지역 콘서트에서 독주 연주를 제안받았어요. 진짜 떨렸지만 연주가 끝나자 기립박수를 받았죠.

나중에 어머니가 무대 뒤로 오셨는데, 굉장히 차가우셨던 기억이 나요. 어머니는 이렇게 말씀하셨어요. "네가 그렇게 안절부절못하지만 않았으면 더 좋았을 텐데."

지금 저는 어머니가 저를 도와주기 위해 그러셨다는 걸 알아요. 하지만 가끔은 제가 잘 되기를 바라는 어머니의 마음이 역효과를 내지 않았나 하는 의문이 들기도 해요.

지나치게 통제되고 정서적으로 위축된 아이들은 내성적으로 되고 문제를 회피할 가능성이 높기 때문에, 양육자는 이 아이들이 충동적이고 부적절한 행동을 할 가능성이 높은 고강도의 즐거움을 추구하는(높은 보상 민감성) 아이들과 달리 바른 행동거지를 보일 것이라고 것이라고 여길 가능성이 높다(Rothbart, Ahadi, Hersey, & Fisher, 2001). 연구에 따르면 부모는 시간이 지남에 따라 자녀의 복종적 감정 표현(예: 슬픔-불안 혹은 슬픔-불안과 행복의 복합적 표현)을 은연중에 강화하는 반면, 부조화적 표현(예: 화)은 강화하지 않았다(Chaplin, Cole, & Zahn-Waxler, 2005). 부모의 반응성이 아동의 생기질적 소인에 영향받을 가능성이 높지만(Kagan, 1994; Lewis & Weinraub, 1979), 종단 연구에 따르면 복종적 감정에 대한 부모의 관심은 기준 시점에서 미취학 아동의 복종적 표현 경향을 보정했을 때도 2년 뒤 복종적 표현 수준을 예측했다(Chaplin et al., 2005). 다만 이 연구에서 부조화적 감정 표현은 예측하지 못했다. 부모는 자녀가 지나친 두려움을 억제할 때 보상을 주고, 불안한 감정을 겉으로 표현하는 것은 억제한다는 연구 결과도 있다(Kagan, Reznick, & Snidman, 1987b). 이를 바탕으로 부모의 관심이 자녀의 복종적이거나 억제된 감정 표현을 은연중에 강화할 수 있음을 알 수 있다.

이러한 연구 결과들은 다양한 사회전기적 요인들이 과잉통제 대처의 발달과 유지에 영향을 끼칠 수 있음을 시사한다. 예를 들어, 일부 과잉통제 내담자들은 혼란스럽고 극적인 가정이나 환경에서 성장했다고 보고한다(예: 부모 중 한 명 이상이 심각한 알코올 또는 약물 중독에 이환됨, 예측 불가능하고 잦은 이사와 생활 환경의 변화, 주 양육자의 잦은 변경). 과잉통제 내담자가 어릴 때부터 다른 형제자매나 몸이 불편한 부모를 돌보는 역할을 맡았다고 보고하는 경우도 드물지 않다. 부적응적 과잉통제는 건강한 가정이나 그런 유사한 환경에서도 나타날 수 있다. 발달 연구에 따르면(Eisenberg et al., 2003), 따듯하고 긍정적인 부모가 자녀의 과잉통제 행동을 의도치 않게 조장할 수도 있다(Park, Belsky, Putnam, & Crnic, 1997; Rubin, Burgess, & Hastings, 2002). 과잉보호하는 부모는 세상은 두려워해야 할 위험한 곳이라고 가르치거나 모델링함으로써 자녀의 행동 억제 민감성을 높일 수 있다(Kimbrel et al., 2007). 예를 들어 위협 민감성이 높은 5세 아동이 부모에게 학교 친구의 생일 파티에 같이 가 달라고 조르고 부모가 그에 응하는 경우, 자신의 아이가 더 잘 대처하는 것처럼 보일 수 있다. 하지만 자녀가 14세가 됐을 때 똑같은 행동을 하는 것은, 특히 청소년 또래 집단에서는 긍정적으로 보이지 않을 것이다. 따라서 부모가 선의의 마음으로 삶을 무서워할 필요가 없음을 분명히 전달하려 해도, 자녀에게 행동하는 방식을 통해(예: "자신을 보호하는 것이 중요해") 의도치 않게 그 반대의 신호를 보내거나 전달할 수 있다. 과잉보호는 아동이 정상적인 불안을 유발하는 상황을 경험할 기회를 줄임으로써 습관화나 소거가 일어나지 않게 한다. 치료자 역시 이와 유사한 과잉보호 행동에서 자유롭지 못하다. 예를 들어 내담자에게 기술훈련 수업에 참석하도록 요구하기 전에 예기 불안을 먼저 낮추는 것이 중요하다고 생각하는 치료자는, 본의 아니게 기술훈련이 위험하다는 내용을 전달할 수 있다. 한 과잉통제 내담자는 이렇게 말했다. "이 수업이 그렇게 안전하면 제 치료자는 왜 그렇게 제가 수업에 참석하기 전에 침착한 상태인지 확인하려고 하죠?"

'대처' 요소

가설에 따르면, '본성'과 '양육'의 상호작용의 최종 결과로 부적응적 과잉통제 '대처 coping' 스타일이 발달한다. 특히 과잉통제 전 단계에서 계획되지 않은 위험을 피하고, 내면의 감정을 감추고, 사소한 불일치에 지나치게 집중하고, 다른 사람을 냉담하게 대하고 거리를 둠으로써, 자신이 실수하거나 약해 보이거나 통제 불가능한 것처럼 보일 가능성을 줄일 수 있음을 학습하게 된다. 부적응적 과잉통제 대처는 시간이 지남에 따라 간헐적 강화(예: 예상되는 불안을 줄이기 위해 대화에서 자기개방self-disclosure을 피하고, 성실하거나 변함없는 태도를 통해 다른 사람들로부터 종종 칭찬이나 감사를 받음) 작용을 통해 점점 더 경직되면서 장기적으로는 부적응적 결과를 초래한다.

내면의 감정을 감추는 것은 사회적 유대감에 부정적 영향을 끼친다

억제되거나 솔직하지 못한 표현의 부정적 영향은 과잉통제 내담자가 흔히 보고하는 사회적 배제와 고립 경험의 주요 원인으로 지목되고 있다. 고통스러운 내적 경험에 대한 의식적 억제 또는 억압이 정신병리(Bijttebier & Vertommen, 1999; Cheavens et al., 2005; Forsyth, Parker, & Finlay, 2003; J. J. Gross & Levenson, 1997; T. R. Lynch et al., 2004; T. R. Lynch et al., 2001; Petrie, Booth, & Pennebaker, 1998; Stewart, Zvolensky, & Eifert, 2002; Wegner & Gold, 1995) 및 정신생리적 반응의 증가와 관련된다는 결과들이 일관되게 보고되고 있다(Wegner & Gold, 1995). 현재 또는 과거의 우울증 에피소드가 있는 사람은 이러한 부정적 생각을 막기 위해 사고 억제를 많이 사용한다(Wenzlaff & Bates, 1998; Beevers, Wenzlaff, Hayes, & Scott, 1999; Wenzlaff, Rude, & West, 2002).

감정 표현의 숨김, 제한, 억제가 만연한 것은 어릴 때부터 부정적 영향을 끼친다. 미취학 남녀 아동을 대상으로 한 종단 연구에서는 일련의 부정적 기분을 유도하는 동안 얼굴 표현을 관찰했는데, 표현력이 부족한 아동은 표현력이 보통이거나 더 높은 아동에 비해 2년 6개월 뒤 기분부전증과 불안 증상을 훨씬 더 많이 보고했다(Cole, Zahn-Waxler, Fox, Usher, & Welsh, 1996). 이러한 자기보고는 부모의 응답에 의해서도 확인됐는데, 표현력이 부족한 자녀를 둔 어머니는 표현력이 보통이거나 높은 자녀를 둔 어머니에 비해 자녀의 우울증 삽화와 우울한 기분의 빈도를 더 높게 보고했다. 발달 연구자들은 감정 표현의 과도한 통제가 습관화되거나 생기질적으로 강화되면 안전한 상황에서도 감정을 억제하거나 솔직하게 표현하지 못하게 될 것으로 가정한다(Eisenberg, Fabes, Guthrie, & Reiser, 2000). 아동이 이렇게 위험 회피적이고 억제적인 표현 스타일을 습관적으로 사용하면, 사회적으로 위축되며 또래 집단에서의 지위가 낮아진다(Rubin, Bukowski, & Parker, 1998). 지나치게 통제적인 부모, 질병이나 장애의 병력, 생애 초기부터 억제성 기질을 지닌 아동은 또래로부터 괴롭힘을 당하는 경향이 더 높았다(Gladstone, Parker, & Malhi, 2006). 상관관계 연구에 따르면, 어릴 때 괴롭힘을 당하면 특히 평상시 불안 수준이 높아지고, 스트레스를 받을 때 불안 각성을 외부로 표출하는 경향이 있으며, 성인이 되어서 불안하고 우울해질 가능성이 높았다(Gladstone et al., 2006; Olweus, 1992). 실제로 아동기 때 또래로부터 피해를 당한 경험은 회피, 위험 혐오, 냉담한 인간관계 상호작용 스타일과 같은 과잉통제 행동을 악화시킬 수 있다. 이는 피해 경험이 내면화되면서 더 큰 피해로 이어지는 악순환을 보여 준다(Dill, Vernberg, Fonagy, Twemlow, & Gamm, 2004; Vernberg, 1990). 5-7세 아동과 교사 추천에 대한 연구에 따르면, 괴롭힘을 당한 피해 아동은 더 복종적이고, 리더십 기술이 모자라고, 더 위축되고, 더 고립되며, 덜 협조적이고, 덜 사교적이고, 놀이 친구가 없는 경우가 많았다(Perren & Alsaker, 2006). 괴롭힘의 피해 아동은 자신이 열악한 사회적 지위에 놓여 있음을 알고 있고, 자신의 지위를 바꿀 수 없다고 생각한다(Gottheil & Dubow, 2001). 피해 아동은 점차 친구가 부족해지면서 심리적·사회적으로 취약해져서 손쉬운 표적이 되는 악순환이 이어진다. 마지막으로, 시간이 지남에 따라 피해자로서 아동의 평판이 점점 더 굳어지면서 초등학교 고학년 때는 더 어려운 상황에 놓이게 된다(Biggs et al., 2010).

감정 표현의 개인차를 조사한 일련의 연구 결과, 습관적으로 표현을 억제하는 사람은 그렇지 않은 사람에 비해 삶의 만족도, 자존감, 낙관주의, 긍정적 감정은 낮고 부정적 정동은 높았다(J. J. Gross & John, 2003). 또한 표현을 억제하는 사람은 억제하지 않는 사람에 비해 자신이 어떤 감정을 느끼는지 명확히 인식하지 못하고, 기분을 잘 회복하지 못하며, 자신의 감정을 부정적으로 바라보고, 혐오적 감정 사건을 더 많이 반추하는 것으로 나타났다. 결정적으로, 감정 표현을 억제하는 사람은 그렇지 않은 사람에 비해 자신이 진실되지 못하고, 다른 사람이 자신의 진정한 모습을 모르고 있다고 느낀다. 이들이 은밀히 감정을 억제하려고 해도 동료들은 이들의 진짜 감정을 감지할 수 있었는데, 이는 감정을 억제하는 사람이 자신의 비진실성을 고통스럽게 여김으로써 부정적 정동이 더 크게 나타남을 시사한다. 마지막으로, 감정 공유를 꺼리는 것이 친밀한 관계를 불편해하고 적극적으로 회피하는 것과 관련 있는 것처럼, 감정을 습관적으로 억제하는 사람은 타인과 관계를 맺을 때 친밀감과 개인적 감정을 공유하는 것을 훨씬 더 불편하게 느낀다(J. J. Gross & John, 2003).

실험 연구에 따르면, 감정 표현 억제는 의사소통을 방해하고 관계 발달을 저해하며 억제하는 사람과 상대방 모두에게서 생리적 각성을 증가시켰다(J. J. Gross & John, 2003; Butler et al., 2003). 에밀리 버틀러Emily Butler와 동료들은 표현을 억제하는 것이 억제하는 사람과 상호작용 상대에게 끼치는 생리적·경험적·사회적 영향을 조사했다(Butler et al., 2003). 이 연구에서 참가자들은 사전에 본 전쟁 영화에 대해 낯선 사람과 토론하며 상호작용을 했다. 첫 번째 실험에서는 각 쌍의 한 명에게 표현 행동을 억제하게 하거나, 감정 경험을 재평가하게 하거나, 아무런 지시도 하지 않았다. 참가자들은 상호작용 파트너와 영화에 대한 반응을 토론하도록 지시받았고, 그때 상호작용을 비디오로 녹화하면서 두 참가자로부터 생리적 자료를 수집했다. 토론이 끝난 뒤 각 참가자는 자신의 감정 경험 및 상호작용 파트너와의 친밀감을 비롯한 몇 가지 자기보고 척도를 기입했다. 표현을 억제한 참가자는 파트너로부터 덜 반응적인 것으로 평가됐고, 표현을 억제한 참가자와 상호작용한 파트너는 감정 재평가나 아무 지시도 받지 않은 참가자의 파트너보다 생리적 각성이 훨씬 더 증가했다. 이는 신체적 활동이나 말하는 시간만으로는 설명할 수 없는 결과였다. 이 결과는 표현을 억제하는 사람과의 상호작용이 생리적 스트레스를 유발하고, 이는 표현을 억제하는 사람이 나타내는 낮은 수준의 반응성과 관련 있음을 시사한다. 연구자들은 서로 안면이 없는 한 쌍의 여성들에게 감정을 자극하는 영화에 대해 토론하게 하는 두 번째 실험을 진행했다(Butler et al., 2003). 표현 억제군에 속한 사람들에게는 대조군보다 부정적 감정을 덜 표현하고, 긍정적 감정도 덜 표현하고, 반응도 적게 보이도록 했다. 연구 결과, 표현을 억제한 사람은 대조군에 비해 주의가 산만하고, 긍정적 감정이 줄어들고, 대화 상대와의 상호작용에 대한 부정적 감정이 늘어나고, 대화 중 혈압이 증가했다. 표현을 억제한 사람의 파트너는 대조군의 파트너에 비해 상호작용 상대와 라뽀rapport가 낮고, 호감도가 낮고, 친해지고 싶은 마음이 적었다. 이는 감정 억제가 상당한 수준의 사회적 영향력을 행사함을 시사한다. 마지막으로 최근 실험 연구에 따르면, 상황에 맞는 표현, 즉 성공적인 적응을 위해서는 상황적 요구에 따라 감정 표현을 유연하게 강화하거나 억제할 수 있는 능력이 있어야 하는 것으로 나타났다. 대상자내within-subjects 실험 패러다임을 적용한 연구 결과, 필요에 따라 감정 표현을 강화하거나 억제할 수 있는 능력은 이후 2-3년 간의 긍정적 적응과 고통 감소의 예측 요인이었다(Bonanno, Papa, Lalande, Westphal, & Coifman, 2004; Westphal, Seivert, & Bonanno, 2010).

특히 중요한 연구 결과로, 사회적 단서에 상응하는 상호작용이 거의 없거나 부적절한 사람은 파트너에 대한 호감도를 낮게 보고할 가능성이 높았다(Cappella, 1985). 고통에 잠긴 파트너와 대화하는 사람은 참여도가 낮고 개인 정보를 가급적 드러내고 싶지 않은 욕구를 느꼈다(Furr & Funder, 1998; Joiner & Metalsky, 1995). 실제로 이 과정은 자기충족적 예언으로 작용한다. 한 연구에 따르면, 사회 불안을 느끼는 참가자는 원활한 사회적 성과를 내고 싶은 욕구에도 불구하고, 질문을 더 적게 하고, 자기중심적 대화를 더 많이 하며, 더 많은 안심을 추구하는 경향이 있었다(Heerey and Kring, 2007). 따라서 파트너 혼자나 양자 모두 상대방의 표현이나 자기개방에 상응하는 표현을 못하는 불균형적 상호작용은 보상이 더 적다. 이러한 유형의 상호작용 패턴은 과잉통제형 인간에게서 흔하며, 이는 자신이 남들과 다르고, 괴짜 같고, 매력적이지 않다는 자기구성 self-constructs을 강화하게 된다.

한편 감정표현불능증alexithymia(감정에 이름을 붙이고 알아차리기 어려움)과 억압적 대처(감정 경험을 과소보고) 척도 점수가 높은 것은, 즐거운 감정과 즐겁지 않은 감정에 대한 예측 정확도를 모두 일관되게 떨어뜨렸다(R. D. Lane, Sechrest, Riedel, Shapiro, & Kasznik, 2000; Parker, Taylor, & Bagby, 1993). 회피성 성격장애(과잉통제 질환)를 지닌 사람은 건강한 대조군에 비해 두려움을 식별하는 정확도가 현저히 떨어졌다. 그 외 다른 감정을 식별하는 데는 문제가 없었다. 이는 회피성 성격장애를 지닌 사람이 두려운 얼굴 표정 같은 힘든 감정으로부터 주의를 돌리기 때문으로 설명할 수 있다(Rosenthal et al., 2011). 회피성 성격장애의 연속선 상에 있는 질환으로 여겨지는 사회공포증을 앓는 아동은 특히 두려운 얼굴을 회피하고(Chambless, Fydrich, & Rodebaugh, 2008), 사회공포증이 있는 사람은 부정적인 얼굴을 회피한다(T. R. Lynch et al., 2015; Y. P. Chen, Ehlers, Clark, & Mansell, 2002).

과잉통제 대처의 특징인 냉담하고 소원한 관계 스타일은, 타인의 감정 표현을 인식하는 데 어려움을 겪거나 내면의 감정을 숨기는 것이 만연해지면서 더욱 악화될 수 있다. 타인에게 내면의 감정을 표현함으로써 자신의 취약성을 드러내는 것은 다음 두 가지 강력한 사회적 신호를 전달한다.

1. 우리는 그들을 신뢰한다(만약 우리가 누군가를 신뢰하지 못한다면 자신의 진정한 의도를 감춘 채 내면의 감정을 드러내지 않을 것이다).
2. 우리는 인간으로서의 불완전성을 공유하고 있기 때문에 똑같은 존재다.

진실된 우정은 삶의 긍정적 측면뿐만 아니라 은밀한 의심, 두려움, 과거의 실수까지도 공유할 수 있을 때 비로소 시작될 수 있다. 따라서 습관적으로 내면의 감정을 감추는 부적응적 과잉통제는 종종 사회적 비난으로부터 자신을 보호하는 데는 유용할 수 있지만, 장기적으로는 오히려 그것이 예방하려는 바로 그 문제를 유발함으로써 외로움과 고립감을 심화한다.

낮은 개방성과 경직된 대처는 새로운 학습에 부정적 영향을 끼친다

특히 극단적 자기관self-view을 지니고 있을수록 다른 강화제보다 자기관을 지지하는 정보를 선호하며, 부정적 피드백을 무시할 수 없을 때는 불안해하거나 위축된다는 사실이 강력히 입증됐다(Giesler, Josephs, & Swann, 1996; Pelham & Swann, 1994; Ritts & Stein, 1995; Swann, 1997; Swann, de la Ronde, & Hixon, 1994). 또한 자기관이 관계의 질에 끼치는 영향을 조사한 연구에 따르면, 부정적 자기관을 지닌 사람의 파트너는 관계에 대한 환멸을 경험하면서도 정작 그런 거부감을 드러내는 것을 회피하거나 상대방에게 맞춰주는 말을 함으로써 자신의 감정을 감추는 것으로 나타났다(Swann, Stein-Seroussi, & McNulty, 1992). 흥미롭게도 객관적 관찰자들은(목소리 톤을 통해) 파트너의 거부감을 감지할 수 있었다. 하지만 부정적 자기관을 지닌 사람은 파트너의 부정적 평가를 거의 알아차리지 못한 상태에서 상호작용을 그만뒀다. 따라서 상호작용 파트너는 부정적 피드백을 잘 안 하려 하고, 부정적 자기관을 지닌 사람은 비언어적 단서를 제대로 인지하지 못하기 때문에, 결과적으로 이들은 인간관계에서 교정적 피드백을 잘 받을 수 없다. 이러한 진솔한 인간관계 피드백의 부족은 변화가 필요한 부분을 제대로 인식하지 못하게 함으로써 부정적 인간관계가 지속되고 사회적 배제가 지속되는 악순환의 고리를 형성한다. 인간관계에서 교정적 피드백의 결핍은 부적응적 과잉통제를 지속하는 주요 요인 중 하나다.

낮은 개방성과 경직된 대처는 불량한 치료 반응으로 이어진다(Ehrlich & Bauer, 1966; Ogrodniczuk, Piper, McCallum, Joyce, & Rosie, 2002; Ogrodniczuk, Piper, Joyce, McCallum, & Rosie, 2003). 경직성은 정신건강의학과 입원 환자 집단에서 더 심각한 증상, 더 긴 입원 기간, 더 불량한 예후의 예측 요인이었으며(Ehrlich & Bauer, 1966), 개방성이 낮은 사람들은 인지·정서·행동의 위축을 보고했다(다음 종설을 참고. McCrae & Costa, 1996). 경직성 척도에서 높은 점수를 기록한 사람은 사고방식의 창의성과 다양성이 부족하고(McCrae, 1987), 즐거운 경험에 잘 참여하지 못하며(Glisky, Tataryn, Tobias, Kihlstrom, & McConkey, 1991), 감정을 잘 인식하지 못했다(R. D. Lane, Quinlan, Schwartz, Walker, & Zeitlin, 1990).

경직성은 흔히 지나치게 높은 성과 기준과 실수에 대한 과도한 염려가 특징인 부적응적 완벽주의로 나타난다(Dunkley, Zuroff, & Blankstein, 2003). 부적응적 완벽주의가 높은 사람은 분리disengagement, 부정, 신체화, 남 탓 같은 대처 전략을 사용하는 경향이 많으며(Dunkley et al., 2003), 이는 전부 과잉통제 내담자에게서 흔히 볼 수 있는 것들이다. 시드니 블랫Sidney Blatt의 자기비판 또는 자율성 개념과 유사한 부적응적 완벽주의는 열등감, 무가치감, 실패, 죄책감과 관련한 테마로 구성된다(Dunkley et al., 2003; Powers, Zuroff, & Topciu, 2004). 자기비판적 인간은 친밀감을 피하고, 자기개방을 거부하며, 갈등 해소에 어려움을 겪을 가능성이 높다(Blatt, 1974; Blatt, D'Afflitti, & Quinlan, 1976; Zuroff & Fitzpatrick, 1995). 우울증 치료 협력 연구 프로그램Treatment of Depression Collaborative Research Program의 자료를 활용한 연구 결과, 완벽주의는 치료 전반에 걸친 우울증의 변화율을 예측하는 요인이었다(Hawley et al., 2006). 흥미로운 것은, (RO DBT에서 주요 치료 목표로 설정하는) 강력한 치료동맹 형성이 우울증의 개선 및 부적응적 완벽주의 감소의 예측 요인이었다는 것이다.

한편 과잉통제형 인간은 장기적 목표를 달성하기 위해 단기적 고통을 무시할 수 있는 능력 및 고통감내distress tolerance 능력이 뛰어난 것으로 보인다(T. R. Lynch & Mizon, 2011). 고통감내는 부정적 영향이나 혐오적인 심리적 혹은 신체적 상태를 견딜 수 있는 능력을 말한다(Bernstein, Trafton, Ilgen, & Zvolensky, 2008). 과소통제형 인간(예: 경계성 성격장애)은 고통감내가 부족하다는 강력한 근거가 있다. 이들은 단기적으로는 고통을 최소화하지만 장기적으로는 부정적 결과를 초래하는 광범위한 도피 또는 회피 행동을 특징적으로 보인다(R. A. Brown, Lejuez, Kahler, Strong, & Zvolensky, 2005; Daughters et al., 2005; Nock & Mendes, 2008). 하지만 고통감내도 지나치면 건강하지 않다. 고통과잉감내distress overtolerance는, 원하는 목표를 달성할 수 없거나 계속하는 것이 해로울 수 있음에도 불구하고 에너지를 고갈시키거나 고통스러운 활동에 경직되거나 강박적으로 참여하는 것을 의미한다(예: 부상에도 불구하고 운동을 하거나 저체중임에도 불구하고 식사를 제한함. T. R. Lynch & Mizon, 2011). 따라서 고통과잉감내는 건강한 과업 인내과는 다른 것이다.

고통과잉감내는 도피 행동이 아니기 때문에 각성을 낮춤으로써 강화될 가능성이 낮다. 오히려 장기적 목표를 달성하거나 유혹을 참는 데 성공했다는 자부심에 의해 강화될 가능성이 높다. 고통과잉감내는 과잉통제에서 자기통제에 대한 은밀한 자부심(예: 초콜릿을 한 개만 먹기, 스트레스 상황에서도 불평하지 않기, 온갖 역경에도 불구하고 인내하기)의 핵심 부분으로 간주된다. 안타깝게도 고통과잉감내는 사람을 지치게 할 뿐 아니라 부정적인 다양한 사회정서적 결과를 초래할 수 있다.

마지막으로, 과잉통제 내담자에는 계획되지 않은 위험을 회피하려는 경향으로 인해 새로운 학습 기회가 줄어들고(새로운 것을 배우려면 위험을 감수해야 하기 때문), 그것이 습관화되면서 삶이 지루하거나 따분하게 느껴지게 된다(예: 매일 같은 음식만 먹으면 지겨울 수 있음). 과잉통제형 인간은 관계적(예: 여자친구와 더 가까이 지내고 싶어서 직장을 그만둠, 자신의 깊숙한 두려움이나 의심을 누군가에게 털어놓음)이기보다는 도구적(예: 목표를 달성함, 잘못을 바로잡음, 도덕적으로 옳다고 믿는 것을 옹호함)으로 위험을 감수할 가능성이 높다.

사회적 신호: 변화의 새로운 기전

감정에 대한 대부분의 연구들은 몸 안을 확인할 수 있는 기술(예: 정신생리학적 측정, 뇌영상, 유전자 지도, 신경화학적 평가) 발전에 힘입어 내적 조절 과정에 초점을 맞추고 있다(Cromwell & Panksepp, 2011). 하지만 이 책 및 『**기술훈련 매뉴얼**』은 우리가 부족적 본성을 잊었다는 것을 주요 전제로 한다. 인류의 생존은 긴밀한 사회적 유대감을 형성하고, 자원을 공유하며, 유전적으로 무관한 개체들과 협력할 수 있는 능력에 달려 있었다. RO DBT 개입은 현대 뇌 행동과학과 긴밀한 사회적 유대감 및 이타적 행동의 발달을 연결하는 독특한 신경생물사회이론에 근거한다. RO DBT가 근거하고 있는 이론의 핵심 기전은 대략 다음과 같다. (1) 과잉통제형 인간은 생물학적으로 새롭거나 낯선 상황을 보상이 아닌 위험으로 인식하게 설정돼 있다, (2) 과잉통제형 인간은 감정을 숨기려는 타고난 경향으로 인해 긴밀한 사회적 유대감을 형성할 가능성이 낮다, (3) 결과적으로 과잉통제 내담자는 사회적 고립, 외로움, 심리적 고통이 증가하게 된다. 이는 다음의 5단계에 순서대로 제시된 바와 같다.

1. 과잉통제형 인간의 높은 생기질적 위협 민감성은 위협에 대한 경계심을 증가시켜, SNS가 매개하는 방어적 각성 및 HPA 축과 투쟁-도피적 감정과 행동 충동 같은 스트레스 반응 시스템을 과잉활성화한다.
2. 과잉통제형 인간의 과잉활성화된 방어적 각성은 PNS-VVC의 위축을 초래하여 만족감 및 사회적 참여와 관련한 신경생물학 기반 사회적 안전 시스템에 들어가는 것을 더욱 어렵게 만든다.[24] 과잉통제형 인간의 만성화된 억제와 솔직하지 못한 감정 표현은, 정확성과 통제력을 중시하는 초기 가족 및 환경의 영향으로 강화되어 온 것으로 보인다. 결과적으로 이들은 친사회적이고 유연한 사회적 교류에 필요한 효과적인 전달 수단을 잃게 된다. 따라서 과잉통제형 인간은 본인도

모르게 무표정한 얼굴을 하거나 대화에 끼지 못하고 장시간 침묵을 유지하거나, 파티 중에 얼굴을 찡그리기도 하고, 반대로 억지 웃음을 지으면서 그 상황의 사회적 맥락에서 이해하기 어려울 정도로 지나친 친사회적 방식으로 행동하기도 한다.

3. 과잉통제형 인간의 억제되거나 솔직하지 못한 감정 표현은 사회적 의사소통에서 전달뿐만 아니라 수신 기능에도 지장을 준다. 특히 PNS-VVC의 위축은 사회적 상호작용 중 타인의 얼굴 및 음성 표현에 둔감하게 만들어 공감적 반응 행동을 감소한다.[25]

4. 과잉통제형 인간과 상호작용하는 사람은 불안 각성을 경험하며 상대와 관계 형성을 꺼린다.[26] 따라서 과잉통제 내담자는 생기질적 소인과 사회전기적 영향이 맞물리면서 어릴 때부터 사회적 배제, 거부, 배제를 반복적으로 경험하는 한편, 사회적 교류를 통해 쾌락적 보상이나 즐거움을 느낄 수 있는 기회는 감소하게 된다.[27] 즉 과잉통제 내담자는 생기질 및 사회생물학적 편향으로 인해 사회적 상호작용에서 사회적 신호와 타인이 상호작용하려는 내용을 수신하는 데 어려움을 겪고, 사회적 고립과 외로움을 많이 느끼며, 반복적 우울증 삽화의 위험이 높아진다.

> 우리는 안전하다고 느끼기 때문에 유대감을 느끼는 것이 아니라, 유대감을 느끼기 때문에 안전감을 느끼는 것이다.

5. 과잉통제형 인간의 반복되는 혐오적이고 보상 없는 사회적 상호작용은 상처가 되며, 이는 '고조 효과kindling effect'를 유발함으로써 중립적이거나 모호한 사회적 자극을 위협적인 것으로 평가하게 한다.[28] 이러한 순환이 반복되면서 과잉통제형 인간은 점점 더 회피적이고, 사회적으로 무력해지고, 고립되고, 의기소침해지면서 낙담, 우울, 심지어 자살 행동까지 보이게 된다(**그림 2.2**).

그림 2.2. 고조 효과

| 높은 생기질적 위협 민감성 | → | 잠재적 위협에 대한 선택적 주의, 방어적 각성, HPA 축의 과활성화 | ＋ | 사회적 안전 활성화 감소 PNS-VVC 반응 소실 |

과거의 부정적 사회적 상호작용 기억이 미래의 상호작용에 대한 기대에 부정적 강화 작용 중립적이거나 모호한 사회적 자극을 위협적인 것으로 평가하는 성향이 커지면서 회피, 사회적 고립, 외로움, 만성 우울증으로 진행

친사회적 신호 행동 감소
(무표정, 시선 회피, 단조로운 어조)
공감적 반응 행동 감소
(타인의 얼굴 표정이나 어조에 대한 둔감성)

친사회적 신호 행동 감소(무표정, 시선 회피, 단조로운 어조)
공감적 반응 행동 감소(타인의 얼굴 표정이나 어조에 대한 둔감성)
사회적 배척과 또래 집단에서 배제되는 경우 증가
사회적 상호작용 중 뮤-오피에이트에 의한 소비 쾌감 감소

고조 효과 (상처)

이 장에서 다룬 내용

▶ RO DBT에서는 안전감, 만족감, 편안함을 느끼는 것은 아닐지라도, 부족에 속하는 것은 심리적 건강의 필수 요건으로 간주한다.
▶ 우리가 어떻게 느끼는지보다는 다른 사람에게 우리의 의도를 전달하는 것이 더 중요하다.
▶ 우리는 안전하다고 느끼기 때문에 유대감을 느끼는 것이 아니라, 유대감을 느끼기 때문에 안전감을 느끼는 것이다.
▶ 과잉통제형 인간은 생기질적으로 부족과 단절된 방식으로 행동하는 경향이 있으며, 그로 인해 사회적 고립, 괴로움, 심리적 고통에 처할 위험이 높다.

3장

평가 전략

이 장에서는 임상가(및 연구자)가 부적응적 과잉통제의 전형적인 특징과 얼마나 일치하는지 판단하는 데 사용할 수 있는 평가 전략 및 척도를 설명한다. 먼저 RO DBT 평가 접근법의 기본 원칙을 간략히 다룬다. 다음으로는 부적응적 과잉통제를 식별하기 어렵게 하는 가장 흔한 평가 실수와 잘못된 가정을 검토한다. 마지막으로, RO DBT 과잉통제 진단 프로토콜의 개요를 설명하고, 과잉통제에 특화된 구체적 척도 및 점수화 지침의 향후 방향과 세부 사항들을 제시한다.

과잉통제 평가: 개념적 프레임워크

앞서 언급했듯이 이 책은 치료저항성 또는 만성 문제에 개입하는 데 있어서 성격을 중요하게 고려해야 한다는 것을 기본 전제로 하고 있다. 특히 만성화는 성격장애, 즉 습관적으로 과잉통제 혹은 과소통제에 따라 지각 및 조절이 편향되어 있을 가능성을 강력히 시사한다. 이러한 상위 성격 요인으로 각각 과잉통제와 과소통제가 있으며, 그 아래에 여러 하위 질환들이 있는 것으로 본다. 이 접근 방식은 정신병리와 관련하여 다음의 두 가지 상위 성격 또는 대처 스타일을 더 전체적으로 파악하고 설명한 연구들과 일치한다

(Clark, 2005a; Kendler, Prescott, Myers, & Neale, 2003; Krueger, 1999; Krueger, Caspi, Moffitt, & Silva, 1998; Vollebergh et al., 2001; Wright et al., 2012; Krueger & Markon, 2014).

1. 내재화(과잉통제 문제)
2. 외현화(과소통제 문제)

실제로 DSM-5(American Psychiatric Association, 2013, p. 13; National Institute of Mental Health, n.d.)에서는 공통 요인에 대한 추가 연구를 장려하기 위해 의도적으로 우울장애(내재화 문제) 절을 불안장애 절과 가까이 배치하고, 파괴적, 충동조절 및 품행장애를 설명하는 절을 물질관련 및 중독장애(외현화 문제)를 다룬 절 근처에 배치했다. 성격장애에 대한 대안적 DSM-5 모형("Section III: Emerging Measures and Models," in American Psychiatric Association, 2013)에 반영된 성격 영역 역시 이러한 상위 요인들(즉, 외현화 및 내재화 문제, Krueger & Markon, 2014)로 구성되어 있다.

하지만 RO DBT는 기존의 진단 범주에 속하지 않는 핵심 표현형 및 유전적 특징을 공유하는 질환 스펙트럼을 다루기 위해 개발됐기 때문에, 과잉통제 문제를 해결하기 위한 치료법뿐만 아니라 임상가가 내담자의 부적응적 과잉통제 대처를 식별할 수 있는 신뢰성과 타당성 있는 수단도 개발해야 했다. 과잉통제 성격의 원형적 측면은 과거에도 다양한 방식으로 설명되어 왔으나(Haslam, 2011; Block & Block, 1980), 우리의 접근은 생기질, 가족·환경적 영향, 사회적 유대감, 신경조절 요인, 자기통제 스타일 등의 더 광범위한 잠재적 결정 요인들을 아우른다는 점에서 다른 대부분의 접근법들과 차이가 있다. 따라서 부적응적 과잉통제를 진단하는 RO DBT 모형은 차원dimensional 모형(여러 영역에 걸쳐 기능장애 및 생기질의 심각성을 평가하기 위한 목적)과 원형prototype 모형(범주형 진단을 통한 '저비용' 임상 결정을 용이하게 함)을 합친 것과 같다. 이는 다음의 두 가지 핵심 원칙에 기반한다.

1. 임상 평가는 가능하면 경험적 근거에 따라 이루어져야 한다
2. 임상 평가는 사례 공식화의 지침으로 삼을 수 있고 임상 진료에서 의사 결정에 도움이 되어야 한다.

이 장에서 권장하는 척도와 방법은 이러한 목표를 반영한다. 하지만 이 여정을 시작

하기 전에 임상가 및 평가자가 과잉통제 문제를 평가할 때 범할 수 있는 흔한 실수와 가정을 알아볼 필요가 있다.

흔한 실수와 잘못된 가정

개인적 행동과 공개적 행동을 구분하지 못함

개인적 행동private behavior의 반대로서 공개적 행동public behavior이라는 개념은, DSM-5(American Psychiatric Association, 2013)와 같은 정신장애 진단체계나 성격 특성에 기반한 정신병리 모형에서는 언급되지 않는다(현재 모형에 대한 종설은 다음을 참고. Krueger & Markon, 2014). (내 개인적으로는) 부적응 행동이 공개적으로 표현되는지 개인적으로 표현되는지 고려하지 않는 것이야말로 과잉통제를 오진하는 가장 흔한 요인일 것이다. 일반적으로 '공개적'이라는 단어는 직계 가족(혹은 그와 유사한 사회적 테두리)이 아닌 다른 사람이 있는 상황에서 나타나는 모든 행동을 의미하며, '개인적'이라는 용어는 익명성이 보장되거나 혼자 있다고 여겨지는 환경이나 상황에서 나타나는 모든 행동을 의미한다. 개인적 공간에서 벌어지는 일은 공개적 장소에서 일어나는 일과 상당히 다를 수 있다. 과잉통제형 인간의 경우, 극적인 감정 표현(예: 화내거나 소리 지르기. 일명 **감정 유출 emotional leakage**이라고도 함)은 공개된 장소보다는 개인적 공간에서 더 자주 나타난다. 과잉통제형 인간은 원치 않는 관심이나 비판을 받을 수 있는 감정이나 행동을 공개적으로 드러내는 것을 싫어하며, 마음만 먹으면 공공장소에서 얼마든지 외현적 행동 반응을 억제할 수 있는 뛰어난 능력이 있다. 실제로 평가자가 부적응 행동이 표현되는 환경과 관련하여 공개적 및 개인적 상황을 구분하지 못하는 것이야말로 과잉통제가 오진되는 핵심 이유 중 하나다. 특히 익명성이 보장된다고 여겨지는 상황(예: 정치적 시위)이나, 강한 감정 표현이 예상되거나 사회적으로 허용되는 상황(예: 치료 회기)에서는 공개된 장소에서의 감정 유출을 어느 정도 예상할 수 있다. 따라서 과잉통제형 인간이 감정 유출 삽화를 보고할 때는 공개적으로 노출된 수준, 즉 빈도, 강도, 외부 관찰자가 그 행동을 비정상적이거나 맥락에 안 맞는다고 여기는 정도 등을 고려하여 사회적 신호로서의 양상을 살펴볼 필요가 있다(「**감정 유출 평가하기**」 참조).

보이는 모습이 전부라고 가정함

과잉통제형 인간은 내면적으로 심한 불안, 우울, 고통을 느끼는 경우가 많지만 겉으로는 이를 드러내지 않으려고 노력하는데, 이는 방금 논의했던 '공개적 vs 개인적' 문제와 밀접한 관련이 있다. 과잉통제형 인간은 고통을 부정하거나 최소화하는 데서 알 수 있듯이, 유능함·성실함·자기통제로 표현되는 공개적 페르소나persona를 만들려는 강한 동기를 지니고 있으며, 이러한 공개적 페르소나 때문에 (평가자를 비롯한) 다른 사람들은 과잉통제형 인간의 진정한 감정이나 의도를 알아차리기 어렵다. 예를 들어, "약간 실망했어요"라는 말은 실제로는 "진짜 짜증났어요"나 "정말 상처받았어요"라는 의미일 수 있다.

과잉통제형 인간이 질문에 올바르게 혹은 정확하게 대답하는 것을 꺼리거나 대답을 지나치게 걱정하는 것처럼 보이면, 평가자는 폭넓은 평가 질문을 준비해야 한다. 예를 들어 내담자가 "그냥 정확하게 대답하면 되는 거죠"라고 말하면서 시작하면, 평가자는 "이 질문에 대답하시는 게 중요하고 까다롭게 느껴질 수 있다는 걸 압니다"라고 대답할 수 있다. 마찬가지로 일부 과잉통제형 인간은 자기비판적이어서, 자신에게 정말 문제가 있는지, 그 심각성은 어느 정도인지 평가자에게 반복해서 확인하려 할 수 있다. 평가자는 과잉통제 가능성이 있는 내담자를 평가할 때, 내담자가 보고한 문제가 얼마나 힘든지 인정해 줌으로써 내담자가 자신의 감정을 드러낼 가능성을 높여야 한다.

감정 유출 평가하기

평가자는 극적인 감정 표현 및 기타 문제 행동과 관련하여 공개적인 것과 개인적인 것을 구분할 때 다음 질문들을 유용하게 사용할 수 있다.

1. 이 문제 행동이 가장 잘 발생하는 환경이나 상황은 무엇인가요? 예를 들어, 혼자 있을 때만 나타나나요? 직계 가족과 함께 있을 때만 나타나나요? 익명성이 보장되거나 신원을 확인할 수 없는 상황에서만 나타나나요?
    - 이 행동이 공개된 곳에서 나타난 적이 있나요? 그렇다면 그 자리에 있던 사람들이 그 행동을 명확히 관찰할 수 있었나요? 그 자리에 몇 명이 있었나요?
    - 실제로 어떤 행동이나 말을 했는지 지금 바로 보여 주실 수 있나요? 어떤 근거로 다른 사람들이 알아차렸다고 생각하시는 거죠?[a]

- 이러한 유형의 행동은 자주 공개적으로 나타나나요? 그렇다면, 그 빈도는 얼마나 되나요?

2. 이러한 행동을 비밀로 하기 위해 얼마나 많은 노력을 기울였나요?
   - 익명성을 보장받기 위해 이러한 행동을 하기 전에 사전 계획이나 준비를 어느 정도로 하나요?
   - 혹시 누군가에게 들키면 적당한 핑계를 댈 수 있는 상황이나 환경에서만 조심스럽게 행동하나요?
   - 공개적 장소에서 문제 행동을 표현하지 않으려고 열심히 노력했음에도 불구하고 계속 억제하는 데 실패한 적이 있나요?[b]
   - 이 문제 행동을 아는 사람은 몇이나 되죠? 직계 가족 외에 이 문제 행동을 아는 사람이 또 있나요?
   - 당신이 하고 있는 행동은 사람들에게 얼마나 알려져 있나요? 직계 가족이 아닌 지인 중에 당신이 이런 행동을 했다는 얘기를 듣고 놀라거나 당황할 만한 사람이 있나요?
   - 이 문제 행동에 대해 다른 사람과 얼마나 자주 논의했나요? 누구랑 했죠? 관계는 어떻게 되나요? 모르는 사람에게 말한 적도 있나요? 버스에서 방금 만났거나 그냥 알고 지내는 사람에게 이 문제 행동을 아무렇지도 않게 말한 적이 있나요?[c]
   - 이 행동으로 인해 병원, 응급실, 위기센터, 경찰서, 혹은 다른 정부 기관의 즉각적인 의학적 또는 심리적 개입이 필요한 적이 얼마나 자주 있었나요?[d]

a 종종 과잉통제형 인간이 소란스럽거나 부끄러운 행동으로 보고하는 것이 다른 사람에게는 그렇지 않게 여겨지는 경우가 많다.
b 이는 과소통제 행동을 시사할 수 있다.
c 대개 과잉통제형 인간은 치료자, 의사, 직계 가족을 제외하고는 다른 사람과 자신의 문제에 대해 이야기하는 것을 꺼린다. 이들은 방금 만났거나 잘 모르는 사람에게 자신의 비밀이나 문제를 자발적으로 드러내지 않는다.
d 대부분의 과잉통제형 인간은 즉각적인 외부 개입이 필요한 위기 행동을 보일 가능성이 적다. 대신 도움이 필요할 때는 신중히 생각한 뒤 도움을 요청하는 행동을 할 것이다.

평가자는 내담자를 포함한 많은 과잉통제형 사람들은 대개 평가자(또는 치료자)의 비위를 맞추기 바라기 때문에, 평가자(또는 치료자)가 듣고 싶어 하는 대답을 하려고 노력한다는 점을 염두에 둬야 한다. 과잉통제 내담자는 자신이 경험한 모든 어려움을 보고해야 한다는 도덕적 의무감을 느끼기도 한다. 예를 들어 충동성에 대한 질문을 받은 한 과잉통제 내담자는 자신이 지나치게 말이 많고, 눈치 없고, 쓸데없이 옷을 사거나 충동적으로 술을 많이 마시고 마리화나를 피운 적이 있다고 대답했다. 그러나 추가적인 조사결과 내담자가 마리화나를 피운 적은 딱 한 번뿐이었으며, 술도 대학생 때 가볍게 몇 차례 마신 적이 전부였다. 그 내담자가 수다스럽고 눈치 없이 행동한다고 말했던 것 역시 사람들이 있는 자리에서 흥분해서 표현한 것을 자기비판적으로 표현한 것이었을 뿐 결코 심각한 것은 아니었다.

평가자는 과잉통제 내담자에게 **감정 경험**에 대한 질문을 할 때 자신의 **행동**에 대한 비정서적 **생각**을 반영하는 대답을 할 수 있음을 예상해야 한다. 예를 들어 한 여성은 기분에 대한 질문을 받은 뒤, "제가 기분이 우울하거나 가라앉냐고요? 글쎄요, 저는 우울증을 극복하려고 노력하고 있어요. 한 발 앞서 나가기 위해 평소보다 일찍 일어나서 아침 식사를 하죠. 그러고 나면 기분이 가라앉지 않아요"라고 대답했다. 이 경우 내담자는 질문에 직접 대답하지 않고 자신의 우울한 기분에 대한 생각과, 이를 조절하거나 통제하려는 시도를 보고했다. 이럴 때 평가자는 기분이 가라앉거나 우울해도 괜찮다는 것(즉 자신의 기분을 있는 그대로 보고하는 것은 잘못된 것도 아니고 사회적으로 문제가 되지도 않음)을 알려주면서 원래의 질문으로 돌아와야 한다.

과잉통제형 인간이 기분 변화나 감정 기복이 있다고 보고하는 경우도 흔하다. 하지만 평가를 더 해보면 대개 아주 가라앉은 기분에서 적당히 낮은 기분으로 변하는 경우가 많으며, 가라앉은 기분에서 들뜬 기분으로 변하거나 낮은 기분에서 평범한 기분으로 변하는 경우는 별로 없다. 따라서 평가자가 잠재적 과잉통제 내담자에게 기분을 비교하도록 할 때는, 현재의 기분을 좀 더 '정상적'이라고 느꼈던 때와 즐거움이 느껴졌던 때의 기분을 비교하게 해야 한다. 내담자가 그런 시기를 기억하지 못하면, 그들이 아는 사람들 중에서 정상적인 기분(슬픔과 행복 모두)을 지닌 사람을 떠올린 뒤 그 사람을 기준으로 자신의 기분이 어떤지 생각해 보도록 해야 한다.

평가자는 내담자가 자신의 행동에 대해 보고한 내용만을 근거로 진단을 확정하지 말아야 한다. 가족을 비롯해 내담자를 잘 아는 사람들로부터 얻는 추가 정보는 굉장히 유용할 수 있다. 평가자는 가급적 내담자가 스스로 보고한 행동이 실제로 어떤 모습인지 시연하거나 보여 달라고 요청해야 한다. 예를 들어 한 남성은 직장 동료들에게 격하게 화를 냈다고 보고하며, 자신의 행동을 '분노rages'로 표현했다. 이때 내담자가 '분노'라는 단어를 사용한 것은 자신의 행동을 정확히 설명하기 위한 것이었지만, 내담자가 시연을 보이지 않았다면 평가자는 이를 완전히 다르게 여겼을 가능성이 높다. 따라서 평가자는 섣불리 자신과 평가 대상자가 동일한 감정 언어를 사용하고 있다고 지레짐작하지 않아야 한다. 내담자가 자신의 행동을 매우 극적이거나, 폭발적이거나, 충동적이거나, 위험하거나, 터무니없는 것으로 설명할 때는, 그의 말이 행동을 있는 그대로 반영하지 않을 수도 있음을 염두에 두고 시연을 요청하는 것이 좋다.

평가자는 치료 환경이 행동에 대한 고유한 규칙, 가치, 규범, 기대치가 있는 독특한 유형의 사회적 상황임을 명심해야 한다. 예를 들어 치료 회기(또는 진단적 평가) 중 극단적 감정을 표현하는 것은 적절할 수 있지만, 똑같은 행동을 버스에서 하면 사람들의 눈살을 찌푸리게 할 수 있다. 따라서 과잉통제 질환에 대한 평가를 받는 사람이 평가나 치료 회기 중에 극단적 감정(예: 울음, 자살 사고)을 표현해도, 치료 상황이나 직계 가족과 함께 있을 때를 제외하면 그런 비슷한 감정이나 정동을 거의 드러내지 않을 수 있다. 과거 진료 경험에 의해 얼굴을 가리거나 강한 분노를 표출하는 등의 부적응적 사회적 신호가 강화되기도 한다(이러한 행동의 일부는 10장에서 설명하는 '반발'이나 "나를 아프게 하지 말아요" 반응일 수 있다).

자해를 항상 충동적인 것으로 가정함

오랫동안 관찰되어 온 가장 일반적인 평가 실수 중 하나는, 비자살적 자해nonsuicidal self-injurious 행동에 대한 임상 전통과 관련 있다. 흔히 자해는 경계성 성격장애에서처럼 자기통제 결핍이나 충동적인 기분 의존적 행동이 특징인 사람에게서 나타나는 것으로 여겨진다. 하지만 점점 더 많은 경험적 연구들이 이와 다른 내용을 보고하고 있다. 여러 연구들에 따르면 의도적 자해는 다양한 기능(주로 부정적 정동의 조절과 자기처벌)을 수행하는 복합적인 행동으로, 단순하게 기분에 좌우되거나, 충동적이거나, 주의 및 감각 추구 행동으로만 간주해서는 안 된다(Klonsky, 2007; Nock, 2009). 실제로 자해는 기분부전증, 우울증, 신경성 식욕부진증, A군 성격장애에서와 같이 과잉통제를 특징으로 하는 질환에서 확연히 많이 나타난다(Claes, Klonsky, Muehlenkamp, Kuppens, & Vandereycken, 2010; Ghaziuddin, Tsai, & Ghaziuddin, 1991; Hintikka et al., 2009; Klonsky, Oltmanns, & Turkheimer, 2003; Nock, Joiner, Gordon, Lloyd- Richardson, & Prinstein, 2006; Selby,

Bender, Gordon, Nock, & Joiner, 2012). 과잉통제형 자해 행동은 계획적인 것이 특징이다. 자해 행동은 거의 대부분 개인적 공간에서 발생하며, 의학적 치료를 요하는 경우는 드물다. 일반적으로 과잉통제에서의 자해는 기분과 무관하고 사전에 계획되고 개인적 속성을 지니는 특징이 있는데, 이는 이들에게서 자해 동기가 타인의 관심을 받고자 하는 욕구와 별로 관련이 없음을 의미한다.

오직 감정만이 중요한 것이라고 가정함

평가자는 모든 문제 행동이 기분에 좌우되거나 어떤 형태로든 도피나 회피 대처를 나타낸다고 가정하지 말아야 한다. 1장에서 설명한 바와 같이, 과잉통제형 인간은 과도한 회피 대처보다는 과도한 접근 대처를 할 가능성이 높다. 이들의 뇌는 장기적 이익을 위해 단기적 고통을 무시하도록 설계되어 있다. 예를 들어 과잉통제형 인간은 단지 귀찮다는 이유만으로 중요한 작업을 미루지 않으며, 휴식을 취하거나 일을 안 하는 것이 더 나을 만한 상황에서도 정해진 진도를 나가기 위해 강박적으로 일한다. 과잉통제 여부를 평가할 때 중요하게 고려해야 할 점은, 많은 과잉통제 행동이 비교적 감정과 무관한 규칙지배적 및 감각수용체 과정에서 비롯된다는 것이다.

> 많은 과잉통제 행동이 비교적 감정과 무관한 규칙지배적 및 감각수용체 과정에서 비롯된다

겉모습만 보고 판단하거나 위험의 경중을 헤아리지 않음

많은 과잉통제형 인간은 과잉통제 스타일이 생활에 만연해 있음에도 불구하고 자신을 반항적이라고 표현하거나, 언뜻 보면 관습에서 벗어나거나 극적이거나 자유분방해 보이는 특이한 옷차림을 하거나 행동을 취하기도 한다. 이들은 열정적이고 관습에서 벗어난 정치나 철학적 견해를 지니거나, 문신이나 피어싱을 하고, 사회 규범에 따를 필요가 없다고 주장하기도 한다. 이러한 사회적 신호는 명백히 과소통제적 속성을 지니고 있지만, 과잉통제 '반항아'의 반항적 행동은 그것이 얼마나 사전에 계획된 것인지(예: 리허설한 연설, 계획된 시위), 규칙 혹은 경직된 교조적 관점을 고수하거나, 맹목적인 이념을 추구하는 정도에 따라 과잉통제 여부를 식별할 수 있다. 과잉통제형 인간은 유능하고 통제력 있는 사람으로 보이고 싶은 욕구가 늘 깔려 있고, 이는 기분이나 컨디션, 상황에 따라 달라지지 않는다. 반면 **겉으로는** 유능한 경계성 성격장애 같은 과소통제형 인간의 경우에는, "진료실 안에서의 모습이 꼭 밖에서의 모습을 반영하는 것은 아닐 수 있다."(Linehan,

1993a, p. 81) 이 둘 사이의 결정적 차이는 유능함과 자기통제의 **변이성**variability에 있다. 즉 과소통제형 인간은 유능한 행동과 자기통제를 계속 유지하기 어려운 반면, 과잉통제형 인간은 생기질적으로 상당한 자기통제를 발휘함으로써 정말 힘들어 보이는 상황에서도 자기통제를 간헐적으로 강화한다. 따라서 과잉통제형 내담자를 평가할 때는, 그가 보고하는 위험하거나 반항적이거나 충동적인 행동을 사전에 계획하거나 리허설하지 않고 별다른 사전 고려 없이 즉흥적으로 하는지를 파악하는 것이 중요하다(예: 스카이다이빙은 신중히 계획된 위험이다). 실제로 많은 과잉통제형 인간들이 자신의 위험 감수 능력을 즐기지만, 실제로 추가적으로 분석해 보면 이들이 보고하는

> 과잉통제형 인간에서 위험 감수 행동은 관계적이기보다는 도구적인 경향이 있으며, 자신을 드러내기보다는 무언가를 해내고자 하는 방식으로 이루어진다.

위험에는 거의 항상 어떤 형태로든 계획이 포함되어 있음을 알 수 있다. 또한 과잉통제에서의 위험 감수 행동은 고통이나 갈등을 피하려는 욕구보다는 장기적인 개인적 목표를 달성하기 위해 자원을 통제하거나 활용하고, 권력을 행사하거나 타인보다 우위에 서고자 하는 욕구(예: 회사의 CEO가 경쟁사를 인수하는 위험을 감수함)에 의한 경우가 많다. 따라서 과잉통제형 인간은 친밀감을 늘리기 위해 진솔한 감정이나 의심을 표현하는 위험보다는, 노력과 승리가 수반되는 위험을 감수한다고 보고하는 경우가 많다. 2장에서 설명한 바와 같이 과잉통제형 인간의 위험 감수 행동은 대개 관계적이기보다는 도구적인 경향이 있으며, 자신을 드러내기보다는 무언가를 해내고자 하는 방식으로 이루어진다.

과잉통제 진단 프로토콜: 단계별 과잉통제 진단 과정

과잉통제형 인간의 진단 프로토콜은 세 단계로, 임상 진료에 쉽게 접목할 수 있다. 앞서 언급한 것처럼 이 프로토콜은 차원 모형과 원형 모형을 결합한 것이다. 우리의 접근은 성격장애를 평가하기 위해 DSM-5에서 사용하고 있는 다원적polythetic 체계와 같은 특성을 지니고 있다(American Psychiatric Association, 2013). 예를 들어 DSM-5에서 경계성 성격장애로 진단하기 위해서는 총 9개 증상 기준 중 5개를 충족해야 한다. 이는 여러 가지 증상 조합이 하나의 범주나 진단을 구성하는 평가 방식으로, 꼭 9개 기준이 모두

충족되지 않아도 된다. 이 책에서 설명하는 접근 방식도 이처럼 평가자가 과잉통제 진단이 임상적 의미가 있다고 여겨지는 임계점을 초과하는 수준의 다양한 '증상' 또는 행동 조합을 바탕으로 과잉통제 내담자를 식별하게 되어 있다. 즉 모든 기준을 충족하지 않아도 과잉통제로 진단할 수 있고, 과잉통제로 진단된 사람이 지니는 증상 조합은 다양할 수 있음을 명심해야 한다. 이러한 접근은 성격장애에 대한 DSM-5의 대안적 모형("Section III: Emerging Measures and Models," in American Psychiatric Association, 2013)과 비슷하며, 성격 특성 척도에 대한 경험적 평정을 통해 도출한 심각도를 함께 반영한다. 하지만 모든 유형의 장애에 대한 완벽한 평가 도구는 없음을 명심하라.

1단계

과잉통제 진단 프로토콜의 1단계는 총 3개의 척도를 활용하여 약 15분 동안 내담자가 과잉통제에 해당하는지 평가하는 것이다. 아래의 척도들은 내담자가 치료자를 만나기 전에 통상적으로 시행하는 자기보고 설문(인구학적 정보, 고통의 심각도, 직업 및 인간관계 기능 수준)에 함께 포함해도 된다(우리 연구팀에서는 관심 있는 임상가와 연구자를 위해 가설적 기전과 결과를 반영하는 척도도 부록으로 제작했다).

1. 대처 스타일 평가하기: 단어 짝 체크리스트(척도 및 채점 지침은 **부록 1**을 참조)
2. 구조에 대한 개인적 욕구 척도
3. 수용과 행동 질문지 제2판

대처 스타일 평가하기: 단어 짝 체크리스트

단어 짝 체크리스트Assessing Styles of Coping: Word-Pair Checklist, ASC-WP 자기보고 척도는 성격을 기술하는 용어를 조사하는 연구에서 파생된 단어와 구절 짝을 사용한다(Ashton, Lee, & Goldberg, 2004; Goldberg & Kilkowski, 1985). ASC-WP는 정신병리 척도가 아니며, 과잉통제나 과소통제형 성격 스타일과 대처 스타일의 수준을 측정하는 척도로 활용해야 한다. 자신의 삶에 만족하면서도 과잉통제나 과소통제 영역에서 매우 높은 점수를 받는 사람도 있을 수 있으므로, ASC-WP는 비임상 환경에서도 사용할 수 있다.

ASC-WP를 작성하는 사람은, A와 B에 있는 짝을 이루는 각 단어 또는 구절 집합을 보고 그중 자신을 더 잘 설명하는 것 옆에 있는 체크박스에 체크한다. 척도를 완료했을 때는 오직 한 줄에 하나의 체크만 되어 있어야 한다. 이렇게 선택을 강제하는 방식은 좋거나 사회적으로 바람직해 보이는 것으로 여겨지는 식으로 응답하는 것을 방지하기 위한 것이다(모범답안이나 더 나은 행동 스타일 같은 것은 없음을 미리 설명하는 것도 도움이 될 수 있다). ASC-WP를 작성하는 사람은 자신이 되고 싶은 모습이 아닌 현재 자신의 모습을 기준으로 응답해야 함을 알려주는 것도 중요하다(즉, 이상적이거나 되고자 하는 자신의 모습이 아닌 실제 자신을 반영하는 단어나 구절을 선택해야 한다). 특정한 단어나 구절이 자기와 잘 맞는지 애매할 때는 반대 의미로 짝 지워진 단어나 구절이 자신과 적합한지 살펴보면 도움이 된다. 특정한 짝의 단어나 구절에 대해 제대로 응답하기 어려울 때 친구, 동료, 가족 구성원들이 보기에 자신이 어떤지 물어보면서 작성할 수도 있다.

과잉통제형 인간의 대표적인 10가지 원형적 특징

다음의 목록은 과잉통제의 원형적 특징을 보여 주는 것으로, 임상 면담 및 치료계획 수립에 활용할 수 있다.

1. 기분과 무관한 행동, 높은 고통감내, 높은 인내력, 만족을 지연할 수 있는 우수한 능력
2. 높은 사회적 의무와 복종, 타인을 돌보거나 옳다고 생각하는 일을 위해 기꺼이 희생함
3. 강박적 리허설, 사전 준비, 계획
4. 진지함, 쉽게 흥분하지 않음, 절제된 감정 표현, 쉽게 감동하지 않는 경향
5. 성과 중심, 잦은 사회적 비교, 은밀한 경쟁심
6. 냉담하고 소원한 태도, 긴장을 풀기까지 시간이 걸림, 남들과 다르거나 남들과 동떨어진 느낌, 낮은 사회적 유대감
7. 자해 행동을 할 때는 사전에 충분히 계획하고, 남들 모르게 혹은 당장 치료가 필요하지 않는 정도로 함
8. 디테일에 초점을 맞추는 능력이 우수하고, 높은 수준의 도덕적 확신을 지니고, 일을 하는 데 옳고 그름이 분명함
9. 성취감(예: 유혹을 견딤, 오류를 찾아냄, 상황을 지배함)에 따라 긍정적 기분을 느낌
10. 주목받는 것을 싫어함, 계획되지 않고 사전에 연습하지 않은 감정을 남들 앞에서 드러내지 않으려고 많이 노력함, 개인적 공간이나 매우 친한 사람들과 있을 때 분노를 폭발하고 조절되지 않는 감정을 드러냄

이 책을 쓰고 있는 현재까지는 과잉통제나 과소통제로 판단할 수 있는 절단점이 없다. 일단은 ASC-WP를 활용해 자기 자신의 성격 스타일을 탐색해 보는 것이 좋다. 대부분의 과잉통제 내담자들은 과잉통제 특성을 설명하는 단어와 구절에 체크하게 될 것이기 때문에, 임상가는 내담자의 ASC-WP 점수를 쉽게 해석할 수 있다.

ASC-WP는 특정한 내담자가 자신의 스타일을 파악하기 힘들어할 때 토론을 유도하기 위한 목적으로 사용될 수도 있다. 하지만 우리의 경험 상 대부분의 과잉통제형 인간은 자신의 스타일을 쉽게 파악하기 때문에 그런 경우는 별로 없다(5장 「**오리엔테이션 및 약속을 통한 내담자의 참여 증진**」 참조).

구조에 대한 개인적 욕구 척도

구조에 대한 개인적 욕구Personal Need for Structure, PNS 척도는 과잉통제 특성을 반영하는 '구조에 대한 욕구'와 '구조 결핍에 대한 반응' 두 가지 범주로 구분되는 총 11개 항목으로 구성되어 있다. 항목에 대한 응답은 1("매우 동의하지 않음")부터 6("매우 동의함")까지의 리커트Likert 방식으로 한다.

PNS 척도는 심리계측적으로 매우 우수하며, 개발자들은 채점 지침(평균 3.5 이상일 때 PNS가 높은 것으로 정의)을 포함한 척도를 무료로 배포하고 있다(Neuberg & Newsom, 1993). PNS 점수가 높은 사람은 다음과 같은 과잉통제형 대처 특성을 보인다.

- 새로운 정보를 접했을 때 신념을 잘 바꾸지 않음(낮은 개방성)
- 고정관념을 지님
- 구조화되지 않은 것보다는 구조화된 사교모임을 선호함
- 성과 중심적임

PNS 척도로 측정한 구조에 대한 경직된 욕구는 RO DBT 기술훈련을 통해 개선 효과가 있는 것으로 나타났다(Keogh et al., 2016).

수용과 행동 질문지 제 2판

수용과 행동 질문지 제 2판Acceptance and Action Questionnaire-II, AAQ-II은 심리적 비유연성을 측정하는 7 항목으로 구성된 척도다(F. W. Bond et al., 2011). 각 문항은 1("전혀 그렇지 않음")부터 7("항상 그러함")까지의 리커트 방식으로 측정한다. AAQ-II 점수가 24점

보다 높으면 부적응적이고 경직된 대처 방식이나 심리적 고통이 존재함을 의미한다. AAQ-II는 다양한 표본에서 우수한 심리계측성을 보였다. AAQ-II로 측정한 심리적 경직성이 높을수록 우울, 불안, 전반적 심리적 고통 수준이 높고 향후 부적응적 기능을 보일 것으로 예측할 수 있다.

2단계

과잉통제 진단 프로토콜의 2단계에서 임상 평가자(혹은 치료자)는 표준 임상 술기인 구조화 또는 반구조화 진단적 면담을 시행한다. 평가자가 구조화되지 않은 형식을 사용하는 경우에는 과잉통제 스타일의 대처를 시사하는 진술에 주의를 기울여야 한다. 예를 들어 평가자는 내담자가 강박행동을 보고하면 강박장애 및 강박성 성격장애의 진단 기준에 부합하는 질문을 함으로써 해당 질환의 유무를 확인해야 한다. 다음은 여기에 도움이 될 만한 질문들이다.

- 일을 제대로 혹은 올바르게 하는 것이 중요하다고 믿나요?
- 완벽주의자인가요?
- 일을 신중하고 조심스럽게 처리하는 편인가요?
- 질서와 구조를 선호하나요? 체계적인가요?
- 사전에 계획하는 것을 좋아하나요? 행동하기 전에 생각하나요?
- 만족을 늦출 수 있나요? 충동을 쉽게 억제할 수 있나요?
- 스스로 양심적이라고 생각하나요? 착실한가요?
- 천성적으로 조용하거나, 절제되거나, 내성적인가요?
- 잘 감동하지 않는 편인가요?
- 사람들이 당신을 알아가는 데 시간이 필요한가요?
- 자신의 의견을 곧바로 드러내지 않고 상대방을 더 잘 알 때까지 기다리는 편인가요?

만약 평가자가 구조화된 면담을 한다면, DSM-5 장애에 대한 구조화된 임상적 면담 Structured Clinical Interview for DSM-5, SCID-5(First, Williams, Karg, & Spitzer, 2015), SCID-II(First, Gibbon, Spitzer, Williams, & Benjamin, 1997), 국제 성격장애 검사International Personality Disorder Examination(Loranger, Janca, & Sartorius, 1997) 등을 활용할 수 있다.

과잉통제 유형의 II축 성격장애에는 DSM의 군집 A(편집성, 분열성, 분열형) 및 군집 C(강박성, 회피성, 의존성) 성격장애가 포함된다. 과잉통제 성격장애에서 공통적인 핵심 특징은 다음과 같다.

- 환경을 통제하려는 강한 욕구
- 감정을 잘 표현하지 않음
- 사회적 상호작용이 제한적이거나, 냉담하거나, 소원함
- 경직된 인지와 행동

DSM-5에 따른 대표적인 과잉통제 I축 질환으로 자폐스펙트럼장애, 신경성 식욕부진증, 치료저항성 불안장애(예: 치료에 반응하지 않는 범불안장애), 만성 또는 치료저항성 우울장애(예: 치료에 반응하지 않는 지속성 우울장애나 기분부전증), 만성적 형태의 반추장애, 사회불안장애나 사회공포증, 신체증상장애 등이 있다. 부적응적 과잉통제는 표준 치료 프로토콜에 대한 순응도가 낮은 청소년기 장애, 그중에서도 특히 발병 시기가 매우 이른 질환(예: 조기 발병 강박장애[특히 틱이 동반되는 경우], 조기 발병 신체형 장애)의 기저 요인이기도 하다.

진단 프로토콜의 2단계는 선택 사항이다. 이 단계는 대부분 클리닉에서 표준적으로 시행하고 있고 평가 과정에서 도움이 될 수 있는 정보를 제공하기 때문에 여기에 포함시킨 것이다. 이 단계 없이도 과잉통제를 확실히 진단할 수 있음을 명심하라.

3단계

진단 프로토콜의 3단계는 약 7분이 소요되며, 임상적 면담을 완료하고 과잉통제 내담자가 진료실을 나간 뒤 진행한다. 이 시점에서 임상가는 다음 두 가지 척도를 시행해야 한다.

1. 임상가 평정 과잉통제 특성 평가 척도Clinician-Rated OC Trait Rating Scale, OC-TS(서식 3.1, 서식 3.2, 부록 2)
2. 과잉통제 전반적 원형 평가 척도Overcontrolled Global Prototype Rating Scale, OC-PRS(서식 3.3, 서식 3.4, 부록 3)

임상가 평정 과잉통제 특성 평가 척도(서식 3.1, 서식 3.2)

OC-TS는 7점 만점의 전반적 특성 평가 척도를 사용하여 8개의 성격 특성을 평가하며, 이를 통해 개인이 8개의 과잉통제 특성 각각에 얼마나 많이 일치하는지에 대한 '사례성caseness'을 추정할 수 있다. **서식 3.1**은 핵심 과잉통제 특성에 대한 채점 지침과 설명을 제공하며, **서식 3.2**는 측정 도구의 사본을 제공한다. 6점이나 7점은 특정한 특성에 대한 '사례성caseness'을 나타내며, 척도 전체 총점이 40점 이상이면 과잉통제 행동이 전반적으로 더 두드러짐을 의미한다. 현재 이 척도의 심리계측적 특성을 조사하는 연구가 진행 중이다.

과잉통제 전반적 원형 평가 척도(서식 3.3, 서식 3.4)

OC-PRS는 성격 평가의 원형 모형을 통해 정보를 얻는다(Westen, DeFife, Bradley, & Hilsenroth, 2010). 이는 개인내 성격 특성의 구성에 초점을 맞춘 개인중심 접근법(Chapman & Goldberg, 2011; Goldberg, 1993; McCrae & Costa, 1997; Westen et al., 2010; Asendorpf, 2006)과 드루 웨스틴Drew Westen과 동료들이 개발한 척도를 근간으로 한다(Westen et al., 2010). OC-PRS는 1장에서 자세히 설명한 과잉통제의 다음 네 가지 핵심 결핍을 다룬다.

1. 수용성과 개방성 결핍
2. 유연한 대응 결핍
3. 감정 인식 및 표현의 결핍
4. 친밀한 인간관계 형성의 결핍

OC-PRS의 **서식 3.3**을 작성하는 평가자는 5점 척도를 사용하여 과잉통제 내담자가 8개의 과잉통제 원형을 설명한 문단 각각과 전반적으로 얼마나 유사한지 평가한다. 웨스턴 등(2010, p. 483)에 따르면, "의사소통을 위해, 4점 또는 5점은 범주형 진단('사례성')에 해당하며, 3점은 역치하 '특징'으로 해석할 수 있다"라고 말한다. 평가자는 과잉통제 내담자를 평가할 때 개별 증상보다는 각 설명 문단을 전반적으로 고려하는 것이 중요하다. 이러한 방식을 통해 풍부한 진단 자료를 확보함으로써, 질환을 전반적으로 반영하는 증상 목록을 외우거나 임의적이거나 가변적인 절단점을 사용하는 데서 오는 문제를 피할 수 있다(Westen et al., 2010). 평가자는 각 설명 문단 아래에 체크한 뒤 그에 해당하는 숫자를 합산한다. 총점이 17점 이상이면 과잉통제를 의미한다. 숙련자는 이 척도를 5-6분 만에 완료할 수 있으며, 치료 기간 동안 임상적 호전을 반복적으로 모니터링하는 데 활용할 수 있다.

OC-PRS의 **서식 3.3**에서 전체 점수가 17점 이상인 경우에는, **서식 3.4**를 사용하여 과잉통제 원형으로 분류된 내담자가 두 가지 하위유형(과잉친화overly agreeable 및 과잉비친화 overly disagreeable) 기준을 충족하는지 여부를 파악할 수 있다. 이는 과잉통제 내담자가 타인에게 어떻게 인식되기 바라는지에 따라 결정된다. 즉, **서식 3.4**는 과잉통제형 인간의 공개적 페르소나를 다룬다. 채점 지침은 **서식 3.3**과 유사하다. 과잉통제 내담자의 하위 유형을 파악하는 것은 치료계획 수립 및 목표 설정에 매우 유용하다. 예를 들어 과잉친화 하위유형에 속하는 과잉통제 내담자는 화를 참는 대신 직접 표현하는 법을 배워야 하며, 반대로 과잉비친화 하위유형에 해당하는 사람은 동요하지 않거나 강한 척하는 데 강박적으로 몰두하지 말고 타인에게 자신의 취약성을 드러내는 법을 배워야 한다. 이 두 가지 하위유형과 그에 대한 효과적인 치료 전략에 대한 자세한 내용은 9장을 참조하라.

향후 방향

우리 팀이 과잉통제 질환을 치료하기 위해 RO DBT를 개발하면서 맞닥뜨린 문제 중 하나는, 과잉통제형 대처 및 그와 유사한 내용을 다룬 방대한 문헌이 있음에도 불구하고, 이 모든 요소들을 아우르는 종합적인 과잉통제 대처 척도가 아직 개발되지 않았다는 것이다. 이에 따라 우리 연구팀은 비슷한 문제 의식을 지닌 동료들(예: 리 애나 클라크Lee Anna Clark)과 협력하여 부적응적 과잉통제 개념을 파악하는 몇 가지 새로운 척도를 개발하고 검증하기 위한 별도의 연구를 시작했다. 그 일부로 과잉통제에 대한 새로운 자기보고 선별 질문지의 유용성을 조사하는 연구가 진행 중이며, 가설적 변화의 기전을 측정하는 척도를 개발하는 연구도 진행 중이다.

한편 타인과 상호작용하는 동안 사회적 신호 행동(예: 자주 미소 짓기, 눈썹 추켜올리기, 따듯한 목소리 톤으로 말하기)이 얼마나 자연스러운지를 평가하기 위한 신뢰성과 타당성 있는 비언어적 부호화 체계를 개발하는 것 또한 새롭고 흥미로운 연구 분야 중 하나다. 이러한 부호화 체계는 진단적 평가를 보완하고 향상된 사회적 신호와 관련한 가설적 변화 기전을 평가하는 데 활용할 수 있을 것으로 기대된다. 이를 위해 우리 연구팀은 8개의 비언어적 행동(시선, 미소, 찡그림, 웃음, 네 가지 패턴의 머리 움직임)을 부호화하는 데 사용되는, 이른바 비언어적 사회적 참여 부호 체계Nonverbal Social Engagement Coding Scheme를 개발했다(Greville-Harris, Hempel, Karl, Dieppe, & Lynch, 2016). 우리 연구실에서는 치료를 통해 배운 RO에 맞춘 비언어적 친사회적 행동 부호화 개선 등을 포함한 도구 수정 작업을 진행하고 있다.

이 장에서 다룬 내용

▶ 과잉통제는 임상 환경에서 신뢰성 있게 평가할 수 있으며 치료 결정을 내리는 근거로 활용할 수 있는 다차원적 성격 요소다.

▶ 평가자가 실수하거나 섣불리 가정하면 과잉통제 질환과 관련한 특성을 과소통제를 비롯한 다른 질환의 근거로 오인할 수 있다.

▶ 과잉통제는 3단계 프로토콜을 사용하여 진단할 수 있다. 이 프로토콜은 차원 모형과 원형 모형을 결합하고, 과잉통제 내담자의 자기보고 척도와 함께 평가자가 작성한 진단적 면담 및 면담 후 척도를 활용한다.

4장

치료의 가정, 구조, 목표

3장에 기술된 프로토콜에 따라 내담자를 평가한 결과 부적응적 과잉통제 기준을 충족한다고 판단되면, 그 다음 단계는 치료를 시작하는 것이다. 이 장에서는 RO DBT의 치료적 입장의 근거가 되는 기본 원리를 간략히 설명한 다음, 치료를 인도하는 핵심 가정을 개략적으로 설명하고 치료 구조에 대한 개요를 제시한다. 이 장에서 간략히 다루고 넘어가는 구체적 전략, 프로토콜, 기술은 뒤의 장들에서 더 자세히 다룬다. 이 장에서는 주로 RO DBT 외래 환자의 치료에 초점을 맞추고 있지만, 그것만이 유일한 치료 방식으로 간주돼서는 안 된다(예: RO DBT와 단독 RO 기술훈련 모두 성인 신경성 식욕부진증 입원 환자에 대한 근거 기반 치료가 가능하다. 1장 참조).

    만족을 늦추고, 계획을 수립하고, 장기적인 목표 달성을 위해, 힘든 활동을 지속하고 성실히 노력하는 사람은 대부분의 커뮤니티에서 높이 평가받는다. 그들은 실천가, 절약가, 설계자, 해결사이며, 밤늦게까지 일하고 아침에 일찍 일어나 일이 제대로 진행되는지 확인한다. 그들은 삶의 모든 면에서 절제하려고 노력하며, 다른 사람에게 짐이 되지 않으려고 노후 대비 저축을 한다. RO DBT에서 취하는 치료적 입장은 자기통제의 이러한 근본적인 친사회적 특성과 분리될 수 없으며, 실제로 과잉통제는 그 자체로 친사회적인 것으로 여겨진다(표 4.1). 하지만 앞서 살펴본 대로 과잉통제형 인간의 가장 큰 장점이 곧 가장 큰 약점이다. 이들은 습관적 자기통제에 지쳐 있으면서도 이를 멈출 여력이 없다.

표 4.1. 과잉통제는 근본적으로 친사회적이다

과잉통제 특성	친사회적 속성
만족을 늦출 수 있는 능력	자원 부족을 대비해 미리 절약할 수 있음
정확하고, 기대치를 뛰어넘고, 높은 성과를 얻으려는 열망	커뮤니티의 번영과 성장에 필수적 요소
의무, 책임, 자기희생에 대한 가치 부여	사회의 번영을 추구하고 도움이 필요한 사람들을 돌봄
규칙과 공정에 대한 가치 부여	사회가 균형을 유지하게 해주고, 강력하지만 비윤리적인 개인이나 유해한 사회적 압력에 저항함
디테일을 중시하는 처리 과정과 신속한 패턴 인식	높은 정밀도로 문제를 감지하고 해결하여 모든 것이 제대로 작동할 수 있게 함

RO DBT는 내담자가 타인과의 분리감이나 차이감을 모두 인지하게끔 하는 치료적 입장을 통해 과잉통제의 친사회적 속성을 인식한다. 사회적 유대감을 원하면서도 내면적으로는 자신을 아웃사이더로 경험하는 과잉통제 내담자는, (이 사실을 아무에게도 털어놓지 않을 가능성이 높지만) 타인과 어울리거나 친밀한 관계를 형성하는 법을 잘 모르는 경우가 많다. 그들은 낯선 땅의 이방인처럼 느끼며, 종종 가족과 함께 있을 때도 늘 지켜만 볼 뿐 온전히 참여하는 경우는 별로 없다. 이를 바로잡기 위한 RO DBT 치료자의 역할은 **부족 대사**tribal ambassador다. 부족 대사에 대한 가장 적절한 설명은, 과잉통제 내담자가 커뮤니티의 기대를 충족하거나 뛰어넘어 좋은 성과를 내고자 발휘하는 특출한 자기희생에 감사할 줄 알고, 이들을 부족원으로 따듯하게 환영하는 사람이다.

RO DBT의 핵심 가정

치료자를 부족 대사로 비유하는 것은, 치료자가 과잉통제 내담자와의 작업에서 자신의 근본적인 역할과 목표를 본능적으로 느끼게 하기 위함이다. 이는 또한 다음과 같은 RO

DBT의 핵심 치료 가정들의 기초가 되기도 한다.

- 심리적 웰빙은 수용성, 유연성, 사회적 유대감이라는 세 가지 요소가 합쳐진 결과다.
- RO DBT는 인간의 부족적 본성을 강조하고, 개인의 안녕과 종족의 생존에 필수적인 사회적 유대감을 우선시한다.
- 중요한 것은 사회적 신호다. 친사회적 신호의(과잉이 아닌) 결핍이 과잉통제 질환의 핵심 문제이자, 과잉통제 내담자의 외로움의 원인이다.
- **온전한 개방성**은 우리가 사물을 있는 그대로 보지 않고 우리가 보는 방식대로 본다고 가정한다.
- **온전한 개방성**은 '내가 여기서 배울 점은 무엇인가?'와 같은 마음가짐을 통해, 자신을 궁지에 이르게 하는 질문을 기꺼이 할 수 있는 것이다.
- RO DBT는 머리로만 파악할 수 있는 것이 아니므로, RO DBT 치료자는 스스로 **온전한 개방성**과 **자기탐구**를 실천해야 한다.
- RO DBT는 자신, 타인, 또는 세상에 대한 가혹한 비난을 피하는 방식으로 자신의 인식과 행동에 책임지는 겸손함을 모델링하며, 이를 통해 과잉통제 내담자들도 비슷한 실천을 할 수 있도록 독려한다.
- RO DBT는 내담자가 문제를 장애물로 보지 말고 성장의 기회로 기쁘게 받아들이도록 독려한다.
- RO DBT 치료자는 자신이 내담자를 온전히 이해할 수 있다고 가정하는 것이 거만한 것임을 알지만, 그래도 내담자를 이해하기 위한 노력을 지속한다.
- RO DBT 치료자는 과잉통제 내담자의 고통이 명백히 드러나지 않을 때도 그 삶이 고됨을 안다.
- RO DBT 치료자는 과잉통제 내담자가 삶을 매우 진지하게 받아들이고 있으며, 이들이 긴장을 풀고 자신의 약함을 웃어 넘기며, 노는 법을 배워야 함을 알고 있다.
- RO DBT 치료자는 유치함을 믿는다. 치료자가 먼저 유치한 행동을 모델링하며 보여 주지 않는 한, 과잉통제 내담자는 공공연하게 놀거나 휴식을 취하거나 탈억제하는 것이 사회적으로 허용되는 것을 믿지 않으려 할 것이다.
- RO DBT 치료자는 자신이 동맹파열의 유일한 원인은 아니더라도, 자신에게 동

맹을 복원할 책임이 있음을 안다.
- RO DBT 치료자는 내담자에게 무엇이 '잘못됐다'라고 설명하기보다는, 내담자가 규칙적인 **자기탐구** 연습을 통해 자신을 괴롭히는 것을 스스로 발견하도록 독려한다.
- RO DBT 치료자는 과잉통제 내담자가 으레 상황을 회피하거나 관계를 포기하는 대신, 인간관계 갈등을 해결하는 데 적극적으로 참여하도록 권장한다.
- RO DBT 치료자는 과잉통제 내담자와 함께 작업하면서 솔직한 자기개방과 자유로운 감정 표현을 강화할 수 있는 기회를 탐색한다.
- RO DBT 치료자는 태평스러울 수는 있어도 굳이 평온해야 할 필요는 없다. 그들은 평정심의 가치뿐만 아니라 삶에 열정적으로 참여하는 것의 가치 또한 인정한다.

치료적 가정은 진리가 아님을 이해해야 한다. 이러한 가정은 행동을 이끄는 데 도움이 되지만 너무 엄격하게 적용하면 새로운 학습에 방해가 될 수 있다.

치료 구조 및 대상 개요

RO DBT 외래 환자 치료 프로토콜은 매주 1시간의 개별 치료 회기 및 그와 동시에 진행되는 RO 기술훈련 수업으로 이루어지며, 개별 치료와 기술훈련 모두 약 30주 동안 진행된다. 내담자는 일반적으로 개별 RO DBT 회기 3주째부터 기술훈련을 시작한다.

정규 근무 시간이 아닐 때 치료자와의 전화 상담은 필요에 따라 시행할 것을 권장한다. 과잉통제 내담자가 이 추가 지원을 자주 사용하지는 않지만, 사회적으로 고립되어 있거나 멀리 떨어져 있는 과잉통제 내담자와 유대감을 형성하는 데 매우 유용한 것으로 입증됐다. 전화 상담은 또한 냉담한 과잉통제 내담자가 도움을 구하고 성공을 만끽하는 연습을 할 수 있는 중요한 기회를 제공해 준다.[29]

내담자가 추가적인 도움을 필요로 하는 경우(예: 원하는 목표를 달성하기, 관계 종료를 다루기), 기존의 개인치료 일정 외에 추가 회기를 예약할 수도 있고 RO 기술훈련 모듈에 있는 특정한 수업을 반복적으로 시행할 수도 있다. RO 기술훈련에 대한 자세한 내용은 30개의 수업 각각에 필요한 자료, 강사를 위한 참고 사항, 30개의 수업에서 매우 중요하게 활용되는 다양한 사용자 친화적 유인물 및 워크시트가 수록된 『기술훈련 매뉴얼』을 참고하라.

과잉통제 내담자를 위한 모든 치료 프로그램에는 치료자를 위한 슈퍼비전 방법이 포함되어야 하며, 이상적으로 치료자들이 함께 RO 기술을 연습할 수 있도록 지원해 줄 수 있는 환경이 갖춰져야 한다.[30] 가장 좋은 자문 방식은 매주 팀 회의를 개최하는 것이며, 팀이 없는 치료자는 RO 자문팀의 기능을 제공해 줄 수 있는 수단(예: 자문팀 또는 외부 슈퍼비전)을 구하는 것이 좋다.[31]

오리엔테이션과 약속

RO DBT에서 오리엔테이션과 약속commitment은 최대 4회기에 걸쳐 진행되며, 다음 4개의 핵심 구성 요소를 지니고 있다.

1. 내담자가 과잉통제 문제를 자신의 핵심 문제로 인지하고 있음을 확인함
2. 내담자로부터 치료를 중단하고 싶은 욕구가 들면 회기에 나와 논의하겠다는 다짐을 받음
3. 과잉통제에 대한 RO DBT의 신경생물사회이론에 대한 오리엔테이션을 시행함
4. 열린 표현이 신뢰를 증가시키고, 이것이 다시 사회적 유대감으로 이어진다는 RO DBT의 핵심 변화 기전에 대한 오리엔테이션을 시행함

오리엔테이션과 약속의 목표는 치료자와 내담자가 협력을 통해, 내담자가 자신의 가치에 따라 생활하는 것을 방해하고 가치 목표를 실현하지 못하게 하는 사회적 신호 결핍과 관련한 요인을 파악하는 것이다. 내담자는 종종 이 과정을 통해 자신의 가치와 목표를 파악하는 데 도움을 받으며, 이러한 가치와 목표는 치료 기간 내내 치료를 안내하는 역할을 한다. 여기서 **가치**value는 삶에서 중요하게 여기고 행동의 지침이 되는 원칙이나 기준을 의미하며, **목표**goal는 그 가치를 실현하기 위한 수단을 의미한다. 예를 들어 열정을 가치로 여기는 사람은 낭만적 관계를 형성하는 목표를 달성함으로써 이 가치를 실현할 수 있고, 친밀한 가족관계를 가치로 삼는 사람은 따뜻하고 도움이 되는 부모가 됨으로써, 재정적 독립과 보람 있는 일을 가치로 여기는 사람은 돈을 벌면서도 행복을 느낄 수 있는 직업을 가짐으로써 자신의 가치를 실현할 수 있다.

개인치료에서 치료 대상의 위계화

RO DBT의 주요 치료 목표는, (내담자의 정서적 외로움을 악화시키는 것으로 여겨지는) 과잉통제 사회적 신호 결핍을 감소하고, 내담자의 개방성과 유연성, 사회적 유대감을 증가시켜 공유할 가치가 있는 삶을 만들어 가게 하는 것이다(9장 「**온전히 개방적인 삶: 공유할 가치가 있는 삶을 만들기**」 참조) RO DBT는 개인치료의 목표를 다음과 같이 위계적으로 배열한다(그림 4.1)

1. 생명을 위협하는 행동 감소
2. 동맹파열 복원
3. 일반적인 과잉통제 행동 패턴이나 주제와 관련한 사회적 신호 결핍 해결

그림 4.1. 과잉통제 질환에 대한 개인치료 목표의 위계화

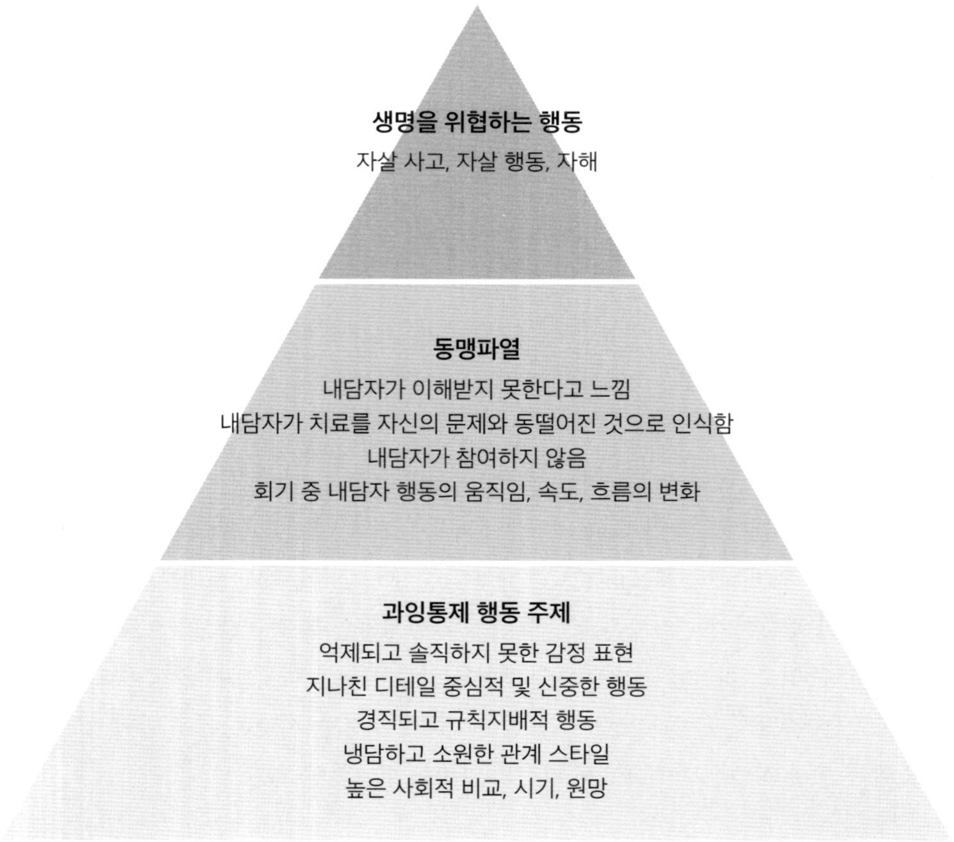

생명을 위협하는 행동
자살 사고, 자살 행동, 자해

동맹파열
내담자가 이해받지 못한다고 느낌
내담자가 치료를 자신의 문제와 동떨어진 것으로 인식함
내담자가 참여하지 않음
회기 중 내담자 행동의 움직임, 속도, 흐름의 변화

과잉통제 행동 주제
억제되고 솔직하지 못한 감정 표현
지나친 디테일 중심적 및 신중한 행동
경직되고 규칙지배적 행동
냉담하고 소원한 관계 스타일
높은 사회적 비교, 시기, 원망

내담자의 생명을 위협하는 행동 감소하기

과잉통제 질환을 치료하는 데 있어 최우선순위는, (만약 있다면) 당장 생명을 위협하는 행동을 감소하는 것이다. 여기에는 다음과 같은 것들이 속한다.

- 긋기, 화상, 약물 과다복용 같은 자해나 자살 시도 행동
- 고의로 조직을 손상하거나 죽으려는 의도의 자살 사고, 충동, 계획이 급격히 늘어남[32]
- 고의로 조직을 손상하거나 죽으려는 의도는 아니지만, 당장 생명에 위협이 되는 행동

예를 들어 내담자가 심각한 저체중 상태를 유지하거나 식사를 제한하거나 폭식하는 경우, 의사가 그런 행동을 생명에 위협이 되는 것으로 판단하는 한 부적응적 과잉통제 대처 증상으로 간주한다. 이 시점에서 RO DBT는 이러한 행동을(설령 내담자가 고의로 조직을 손상하거나 죽으려는 의도가 없더라도) 생명을 위협하는 것으로 간주하며, 이러한 행동을 감소하는 것을 다른 어떤 치료 목표보다 우선시한다. 여기서 핵심은 '당장'이다. 이러한 접근 방식은 치료자가 의도치 않게 역기능적 행동을 강화할 수 있는 의학적 위험에 대한 과도한 우려를 표명하지 않을 수 있는 근거가 된다. 예를 들어 치료자가 저체중에 대해 심하게 걱정하는 것은, 내담자가 평범한 기대나 책임에서 벗어날 수 있는 특별한 지위를 부여함으로써 의도치 않게 내담자의 식이 제한 습관을 강화할 수 있다(T. R. Lynch et al., 2013).[33]

동맹파열 복원

RO DBT의 치료에서 두 번째 우선순위는 치료자와 과잉통제 내담자 사이의 동맹파열이다.[34] RO DBT에서는 다음의 두 가지 주요 주제 중 하나 이상이 나타날 때 동맹파열로 본다.

1. 내담자가 이해받지 못한다고 느낀다.
2. 내담가 치료를 자신의 문제와 무관한 것으로 경험한다.

치료자는 두 문제 모두를 다룰 책임이 있다(즉, 동맹파열에 대해서는 내담자에게 책임을 묻

> RO DBT 치료자는 자신이 동맹파열의 유일한 원인은 아니더라도, 자신에게 동맹을 복원할 책임이 있음을 안다.

지 않는다). 동맹파열이 치료자에게는 잠재적 문제(예: 내담자의 조기 치료 탈락)가 될 수 있지만, 이를 성공적으로 복원하는 것은 과잉통제 내담자가 갈등이 친밀감을 향상할 수 있음을 배우는 데 도움이 될 수 있다는 면에서 내담자의 성장을 위한 기회로 간주할 수 있다. 따라서 동맹파열과 이후의 복원은 과잉통제 내담자가 인간관계 갈등을 해결하는 데 필요한 기술을 연습하고, 갈등이나 의견 불일치 같은 감정 표현이 정상적이고 건강한 관계의 중요한 부분임을 배우는 중요한 수단이 될 수 있다. 성공적으로 복원된 동맹파열은 치료자와 내담자 간의 좋은 협력 관계의 강력한 증거이기도 하다. 과잉통제 내담자는 자신의 감정을 숨기는 데 능숙하고 내면의 고통에도 불구하고 다 괜찮은 척하기 때문에, RO DBT에서는 30회의 외래 회기 중 14회까지 동맹파열과 복원이 여러 차례 일어나지 않으면 치료관계를 피상적인 것으로 간주한다(자세한 내용은 8장을 참조).

과잉통제 행동 테마와 관련한 내담자의 사회적 신호 결핍 다루기

비록 과잉통제 내담자의 사회적 신호 결핍을 해결하는 치료작업이 생명을 위협하는 행동과 동맹관계 파열의 복원보다는 후순위지만, 이러한 결핍은 과잉통제 내담자의 외로움, 고립감, 심리적 고통의 핵심 문제로 간주된다. 이상적으로는 RO DBT의 대부분의 시간을 습관적인 부적응적 과잉통제 대처에 인해 발생하는 사회적 신호 결핍에 할애하는 것이 좋다(2장 참조). 이러한 사회적 신호 결핍의 발생 및 유지에 영향을 끼치는 것으로 다음의 다섯 가지 행동 테마가 있다.

1. 억제되거나 솔직하지 못한 감정 표현
2. 초디테일hyper-detail 중심적 과잉신중함
3. 경직되고 규칙지배적인 행동
4. 냉담하고 소원한 관계 스타일
5. 자주 사회적 비교를 하면서 시기나 원망을 느낌

위의 테마들은 치료자가 많은 과잉통제 내담자들이 금기시했거나 드러내지 않은 주제에 대한 논의를 소개할 수 있는 근거 기반 프레임워크를 제공하며, 이러한 논의는 사회적으로 고립된 과잉통제 내담자가 다시 부족에 합류하는 중요한 과정을 시작할 수 있다. 가장 중요한 것은, 이 다섯 가지 행동 테마가 과잉통제 내담자의 회복에 필수적인 개별화된 치료 목표를 수립하는 바탕이 된다는 것이다(9장 참조). **표 4.2**는 사회적 신호 결핍 유형과 관련한 테마를 보여 준다.

표 4.2. 사회적 신호 결핍과 관련한 과잉통제 테마

과잉통제 테마 행동	사회적 신호 결핍의 예
억제되고 솔직하지 못한 감정 표현	특정한 감정을 숨기기 위해 다른 감정을 표현(예: 화났을 때 미소 짓기), 간접적이고 모호한 언어 사용, 위장된 요구, 정서적 유의성을 지닌 단어를 잘 사용하지 않음, 감정 표현 억제가 만연함
초디테일 중심적 과잉신중 행동	동일성에 대한 고집, 비판적 피드백에 대한 자동적 거부, 열정적일 때가 거의 없음, 사소한 오류에 대한 강박적 수정, 새로움을 경험하지 않으려고 거짓말함
경직되고 규칙지배적인 행동	항상 신중하고, 예의 바르고, 침착하고, 자제력이 있어 보임, 높은 사회적 의무와 성실함, 강박적 자기희생, 도덕적 확신
냉담하고 소원한 관계 스타일	친밀감이나 사랑에 대한 욕구를 거의 표현하지 않음, 갈등이 생기면 떠나기, 자기개방에 취약함, 타인을 인정하지 못함, 주고받는 상호작용(예: 상호적 미소, 웃음, 울음)의 결핍
자주 사회적 비교를 하며 시기나 원망을 느낌	은밀한 방해, 거짓말이나 속임수, 눈동자 굴리기, 차가운 미소, 혐오 반응, 무시하는 제스처, 묵묵부답, 가시 돋친 험담, 비꼬기

치료 위계를 활용하여 개인치료 회기를 구조화하기

RO DBT에서 개인치료를 성공적으로 수행하기 위해서는 고도로 구조화된 형식 안에서 개방성과 유연성을 모델링할 수 있어야 한다는 딜레마가 존재한다. 치료자는 RO DBT 치료 목표를 위계화 함으로써 개별 회기를 구성하고 필요에 따라 조정할 수 있는 수단을 확보할 수 있다.

일반적으로 RO DBT의 모든 개별 회기는 비슷한 구조를 지니고 있다(「개인치료 구조와 의제」 참조). 하지만 치료자는 한 회기 안에서 그 순간에 떠오르는 문제를 해결하기 위해 의도적으로 위계 구조의 수준들 사이를 여러 번 오가야 할 수 있다. 예를 들어 치료자가 위계 구조의 첫 번째 수준인 자해 행동이나 자해의 징후가 없다고 판단하면, 일반적으로는 세 번째 수준인 과잉통제 행동 주제와 관련한 사회적 신호 결핍에 대한 행동 **체인분석**을 수행하는 RO DBT 회기의 일반적 구조를 따를 수 있다(10장 참조). 그럼에도 불구하고 내담자가 **체인분석** 중 심각하고 임박한 자살 충동을 털어놓으면, 치료자는 기존에 초점을 맞추었던 행동 테마에서 벗어나 위계 구조의 첫 번째 수준으로 되돌아가 생명을 위협하는 행동의 평가 및 치료에 집중해야 한다. 이 평가가 만족스럽게 완료되면, 치료자는 다시 위계 구조의 세 번째 단계로 돌아가서 **체인분석**을 재개할 수 있다. 하지만 회기 후반에 치료동맹에 파열이 발생할 수 있으며, 이 경우 치료자는 위계 구조의 세 번째 수준을 떠나 파열을 복원할 수 있는 두 번째 수준으로 이동한다. 그런 뒤에 파열이 복원되면 치료자는 다시 위계 구조의 세 번째 단계로 돌아가서 **체인분석**을 계속할 수 있다. 치료자는 이렇게 RO DBT 치료 위계 구조를 활용하여 개별 치료 회기를 구성하고, 현재 일어나는 상황에 따라 의제를 수정한다.

개인치료 구조와 의제

다음 목록은 일반적으로 5회기부터 29회기까지 진행되는 RO DBT의 개인치료 구조를 간략히 설명한다.

1. **내담자를 환영하고 확인한다**check in.(약 1분) 여기에는 내담자에게 인사하고, 내담자가 다시 온 것을 환영하며, 내담자의 안부를 묻는 것 등이 포함된다. 치료자는 내담자에게서 비참여nonengagement의 징후와 동맹파열 가능성을 내비치는 양상에 주의를 기울여야 하며, 필요에 따라 비참여를 해결하거나 파열을 복원한 뒤 치료를 진행

해야 한다. 치료자는 내담자의 RO DBT 다이어리 카드[a]를 검토하되, 회기 의제를 설정하기 전에 지난주에 있었던 사건들을 장기간 논의하는 것은 피해야 한다.

2. **내담자의 다이어리 카드를 검토하고, 회기에서 체인분석[b]의 대상으로 삼을 만한 사회적 신호 결핍이나 외현적 문제 행동을 함께 파악한다.**(약 6분) 당장 생명을 위협하는 행동이나 동맹파열이 있으면 해당 내용으로 대체한다.

3. **내담자의 RO 기술훈련 수업 출석 및 참여에 대해 간단히 확인한다.**(약 1분) 이후 치료자는 필요에 따라 문제를 평가하고 다룬다.

4. **내담자가 이전 회기 때 받은 숙제를 완료했는지 간략히 확인한다.**(약 3분) 치료자는 추가적인 주의를 기울일 만한 어려움을 파악하고, 신속히 문제를 해결하거나 회기에서 논의할 사항을 의제로 설정한다.

5. **회기 의제를 확정하고 각 의제에 걸릴 시간을 합의한다.**(약 3분) 예를 들어 치료자와 내담자는 **체인분석**에 얼마나 많은 시간을 할애할지, 새로운 RO 기술을 가르치고 배우는 데 얼마나 많은 시간을 할애할지 합의한다.

6. **다이어리 카드에서 파악한 한 주의 문제 행동을 대상으로 행동의 체인분석 및 해결분석solution analysis을 수행한다.**(약 20-25분) RO DBT에서의 **체인분석**은 과잉통제가 정서적 외로움을 유발하는 문제라고 보는 RO DBT의 핵심 원리를 바탕으로, 대부분의 내담자들에게서 내적 경험(예: 생각, 감정, 감각)이 아닌 외현적 감정 표현과 관련한 사회적 신호 결핍과 문제를 대상으로 하는 것이 이상적이다.

7. **기타 안건을 논의한다.**(약 15분) 예를 들어 치료자는 과잉통제가 아닌 문제 행동(예: 식이 제한)이나 다른 유형의 문제(예: 구직의 어려움, 법적 문제)을 다룰 수 있다. 치료자는 회기 때 하기로 했던 새로운 기술(예: 자애명상)을 가르치거나, 과잉통제 테마에서 파생된 새로운 치료 대상을 설정할 수도 있다.

8. **회기를 마친다.**(약 2분) 치료자는 회기에서 있었던 일과 내담자가 새로 배운 기술을 간략히 요약한다. 치료자는 또한 다음주까지 할 구체적 숙제(예: 특정한 **자기탐구** 연습이나 RO 기술)를 알려줘야 한다.

a   5장 및 9장 참조
b   10장 참조

이 장에서 다룬 내용

- 내담자는 치료가 시작되기 전에 자신의 과잉통제 대처 스타일이 문제의 핵심임을 인지해야 한다.
- **온전한 개방성**은 머리로만 파악할 수 있는 것이 아니므로, RO DBT 치료자는 스스로 **온전한 개방성**과 **자기탐구**를 연습하고 실천해야 한다.
- 치료자는 지나치게 완벽주의적인 과잉통제 내담자를 고치거나 나아지게 하는 데 초점을 맞추기보다는, 공유할 가치가 있는 생활을 모델링하고 감정적으로 외롭고 고립된 과잉통제 내담자가 다시 부족에 속하도록 독려할 수 있는 부족 대사의 모습을 보여야 한다.
- RO DBT 치료의 우선순위는 차례대로 (1) 생명을 위협하는 행동을 감소, (2) 치료동맹 파열을 복원, (3) 다섯 가지 과잉통제 테마 행동과 관련한 내담자의 사회적 신호 결핍을 다루는 것이다.
- 다섯 가지 과잉통제 테마 행동은, (1) 억제되거나 솔직하지 못한 감정 표현, (2) 초디테일 중심적 신중함, (3) 경직되고 규칙지배적 행동, (4) 냉담하고 소원한 관계 스타일, (5) 잦은 사회적 비교와 그에 따른 시기와 원망이다.

5장

내담자의 참여를 극대화하기

이 장의 목적은 치료에서 과잉통제 내담자의 참여를 증진하기 위한 RO DBT의 전략을 자세히 설명하는 것이다. 이 장은 크게 다음 세 가지로 구성되어 있다.

1. 물리적 및 환경적 요소
2. 오리엔테이션 및 약속 요소
3. 타이밍 및 순서화sequencing 요소

각 요소는 과잉통제의 생기질적 소인의 영향을 다양한 방식으로 고려함으로써 내담자가 치료에 참여하는 것을 증진한다. 이 장은 물리적 공간 구성을 통해 과잉통제 내담자의 참여를 극대화하는 것부터 시작한다. 이어서 첫 네 회기에 대한 자세한 개요를 제시하고 RO DBT의 오리엔테이션과 약속 전략을 다룬다. 이어서 RO DBT의 타이밍과 순서화 전략에 대한 설명으로 장을 마무리한다.

물리적 환경을 통한 내담자의 참여 증진

'통제하기controlling'는 RO DBT에서 꺼리는 단어처럼 보이지만, 물리적 환경을 통제하는 것은 내담자의 참여를 증진하고 성공적인 결과를 이루는 데 중요한 요소다. RO DBT에서 이 요소가 높은 우선순위를 차지하는 이유는, 과잉통제 내담자의 특징인 높은 위협 민감성에 대한 타고난 생기질적 소인과 관련 있다. 과잉통제 내담자는 남들이 인지하지 못하는 환경 자극에 대해 낮은 수준의 방어적 각성으로 반응할 가능성이 높다. 그들은 질문을 받았을 때 불안한 방어적 각성이 드는 것을 인정하지 않는 경향도 있다. 4장에서 설명한 바와 같이 치료의 주된 목표는, 이들이 사회적 상호작용이 본질적으로 보상을 포함하고 있으며 남들과 함께 있을 때 안전감을 경험할 수 있음을 배우도록 돕는 것이다. 용기를 내거나 반대행동을 통해 사회적 불안을 극복하거나, 물리치거나, 통제하는 것은 목표가 아니다.

따라서 치료자는 내담자가 과잉통제의 생물학적 소인으로 인해 재미있게 놀고, 더 자유롭게 자신을 표현하고, 긴장을 풀고, 덜 진지해지는 법을 배우는 데 방해가 되지 않도록 물리적 환경을 선제적으로 통제하는 것이 중요하다. 이는 과잉통제 내담자의 사회적 안전 경험을 개선할 수 있는(혹은 감소할 수 있는) 여러 가지 미묘한 신체적·비언어적 요인들까지 고려함을 의미한다. 치료자는 단순히 자신이 거슬리지 않거나 내담자가 불편해하지 않는다는 이유만으로 이러한 요소들을 등한시해서는 안 된다. 따라서 치료자는 과잉통제 내담자의 치료를 시작하기 전에, 결과에 영향을 끼칠 수 있는 환경적 요인을 함께 고려해야 한다.

개인치료 환경에서 의자는 서로 45도 각도를 이루게 배치하는 것이 이상적이다(**그림 5.1**). 이를 통해 사람이 매우 친밀하거나 적대적인 상호작용을 할 때 취하는 마주보는 자세를 피할 수 있다(Morris, 2002). 또한 치료자의 의자에는 팔걸이가 있는 것이 이상적이다. 팔걸이가 있으면 치료자가 비언어적으로 협력, 안전, 비우월성 신호를 전달하는 신체 자세로 쉽게 전환할 수 있는데, 이는 동맹파열을 복원하거나 과잉통제 내담자와 대면할 때 필수적이다.

치료자는 과잉통제 내담자와의 회기를 시작하기 전에 물리적 거리를 최대한 확보할 수 있게 좌석을 배치해야 한다. 과잉통제 내담자는 대개 다른 내담자에 비해 개인 신체 공간에 대한 욕구가 더 크다. 신체적 근접성은 친밀감이나 대립을 나타내는 비언어적 신호다(Morris, 2002). 이는 RO 기술훈련 수업의 물리적 구성과 좌석 배치에도 동일한

그림 5.1. 개인치료 공간 가구 배치

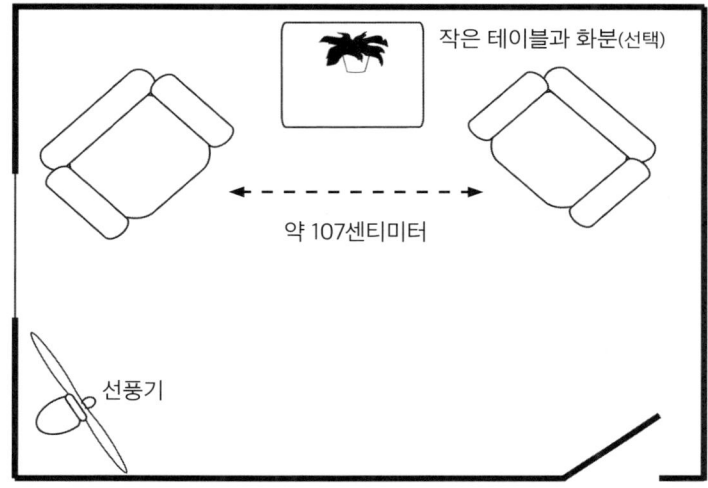

그림 5.2. RO 기술 수업 교실 배치

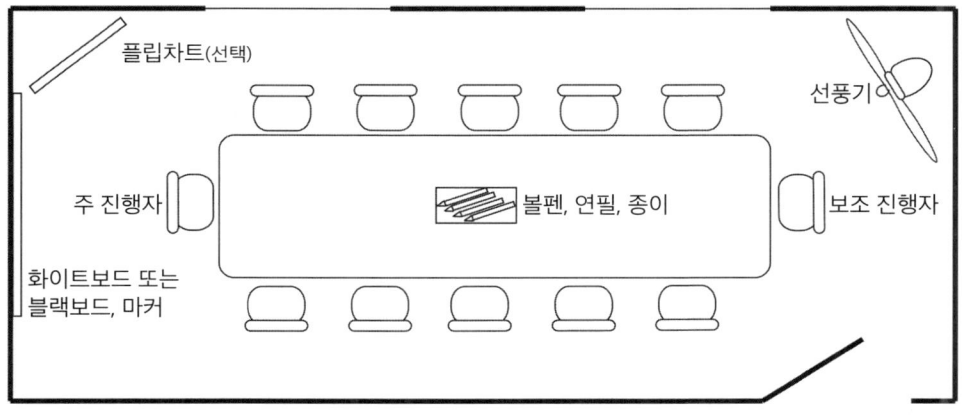

논리를 적용할 수 있다. 기술훈련 교실에는 식당에서 쓰는 것 같은 긴 테이블을 놓은 뒤 그 둘레에 의자를 배치하고, 강사가 필기할 수 있는 화이트보드나 플립차트를 정면에 배치하는 것이 가장 이상적이다. **그림 5.2**는 이러한 식으로 구성한 교실 환경을 보여 준다. 이는 수업의 목적이 집단치료나 인간관계 상호작용에 참여하거나 감정을 처리하는 것이 아니라, 기술을 배우는 것 자체임을 알려 준다. 또한 테이블과 공간 배치는 수업에 참여하는 구성원들 간에 물리적 완충 공간을 제공하고(노출되는 느낌을 줄이는 작용을 함),

메모할 수 있는 공간을 제공한다(과잉통제 내담자가 자신에게 주의를 기울이지 않은 채 하향조절하게 해줌). 기술 수업은 최대 9명까지 수용할 수 있는 넓고 환기가 잘 되는 공간에서 진행하는 것이 가장 이상적이다. 공간이 넓으면 내담자가 남을 의식하지 않고 좌석을 조정하거나 더 멀리 떨어져 앉을 수 있는 여유를 많이 가질 수 있다.

실내 온도는 개인치료 회기 및 기술훈련 수업에서 모두 중요한 고려 사항이다. 너무 더운 환경은 대부분의 사람들에게서 땀이 나게 한다. 많은 과잉통제 내담자들에게 이러한 발한은 불안 및 부적응적 회피와 관련된 조건 자극이다. 치료자는 과잉통제 내담자와 작업할 때 실내 온도를 정상보다 낮게 설정하고, 필요하면 선풍기나 다른 냉방 수단을 고려해야 한다. 과잉통제 내담자가 온도를 높여 달라고 요청하지 않는 한, 실내 온도는 서늘하게 유지하는 것을 원칙으로 한다.

흥미로운 사실은, 대부분의 사람들이 추운 것은 쉽게 얘기하지만 더위에 대해서는 잘 불만을 제기하지 않는다는 것이다. 특히 본인이 평가받거나 남의 시선을 많이 의식하게 되는 상황(예: 입사 면접)에서는 더욱 그렇다. 그 이유는, 추위는 아니지만 더위를 느끼는 것은 불안 각성에 의한 증상이기 때문이다. 오랫동안 이 원리를 연구와 임상 현장에 적용한 우리의 경험에 따르면, 이 비교적 간단한 요소가 내담자의 행동과 참여도에 상당한 영향을 끼치는 경우가 많았다.

예를 들어 임상 슈퍼비전 중 한 RO DBT 치료자가 여러 차례 회기에 결석하고 중도 탈락이 우려되는 내담자에 대해 보고한 적이 있었다. 회기 영상을 검토한 결과 내담자는 가만히 있지 못하고 안절부절못하는 몸의 움직임을 보였는데, 치료자는 이를 모르고 있었다. 슈퍼바이저가 방에 있는 선풍기를 사용했는지 묻자, 치료자는 몇 주 전 가을에 접어들었을 때 내담자에게 꼭 선풍기를 틀어야 하는지 미리 물어본 뒤, "아뇨, 안 틀어도 돼요"라는 대답을 듣고 나서 더 이상 사용하지 않는다고 대답했다. 슈퍼바이저는 내담자가 괜찮다고 대답했음에도 불구하고 치료자가 다음 회기부터는 선풍기를 다시 틀어 놓은 상태에서 시작하고, 내담자가 선풍기를 먼저 언급하지 않으면 치료자도 그에 대해 언급하지 않고 그냥 회기를 진행할 것을 제안했다. 놀랍게도 다음 회기 때 치료자는 내담자가 회기에 더 잘 참여하는 것을 확인했다. 내담자의 몸 움직임은 덜 불안해 보였고, 눈 맞춤도 좋아졌으며, 말도 더 편하게 했다. 그 후 치료자는 회기 중에 계속 선풍기를 틀어 놓고 내담자가 얇은 스웨터를 입도록 했다. 몇 주 뒤 내담자는 치료자와 함께 회기 중에 사회적 안전을 활성화하는 방법을 연습하던 중, 선풍기가 꺼져 있을 때 너무 더웠지만 치료자가 자신의 말을 비난으로 받아들일까 봐 민망해서 차마 선풍기를 켜 달라고 말하지 못했음을 보고했다.

이처럼 치료자는 내담자의 구두 보고와 상관없이, 과잉통제 내담자와 함께 작업할 때는 항상 자리와 근접성proximity 요인이 중요하다고 가정해야 한다. 따라서 과잉통제 내담자와 작업할 때는 선풍기를 켜고 실내 온도를 낮게 설정하고, 치료자가 추위를 많이 타는 편이면 옷을 여러 겹 입고 오는 것이 좋다. 이렇게 간단한 물리적 환경 조절만으로도 엄청난 차이를 만들어 낼 수 있다. 이는 특히 과잉통제 내담자가 자신의 진정한 감정이나 생각을 잘 드러내지 않는 치료 초기에 더 두드러진다. 교실이 너무 춥다고 말하는 기술훈련생에게는 가벼운 스웨터를 준비하도록 하고, 필요할 때 빌려줄 수 있도록 항상 여분의 스웨터를 몇 벌 준비해 두는 것이 좋다. 기술훈련 수업 환경 관리에 대한 자세한 내용은 『기술훈련 매뉴얼』 1장을 참조하라.

오리엔테이션 및 약속을 통한 내담자의 참여 증진

RO DBT 개인치료는 순차적 과정 또는 단계로 진행하도록 되어 있으며, 새로 나오는 요소들은 앞서 나왔던 요소들을 기반으로 한다. 오리엔테이션 및 약속 단계 역시 이러한 순차적 과정의 일부로서, 치료의 첫 4회기 동안 진행된다.

일반적으로 RO DBT의 약속 프로토콜은 다음 세 가지 내용으로 구성된다.

1. 내담자가 자신이 과잉통제적이라는 데 동의하고 이를 목표로 노력하겠다는 약속
2. 내담자가 치료를 중단할 때는 사전에 직접 만나서 치료를 중단하고자 하는 충동에 대해 논의하겠다는 약속[35]
3. 내담자가 치료자나 (관계된) 다른 의료 전문가에게 연락하지 않은 채 자해나 자살 시도를 하지 않겠다는 약속

오리엔테이션 및 약속 단계의 또 다른 주요 목표는, 내담자가 가치를 부여하는 목표를 협력적으로 파악하는 것이다. 이는 치료 목표를 설정하는 데 유용하게 활용할 수 있다. 치료자는 과잉통제의 특징인 높은 생기질적 위협 민감성 및 관계를 포기하는 전반

적인 과잉통제적 경향을 감안하여, 내담자의 약속을 강화할 때 '면전에서 문 닫기door in the face'보다는 '문간에 발 들여놓기foot in the door' 전략을 더 자주 사용해야 한다.[36]

RO DBT의 약속 전략은 치료자가 겸손하고 개방적인 자세를 취하는 것부터 시작한다. RO DBT는 아무리 비참한 삶이라도(혹은 치료자의 눈에 비참해 보일지라도), 자신이 원하는 삶을 선택하는 것이 내담자의 권리임을 전제로 한다. RO 원리는 치료자가 내담자가 어떻게 살아야 하는지 혹은 무엇을 중요하게 여겨야 하는지 안다고 가정하는 것은 오만한 것이라고 주장한다. 따라서 RO DBT 치료자는 궁극적으로 내담자가 우울, 불안, 외로움 등에 대해 어떤 선택을 하더라도 그 책임은 내담자에게 있으며, 치료자는 자신이 과잉통제 내담자의 문제를 해결할 수 없음을 스스로(필요하면 내담자에게도) 인정해야 한다. RO DBT 치료자는 숲에서 길을 잃는 사람을 도와주는 국립공원 관리자의 역할과 비슷하게, 내담자와 함께 걸으며 지도와 나침반(즉, RO DBT 치료 전략)을 안내 삼아 내담자가 집으로 가는 길을 찾게 도와줄 수는 있지만, 내담자를 숲 밖으로 데리고 나갈 수는 없다. 걸어 나가는 것은 내담자 스스로 해야 한다. RO DBT 개인치료의 오리엔테이션 및 약속 단계에서는 이 원리에 따라 후속 치료 무대를 세팅한다. 과잉통제 내담자는 대개 고도로 규칙지배적이고 삶을 진지하게 여기기 때문에, 치료자가 지나치게 진지하거나 틀에 얽매이거나 경직된 태도를 취해서 내담자가 순응이나 동의를 가장 중요하게 여기는 것을 강화하지 말아야 한다. 치료자가 내담자를 처음 만나는 순간부터 치료자의 행동에 개방성, 유연성, **편한 태도**라는 RO DBT의 원칙(6장 참조)이 배어 있어야 한다.[37]

1-2회기

치료자가 환영 인사를 하고 자신을 소개한다(자격 증명, 치료 경험이나 배경 등을 포함). 치료를 본격적으로 시작하기에 앞서, 과잉통제 내담자와 작업하면서 예상되는 상호작용 유형과 첫 번째 회기의 전반적인 목표를 간략히 설명하는 것이 중요하다.

치료자: 네 그럼 바로 시작하기 전에, 우리가 치료에서 뭘 기대할 수 있는지 말씀드리는 게 좋을 것 같아요. 제가 진행할 치료는 치료자와 내담자 간의 양방향 대화를 활용합니다. 즉, 치료 중에 우리 둘 다 이야기를 나누게 될 것이고, 당신이 얘기하는 중에 때때로 제가 끼어들어서 관련된 걸 물어볼 수도 있어요. 물론 중간에 제 말을 끊으셔도 되고요(웃음). 아셨죠? 오늘 회기에서는 당신이 여기 오게 된 문제의 유형을 자세히 알아볼 건데요, 당신의 삶의 다양한 부분에 대해 몇 가지

질문을 드릴 겁니다. 말씀하시는 중간에 제가 끼어들거나 다른 주제로 넘어가자고 할 수도 있어요. 제가 진료기록을 미리 봐서 당신에 대해 좀 알긴 하는데요, 그래도 대개는 어떤 게 힘드신지 본인에게 직접 듣는 게 제일 좋죠. 먼저 어떻게 해서 오늘 여기에 오시게 됐는지 말씀해 주시겠어요?

치료 과정에 양방향 대화가 포함된다는 사실을 과잉통제 내담자에게 알리는 것은 매우 중요하다. 특히 말수가 적은 과잉통제 내담자는 치료를 방해하는 것이 부당하거나 잘못된 것이라고 생각하기 쉽기 때문에, 사전에 이러한 안내를 통해 문제를 미연에 방지할 수 있다.

개인치료에서 서면 자료 사용의 제한

치료자는 개인치료에서(기술훈련에서와는 상반된 방식으로) 물리적 환경의 또 다른 측면인 서면 자료를 활용하여 내담자의 참여를 증진할 수 있다.[a] 개인치료 회기 중에 과잉통제 내담자에게 그림, 표, 유인물을 제공하는 것은 본래 의도에서 벗어날 수 있다. 과잉통제 내담자가 디테일과 사소한 오류를 잘 알아차리는 생기질적 경향으로 인해, 치료자의 말을 흘려들으며 방금 제공받은 서면 자료에만 집중할 수 있기 때문이다. 자료의 내용과는 별로 상관없는 길고 복잡한 토론이 이어지거나, 단어 선택이나 문법 등에 대한 이견으로 인해 내담자가 자료를 거부하는 경우도 있다(예: 문법 오류의 존재를 서면 자료 전체의 쓸모없음으로 받아들일 수 있음). 결과적으로 치료자는 귀중한 회기 시간을 정당화, 방어, 혹은 평화 유지를 위해 항복하는 데 할애할 수 있다. 서면 자료는 마치 플루토늄과 같아서, 아주 적은 양으로도 엄청난 폭발을 야기할 수 있다. 다른 모든 RO DBT 전략과 마찬가지로 이때도 유연성을 발휘하며 내담자의 예상치 못한 반응을 긴장을 해소할 수 있는 기회로 활용하는 것이 가장 중요하다.

가장 최근에 실시한 다기관 임상연구에서는, 시작 단계에서 세 곳의 독립된 기관에 있는 다수의 과잉통제 내담자들이 사소한 오류, 즉 RO DBT 다이어리 카드(이 장의 후반부에 나오는 「RO DBT 다이어리 카드 소개하기」 참조) 제목에서 '다이어리diary'가 '낙농dairy'으로 잘못 인쇄된 것을 재빨리 알아차렸다. 이 내담자들은 이런 사소한 실수를 크게 봤다. 하지만 우리는 철자를 수정한 새 유인물을 제공하지 않고 그냥 넘어갔다. 한 내담자가 유인물에 '다이어리 카드'가 아닌 '낙농 카드'라고 적혀 있다고 지적하자, 치료자는 "네,

정말 멋지지 않나요?"라고 대답했다. 또 다른 치료자는 "전 항상 농장에서 살고 싶었어요"라고 대답하기도 했다. 어떤 치료자는 내담자에게 "낙농 카드를 보면서 당신의 젖소들이 최근에 얼마나 우유를 많이 생산했는지 보죠"라고 말했다. 이 단순한 철자 오류는 인생의 모든 실수를 지금 당장 고쳐야만 할 필요는 없다는 중요한 교훈을 얻을 수 있는 기회가 됐고, 치료자는 장난기 어린 태도로 오류를 크게 문제 삼지 않은 채 약간의 교정적 피드백을 제공했다(과잉통제 내담자는 지나치게 진지한 경향이 있으므로 놀면서 긴장을 푸는 법을 배워야 한다. 이 전략에 대한 자세한 내용은 10장을 참조). 이러한 권장사항은 유연하게 적용해야 한다. 대부분의 치료자들은 개인치료 회기 때 논의하거나 가르치려는 주제를 되새기려는 목적으로만 유인물을 가져오는 경우가 많다(예: 치료자는 회기 중 메모하는 데 사용하는 클립보드에만 유인물 사본을 꽂아 두고 내담자에게는 배부하지 않을 수 있다). 개인치료 회기 때 소모적인 토론이나 논쟁을 유발하지 않고 서면 자료를 활용하는 또 다른 방법으로, 화이트보드에 도표를 그려서 내담자가 지금 현재에 주의를 집중하게 하는 것이 있다. 하지만 내담자에게 유인물 사본을 주고 조용히 읽은 뒤에 그에 대해 토론하게 하는 것은 앞서 설명했던 과잉검토로 이어질 수 있다.[b] 내담자가 유인물, 그림, 기사, 기타 서면 자료의 사본을 요청하는 경우에는 회기가 끝날 무렵이나 그 이후에 이메일을 통해 제공하는 것이 좋다.

[a] RO DBT에서는 개인치료와 기술훈련의 목표가 다르다. 개인치료는 과잉통제 내담자가 부족에 다시 합류하고 타인과 사회적 유대감을 형성하는 법을 배우는 연습의 장을 제공한다. 반면 기술훈련 수업은 본질적으로 학습을 위한 것으로, 사회적 유대감을 촉진하는 새로운 기술을 가르치는 데 중점을 둔다. 따라서 기술훈련 수업 중에는 유인물과 워크시트를 학습 과정의 필수 요소로 간주하여, 그 사본을 항상 제공한다.
[b] 그럼에도 불구하고, 개인 회기 때 특정한 RO 기술을 가르치는 치료자는 내담자의 학습을 증진할 수 있다면 기술훈련 매뉴얼의 유인물과 워크시트를 자유롭게 사용할 수 있다.

첫 번째 회기에서 RO DBT가 광범위하게 확산되기 전부터 약 20년 이상 적합성, 수용성, 효과성이 확고하게 확립되고 연구됐다는 점을 간략히 언급하는 것이 도움이 될 수 있다. 하지만 과잉통제 내담자는 워낙 디테일에 집중하고 위협 민감성이 높기 때문에, 임상연구 결과에 대해 더 자세히 논의하거나, 발표된 연구 논문의 사본을 (즉시) 요청하거나, 치료자가 연구에 대한 질문에 즉각적이고 정확하게 대답하지 못하면 무시하거나 비판적인 태도를 보일 수 있다는 점에 주의해야 한다. RO DBT의 경험적 근거를 설명하는 문제는 개인치료 때 서면 자료를 사용하는 데서 비롯되는 문제를 설명한 것과 유사하다(다음에 나오는 「개인치료에서 서면 자료 사용 제한」을 참조). 연구 자료에 대해 더 알고 싶어 하는 내담자를 위해 치료자가 할 수 있는 가장 좋은 방법은, 내담자가 정보를 원하는 욕구를 인정하면서validate 첫 번째 회기의 주요 목표를 계속 설명하는 것이다. 다음을 보자.

치료자: 연구에 대해 더 자세히 알고 싶으시다니 정말 기쁘네요. 제가 당신이었어도 비슷한 질문을 했을 것 같아요. 치료의 과학적 근거는 정말 중요하니까요. 하지만 지금은 당장 당신에게 줄 연구 논문 출력물이 없고 오늘은 첫 번째 회기이기 때문에, 혹시 양해해 주시면 일단 지금 하던 걸 계속 진행하는 게 좋을 것 같아요. 이를 통해 우리가 서로 알아가는 시간을 가질 수 있고, RO DBT가 당신에게 적합한지에 대해 가늠할 수도 있거든요.(웃음) 아무튼 오늘 중으로는 당신이 이 치료법이 뭔지 살펴볼 수 있도록 직접 접속할 수 있는 웹사이트 주소를 알려드릴 테니까 다음 회기 전까지 보고 오시면 될 것 같아요. 어떠세요?

하지만 위와 같은 말이 필요한 경우는 거의 없을 것이다. 대부분의 과잉통제 내담자들은 치료자의 역량에 대해 열린 마음과 기대를 가지고 첫 회기에 온다. 따라서 나는 클리닉에서 치료를 시작하기 전에 먼저 RO DBT의 임상적 근거가 되는 경험 연구 자료집을 배포하는 것을 권장하지 않는다. 이 장의 앞부분에서 강조했던 것처럼, 개인치료 중에 제공하는 서면 자료는 종종 초점을 내담자에게서 자료로 옮길 수 있기 때문이다.[38]

1-2회기의 전반적 목표
- 내담자가 치료받으러 온 이유, 과거 치료 경험, 가족력과 환경력을 확인함
- 내담자에게 치료로 도움을 받을 수 있는 문제 유형을 안내하고, 과잉통제를 문제의 핵심으로 삼는 것에 대해 내담자의 동의와 약속을 받음
- 내담자의 현재 및 과거 자살 시도 및 자해 행동을 평가함
- 과거의 외상, 성적인 문제, 오랫동안 품어 온 원한과 분노에 대해 치료자가 기꺼이 함께 논의할 의향이 있음을 전달함
- 기술훈련 수업의 목적을 포함해 치료의 전반적인 구조를 안내하고, 치료 3주째부터 기술 수업이 시작될 것임을 알림

과잉통제를 치료 대상으로 삼는 것에 대해 내담자의 약속받기

부적응적 과잉통제는 내담자가 이를 문제로 인지할 때만 치료할 수 있다. 따라서 치료를 시작하기 전에 1회기에서, (1) 내담자의 성격 스타일을 가장 잘 설명하는 것이 과잉통제이고, (2) 부적응적 과잉통제 행동을 치료의 핵심 대상으로 삼을 것[39]이라는 데 대해 내담자의 동의를 얻는 것이 필수다. 이 논의는 제한된 시간(약 10분) 동안 편한 분위기에서 진행해야 한다(6장 참조). 이 주제에 대한 논의(「1회기에서 과잉통제가 핵심 문제임을 파악하는 4단계」)는 오리엔테이션 및 약속 단계의 첫 번째로, 치료자가 어떻게 말해야 하는지 지문으로 제시되어 있다(이 장 뒷부분에 있는 「3회기에서 과잉통제의 생물사회이론을 가르치는 4단계」 및 「4회기에서 '개방적 표현 = 신뢰 = 사회적 유대감'을 가르치는 4단계」도 참조). 논의에 할당된 시간이 비교적 짧은 것은 의도적인 것이다. 이를 통해 확보한 시간에 다른 주제들을 다루면서 과잉통제 내담자가 치료의 핵심이 무엇인지 파악하는 데 도움을 줄 수 있다. 이는 또한 내담자가 무언가를 결정하기 전에 충분히 알고 싶어 하는 과잉통제적 강박적 욕구를 강화하지 않고, 어려울 수 있는 주제에 너무 많은 관심을 갖지 않음으로써 과잉통제 내담자의 자기개방을 강화할 수 있다(과잉통제 내담자는 주목받는 것을 싫어하는 것을 떠올릴 것). 이를 위해 치료자는 논의 중에 치료 대상으로 삼을 만한 것이 떠오를 때 이를 본격적으로 다루거나 더 깊이 파고들고 싶은 개인적 욕구를 놓아 버리고, 프로토콜이나 지문 사용에 대한 거부감이나 저항과는 반대되는 방향으로 가야 한다. 이 책에 제시된 지문은 그간 축적된 임상 경험을 반영하고 행여나 문제가 발생하지 않도록 고안된 프로토콜이라고 할 수 있다. 우리는 임상 경험을 통해 다양한 환경과 문화권에서 이 지문을 그대로 사용해도 유용함을 확인했다. 지문을 있는 그대로 활용하면 논의를 짧게 마치고 주제에 집중하는 데 도움이 된다. 치료자는 회기에서 다룰 내용을 떠올리기 위한 목적으로 얼마든지 필요한 지문을 복사하여 클립보드에 담아 와도 된다(나는 지금도 이렇게 하고 있다). 치료자가 서로 다른 스타일(과소통제와 과잉통제)을 설명할 때는 단순히 내용만 말하기보다, 제스처와 얼굴 표정을 통해 각 스타일을 대표하는 사회적 신호를 시연하는 것이 필수적이다. 따라서 치료자가 과소통제 스타일을 설명할 때 가장 먼저 할 일은, 팔을 크게 벌리며 몸으로 말하는 등의 과장된 제스처와 얼굴 표정을 보여야 한다. 과잉통제 내담자는 과소통제 질환의 특징인 극적이고, 예측 불가능하고, 흥분되고, 매우 표현적인 성격이 자신을 지칭하는 것이 아님을 곧바로 알아차릴 수 있다. 치료자가 과잉통제 스타일을 설명할 때는 감정을 억제하고 더 절제된 제스처를 취함으로써, 내담자가 본능적으로 자신이 과잉통제 스타일임을 쉽게 알게 해야 한다. 이것의 중요성은 아무리 강조해도 지나치지 않다. 각각의 스타일에 해당하는 사회적 신호가 어떻게 전달되는지 행동으로 보여 주지 않으면, 과잉통제 내담자는 자신이 과소통제의 핵심 특징 일부를 지니고 있다고 오해할 수 있다. 하지만 과잉통제 내담자에게 말만 하지 않고 과소통제와 관련한 극적이고 예측 불가능한 얼굴 표정과 제스처를 보여 주면 이는 금세 사라진다. 한 과잉통제 내담자는 과소통제 모습을 보자마자 곧바로, "전 그런 사람 아니에요"라고 말했다. (치료받으러 오는) 대부분의 과잉통제 내담자들은 자신이 과잉통제 유형임을 빠르게 인지하고, 이것이 자신이 한평생 해왔던 행동 패턴을 설명할 수 있는 유용한 수단임을 알게 된다.

1회기에서 과잉통제가 핵심 문제임을 파악하는 4단계

1. **지문**: "앞서 말씀드린 것처럼, 오늘 제가 하고 싶은 것 중 하나는 앞으로 우리가 같이 작업할 때 활용할 치료 기법에 대해 당신이 조금이나마 이해하실 수 있게 알려드리는 겁니다. 진짜 재미있는 사실이 있는데요, 전세계적인 일관된 연구 결과에 따르면, 사람이 4-5살이 될 무렵부터 서로 다른 두 가지 성격이나 대처 스타일이 시작된다고 합니다. 이러한 스타일은 나중에 살면서 겪는 문제와도 관련될 수 있고요. 혹시 여기에 대해 들어 보신 적이 있나요?"

2. **지문**: "이 스타일 중 하나로 과소통제 유형이 있습니다.[a] 과소통제형 인간은 어릴 때부터 종종 매우 심하게 흥분하거나, 표현이 지나치거나, 품행장애가 있습니다. 이들이 속으로 느끼는 건 남들도 다 알 수가 있죠! 이들은 또 미리 계획을 세우거나 유혹을 뿌리치는 걸 힘들어 합니다. 이들은 쿠키를 보면 결과를 생각하기보다는 바로 집어서 먹어 치우죠. 이들은 또 순간의 기분에 따라 행동하는 경향이 있습니다. 나중에 나이 들어서 일하러 가기 싫으면 그냥 안 가고 말죠! 혹시 지금이나 어릴 적 자신의 모습을 떠올렸을 때, 이런 유형의 성격이나 대처 스타일이 당신 얘기인 것 같나요?"

3. **지문**: "아마 당신은 다른 쪽일 거예요.[b] 다른 스타일인 과잉통제형 대처는 좀 더 신중하고 내성적입니다. 과잉통제형 인간은 어렸을 때 수줍음이 많거나 소심한 사람처럼 보였을 수 있어요. 이들은 감정 표현을 통제하거나 억제하는 경향이 있고, 장기적인 목표를 달성하기 위해 만족을 미루고 오랫동안 고통을 감내할 수 있습니다. 이들은 개인적 기준을 높게 설정하는 편이며, 큰 이슈를 만들지 않으면서 나중에 나타날 문제를 예방하기 위해 그 누구보다 열심히 노력하죠. 하지만 이들은 커뮤니티의

일원에 속하지 못하거나 배제된다고 느끼며 외로워하고, 남들과 어울리거나 친밀한 관계를 형성하는 법을 몰라 막막해하며, 아웃사이더라고 느낄 때도 자주 있습니다. 자, 당신은 이 스타일이 자신을 더 잘 설명해준다는 생각이 드시나요?"

4. **지문**: "마지막으로 말씀드리고 싶은 건, 제가 사용하는 치료법인 RO DBT는 과잉통제 문제를 다루기 위해 개발됐지만 그렇다고 과잉통제 대처를 항상 문제로 보지는 않는다는 거예요.[c] 오히려 대부분 사회에서는 이들의 자기통제를 높이 평가하죠. 자기통제야말로 우리를 달에 도달하게 한 원동력이니까요! 우주선을 만들기 위해서는 많은 계획과 인내가 필요합니다. 따라서 저는 당신이 과잉통제형 대처 스타일을 없애려고 하기보다는, 상황에 따라 유연하게 과잉통제 경향을 받아들이거나 놓아 버리는 방법을 배웠으면 합니다. 방금 제가 얘기한 것에 대해서 어떻게 생각하세요?[d] 과잉통제형 대처를 우리의 치료 작업에서 핵심 문제로 다룰 마음이 얼마나 될까요?"

[a] 과소통제 스타일을 설명하는 치료자는 혼선과 오해를 피하기 위해 과소통제형 사회적 신호 스타일이 어떻게 보이고 들리는지 몸으로 시연하는 것이 필수적이다. 치료자는 과소통제형 인간이 지나치게 흥분하거나 표현을 많이 한다고 묘사할 때 흥분된 상태에서 팔을 흔들며 상기된 표정과 목소리 톤을 함께 보여야 한다. 이는 과잉통제 내담자가 과소통제형 사회적 신호 스타일을 상상만 하지 않고 본능적으로(몸소) 체감하게 하는 데 필수적이다.

[b] 대부분의 과잉통제 내담자들은 과소통제형 대처 스타일을 자신의 대처 스타일로 여기기 거부하지만, 혹시라도 그렇지 않다면 다음의 가능성들을 고려해야 한다. (1) 내담자가 실제로 과소통제형임, (2) 치료자가 과소통제의 사회적 신호를 충분히 실감나게 시연하지 못했음, (3) 내담자가 어떤 메시지를 전하기 위해 의도적으로 자신을 과소통제형으로 보고함(예: '나는 너무 복잡해서 이해하기 어려운 사람이다', 변화에 절망적임).

[c] 4단계에서는 내담자가 과잉통제형 대처 스타일을 자신의 가장 대표적인 대처 스타일로 인정한 것으로 가정한다.

[d] RO DBT에서 확인하기 check in 라고 하는 이 마지막 질문은 내담자의 참여를 평가하기 위한 것이다.

일반적으로 치료자는 초반에 과잉통제형 대처를 논의할 때 긍정적이거나 정서적 중립성을 유지함과 동시에, 내담자가 자신의 과잉통제를 설명하는 데 사용하는 단어의 유형에 주목하여 과잉통제가 내담자에게 어떻게 특징적으로 나타나는지 이해하는 과정을 시작하고 이를 바탕으로 후속 회기에서 개별화된 치료 목표를 향상할 수 있도록 해야 한다. 과잉통제에 대한 초기 논의에서 비교적 중립적인 서술어를 사용하는 것은 '문간에 발 들여놓기'로 작용하여, 내담자가 큰 어려움 없이 자신의 습관이나 불완전성을 쉽게 인정할 수 있게 도울 수 있다. 다음은 대부분의 과잉통제 내담자들을 설명해 주는 몇 가지 표현들이다.

 디테일을 중시하는
 절제된
 완벽주의적인
 조심스러운
 규율이 잡힌
 체계적인
 양심적인
 내성적인
 계획적인
 복종적인

치료자는 또한 내담자가 과잉통제라는 라벨에 동의하도록 강요하거나 압력을 가하는 태도를 취하지 않는 것이 중요하다. 내담자가 자신의 스타일을 과잉통제로 인식하는 데 어려움을 겪는 경우, 치료자는 다음 접근 방식들 중 하나를 취할 수 있다.

- 내담자가 옳을 가능성을 고려하여 **온전한 개방성**을 모델링한다.
- 다양한 단어나 문구(예: '높은 자기통제', '과잉완벽주의')를 사용하여 과잉통제 스타일을 설명한다.
- 과잉통제에 대한 인식을 촉발할 수 있는 숙제를 제공한다.

치료자는 양가성을 지닌 내담자와의 논의를 심화하기 위해, 내담자로 하여금(혹시 사전 회기 때 작성하지 않았다면) 「**대처 스타일 평가: 단어 쌍 체크리스트(부록 1)**」를 작성하게 할 수 있다. 치료자는 다음 회기 때 검토하기 위해 이 체크리스트를 숙제로 내줄 수도 있지만 대개는 그럴 필요가 없다. 또한 지문에 나와 있듯이, 어느 시점에서 **은연중에 전달하기** smuggling의 한 형태인 과잉통제의 친사회적 성격(표 4.1 참조)을 지나치지 않고 주목하는 것이 중요하다(아래의 「**'은연중에 전달하기'에 대해 더 자세히 알아보기**」 참조).

> **'은연중에 전달하기'에 대해 더 자세히 알아보기**
>
> RO DBT에서는 과잉통제 내담자에게 정보를 제공하는 방식으로, 새로운 아이디어의 씨앗이나 작은 부분을 심는, 일명 **은연중에 전달하기**라는 사회적 신호 전략을 활용한다. 이를 통해 내담자는 새로운 아이디어를 곧바로 받아들이거나 거부해야 한다는 강박 없이 생각해 볼 수 있는 기회를 가질 수 있다. 예를 들어, 정신치료가 주로 자신의 결점을 드러내거나 문제점을 논의하는 데 초점을 맞출 것이라고 생각하는 과잉통제 내담자에게 과잉통제의 친사회적 측면을 간략히 소개함으로써, 내담자의 성격 스타일에 단점뿐만 아니라 장점도 있다는 생각을 은연중에 전달하는 경우가 많다. 그럼에도 불구하고 선의의 치료자가 지나치게 열정적으로 과잉통제의 이점을 강조하거나 장시간 논의하면, 첫 회기부터 역효과가 발생하여 동맹파열이 나타날 수 있다. 대부분의 과잉통제 내담자들은 내면적으로 자신이 별로 좋은 사람이 아니라고 믿고 있으며, 과거의 실수, 감정을 유출했던 경험, 타인에게 상처를 줬던 행동 등으로 인해 가혹할 정도로 부정적인 자기판단에 빠져 있다. 따라서 치료 초기에 치료자는 과잉통제의 친사회적 속성을 지나치게 강조하지 말아야 하며, 동맹파열의 징후도 경계해야 한다.

한마디로, 치료자가 과잉통제 내담자의 자기통제 경향에 대해 함께 논의할 때 가장 중요한 목표는, 내담자가 **자기탐구**의 진가를 깨닫고 과잉통제형 대처가 문제를 해결하기도 하고 유발하기도 한다는 인식을 지니도록 하는 것이다. 이를 위해서는, 과잉통제가 어떻게 중요한 가치 목표에 도달하지 못하게 하는지에 대해 치료자가 먼저 말하기보다 내담자에게 물어보는 것이 좋다. 치료 초기에 내담자가 자발적으로 자신의 오류성과 과잉통제 대처에 대한 호기심을 표명하는 것은 내담자의 참여를 나타내는 좋은 지표다. 마지막으로 치료자는 과잉통제의 성공적인 치료란 내담자를 극적이고 예측 불가능한 과소통제형 인간으로 변화시키는 것이 아니라, 오히려 그 반대로 내담자가 자신의 성격 스타일을 인정하면서도 상황에 따라 유연하게 이를 내려놓을 수 있는 방법을 배우도록 돕는 것임을 명심해야 한다.

자살 행동 및 자해 다루기

과잉통제형 인간은 언뜻 보기에는 침착하고 자제력이 있어 보이지만, 과잉통제형 질환에서 자살 행동과 자해가 더 빈번히 나타난다. 과잉통제 내담자는 고립감과 외로움을 느끼는 경향이 있으며, 인구학적 및 진단적 공변량을 보정했을 때 사회적 고립과 낮은 사회적 융합은 이들에게서 자살의 핵심적 위험 요인이다(Darke, Williamson, Ross, & Teesson, 2005). 이들은 부적응적 과잉통제의 특징인 사회적 신호 결핍과 낮은 개방성으로 인해 어릴 때부터 사회적 배제, 거부, 외면을 반복적으로 경험하고, 이는 또 다시 과잉통제 내담자의 사회적 고립감과 외로움, 자신이 아웃사이더라는 인식을 악화시킴으로써 자살 위험성을 높이는 결과를 초래하는 것으로 보인다. 예를 들어 신경성 식욕부진증(과잉통제 질환의 원형적 질환)은 모든 정신질환 중 사망률이 가장 높다. 신경성 식욕부진증 환자는 같은 연령대의 또래에 비해 자살로 인한 사망 위험이 57배나 더 높다(Keel et al., 2003). 경험에 대한 낮은 개방성 같은 과잉통제형 특징은 더 높은 자살 위험과 관련되어 있으며(Heisel et al., 2006), 과잉통제의 원형적 특징인 만성 우울증에서도 자살 행동의 비율이 매우 높다(Riso, et al., 2003). 예를 들어 치료저항성 우울증 내담자의 86%가 자살 사고나 계획을 지니고 있고(비만성nonchronic 우울증 내담자에게서는 53%에 불과), 29%는 치료 과정에서 자살을 시도하는 것으로 나타났다(비만성 내담자에서는 3%에 불과. Malhi, Parker, Crawford, Wilhelm, & Mitchell, 2005). 또한 기분부전증, 치료저항성 우울증, 신경성 식욕부진증, 군집 A 성격장애와 같은 과잉통제가 특징적인 질환에서 비자살적 자해가 두드러지게 많이 나타난다(Claes et al., 2010; Ghaziuddin et al., 1991; Hintikka et al., 2009; Klonsky et al., 2003; Nock et al., 2006; Selby et al., 2012).[40] 대부분의 과잉통제 내담자에게 자살 행동과 자해는 치명적인 결함이 있다는 증거이자 깊은 수치심의 원천이다. 하지만 역설적이게도 이들은 자살 위험성을 높이는 음울함, 슬픔, 우울, 자기동정self-pity, 순교자 의식 등을 즐기거나, 낭만적으로 여기거나, 그 속에 빠져 있는 것처럼 보인다. 예를 들어 이들은 비극적인 이야기나 시를 쓰거나, 절망이나 우울을 지적으로 순수하거나 고귀한 것으로 묘사하거나, 허무주의적 사고를 즐기거나, 부고 기사를 즐겨 읽거나, 자살에 대한 낭만적인 소설이나 시를 쓰기도 한다. 이들은 고립감이나 소외감으로 인해 아무도 이들의 자기희생이나 독특한 재능에 관심을 갖거나, 이해하거나, 감사히 여기지 않는다는 믿음을 강화함으로써 그러한 고립감이나 소외감을 은밀히 만끽하기도 한다. 마찬가지로 우울, 비참함, 절망은 종종 과잉통제 내담자가 자신을 불공정하거나 불의한 세상(또는 불의한 가족)의 희생자, 희생양, 순교자로 경험하고 있다는 신호이기도 하다. 따라서 과잉통제 내담자의 자살은 복수에 대한 욕구나 자기희생을 알아주지 않는 가족에 대한 처벌 욕구에서 비롯될 수도 있다. 과잉통제 내담자는 높은 도덕성(즉, 행동하는 방식에는 옳고 그른 방식이 있음)을 특징으로 하며, 이는 종종 선행은 상을 받고 악행은 벌을 받아야 한다는 믿음으로 이어진다. 죄인을 벌하는 것은 정의로운 세상에 대한 믿음을 구현한다. 정의로운 세상에서는 행동과 사건을 예측할 수 있고 그에 따르는 적절한 결과consequences가 존재하며, 사람들은 자신의 행동 방식에 따라 그에 상응하는 대가를 얻는다.[41] 이는 과잉통제형 인간이 죄인을 처벌하지 않는 것은 도덕적으로 잘못된 것이라고 느끼기 때문에 많은 사람들을 용서하기 어려운 이유를 잘 설명한다. 하지만 비자살적 자해와 관련한 더 당혹스러운 행동 중 하나는, 이들이 자신을 벌하기 위한 수단으로 자해한다고 보고하는 것이다. 실제로 처벌은 그 정의상 특정한 행동의 가능성을 줄이도록 기능해야 하며, 적어도 표면적으로는 즐거움이 아닌 고통을 준다. 따라서 여기서 "자기처벌이 어떻게 해서 강화되는가?"라는 의문이 생긴다. RO DBT는 자기처벌이 질서 감각을 복원하기 때문에 '좋은' 느낌을 준다고 가정한다. 앞서 언급한 것처럼, 과잉통제 내담자는 내면적으로 자신이 좋은 사람이 아니라고 생각하며, 극도로 부정적인 자기평가에 빠져 있다. RO DBT는 이들이 비난받을 만하거나, 도덕적으로 잘못되거나, 남에게 해를 끼치는 행동을 했는데도 적발되거나 벌을 받은 적이 없다는 사실에 대한 강렬한 수치심(종종 타당한 인식일 때도 있음)을 경험한다고 본다. 과잉통제 내담자의 관점에서 볼 때, 이전의 잘못을 인정하지 못하는 것은 근본적으로 성격적 결함이 있다는 증거다. 스완Swann의 자기검증이론self-verification theory에 따르면(Swann, 1983), 비자살적 자해는 자신이 나쁘거나 악하며 벌을 받아 마땅한 존재라는 인식을 검증하기 위한 것으로 볼 수 있다(T. R. Lynch & Cozza, 2009). 실제로 자기검증은 매우 강력하기 때문에 고통과 불편이 동반되더라도 선호된다(Swann, Rentfrow, & Gosling, 2003). 또한 과잉통제 내담자가 먼저 말하지 않으면 부족으로부터 처벌받을 수 없기 때문에, 자해나 자기희생적 자살을 통해 죄의 대가를 치르는 것만이 자기감을 회복할 수 있는 유일한 방법이라고 생각하기도 한다. 실제로 만성 우울증 환자 집단에서 죄책감, 죄 많음, 무가치감을 느끼는 경우 자살 충동을 경험할 확률이 6배나 더 높은 것으로 나타났다(T. R. Lynch et al., 1999). 따라서 자해 행동은 과잉통제 내담자의 병적인 자기감을 검증하거나 확인하고 안전감을 복원(예: 정의로운 세상에 대한 믿음을 회복)하는 기능을 함으로써 계속 강화된다. 또한 자해는 각성 수준을 낮추고 부정적 감정을 제거하는 데 일시적으로나마 효율적인 수단을 제공함으로써 부적 강화되는 것으로 여겨지며, 통증 지각 감소와도 관련 있는 것으로 나타났다(Gardner & Cowdry, 1985). RO DBT의 관점에서는 자해 행동의 기저에 감정 경험의 변화를 통해 자해 행동을 강화하는 기능을 하는 다음 두 가지 신경 기질의 활성화가 있다고 본다.

1. 첫 번째 기전은 성취감과 자부심과 관련한 긍정적 감정에 의해 촉발되어 자해가 강화되는 것이다(정적 강화). 여기서 하향식 규제 프로세스는 자해를 부정적 자기 신념의 증거('내가 자해하는 것은 내게 치명적인 결함이 있다는 믿음이 틀림없음을 증명한다')나 유효한 의사소통 수단('나는 자해함으로써 잘못을 바로잡을 수 있다'), 혹은 과잉통제 내담자의 우수한 자기통제 능력의 증거('자해는 내가 옳은 일을 할 용기가 있음을 증명하는 것이다')로 활용함으로써 SNS의 긍정적 정서성을 촉발한다.
2. 두 번째 기전은 감당하기 어려운 스트레스를 완화하는 기능을 하는 상향식 규제 처리 프로세스를 통해 자해를 강화하는 것이다(부적 강화). 특히 심각하거나 장기간 지속되는 조직 손상(다량의 피가 보이는 경우도 포함)은 감각수용체 수준에서 감당하기 어려운 위협으로 평가되어 2장에서 설명한 바와 같은 실신, 활동 정지, 심박수 저하, 통증 지각 감소, SNS 접근 및 투쟁-도피 반응의 철수 등 자동적 차단 반응을 촉발한다.

과잉통제 내담자는 규칙지배적 경향도 있다. 규칙지배적 행동은 행동(손목 긋기)과 결과(자기처벌과 정의로운 세상의 회복, 덜 혐오적 감정) 간의 관계를 특정한다. 규칙지배적 행동은 규칙(즉, 역사적 경험이나 사회적 기대)에 기반하기 때문에 현재의 수반성(지금 일어나는 일)에 대한 반응성이 낮은 것이 당장 문제가 될 수 있다. 연구 결과에 따르면, 과제를 수행하는 지시를 언어적으로 받은 뒤 수반성이 변경되더라도 참가자들은 처음에 언어적으로 지시받은 규칙을 추종하며 전략을 바꾸지 않고 지속했다(Hayes, Brownstein, Haas, & Greenway, 1986). 규칙에 대한 문자적literal 믿음은 생각이나 감정이 위험하다는 믿음('내가 X를 생각하면 나쁜 일이 일어날 거야')과, 생각만으로도 나쁘거나, 생각만 해도 이를 행동에 옮긴 것과 똑같다는 믿음으로 이어질 수 있다(Rachman, 1997). 그 결과 금기시하는 생각이나 감정을 경험할 때마다 자해를 통해 자신을 벌줘야 한다고 믿거나, (이미 비효율적 전략으로 확인된) 감정적 사고를 억제하려고 시도하기도 한다(T. R. Lynch et al., 2001; T.

R. Lynch et al., 2004; T. R. Lynch, Schneider, Rosenthal, & Cheavens, 2007). 안타깝게도 이는 자기확증의 악순환으로 발전하며('내가 나를 해치고 있으니까 나는 악한 것이 틀림없고, 따라서 계속 자해해서 벌을 받아야 해'), 더욱 경직된 규칙지배적 행동으로 이어질 수 있다. 내면의 감정을 숨기고 고통을 최소화하려는 과잉통제 경향은 때때로 자살 위험성 평가를 어렵게 한다. 예를 들어 대부분의 과잉통제 내담자들은 자살 충동과 행동에 대해 직접 질문받지 않았는데도 자신이 먼저 자살 충동과 행동을 보고하지 않는다(특히 1회기 때는 더욱 그렇다). 게다가 내면의 감정을 숨기고 고통을 최소화하려는 타고난 경향으로 인해, 다른 임상 집단에서 자살 행동을 과소 보고하는 것보다 더 심하게 자살 행동을 축소해서 보고할 가능성이 높다. 또한 과잉통제 내담자는 자신이 논의하고 싶지 않은 주제를 자연스레 차단하는 데 전문가다. 한 가지 좋은 소식이 있다면, 일반적으로 과잉통제 내담자는 자살 행동에 대해 직접 질문받았을 때 치료자에게 대놓고 거짓말을 하거나 속일 가능성은 낮다는 것이다(과잉통제 내담자가 정직과 성실을 중요시한다는 것을 기억하자). 하지만 이들은 상상 속 비난을 피하기 위해 은밀히 거짓말하거나, 굳이 요청받지 않으면 중요한 사실이나 디테일을 숨김으로써 유능한 모습을 보이려고 할 것이다. 경시나 회피의 예로, 비슷한 비중을 지니는 것처럼 보이는 다른 주제로 넘어가는 것("물어보신 것에 대답하기 전에 먼저 제가 17년 동안 다른 사람에게 감동받은 적이 한 번도 없다는 사실을 알려드려야 할 것 같아요"), 이야기는 많이 하는데 정작 질문에 대한 답은 없는 것("저는 가끔 죽음에 대해 생각해요. 저는 가톨릭 신자로 자랐고, 복사altar boy로 어린 나이 때부터 장례식에 참석해야 했어요"), 이어지는 논의가 자신에게 상처가 되거나, 너무 고통스럽거나, 너무 많은 것을 드러내는 것 같거나, '다른 의사'가 이미 그 문제를 다뤘기 때문에 굳이 신경 쓸 필요가 없다고 말하는 경우("전에 치료하셨던 분이 자살 충동은 정상적인 거라고 했어요.") 등이 있다. 은밀한 거짓말은 이외에도 다양한 방식으로 나타날 수 있으며, 대개는 직접 의사소통 방식이 아닌 간접적인 방법을 사용하기 때문에 그에 대해 적절히 부인하거나 이의를 제기하기 어렵다. 하지만 때로는 이러한 유형의 회피의 이면에 훨씬 더 심각한 이유가 자리할 때도 있다. 드물기는 하지만 일부 과잉통제 내담자는 이미 자살 계획을 세워 놓고 첫 회기에 오기도 한다. 즉 정확한 자살 날짜, 시간, 장소, 방법 등을 전부 정해 놓고 정작 치료자에게는 이를 밝히지 않기로 마음먹는 것이다. 이런 경우는 대개 자살을 정당화하기 위해 자신이 문제를 해결하려고 성실히 노력했다는 것을 자신(사전)과 가족(사후)에게 증명하기 위한 목적으로 치료에 참여한다. 근본적인 동기가 무엇이든 간에 이 상황은 치료자에게 여러 가지 문제를 야기한다. 우선 내담자가 자살 계획을 밝히지 않기로 결정한 것은 변

화하겠다는 진실된 약속을 할 가능성을 낮출 뿐만 아니라, 성공적인 RO DBT 치료의 핵심으로 간주되는 진정한 작업동맹을 발달시키는 데 부정적 영향을 끼친다. 다행히도 RO DBT에서 흔히 죄책감의 치료적 유도라고 부르는 전략을 통해 이러한 교착 상태를 타개할 수 있다. 이러한 치료자의 입장을 말로 표현한다면, "저는 당신이 옳은 일을 할 것이라고 믿습니다. 저는 당신을 믿어요. 저는 당신이 약속을 이행할 수 있는 능력이 있다고 믿습니다"가 될 것이다. 이러한 태도는 정직함·진실함·책임감에 대한 과잉통제 내담자의 핵심 가치를 활용하여, 시간이 지남에 따라 점차 치료적 죄책감therapeutic guilt이 나타난다. 이 경우 치료적 죄책감은 과잉통제 내담자가 치료자에게 치료 과정에서 드는 모든 자살 및 자해 충동, 사고, 계획, 행동을 보고하겠다는 구두 약속을 한 직후에 처음 경험할 가능성이 높다. 이 약속은 자살이나 자해 행동의 과거력이 없다고 보고한 내담자를 포함하여, 자신의 삶을 개선하기 위해 치료에 참여하는 모든 과잉통제 내담자에게 받을 수 있다. 내담자가 이렇게 약속하고 난 뒤 그에 해당하는 생각이 들었을 때 치료자에게 말하지 않으려면 노골적으로 거짓말해야 하고, 이는 자신의 핵심 가치에 위배되기 때문에 인지부조화를 초래한다. 따라서 RO DBT 치료자는(잠재적 자살에 대한 두려움 때문에) 의심이나 불신의 입장을 취하기보다는, 내담자가 옳은 일을 할 것이라는 신뢰와 믿음을 나타내는 동시에, 임박한 위협을 시사하는 새로운 정보가 나왔을 때 내담자의 생명과 안전을 지키는 데 필요한 조치를 취할 준비가 되어 있음을 알리는 입장을 취하는 것이 좋다. 좋은 소식이 있다면, 우리의 경험상 과잉통제 내담자는 거의 항상 자발적으로 진실을 말하며 이것이 치료자에게 환영받으면서 치료의 중요한 변곡점으로 작용하는 경우가 많다는 것이다. 과잉통제 내담자는 절망적으로 무력한 상태에서도 친절한 행동에 감동하고 보답할 수 있는 능력이 있다(예: 혼자서만 자살을 계획하고 실행하려고 마음먹었음에도 불구하고 치료자에게 자살 계획을 밝힘).

　결론적으로, 과잉통제 내담자의 생명을 위협하는 행동은 다른 임상 집단에서 보이는 행동과 질적으로 다른 경우가 많다. 이러한 특징을 인식함으로써 과잉통제 내담자를 더 잘 이해하고 치료 목표를 향상할 수 있다. 이러한 특징으로는 다음과 같은 것들이 있다.

- 과잉통제 내담자의 자살과 자해는 대개 몇 시간, 며칠, 혹은 몇 주(때로는 그 이상) 전부터 계획적으로 이루어진다.
- 과잉통제 내담자는 대개 자해 행동을 혼자만의 비밀로 간직한다. 아무도 모르게

오랫동안 지니기도 하고, 직계 가족(혹은 아주 가까운 친구 및 치료자)에게만 알리기도 한다. 따라서 과잉통제 내담자에게서 자해는 쉽게 드러나지 않는다. 이들은 자해로 치료받지 않을 수 있도록 자해의 정도를 신중히 조절하며, 흉터 역시 조심스럽게 숨긴다. 과잉통제 내담자는 자해하고 나서 병원에 가지 않으려고 응급 처치나 의료 교육을 받기도 한다. 숨기는 행동에 예외가 있기도 한데 이는 대부분 정신과 입원 병력이 있는 과잉통제 내담자에게서 나타난다. 이들에게서는 극적인 자해 행동이 간헐적으로 강화되는 경우가 많다(예: 자해로 인해 과잉통제 내담자가 일반 입원 환자 커뮤니티보다 더 선호하는 집중 관찰실에 배정됨).

- 과잉통제 내담자는 가족이나 가까운 사람을 벌하거나('내가 죽으면 후회하겠지'), 복수하거나, 라이벌의 삶을 고통스럽게 하거나(예: 내담자의 죽음으로 라이벌이 중요한 목표를 달성하는 것을 방해하겠다는 희망), 도덕적 결함을 드러내기 위해 자살을 시도할 수 있다.
- 과잉통제형 자해나 자살 행동은 기분보다는 규칙에 따를 가능성이 많다(예: 잘못으로 여기는 것에 대한 자기처벌을 통해 정의로운 세상에 대한 내담자의 믿음을 회복하는 것을 목적으로 함).
- 몇몇 과잉통제 내담자는 자살 행동을 낭만적으로 여기거나, 음울함이나 울적함을 고상하거나 창의적인 것으로 여기기도 한다.

과잉통제 내담자에서 생명을 위협하는 행동을 평가하기

이 초기 평가의 주요 목표는, 내담자의 안전을 보장하고 치료 중 자살 행동과 고의적 자해를 어느 정도까지 목표로 삼을지 정하는 것이다. 당장 생명을 위협하는 행동에 대한 정의는 다음과 같다.

- 의도적으로 신체 조직을 손상하거나 사망을 목적으로 하는 행동, 계획, 욕구, 충동, 혹은 생각(예: 비자살적 자해, 자살 사고, 자살 충동, 자살 시도)
- 의도적으로 사망이나 조직 손상을 목적으로 하지는 않지만 당장 생명에 위협이 되는 행동(당장 생명에 위협이 되는 행동은 다른 치료 목표들보다 우선 순위로 고려해야 함. 4장 참조.)

따라서 치료자는 예정된 회기 일정을 조정할 준비가 되어 있어야 하며, 당장 생명을 위협하는 행동이 드러날 경우 내담자의 안전을 확보하기 위해 치료의 오리엔테이션 단계를 연장하기도 한다. 대개 치료자는 회기 시작 약 30분 뒤(또는 회기 중반 무렵)에 주제를 소개하고 평가를 시작하는 것이 좋다. 이를 통해 내담자를 알아가면서 치료의 몇몇 측면에 대한 방향성(예: 과잉통제에 초점을 맞춤)을 설정할 시간을 가지면서도, 필요한 경우 자살이나 자해 위험성 평가와 예방 계획에 필요한 시간을 충분히 확보할 수 있다.

최종적인 자살로 이어지는 가장 위험한 요소는 이전의 자살 시도 경험이다. 기본적으로 자살 시도를 최근에 했고 사용한 수단이 치명적일수록 실제 자살의 위험성이 높아진다. 가까운 미래에 자살이나 자해 충동, 생각, 계획이 있음을 보고한 내담자에게는 다음 회기 전까지 자해 또는 자살 시도를 하지 않겠다는 약속을 받는 것이 중요하며, 이상적인 경우 내담자는 치료의 핵심 목표인 자해 및 자살 행동을 안 하기 위해 노력하겠다고 약속할 것이다. 치료자는 다음 지문을 활용하여 과잉통제 내담자와 생명을 위협하는 행동에 대한 논의를 시작할 수 있다.

치료자: 연구에 따르면 당신과 비슷한 문제로 힘들어 하는 사람들이 너무 우울하거나 절망에 빠졌을 때 자살이나 자해를 생각하기 쉽고, 이는 어릴 때부터 시작될 수 있다고 합니다. 그래서 저는 당신과 함께 이러한 유형의 문제에 대해 이야기하면서 당신이 그로 인해 어려움을 겪고 있는지, 우리가 함께 작업하는 동안 이 문제에 얼마나 관심을 가지면 좋을지 알아보는 시간을 가지려고 합니다. 일단 제가 먼저 여쭤보고 싶은 건…

이 시점에서 치료자는 임상 경험에서 도출된 일련의 질문을 통한 논의를 이어가기 위해 「**RO DBT 반구조화 자살경향성 면담**(부록 4)」을 사용할 수 있다. 치료자는 내담자가 과거나 현재 지니고 있는 문제의 개수와 심각도가 클수록 더 많은 질문을 해야 하며, 이 주제에 대해 더 많은 시간을 할애해야 한다.[42] 치료자는 자살 및 자해 평가 프로토콜 같은 구조화된 면담(Linehan, 1993a, pp. 468–495)이나, **자살사고 척도**Scale for Suicide Ideation(A. T. Beck, Kovacs, & Weissman, 1979) 및 **성인 자살사고 질문지**Adult Suicidal Ideation Questionnaire(W. M. Reynolds, 1991; Osman et al., 1999) 같은 자기보고 설문지로 이 과정을 보강할 수 있다.

RO DBT 위기 관리 프로토콜

이 프로토콜은 과잉통제 내담자가 가까운 시일 내에(즉, 당일 또는 1주일 이내에) 자해나 자살할 충동이 있음을 보고하거나, 이와 유사한 수준으로 심각하고 당장 생명을 위협하는 사건이 있을 때만 필요하다. 좋은 소식이 있다면, 과잉통제 내담자와 함께 작업할 때는 위기 관리가 거의 필요하지 않다는 것이다. 과잉통제 내담자는 양심적이고 신중하며, 안정을 선호하고 혼란을 싫어한다. 따라서 자발적으로 치료를 선택한 과잉통제 내담자는 의무감 때문이라도 1회기 때부터 위기를 조장할 가능성이 별로 없다. 과잉통제 내담자의 입장에서는, 자신이 치료를 받기로 결정한 당사자이기 때문에 방금 만난 치료자에게 바로 다음날이나 며칠 내에(즉, 본인이 충분한 치료를 받지 않거나 치료자에게 기회를 주지 않은 상태에서) 자살이나 자해를 할 것이라고 말하는 것을 이치에 안 맞게 느낀다. 하지만 치료자는 이를 안심해도 된다는 의미로 받아들여서는 안 된다. 과잉통제 내담자는 기준이 높으며 빠른 치료 효과를 기대할 가능성이 높다. 또한 과잉통제 내담자가 최근에 자살이나 자해 행동을 한 이력이 있다면, 치료자는 치료 중 언제든 이러한 행동이 다시 나타나리라고 예상할 수 있다. 오래된 습관은 바꾸기 어려운 법이다.

이 절에서 설명하는 위기 개입 원칙과 전략은 1회기 때 당장 내담자의 생명을 위협하는 행동을 관리하는 데 초점을 맞추고 있지만, 치료 후반에 발생하는 유사한 고위험 상황에도 적용할 수 있다. 이 프로토콜은 내담자가 당장 생명을 위협하는 행동을 보고했지만 다음에 예정된 회기 전까지는 자살하지 않겠다고 치료자에게 약속했을 때만 활용할 수 있다. 대개 여기에 설명된 단계는 순차적으로 진행하도록 되어 있지만 모든 단계를 완전히 다 포함해야만 하는 것은 아니다. 회기를 마치기 전에 내담자가 다음 회기 전까지 자살하지 않겠다고(또는 심각한 자해를 하지 않겠다고) 약속하는 것이 목표다. 치료자는 이 약속을 받은 뒤 프로토콜을 종료하고(회기 시간이 남은 경우) 다른 주제로 넘어가거나 회기를 완전히 종료한다. 각 단계별로 자살 위험성의 정도를 자주 확인하는 것이 중요하다. 또한 자살 위험성이 낮아질 때까지 치료자나 특정인이 힘들어 하는 내담자와 함께 있는 것도 중요하다.

RO DBT 위기 관리 프로토콜

1. 내담자가 진심을 드러낸 것에 대해 감사를 표한다. 내담자가 자신의 감정을(숨기지 않고) 솔직하게 표현해 준 것에 대해 감사를 표하고, 이와 연계하여 치료를 진행한다. 이를테면 내담자에게 "좋습니다… 제가 제일 먼저 드리고 싶은 말씀

은, 내면에서 일어나는 일을 솔직하게 말씀해 주셔서 감사하다는 거예요"라고 말한다.
2. 내담자에게, "뭐 때문에 그러셨나요?"라고 물어본다. 예를 들어, "뭐가 당신의 반응을 촉발했는지 짐작 가는 게 있나요?"라고 물어본다.
3. 내담자에게 자신이 이해할 수 있게 도와달라고 요청한다. 이를테면, "저는 당신이 공개한 내용이 적어도 일부는 사회적 신호라고 생각합니다. 당신이 자해나 죽음에 대해 생각할 때 저나 다른 사람들에게 전달하고자 하는 게 뭘까요?"라고 물어본다.
4. 비판을 장려한다. 이를테면 이렇게 말한다. "아마 제가 뭔가 놓쳤거나, 제가 했던 행동이나 말이 당신의 반응을 촉발했을 수도 있을 것 같아요. 만약 그렇다고 가정하면, 이 문제를 유발하는 데 제가 기여한 게 뭔지 말씀해 주실 수 있을까요?"
5. 감정을 인정한다. 예를 들면 이렇게 말한다. "당신이 지나 온 삶을 고려하면, 절망감을 느끼는 것도 이해할 만합니다."
6. 배려의 신호를 전달한다. 예를 들면 침착해 보이려고 애쓰지 말고 본능적 괴로움을 드러냄으로써 배려의 신호를 보낸다.
7. 개방성을 전달한다. 배려와 개방성의 신호 사이의 균형을 맞춘다. 이를테면 내담자의 말을 듣는 동안 눈썹을 추켜올리고, 의자에 뒤로 기대고, 심호흡을 하며 대화의 속도를 늦춘다. 당신이 말하기 전에 내담자가 질문에 대답하거나 관찰을 마칠 수 있는 시간을 준다. 양손바닥을 보이는 제스처를 취한다. 확실하지 않을 때는 어깨를 으쓱하며 비우월성을 전달한다. 자연스러운 억양과 말투를 유지한다.
8. 휴식을 취하며 열기를 식힌다. 예를 들면 논의를 이어가기 전에 잠시 내담자와 함께 걷거나 다과를 들 것을 제안한다. 내담자가 휴식을 취할 의사가 없다면, "알겠습니다. 그래도 괜찮아요"라고 말하며 내담자의 의사를 인정한 다음, "그럼 커피 한 잔 같이 할까요?"라고 물어본다. 여기서의 목적은 내담자가 커피를 마시게 하는 것이 아니라, 사회적 혹은 물리적 환경을 변화시켜 논의의 감정적 강도를 변화시키는 데 있다(즉, 커피는 주로 가족이나 친구와 함께 마심). 짧은 휴식과 물리적 환경 전환의 핵심 목표는, 과잉통제 내담자가 자신의 행동 방식을 심각하게 여기기보다는 하향조절하며 재고할 수 있는 시간과 공간을 제공하는 것이다. 따라서 치료자는 휴식 시간 동안 내담자가 먼저 이야기를 꺼내지 않는 한, 생명을 위협하는 행동에 대한 논의는 하지 말아야 한다.

9. 활용 가능한 치명적 수단을 제거하는 데 중점을 둔다. 여기서의 목표는 내담자와 함께 자해 또는 사망을 유발할 수 있는 물건(예: 면도날, 알약, 총)을 제거할 수 있는 실용적인 방법을 찾는 것이다. 이를테면 내담자로부터 과다복용에 사용할 계획이었던 약물을 변기에 버린 뒤 치료자에게 확인 문자를 보내겠다는 약속을 받는다.
10. **온전한 개방성**과 **자기탐구**를 실천하며 자신에게 말없이 질문을 던진다. '나는 내담자의 행동에 대한 내 개인적 반응을 어느 정도까지 살펴볼 의향이 있는가?', '여기서 내가 배울 점은 무엇인가?'
11. 내담자의 위기 행동을 사회적 신호의 관점에서 살펴본다. '내담자가 이런 행동을 함으로써 내게 말하려는 건 뭘까?'라고 자문한다.
12. "제발 그냥 있어 주세요" 같은 강한 감정적 호소를 통해, 내담자가 자신의 딜레마에 대해 굳이 목숨을 버리지 않을 수 있는 대안을 찾는 데 당신과 함께하도록 독려하고, 당신이 내담자를 배려하고 있음을 전달한다. 이 메시지는 본질적으로 이런 말과 같다. "제발 그냥 있어 주세요. 전 당신이 염려돼요. 떠나지 마세요. 더 버티세요. 우리가 해결할 수 있어요. 제가 당신을 도울 수 있는 기회를 주세요"
13. 내담자에게, "저는 당신을 믿어요"라고 말한다. 현재의 고통과 절망에도 불구하고 내담자가 이 상황을 극복할 수 있다고 믿는다는 신호를 전달한다. 내담자에게 당신이 이 상황을 정리할 수 있는 기회를 달라고 요청한다. 아직은 치료 초기임을 상기시킨다.
14. 내담자에게, "그러면 안 돼요"라고 말한다. 내담자가 자살하는 것을 원치 않는다는 것을 단호히 말한다.
15. 내담자에게 "당신의 자제력을 활용하세요"라고 말한다. 자해나 자살 행동을 멈추기 위해 적어도 당분간은 내담자가 자신의 뛰어난 자기통제를 발휘하도록 독려한다.
16. **자기탐구**를 독려한다. 이렇게 물어보라. "오늘 이 경험을 통해 배울 점은 뭘까요?", "당신은 스스로 생각하는 것보다 더 강할 수 있을까요?"
17. 내담자에게 이전의 약속을 상기시킨다. 전에 내담자가 자해나 자살을 하지 않겠다고 약속한 적이 있다면, 이 약속과 더불어 옳은 일을 하고, 약속을 지키고, 진솔해지는 것과 관련한 내담자의 핵심 가치를 상기시킨다.
18. 비상 계획을 준비한다. 내담자에게 비상 연락처가 있는지 확인한다.

19. 내담자가 자살 행동을 하지 않겠다고 서약하게 한다. 회기가 끝날 무렵에도 여전히 내담자가 자살 위험성이 높을 경우, 집으로 돌아갈 때 내담자를 데리러 오거나 함께 있어 줄 사람을 불러 달라고 요청한다. 내담자가 전화를 안 하려는 것처럼 보이면 치료자가 대신 연락해줄 수 있다고 제안한다.
20. 연락처 정보를 확보한다. 내담자를 도와줄 수 있는 사람들의 전화번호와 이메일 주소를 확보한다.
21. 내담자가 자살 충동을 낮추지 못하거나, 위험성이 높거나, 다른 지원을 기대할 수 없거나, 도움을 거부하는 경우에는 응급실에 함께 가거나 119를 부르거나 경찰에 신고한다.

마지막으로, 과잉통제 대처의 특징인 높은 사회적 비교는 도움이 되지 않는 시기와 복수 욕구를 자주 경험하게 한다. 과잉통제형 인간은 원한을 품고 잘못한 사람을 처벌하는 것이 도덕적으로 허용된다고 생각할 가능성이 높다. 따라서 적어도 초반에는 과잉통제 내담자의 위험성 평가 시 (최소한 잠깐이라도) 복수에 대한 욕구와 타인을 해치려는 충동도 포함하는 것이 중요하다. 모든(또는 대부분의) 폭력 행위가 충동조절 능력 부족, 감정조절 장애, 낮은 고통감내(즉, 통제되지 않은 대처)에서 비롯된다는 일반적인 가정과 달리, 폭력 범죄자를 대상으로 한 법의학 연구들은 과잉통제 폭력 범죄자에게 두 가지 하위유형이 있음을 확인했다(Hershorn & Rosenbaum, 1991; P. J. Lane & Kling, 1979; P. J. Lane & Spruill, 1980; Quinsey, Maguire, & Varney, 1983). 과잉통제 폭력 범죄자는 내성적이고 수줍음이 많으며 소심하고 불안해하는 특징이 있었고, 다른 폭력 범죄자에 비해 범죄 전력이 현저히 낮고 수감 중 위법 행위가 적었다. 과잉통제형 범죄자들은 재범을 저지르는 경우가 별로 없지만, 다른 범죄자들에 비해 유의미하게 더 폭력성이 높고 복수 지향적이고 계획적일 가능성이 더 높다. 과잉통제 내담자는 억제성 통제가 뛰어나 복수를 신중하게 계획할 수 있으며, 도덕적 확신으로 인해 타인에게 신체적 위해를 가하는 것을 옳다고 느낄 수 있다(콜럼바인 학살 사건을 떠올려 보라). 따라서 내담자가 과거의 외상 및 성적인 문제(다음 절 참조)에 대해 논의할 의향이 있다는 신호를 보내면, 치료자는 내담자의 과거 원한이나 폭력, 복수심에 찬 욕구나 행위에 대해서도 논의할 의향이 있다는 신호를 보내는 것이 중요하다.

과거의 외상, 성적인 문제, 원한에 대해 기꺼이 논의할 의향이 있다는 신호를 전달하기

많은 과잉통제 내담자들은 상처를 주거나, 복수심에 불타거나, 사회적으로 부적절하거나, 수동-공격적인 행동을 하거나, 학대 경험이 있거나, 치료자가 먼저 언급하지 않으면 내담자가 말하지 않을 것 같은 성적인 어려움, 두려움, 문제 등을 지니고 있다. 예를 들어 우리는 RO DBT 치료를 개발하는 한 연구에서 약 45%의 내담자가 (종종 30년 이상) 과거의 죄, 스스로 생각하는 실수, 원한에 사로잡혀 있음을 보고했다(Lynch & Cheavens, 2007). 내담자는 자신을 화나게 한 이웃의 우편물을 훔치거나, 시기하는 동료의 경력을 은밀히 방해하거나, 잘못을 범한 사람의 자동차 타이어에 펑크를 내거나, 고의로 악성 루머를 퍼뜨리고는 한다. 또한 대부분의 과잉통제 내담자는 친밀한 관계를 형성하는 데 어려움을 겪어 왔기 때문에, 비정상적이고 일탈적이거나 특이한 성적 습관이나 행동(예: 동물과의 성관계, 남창, 낯선 사람이나 매춘부와의 익명 성관계, 인터넷 포르노 중독, 성적 페티시fetishes, 스토킹, 타인의 성적 의도에 대한 환상이나 오해)을 보이는 경우가 드물지 않다. 이러한 비전형적인 성적 행동이 약자를 이용하고 희생시키는(예: 강간) 경우는 거의 없다. 그럼에도 불구하고 이러한 행동은 종종 상당한 수치심과 자기혐오의 원인이 되거나, 자신이 치명적 결함이 있는 아웃사이더라는 확신을 갖게 한다. 내담자는 이러한 문제에 대해 과거 치료자를 비롯한 어떤 누구와도 상의한 적이 없을 수 있으며, 사회에 융화될 수 있는 사람으로 보이고 싶은 강한 욕구로 인해 먼저 이러한 문제를 드러내기 어려워한다. 결정적으로 치료 중 어느 시점에서 이 문제가 해결되지 않으면, 이러한 행동과 관련된 은밀한 수치심으로 인해 자신이 아웃사이더라는 신념을 유지함으로써 내담자가 진정으로 부족에 다시 합류할 가능성이 낮아질 수 있다. 따라서 과잉통제 내담자와 작업하는 치료자는, 내담자가 치료 초기에 오랜 불만, 부끄러운 복수 행동, 성적인 문제의 존재 가능성에 대해 사실대로 말하도록 해야 한다. 이러한 문제의 존재 여부는 일반적으로 자살 위험성을 평가할 때 같이 확인한다.

치료자: 연구에 따르면 많은 사람들이 과거에 고통스러운 경험을 했거나, 30년 동안 원한을 품거나 누군가를 해치는 것 같은 부끄러운 일을 한 적이 있습니다. 또한 성이나 성관계에 얽힌 문제를 겪는 사람들도 많습니다. 저는 그래서 비록 이번이 첫 회기일지라도 당신이 과거의 외상, 부끄러운 행동, 성적인 문제 등 치료와 관계 있거나 중요하다고 생각하는 모든 주제나 문제에 대해 함께 논의할 수

있다는 걸 꼭 말씀드리고 싶습니다. 오늘 우리가 이것들에 대해 자세히 다룰 필요는 없지만, 언제든 여기에 대해 논의하고 싶은 게 있으면 제가 기꺼이 함께 얘기할 수 있는 걸 꼭 알아주셨으면 해요. 그렇게 하는 건 중요하기도 하고요. 이해가 되시나요? 혹시 이 문제와 관련하여 궁금하거나 지금 바로 말씀하실 게 있을까요?

과잉통제 내담자가 질문을 받고 해당 사안과 관련된 우려를 드러내면, 치료자는 꼭 비판단적인 태도를 취하면서 가능하면 내담자의 행동을 정상화하거나normalize 인정해 주는 것이 좋다. 예를 들어 치료자는 내담자가 얼마나 고립되고 외로움을 느꼈는지 또는 자신의 가치관을 공유하는 연애 파트너를 찾는 데 어려움을 겪었는지에 깊이 생각하면서, 다양한 성적 행동이나 표현은 일반적이고 정상적인 것이며 내담자가 이러한 유형의 성적 행동을 하게 된 것을 이해할 수 있다고 안심시킬 수 있다.

과잉통제 내담자와 함께 작업할 때의 일반적 원칙은, 당혹스럽거나 수치스럽거나 충격적일 수 있는 경험에 대한 자세한 평가는 작업동맹이 굳게 확립될 때까지 미루는 것이 좋다는 것이다(이는 14회기 이후에 가능함을 기억할 것. 4장 「**동맹파열 복원**」 참조). 그전까지 치료자는 자신의 문제를 밝힌 내담자에게 감사를 전하고, 문제의 중요성을 강조하고, 그들이 편하게 문제를 논의할 수 있다는 신호를 보내고, 나중에 내담자와 그 문제를 함께 논의할 의향이 있음을 확인한다. 아무리 좋은 의도라도 단단한 작업동맹이 확립되기 전에 이러한 문제를 탐색하려고 하면, 논의할 때는 잘 진행되는 것 같아도 결국에는 치료 중단으로 이어질 수 있다. 과잉통제 내담자가 보이는 가장 일반적인 반응은 다음과 같다. 치료자가 성적인 주제에 대해 질문하면 내담자는 이전에 공개하지 않았던 비전형적 성적 행동(예: 복장 도착crossdressing)을 보고한다. 치료자는 이것이 중요할 수도 있음을 인식하고 내담자에게 더 자세한 정보를 요청한다. 내담자는 치료자에게 순응하는 것이 중요하다고 생각하거나 좋은 내담자가 되고 싶어서 더 자세한 내용을 밝히면서 그에 응하는데, 이는 내담자가 온전히 통제할 수 없는 격한 감정을 촉발할 수 있다(예: 눈물을 흘리거나 울음을 터뜨림). 내담자는 이야기를 나눈 것이 매우 도움이 됐고, 기분이 좋고, 치료자의 노력에 감사하고, 다음 회기가 기대된다고 보고하면서 회기가 마무리된다. 3일 후 치료자는 내담자로부터 이러한 유형의 치료가 자신에게 적합하지 않다는 판단이 들어서 치료를 중단할 것이고, 자신의 결정은 최종적이므로 치료자로부터 이 문제에 대해 다시는 연락을 안 받고 싶다는 내용의 이메일을 받는다.

앞의 시나리오에는 여러 가지 버전이 있으며, 대부분 해피엔딩으로 이어지지 못한다. 치료자의 목표 설정에는 문제가 없었다. 치료의 핵심 목표는 과잉통제 내담자가 감정적으로 충만한 경험과 취약성을 접촉하고 공개하는 법을 배우도록 하는 것이다. 중요한 건 타이밍이다. 앞의 예에서 치료자는 내담자와의 관계가 실제보다 더 단단했다고 생각했고, 내담자가 기분 좋고 치료자의 노력에 감사한다고 보고한 것이 내적 경험을 정확하게 나타낸 것이라고 생각했다. 하지만 실제로 내담자가 겉으로 보인 침착함은 압도적인 위협과 PNS-DVC의 부분적인 활성화로 인한 내적 무감각이나 차단 반응을 반영한 것이다(2장 참조). 앞의 예는 과잉통제 내담자와 작업할 때 생기질이 얼마나 강력한 영향을 미칠 수 있는지와(내담자의 타고난 자기통제가 격한 감정을 불러일으키는 사건에서 주의를 성공적으로 조절함), 위협 민감성이 매우 높은 내담자와 작업할 때는 치료 전략의 순서를 정하는 것이 중요함을 보여 준다. 똑같은 문제를 치료의 후반부에서 논의하면(우리의 경험상) 내담자에게 훨씬 더 도움이 될 것이다. 단, 과잉통제 내담자가 복수하거나 다른 사람을 정죄하려는 충동이 있음을 암시할 때는 예외다. 이럴 때 치료자는 치료 단계에 상관없이 내담자가 보고한 시점에 바로 보고된 행동을 더 철저히 평가해서, 그 행동이 얼마나 고위험군에 속하는지 정해야 한다.

내담자가 치료 중단을 원할 때

우리는 과잉통제 내담의 내적 경험을 이해하는 여정을 통해, 겉으로 보이는 것이 꼭 실제를 반영하지는 않음을 일관되게 확인했다. 오랜 시간에 걸쳐 우리의 임상 연구팀은 갈등이 생기면 당연스레 관계를 단절하는 과잉통제 내담자의 경향을 차단할 수 있는 수단을 치료에 도입하는 것이 중요하다는 사실을 인식하게 됐다. RO DBT의 1회기 때(대개는 회기가 끝나기 직전에) 내담자가 치료 중단을 원하는 경우에는 이를 바로 실행하기 전에 치료자를 만나서 치료 중단에 대해 논의하겠다는 약속을 받아야 한다. 이는 약속을 지키는 것을 중시하고 도덕적 책임감과 의무감이 높은 과잉통제 경향을 활용하는 것이다. 우리는 임상 및 연구 경험을 통해, 내담자로부터 이러한 약속을 받으면(그리고 치료 과정에서 반복해서 받으면) 치료가 조기에 종료될 가능성을 크게 줄일 수 있음을 확인했다(자세한 내용은 8장 참조). 아래 지문은 이 약속을 받을 때 꼭 필요한 내용을 담고 있다.

치료자: 연구 결과에 따르면 함께 치료 작업을 하는 어느 시점에서 내담자가 더

> 이상 치료를 받고 싶지 않거나 중단하고 싶은 마음이 들 수 있습니다. 만약 당신이 그런 상황에 처하면 혼자 치료를 중단하겠다고 결정하지 말고, 직접 오셔서 고민되는 내용을 저와 함께 논의하겠다고 다짐해 주실 것을 부탁드리고 싶습니다. 약속해 주실 수 있을까요?

RO 기술훈련 수업에 참석하겠다는 내담자의 약속 이끌어 내기

2회기 때 치료자는 RO 기술훈련 수업의 이론적 근거와 구조를 간략히 설명한다. 그런 다음 예정된 수업에 참석하겠다는 내담자의 약속을 받아야 한다. 치료자는 기술훈련에 대해 논의할 때 내담자에게 수업 참석이 중요하고, 기대할 만하며, 내담자도 즐길 만함을 사실적으로 전달해야 한다. 기술훈련을 '집단치료group therapy'가 아닌 '수업class'이라고 부르는 이유는, 그것의 주된 목적이 감정을 처리하거나 다른 수업 구성원에게 피드백을 제공하는 것이 아닌 새로운 기술을 배우는 것이며, '수업'이라는 이름이 이를 정확히 반영하기 때문이다.

치료자는 으레 과잉통제 내담자가 기술 수업에 참여하는 것을 거부하거나 수업을 꺼릴 것이라고 가정해서는 안 된다. 치료자가 좋은 의도로 첫 수업 전에 사회적으로 불안해하는 과잉통제 내담자를 진정시키려고 하는 것은, 두려움이 정당하다는 신호를 전달할 수 있으며 어떤 경우에는 이로 인해 몇 달에 걸쳐 불필요한 약속 단계가 이어질 수도 있다. 이는 마치 말을 처음 타 보는 내담자에게 전신 보호구를 입히면서 말이 위험하지 않다고 말하는 것과 같다. 치료자는 다른 전문가의 의견이나 가족 구성원의 경고 역시 내담자의 반응에 영향을 줄 수 있으며, 그 결과 의도치 않게 회피를 강화할 수 있음을 염두에 둬야 한다. 따라서 치료자는 내담자에게 기술 수업에 참석할 필요성을 소개하면서, 자신이 내담자를 안심시키거나 진정시키려는 것은 아닌지, 자신이 내담자에게 조심스럽게 행동하려는 강한 욕구를 지니고 있지는 않은지 스스로 잘 살펴야 한다. 다음의 질문들이 도움이 될 수 있다. '신중하게 행동하지 않으면 어떤 일이 일어날까 봐 걱정되나?', '내가 내담자를 약한 사람 취급하는 건 아닐까?', '나는 내담자가 수업에 참여할 수 있게 준비하는 것이 왜 그렇게 중요하다고 생각하는 걸까?', '나의 과거 경험이나 내담자의 특징으로 인해 나도 모르게 내담자가 기술훈련 수업을 매우 어려워할 거라고 가정하는 건 아닐까?'

치료자는 방어적이거나 강압적이지 않게, 허락을 구하지 않는 태도로 내담자가 수업에 참석할 수 있는 능력이 있음을 전달하는 것이 가장 좋다. 필요하면 내담자가 이미 유사한 상황을 많이 경험했음을 상기시키는 것도 방법이다(예: 대부분의 과잉통제 내담자는 학교 및 유사한 강의실에서 매우 성공적인 수업 경험을 지니고 있음, 과잉통제 기술훈련 수업에 참석하는 것은 학교로 돌아가는 것과 같음, 교육받는 개인이 아닌 교육 자료에 초점을 맞춤). 치료자는 치료를 충분히 받는 것이 중요함을 사무적으로 강조하면서, 내담자가 기술 수업에 참석하지 않는 것은 심각한 감염을 치료하면서 항생제를 절반만 복용하는 것과 같다고 말할 수도 있다. 이는 병원에서 간호사가 수술 전 환자에게 평상복을 벗고 병원복으로 갈아입으라고 요청할 때의 태도와 유사하다. 대부분의 사람들은 이러한 요청을 받을 때 불안감이나 약간의 당혹감을 느끼지만, 정작 말하는 간호사는 아무렇지도 않게 사무적 말투를 사용함으로써 이러한 요청이 치료의 통상적인 일부임을 전달한다.

3회기와 4회기

오리엔테이션 및 약속 단계의 3회기 및 4회기 때는, 다른 접근법과 차별화되는 RO DBT만의 핵심 특징(예: 사회적 신호에 대한 강조)을 소개하고 개별화된 치료 목표를 설정하는 과정을 시작한다. 치료자는 두 가지 핵심 교육 지문을 활용하여, 과잉통제에 대한 RO DBT의 생물사회이론 및 감정의 소통 기능을 통해 개인과 종의 안녕에 필수적인 긴밀한 사회적 유대감을 형성하고 연결할 수 있다는, RO DBT의 핵심적인 변화 기전 가설을 쉽게 소개한다. 3-4회기의 핵심 과제는, 치료자가 치료 과정에서 치료 목표의 개발을 안내하는 데 사용할 중요한 가치 목표를 식별하는 것이다.

3-4회기의 전반적 목표와 주제
- 내담자에게 중요한 4-5개의 가치 목표(적어도 하나는 사회적 유대감과 관련된 것)를 파악함
- 과잉통제에 대한 생물사회학이론 교육(대개 3회기)
- 개방적 감정 표현을 신뢰와 사회적 유대감 증가, 인간 관계에서 사회적 신호의 중요성과 연결 지어 변화의 핵심 기전을 가르침(대개 4회기)
- RO DBT 다이어리 카드 소개(대개 4회기)

사회적 유대감과 관련된 가치와 목표 파악하기

가치는 인생에서 중요하게 여기는 원칙이나 기준으로, 이상적으로는 삶을 살아가는

방식의 지침으로서 역할을 한다. 가치는 인생의 우선순위를 결정하고 삶이 우리가 생각한 대로 흘러가고 있는지 평가하는 데 도움이 된다. 우리는 가치에 부합하게 살아갈 때 흡족함이나 만족을 느끼고, 그렇지 못할 때는 종종 불만이나 불편을 느낀다. 목표는 가치를 달성하는 수단이자 표현하는 방식이기도 하다. 가치 목표valued goals는 이 두 가지 요소의 조합을 의미한다. 예를 들어 가족을 소중히 여기는 사람의 가치 목표는 연애 상대를 찾는 것일 수 있다. 가치 목표는 시간이 흐르며 인생의 단계나 삶의 환경에 따라서 변화한다. 목표를 표현하는 방식과 각 목표의 중요성은 문화와 개인의 경험에 의해 달라진다.

놀랍지 않게도 과잉통제 내담자는 인간관계(예: 다른 사람과 친밀해지려는 목표)와 분명한 연관성이 있는 가치와 목표는 과소보고하고, 자기계발(예: 더 열심히 일하기), 자율성(예: 독립적으로 살기), 성취(예: 생산성), 자기통제(예: 행동하기 전에 생각하기)와 관련된 가치 목표는 과대보고하는 경향이 있다. 자기통제와 관련된 흔한 가치로는 역량, 성취, 절제, 자제, 공정, 예의, 자기희생, 정확, 성실, 봉사, 의무, 헌신, 자기계발, 정직, 책임, 규율 등이 있다.

하지만 이 모든 가치는 사회적 맥락에 따라 그 의미가 달라진다. 가치가 미덕인 이유는 단지 그것이 지키기 어렵기 때문이 아니라, 소속된 부족의 복지에 기여하는 기능을 하기 때문이다. 예를 들어 봉사, 공정, 정직에 대한 가치는 자신보다 타인의 필요를 우선시하기 때문에 중시된다. RO DBT는 종으로서 우리의 핵심 가치는 부족의 복지에 기여하는 기능을 하기 때문에 '좋은good' 것으로 여겨진다고 가정한다. 이 때문에 대부분의 사람들은 이기적이거나 자기중심적이라는 낙인이 찍히는 것을 싫어한다. 강한 사회적 유대감을 형성하고, 협력하며, 유전적으로 무관한 남과 귀중한 자원을 공유하는 인간만의 독특한 능력은 다른 동물 세계에서는 찾아보기 힘들다. 심지어 독립을 중시하는 가치조차도 도움받을 필요를 줄임으로써 타인의 복지에 기여한다. 따라서 우리의 협력적 본성은 인류의 핵심적인 부분이며, 우리의 가치는 이를 반영한다.

그러므로 치료자가 과잉통제 내담자와 함께 가치 목표를 파악할 때는(특히 내담자가 사회적 유대감과 직접 관련된 가치 목표가 없다고 보고하는 경우에는) 내담자의 보고에만 의존하지 않아야 한다. 과잉통제는 근본적으로 정서적 외로움의 문제이므로, 치료자는 반드시 과잉통제 내담자가 친밀한 관계와 관련된 가치 목표를 하나 이상 찾도록 도와줘야 한다. 이를 촉진하기 위한 방법으로 과잉통제 내담자의 가치 목표를 근본적으로 친사회적인 것으로 재구성하면, 내담자가 자기는 남들을 신경 쓰지 않거나 누군가를 필요로 하지 않는다고 항의하거나 반박하는 것을 피하는 데 도움이 될 수 있다. 예를 들어 정확, 정밀, 성과를 중시하는 것은 부족의 번영에 필수적이다. 규칙과 공정을 중시하는 것은 개인의 이익을 위해 의도적으로 타인을 해치거나 착취하는 권력자에게 저항하는 데 필요하고, 신중과 절제를 중시하는 것은 풍요롭지 못한 시기에 귀중한 자원을 절약하는 데 도움이 된다. 과잉통제형 인간이 가치 목표를 사회적 기여와 연결하면, 절망적이고 고립감을 느끼고 자기비판적인 과잉통제 내담자에게(많은 과잉통제형 인간들이 속으로 믿고 있듯이) 자신의 행동이 모두 부정적인 것은 아니라는 생각을 심어주고, 부족에 다시 합류하기 위한 첫 걸음을 내딛는 데 도움이 될 수 있다.

RO DBT는 이처럼 가치 목표는 우리의 행동을 안내하고 타인에게 우리의 의도를 사회적으로 알리는 역할을 한다고 본다. 다행인 것은, 우리는 자신의 가치에 따라 살아갈 수 있도록 사회적 신호를 조정할 수 있다는 것이다. 예를 들어 공정한 마음가짐에 가치를 둔다면, 상대방이 질문에 답하거나 충분히 생각할 시간을 준 뒤에 자신의 의견을 말함으로써 개방성을 전달할 수 있다. 진지함이 가치 목표라면, 상대방의 눈을 똑바로 보며 차분하면서도 단호하게 말하고 어깨를 뒤로 젖히고 턱을 치켜세움으로써 진중하고 자신감 있는 신호를 보낸다. 솔직함과 정직함에 가치를 둔다면, 상황에 따라서 내면의 감정을 겉으로 드러내면 된다. 치료자는 치료 초기부터 이러한 RO DBT의 핵심 원칙을 소개하는 것이 좋다. 대부분의 과잉통제 내담자들은 즉시 그 중요성을 파악하고 더 많은 것을 배우고 싶어 한다. 하지만 사회적 신호를 가치 목표와 일치시키려면 먼저 자신이 무엇을 가치 있게 여기는지 알아야 한다.

가치 목표를 파악하는 것은 어려울 수 있다. 많은 사람들이 평생 원하지 않는 것에 신경 써 왔기 때문에, 정작 자신이 무엇을 원하는지 인생에서 바라는 것이 무엇인지 파악하는 데 어려움을 겪는다. 치료자는 다음의 질문들을 통해서 가치를 명료화할 수 있다.

- 가족, 친구, 직장에서 가장 중요하게 생각하는 것은 무엇인가요?
- 다른 사람의 어떤 면이 존경스럽나요?
- 자녀에게 어떤 이상을 가르치는 것이 중요하다고 생각하나요?
- 다른 사람이 당신을 어떻게 그리기 바라나요? 당신의 장례식장에서 사람들에게 어떻게 기억되기 바라나요?

일부 내담자에게는 가치를 더욱 명료화하기 위해 『기술훈련 매뉴얼』의 워크시트 10.A(「유연한 마음은 깊다(DEEP): 가치 목표 파악하기」)를 숙제로 내 줄 수 있다.

가치 목표는 덜 공식적인 방법으로도 얻을 수 있으며, 규칙지배적 과잉통제 내담자에게 치료적 효과를 볼 수 있다(서면 자료를 사용한 공식적인 평가는 내담자가 지닌 구조와 질서에 대한 강박적 욕구를 의도치 않게 강화할 수 있다). 비공식적인 가치 명료화는 내담자에게 중요해 보이는 것을 알아차리는 것부터 시작한다. 우리의 가치는 종종 자신을 묘사하는 데 사용하는 단어에 반영되고, 타인이나 세상의 좋은 면과 싫은 면에 투영된다. 예를 들어, 내담자가 쉽게 감동받지 못한다는 말은 그가 정확성과 사려 깊음에 가치를 둔다는 말일 수도 있고, 자신에게 인터넷 연결하는 법을 알려준 이웃에게 화가 났다고 보고한 것은 그가 독립성이나 혼자 해결하는 것에 가치를 둠을 의미할 수 있다. 치료자는 이럴 때 내담자의 반응이나 진술의 이면에 있는 가치에 대해 다음과 같이 질문함으로써 내담자가 자신의 가치를 파악하도록 도울 수 있다. "당신은 독립성과 **스스로 해결하는 것을** 중요하게 생각하는 것 같군요. 그게 당신이 이웃에게 반응하는 방식과 관련이 있다고 생각하세요?" 이러한 유형의 양방향 대화는 내담자로부터 **자기탐구**에 대한 아이디어를 이끌어 내고, 치료자가 내담자에게 추측을 진실로 받아들이지 않음으로써 **온전한 개방성**을 모델링할 수 있는 장점이 있다. 때로는 적절한 질문만으로도 내담자가 가치 목표를 이끌어 내게 할 수 있다. 예를 들어 한 내담자가 장성한 아들딸과 더 이상 교류가 없고, 딸이 최근에 첫 손자를 낳았다는 이야기를 하고 있었다. 여기서 치료자는 "자녀와의 관계가 개선되기를 바라세요?"라고 간단히 물어볼 수 있다. 내담자가 "네"라고 대답하면, 이를 긴밀한 사회적 유대를 향한 가치와 관련된 치료 목표로 강조할 수 있다. 치료자는 내담자의 가족 문제가 내담자의 고통을 얼마나 심화하는지 평가하여 이를 더 깊이 탐색할 수 있다.

> 가치 목표를 발견하고 이를 문제 행동 및 감정 반응과 연결하는 것은, 과잉통제 내담자가 겪는(대부분은 스스로 만들어 낸) 어려움들이 사실은 친사회적 가치에 따라 살고자 하는 진심 어린 욕구에서 비롯된 것임을 알아차리는 데 도움이 될 수 있다.

가치 목표를 발견하고 이를 문제 행동 및 감정 반응과 연결하는 것은, 과잉통제 내담자가 겪는(대부분은 스스로 만들어 낸) 어려움들이 사실은 친사회적 가치에 따라 살고자 하는 진심 어린 욕구에서 비롯되었음을 알아차리는 데 유용할 수 있다. 예를 들어 버스에서 노인에게 자리를 양보하지 않는 승객에게 소리를 지른 후 자신의 이런 감정 유출에 겁먹은 과잉통제 내담자에게, 그의 감정 유출이 근본적으로 성격 문제라기보다는 사회적 신호 오류를 나타내는 것이며, 감정 폭발이 사실은 친사회적 가치(즉, 도움이 필요한 사람을 배려하는 가치)에서 비롯된 것임을 알아차리도록 독려할 수 있다. 일반적으로는 약속 및 오리엔테이션 단계(즉, 처음 4회기)가 끝날 때까지 치료자와 내담자가 4-5개의 가치 목표를 함께 확인하고, 그중 적어도 한 개 이상의 사회적 유대감과 관련된 목표를 포함하는 것이 이상적이다.

과잉통제 문제를 치료하는 데 있어서 가치 명료화의 중요성은 아무리 강조해도 지나치지 않다. 과잉통제 내담자는 완벽주의자로, 자신을 포함한 모든 곳에서 실수를 발견하고 미래의 문제를 예방하기 위해 남들보다 더 열심히 노력하는 경향이 있다. 따라서 가치 명료화는 잘못된 것에 초점을 맞추기보다는, 내담자가 삶에서 원하거나 바라는 것(즉, 자신의 가치 목표)을 파악하여 올바른 것에 초점을 맞추기 때문에 치료 참여를 촉진한다. 자신의 행동이 바로 가치 목표를 달성하는 것을 방해하는 것임을 인식할 수 있을 때 비로소 변화에 전념하는 것이 한결 더 쉬워진다.

다음은 가치와 목표의 몇 가지 예다.

가족 부양하기
자녀에게 따뜻하고 도움이 되는 부모 되기
경제적으로 만족스럽고 행복한 직업 갖기
더 영적으로 되고 깨달음 얻기
타인에게 기여할 수 있는 시간을 더 많이 확보하기
휴식을 취하고 삶을 충분히 음미할 수 있는 시간을 더 많이 가지기
친밀한 관계를 발전시키거나 개선하기
로맨틱한 관계 형성하기
더 넓은 교우관계 만들기
타인에게 더 이타적이거나 편견 없이 대하기
결혼하기
더 많은 교육받기(2년제 혹은 4년제 대학 진학)
커뮤니티 활동이나 모임에 더 활발히 참여하기
주위의 시선을 의식하지 않고 춤추고, 노래하고, 어울리기
자신과 타인을 자비롭게 대하는 법 배우기
자신이나 타인을 용서하는 법 배우기

피드백과 타인을 더 열린 마음으로 대하기
잘 웃기
자주 놀기
자신을 위한 시간을 갖기
바꿀 수 없는 것을 절망이나 체념 없이 수용하기

과잉통제의 생물사회이론 가르치기

오리엔테이션 및 약속 단계의 중요한 목표는, 과잉통제 내담자가 과잉통제 대처에 대해 더 많이 배우도록 돕는 것이다. 과잉통제에 대한 RO DBT의 생물사회이론에 대한 간략한 개요를 제공하는 것은 이 단계의 중요한 부분이다. 2장에서 자세히 설명한 바와 같이, 이 이론은 과잉통제 스타일의 대처 방식이 위협 민감성 증가, 보상 민감성 감소, 억제성 통제 증가, 디테일 중심적 생기질적 소인과, 실수를 용납하지 않고 성과를 중시하며 자기통제를 필수로 여기는 초기 가족·환경·문화적 경험과의 상호작용을 통해 발달한다고 본다. 내담자는 예기치 않은 위험을 피하고, 내면의 감정을 감추고, 냉담한 인간관계 스타일을 채택함으로써 실수나 통제 불능으로 여겨지는 것을 피하는 것을 학습한다. 하지만 안타깝게도 과잉통제 대처에는 숨은 비용이 있다. 예기치 않은 위험을 피하면 새로운 학습이 일어날 가능성이 낮아지고, 내면의 감정을 숨기면 남이 나를 알기 어려워지며, 냉담하고 소원한 태도를 취하면 사람들이 나를 피할 가능성이 높아진다. 과도한 자기통제는 그 자체로 피곤한 일이기도 하다.

과잉통제의 생물사회이론 교육은 3회기 때 시행해야 한다(「3회기에서 과잉통제의 생물사회이론을 가르치는 4단계」). 이 논의는 완전한 지문이 제공되는 RO DBT의 오리엔테이션 및 약속 단계의 세 가지 논의 중 두 번째에 해당한다. 첫 번째 지문에 따른 논의(이 장 앞부분의 **「1회기에서 과잉통제가 핵심 문제임을 파악하는 4단계」** 참조)에서와 마찬가지로, 과잉통제 생물사회이론의 개요에 대한 설명은 약 10분으로 제한해야 하며, 치료자는 지문에 충실할 것을 강력히 권장한다. 과잉통제의 생물사회이론 교육은, 내담자가 과잉통제가 자신의 대표적인 대처 스타일이라는 데 동의하고, 부적응적 과잉통제를 치료의 핵심 목표로 삼기로 약속했을 때만 시행해야 한다(1-2회기 때 시행하는 약속 프로토콜 참조). 치료자는 어차피 치료 과정에서 여러 번 반복하게 될 것이므로 이론의 모든 부분을 다루지 않아도 된다. 다음은 치료자가 과잉통제의 생물사회이론을 가르치는 내용이다.

치료자: 오늘 의제 설정에서 말씀드렸던 것처럼, 제가 하려는 것 중 하나는 바로 RO DBT에서 과잉통제의 생물사회이론에 대해 말씀드리는 겁니다. 지금 해도 괜찮을까요?

내담자: 그럼요. 저도 더 자세히 알고 싶어요.

치료자: 알겠습니다. 생물사회이론은 과잉통제 대처가 세 가지 요인들의 상호작용으로 인해 생긴다고 가정합니다. 첫 번째는 생물학적 및 유전적 영향, 즉 본성과 관련이 있습니다. 두 번째는 가족력·학습·문화, 즉 환경과 관련이 있습니다. 세 번째는 과잉통제 대처 자체와 관련이 있습니다. 이 모델에서는 우리가 모두 다른 눈 색깔을 가지고 태어나는 것처럼 각자 다른 뇌를 가지고 태어나며, 우리의 뇌는 우리가 세상을 인식하는 방식에 영향을 끼친다고 가정합니다. 이제 디테일을 매우 중시하는 뇌를 가지고 태어난 사람을 상상해 보세요. 이 사람은 나무는 볼 수 있지만 숲을 놓치는 경우가 많습니다. 이들의 뇌는 쉼표가 잘못 찍힌 것처럼 사소한 오류를 바로 알아차리는 데 최적화돼 있죠. 이들의 뇌는 또한 주어진 상황에서 보상보다는 해를 입을 가능성을 더 잘 알아차리게 돼 있습니다. 따라서 이들의 뇌는 장미 정원에 들어가면 꽃보다 가시를 더 잘 파악하고, 파티에 갈 때 재미보다는 위험을 더 잘 느낍니다. 이들은 또 충동이나 감정 표현을 억제할 수 있는 생물학적 소인을 가지고 있기 때문에, 속으로 불안을 느끼더라도 겉으로 드러내지는 않을 수 있습니다. 지금이나 어렸을 때의 자신을 떠올려 보면, 제가 방금 말씀드린 게 당신이 대처하거나 세상을 바라보는 방식과 어느 정도 맞는 것 같나요?

내담자: 음, 네, 저도 디테일에 집착하고 가시도 확실히 잘 알아차려요. 방에 들어가면 곧바로 불만의 징후는 없는지 스캔하기 시작하죠. 겉으로는 티를 안 내는 데 전문가이기 때문에 제가 그렇다는 걸 아는 사람은 거의 없어요. 전 항상 물이 반절 담긴 컵에서 비어 있는 부분을 바라보는 우울한 사람 중 한 명인 것 같아요.

치료자: 네, 이제 이해가 되네요. 그럼 똑같은 사람이 자기통제, 성과, 실수하지 않는 것을 매우 중시하는 가족이나 문화, 사회 환경에서 자랐다고 상상해 보세요. 당신은 절대 실수를 용납할 수 없거나, 항상 더 잘할 수 있거나, 감정을 드러내지 않는 것이 중요하다는 메시지를 받아 본 적이 있나요?

내담자: 그럼요. 예전부터 그랬어요. 옛날부터 우리 가족, 특히 어머니는 매사를 올바르게 처리해야 한다고 말씀하셨어요. 우리는 불평하거나 울면 안 됐어요. 징징대

는 것은 못난이나 하는 거였으니까요. 저는 어릴 때부터 남들 눈에 띄지 않는 법을 배웠어요. 항상 다른 사람보다 더 잘해야 하고 더 잘할 수 있다는 말을 들었죠. 그 말이 제가 있는 그대로의 모습만으로는 충분히 좋지 않다는 메시지로 다가왔던 것 같아요.

치료자: 제게 그런 이야기를 해주셔서 정말 감사합니다. 말씀하신 내용은 많은 과잉통제 내담자들이 과거에 대해 말했던 메시지와 같습니다.

내담자: 네, 그럴 것 같아요.

치료자: 좋아요. 그럼, 다시 상상 속 인물로 돌아가 보죠. 이 이론의 세 번째 요소는 앞의 두 가지 요소, 즉 본성과 양육에서 비롯된 과잉통제 대처와 관련이 있습니다. 위협에 매우 민감하면서 통제력이 뛰어난 이 사람은 무엇을 배울 수 있을까요? 어떻게 대처할 수 있을까요?

내담자: 음, 좋은 질문이네요. 저는 나날이 더 조용해지고 사람들로부터 점점 더 멀어지기 시작했던 것 같아요. 마치 제가 아웃사이더처럼 느껴졌어요.

치료자: 말씀하신 내용이 이해가 됩니다. 통제력이 지나치게 강한 상상 속 인물로 되돌아가 보죠. 일설에 의하면 아이는 실수를 절대 안 하려고 위험을 감수하는 걸 피한다고 가정합니다. 안타깝게도, 배울 수 있는 유일한 방법은 위험을 감수하는 것뿐입니다. 또한 이들은 괴로울 때도 통제력이 없는 모습을 보이지 않으려고 취약성을 감추는 법을 배울 수 있습니다. 그 결과 이들은 내면의 감정을 숨기는 경향이 발달하는데요, 연구 결과에 따르면 이로 인해 친구를 사귀는 것이 더 어려워진다고 합니다. 또한 냉담하고 소원한 관계 스타일을 갖게 돼서 새로운 관계에서 빨리 친해지기 힘들어집니다. 이런 행동의 장단점은 뭘까요? 이러한 대처 방식이 우울증이나 인간관계와 어떤 관련이 있다고 생각하시나요?

위의 예에서 치료자와 내담자는 내담자의 기질적인 위협 민감성과 가족·문화·환경적 영향이 어떻게 작용하면서 과잉통제 대처 스타일로 이어졌는지에 대해 탐색을 이어갔다. 이후 회기들에서 진행한 생물사회이론에 대한 추가 논의는, 내담자가 내면의 감정이나 취약성을 드러내기 어려워하고 관계에 관심 없는 척하는 것을 구체적인 치료 대상으로 삼는 데 도움이 됐다.

3회기에서 과잉통제의 생물사회이론을 가르치는 4단계

1. **지문:** "우리가 모두 다른 눈 색깔을 가지고 태어나는 것처럼, 우리는 모두 다른 뇌를 가지고 태어납니다. 우리의 뇌는 우리가 세상을 인식하는 방식에 영향을 끼칩니다. 이제 부정적인 것에 더 민감하고 긍정적인 것에는 덜 민감한 뇌를 가지고 태어난 사람을 상상해 보세요. 이 사람의 뇌는 장미 정원에 들어갔을 때 꽃보다 가시를 더 잘 알아차릴 가능성이 높습니다. 지금이나 어렸을 때 당신의 모습을 떠올려 보면, 꽃과 가시 중 어느 쪽에 더 주목하는 편이었을까요?"

2. **지문:** "아까 제가 말씀드린 그 사람이 자기통제, 성과, 실수하지 않는 것을 중요한 가치로 여기는 가족·문화·사회 환경에서 자랐다고 상상해 보세요. 당신은 가족이나 생애 초기 환경의 영향으로 결코 실수를 용납할 수 없고 약점이나 취약성을 드러내는 건 무조건 피해야 한다는 메시지를 받았던 것 같나요?"

3. **지문:** "이 사람은 뭘 배웠을까요? 당신은 이러한 기대나 가족 규칙을 통해 어떤 대처방법을 배웠다고 생각하시나요?"

4. **지문:** "첫째, 이 사람은 실수를 안 하려고 아예 위험을 감수하는 것 자체를 피할 수 있습니다. 둘째, 이 사람은 통제력이 없는 것처럼 보이지 않으려고 내면의 감정을 숨기거나 포커 페이스를 유지함으로써, 괴로울 때에도 취약성을 드러내지 않는 법을 배웠을 수 있습니다. 셋째, 이 사람은 새로운 사람을 알아갈 때도 조심하는 법을 학습해서, 남들에게 자신이 냉담하고 소원한 사람이라는 생각을 심어 줄 수 있습니다. 이런 식으로 행동하는 것의 장단점은 뭘까요? 과잉통제 대처가 당신이 지금 치료받고자 하는 문제와 어떻게 관련된다고 생각하세요? 이게 당신의 삶에서 인간관계나 가치 목표를 지향하기 같은 영역들에 어떤 영향을 끼칠까요?"

사회적 신호와 사회적 유대감을 연결하기

일반적으로 4회기가 되면 치료자는 과잉통제 내담자의 고립감, 외면받는 느낌, 외로움을 유발하는 것으로 짐작되는 핵심 기전을 논의할 준비가 되어 있다. 이 주제에 대한 논의(「4회기에서 '개방적 표현 = 신뢰 = 사회적 유대감'을 가르치는 4단계」 참조)는 RO DBT의 오리엔테이션 및 약속 과정에서 완전한 지문이 제공되는 세 단계 중 마지막이다. 또한 여기서는 처음으로 직접적인 교정적 피드백을 제공하기 때문에, 세 단계 중 가장 어려운 부분이기도 하다. 다행인 것은 과잉통제 내담자는 당신이 생각하는 것보다(또는 내담자 자신이 생각하는 것보다) 더 강하다는 것이다. 치료자는 내담자의 자기검증 능력에 확신을 전달하는 동시에, 피드백에 기꺼이 개방적이야 한다는 신호를 보내는 태도를 취해야 한다. 또한 치료 과정에서 이 주제가 여러 번에 걸쳐 다뤄질 것임을 설명해야 한다.

 이 장의 앞부분에서 제시된 두 개의 지문과 관련한 논의에서와 마찬가지로, 이번에도 양방향 논의를 시간(10분)에 맞춰 진행해야 한다. 여기에는 내담자가 질문하는 시간도 포함된다. 첫 번째 단계에서 치료자는 내담자에게 감정 표현 억제의 부정적 영향을 조사한 연구에 대해 잘 알고 있는지 묻고, 내담자가 잘못 알고 있는 내용이 있으면 바로잡은 후 계속 진행한다. 다음은 치료자가 이 주제를 소개하는 내용이다.

치료자: 오늘 제가 이야기하고 싶은 것 중 하나는 RO DBT에서 변화의 핵심 기전, 즉 성공적 치료의 핵심 요인으로 여기는 것들에 대한 겁니다. 지난주에 당신은 상처받지 않으려고 남에게 감정을 드러내지 않는 법을 배우셨다고 말씀하셨죠.

내담자: 전 늘 아웃사이더였어요. 생각도 안 하고, 내색도 안 하고, 문제도 안 일으켰죠. 그런 제가 다른 애들과 다르다고 느꼈어요.

치료자: 감정을 숨기고 표현하지 않으면 실제로 사회적으로 외면당할 수 있다는 연구 결과들이 점차 늘어나고 있습니다. 여기에 대해 들어 보신 적이 있나요?

내담자: 아뇨. 전 어차피 결국에는 다 가식적이라고 결론 내렸어요. 하지만 방금 말씀하신 건 좀 다른 것 같네요.

치료자: 당신이 불안이나 다른 감정에 대처하기 위해 배운 여러 방법들이 어릴 때부터 어른이 된 지금까지 어떻게 당신을 안전하게 지켜줬는지, 반대로 단점은 없었는지 생각해 본 적이 있을 거예요. 맞나요?

내담자: 이제 좀 이해가 되는 것 같아요. 전 항상 남의 눈치를 보는 아웃사이더였고, 남들이 절 쉽게 보는 것 같아서 화가 났어요. 전… 뭐랄까… 고독한 존재였어요.(잠시 멈춤) 결국 저한테는 인간관계가 없는 편이 더 낫다고 생각했죠.(웃음)

치료자: 부족의 바깥에 있거나 그렇다고 느끼는 건 별로 즐거운 경험은 아니죠.

 이 지문의 두 번째 논의 단계는 아마도 가장 중요한 부분일 것이다. 이 단계에서 치료자는 사회적 신호 주제와 관련이 있지만 내담자가 가장 자주 보이는 특정한 사회적 신호 스타일과는 관련이 없는 이야기를 하면서 시작한다. 이렇게 하면 논의의 요지를 잃지 않으면서 내담자의 부담을 덜 수 있다. 치료자는 이야기를 할 때 사회적 신호가 어떤 것인지 말로 설명하거나 이야기하기보다는, 이야기 속 주인공의 사회적 신호 결핍을 연기하거나 모델링하는 것이 중요하다. 이를 통해 내담자는 직접 경험하지 않고도 상대방이 자신의 사회적 신호 결핍을 어떻게 느끼는지 본능적으로 알 수 있다. 이 장의 뒷부분에서 소개하는 두 개의 이야기는, 부자연스럽고 솔직하지 못한 표현이 사회 환경에 얼마나 부정적인 영향을 미치는지 유쾌하게 보여 준다. 첫 번째 이야기인 **"되게 멋진 불륜이죠"**는 가짜 미소를 짓는 동료처럼 말하는 것이고, 두 번째 이야기인 **"정말 흥미로운 소식이 있습니다"**는 무표정하고 딱딱한 동료의 모습으로 말한다. 치료자는 내담자의 사회적 신호 스타일과 더 거리가 먼 이야기를 선택해서 딱 하나의 이야기만 사용해야 한다. 상호작용에서 무표정한 경향을 보이는 내담자에게는 첫 번째 이야기(가짜 미소를 짓는 동료처럼 말하기)를 선택하고, 지나치게 친화적이거나 가식적인 방식으로 사회적 신호를 보내는 내담자에게는 두 번째 이야기(무표정한 동료처럼 말하기)를 사용한다. 과잉통제 내담자와 반대되는 스타일을 선택하는 이유는, 내담자에 대한 이야기를 하지 않음으로써 부담을 덜고 장난스러운 긴장을 유지하며 내담자가 사회적 신호의 결핍을 경험할 수 있는 기회를 제공할 수 있기 때문이다.

4회기에서 '개방적 표현 = 신뢰 = 사회적 유대감'을 가르치는 4단계

1. **지문**: "회기 초반에 말씀드렸듯이, 오늘 제가 이야기할 내용 중 하나는 RO DBT에서 가정하는 핵심 기전에 관한 겁니다. 이 가설은 인류의 생존이 부족이나 집단에서 오래 지속되는 유대감을 형성하고 협력하는 능력에 달려 있다는 가정에 기초합니다. 인류는 이러한 진화적 이점을 누리기 위해, 갈등을 평가하거나 해결하고 잠재적 협업을 관리할 수 있는 빠르고 안전한 수단으로 활용할 수 있는 복잡한 사회적 신호 기능을 개발해야 했습니다. 따라서 부족의 일원이 되기 위해서는 사회적 신호가 중요합니다! 친밀한 관계에서 가장 중요한 건 말의 내용보다는 말하는 방식이라는 연구 결과도 이를 뒷받침합니다. 제 이야기를 들으면서 어떤 생각이 떠오르나요? 전에 비슷한 이야기를 들어 보신 적이 있나요?"

2. **지문**: "좋습니다. 그런데 사회적 신호에 대해 계속 이야기하면서 진행하기보다는, 재미와 교육 효과를 동시에 얻을 수 있는 작은 시연을 보여드리고 싶네요."(간결한 전달과 내담자의 학습과 참여를 극대화하기 위해, 이 장의 뒷부분에 있는 **"되게 멋진 불륜이죠"**[a]와

"정말 흥미로운 소식이 있습니다"[b] 중에 하나를 사용할 것). 시연이 끝난 뒤 다음과 같이 질문하라. "제가 맡은 역할의 인물과 대화하는 것이 어땠나요?", "대화해 보니 이 사람과 더 많은 시간을 보내고 싶나요, 아니면 더 적은 시간을 보내고 싶나요?", "이 시연이 사회적 신호의 중요성에 대해 말해 주는 게 뭘까요?"[c]

3. **지문**: "제가 보여드린 아주 특이한 사회적 신호 행동에 대해 당신이 반응한 방식은 대부분의 사람들이 반응하는 방식과 정확히 일치합니다.[d] 다양한 연구들이 비슷한 결과를 보고하기도 했고요. 연구 결과들에 따르면 감정 표현을 억제하는 건 의사소통을 방해하고 관계 발달을 저해하며, 감정 표현을 억제하는 사람과 상대방 모두 불안 자극을 증가시킵니다. 흥미롭게도 여러 연구들에 따르면, 사람들은 부정적인 감정일지라도 자신의 감정을 솔직하게 터놓는 사람을 좋아하며, 감정을 억누르거나 감추는 사람에 비해 더 진실되고 신뢰할 수 있는 사람으로 인식하는 것으로 나타났습니다. 당신은 자신의 사회적 신호 스타일이 사회적 관계에 어느 정도 영향을 끼친다고 생각하세요? 당신이 내면의 경험이나 취약한 감정을 다른 사람에게 공개적으로 드러내는 빈도는 얼마나 될까요?"

4. **지문**: "네, 우리는 모두 사회적 신호가 정말 중요하다는 데 의견이 일치하는 것 같네요. 특히 오랫동안 친밀한 관계를 유지하는 데 있어서는 더욱요.[e] 하지만 열린 표현이 단지 남을 의식하지 않고 감정을 여과없이 드러내기만 하는 걸 의미하는 것은 아니라는 걸 잘 알아야 합니다. 오히려 효과적인 감정 표현은 늘 상황에 따라 달라지게 마련이죠. 당신이 무엇을 변화시킬지 결정하기에 앞서, 시간을 가지고 자신의 사회적 신호 스타일을 자세히 알아보는 것이 중요합니다. 제 이야기를 들으면서 어떤 생각이나 느낌이 드시나요? 지금 이 순간에, 우리가 같이 치료 대상으로 삼을 만한 사회적 신호가 있을까요?"

a 치료자는 반드시 주인공의 표정과 목소리 톤을 흉내 내고 연기해야 한다. 그래야 과잉통제 내담자가 자신의 사회적 신호가 다른 사람에게 어떤 영향을 끼치는지 본능적으로(몸소) 이해할 수 있다.
b 중요: 내담자의 사회적 신호 스타일을 더 적게 반영하는 이야기를 선택하라.
c 치료자는 이를 뒷받침하는 연구에 대해 논의할 준비가 되어 있어야 한다(자세한 내용은 주로 2장을 참조). 많은 연구에 따르면 사람들은 표현을 잘 안 하는 사람과 상호작용할 때 불안을 느끼고 그 사람과 시간을 보내는 것을 선호하지 않으며, 정서적으로 위축된 아동은 어린 시절에 또래로부터 더 많이 거부를 경험하며 시간이 지남에 따라 점점 더 우울하고 불안해지면서 사회적으로 고립되어 가는 것으로 나타났다.
d 이 진술은 내담자가 치료자가 묘사한 사회적 신호 전달 방식이 불편했다고 보고한 것을 전제로 한다.

e 치료자는 일부 내담자의 자기비하적 말과 **운명론적 마음**Fatalistic Mind의 생각(예: "선생님 말씀이 사실이라면, 전 이미 오래전에 스스로 나았을 거예요. 이건 제가 답이 없다는 걸 보여 주는 것뿐이에요")에 대비하고 대처하는 것이 중요하다(운명론적 마음의 개념에 대한 설명은 『기술훈련 매뉴얼』 5장 11과를 참조). 치료자는 이런 식으로 반응하는 내담자가 문제를 더 일찍 인지하지 못했다고 자책하는 것이야말로 비참한 상태를 유지하는 방식일 뿐만 아니라, 변화의 필요성을 회피하는 것임을 알아차리도록 도와야 한다. 치료자는 내담자가 문제를(새로운 학습과 성장을 위한) 기회로 보는 연습을 하도록 격려해야 한다. RO DBT의 관점에서 보면, 보라색을 싫어하는 사람이 보라색 집에 살고 있다면 무엇보다 먼저 자기 집이 보라색이라는 것을 알아야 한다.

"되게 멋진 불륜이죠"

이 이야기에서는 치료자가 지나치게 예의 바르거나 친사회적 말투를 지닌 동료의 말을 흉내 내면서 가짜 미소를 짓는 것이 필수다. 그래야 내담자가 가짜 미소를 짓는 사람과 상호작용하는 것이 어떤 느낌인지 본능적으로 경험할 수 있다. 그렇지 않으면 이 이야기는 경험적 학습이 아닌 지적 학습 기회밖에 안 될 것이다. 가짜 미소는 입꼬리만 올린 채 눈을 그대로 뜨고 눈썹을 움직이지 않는 것이다. 치료자는 계속 미소를 유지하면서 치아를 드러내어 가짜 미소를 과장해야 한다. 이렇게 하면 이야기의 요점을 잘 전달할 수 있으며, 내담자가 자신을 너무 심각하게 여기지 않게 하면서도 은연중에 유머를 전달할 수 있다.

치료자: 새로운 동료와 점심을 먹으러 나갔는데 식사 도중 그녀가 매우 개인적인 정보를 털어놓는다고 상상해 보세요. (웃기 시작) 그녀가 웃으며 고개를 끄덕이면서, "어젯밤에 남편이 바람을 피우고 있다는 사실을 알게 됐어요"라고 말하는 거예요. (계속 웃으며) "게다가 남편이 그 여자에게 가진 돈을 다 써 버려서 우리가 파산했다는 사실도 알게 됐죠." (계속 웃으며) "그래서 전 집에 불을 지르기로 결심했어요." (계속 웃으며) "저녁은 어떠셨나요?

치료자는 위의 이야기를 소리 내어 다 읽은 뒤, 내담자에게 다음 질문에 대답해 달라고 요청한다.

- 제가 흉내 낸 동료처럼 행동하는 사람과 대화한다면 어떤 생각이나 느낌이 들 것 같나요?

- 동료가 말한 저녁 이야기는 웃을 만한 것이었나요?
- 이 대화 이후 이 동료와 더 많은 시간을 보내고 싶어졌나요, 아니면 더 적은 시간을 보내고 싶어졌나요?
- 이 동료가 느끼고 있지만 표현하지 않은 감정은 뭘까요?(정답: 대개는 격한 분노)
- 이것이 관계에 어떤 영향을 줄 수 있을까요?

"정말 흥미로운 소식이 있습니다"

여기서는 치료자가 동료의 대사를 말할 때마다 아무런 감정도 없이 무표정하고 단조로운 목소리 톤을 사용하는 것이 핵심이다. 내담자는 무표정한 얼굴을 보면서 이야기 속 인물과 상호작용하는 것이 어떤 것인지 본능적으로 경험할 수 있다. 만약 치료자가 무표정한 얼굴을 하지 않는다면 이 이야기를 통한 학습은 경험적이기보다는 지적인 수준에만 머무를 것이다. 이야기의 효과를 극대화하려면 치료자가 좀비처럼 행동하는 것이 좋다. 이렇게 하면 이야기의 요점을 잘 전달할 수 있고, 유치해도 상관없으며 재미있게 놀 때도 학습할 수 있다는 생각을 은연중에 전달할 수 있다.

치료자: (평상시 목소리 톤으로) 당신이 다른 동료와 점심을 먹으러 나왔다고 상상해 보세요. 식사 중에 그가 진짜 흥미로운 이야기를 전합니다. (무표정한 얼굴과 단조로운 목소리 톤으로 말하기 시작함) "어젯밤에 천만 달러짜리 복권에 당첨됐다는 사실을 알게 됐어요. 정말 정말 기뻤어요." (계속 무표정한 얼굴과 단조로운 목소리 톤으로 말함) "게다가 영화 감독 스티븐 스필버그가 할리우드에서 전화를 했더라고요. 제가 즉흥적으로 보낸 대본을 읽고 너무 마음에 든다면서, 제 대본을 영화로 만드는 걸 논의하기 위해 로스앤젤레스까지 일등석 비행기 표를 보내주겠다고 했어요. 진짜 너무 기뻤어요." (무표정한 얼굴과 단조로운 목소리 톤을 이어가며) "소금 좀 줄래요?"

치료자는 이야기를 소리 내어 다 읽은 뒤, 내담자에게 다음 질문에 대답해 달라고 요청한다.

- 제가 흉내 낸 동료처럼 행동하는 사람과 대화한다면 어떤 생각이나 느낌이 들 것 같나요?

- 동료가 말한 저녁 이야기는 무표정할 만한 것이었나요?
- 우리가 무표정하게 있을 때, 우리는 어떤 신호를 보내고 있을까요?
- 이것이 관계에 어떤 영향을 줄 수 있을까요?

치료자는 이야기를 마친 뒤 내담자가 무엇을 관찰하고 배웠는지에 대해 논의한 다음, 이를 바탕으로 다시 지문으로 돌아가서 내담자가 사회적 신호를 치료의 핵심 대상으로 삼고자 하는 의향이 얼마나 있는지 평가해야 한다. 다음 지문은 치료자가 이야기를 마치고 내담자와의 대화로 전환해서, 내담자로부터 사회적 신호를 치료의 핵심 대상으로 삼겠다는 약속을 얻는 과정을 보여 준다.

치료자: 방금 재미있는 이야기를 나누고 나니 궁금한 게 있습니다. 당신은 남들에게 자신의 취약한 감정을 드러내지 않는 습관이 의도치 않게 인간관계에 영향을 끼쳤을 수 있다고 생각하세요?

내담자: 네, 인정하고 싶지 않지만 제가 무표정한 건 갑옷이에요.

치료자: 하지만 가끔은 갑옷을 벗는 게 좋을 때도 있죠.(살짝 웃으며) 결국, 가끔은 안에서 뜨거워질 때가 있을 거예요. (잠시 멈춤) 하지만 정말 이상한 건, 연구 결과에 따르면 열린 표현과 자기개방이 사람들을 도망가게 하기보다는 오히려 안전하다는 신호를 준다는 거예요. 우리는 특히 상황에 따라 감정을 자유롭게 표현하는 사람들을 신뢰하는 경향이 있어요. 우리가 갑옷을 벗으면 다른 사람들도 자신의 갑옷을 벗어도 안전하다고 느끼기 때문에 다 같이 즐거운 시간을 보낼 수 있는 거죠!(웃음)

내담자: (웃음) 네, 무슨 말씀인지 알겠어요. 헬멧을 쓴 채로 샌드위치를 먹기는 어렵겠죠.(웃음)

치료자: 이런 얘기를 같이 나눌 수 있어서 기쁘네요. 바로 이것 때문에 당신이 우울, 불안, 소외감을 느껴 온 걸 수도 있거든요. 어떤 식으로든 이걸 개선하려고 노력해 볼 의향이 있으세요?

내담자: 뭐라고요? 그럼 그냥 아무렇게나 표현하라는 건가요?

치료자: (동맹파열을 감지함) 아뇨, 절대 안 되죠! 그러시면 안 됩니다!(웃음) 사실 좀 생각을 해보면, 개방적인 표현은 단순히 의식하지 않고 배려 없이 감정을 표현하는 것이 아니라는 걸 알 수 있어요. 오히려 그 반대로, 효과적인 감정 표현은 항상

상황에 따라 달라지죠. 제가 당신과 함께 시작하고 싶은 건, 상황에 따라 갑옷을 벗는 방법을 배우는 거예요. 어떤 면에서는 이미 우리 관계를 통해 이걸 해왔다고 생각해요. 어떨 것 같나요?

내담자: 좀 무서워요.

치료자: (부드러운 목소리 톤으로) 네, 이해해요. 습관을 바꾸기는 힘들죠. 가장 중요한 건 당신이 감당할 수 있는 속도로 하는 거예요. 당신의 정체성은 그대로 유지하면서요. 당신은 당신만의 스타일이 있을 거고 그런 걸 다 바꾸시라는 게 아니거든요. 지금은 기분이 어떠세요?

치료자는 가혹한 자기판단을 경계하고 차단해야 하며, 내담자는 사회적 신호 스타일이 다양한 생기질적 및 사회생물학적 요인의 영향을 받는다는 사실을 상기할 수 있다. 우리는 자신의 사회적 신호 방식에 책임이 있지만, 우리의 사회적 신호는 우리가 통제할 수 없는 요인에 의해 크게 영향을 받을 수 있다. 내담자에게 좋은 소식은, 자신의 사회적 신호가 다른 사람에게 끼칠 수 있는 영향을 더 잘 인식함으로써 변화의 가능성을 높일 수 있다는 것이다. RO DBT는 특히 사회적 유대감에 부정적인 영향을 끼치는 사회적 신호 결핍을 치료 대상으로 삼도록 고안됐다.

치료자는 효과적인 감정 표현은 늘 상황에 따라 다르며, 때로는 효과적이거나 불필요한 피해를 피하거나 자신의 가치에 따라 살기 위해서는 절제되거나 통제된 표현이 필요하다는 점을 강조해야 한다(예: 용의자를 체포하는 경찰관, 포커 게임 선수, 사춘기 자녀와 격한 토론을 벌이는 부모). 치료자는 또한 모든 사람이 고유한 스타일을 가지고 있기 때문에, 내담자의 표현 방식을 완전히 바꾸는 것이 치료의 목표가 아님을 설명해야 한다. 사회적으로 신호를 보내는 올바른 방법이나 최적의 방법이라는 것은 없다. 그저 각자 자기만의 고유한 표현 스타일이 있을 뿐이다. 중요한 것은 우리의 스타일이 실제로 다른 사람들, 특히 우리가 친밀한 관계를 맺기 원하는 사람들에게 우리의 의도와 내면의 경험을 전달하는 기능을 한다는 것이다.

마지막으로, 치료자는 RO DBT의 오리엔테이션 및 약속 단계에서 이 장에서 지금까지 다룬 내용보다 더 자세히 설명해야 한다는 강박을 느끼지 않아야 한다. 치료의 목표는 시간이 지남에 따라 새로운 사고와 행동 방식을 촉진하기 위해 몇 가지 새로운 아이디어를 은연중에 전달하는 것이며, 이 주제는 치료 과정에서 여러 번 다시 등장할 수 있다는 것을 알면 된다.

RO DBT 다이어리 카드 소개하기

다이어리 카드는 내담자가 사회적 신호 목표에 중점을 두고 매일 목표 행동의 존재, 빈도, 강도를 기록하기 위한 수단이다. 일반적으로 4회기에서 일일 다이어리 카드의 치료적 근거를 설명한다. 이론적 근거에는 다음의 내용을 포함한다.

- 다이어리 카드는 개인치료 회기 때 분석할 문제 사건을 잘 기억할 수 있게 해준다.
- 다이어리 카드는 내담자의 지난 한 주에 대한 간략한 개요를 제공함으로써, 회기의 의제를 설정하는 데 소요되는 시간을 단축시킨다.
- 행동의 빈도를 모니터링하면 종종 행동을 바꿀 수 있다.
- 다이어리 카드는 치료 진행 상황을 모니터링하고 내담자에게 기술 연습을 상기시키는 데 사용할 수 있다.

매주 개인치료 회기(기술 사용 포함)를 시작할 때 다이어리 카드를 검토하고, 회기가 끝날 때 내담자에게 한 주간 사용할 새로운 카드를 제공한다. 집단 기술훈련 수업 때는 교육 시간이 제한적이므로 다이어리 카드를 검토하면 안 된다. RO DBT에서 다이어리 카드는 오직 개인치료에만 사용한다.

치료자는 내담자가 다이어리 카드 작성을 중단하고 싶으면 사전에 이에 대해 치료자와 논의하겠다는 동의를 받아야 한다. 다음 지문은 이러한 동의를 받는 예를 보여 준다.

치료자: 앞서 말씀드렸듯이 다이어리 카드는 치료에서 매우 중요한 부분입니다. 다이어리 카드는 치료 속도를 높일뿐만 아니라, 변화와 치료에 대한 의지를 평가할 수 있는 방법이기도 합니다. 우리 둘 다 당신이 변화하기 위해, 즉 치료를 위해 여기 온 걸 알고 있는데요(웃음), 이는 당신이 기분이 좋아지거나 나아지기 바라기 때문이라고 생각합니다. 제 말이 맞나요?

(내담자가 동의하는 의미로 고개를 끄덕임)

치료자: 따라서 어떤 이유로든 다이어리 카드를 작성하고 싶지 않다면, 그건 이유에 상관없이 동맹파열을 의미하는 비참여 신호로 간주된다는 걸 꼭 명심하세요. 이는 당신이 자신의 문제와 관련된 치료법을 찾지 못했거나 이해받지 못한다고 느끼고 있다는 말이기도 해요. 대부분의 경우 이는 제가 치료 목표를 잘못 설정했음을 뜻합니다. 즉 제가 설정한 목표가 흥미롭지 않거나 당신과 딱히 관련이

없다는 거죠. 그래서 혹시 당신이 다이어리 카드 사용을 중단하고 싶으면, 사전에 다이어리 카드 작성과 관련한 문제에 대해 저와 직접 상의하겠다고 약속해 주셨으면 합니다. 그럴 의향이 있으신가요?

이 약속 전략은 주목받는 것을 싫어하고 의무와 책임을 중시하는 과잉통제 내담자의 타고난 경향을 활용하여 다이어리 카드의 완성도를 높이는 데 효과적이다. 미완성 다이어리 카드가 사회적 신호(즉, 동맹파열을 알리는 신호)임을 강조하는 것도 약속의 효과다. 치료자는 처음 다이어리 카드의 개념을 설명하면서 굳이 성급히 모든 내용을 다 포함하거나 디테일까지 설명하려고 할 필요가 없다. 오히려 카드의 모든 디테일을 다루지 않을 때 내담자가 지닌 구조와 완벽한 이해에 대한 경직된 욕구를 놓아 버리는 연습을 할 수 있는 완벽한(말장난입니다) 기회를 제공한다. 치료자가 농담조로 말하거나 장난스러운 태도로 표현할 때가 그런 기회를 만들 수 있는 가장 이상적 순간이다. 끝으로, 내담자에게 다이어리 카드 작성의 주된 목표가 사회적 신호 행동을 변화시키기 위한 것임을 설명해야 한다(다이어리 카드에 대한 자세한 내용은 9장 참조).

과잉통제에서 특징적으로 나타나는 약속 문제

과잉통제 내담자의 위협 과민감성은 감정을 숨기려는 경향과 더불어 진정한 약속을 이끌어 내는 작업을 어렵게 할 수 있다. 치료자는 과잉통제 내담자가 초기에는 치료 원칙과 기대에 쉽게 동의하고 전념하지만, 나중에는 치료나 치료자를 향한 극도의 양가감정, 강한 혐오감, 분노를 지니게 됨을 보게 된다. 이는 뚜렷한 경고 없이 갑자기 나타날 수 있다. 특히 치료 초기에는 과잉통제 내담자의 자기개방이 꼭 내면을 있는 그대로 반영하는 것이 아닐 수 있으며, 과잉통제 내담자가 하는 약속 또한 치료가 진행되는 양상에 대한 오해나 잘못된 기대에 근거하는 것일 수 있다. 예를 들어 많은 과잉통제 내담자들은 근본적인 수준에서의 변화가 필요하며, 새로운 기술이나 **자기탐구**, 개방성을 실천하는 것이 때로는 초라하고 당황스럽고 민망할 수도 있음을 충분히 이해하지 못할 수 있다. 또한 대부분의 과잉통제형 인간은 공공장소에 있을 때나 누군가를 처음 만났을 때 존중하고 성실하며 예의 바르게 행동하는 것이 중요하다고 생각한다. 치료 초기에는 실제로 진심에서 우러나기보다는 책임감이나 의무감으로 인해 동의·준수·약속 같은 것을 할 수 있다. 권위 있는 위치에 있는 사람(즉, 치료자)의 말에 동의하지 않는 것을 부적절하다고 생각할 수도 있다. 따라서 과잉통제 내담자의 예의, 헌신, 동의, 긍정적 보고는 그 순간의 진실을 반영하기보다는 가능성으로 간주해야 한다.

과잉통제 내담자가 정신치료를 받으면서 굴욕감·수치심·두려움을 유발하는 경험을 하고, 그로 인해 조기에 중도 탈락한 적이 있다고 보고하는 경우도 적지 않다. 굴욕감의 경험은 감정 유출, 즉 과잉통제형 인간이 자기통제에 실패하여 자신이 원하는 것보다 내면의 감정이 더 강하게 드러나거나 표현되는 경우에 나타날 수 있다. 이러한 통제 실패는 나약함의 징후나 당혹감·수치심의 원인으로 간주된다. 감정 유출에 대한 부적절한 두려움은 직접적인 갈등이 수반되는 인간관계 경험을 피하려는 과잉통제 경향의 근원이 될 수 있다. 치료 약속 단계에서 치료자는 감정 유출을 다루면서 내담자에게 감정 표현이 치료에서 문제될 일은 없으며, 오히려 감정을 표현하는 것이야말로 치료가 진행되고 있다는 신호로 간주할 수 있음을 잘 설명해야 한다. 또한 내담자가 치료를 통해 자신에게 가장 적합한 방식으로 더 많은 감정을 표현하는 법을 천천히 배우고, 감정의 홍수나 극단적 노출을 유용한 표현으로 여기지 않는 것이 치료에 포함될 것이라고 설명한다. 치료에서 중요한 것은 속도다. 이는 내담자가 깊은 물에서 곧바로 수영하기 전에 먼저 치료자가 내담자에게 수영의 원리를 가르친 다음, 마른 땅에서 수영 동작을 연습시키고, 발가락부터 물에 담그고 나서 얕은 물에 몸을 담그고, 새로 배운 영법을 연습하는 과정을 모두 숙달하도록 설명한다는 점에서 수영을 배우는 것과 유사하다.

과잉통제 내담자는 고도로 규칙지배적이기 때문에, 치료 회기 중에 일어나는 일뿐만 아니라 치료자가 치료할 때 어떻게 행동해야 하는지에 대한 규칙을 만들어 놓은 경우도 많다. 예를 들어 어떤 과잉통제 내담자는 치료자가 항상 통제력을 지니고 있어야 하며, 개인적인 약점을 드러내거나 개인정보를 공개해서는 안 된다고 생각할 수 있다. 치료자는 내담자가 기대하는 바를 물어보고 다른 많은 과잉통제 내담자가 각자 일반화하여 지니고 있는 규칙의 다양한 예를 제공하면서 내담자가 치료에 대해 가지고 있을지 모르는 혼자만의 규칙을 평가해야 한다. 이상적인 것은 이를 통해 내담자와 치료자 모두가 공통적으로 지니는 기대의 기반을 확보함으로써 협력 관계를 더 쉽게 발전시켜 나가는 것이다. 치료자는 치료 전반에 걸쳐서 내담자의 기대나 규칙이 깨졌음을 시사하는 징후들에 주의를 기울이고, 이에 대한 논의 수단으로 질문을 활용해야 한다.

이 장의 다른 부분에서 설명한 것처럼, 4회기까지는 주로 치료의 이론과 구조에 대한 오리엔테이션을 제공하고, 내담자의 변화 의지를 평가하며, 강력한 치료관계를 발전시키는 데 필요한 첫 단계를 수행하는 데 중점을 둔다. 그럼에도 불구하고 치료 초기나 전체 과정을 통틀어 내담자에게 완벽한 합의, 준수, 약속을 기대하기는 힘들다. 실제로 동맹파열, 의견 불일치, 오해는 예견할 수 있는 일로써, 내담자가 성장하는 데 핵심적인 부분으로 볼 수 있다. 치료자는 내담자에게 자신이 **온전한 개방성** 기술을 직접 연습하고 실천하고 있으며, 내담자의 비판과 부정적 피드백에 열려 있는 것도 그 일부임을 설명해야 한다. 치료자는 내담자가 치료 방법이나 치료 자체에 대해 자유롭게 비판하거나 이의를 제기하거나 우려를 표명할 수 있도록 독려해야 한다.

요약하면, RO DBT는 동맹파열을 성장의 기회로, 의견의 불일치를 치료 진전을 나타내는 징후로, 양가감정을 내담자가 치료의 적절성을 온전히 이해하려고 노력하는 참여의 신호로 간주한다. 치료자는 과잉통제 내담자와 함께 작업할 때 대놓고 전념을 요구하기보다는, 새로운 아이디어를 과잉통제의 철조망 아래로 몰래 숨겨 들여와 내담자의 행동을 형성해 나가야 한다.

과잉통제 내담자의 참여를 유지하기 위한 팁

- 유인물은 중요하지 않다. 중요한 것은 관계다.
- 내담자가 참여하지 않는 것 같으면, 그 순간에 어떤 일이 벌어지고 있는지 살펴보라.
- 치료자도 틀리거나 실수할 수 있음을 인정하라. **온전한 개방성**을 모델링하라.
- 인간미 없이 행동하지 말고, 필요하면 기꺼이 RO DBT 프로토콜에서 벗어날 수 있어야 한다.
- 지시적이거나 권위적인 태도 대신, 내담자가 체면을 살릴 수 있도록 호기심을 가지고 협력적인 태도를 취하라.
- 말하기보다는 물어보라. 내담자가 자신의 부적응 행동의 발견자가 될 수 있도록 고취하고 독려하라.
- 당신이 관찰한 것에 대해 "저는 …이라는 상상을 하게 되네요"라는 식으로 표현하라. 당신이 절대적 지식을 갖고 있다는 암시를 줄 수 있는 표현은 피하라.
- 당신이 느낀 것을 솔직하게 드러냄으로써 내담자에게 진실함을 선물로 제공하고, 내담자가 이에 보답할 수 있도록 독려하라.
- 한 번에 하나씩 문제를 해결하고 숙련도를 쌓음으로써 내담자의 변화 욕구를 기능적으로 인정해 준다. 관련 있어 보이는 주제로 주의를 뺏기지 마라.

- 해결책의 양보다는 질에 초점을 맞춰라.
- 특히 당신이 내담자에게 지침을 제공하거나 문제 행동을 직면시킨 뒤에는 내담자가 치료에서 경험하는 것을 자주 확인하라.
- 내담자가 동의하지 않는다고 해서 참여하지 않을 거라고 단정하지 마라.
- 내담자의 약속이 시간이 지남에 따라 달라질 수도 있음을 예상하고 자주 확인하라.
- 의견 불일치와 반대를 독려하라. 내담자에게 동맹파열은 문제가 아닌 성장의 기회임을 상기시켜라.
- 가볍고 **편한 태도**를 취하라(6장 참조). 고리타분하지 않고 정형화되지 않은 문제 해결, **자비로운 진지함**과 장난스러움의 균형을 이루는 것을 모델링하라.

순서화를 통해 참여 향상하기

과잉통제 내담자를 치료할 때는 개입의 타이밍이나 순서가 매우 중요하다. 과잉통제는 높은 위협 민감성과 디테일 중심적인 생기질적 소인으로 인해, 다른 사람들은 유용하다고 여기는 치료적 개입이 위협적·비판적·부정확한 것처럼 반응할 수 있다. 하지만 이들은 억제성 통제가 뛰어나고 내면의 감정을 숨기는 경향이 있기 때문에, 치료자에게 자신의 우려를 드러내는 경우는 별로 없다. 특히 치료 초기에는 더욱 그렇다. 이는 때때로 조기 중도 탈락으로 이어진다. 이들이 치료에서 학습과 참여를 극대화할 수 있게 하기 위해서는 굳이 기술 수업에서 배울 때까지 기다리지 말고 개인치료 중에도 구체적인 기술을 가르쳐야 한다. 따라서 개인치료자는 내담자가 기술훈련 수업에서 배우는 시기와 무관하게 개인치료 회기 때 엄선된 기술훈련을 접목해야 한다. 이렇게 하면 내담자는 치료 중에 똑같은 기술을 비공식적으로 개인치료에서 한 번, 기술훈련 수업에서 정식으로 한 번, 총 두 번 접할 수 있는 이점이 있다.

RO DBT에서는 순서화sequencing 전략을 통해 내담자가 더 어려운 행동을 시도하기 전에 강도가 낮은 연습부터 시작함으로써 치료 참여도를 높이고, 점진적으로 새로운 행동을 형성하게 할 수 있다. 예를 들어 내담자의 의견 개진을 늘리는 것을 목표로 하는 치료자는, 내담자가 날씨에 대한 의견을 말하는 것부터 시작하면서 성공 경험을 맛보게 한 뒤 난이도를 높여 나간다. 그렇다고 해서 RO DBT 치료자가 부적응 행동을 직면시키지 않는다는 것은 아니다. 오히려 과잉통제 내담자와 함께 작업할 때 직면은 필수적이다. 하지만 RO DBT에서 치료자는 내담자에게 무엇이 문제인지 알려주거나, 피드백을 제공하거나, 해석을 제시하는 대신, 내담자가 자신의 행동에 이의를 제기하는 방법을 배우도록 독려한다. 치료자는 내담자가 **자기탐구**를 하는 데 이상적인 촉매제 역할을 할 수 있는 **온전한 개방성** 원칙을 모델링하며, 개방적이면서도 호기심 많은 자세를 취함으로써 이를 촉진한다.

다음 목록은 개인치료의 주요 치료 요소를 시행할 때의 권장 순서와, 개인치료를 주당 1회씩 한다고 가정했을 때의 권장 주수를 간략히 보여 준다. 첫 10단계는 필수적인 단계로 간주되며, 지정된 순서와 시간 내에 시행하는 것이 이상적이다. 11번째부터 20번째 단계는 개인치료자를 위한 일반적인 지침 및 참고 사항으로, 보다 유연하게 적용할 수 있다.

1. 치료자가 치료자-내담자 간의 양방향 대화와 협력적 자세를 내담자에게 소개한다.(1주)
2. 내담자가 (치료자의 도움을 받아) 자신이 과잉통제 대처 스타일을 지니고 있음을 알아차리고, 그것이 치료의 핵심 대상임을 인지한다.(1주)
3. 치료자는 내담자의 자살 및 자해 행동의 현재 및 과거 이력을 평가하고, 과거의 외상, 성적 문제, 오랜 원한이나 분노에 대해 기꺼이 논의할 의향이 있음을 전달한다.(1주)
4. 내담자가 치료를 중단하고 싶은 충동이 들면 혼자 바로 결정하지 않고, 치료자와 대면하여(이메일, 문자 메시지, 전화 등은 안 됨) 치료 중단을 논의하기로 약속한다.(1주)
5. 기술훈련 수업의 목적을 간략히 설명하고 3주차 출석 계획을 수립한다.(2주)
6. 내담자에게서 4-5개의 가치 목표를 확인하고, 이 중 적어도 하나는 사회적 유대감과 관련된 것으로 한다.(1-4주).
7. 치료자는 내담자에게 과잉통제에 대한 생물사회이론을 소개한다.(3주)
8. 내담자가 기술훈련 수업을 시작한다.(3주)
9. 치료자는 사회적 신호와 사회적 유대감을 연결하는 주된 가설적 변화 기전을 간략하게 소개한다.(4주)

10. 다이어리 카드 서식을 소개하고, 연습 삼아 모니터링할 행동을 한두 개 정한다.(4주)
11. 과잉통제 테마와 연관된 개별화된 치료 목표를 RO DBT 다이어리 카드에서 확인하고 모니터링한다.(4-9주)
12. 매주 사회적 신호 결핍을 대상으로 하는 **체인분석**과 **해결분석**을 수행한다. 이는 회기당 약 20분에서 25분 동안 진행한다.(6-20주)
13. **온전한 개방성**과 **자기탐구** 기술을 소개하고, 내담자가 **자기탐구** 연습을 시작하고 그 내용을 기록할 수 있는 일지를 구입하도록 독려한다.(5-30주)
14. 사회적 안전 시스템의 중요성을 소개하고, 사회적 안전 시스템을 활성화하기 위한 RO 기술을 교육한다(5-6주)
15. 개인치료 회기 때 **자애명상**을 시행한다. 회기 중 자애명상을 연습한 내용을 녹음하여 내담자에게 제공함으로써 일상적인 연습을 촉진하는 데 활용하도록 한다. 자애명상과 관련된 개별적인 문제와 어려움을 다룬다.(7-8주)
16. 치료자는 6회기쯤 첫 번째 동맹파열을 예상해야 한다.(4-7주)
17. 치료자는 비판적 피드백을 받아들일지 거절할지 평가하는 데 사용하는 **유연한 마음은 피드백을 받아들인다**Flexible Mind ADOPTS의 12개 질문을 가르치고, 내담자가 비판받을 때 이를 사용하는 연습을 하도록 독려한다.(10-12주)
18. 치료자는 특히 '반발pushback'과 "나를 아프게 하지 말아요" 반응에 중점을 두면서 비공식적으로 **유연한 마음은 드러낸다**Flexible Mind REVEALs 기술을 가르치고, 내담자가 다이어리 카드에서 간접적인 사회적 신호를 표적으로 삼는 데 이를 활용하게끔 한다.(13-17주)
19. 치료자는 관계를 발전시키는 데 개인적 자기개방이 중요함을 다루고, 회기 때 내담자가 **유연한 마음은 허용한다**Flexible Mind ALLOWs에 있는 **매치+1**Match +1 기술을 연습하도록 하고, 이와 관련한 숙제를 내 준다.(11-18주)
20. 치료자는 용서의 개념을 소개하고, **유연한 마음은 사랑이다**Flexible Mind Has HEART 기술을 사용하여 상실을 애도하는 방법을 비공식적으로 가르친다.(13-24주)
21. 이상적으로는 14회기까지 내담자와 치료자가 동맹파열을 복원하는 연습을 여러 번 할 기회를 가질 수 있으며, RO DBT에서는 이를 좋은 협력 관계의 증거로 간주한다. 동맹파열 때마다 복원을(사소한 것이라도) 중요한 치료 목표(내면의 감정을 감추지 않고 드러내기, 피드백에 대한 개방성 연습, 갈등 해소가 친밀감을 향상할 수 있음을 인

지함)와 연결하는 것이 좋다. 치료자는 14회기까지 동맹이 파열되지 않았다면 과잉통제 내담자와 피상적 관계를 유지하고 있을 가능성을 고려해야 한다.

22. 일단 작업동맹이 성공적으로 확립되고 나면(이는 동맹파열을 성공적으로 복원하는 것으로 확인할 수 있음), 치료자는 과잉통제 내담자가 치료 과정에서 자신의 내적 경험을 진정으로 드러낼 것이라고 더 확신할 수 있다. 이를 바탕으로 치료자는 과잉통제 내담자가 동의하지 않거나 오해받는 느낌이 들 때 이를 혼자 마음에만 담아두지 않고 직접 말할 수 있다는 것을 믿을 수 있기 때문에, 호기심 어린(질문하는) 태도에서 벗어나 더 지시하고 규정하는 방식으로 의도적인 태세 전환을 할 수 있다. 이처럼(내담자와 치료자 간에) 피드백을 주고받는 치료 과정은 새로운 학습 가능성을 높이고 성장을 촉진한다.(14-29주)

23. 20주차 때 치료자는 내담자에게 치료가 약 10주 후에 종료될 것임을 상기시킨 후, 매주 간략하게 이를 언급하며 애도 관계와 관련된 기술을 연습하도록 한다.(21-30주)

24. 발생할 수 있는 문제의 해결 방법과 재발 방지 전략을 설명한다.(25-28주)

25. 마지막 회기는 빵을 뜯는 의식으로 축하한다. 전환을 상징하는 다과도 함께 나눈다. 주목할 만한 순간과 교훈을 강조하며 상호 회상을 장려하고, 재발 방지를 위한 계획을 검토한다. 치료자는 치료를 종결하면서 내담자에게 계속 연락하고 지내자고 말하며, 내담자가 시간이 지남에 따라 어떻게 지내는지 알고 싶다는 의사를 표현한다.

이 장에서 다룬 내용

▶ RO DBT는 과잉통제의 생기질적 소인이 감정 반응의 감각수용체(전의식) 수준에서의 지각과 조절에 영향을 끼칠 수 있기 때문에 강력하다고 가정한다.

▶ 이는 행동 반응을 더욱 경직되게 해서 변화하는 환경의 수반성에 대한 적응력을 떨어뜨리며, 그 결과 과잉통제 내담자가 치료에 참여하는 데 부정적인 영향을 끼칠 수 있다.

▶ 이 장에서 다룬 참여 전략은 과잉통제 내담자의 치료 참여를 향상하기 위해, 이들 특유의 생기질적 지각 및 조절 경향을 설명하고 있다.

6장

사회적 신호의 중요성: 미세모방, 거울뉴런, 사회적 유대감

진화 과학자들은 약 16만 년 전에 현생 인류가 혈연관계가 없는 개체들과의 전례 없는 협업을 가능하게 하는 독특한 유전 형질을 개발했으며, 이는 오늘날까지도 다른 동물 세계에서는 찾아볼 수 없는 인간만의 특징이라고 가정한다(Marean, 2015). 인류는 뛰어난 무기 기술(발사체 무기 등. Marean, 2015)과 초협력적hypercooperative 특성 덕분에 행동을 조정하고 장기적인 목표 달성을 위한 대규모의 협력 네트워크를 형성할 수 있었고, 그 결과 과거에는 두려움의 대상이었던 포식자를 처치하고 라이벌 종(예: 서유럽의 네안데르탈인과 아시아의 데니소바인 혈통)을 물리쳤으며, 협력성이 낮은 종들은 생존이 불가능한 혹독한 환경 조건에서도 번성할 수 있었다.

이러한 진화적 이점의 핵심에는 바로 갈등을 빠르고 안전하게 평가하고 해결하여 협업을 유지할 수 있는 복잡한 사회적 신호 기능을 개발한 것이 있다. 하지만 이러한 이점에는 숨은 비용이 따랐다. 인간이 사용할 수 있는 언어적·비언어적 사회적 신호의 수가 너무 많다 보니 특히 신호의 의미가 모호한 경우에는 오해가 생길 가능성이 많아졌다. 또한 부당한 이득을 얻고자 남을 속이는 데 사회적 신호가 사용될 수도 있는데, 이는 같은 인류의 구성원이 가장 위험한 적이 될 수 있음을 의미한다. 배신의 혹독한 대가에도 불구하고 우리는 속임수를 잘 감지하지 못한다. 한 연구에 따르면, 상대방이 거짓말을 하는지 진실을 말하는지에 대한 대부분의 사람들의 판단은 무작위적 판단보다 낫지 못했다(Bond & DePaulo, 2006). 이와 대조적으로 우리는 우수한 사회적 안전 감지 능력을 지니고 있다. 우리는 미소가 진짜인지 가짜인지 잘 구별할 수 있으며, 전화상으로도 상대방 목소리에 담긴 긴장감을 정확히 감지할 수 있다(Pittam & Scherer, 1993; Ekman, 1992). 단 몇 분 동안의 비언어적 행동이나 얼굴 사진 한 장만 봐도, 낯선 사람의 성격 특성, 사회경제적 지위, 신뢰성과 이타심 같은 도덕적 속성에 대해 믿을 만한 첫인상을 형성할 수 있다(Ambady & Rosenthal, 1992; W. M. Brown, Palameta, & Moore, 2003; Kraus & Keltner, 2009). RO DBT에서는 현대 뇌 행동과학과 감정 표현의 의사소통 기능(Darwin, 1872/1998)을 (미세모방과 거울뉴런을 통한) 개인과 종의 안녕에 필수적인 긴밀한 사회적 유대감 형성과 연관 짓고, 이를 확장하여 다음에서 설명하는 고유한 사회적 신호 개입을 개발한다.

사회적 유대, 모방, 거울뉴런

인간은 상호작용하는 상대의 얼굴 표정을 서로 모방한다. 얼굴 표정의 미세모방은 수신자에게 발신자와 유사한 감정 경험을 유발한다는 연구 결과들이 일관되게 보고되어 왔다(Hess & Blairy, 2001; Moody, McIntosh, Mann, & Weisser, 2007; Vrana & Gross, 2004). 우리는 가까운 사람의 자세, 제스처, 습관적 행동을 무의식적으로 받아들이고, 우리를 흉내 내는 사람들과 어울리고 싶어 한다(Lakin & Chartrand, 2003; Lakin, Jefferis, Cheng, & Chartrand, 2003). 슬로 모션 영화 분석에 따르면, 우리는 상호작용 중에 자신도 모르게 다른 사람의 신체 움직임, 자세, 얼굴 표정의 변화에 반응한다는 강력한 근거들이 존재한다(2장 참조). 예를 들어 우리가 얼굴의 감정을 의식적으로 인지하려면 최소 17-20밀리초(1초는 1000밀리초)가 필요하지만, 우리의 뇌-신체는 이미 4밀리초 정도의 짧은 시간 안에 생리적 반응을 시작한다(L. M. Williams et al., 2004, 2006).

 RO DBT의 근간이 되는 신경조절이론(T. R. Lynch et al., 2015)은, 인류의 생존이 유전적으로 무관한 타인과도 강한 사회적 유대를 형성하고 협력할 수 있는 초협력적 유전자의 발달에 힘입은 바가 크다고 주장한다. 이러한 이점의 생물학적 근거로, 사회적 신호, 미세모방, 거울뉴런 간의 상호작용이 있다(Schneider, Hempel, & Lynch, 2013). 거울뉴런은 사람이 행동을 하거나 다른 사람이 행동을 하는 것을 관찰할 때 발화한다.

 거울뉴런 시스템을 조사한 뇌영상 연구에 따르면, 얼굴 표정을 보고 있으면 그와 유사한 표정을 짓는 데 관여하는 뇌 영역이 자동으로 활성화되는 것으로 나타났다(Montgomery & Haxby, 2008; Van der Gaag, Minderaa, & Keysers, 2007). 예를 들어 우리가 갑자기 고통에 겨워 얼굴을 찡그리는 사람과 상호작용하면, 자신도 모르게 미세하게 찡그리면서(즉, 수 밀리초 안에 상대방의 얼굴 표정을 흉내 내며) 상대방에게서 활성화되는 것과 동일한 뇌 영역에서 (비록 강도는 낮지만) 생리적 각성을 유발하거나 반영한다. 우리의 거울뉴런 시스템은 말 그대로 주변 사람들의 고통과 기쁨을 그대로 경험할 수 있게 함으로써 공감과 이타주의를 현실화한다. 낯선 사람이 갑자기 우리 가족의 일원이 되고, 자기희생이 쉽게 느껴지며, 남이 우리에게 행동하기 바라는 대로 남에게 행동할 가능성이 높아진다. 이는 우리가 물에 빠진 낯선 사람을 구하기 위해 기꺼이 목숨을 걸거나 국가를 위해 싸우다 죽는 이유를 설명하는 데 유용하다.

하지만 이런 시나리오를 상상해 보자. 두 사람이 만났는데, 한 사람은 감정 표현이 풍부한 반면 다른 한 사람은 무표정하며 감정 표현이 없다. 사람은 상호작용하는 파트너를 흉내 낸다고 하는데, 이 상황에서는 어떤 스타일이 더 우세할까? 표현형일까 아니면 무표정형일까? 정답은 무표정한 얼굴이 표현적 얼굴보다 우세하다는 것이다. 실제로 무표정은 강력한 사회적 신호로, 할리우드 영화에서 악당들이 가장 자주 사용하는 표정이며, 안타깝게도 의료진들에게서도 흔히 볼 수 있다(**그림 6.1** '김무심' 참조).

그 이유를 이해하려면 우리 뇌가 사회적 상호작용을 평가할 때 사용하는 다음 세 가지 요소를 고려해야 한다.

1. 신호 감지
2. 맥락
3. 가변성 또는 반응성

그림 6.1. 무표정은 강력한 사회적 신호다

첫째, 혹독한 환경에서 살았던 초기 인류의 조상들에게는 부족에서 배제되거나 고립되는 것은 사실상 굶주림이나 포식자로 인한 죽음을 의미했다. 실제로 공동체 사회로부터 고립된 비인간 영장류는 수일에서 수주 내에 노출, 영양 부족, 포식 등으로 인해 사망한다(Steklis & Kling, 1985). 따라서 인류의 조상들이 부족으로부터 추방을 암시하는

> 실제로 무표정은 강력한 사회적 신호로, 할리우드 영화에서 악당들이 가장 자주 사용하는 표정이다.

진정한 거부 신호를 감지하지 못하는 대가를 무시하기에는 너무 컸고, 그 결과 현대인의 뇌는 강도가 약하거나 중립적이거나 모호한 사회적 신호를 거부로 해석하는 신호 감지 오류 편향이 생겼다. 이를테면 상호작용 중에 단순히 눈 맞춤의 양을 줄이거나 제한하는 것은 무시·외면당하는 것과 관련된 부정적인 감정을 유발한다(Wirth, Sacco, Hugenberg, & Williams, 2010). 연구에 따르면 중립적인 무표정은 종종 수신자에게 적대적이거나 비판적인 것으로 해석되면서 자동적으로 방어적 각성을 유발한다(Butler et al., 2003).

둘째, 무표정이 다른 사람에게 얼마나 감정적 영향을 끼치는지는 상황에 크게 좌우된다. 포커 게임, 비즈니스 협상, 장례식 등 감정을 억제하는 것이 흔한 상황에서는 표정이 없거나 밋밋한 것이 감정적으로나 사회적으로 영향을 끼칠 가능성은 낮다.

셋째, 감정 표현이 나타나거나 그럴 것으로 예상되는 상황(예: 파티, 치료 회기, 로맨틱한 데이트, 배우자와의 말다툼)에서는 가변성과 반응성이 중요하다. 무표정하거나 진지하지 않은 표정이 지속되면 상대방으로부터 부정적인 평가를 받을 가능성이 훨씬 높아진다(예를 들어, 아무리 명연사라도 청중들의 멍한 눈빛과 무표정한 얼굴을 보면 당황스러울 수 있다). 무표정의 사회정서적 결과 또한 그렇게 빤히 쳐다보는 데서 발생하는 것과 유사하다. 연구에 따르면, 빤히 쳐다보는 것이 강력한 사회적 영향력을 행사하는 이유는 단순히 쳐다보는 시간 때문이 아니었다. 이는 쳐다보는 사람이 친사회적 신호에 반응하지 않거나 쳐다보는 대상이 복종적으로 바라보는 데서 기인할 때가 많았다(Ellsworth, Carlsmith, & Henson, 1972). 흥미롭게도 빤히 쳐다보는 것의 이러한 부정적인 영향은 그냥 미소만 지어도 완화될 수 있다.

이와 마찬가지로, 무표정이 다른 사람에게 끼치는 영향이 강력한 것은 단순히 표정이 없기 때문만은 아니다. 그보다는 자유로운 감정 표현이 요구되는 상황에서, 으레 예상되거나 관습적인 친사회적 신호(예: 미소나 긍정적인 고개 끄덕임)가 눈에 띄게 없거나 낮은 빈도로 나타나기 때문에 영향력을 발휘하는 것이다. 개인치료 회기는 자유로운 감정 표현을 장려하는 맥락에 있다. 우리의 뇌는 중립적인 무표정을 적대적이거나 반대하는 것으로 해석하도록 만들어져 있기 때문에(Butler et al., 2003), 치료자는 무표정한 과잉통제 내담자를 치료할 때(적어도 가끔은) 불편을 경험할 수 있음을 예상해야 한다. 또한 방어적 각성은 사회적 안전 반응을 약화하여 치료자와 내담자 모두 상호 무표정한 얼굴을 하게 만들 가능성이 높다. 안타깝게도 치료자가 무의식적으로 과잉통제 내담자의 목표정한 얼굴을 흉내 내면, 치료자의 목표정한 얼굴이 위협에 민감한 과잉통제 내담자에게 비호감이나 거부의 신호로 해석될 가능성이 높아져서 가뜩이나 아웃사이더나 비호감으로 설정된 내담자의 자기구성을 더 강화할 수 있다.

RO DBT는 다음과 같은 방식으로 선행 연구 결과를 치료 개입에 접목한다.

- 내담자에게 사회적 유대감을 향상하는 사회적 신호 기술을 가르친다.
- 내담자에게 배쪽 미주신경이 매개하는 사회적 안전 시스템을 활성화하고 사회적 상호작용 전에 생리적 각성을 변화시키는 방법을 가르친다.
- 치료자가 내담자와 자신 모두의 사회적 안전 경험을 활성화할 수 있도록 회기 중 비언어적 행동을 사용하는 법을 가르친다.

위에서 첫 두 요소와 관련된 기술은 『기술훈련 매뉴얼』에 요약되어 있다. 다음 절에서는 과잉통제 문제에서 특징적으로 나타나는 사회적 신호 결핍을 치료 대상으로 삼는 방법과, RO DBT 치료자가 내담자의 치료 참여를 촉진하고 치료 결과를 향상하기 위해 사용하는 사회적 신호 전략을 설명한다.

모두에게 맞는 옷은 없다

우리는 각자 자신만의 고유한 표현 스타일을 가지고 있기 때문에, 사회적으로 신호를 보내는 올바른(혹은 최적의) 방법 같은 건 없다. 하지만 사회적으로 외면받고 정서적으로 위축된 과잉통제 내담자를 성공적으로 치료하기 위해서는, 치료자가 이전까지 훈련받은 내용이나 본인의 생각과 반대되는 방식으로 사회적 신호를 보내야 할 때가 종종 있다. 예를 들어 과잉통제 내담자는 치료자가 먼저 모델링하는 것을 보지 않는 한, 다 큰 어른이 놀고, 긴장을 풀고, 장난치고, 자의식 없이 행동하고, 스스럼없이 감정을 표현하는 것이 사회적으로 용납된다고 믿지 않을 것이다.

사실 대부분의 의료인 교육 프로그램은 치료 시 장난스럽거나 느긋한 태도보다는 세심하고 관심 있는 태도를 보이는 것이 중요하다고 강조한다. 치료자는 내담자가 중요하거나 괴로운 이야기를 할 때마다 중립적이거나 염려하는 표정을 짓도록 교육받으며,

그림 6.2. 염려하는 표정

똑바로 앉은 채 몸을 앞으로 기울이며(빤히 쳐다보지만 않을 정도로) 눈을 직접 마주칠 것을 권고받는다. 그러나 연구에 따르면 치료적 사회적 신호에 있어 모두에게 맞는 옷은 없다(Pinto et al., 2012). 예를 들어 사회적으로 불안이 심한 사람들은, 눈 맞춤을 위협적인 것으로 경험함으로써 방어적 각성을 증가시킨다(Wieser, Pauli, Alpers, & Mühlberger, 2009).

마찬가지로 과잉통제 내담자는 직접적인 눈 맞춤과 염려하는 표정(그림 6.2)을, 자비로운 배려가 아닌 비판으로 해석할 가능성이 높다. 한 과잉통제 내담자는, "제가 잘못한 게 없는데 왜 그렇게 걱정스러운 표정을 지으시는 거죠?"라고 말했다. 또한 연구에 따르면 사람들은 사회적 외면이라는 고통스러운 경험을 한 후 사회적 수용의 신호(예: 미소. L. M. Williams et al., 2006)를 찾게 되는데, 이는 사회적으로 외면받는 내담자(즉, 과잉통제 내담자)와 함께 작업하는 데 있어서 친사회적 신호가 중요함을 시사하는 것이다. 이러한 결과들은 RO DBT에서 치료자가 과잉통제 내담자를 다시 부족의 일원으로 환영하기 위해 사용하는 대부분의 사회적 신호 전략의 기초가 된다.

눈 맞춤

대부분의 사람들은 상호작용을 하는 동안 얼굴을 바라보는 시간의 약 40%를 상대방과 눈을 마주치는 데 사용한다(J. M. Henderson, Williams, & Falk, 2005). 직접적인 눈 맞춤은 접근 동기(예: 교제 욕구 또는 공격 의도)를 알리는 데 가장 적합하다. 연구 결과에 따르면 사람들은 낯선 사람보다 데이트 상대나 친밀감을 느끼는 사람의 눈을 더 자주 더 오래 바라보며(Iizuka, 1992), 상대방의 시선을 회피하지 않고 직접 마주칠 때 얼굴에서 더 많은 화를 표현하는 것으로 지각된다(Adams & Kleck, 2003; Sander, Grandjean, Kaiser, Wehrle, & Scherer, 2007). 직접적인 눈 맞춤을 특정한 얼굴 표정(예: 입술을 찡그리거나 미간을 찌푸리는 등)과 함께 사용하면 발신자의 의도를 정확하게 파악하는 데 도움이 된다(그림 6.3)

   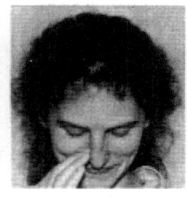 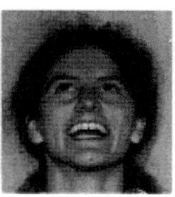

화남　　　중립　　　창피함　　　부끄러움　　　즐거움

그림 6.3. 원형적 감정 표현(Keltner, Young, & Buswell, 1997, p. 363.)

흥미롭게도, 5초 이상 지속되지 않는 무덤덤한 응시만으로도 모든 사람에게서 방어적 감정 각성과 시선 회피를 유발할 수 있다(Ellsworth et al., 1972). 시선 회피는 회유나 비우월성(예: 수치심, 죄책감, 당혹감) 동기가 중요할 때 필수적이다. **그림 6.3**은 수치심과 부끄러움의 전형적인 특징인 회피적 시선을 보여 준다. 표현하고자 하는 기분에 따라 눈 맞춤은 부적절하거나 중요하지 않거나 불필요할 수 있다(그림 6.3).

과잉통제 내담자를 치료하는 치료자는 눈을 마주치는 행동에 대한 비전형적 반응에 직면할 수 있음을 예상해야 한다. 과잉통제 내담자는 높은 생기질적 위협 민감성으로 인해 치료자의 염려 표현(예: 눈 맞춤이나 미간을 살짝 찌푸리는 것)을 거부로 해석할 가능성이 높다. 연구에 따르면 과잉통제 특징을 지닌 불안 성향의 사람은 문화·관계·맥락과 무관하게 전반적으로 눈 맞춤을 피하는 경향이 있다(Yardley, McDermott, Pisarski, Duchaine, & Nakayama, 2008). 과잉통제 내담자가 시선 회피나 눈 맞춤으로 타인의 행동에 어느 정도로 영향을 끼치는지(『기술훈련 매뉴얼』 5장 15과의 「위장된 요구」 내용 참조), 그것이 얼마나 근본적인 사회적 신호 결핍을 나타내는지는 아직 잘 알려져 있지 않다.

그럼에도 불구하고 많은 자폐장애 내담자들은, 원치 않는 피드백이나 타인의 비난을 차단하기 위해 회유 신호나 시선 회피를 사용하도록 간헐적으로 강화되어 왔다(10장 「"나를 아프게 하지 말아요" 반응」에 대한 자료 참조). 예를 들어 과잉통제 내담자는 대개 남들로부터 칭찬받거나 좋은 감정이 느껴질 때 시선을 피하는데, 이러한 반응이 자주 반복되면 주변 사람들의 긍정적 감정 표현을 은연중에 처벌하는 기능을 할 수 있다. 어떤 과잉통제 내담자는 시선을 피해야 할 때(예: 죄책감이나 부끄러움을 표현) 그러지 못할 수도 있고, 싫지만 받아들여야 할 피드백이나 비판을 의도적으로 차단하기 위해 적대적이거나 무덤덤한 시선('눈빛')을 과도하게 사용하기

> 과잉통제 내담자를 치료하는 치료자는 눈을 마주치는 행동에 대한 비전형적 반응에 직면할 수 있음을 예상해야 한다.

도 한다(10장 「'반발' 반응」에 대한 자료 참조). 마지막으로 과잉통제 내담자의 높은 생기질적 위협 민감성은 특히 치료 맥락에서 시선이 과잉통제 내담자를 향할 때 비전형적 반응을 일으킬 가능성이 더 높다는 가설이 있다. RO DBT에서는 치료자의 직접적인 눈 맞춤이 과잉통제 내담자의 차단 반응을 유발하는 것을 '헤드라이트 앞의 사슴' 반응이라고 한다. 이 독특한 행동 패턴에 대한 인지와 치료는 다음 설명을 보라.

'헤드라이트 앞의 사슴' 반응

대부분의 치료자들은 무반응적이거나 무표정한 내담자를 마주할 때 사회적 신호의 강도를 낮추기보다는 오히려 더 가까이 다가가고, 앞으로 몸을 기울이고, 눈을 맞추거나 오래 바라보고, 더 빠르거나 단호하거나 반복해서 말하는 방식 등으로 사회적 신호의 강도를 높이는 경향이 있다. 이러한 행동을 하는 이유는 다음과 같다.

- (직접 눈을 마주치면서) 치료자가 내담자의 주의를 끎
- (몸을 기울이거나 단호한 목소리 톤을 사용함으로써) 내담자가 논의 중인 내용의 중요성을 이해하는지 확인하거나, 치료자가 내담자에게 관심을 갖고 있다는 것을 알림
- (말한 내용을 반복함으로써) 내담자가 치료자가 말하는 내용을 이해했는지 확인함

하지만 과잉통제 내담자는 이런 식의 강도 높은 참여를 감당하기 힘들거나, 방해가 되거나, 위협적인 것으로 경험하는 경향이 있다. 많은 과잉통제 내담자들은 이렇게 치료자의 관심이 집중될 때, 마치 밤에 마주 오는 자동차의 헤드라이트에 비친 사슴이 된 듯한 느낌을 받는다. 그들은 움직이지 못하고 당장 재앙처럼 느껴지는 상황에서 벗어날 수 없다고 느낀다. 한 과잉통제 내담자는, "치료자가 제 눈을 바라보면서 질문을 시작하면 눈을 돌릴 수 없을 것만 같아요. 그 자리에서 얼어붙으면서 더 이상 그분이 말하는 내용이 귀에 안 들어와요. 그분이 말하는 내용이 모두 뒤죽박죽으로 들리고 속으로는 계속 저를 탓하죠. 그 순간에는 거의 말을 할 수 없기 때문에 저한테 일어나는 일을 그분께 말할 수 없어요. 턱이 굳어버리는 것 같아요. 제가 할 수 있는 건 그냥 대화가 빨리 끝나기만을 간절히 바라면서 고개를 끄덕이고 미소를 지으면서 그 분 말씀에 동의하려고 노력하는 것뿐이에요. 이렇게 너무 나약한 제 자신이 싫어요."

치료자는 '헤드라이트 앞의 사슴' 반응(미소, 고개 끄덕임, 동의)의 친사회적 속성으로 인해 내담자가 현재 진행 중인 과정에 참여하고 있다고 단정할 수 있다. 하지만 과잉통제 내담자는 내면적으로 감당하기 버거운 불안을 경험하고 있으며, 대부분은 말없이 자신을 탓하고 있다(예: '나는 정말 바보야, 무슨 말을 해야 할지 모르겠어', '치료자는 내가 바보라고 생각할 거야'). 흥미로운 것은, 영장류에서 볼 수 있는 유화 미소appeasement smiles는 인간에게서 볼 수 있는 '헤드라이트 앞의 사슴' 표정과 가장 유사하다는 것이다(그림 6.4의 오른쪽 참조).

즐거움   유화

그림 6.4. 즐거움과 유화 미소.
(사진 제공: 에모리 대학교 국립영장류연구센터의 리사 파르Lisa Parr 박사)

대개 '헤드라이트 앞의 사슴' 반응은 치료자의 눈 맞춤에 대한 무조건(또는 고전적) 조건 불안 반응으로 시작되는 것으로 추정된다. 대부분의 사람들은 지속적이고 장시간의 눈 맞춤을 위협적인 것으로 경험한다(Ellsworth et al., 1972). 장시간의 눈 맞춤은 다른 사람의 반응에 반응하지 않거나 사회적 규범을 위반할 때 강력한 효과를 발휘한다(예: 웨이터의 관심을 끌기 위해 웨이터를 쳐다보는 것은 괜찮지만, 지하철 안에서 다른 승객을 빤히 쳐다보는 것은 괜찮지 않다). 또한 하향식 실행통제 프로세스와 사전 학습으로 인해 장시간 응시에 대한 방어 반응을 심화할 수 있다. 실제로 많은 과잉통제 내담자들은 치료자와 눈을 마주치는 것을 약함이나 무례함의 표시로 여기며 감히 치료자와 눈을 마주치지 못한다. 이 모든 과정은 순식간에 일어나며 공포와 격렬한 도피 충동으로 확장되기도 한다. 과잉통제 내담자의 딜레마는, 도피에 대한 욕구가 성실과 의무에 대한 핵심 가치(올바르게 행동하고, 옳은 일을 하고, 치료자의 요청에 응해야 한다는 것)와 충돌하고, 자제력이 있어 보이고 싶은 강한 욕구가 우수한 억제성 통제와 결합되면서 미소를 지은 채 참으며 가만히 앉아 있을 수 있다는 것이다.

과잉통제 내담자의 자기통제의 결과는 이렇게 혼합된 메시지를 담고 있기 때문에 해석하기 어려운 일련의 모호한 사회적 신호로 나타난다(예: 참여나 동의를 암시하는 예의 바른 미소를 짓거나 고개를 끄덕이는 것과, 비참여, 차단, 극심한 두려움을 시사하는 눈을 크게 뜨고 쳐다보거나 얼어붙고 긴장된 신체 자세가 합쳐져 나타날 수 있음). 이러한 모호한 신호 특성은 치료자의 전의식 또는 감각수용체 처리 수준에서 개시되는 오래된 진화적 반응을 통해 낮은 수준에서나마 내담자와 유사한 불안을 유발할 가능성이 높다. 여기서 치료자는 본능적 반응과 전문적 훈련 내용이 상충되는 딜레마에 빠진다. 예를 들어 치료자는 치료 목적으로 시작한 내담자와의 눈 맞춤이 갑자기 점점 더 불편해지는 것을 느낄 수 있다. 치료자의 신체적 불편함은 모호한 비언어적 사회적 신호(예: 멍한 눈빛, 얼어붙은 자세, 억지로 웃는 표정)에 대한 정상적인 뇌-신체 반응을 반영하는 것이지만, 그녀가 받아 온 훈련 과정에서는 어떤 대가를 치르더라도 눈을 맞추지 않으면 내담자에 대한 불인정, 무관심, 반대, 두려움 등을 전달할 위험이 있다고 말한다.

대부분의 치료자들은 대안 모형의 부재로 인해, 그동안 받은 전문가 훈련에 따라 계속 불편함을 느끼면서도, 눈을 마주치고 우려의 표정을 유지하는 실수를 저지르게 된다. 친사회적 치료 기회로 의도했던 만남이 어느새 서로가 어떻게 멈출지 모르는 시선 대결처럼 느껴지는 경우도 있다. 이를 적절하게 다루지 못하면 공황에서 도피하고 싶은 충동이 내담자의 치료 회피나(예: 회기에 결석하거나 지각함), 내담자가 약속 시간에 나타나지 않을 때 치료자의 안도감, 그리고 조기 중도 탈락 등으로 발전할 수 있다. 또한 앞서 언급했듯이, 과잉통제 내담자는 내면의 감정을 숨기려는 학습된 경향으로 인해(특히 치료 초기에) 직접적인 질문에 대해서도 불편함을 표현할 가능성이 낮다. 하지만 치료자의 진짜 어려운 문제는, 치료자의 관심으로 촉발된 내담자의 문제를 다루는 것이다. 그 답은 RO DBT의 가장 중요한 사회적 신호 전략 중 하나인 **열 식히기**taking the heat off에 있다.

압박 줄이기 전략

치료자가 '헤드라이트 앞의 사슴' 반응을 감지하면 내담자의 시선을 다른 곳으로 돌려서 열을 식혀야(즉, 단서를 제거해야) 한다. 직접적인 눈 맞춤이 중단되면 '헤드라이트'가 제거되어 내담자가 하향조절하는 데 필요한 개인 공간을 확보할 수 있다. 단 몇 초 동안 눈을 직접 마주치지 않는 것만으로도 내담자가 '헤드라이트 앞의 사슴' 반응을 중단하고 하향조절할 수 있는 충분한 시간을 확보할 수 있다(과잉통제 내담자는 자기통제의 전문가라는 점을 기억하라). 치료자는 내담자로부터 시선을 돌릴 때 바닥을 쳐다보는 행동(수치심, 슬픔, 자신감 부족을 전달할 수 있음)은 피하고, 대신 주의를 끌지 않는 방식으로 시선을 떼야 한다(예: 사색에 잠긴 듯 몸을 뒤로 젖히면서 잠시 위나 옆을 바라보거나, 메모를 작성하면서 클립보드를 아래쪽으로 내려다봄). 그런 다음 치료자는 다시 편하게 눈을 맞추고 평소처럼 계속해서 회기를 진행할 수 있다.

특히 치료 초기에 회기 중 **열 식히기** 전략을 사용할 때는 이를 강조하지 말아야 한다(즉, 대수롭지 않은 듯 진행해야 한다). 아무리 좋은 의도라도 이를 강조하다 보면 십중팔구 과잉완벽주의적인 내담자의 열을 다시 올려서 더 많은 차단을 유발할 뿐이다. 따라서 **열 식히기** 전략은 몰래 주는 선물처럼 전달할 때 가장 효과적이다. 다행인 것은 강력한 작업동맹이 형성되기 시작하면(14회기 정도) 치료자가 '헤드라이트 앞의 사슴' 현상에 대해 구체적인 논의를 시작할 수 있다는 것이다(초기 논의가 '헤드라이트 앞의 사슴' 반응에 바로 이어져서는 안 됨). 치료자는, "우리가 열띤 토론을 하거나 제가 너무 집중하고 있을 때 저와 눈이 마주칠 때가 있는데요, 그럴 때 가끔 당신이 활동을 멈추거나 얼어붙는 것처럼 보이곤 해요. 당신도 그걸 알아차린 적이 있나요?"라고 말하면서 주제를 소개할 수 있다. 치료자는 '헤드라이트 앞의 사슴'에 대한 설명(이 장 앞부분의 내담자 예시 참조)을 소리 내어 읽음으로써 내담자가 이러한 문제를 혼자 겪는 것이 아님을 알도록 돕고, 이 문제가 내담자에게 나타나는 모습에 대한 보다 솔직한 논의를 촉진할 수 있다.

내담자에게는 '헤드라이트 앞의 사슴' 반응이 낯선 사람이나 이제 막 서로를 알아가는 사람들 사이에서 발생할 가능성이 높은 자동적 불안 반응으로서, 장시간 눈을 마주치는 결과로 생길 수 있음을 설명해야 한다. 실제로 직접적인 눈 맞춤은 시선 회피에 비해 방어적 각성(예: 심박수 증가, 피부 전도 반응 상승)을 증가시킨다(Coutts & Schneider, 1975; Nichols & Champness, 1971). 시선에 대한 불안 반응은 사람과 상황에 따라 매우 다양하다(서로 다른 생기질, 문화적 배경, 관계의 역사 등이 복합적으로 작용함). 내담자가 '헤드라이트 앞의 사슴' 반응을 치료 대상으로 삼겠다고 약속하면, RO DBT에서 변화를 촉진하는 데 도움이 되는 다음 네 가지 중첩 전략을 사용한다.

1. '헤드라이트 앞의 사슴' 반응의 빈도를 모니터링하고(예: 다이어리 카드), 필요에 따라 개인치료 체인 분석에서도 다룬다.
2. 내담자가 '헤드라이트 앞의 사슴' 반응을 사회적 유대감을 촉진하고 종 내 갈등

을 방지하는 목적으로 진화한, 순간의 **자기탐구**를 위한 기회로 주의 깊게 관찰하도록 독려한다.
3. 회기 중 눈 맞춤이나 여타의 '헤드라이트 앞의 사슴' 반응을 유발할 수 있는 노출을 활용하여, 단서를 유도하면서 사회적 안전 활성화 기술을 연습시킨다.
4. 내담자가 '헤드라이트 앞의 사슴' 반응을 경험하기 시작할 때마다, 상대방에게서 시선을 완전히 피하지 않고 자연스럽게 돌리는 연습을 하도록 독려한다.

열 식히기 전략은 동맹파열을 복원하는 데 핵심 역할을 한다. RO DBT 개인치료자는 동맹파열의 가능성이 감지되면 시선의 방향을 내담자에게서 멀어지게 하거나(예: 위쪽), 가능하면(내담자에게서 멀어지도록) 의자에 뒤로 기대어 무릎 위에 놓인 클립보드에 글을 쓰면서 잠시 열을 식히는 방법을 익혀야 한다. 또한 앞서 언급했듯이, 강력한 작업동맹이 완전히 확립되지 않은 치료 초기에는 언제 어떻게 열을 식힐지 아는 것이 특히 중요하다. 마지막으로 새로운 행동이나 적응 행동을 강화하고자 할 때는 열을 식히는 전략이 필수적이다. 따라서 과잉통제 내담자가 감정이나 취약성을 솔직하게 있는 그대로 드러내면(예: 치료자에게 동의하지 않거나 화가 났음을 인정), 치료자는 내담자가 솔직하게 털어놓은 것에 대한 감사를 간략히 표하고 인간관계 개선을 위한 내담자의 가치 목표를 내담자의 개방과 연결한 뒤, 해당 주제를 더 깊이 파고들지 않고 벗어나야 자기개방을 더 강화할 수 있다(즉 과잉통제 내담자는 주목받는 것을 굉장히 싫어하므로, 추가 탐색은 내담자가 자기개방을 꺼리게 하는 기능을 할 수 있다).

'가열하기' 전략

RO DBT에서 **가열하기**heat-on 전략은 본질적으로 **열 식히기** 전략과 반대다. **가열하기** 전략은 다양한 형태를 취할 수 있는데, 공통적으로 내담자가 평가받고, 검사받고, 조사받고, 또는 주목받고 있다고 느끼는 모든 형태의 직접적인 관심을 보인다. 흔히 과잉통제 내담자가 **가열하기** 자극으로 인식하는 것으로 직접적인 눈 맞춤, 감탄이나 칭찬, 반복적인 정보 요청, 예상치 못한 놀림(예: **장난스러운 도발**irreverence) 등이 있다. **가열하기** 전략은 과잉통제 내담자가 자신의 한계점(혹은 성장할 수 있는 영역)을 찾고 **자기탐구**를 심화할 수 있도록 도와준다. RO DBT 치료자는 과잉통제 내담자에게 자신의 행동이 왜 비효율적인지 설명하거나 말하기보다는, **개방적 호기심**을 가지고 질문하는 것이 좋다. 예를 들면 남편과의 상호작용을 **체인분석** 하는 동안 내담자에게, "남편이 무슨 말을 할지 이미 다 안다고 생각해서 실제로 남편의 말을 열린 마음으로 듣지 않으셨던 건 아닐까요?"라고 물어볼 수 있다.

대부분의 과잉통제 내담자는 **가열하기** 전략에 대해 다음 세 가지 방식으로 대응한다.

1. 문제를 기꺼이 공개적으로 탐구하려는 의지가 있음을 전달하는 방식으로 질문에 직접 대답함으로써 치료자와 함께하기
2. 대응하기 전에 지연하거나, 멈추거나, 재빨리 방어하거나, 주제를 바꾸거나, 반발하거나, 무기력하게 행동함(10장 「**'반발' 반응**」 및 「**"나를 아프게 하지 말아요" 반응**」에 대한 자료 참조). 이는 비참여 가능성을 암시함
3. 위의 두 반응의 중간 정도로 행동하기(즉, 진정으로 대답하거나 논의에 참여하려고 노력하는 것처럼 보이지만, 질문을 받은 후나 후속 논의를 하면서 태도가 달라진 것처럼 보임. 예를 들어 '헤드라이트 앞의 사슴' 반응이 있을 수 있음)

치료자는 이러한 순간들을 내담자가 더 직접적인 의사소통을 연습할 수 있는 기회로 활용해야 한다. **가열하기** 전략과 **열 식히기** 전략 모두 적응 행동을 강화하는 기능을 할 수 있다. 예를 들어 부담스럽지 않은 수준의 사회적 관심에 빈번하고 짧게 노출되는 것(**가열하기**)과, 솔직하거나 취약한 면을 드러낸 후에 전략적으로 사회적 관심을 제거하는 것(**열 식히기**)은 개방적인 감정 표현에 대한 강력한 인센티브로 작용하여 간접적으로 사회적 유대감을 향상할 수 있다.

협력적 사회적 신호를 치료적으로 활용하기

여러 문화권에서 미소는 사회적 수용과 타인에 대한 우호적인 인간관계 의도, 행복을 비롯한 긍정적인 감정을 나타낸다(Horstmann & Bauland, 2006; Lundqvist & Öhman, 2005; Parkinson, 2005). 미소는 강력한 사회적 신호이며, 우리는 의식적으로 인식하기도 전에(즉, 수 밀리초 이내에) 이미 미소에 감정적으로 반응한다(L. M. Williams et al., 2006). 우리는 진짜 미소와 가짜 미소를 잘 구분할 수 있으며(Ekman, 1992), 미소를 통해 낯선

사람의 성격 특성과 신뢰성, 즉 따듯한지(예: 친절함, 친근함) 아니면 차가운지(예: 냉담함, 까칠함. L. M. Williams et al., 2006)에 대한 인상을 빠르고 확실하게 형성한다. 연구에 따르면 미소는 성인과 유아 모두에게 사회적 보상으로 작용할 수 있다(Niedenthal, Mermillod, Maringer, & Hess, 2010). 또한 미소는 전염성이 강해서, 사람들은 자신에게 미소를 짓는 사람에게 쉽게 진심 어린 미소를 되돌려 준다.

미소는 또한 즐거움이나 기쁨이 아니더라도 긍정적 또는 비공격적 의도를 나타낼 수 있다(Cashdan, 1998; Fridlund, 1991, 2002). 예를 들어 부끄러운 표정의 핵심 구성 요소인 억제된 미소는 유화 신호(회피하는 눈)와 친근감 신호(수줍은 미소)가 결합된 것으로, 사회적 지위에 대한 평가를 반영하고 용서에 대한 희망과 소속감을 전달하는 기능을 한다(**그림 6.3**에 제시된 당황스러움의 원형적 표정 참조). 부끄러운 표정은 여러 가지 동작(예: 시선 회피, 고개 숙이기, 고개 숙였다 펴기, 미소 짓기)을 동반하고 얼굴이 붉어지는 경우가 많기 때문에 감추기 어렵다. 흥미롭게도 대부분의 사람들은 부끄러움을 억제하는 사람보다는 강한 부끄러움을 드러내는 사람과 더 많은 시간을 보내고 싶어 하며(Feinberg, Willer, & Keltner, 2012), 얼굴을 붉히는 사람은 그렇지 않은 사람보다 신뢰와 호감을 더 많이 얻는다(De Jong, 1999; Dijk, Voncken, & de Jong, 2009). 따라서 부끄러움을 표현하는 것은 발신자의 친사회적 의도를 인증하거나 확인하는 기능도 한다.

미소의 친사회적 신호 기능의 또 다른 예는 일명 유화 미소에서 찾아볼 수 있다. 이를 드러내는 조용한 미소(**그림 6.4**의 오른쪽 참조)는 대부분의 영장류에서 발신자가 해를 끼치려는 의도가 없을 때 짓는데, 이는 대개 비공격성, 비우월성, 또는 친교 의향을 나타내려는 억지 미소이며 인간의 친교 미소(Parr & Waller 2006, Niedenthal et al, 2010) 및 유화와 비우월성을 불안하게 드러내는 표정('헤드라이트 앞의 사슴' 반응)에서 짓는 미소와 유사한 근육 움직임을 보인다. 반면에 **그림 6.4**의 왼쪽에 있는 즐거움의 미소는 인간의 진실된 웃음이나 즐거움의 미소와 유사한 것으로 여겨지는 '장난스러운' 표정을 보여 준다(Parr & Waller, 2006). 따라서 사회적 신호로서 미소는 단순한 내적 행복의 표현을 넘어선다. 미소는 친밀한 사회적 유대를 형성하거나, 유지하거나, 회복하는 데 필수적인 친사회적 의도를 전달하는 기능을 할 수 있도록 진화적으로 발달한 사회적 신호를 나타낸다.

진실된 미소

진실된 미소Genuine smiles('뒤센Duchenne 미소', '기쁨 미소', '즐거운 미소'라고도 함. **그림 6.5**의 오른쪽 참조)는 재미, 즐거움, 만족감, 기쁨의 감정을 반영한다. 이러한 미소는 사교적 미소나 예의 바른 미소polite smiles에 비해 시작이 약간 느리고 지속 시간이 길며, 남 앞에서 보일 때 눈을 마주치지 않을 수 있다는 특징이 있다(그림 6.3에 제시된 즐거움의 원형적 표정 참조). 따라서 진실된 미소가 항상 사회적 신호를 나타내는 것은 아닐 수 있다. 그러나 즐거운 미소는 관찰자에 대한 전염성이 강하기 때문에, 남이 진정한 즐거움을 표현할 때 자신도 웃거나 미소를 짓지 않기는 어렵다. 진실된 미소, 즉 뒤셴 미소는 입꼬리를 조절하는 큰광대근zygomaticus major과 안구를 둘러싸고 있는 눈둘레근orbicularis oculi이라는 두 세트의 안면 근육이 동시에 활성화되는 반면, 사교적 혹은 예의 바른 미소는 큰광대근만 단독으로 활성화되는 것이 특징이다(그림 6.5의 왼쪽 참조).

예의 바른 미소　　　　진실된 미소

그림 6.5. 예의 바른 미소 vs 진실된 미소

예의 바른 혹은 사회적 미소

　예의 바른 또는 사회적 미소는 기쁨 없이 짓는 친사회적 신호로, 거울 앞에서 미소 연습을 하지 않는 한 사회적 맥락을 벗어난 상황에서는 거의 나타나지 않는다. 마음에서 우러나는 진실된(혹은 즐거운) 미소가 천천히 시작해서 서서히 사라지는 것과 달리, 예의 바른 미소는 빠르게 시작했다가 빠르게 사라지기 때문에 쉽게 알아볼 수 있다(예를 들어, 지인과 우연히 마주쳤을 때 빠르게 나타난 미소는 지인이 자리를 떠나는 순간 곧바로 사라질 가능성이 높다). 이러한 미소는 사회적 비난을 피하거나, 내면의 감정을 감추거나, 상사에게 아첨하거나, 우위에 있는 사람의 비위를 맞추기 위해 고안된 자의식적 자기표현과 깊이 관련되어 있다. 이러한 미소는 눈둘레근의 활성화가 눈에 띄게 부족하다는 특징이 있으며, 상황에 따라 반응하지 않고 침팬지에서 볼 수 있는 유화 미소마냥(치아를 드러낸 채 계속 똑같이 유지되거나 고정된 상태로 있으면, 수신자로부터 진실되지 않은 미소(일명 '죽은 눈 미소dead-eye smiles')로 평가받는다(**그림 6.4**의 오른쪽 참조).

특히 과잉친화 하위유형(9장 참조)에 속하는 과잉통제 내담자는 상호작용 중에 예의 바른 미소를 남용할 가능성이 높다. 안타깝게도 과잉통제 유형의 내담자가 친사회적 신호(예: 윗니와 아랫니를 모두 드러내는 미소나 활짝 웃는 미소)의 지속 시간과 강도를 높여 부정적 감정(예: 부러움, 분노, 슬픔)을 숨기려는 강력한 시도를 함에도 불구하고, 대부분의 사람들은 진실된 미소와 예의 바른 미소를 잘 구별하기 때문에 이는 대개 실패로 돌아간다(L. M. Williams et al., 2006). 예의 바른 미소를 계속 짓고 있는 사람과 수신자는 모두 진정성의 결여를 경험하게 되는데, 이는 사진작가로부터 "그대로 웃고 계세요"라고 요청받았을 때 드는 불편한 감정과 유사하다. 요청대로 있다 보면 미소가 고정되며 진정한 즐거움을 반영하는 자발적 미소는 금방 사라져 버리고, 그전까지 경험한 행복감의 미약한 근사치만을 속으로 느끼게 된다(우리가 머뭇거리는 친구에게 빨리 사진을 찍으라고 요청하는 이유가 그래서다). 따라서 괜찮지 않은데도 모든 게 다 괜찮은 척하려는 과잉통제 내담자의 시도는, 그들이 통제를 통해 애써 피하려고 했던 바로 그 상황을 초래한다. 즉 사람들이 그들의 지나치게 친사회적인 행동을 불쾌하게 여긴 결과, 앞으로 그들과의 상호작용을 피할 가능성을 높인다.

하지만 모든 예의 바른 미소나 사회적 미소가 문제가 되는 것은 아니다. 예를 들어, 암으로 죽어가는 친구가 슬픈 감정을 보고 싶어 하지 않을 줄 알고 그 앞에서 미소를 짓는 것은 이타적인 행동일 수 있다. 이러한 행동은 긍정적인 사회적 의도를 알리는 중요한 수단이며, 종종 다른 사람과 친밀한 사회적 유대감을 형성하는 초반에는 사회적 윤활유 역할을 한다. 새로운 사람을 처음 만났을 때는 수다와 예의 바른 미소가 친밀감을 높이기 위한 기본 요소로, 자신의 긍정적 의도를 알리는 동시에 상대방이 부담감을 느끼지 않고 관계를 돈독히 할 수 있는 공간과 시간을 제공한다. 예의 바른 미소는 갈등을 완화하거나(예: 긴장된 협상 중에 분위기를 밝게 만듦) 공격적이지 않은 의도를 알리는 데도 사용할 수 있다(예: 경찰이 접근했을 때).

입을 다문 협력적 미소

미소의 딜레마에 대한 해결책은 입을 다문 협력적 미소closed-mouth cooperative smile를 짓는 것이다. 입을 다문 협력적 미소는 의식적으로 연출하는 미소들과 달리 인위적이거나 가식적인 느낌 없이 비교적 오랜 시간 동안 안정적으로 유지될 수 있다. 이 미소는 무표정하거나 중립적이거나 염려하는 표정으로 발생하는 문제를 피하는 동시에, 문제 행동을 논의하거나 동맹파열을 복원하는 동안 과잉통제 내담자가 부지불식간에 과민반응하는 경향을 차단한다. 또한 입을 다문 미소는 발신자와 수신자 모두에게 진정한 기쁨의 미소로 경험될 가능성이 높으며, 결과적으로 상호 미소와 사회적 안전 반응을 유발할 수 있다(Porges, 2003a). 입을 다문 협력적 미소(그림 6.6 참조)는 양쪽 입꼬리를 위로 올리고 입술을 이 위로 쭉 뻗되, 이가 노출되지 않도록 입을 다물고 있는 미소다. 이 미소를 지을 때는 대개 눈을 직접 마주치고, 눈이 약간 수축되거나 시야가 좁아지며, 진정한 기쁜 미소의 특징인 눈가의 잔주름이 함께 나타난다(즉, 안륜근이 활성화됨).

입을 다문 협력적 미소는, 입을 다문 유화 미소나 부끄러운 미소의 특징으로 나타나는 시선을 회피와 고개 숙임과는 다르다(Sarra & Otta, 2001. **그림 6.3** 참조). 또한 일명 옅은 미소half smile(Linehan, 1993a)와도 다르다. 옅은 미소는 입술을 쫙 펴지 않고 입꼬리가 많이 올라가지 않으며 눈가에 잔주름이 잘 생기지 않아서 표현력이 떨어진다. 옅은 미소는 이 장의 뒷부분에서 설명하는 강도 미소와 신체적으로 더 비슷하기 때문에 쉽게 오독될 수 있다. 옅은 미소와 강도 미소는 만족감부터 강한 혐오감, 타인의 불행에 대한 쾌감에 이르기까지 다양한 감정 및 의도와 관련 있다. 예를 들어, **그림 6.7**에 나오는 지배적high-dominance 옅은 미소(강도 미소)의 위협적 특성은 입을 없앨 때(손으로 입을 가릴 때) 가장 분명해진다. 세계에서 가장 유명한 옅은 미소인 레오나르도 다 빈치의 그림 모나리자(**그림 6.8** 참조)는, 여인의 얼굴에 미묘한 그늘이 드리워져 있어 미소의 정확한 성격을 알 수 없고 즐거움에서 경멸에 이르기까지 다양한 해석이 가능하기에 흥미롭다(Livingstone, 2000).

그림 6.6.
입을 다문 협력적 미소

그림 6.7.
지배적 옅은 미소(강도 미소)

그림 6.8.
수수께끼 같은 옅은 미소

치료자가 회기에서 자연스럽게 적용하기 위해(거울 같은 것을 보면서) 입을 다문 협력적 미소를 짓는 연습을 하면 좋다. 실제로 영상으로 촬영된 치료 회기를 분석한 결과, 일부 치료자는 치료적 장면이나 인간관계에서 침착하고, 중립적이고, 염려하는 표정이 중요함을 강조하는 과잉학습된 전문가적 감정 표현 습관에서 벗어나는 것이 매우 어려움을 실감한다. 치료자는 이런 과잉학습된 습관의 반대로 하기 위해 너무 많이(혹은 너무 심하게) 웃는 등 과도한 교정을 보이기도 한다. 대부분의 경우 이는 상대방의 반응에 무관하게 윗니를 드러낸 채 계속 미소 짓는 것으로 해석된다. 애초에 치료자의 목표는 진정한 애정과 협력을 전달하는 것이지만, 변함없이 치아를 드러내는(즉, 반응이 없는) 미소는 발신자와 수신자 모두에게 인위적인 느낌을 들게 한다. 이는 카메라를 향해 미소를 지어달라고 요청받은 후 사진사가 더듬거리며 촬영을 지연할 때와 비슷한 느낌으로, 오래 참을수록 처음의 진실되고 솔직한 기쁜 미소는 빠르게 사라지며 점점 더 가짜처럼 느껴지는 예의 바른 미소만 남는다.

좋은 소식이 있다면, 미소의 진위를 확인할 수 있는 몇 가지 자동적 지표가 있다는 것이다. 예를 들어 입을 다문 협력적 미소를 지으면 거의 즉시 자동적으로 심호흡이나 만족의 한숨이 나오는 것이 일반적이며, 이는 PNS-VVC가 활성화됐음을 의미한다. PNS-VVC는 사회적 신호 근육(머리와 얼굴)뿐만 아니라 호흡을 깊고 느리게 하고 심박 출량을 감소하는 신경억제성 미주섬유를 조절하여, 상호작용 중에 진실된 따뜻함과 평온한 친근함을 알리는 데 필수적인 신호를 보낸다. 미소를 지을 때 양쪽 눈썹을 동시에 추켜올리면 사회적 안전 반응이 향상되는 경우가 많다(이 장 뒷부분의 **「눈썹 추켜올리기」** 참조). 따라서 치료자는 입을 다문 협력적 미소를 배울 때 사회적 안전에 대한 본능적(혹은 신체적) 경험을 사용하여 얼마나 크게 입을 다물고 미소를 지을지 가늠할 수 있다. 또한 무의식적으로 심호흡이나 한숨을 내쉬는 것은 미소가 치료자의 사회적 안전 시스템을 성공적으로 활성화했음을 나타내는 증거로 사용될 수 있으며, 내담자도(거울뉴런 시스템의 활성화를 통해) 비슷한 느낌을 받을 가능성이 높다.

부족 대사로서의 치료자

RO DBT는 치료자가 과잉 완벽주의적인 과잉통제 내담자를 수정·교정·제한·개선하는 대신, 부족 대사와 같은 자세를 지니도록 장려함으로써 사회적 유대감을 우선시한다. 부족 대사는 사회적으로 외면받는 과잉통제 내담자에게 친절·협력·애정을 보이며, "집에 오신 것을 환영합니다. 기대치 혹은 그 이상을 충족하려는 당신의 열망과 자기희생에 감사드립니다. 당신은 열심히 일했으니 쉴 자격이 있습니다"라고 말한다. 그러나 대사는 좋은 친구가 종종 그렇듯이, 내담자가 가치 목표를 달성하도록 돕기 위해 자신의 오류성을 인지할 수 있도록 고통스러운 진실을 말해야 한다는 것도 알고 있다.

대사는 체면을 살려주는 역할도 하는데, 누구의 기분도 상하게 하지 않으면서 개인(또는 국가)이 잘못을 인정할 수 있도록 도와준다. 또한 대사는 외국 사람들이 자신과 같은 생각·감정·행동을 할 것이라고 기대하지 않고, 그 나라의 언어와 관습을 배운다. 그들은 항상 대가를 바라지 않고 손상된 관계를 복원하기 위해 자기희생을 할 수 있다. 따라서 대사는 우리가 도움을 주면서 도움받는 사람에게 "당신은 저한테 빚진 것이 없습니다"라는 강력한 사회적 유대감의 메시지를 전달하고 있음을 알고 있다. 이 단순한 친절의 행위는 인류의 핵심 장점 중 하나인, 함께하면 더 잘할 수 있다는 것의 근간을 이룬다.

대사는 다른 나라 사람들과 친한 친구처럼 이야기한다. 친구들끼리 있을 때는 자연스럽게 자의식이 줄어들고 긴장을 풀고 경계를 늦추게 된다. 치료의 맥락에서 경계심을 버린다는 것은(적어도 어느 정도는) 직업적 역할을 놓아 버리는 것을 의미한다. 연구에 따르면 우리는 친구와 함께 있을 때 긴장을 풀고, 편하게 기대고, 빈둥댈 때가 많다. 제스처와 얼굴 표정은 더 풍부해진다. 격의 없는 말을 사용하며 때로는 비속어나 욕도 한다. 친구끼리는 상대를 변화시키려 하지 않고, 상대가 옳은 일을 할 것이라고 믿으며 서로의 차이를 존중한다. 따라서 치료자는 친한 친구나 가족에게 주로 사용하는 방식을 채택함으로써 과잉통제 내담자를 우리 부족의 일원으로 간주한다는 신호를 보낸다(과잉통제는 외로움이 특징인 질환임을 명심하라). **편한 태도**easy manner는 굳이 말하지 않아도, "저는 당신이 좋습니다. 저는 당신이 옳은 일을 할 것이라고 믿습니다. 저는 당신의 능력을 믿습니다. 저는 당신의 말에 관심이 있습니다. 저는 당신에게 해를 끼치려는 것이 아닙니다. 저는 당신보다 나은 사람이 아니며 제가 틀릴 수도 있습니다"라는 의미를 전달한다.

하지만 **편한 태도**를 전달하는 것은 치료자가 전문적으로 훈련받은 방식과는 반대일 수 있다. 일부 치료자는 과잉통제 내담자와의 회기 중에 의자에 등을 기대거나 일시적으로 시선을 피하거나 눈썹을 추켜올리는 것이 어렵거나 어색하다고 느낀다. 이는 종종 똑바로 앉아 눈을 마주치는 것의 중요성을 강조하는 사전 교육을 반영하는 것이다. 또한 치료자의 성격을 반영할 수도 있다. 연구에 따르면 대부분의 치료자들은 과잉통제형 성격 스타일에 기울어져 있거나, 과잉통제형 가족·문화·환경의 영향(예: "구부정하게 있지 말고 똑바로 앉아라")을 받는다. 다행히도 우리의 연구와 경험을 바탕으로 치료자들을 교육한 결과, 처음에는 **편한 태도**를 모델링하는 데 어려움을 겪은 대다수의 치료자들도 약간의 연습을 통해 이를 적용하는 방법을 배울 수 있었다.

중요한 것은, **편한 태도**는 지나치게 조심스러운 태도도 아니고, 내담자를 약하게 여기면서 곧바로 인정·진정·조절·해결책을 제공해 주는 것도 아니라는 것이다. 치료자는 내담자의 기분을 나아지게 하거나 문제를 해결하는 것이 자신의 일이라고 여기지 않으면서도, 기꺼이 내담자를 도와주겠다는 신호를 보냄으로써 내담자 스스로 책임감을 갖도록 한다. 따라서 **편한 태도**가 지니는 비지시적 속성은 내담자가 어느 정도는 자신의 삶에서 일어나는 사건에 대한 감정 반응을 스스로 선택할 수 있음을 인식하고(예: 누구도 자신에게 화나 슬픔을 느끼도록 강요할 수 없음), 세상을 가혹하게 비난하지 않고 자신의 삶에 책임지는, 때로는 고통스럽지만 대개는 해방감을 경험하는 과정을 시작하는 데 필요한 공간을 마련해 준다.

눈썹 추켜올리기

눈썹 추켜올리기eyebrow wag 또는 눈썹 깜박임은 양쪽 눈썹을 동시에 위로 움직이는 보편적인 사회적 수용 신호로, 대부분 진실된 미소, 친절하거나 행복한 눈빛, 자연스러운 목소리 톤을 동반한다. 눈썹을 추켜올리는 것은 자연스럽게 "저는 당신이 좋습니다" 혹은 "당신은 우리 부족에 속해 있습니다"라고 말하는 것과 같다. **눈썹 추켜올리기**는 인사, 유혹, 승인, 확인 요청, 감사 표시 등 다양한 사회적 상황에서 발생하고, 대개 의식적이지 않으며, 여러 문화권에서 나타나는 강력한 사회적 신호다(Grammer, Schiefenhovel, Schleidt, Lorenz, & Eibl-Eibesfeldt, 1998). **눈썹 추켜올리기**는 친근한 제스처로, 호혜적 및 이타적 교환에 대한 친사회적 욕구에 기반한 비친족nonkin 간 협력을 꾀하는 비언어적 신호로서 진화한 것으로 추정된다(R. H. Frank, 1988). 우리를 싫어하는 사람이 인사하거나 라이벌이 말하는 것을 보면서 눈썹을 추켜올리는 것은 대개 힘든 일이지만, 그렇다고 눈썹을 추켜올리지 않는 것을 비호감의 결정적 증거로 간주해서는 안 된다. 예를 들어 상대방이 고통스럽거나 괴로워하고 있을 수도 있고(고통과 위협은 사회적 안전 반응과 친사회적 신호를 끎), 많은 과잉통제 내담자들처럼 눈썹 추켜올리기라는 사회적 신호를 보내는 데 생기질적 결핍을 지니고 있을 수도 있다.

눈썹 추켜올리기는 협력적 의도를 나타낼 뿐만 아니라, (미세모방과 거울뉴런 시스템을 통해) 사회적 안전 시스템을 활성화하여 새로운 정보나 비판적 피드백에 대한 개방성과 수용성을 촉진한다. 이는 애정·관심·개방성을 나타내는 동시에 치료자와 내담자 모두 상호작용을 직관적으로 새로운 학습 기회로 경험할 가능성이 높다. 따라서 치료자가 과잉통제 내담자에게 이의를 제기할 때는, 염려하는 표정을 짓기보다는 말할 때와 들을 때 모두 눈썹을 추켜올리는 것을 선택할 가능성이 훨씬 높다(그림 6.9 참조). 이는 애정, 관심, 개방성을 나타내는 동시에, 치료자와 내담자 모두 새로운 학습 기회로 활용해 상호작용을 본능적으로 경험할 수 있다.

그림 6.9. 눈썹 추켜올리기(왼쪽) vs 염려하는 표정(오른쪽)

개방성과 편한 태도 전달하기

과잉통제 내담자는 생물학적으로 사소한 불일치나 불확실성을 잠재적인 위협으로 받아들이는 경향이 있다. 즉, 이들은 속으로는 긴장되더라도 겉으로는 괜찮다고 말하고는 한다. 안타깝게도 치료자든 내담자든 감정 표현을 억누르거나 감추려는 시도는 의식하지 못하는 사이에 관계에 부정적 영향을 끼친다(우리가 특정한 느낌이나 감정이 없는 얼굴 표정에 대해 수 밀리초 내에 반응한다는 사실을 기억하라. L. M. Williams et al., 2004). 따라서 치료자가 속으로는 긴장해 있으면서 겉으로만 느긋한 척, 장난기 있는 척, 여유로운 척하면, 내담자는 무언가 잘못됐음을 본능적으로 감지하며 "치료자도 못하는데 나라고 별 수 있을까?"라고 생각하며 조심하고 망설일 가능성이 높다. 다행인 것은 **편한 태도**와 관련된 신체 자세, 제스처, 얼굴 표정이(거울뉴런 시스템을 통해서) 치료자와 내담자 모두에게 사회적 안전 반응을 자동적으로 유발함으로써(PNS-VVC 활성화. 2장 참조), 두 사람 모두 진정한 편안함과 사회적 참여를 더 쉽게 느낄 수 있다는 것이다.

RO DBT에서는 사회적으로 **편한 태도**(그림 6.10)를 전달하기 위해 치료자가 비언어적으로 자세, 시선 접촉, 표정을 조정하도록 한다. 대부분은 다음과 같은 방법들이 있다.

- 내담자와의 거리를 늘리기 위해 의자에 뒤로 기대기
- 어깨를 약간 돌리기 위해 내담자와 가까운 쪽 다리를 다른 다리 위로 올리기
- 천천히 심호흡하기
- 잠시 눈을 떼기
- 눈썹 추켜올리기
- 입을 다물고 미소를 지으며 시선을 다시 내담자 쪽으로 돌리기

마지막으로, 과잉통제 내담자의 치료에서 전략적으로 **편한 태도**를 사용할 때(예: 열을 식히기), 치료자는 내담자에게 자신이 하는 일을 설명하려는 충동을 자제해야 한다. 자칫하면 이러한 설명으로 인해 다시 열기를 더하거나 내담자가 자신의 행동을 정당화하거나 방어하려는 시도를 유발할 수 있다.

방금 설명한 모든 것은 단 몇 초 안에 이루어진다. 치료자가 내담자가 더 말을 많이 할 수 있도록 내담자가 말하려고 할 때 자신의 말을 잠깐 멈추거나, 말하는 속도를 늦추거나, 더 부드러운 목소리 톤으로 말하면 **편한 태도**를 전달하는 데 더 도움이 될 수 있다. 치료자가 이미 의자에 등을 기대고 있다면, (특히 방에 긴장이 감돌 때는) 같은 자세로만 있지 말고 몸을 움직이는 것이 좋다. 치료자가 이를 내담자 모르게 하는 가장 좋은 방법은 항상 마실 것(예: 커피 한 잔)을 가까이 두는 것이다(회기를 시작할 때 내담자에게도 마실 것이 있는지 꼭 물어볼 것). 기본적으로 치료자는 앞으로 몸을 기울여 음료를 한 모금 마시는 것을 간단한 소품으로 활용해야 한다. 이렇게 하면 경직된 신체 자세가 풀리면서 신호가 정상적으로 전달된다. 치료자는 음료를 한 모금 마신 뒤 의자에 뒤로 기대어 다시 시작할 수 있고, 그렇게 같은 동작을 계속 반복할 수 있다(단, 다시 할 때는 의자에 뒤로 기대는 것이 이전보다 더 편안하게 느껴질 수 있다).

그림 6.10. 편한 태도 전달하기

마지막으로, 치료자가 **편한 태도**를 전달하는 방법을 처음 배울 때는 과잉교정하지 않도록 주의해야 한다(예: 내담자의 말과 상관없이 계속 미소를 지음, 절대 몸을 앞으로 기울이지

않음). 이러한 문제를 최소화하는 데 도움이 되는 몇 가지 일반적인 원칙이 있다. 첫째, 치료자는 **편한 태도**를 전달하는 데 어려움이 느껴지면(특히 RO DBT를 처음 배울 때는) 이러한 내적 불편을 자기성찰의 기회로 삼을 수 있다. 이를 위해 자문팀, 슈퍼바이저, 다른 치료자에게 자신의 어려움을 털어놓고 온전히 열린 마음으로 피드백을 받아들이는 연습을 하는 것이 좋다. 둘째, **편한 태도**를 너무 진지하게 받아들이지 말고, 회기에서 일어나는 일과 무관하게 적용하지 말아야 한다. 내담자가 자유롭게 질문에 답하고, 주제에 집중하고, 적극적으로 경청하고, 내면의 경험을 드러내는 식으로 회기에 참여하고 있을 때는 비언어적 신호가 덜 중요할 수 있다(예: 내담자가 위협을 느끼지 않으므로 앞으로 몸을 숙이거나 눈을 맞추는 것은 중요하지 않음).

유대감 제스처와 접촉

유대감 제스처connecting gestures에는 화자의 말을 잠자코 들으면서 미소를 짓고 고개를 끄덕이는 것이 있으며, 이는 청자가 화자를 같은 부족에 속한 사람으로 여긴다는 신호를 보낸다. 사회적 유대감을 나타내는 제스처·애정·공감을 전달하는 언어적 표현은 위로하듯 어깨를 감싸는 접촉touch과 합쳐질 때 더욱 강력하게 전달된다. 일반적으로 접촉은 친구·가족·연인·반려동물 등 가장 친숙하거나 친밀한 대상과만 한다. 적절하게만 사용한다면 접촉은 긍정적 치료동맹을 강화하는 강력한 수단으로 기능할 수 있다. 어려움을 겪고 있는 내담자의 팔꿈치를 가볍게 만지는 것만으로도 진정한 배려를 전달할 수 있다.

하지만 치료자는 과잉통제 내담자와 작업할 때 어떤 종류의 접촉도 의도대로 받아들여질 것이라고 가정해서는 안 된다. 우선 과잉통제 내담자는 생기질적 위협 민감성이 높기 때문에 개인 공간에 대한 욕구도 더 클 가능성이 높고, 비교적 사소한 개인 공간 침범에 대해서도(설령 불편함을 표현하지 않아도) 부정적으로 반응할 수 있다. 개인 공간은 심리적으로 자기 것으로 여기는 개인 영역으로, 대부분의 사람들은 개인 공간이 침범될 때 불편·분노·불안 등을 경험한다(혼잡한 지하철처럼 개인 공간을 확보하지 못하는 상황은 제외). 과거의 외상(예: 성적 학대, 신체적 외상) 역시 두려움을 더욱 고조시키거나 접촉에 대한 강한 혐오감을 유발할 수 있다. 또한(대부분의 과잉통제 내담자가 그러하듯이) PNS-VVC를 매개로 한 사회적 안전 시스템이 하향조절되면, 접촉을 하거나 받으려는 욕구가 줄어든다는 사실을 명심하라. 대부분의 과잉통제 내담자들은 다른 사람을 만지거나 만져진 경험(예: 포옹, 손잡기, 키스, 쓰다듬기)이 적기 때문에, 다른 사람이 접촉을 시도할 때(예: 파티에서 포옹) 어떻게 대응해야 할지 잘 모를 가능성이 높다.

따라서 과잉통제 내담자는(특히 치료 초기에) 치료자의 접촉에 대해 혼란스러워하거나 침습적·위협적으로 느끼기도 하고, 심지어는 성적 유혹으로 오해할 가능성도 높다. 과잉통제 내담자와 작업하면서 치료적 접촉을 언제 어떻게 사용할지에 대해서는 보수적으로 접근하는 것이 가장 효과적이다. 예를 들어 치료자가(특히 힘든 회기가 끝난 뒤) 내담자를 안아주고 싶을 때처럼 접촉이 긍정적으로 받아들여질 것으로 확신하지 못하는 경우에는 아예 접촉하지 않는 쪽을 택해야 한다. 때로는 과잉통제 내담자에게 "방금 말씀하신 내용이 너무 훌륭해서 안아드리고 싶은 마음에 드네요"라고 말하는 것만으로도 긍정적인 친교의 메시지를 전달할 수 있다. 이는 내담자가 신체적 친밀감을 높이거나 접촉을 유도하는 데 있어 주도권을 잡게 해준다. 흥미롭게도 한 연구에 따르면, 치료자가 사회적 접촉을 할 때 호감도와 유대감에 대한 내담자의 평가는, 어느 정도까지 증가했다가 수신자가 과도하다고 느끼는 방식으로 접촉이 이루어질 때는 감소했다(Montague, Chen, Xu, Chewning, & Barrett, 2013).

이러한 주의 사항에도 불구하고 치료자는 과잉통제 내담자와 작업할 때 접촉을 주제로 논의하는 것을 피하지 말아야 한다. 민감할 수 있는 다른 주제(예: 성 및 외상)와 마찬가지로, 접촉을 다룰 때는 접촉과 관련된 어려움은 흔하며 결코 부끄럽게 여길 필요가 없다는 신호를 전달하는 방식으로 진행돼야 한다. 일부 과잉통제 내담자는 다른 사람과 접촉하는 방법(예: 포옹하는 방법, 악수하는 방법, 관계 별로 적절한 접촉 유형)이나 자신과 접촉하는 방법(예: 팔로 가슴을 감싸 안는 포옹 연습, 자신의 얼굴이나 목을 쓰다듬는 연습, 뜨거운 물병을 배에 대는 연습, 『기술훈련 매뉴얼』 5장 3과 참조)에 대한 교육이 필요할 수 있다. 마지막으로, 접촉은 배려를 전달하는 핵심 수단이 될 수 있다. 치료자는 과잉통제 내담자를 절대 만지지 않는 것을 규칙으로 삼아 과잉교정하지 않도록 주의해야 한다. 대신 치료자는 접촉과 관련한 현안은 내담자마다 상당히 다를 수 있다는 점을 인식하고, 그에 따라 각각의 상황에 맞는 행동을 취해야 한다.

유대감 제스처에는 RO DBT에서 흔히 **큰 제스처**big gestures 또는 **확장 제스처**expansive gestures라고 지칭하는 제스처가 있다. 넓고 개방적인 제스처는 수용성, 안전, 의지willingness를 나타내며 대개 긍정적 기분 상태와 관련 있다. 이러한 제스처는 학습된 것이 아니며 문화에 따라 표현 방식이 달라지지도 않는다. 예를 들어 평생 다른 사람의 표정이나 제스처를 본 적이 없는 시각장애 운동선수도, 승패에 대해 비시각장애 운동선수와 동일하게 확장된 표정과 제스처를 보이는 것으로 나타났다(Matsumoto & Willingham, 2009). 반대로 누군가를 불신하거나 상실을 경험하면, 제스처와 몸의 움직임이 자기도 모르게 움츠러들고, 몸짓이 작아지고, 방어적으로 팔을 몸에 더 가까이 붙이게 된다. 치료자는 내담자와 작업할 때, 특히 진료실에 긴장이 고조되어 있을 때 더 크고 넓은 제스처를 사용하는 습관을 들여야 한다.

놀림, 비우월성, 장난스러운 도발

유아가 처음 보이는 웃음은 안전 신호(예: 미소 짓는 엄마)가 위험 신호(예: 까꿍 놀이)와 결합될 때 발생한다. 마찬가지로 친근한 놀림friendly teasing 역시 위험 신호와 안전 신호가 결합된 것으로, 대개 상호 웃음과 가벼운 접촉을 동반한다. 친구들은 항상 장난스럽고 다정하게 서로를 놀려댄다. 연구에 따르면 놀림과 농담은 친구들이 너무 심하지 않은 표현으로 격의 없이 서로의 결점을 지적하는 방법이다. 놀리고 또 놀림받는 방법을 배우는 것은 건강한 사회적 관계의 중요한 부분이며, 정감 있는kindhearted 놀림은 부족·가족·친구들이 서로에게 피드백을 주는 방식이다. 비판적인 피드백을 공개적으로 받아들이고 그에 따라 행동하는 것은, 개인의 생존이 더 이상 개인의 인식에만 의존하지 않을 수 있는 큰 진화적 이점을 가져다주었다. 이는 우리가 다른 사람의 의견을 중요하게 생각하는 이유를 설명하는 데 도움이 된다.

좋은 놀림은 언제나 친절하다. 놀림은 대개 무표정하거나 거만한 목소리나 위협적인 표정(예: 무심한 눈빛), 제스처(예: 손가락 흔들기), 몸짓(예: 엉덩이에 손 얹기)으로 전달되는 예상치 못한 도발적인 발언으로 시작하고, 곧바로 웃음, 시선 회피, 움츠러드는 자세 등의 반응이 이어진다. 따라서 정감 있는 놀림은 일시적으로 갈등과 사회적 거리감을 유발하지만, 비우월성 친근감을 표현함으로써 빠르게 사회적 유대감을 회복한다. 놀림을 가볍게(즉, 친하게 꾹 찌르는 것처럼) 받아들이기 위해서는 비우월성 신호가 중요하다(Keltner et al., 1997). 놀림은 장난스럽고 상호적일 때 사회적 유대감을 형성한다. 실제로 놀리는 행위는 유혹의 중요한 구성 요소다(Shapiro, Baumeister, & Kessler, 1991). 놀림받는 것을 꺼리지 않는 사람들은 자신이나 삶을 너무 심각하게 생각하지 않고, 개인적 약점·실수·사건에 대해(친구들과 함께) 웃을 수 있는 여유로운 태도를 지니고 있다.

RO DBT에서 **장난스러운 도발**은 친구들 간의 좋은 놀림의 치료적 버전이다. **장난스러운 도발**은 치료자의 애정과 개방성을 알리는 동시에 내담자의 부적응 행동에 이의를 제기하는 RO DBT의 변증법적 전략의 일부다. 대부분의 경우 **장난스러운 도발**은 내담자의 모순되거나 특이하거나 비논리적인 말과 행동(예: 내담자가 말을 못한다고 말하거나, 해고되기 바라는 마음에 거짓말한 동료에게 전혀 적대감이 없다고 보고함)에 대한 치료자의 비언어적 또는 언어적 표현으로 시작되며, 개방성과 애정에 대한 비우호적 신호를 동반한다. **장난스러운 도발**과 함께 또는 그 직후에 나타나는 비우월성 신체 자세와 얼굴 표정은 상대에게 해를 끼칠 의도가 없음을, 즉 우리의 행동이 너무 심각한 것이 아니라는 의사를 전달한다. 이러한 자세와 표정은 갑의 위치에 있는 사람이 평등한 관계를 원하고 상대방의 피드백에 열려 있다는 신호를 주기 때문에, 장난하거나 놀리는 사람이 치료자처럼 갑의 위치에 있을 때 특히 중요하다. 비우월성 신호(**그림 6.11**)는 유화 신호(고개를 살짝 숙임, 어깨를 살짝 으쓱함, 손을 벌리는 제스처)와 협력 신호(따뜻한 미소, 눈썹 추켜올림, 눈 맞춤)를 결합한 것이다.

한 예로 치료에 매우 전념하는 과잉통제 내담자가 3 회기에 지난주에 한 117개의 새로운 활동 목록을 작성해 가지고 오자, 치료자는 "우와, 117개의 새로운 활동이라뇨! 정말 대단해요! 자, 이제 원기회복을 위해 낮잠 잘 시간입니다. 우리 둘 다 고개를 숙이고 잠 좀 자죠!"라고 반응했다. 그러고 나서 치료자는 잠시 잠자는 자세를 흉내 낸 다음 따뜻한 미소를 짓고 다시 의자에 바로 앉았다(즉, 그는 **장난스러운 도발**에서 **자비로운 진지함**으로 넘어갔다). 이후 치료자는 말하는 속도를 늦추고, 목소리 톤을 낮추고, 입을 다문 미소를 지으며, 눈썹을 추켜올리면서 내담자에게 물었다. "그래서… 제가 왜 아까 그런 말을 했다고 생각하세요?" 원기회복을 위한 낮잠을 자자고 한 것은 장난스러운(혹은 친근한) 도발을 나타내며, 치료자가 낮잠 얘기를 왜 했는지 물어본 것은 내담자가 자신의 과잉통제 문제를 해결하려고 시도한 것이 어쩌면 또 다른 과잉통제 문제임을 인식할 수 있게 낮잠을 은유로 사용했음을 알려주기 위함이다.

치료자가 과잉통제 내담자에게 솔직한 개방을 연습하도록 장려할 때는 비우월성과 협력-우호 신호를 혼합해야 한다. 예를 들어 내담자가 치료에 참여하지 않는 것 같다면, 치료자는(치료나 치료자에 대한 어떤 비판이라도 내담자가 하는 말을 들을 준비가 되어 있다는 비언어적 신호를 전달하기 위해 고개를 숙이고 어깨를 길게 으쓱하는 동작을 취한 후, 입을 다문 따뜻한 미소를 지으며, 눈썹을 추켜올리고 직접 눈을 마주치면서) "뭔가 낌새가 이상한데요.

그림 6.11. 비우월성 전달하기

지금 무슨 일이 일어나고 있는지 알려주실 수 있을까요?"라고 물어보라. 마찬가지로, 치료자가 내담자에게 어려운 요청을 할 때는(예: 회기 중 롤플레잉을 해달라고 요청하는 경우), 우호적인 신호와 낮은 수준의 비우월성 신호를 혼합하여 존중과 긍정적 배려의 신호를 보내야 한다.

비우월성 신호는 RO DBT에서 활용하는 직면 전략의 핵심 특징이기도 하다. RO DBT에서 직면은 대개 과잉통제 내담자에게 문제가 무엇인지 또는 어떻게 달라져야 하는지 알려주기보다는, 내담자 스스로 잠재적 고착 지점을 발견하도록 장려하기 위해 고안된 맞춤형 질문에서부터 시작한다. 직면 질문의 사용은 과잉통제 내담자의 치료 단계(즉, 초기 vs 후기)에 따라 달라진다. 앞서 언급했듯이 치료 초기 단계(즉, 9회기 이전)에는 치료자가 치료 밖에서 막 알게 된 사람이 보이는 유사한 행동을 어떻게 관리할 수 있는지 모델링하는 자세를 취하는 것이 좋다. 예를 들어 대부분의 사람들은 새로 사귄 친구에게 어떤 일에 대한 느낌을 물었을 때, 그 친구가 실제로는 괜찮지 않아도 좋거나 괜찮다고 말하더라도 이를 즉시 직면시키지 않는다. 그보다는 이러한 패턴이 여러 번의 상호작용 동안 여러 차례에 반복된 후에야 우려되는 부분을 꺼내 얘기할 것이다. 치료자는 간접 사회적 신호와 관련한 문제가 여러 차례 반복적으로 나타난 뒤에만 그에 대한 자신의 당혹감이나 혼란을 내담자에게 전달해야 하며, 확실한 증거가 없으면 판단을 유보해야 한다. 이를테면 다음과 말한다. "제가 여러 차례 당신의 기분을 물어볼 때마다, 특히 어려운 주제일수록 항상 괜찮다고 대답하시는 것 같아요. 당신이 정말 항상 괜찮은지 궁금하네요." 이는 우리가 막 알게 된 다른 사람에게 베푸는 호의와 유사하게, 내담자가 누구인지 알아가면서 신뢰와 존중의 신호를 보내는 것이다. RO DBT의 비우월성 자세 신호는, 평등·개방성·친근함을 전달함으로써 회기 중에 직면을 촉진하는 데 도움이 된다.

유화, 복종, 부끄러움

우리는 위협을 느낄 때 도망치거나, 숨거나, 공격하거나, 주변의 도움을 요청하거나, 화친을 청한다. 인간이 보이는 복종submission의 보편적 신호로는 고개를 숙이고, 손으로 얼굴을 가리고, 얼굴이 안 보이게 숨기고, 자세를 느슨하게 하고, 눈꺼풀을 내리고, 눈을 아래로 깔고, 눈 맞춤을 피하고, 어깨를 축 늘어뜨리고, 자세를 움츠리는 것 등이 있다. 유화appeasement 제스처는 다른 부족원이나 부족 전체의 안녕을 위협하는 중대한 실수를 저지른 뒤, 공격성을 완화하고 동정심을 이끌어내며 부족에 다시 들어가기 위해 진화한 것으로, 사소한 사회적 잘못(예: 식탁 매너가 안 좋음, 오랫동안 알고 지낸 사람의 이름을 잊어버림)을 저질렀을 때는 복종이 아닌 부끄러움을 표한다. 부끄러운 표정은 수치심에 근거한 유화나 복종 표정과는 다르다(**그림 6.3** 참조). 두 표정에서는 모두 고개를 숙이고 시선을 피한다. 하지만 부끄러울 때는 입술을 다문 미소를 지으며 얼굴을 만지고, 유화적 표현에서는 얼굴을 찡그리고 때로는 손으로 얼굴을 가리기도 한다.

연구에 따르면 잘못을 만회하기 위해서는 반드시 유화 제스처를 취해야 한다. 사람들은 수치심의 전형적인 신체적 표현(자세를 움츠리고, 시선을 낮추고, 얼굴을 붉히는 등)이 동반되지 않는 죄책감의 표현(예: "죄송합니다"라고 말만 하기)은 안 믿는다(Ferguson, Brugman, White, & Eyre, 2007). 말로 사과하면서 비언어적으로 수치심이나 부끄러움을 표현하는 것은, 잘못을 범한 사람이 자신의 행동으로 인한 본능적 괴로움을 드러냄으로써 관계를 소중히 여긴다는 신호를 보내며, 사람들로 하여금 자신이 다시는 그런 행동을 하지 않을 것이라는 믿음을 갖게 한다. 따라서 치료자가 동맹파열을 복원하려고 할 때도, 특히 치료자의 행위로 인해 동맹파열이 발생한 경우에는 유화 제스처를 취하는 것이 필수적이다(동맹파열의 복원은 치료자의 책임임을 상기하라).

치료적 한숨

한숨sighs은 흔히 나타나는 현상으로, 사회정서적 웰빙과 관련하여 가장 자주 무시되거나 등한시된다. 잦은 한숨은 만성 불안 및 외상후 고통(Blechert, Michael, Grossman, Lajtman, & Wilhelm, 2007; Tobin, Jenouri, Watson, & Sackner, 1983), 부정적 정동(McClernon, Westman, & Rose, 2004)과 관련된다. 한숨은 스트레스 해소와도 관련 있다(Soltysik & Jelen, 2005). 하지만 한숨의 감정 전달 기능에 대한 연구는 거의 없다.

RO DBT는 한숨 소리가 다른 사람이 있는 상황에서 사회적 신호로 기능한다고 가정한다. 고통스럽거나 절망적인 상황에서 한숨은 "도와주세요", "질렸어요", "지쳤어요"라는 신호를 보내고, 스트레스 요인이 사라진 뒤 후 안도감과 함께 나오는 한숨은 다른 부족원에게 모든 것이 잘되고 있다는 신호를 보낸다. 친밀한 유대감을 지닌 사람들(예: 치료자와 내담자) 간의 상호작용에서 한숨은 만족감, 흡족함, 혹은 상대방의 관점에서 세상을 바라보고자 하는 욕구를 나타내기도 한다. 따라서 치료자는 한숨을 통해 내담자에게 갈등을 피하고 싶은 욕구나 관계에 대한 욕구를 전달할 수 있다.

부적응적 과잉통제 사회적 신호 다루기

회기 중에 '이 내담자의 사회적 신호가 사회적 유대감에 어떤 영향을 끼칠까?'를 지속적으로 자문하는 것이 치료 대상 선정에서 가장 중요하다. 따라서 RO DBT에서는 부적응적 인지, 내적 감정조절 장애, 회피 대처를 주요 목표로 삼기보다는, 사회적 신호 결핍과 낮은 개방성을 과잉통제 내담자를 고립이나 외로움, 심리적 고통에 계속 빠져 있게 하는 핵심 요인으로 간주한다. 하지만 치료자가 사회적 신호 결핍을 표적으로 삼으려면 먼저 그에 대해 알아야 한다. 다음 절들에서는 회기 중 나타나는 사회적 신호 불일치를 소리 내어 관찰하고 질문하는 몇몇 흔한 수단들을 간략히 소개한다.

강도 미소

강도 미소burglar smile 또는 지배적 미소(그림 6.7)는 입꼬리가 빠르게 위로 올라가는 미소를 짓는 것으로, 대부분 쉽게 억제하지 못하고 자각하지 못하는 경우가 많다. 이러한 유형의 미소는 자신에 대한(대놓고 드러내거나 즐기기에 적당하지 않거나, 예의에 어긋나거나, 부적절한) 은밀한 신념·욕구·지식이 드러나거나 강조될 때 발생하기 쉽다. 예를 들어 당신이 스스로를 똑똑하다고 생각하더라도, 자신에 대한 평가는 주관적이며 다양한 유형의 지능이 있다는 것을 알고 있기 때문에 이를 자랑하지는 않을 것이다. 설령 당신이 특출하게 뛰어나서 노벨상을 수상했더라도, 동료에게 자신의 성취를 자랑하는 것은 감탄보다는 부러움을 유발하고 당신의 불행을 은밀히 바라게 할 가능성이 높다는 것을 알 것이다. 따라서 동료가 예기치 않게 당신의 탁월함에 감탄을 드러내면, 당신은 거의 감지하기 어려울 정도로 옅으면서도 진실된 미소(강도 미소)로 감사를 표할 수 있다. 이러한 맥락에서 강도 미소는 자만해 보이는 것을 피할 수 있기 때문에 친사회적이다.

하지만 모든 강도 미소가 친사회적인 것은 아니다. 예를 들어 많은 강박증 내담자들은 자신의 뛰어난 자기통제에 대해 은근한 자부심을 가지고 있는데, 이러한 태도는 때때로 자신이 남보다 더 잘 알고 있거나 더 낫다고 믿게 만들 수 있으며(10장의 **"수수께끼의 곤경"** 참조), 이는 남들과 다른 느낌과 고립감을 악화하는 요인으로 작용할 수 있다. 치료자는 내담자가 자기통제가 뛰어나다고 칭찬한 뒤 강도 미소가 나타나는지 관찰함으로써, 내담자가 은밀한 자부심을 지니고 있는지 테스트할 수 있다. 강도 미소는 우리가 라이벌의 불행을 전해 듣거나, 개인적 이득을 위해 교묘하게 상황을 조종하는 데 성공했거나, 자신이 저지른 범죄(예: 속임수나 거짓말)가 발각됐을 때 받게 될 처벌이나 비난을 피했을 때도 나타날 수 있다. 예를 들어 과잉통제 내담자는 자신이 논의하고 싶지 않은 주제로 화제를 돌리는 데 성공하거나, 순진하게 물어보는 것을 통해 자신이 싫어하거나 벌주고 싶은 사람을 화나게 한 뒤 도둑 미소를 보일 수 있다. 이러한 유형의 지배적 미소는 주변 사람들에게 긍정적으로 경험되지 않으며, 오히려 상대방에게 부정적 영향을 초래한다(Niedenthal et al., 2010).

과잉통제 내담자의 문제는, 강도 미소가 낮은 수준의 감정 유출을 넘어서는 정도로 짧게 지속되더라도 타인의 감정에 강력한 영향을 끼치는 사회적 신호라는 점이다. 우리의 뇌는 미세한 미소나 찡그림에도 수 밀리초 내에 감정적으로 반응하도록 만들어져 있다는 사실을 기억하라. 만약 강도 미소가 타인의 실패를 엿보고 싶은 욕망, 은밀한 자부심, 또는 이와 유사한 비친사회적 행동에서 비롯된 것이라면, 사람들은 미소 짓는 사람의 사악한 의도를 알아차리고 그를 피하고 싶어 할 가능성이 높다. 그리고 더는 그를 신뢰하지 않기 때문에 미소 짓는 사람에게 이 사실을 말하지 않을 것이다. 과잉통제 내담자에게 강도 미소를 가르치는 것은 내담자의 웰빙에 득이 되지 않는 이러한 행동을 감소하는 첫 단계인데, 특히 자기가 남을 통제할 수 있다는 자부심이 있거나 시기를 자주 느끼는 내담자의 경우에는 더욱 그렇다. 내담자는 다이어리 카드에 언제, 누구와, 얼마나 자주, 무엇이 강도 미소를 유발하는지 기록함으로써 강도 미소를 더 잘 자각할 수 있다. 가치 명료화도 내담자에게 도움이 될 수 있으며, 때로는 강도 미소가 발생할 때 이를 인식하는 것만으로도 그 빈도를 줄일 수 있다. 다른 사람의 불행에 몰래 웃음 짓는 것이 공정한 마음가짐이라는 핵심 가치에 어긋난다는 것을 안다면 더 이상 웃기 힘들 것이다. 치료자는 14회기 무렵(즉, 진정한 작업동맹이 작동할 가능성이 높은 시기)부터 강도 미소를 치료 대상으로 삼을 수 있다.

모호하고, 낮은 강도의, 간접적인 사회적 신호

과잉통제 내담자는 간접 의사소통의 전문가다. 간접적이거나 위장된 사회적 신호는 발신자가 내색하지 않고 사람들에게 영향을 끼칠 수 있기 때문에, 즉 자신의 의도를 부인할 수 있는 그럴듯한 이유를 지니고 있기에 강력하다. 많은 과잉통제 내담자들은 개인정보를 드러내지 않기 위해 간접 의사소통을 사용하는 데 능숙하다. 이를테면 질문에 질문으로 대답하거나("당신은 어떻게 생각하세요?"), 애매하게 대답하거나("잘 모르겠어요", "아마도요", "상황에 따라 다르겠죠"), 모른다고 대답하거나, 질문에 대한 즉답 없이 장황한 설명을 늘어놓는 식이다. 안타깝게도 간접 의사소통으로는 발신자의 진정한 의미나 의도를 알기 어렵기 때문에 오해나 불신으로 이어지는 경우가 많다.

과잉통제 내담자에게 무슨 일이 있어서 괴롭거나 불행한지 물으면, "전 괜찮아요"라고 대답하는 경우가 종종 있다. 이를 "전 괜찮아요I am fine" 현상이라고 한다. 개인적 욕구를 습관적으로 최소화하고 금욕주의에 몰두하는 것은 과잉통제 내담자들에게서 흔히 볼 수 있는 대처 전략이다.

하지만 치료 초기에, 즉 작업동맹을 구축하기 전에 직면시키면 내담자가 이를 비판적이거나 사회적으로 부적절한 것으로 경험하기 때문에 조기 중도 탈락으로 이어질 수 있다. 간접 의사소통이 꼭 과잉통제의 핵심 문제이기만 한 것은 아니다. 예를 들어 암으로 죽어 가는 친구에게 좋아 보인다고 말하는 것은 친절한 행동이 될 수 있고, 열띤 토론 중에 조심스레 주제를 바꿈으로써 말싸움을 방지할 수 있다. 간접 표현의 부정적인 사회적 결과는 발화자가 행하는 것보다는 행하지 않는 것을 통해 더 큰 영향을 끼칠 수 있다. 친사회적 신호가 눈에 띄게 부족하다는 것은 대부분의 사람들에게 비호감, 혐오, 속임수를 의미하는 것으로 해석되는 경우가 많다. 다음은 다른 사람들에 의해 사회적 거부로 해석될 수 있는 간접적 혹은 부재한 친사회적 신호의 몇몇 예시들이다.

- 인사나 상호작용 중에 웃지 않음
- 친사회적 접촉이 눈에 띄게 부족함(예: 악수 거부)
- 긍정적인 고개 끄덕임이 부족함
- 인사나 대화 중에 눈썹을 추켜올리지 않음
- 손바닥을 드러내 보이거나 확장 제스처의 빈도가 낮음
- 눈 맞춤이 부족함
- 상호작용 중 얼굴 표정이나 감정 표현이 부족함
- 다른 사람이 보이는 감정 표현에 상호적으로 반응하지 않거나 일치하지 않는 반응을 보임(예: 상대방이 웃을 때 웃지 않음)

미묘하고 약한 신호는 습관적 표현이나 감정 유출을 통해 결코 의도하지 않은 거부적 신호를 전달할 수도 있다(예: 상대방이 말할 때 눈을 감는 습관이 있음, 심한 치통이 있음. **그림 6.12**).

침묵시위silent treatment은 상대방에게 징벌로 작용하고 관계에 해를 끼치는 강력하면서도 간접적인 사회적 신호의 또 다른 좋은 예다(K. D. Williams, Shore, & Grahe, 1998).

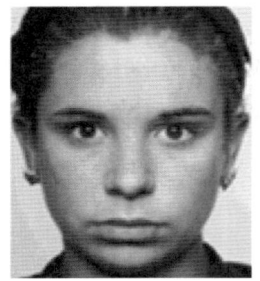

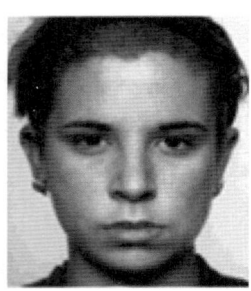

두려움(눈꺼풀이 올라감)   혐오(코를 찡그림)   화(턱을 앞으로 내밈)

그림 6.12. 미묘하고 약한 사회적 신호는 강력할 수 있다

이는 대부분 누군가와 의견이 다르거나 상대방이 자신의 기대에 부합하지 않을 때 발생한다. 언어적 행동이 갑자기 줄어들고, 얼굴 표정이 없어지며, 눈을 마주치지 않는 행동 등을 통해 노골적 표현 없이도 의견 차이나 화를 전달한다. 수신자가 갑작스러운 사회적 신호의 변화에 대해 물어보면, 발신자는 대개 무표정한 얼굴과 감정 없는 목소리로, "아니요, 괜찮아요" 또는 "다 좋아요"라고 말하며 변화를 부인한다. 갑작스러운 침묵과 그럴듯한 부정은 수신자를 매우 화나게 하고 인간관계를 크게 훼손한다.

RO DBT에서는 다음 3단계 프로세스를 통해 간접 의사소통(즉, 위장된 요구)을 다룬다.

1. 개인치료자는 치료의 오리엔테이션 및 약속 단계(이상적으로는 3회기 때)에서 내면의 감정을 숨기는 문제를 소개한다. 이는 대부분의 과잉통제 내담자들이 치료에 매우 전념하는 시기에 종종 치료를 방해하거나 민감한 주제를 소개하는 역할을 한다.
2. RO 기술훈련 수업은 과잉통제 내담자에게 가장 일반적인 유형의 부적응적 간접 의사소통과 이를 변화시키는 데 필요한 기술을 명시적으로 가르친다. 명시적 기술훈련은 이전에는 비밀로 유지됐던 것을 모두가 아는 내용으로 만든다. 이로 인해 사회적 양심이 있는 과잉통제 내담자는 마치 부적응적 간접 의사소통 방식이 없거나 적절한 행동 방식인 것처럼(타인과 자신에게) 계속 속이기 힘들어진다. 가장 중요한 것은, 내담자가 그럴듯한 부정을 사용하지 못함에 따라, 사회적 의무감으로 인해 더 친사회적이고 직접적인 의사소통 수단을 사용하게 될 가능성이 높아진다는 것이다.
3. 개인치료자는 내담자가 다시 부족에 합류하고 가치 목표를 달성하는 데 부정적

인 영향을 끼칠 수 있는 간접 의사소통 패턴을 찾는다. "전 괜찮아요" 현상과 마찬가지로, 일반적으로 개인치료자는 문제가 처음 발생했을 때 바로 해결하기보다는, 똑같은 문제가 여러 번, 여러 회기에 걸쳐 나타나는 것을 관찰한 뒤에 부적응적 형태의 간접 의사소통을 강조한다. 이렇게 하면 내담자가 부당하게 비판받고 있다고 느낄 가능성을 낮추고 내담자가 자신의 행동을 부정하기 더 어려워진다.

운율과 목소리 톤

운율prosody이라는 용어는 말의 비언어적 구성 요소인 속도(얼마나 빨리 또는 천천히 말하는지), 높낮이(상대적인 소리 주파수, 높거나 낮음), 억양(말하는 중에 나타나는 음정의 변화), 리듬(말이 일정한 시간 간격으로 구성되는 방식), 음량(목소리 크기) 등을 말한다(Reed, 2011). 말의 속도와 목소리 톤은 현재 감정 상태와 발화자의 속성(따뜻하거나 차가운 사람, 두려움이 많거나 차분한 사람, 지배적이거나 복종적인 사람)에 대해 많은 것을 알려준다. 연구에 따르면 사람들은 전화 통화 중에도 목소리에서 긴장감을 정확하게 감지할 수 있다(Pittam & Scherer, 1993). 신뢰할 수 있는 사람인지 평가하는 한 가지 방법은 그가 말하는 내용과 표현하는 내용이 일치하는지 확인하는 것이다. 예를 들어 평평하고 단조로운 목소리로 파티에서 즐거운 시간을 보내고 있다고 말하는 사람은 믿기 어렵다.

연구에 따르면 우울증 환자는 말할 때 평평하고 단조로우며 감정 없는 목소리를 사용하고, 남들보다 더 천천히 말하며, 대화 중에 더 오래 멈추는 경향이 있다(이는 과잉통제 내담자에게서 흔히 관찰되는 말하기 패턴이다). 우울한 내담자는 또한 문장을 마칠 때 억양을 올리지 않고 내릴 가능성이 더 높은데, 이는 우울한 기분, 지루함, 무관심을 나타낼 수 있다. 안타깝게도 과잉통제형 인간은 생기질적으로 높은 위협 민감성으로 인해 단조롭고 감정 없는 목소리를 낼 가능성이 높다. 이를 보완하기 위해 일부 과잉통제 내담자는 내면의 경험을 반영하지 않거나(예: 화날 때 멍하고 단조로운 목소리), 상황에 부적합하게 지나치게 단조롭거나(예: 남편이 바람을 피우고 있다고 말할 때 멍하고 단조로운 목소리) 억양이 풍부한 목소리를 발달시켰다.

흥미롭게도 운율적 일치, 즉 언어적 의사소통의 수신자가 화자의 목소리와 동일한 목소리 특성을 반영할 때 공감적 반응이 나타난다(Couper-Kuhlen, 2012). 하지만 운율적 일치는 때때로 의도치 않게 부적응 행동을 강화할 수 있다. RO DBT 치료자는 과잉통제 내담자의 행동을 수정하기 위해 목소리 톤, 말의 속도, 목소리 크기를 의식적으로 조절해야 한다. 예를 들어 내담자가 침대에서 못 일어난다고 보고하면, RO DBT 치료자는 이에 대해 걱정하거나 동정적인 목소리 톤을 사용하는 대신, 믿을 수 없다는 목소리 톤과 표정을 사용하며 다음과 같이 말할 가능성이 훨씬 높다(**장난스러운 도발**). "정말요? 놀랍네요, 지금 저와 이야기를 나누고 계신데, 제가 보기에는 침대에 계신 것 같지 않아서요." 그런 뒤에 부드러운 미소를 짓고 눈썹을 추켜올리며, "이게 뭘 뜻한다고 생각하세요?"라고 말한다.

(목소리 톤, 리듬, 속도, 크기 등에서) 비전형적 운율 반응은 과잉통제 언어 행동의 특징이다. 몇몇 과잉통제 내담자들은 질문에 대한 답은 안 한 채 뚜렷한 요점이나 결말 없이 장황하게 설명하는 등 과잉학습된 말하기 패턴으로 대화를 시작한다. 이러한 패턴은 대화 중에 화자가 청자에게 말할 기회를 주기 위해 가끔씩 말을 멈추는, 운율과 차례의 규칙을 무시한다. 과잉통제 내담자의 장황한 독백은(자기애성 성격장애나 조울증과 같은 과소통제 질환에서 흔히 보이는) 욕구적 정동appetitive affect이나 높은 보상 상태와는 거의 상관없다. 과잉통제 내담자가 대화에서 일방적으로 얘기할 때는 대개 불안으로 인해 대화 주제를 통제하려는 시도("제발 방해하지 마세요, 제가 마무리할게요")나 불안해 보이지 않으려는 욕구("불안한 사람만 조용해요")를 반영할 때가 많다. 질문이나 정보 요청을 받았을 때 오랫동안 대답을 안 하고 뜸들이는 것은 또 다른 비정형적인 과잉통제 운율 반응으로, 대개 방어적 반응 및 불안에 의한다. 내담자는 종종 길게 뜸을 들이고 장벽을 치는 제스처(예: 손바닥이 바깥쪽을 향하도록 손을 빠르게 위로 움직이며 "가까이 오지 마세요" 또는 "방해하지 마세요"라는 신호를 효과적으로 보내는 것)를 취하는데, 이는 때때로 치료자(및 다른 사람들)에게 극심한 스트레스가 될 수 있다. 치료자는 이 장의 앞부분에서 설명한 "나는 괜찮아요" 현상을 다룰 때와 동일한 원칙을 참고하여 언제 어떻게 과잉통제 운율 결핍을 치료 대상으로 삼을지 정해야 한다

부족의 중요성

인간은 다른 동물에 비해 초협력적이다. 인간은 동물계에서 유례없는 방식으로 자원을 공유하고, 함께 일하며, 유전적으로 무관한 남들과 강한 유대감을 형성할 수 있다. 이를 위해 인간은 고도로 정교한 사회적 신호 체계를 개발하여 실제로 느끼는 욕구(예: 누군가를 때리는 것)를 완전히 드러내지 않고도 의도와 감정을 전달할 수 있게 됐다(예: 공격 욕구가 담긴 분노의 눈빛). 의도를 멀리서 전달함으로써(예: 얼굴 표정, 제스처, 발성 등을 통해), 불필

요한 에너지 소비를 줄이고 자신의 입장을 완전히 드러내지 않고도 안전하게 다른 사람과의 갈등을 해결하거나 협업을 시작할 수 있게 된 것이다. 다른 구성원에게 의도와 감정을 드러내는 것은 인간 부족의 초석인 강한 사회적 유대를 형성하는 데 꼭 필요한 것이었다. 상대방에게 진심을 드러내는 것은 강력한 사회적 안전 신호로서, 대개 신뢰와 사회적 유대감을 향상하는 기능을 한다. 이를 통해 상대방이 우리의 이익을 위해 자신을 희생하거나, 자기 혼자서는 불가능한 과제를 완수하고 장애물을 극복하기 위해 우리와 협력할 가능성을 높인다. 하지만 인간의 초협력적 본성에도 몇 가지 단점이 있다.

예를 들어, 혹독한 환경에서 살았던 초기 조상들에게 부족에서 추방되는 것은 굶주림이나 잡아먹히는 것으로 인한 사형 선고와 같았기 때문에, 진정한 거부 신호를 감지하지 못하는 대가는 무시하기에는 너무 컸다. 그 결과 우리는 다른 사람의 얼굴 표정과 발성에서 거부의 신호를 끊임없이 스캔하고 있으며, 특히 다른 사람이 보내는 사회적 신호가 모호한 경우에는 그 의도를 거부로 해석하는 생물학적 경향이 생겨났다. 이는 인류가 본질적으로 사회 불안을 지니고 있음을 의미한다. 무표정, 미간을 찌푸리거나 살짝 찡그린 표정은 발신자의 실제 의도와는 무관하게(예: 어떤 사람들은 집중해서 들을 때 미간을 찌푸리거나 이마를 찡그리기도 함) 비호감으로 해석되는 경우가 많다. 연구에 따르면 사회적 배제는 신체적 고통을 경험할 때 활성화되는 뇌 부위와 동일한 부위를 자극한다(Eisenberger & Lieberman, 2004). 따라서 우리는 사회적으로 배제되는 고통을 두려워하며, 우리의 정서적 안녕은 부족의 일원이라고 느끼는 정도에 따라 크게 좌우된다.

게다가 인간이 항상 친사회적인 것은 아니다. 종으로서 우리는 싫어하는 사람이나 다른 부족의 라이벌 구성원에게 무자비하게 냉정하고 기만적일 수 있다. 하지만 개인으로서 우리는 쉽게 사회적 신호 게임을 하지 않기로 결정할 수 없다. 우리는 의도와 상관없이 다른 사람들과 함께 있을 때(미세한 표정과 몸짓을 통해) 끊임없이 사회적 신호를 보낸다. 침묵은 쉬지 않고 말하는 것만큼이나 강력할 수 있다. 실제로 효과적인 사회적 신호는 항상 양방향으로 이루어지며, 내면의 경험이나 의도를 정확하게 전달하면서 타인의 신호를 정확하게 수신하고 개방적으로 받아들여야 한다.

마지막으로, 이 장에서 설명한 사회적 신호의 권장사항을 엄격한 규칙처럼 적용해서는 안 된다. 치료자는 과잉교정에 대한 유혹에 빠지지 말아야 한다(예: 과잉통제 내담자와 작업할 때는 절대 염려하는 표현을 하면 안 된다고 단정함). 치료자는 회기 상황에 맞는 단서를 활용하여 사회적으로 신호를 보내는 방법과 내용을 소개해야 한다. 과잉통제 내담자가 치료에 몰입해 있을 때는 치료자가 보이는 사회적 신호 행동이 덜 중요할 수도 있다.

하지만 RO DBT의 사회적 신호 전략은 원칙에 기반한 부분도 있다. 대략적으로 설명하자면, RO DBT 치료자가 정서적으로 외롭고 고립된 과잉통제 내담자에게(종종 생애 처음으로) 다른 사람과 진솔한 관계를 맺는 방법을 가르치기 위해서는, 치료자보다는 친구처럼 행동하는 것이 좋다. 이것이 바로 RO DBT 치료자를 부족 대사에 비유하는 이유다. 대사는 대부분의 사람들이 친한 친구나 가족을 대할 때 사용하는 방식으로 다른 문화와 교류한다. 치료자의 이러한 태도는 자동적으로 과잉통제 내담자가 부족의 일원임을 전달하는 신호가 된다. 내담자에게 "나는 당신을 믿고, 당신에 대한 확신이 있으며, 나와 당신은 똑같은 사람입니다"라는 친절한 무언의 선물을 주는 것이다.

이 장에서 다룬 내용

▶ 인류가 사용할 수 있는 언어적·비언어적 사회적 신호는 매우 많고 다양하기 때문에, 특히 그 의미가 모호할 경우 사회적 신호가 잘못 해석될 가능성이 높아진다.

▶ 과잉통제 내담자는 사회적 신호 전달 결핍으로 인해 오해받거나 심지어 외면당할 수도 있는 독특한 취약성을 가지고 있다. 또한 과잉통제 내담자는 치료자의 배려의 표현을 비롯한 강한 사회적 참여를 감당하기 어렵거나, 침습적·위협적인 것으로 경험하는 경향이 있다.

▶ RO DBT 치료자는 과잉통제 내담자에게 사회적 유대감을 향상하는 것으로 검증된 사회적 신호 기술을 가르친다. 또한 치료자는 회기 중에 내담자의 치료 참여를 촉진하고 치료자 자신과 내담자의 사회적 안전 경험을 활성화함으로써, 과잉통제 내담자의 치료 결과를 향상하는 방식으로 비언어적으로 행동을 수정한다.

7장

온전한 개방성과 자기탐구: 개인 훈련, 치료적 모델링, 슈퍼비전, 팀 자문

온전한 개방성은 RO DBT의 핵심 철학적 원리이자 핵심 기술이다. 온전히 개방적인 삶은 우리가 세상을 보는 방식(비판적인 피드백을 더 잘 받아들임)뿐만 아니라 남들이 우리는 보는 방식(사람들은 열린 마음을 지닌 사람들을 좋아함)에도 영향을 끼친다. 따라서 이는 마음가짐이면서도 개인적 및 다른 유형의 지각에 영향을 끼치는 강력한 사회적 신호라고 할 수 있다. 이 장의 주요 목표는 다음과 같다.

- RO의 핵심 개념 요약
- 치료자가 RO 기술을 훈련해야 하는 근거를 강조하고, 개인적인 **자기탐구**를 개발하는 법을 설명
- 내담자에게 RO를 모델링하는 원칙과 치료에 **자기탐구**를 접목하는 법을 설명
- 회기 영상을 통해 슈퍼비전을 향상하는 방법과, 치료자의 슈퍼비전과 팀 자문 회의에 RO와 **자기탐구** 원리를 구성·실행·접목하는 방법의 개요를 설명

이 장은 **부족 접착제**tribal glue부터 시작한다. [편집자 주: 린치 박사님, 조심하세요. 우리 변호사들이 이건 좀 까다로운 문제라고 합니다.]

개방성은 부족 접착제다

우리는 왜 열린 마음을 지닌 사람들을 좋아할까? 우리는 한 인간으로서 개방성이 가져다주는 가치를 본능적으로 인지하고 있다. 이를테면 우리는 열린 마음을 지닌 사람들이 갈등이 있을 때 내면의 감정을 숨기지 않고 드러낼 가능성이 높기 때문에 이들을 신뢰하는 경향이 있다. 우리는 열린 마음을 지닌 사람들이 겸손하기 때문에 이들과 어울리고자 한다. 이들은 다른 사람과의 상호작용 중에 상대방의 행동을 선의로 여기는 경우가 많고, 자기 방식만 옳거나 최선이라고 여기지 않는다. RO DBT는 열린 마음을 존재 방식이자 친사회적 특성으로 간주한다(열린 마음의 다른 장점에 대해서는 '특성 개방성의 특징'을 참조).

따라서 RO DBT는 개방성을 순간적 상태이자 습관적 대처 방식으로 여긴다. 중요한 것은, 개방성이 강력한 사회적 안전 신호라는 점이다. 개방성은 특히 갈등이 여지가 있는 상황에서 협력 의도를 있는 그대로 전달하는 데 도움이 된다. 개방성은 거만함, 이기심, 공감 능력 부족을 치유하고, 타인의 욕구를 자신의 욕구와 동등하게 여김으로써 자의식 과잉을 막아 준다. 개방성은 굳이 말로 표현하지 않아도 발신자의 오류 가능성을 인정하고 세상으로부터 배우고자 하는 의지를 전달하기 때문에, 이러한 사회적 신호를 수신하는 사람은 경계를 풀 수 있는 혜택을 누릴 수 있다. 수신자로서 우리는 대화 상대가 다른 언어를 사용하거나 다른 문화권에서 온 사람이더라도, 상호작용을 통해 열린 마음에서 우러나는 행동을 본능적으로 감지할 수 있다. 실제로 개방성은 굳이 소리 내어 명료하고 구체적으로 전달하지 않아도 다양한 방식으로 표현할 수 있다. 비언어적 개방적 행동으로 가장 많은 것은 눈썹 추켜올리기, 미소, 손을 내미는 제스처, 어깨 으쓱하기, 긍정의 고개 끄덕임, 듣기 좋은 목소리 톤, 대화할 때 번갈아 말하기로, 이는 보편적으로 친근함, 호기심, 비우월성 등을 드러낸다.

> 열린 마음을 지닌 사람들은 갈등이 있을 때 내면의 감정을 숨기지 않고 드러낼 가능성이 높기 때문에 사람들로부터 신뢰받는 경향이 있다.

또한 대화 중 자신의 의견·감정·생각을 다른 사람에게 공개적으로 드러냄으로써, 아이디어를 더 다듬고 대처 전략을 개선하여 당사자들뿐만 아니라 부족 전체의 사회적 유대감을 향상할 수 있는 상호 학습의 기회도 만들 수 있다. 따라서 RO DBT는 개방성을 일종의 부족 접착제로 간주한다. 개방성은 인류가 유전적으로 다른 개체들과 강력한 협력 체계를 구축하기 위한 핵심 수단으로 진화해 왔으며, 모든 새로운 학습의 초석이다.

특성 개방성의 특징

특성 개방성trait openness이라는 용어는, 한 개인이 맥락과 시간에 따라 새롭거나 불일치하는 정보, 헷갈리거나 모호한 것에 대처할 수 있는 습관적인 방식을 의미하는 것으로, 새로운 아이디어나 상황, 예상치 못한 정보를 받아들일 수 있는 정도를 나타낸다. 특성 개방성이 높은 사람은 열린 마음을 지닌 것으로 간주할 수 있으며, 그 특징적인 행동과 태도는 다음과 같다.

- 열린 마음을 지닌 사람은, 배우거나, 자신의 가치에 따라 살거나, 변화하는 상황에 적응하기 위해 필요하다면 언제든 피드백을 받아들이고 자신의 행동을 수정할 수 있다.
- 열린 마음을 지닌 사람은, 자신의 불완전함을 인정하는 방식으로 의견을 개진한다. 이들은 자기 생각만 옳다고 생각하지 않는다.
- 열린 마음을 지닌 사람은, 자기 자신이나 삶을 지나치게 심각하게 여기지 않는다. 이들은 자신이나 타인을 가혹하게 비난하지 않고 개인적 약점, 기질, 습관을 웃어넘길 수 있다.
- 열린 마음을 지닌 사람은, 배우고 문제를 해결하고 관계를 개선하기 위해 기꺼이 갈등을(반복적으로) 겪을 의향이 있다. 이들은 갈등을 위협이 아닌 성장의 기회로 본다.
- 열린 마음을 지닌 사람은, 자신의 행동으로 다른 사람이 피해를 입었을 때 이를 인정할 수 있고, 필요시 사과할 수 있다.
- 열린 마음을 지닌 사람은, 새로운 것을 배우는 데 흥미를 느끼며 새로운 상황에 많은 호기심을 보일 가능성이 높다.
- 열린 마음을 지닌 사람은, 다양성을 존중한다.
- 열린 마음을 지닌 사람은, 타인과의 상호작용 중에 나타나는 상대방의 행동을 선의로 해석한다.
- 열린 마음을 지닌 사람은, (설령 자신이 옳더라도) 굳이 자신의 옳음을 증명하려고 하지 않는다.

- 열린 마음을 지닌 사람은, 무조건적으로 다른 사람을 탓하거나 관계를 끊거나 세상이 달라지기를 바라기보다는, 자신이 세상에 어떻게 대처할지 생각한다.
- 열린 마음을 지닌 사람은, 자신이 느끼거나 생각하는 것을 겸손하고 솔직하게 표현한다.
- 열린 마음을 지닌 사람은, 상대방(과 자신)이 당장 문제나 현안을 해결하도록 다그치지 않고 여유를 준다.

개방성, 협업, 순응

협업의 이점은 도처에서 찾아볼 수 있다. 예를 들어 이 글을 쓰는 지금 나는 영국해협을 건너는 야간 페리를 타고 있다. 나는 객실 침대 밖으로 크기, 모양, 화물 종류, 원산지, 조명이 각기 다른 밝게 빛나는 화물선들이 줄지어 있는 것을 보고 있다. 그 배들은 프랑스의 캉 항에 입항하기 위해 항만 관리인의 허가를 기다리고 있는데, 다양한 차이에도 불구하고 조직적이고 협력적이며 목적이 있는 움직임을 보인다. 교대로 운항해야 한다는 강제적인 규정이 없음에도 불구하고 모든 선박이 교대 운항을 준수하는 것은, 아마도 각 배의 선장들이 그렇게 해야 다른 가능성(예: 해적선으로 취급받음)을 피할 수 있다고 여기기 때문일 것이다. 따라서 규정에 순응하는 것은 매우 중요하다. 실제로 규정에 순응하는 것이 매우 중요하기 때문에, 대부분의 사회에서는 이를 강제하기 위해 수치심을 주는 의식이나 감금 같은 혐오적 수반성을 활용한다. 하지만 사회에 좋은 것이 항상 개인에게도 좋은 아니다. 맹종은 재앙적 결과를 초래할 수도 있으며(『**기술훈련 매뉴얼**』 5장 30과 「**밀그램 실험**」을 참조), 도덕적 잘못을 방지하거나 불의를 막기 위해 때로는 비순응이 필요할 때도 있다.

사회적 신호의 관점에서 보면 순응은 비우월성 신호다. 순응하는 사람은 타인의 희망, 욕구, 기대, 요청에 굴복하거나 복종해야 한다(또는 적어도 그렇게 하는 것처럼 보여야 한다). 하지만 순응 의도를 나타내는 사회적 신호가 전부는 아니다. 특히나 우리의 동기나 행동이 늘 친사회적인 것은 아니기 때문에, 우리가 순응하도록 동기를 부여하는 요인을 이해하는 것도 중요하다. RO DBT에서는 순응적 대처의 기저에 크게 다음의 네 가지의 기능 또는 동기가 있다고 가정한다.

1. **두려움 때문에 순응한다.** 두려움에 기반한 순응은 대부분 자기 부족이 아닌 강력한 외부 세력(예: 국경 수비대, 침략군, 라이벌 갱단, 총을 든 강도)이나 자기 부족 내의 강한 사람으로부터 처벌받는 것(예: 사회적 비난, 사회적 외면, 수치심 의식, 독방 수용, 사형 선고)에 대한 두려움으로 동기가 부여된다.
2. **나중에 우위를 점하기 위해 일단 그 순간에만 순응한다.** 지배력에 기반한 순응은 항상 의도적인 속임수나 가장을 동반한다. 순응자는 패배를 인정하면서도 몰래 복수를 계획한다. 질투심을 감추기 위해 라이벌을 칭찬한다. 오직 나중에 이용하려는 목적으로 당장 그 사람의 비위를 맞춘다. 호감을 얻기 위해 타인과 비슷하거나 더 매력적으로 보이려고 노력한다. 지위가 더 높아 보이기 위해 유명인의 이름을 거론한다. 상대의 신뢰를 얻기 위해 미소를 짓거나(동의 없이도) 신체 접촉을 한다.
3. **논리, 이성, 규칙에 따라 순응한다.** 우수한 논리에 승복하거나, 체스 경기에서 이길 방법이 없다고 느낄 때 항복하거나, 예의를 갖추기 위해 동의하지 않는 사안에 대해 고개를 끄덕인다.
4. **친절, 열정, 사랑으로 순응한다.** 사랑에 기반한 순응은 크게 다음의 세 가지 방식으로 나타날 수 있는데, 그 중 두 번째와 세 번째가 **온전한 개방성**과 관련된 것으로 여겨진다. 첫 번째는, 다른 사람이나 신념 체계에 대한 믿음, 존경, 존중으로 순응 동기가 생기는 것이다. 이러한 상황에서는 순응의 필요성을 굳이 이해하지 않아도 카리스마적인 리더의 약속, 예측, 지시를 맹목적으로 받아들이거나 상대방의 더 나은 판단과 우월한 지성을 믿기 때문에, 굳이 논쟁하지 않은 채 대의에 따르거나 헌신적인 마음으로 자신을 희생한다. 두 번째로, 호기심이나 배움에 대한 열정으로 순응 동기가 생길 수 있다. 이러한 상황에서는 새로운 문화를 이해하기 위해 자신의 세계관을 포기하고, 성장하기 위해 의도적으로 새로운 사고방식이나 행동을 추구한다. 사랑에 기반한 이러한 순응은 새로운 관점을 받아들이기 위해 자신의 관점을 포기해야 한다는 점에서 **온전한 개방성**의 실천과 밀접하게 관련된다. 세 번째로, 친밀감·친근감·상호이해에 대한 욕구, 즉 서로 하나가 되고자 하는 욕구로 인해 순응 동기가 생길 수 있다. 사랑에 기반한 이러한 순응은 늘 대가를 바라지 않은 채 다른 사람을 위해 희생하는 친절을 필요로 한다는 점에서 **온전한 개방성**의 실천과 긴밀한 관련성이 있다.

RO DBT는 건전한 순응과 진정한 개방성을 각각 친사회성에 대한 외현적 사회적 신호와 그 기저의 기전을 나타내는, 동전의 양면 같은 관계로 간주한다.

개방성, 부족, 학습

우리는 본질적으로 부족적이다. 인류의 생존은 오래 유지되는 사회적 유대의 형성, 남과의 귀중한 자원의 공유, 부족이나 무리를 지어 협력하는 능력에 달려 있다. 예를 들어, 부족은 개인 구성원(예: 폭풍이 지나간 뒤 이웃의 지붕 수리를 도와줌)뿐만 아니라 부족 전체(적을 막기 위해 부족원이 합심하여 벽을 쌓음)를 위한 도구적 지원을 제공한다. 부족은 개인이 혼자서는 습득하기 힘든 방대한 양의 지식과 기술을 익힐 수 있는 기회도 제공한다. 사회적 학습에는 수동 학습과 능동 학습이 있으며, 둘 다 학습자의 개방성이 필요하다. 수동(혹은 관찰) 학습에는 지시적 교육(강의 듣기), 모델링(말 타는 사람 관찰하기), 피드백(비판이나 칭찬)이 있다. 능동(혹은 상호) 학습은 관찰 학습을 한 단계 더 발전시킨 것으로, 상호 학습에서는 개인이 정보의 수동적 수신자가 아니라 이를 공개적으로 관찰하고, 다른 사람에게 자신이 관찰한 내용을 공개적으로 드러냄으로써 추가적인 피드백을 이끌어 내야 한다. 우리가 세상을 관찰한 것을 다른 사람들에게 드러내고("이 버섯 맛있어 보이는데 조금 먹어 봐") 다른 부족원으로부터 우리가 지각한 것에 대한 검증을 받거나 받지 않는 것은("아냐, 이건 독버섯이야. 뱉어"), 더 이상 혼자만의 지각에만 의지해 생존하지 않아도 됨으로써 큰 진화적 이점을 가져다주었다. 이는 우리가 다른 사람의 의견을 중요하게 생각하는 이유를 설명해준다.

실제로 개인적 경험 없이도 부족의 집단 지성을 활용할 수 있는 능력은 인류의 핵심 특징이다. 하지만 인류의 전례 없는 이러한 학습 능력은 하루아침에 생기지 않았다. 초기 인류의 조상들은 (표정과 제스처를 통해) 의도를 알리고, (시선의 방향, 가리킴, 무언의 몸 동작을 통해) 자연을 관찰한 내용을 전달하고, (도구를 만들 때처럼) 복잡한 행동을 모방하는 등, 인간 언어의 진화적 전구 단계로 볼 수 있는 모든 행동들을 점점 더 정교하게 개발해야 했다(Arbib, 2012). 사회적 담론, 이야기, 신화, 조언, 피드백은 점점 더 우리의 주된 학습 원천이 됐고, 말과 문자 언어의 출현은 축적된 지식(예: 옥수수 심는 시기, 순록 무리의 이동 패턴, 빵 만드는 법, 수로 건설법 등)을 다음 세대로 전수할 수 있게 해주었다. 이제 더 이상 인류의 생존은 시행착오를 통한 학습에만 의지하지 않게 됐다. 사회적 학습은 다음과 같은 방식으로 진화에서 가장 빈번히 나타나는 해결책이 됐다.

- 관찰 학습 또는 타인의 성공을 모델링(창 던지는 사람을 관찰하거나 모방함)
- 명시적 지시(창 던지는 법을 알려줌)
- 직접적 피드백(창 던지는 법을 교정함. "창을 너무 꽉 쥐고 있어서 과녁에서 벗어난 거야")

하지만 다른 사람에게서 배울 수 있는 우리의 능력에도 몇 가지 단점은 있다. 우리가 내면의 경험·의도·관찰을 상징적으로 표현하고 전달하는 능력이 발달하면서, 무언극은 동굴 그림으로, 지역에서만 알 수 있는 제스처는 암호화된 제스처로, 음성 언어는 문자 언어로, 수학 방정식은 컴퓨터 프로그래밍으로 넘어갔다. 잠재적으로 중요한 새로운 정보의 양과 가용성은 한 개인이 완전히 파악하기에는 너무 많아져 버렸고, 결과적으로 현대 사회의 정보 과부하에 대한 불만이 빈번히 제기됐다. 사회적 학습을 위해서는 새로운 정보나 집단 지성의 출처(예: 친구의 의견, 부족 장로의 기억, 문서)를 신뢰하면서, (적어도 잠시 동안은) 새로운 관점을 습득하기 위해 자신의 관점을 내려놓을 수 있어야 한다. 여기서 한 가지 우려되는 것은, 출처가 잘못됐거나("창 던지기를 잘하려면 쥐는 법은 별로 중요하지 않고, 던질 때 창대를 몸에 가깝게 유지하는 것이 가장 중요하다"), 의도적으로 속이는 경우("친구라는 놈이 자기가 창 던지기 대회에서 우승하려고 일부러 잘못 알려주다니")가 있을 수 있다는 것이다.

또한 과잉통제 내담자들은 타인을 신뢰하기 힘들 뿐만 아니라, 상호 학습(도움을 요청하고 피드백을 구함)보다는 수동 학습(독학)을 선호하기 때문에, 대화형 학습을 피곤하거나 두려운 것으로 경험할 가능성이 높아 과잉통제 문제를 해결하기 어렵다. 상호 학습을 위해서는 협업, 열린 경청, 다른 사람의 관점을 진지하게 받아들이는 것이 필요한데, 이는 과잉통제 내담자에게는 지치는 일이다. 원하는 결과를 얻기 위해 열린 대화(때로는 토론)뿐만 아니라 다른 사람에게 의지해야 할 수도 있는 것은 두려운 일이다. 상호 학습에는 거의 항상 어떤 형태로든 반증적 피드백을 받아들이는 것이 포함되며, 이는 종종 의견의 불일치나 갈등으로 이어질 수 있다. 대부분의 과잉통제 내담자들은 인간관계 갈등을 직접 해결하기보다는 아예 관계를 포기하기 때문에, 의견 불일치가 새로운 발견으로 이어지거나 갈등을 통해 더 친밀해질 수도 있다는 것을 경험적으로 배우기 힘들다.

그래도 RO DBT는 방법이 있다고 본다. 일시적으로 자기회의 상태를 조성함으로써, 모든 새로운 정보의 출처의 유효성을 검증하거나 모든 조언자의 신원을 확인할 필요가 없음을 아는 것도 한 가지 방법이다. RO DBT에서는 이러한 일시적 마음 상태를 **건강한 자기회의**라고 부른다. 이는 우리가 사물을 있는 그대로 보지 않고 우리가 보는 대로 본다는 가정에서 시작하며, 개인적 배경이나 생물학적 취약성을 완전히 통제하는 것은 불가능하다는 개념에 기초한다(표 7.1).

표 7.1. 건강한 자기회의 vs 건강하지 못한 자기회의

건강한 자기회의	건강하지 않은 자기회의
잠시나마 불확실하거나 예상치 못한 자극에 열린 상태로 존재할 수 있다.	자기 반성을 두려워한다.
자신의 행동이나 사고방식이 부정확하거나 비효율적일 수 있음을 헤아릴 수 있고, 다른 사람을 짓밟거나 가혹하게 대하지 않는다.	겉으로는 성장을 위해 자신에게 의문을 제기하거나 실수를 인정하는 것처럼 보이지만, 속으로는 자신이 옳다는 생각을 고집한다.
자신을 너무 진지하게 여기지 않고 유머 감각을 갖춘다. 자신의 약점, 특이한 습성, 독특한 기질에 대해 친절히 웃어넘길 수 있다. 모든 사람이 틀릴 수 있음을 인정할 수 있다.	부당하게 비난받거나 낙인 찍혔다고 느끼고, 불확실성을 촉발하거나 원치 않는 자기검열을 강요하는 사람이나 사건에 대해 은밀한 분노나 적개심을 품을 수 있다.
어려움을 겪을 때 포기하지 않음으로써 자신의 행동과 감정에 책임을 진다.	변하지 않고 도전받지 않으려는 은밀한 욕망을 지닌다.
세상과 다른 이들로부터 기꺼이 배우겠다는 신호를 보내며, 이를 통해 관계를 향상한다.	수동적 방식으로 건강하지 않은 자기회의를 표현할 수 있으며(삐침, 뿌루퉁함, 떠나기, 포기함, 무기력하게 행동함), 이는 종종 강력한 사회적 신호로 작용해 추가적인 피드백을 차단하여 사회적 관계에 악영향을 끼친다.

건강한 삶의 비결: 건강한 자기회의 함양

RO의 핵심 신조는 우리가 닫혀 있을 때만 개방적이어야 한다는 것이다. 이는 간단한 원리 같지만, 실제로 현재 마음 상태가 닫혀 있는지 여부를 판단하는 것을 매우 어려울 수 있다. 예를 들어 당신은 자신이 열려 있다고 생각했는데 실제로는 닫혀 있음을 뒤늦게 알거나, 이를 친구들이 항상 나보다 먼저 알아차리는 것 같을 때가 있었을 것이다. [편집자 주: 우리 친구는 아닙니다.] 때때로 우리의 방식이 너무 옳다고 느껴진 나머지 의문을 제기하는 것이 잘못된 것처럼 느껴질 때도 있다. 우리는 남들(또는 자신)에게 우리가 개방적이라고 설득하고 싶을 때마다 사실은 그렇지 않음을 깨닫는다. 우리의 신념 체계는 우리의 일부이기 때문에 우리는 종종 그것을 인식할 수조차 없다. 이는 마치 물고기에게 자신이 헤엄치고 있는 물을 알아차리라고 요구하는 것과 같다. 우리는 또한 자신의 신념에 부합하는 것에만 관심을 가지고 그렇지 않은 것은 무시하거나 등한시하는 경향이 있으며, 자기가 무엇을 모르는지 모르기 때문에 자신의 사고방식을 옳다고 느끼고 폐쇄적 사고를 알아차리는 것이 갑절로 힘들어진다. 다음은 과잉통제 내담자의 세계관이 아들의 행동을 해석하는 방식을 어떻게 편향되게 만드는지 보여 주는 한 예다.

> 저는 아들이 2주에 한 번씩, 정확히 일요일 오후 2시에 전화해 주기 바라요. 이 통화에서 중요한 것은 가족에 대한 최신 소식을 듣는 거예요. 그래서 저는 제가 해온 일들의 목록을 작성해 놓고 그 애한테도 소식을 전해달라고 요청해요. 하지만 대개 그 애는 미리 소식 목록을 준비해 놓지 않고 사소한 일들에 대해 횡설수설하죠. 그래서 저는 아들이 말을 마치고 나면 제가 잊은 게 없는지 다시 한번 확인한 뒤 "내 얘기는 다 한 것 같다"라고 말하며 마무리하죠. 최근에 아들이 제가 전하는 소식에 대해 어떻게 생각하는지 물었어요. 저는 아들에게 서로에게 일어나는 일에 대한 최신 정보를 나누는 것이 중요하다고 얘기했죠. 그러자 아들이 초조한 듯 말했어요. 그 애는 제 대답에 감정이 없다면서, 저와는 친밀감이 안 느껴진다고 불평을 하더군요. 대체 그 애가 뭘 원하는지 모르겠어요. 어쨌든 아들은 저한테 무슨 일이 일어나는지 다 알아요. 그 이상 뭐가 더 필요하죠?

우리는 대개 새롭거나 불확실한 상황에 직면했을 때, 자신이 인정받지 못하거나 비난받는다고 느낄 때, 세상이나 자신과 타인에 대한 기대와 신념이 도전받는 상황에서 폐쇄적 태도를 보일 가능성이 높다. 하지만 폐쇄적 사고가 항상 위협에 대해서만 나타나는 것은 아니다. 방금 인용한 예에서 알 수 있듯이, 많은 과잉통제 내담자들은 규칙지배적이고 비교적 감정이 배제된 폐쇄적 사고를 지니고 있다. 실제로 감정이 결여된 것은 디테일에 초점을 맞추는 데에는 생기질적 우월성을 지니지만, 과잉통제 내담자의 폐쇄성을 악화시키기도 한다. 이는 디테일에 대한 안목이 뛰어난 사람은 다른 사람보다 환경의 사소한 변화와 패턴을 더 빨리 알아차릴 뿐만 아니라 관찰한 내용이 정확할 가능성도 높기 때문에, 자연스레 다른 사람이 관찰한 것보다 자신이 관찰한 것을 더 신뢰하는 경향이 있기 때문이다. 실제로 대부분의 사회에서는 다른 사람들이 간과할 수 있는 오류, 무역 협정에서 누락된 단어, 육교에 튀어나온 돌멩이, 제트 엔진 속의 닳아 있는 전선 등의 사소해 보이는 오류를 찾아내기 위해 디테일에 집중해서 잘 파악하는 사람들에게 의존한다. 디테일을 중시하는 사람은 다른 사람들이 오류나 사소한 불일치를 알아채지 못하거나, 설령 이를 알아차리더라도 대수롭지 않게 여기지 않는 것에 분노한다.

한 가지 명심할 것은, 디테일 중심 처리를 잘하는 것이 곧 효과적이거나 정확한 것은 아니라는 점이다. 이는 보이는 것뿐만 아니라 보이지 않는 것에도 영향을 끼친다. 예를 들어 디테일에 집중하는 사람은 글에 담긴 은유나 현수분사구문dangling participles의 정확한 개수를 기록할 수는 있지만, 작가가 이를 통해 실제로 말하고자 하는 바는 상대적으로 잘 모를 수 있다. [편집자 주: 저자가 디테일에 집중하는 사례로 든 것과 생존 혹은 사망한 인물 간의 모든 유사성은 전적으로 우연에 의한 것이며, 특히 그럴 만한 단서가 없다는 혐의에 대해서는 더욱 그렇습니다.] 과잉통제 내담자들이 열린 마음으로 살아가는 법을 배우는 데는 겹겹이 난관이 놓여 있다. 맥락상 큰 그림을 보는 것이 더 효과적으로 판단될 때는 전체적인 것보다 디테일한 처리를 선호하는 생기질을 극복하는 법을 배워야 하고, 설령 그들이 옳다는 것이 증명되더라도 오만과 독선을 경계해야 한다.

> 나는 다른 사람(또는 자신)에게 내가 개방적이라고 설득하려고 할 때 대부분 그렇지 않다는 것을 깨닫는다

닫힌 마음은 장애물을 극복하고, 라이벌을 물리치고, 장기적인 목표를 성공적으로 달성하는 등 긍정적 기분 상태에서도 나타날 수 있다. RO DBT 신경조절모형에 따르면(2장 참조), 성취감에 젖고 기뻐하고 자랑스러움을 느낄 때 SNS의 흥분성 접근·보상 시스템이 활성화되며, PNS와 SNS가 신경 억제 관계를 형성하고 있기 때문에 흥분성 접근·보상 시스템은 PNS-VVC가 매개하는 사회적 안전 시스템을 하향조절하거나 방해

하는 작용을 한다. 흥분성 보상에 의한 기분 상태는 활력을 불어넣으며, 기쁨, 자신감, 주체적 느낌과 관련 있다. 긍정적 기분 상태에서는 자기주장이 강해지고, 거만하며, 독단적인 태도를 보일 가능성이 높다. 세상 높은 곳에 있는 기분이 들면서, 미묘한 사회적 신호를 공감적으로 읽고 자신의 행동이 타인에게 끼칠 수 있는 영향을 인식하지 못하게 된다. 그로 인해 대화 상대가 고통스러워하거나, 자신이 하는 말이나 벌어지고 있는 일에 당황해하거나, 발언을 하고 싶거나, 주제를 바꾸고 싶어 한다는 것을 알아차리지 못할 수 있다. 대화 중에 자신의 말이 빨라지는 것을 자각하지 못하거나, 상대방이 말할 기회를 주지 않거나, 상대방이 말하는 도중에 끼어드는 경우가 많으며, 자신의 능력을 과대평가하고 타인의 능력을 과소평가하게 될 가능성이 높다. 반박을 받았을 때는 짜증을 내거나 상대방을 설득하거나 자신의 관점을 반복적으로 제시함으로써 대화를 주도하려고도 한다. 기본적으로 흥분성 보상 상태가 높아지면(PNS-VVC 사회적 안전 시스템의 하향조절과 SNS 흥분성 보상 시스템의 상향조절을 통해) 표현은 많아지고 공감과 개방성은 낮아진다.

하지만 잠시 이에 대해 생각해 보자. 만약 RO DBT에서 제기한 것처럼 부적응적 과잉통제가 낮은 보상 민감성을 특징으로 한다면, SNS의 흥분성 보상 상태에서 발생할 수 있는 폐쇄성이 과잉통제 내담자에게 큰 문제가 될 수 있을까? 정답은 "그렇다". 과잉통제 내담자는 보상 민감성이 낮은 생기질적 소인을 지니고 있지만, 그래도 여전히 높은 보상 경험을 할 수 있다. 하지만 우수한 억제성 통제와 내면의 감정을 숨기려는 학습된 경향으로 인해, 다른 사람이라면 큰 흥분이나 행복을 느낄 때 보일 만한 광범위하고 극적인 표현을 억제할 가능성이 크다는 것을 기억해야 한다. 따라서 과잉통제 내담자는 기쁨을 경험할 때 함박웃음을 짓거나 마음껏 춤을 추는 대신, 눈에 띄지 않는 미소만 지을 가능성이 높다. 과잉통제 내담자에게 흥분성 보상 경험은 주로 유혹을 물리치거나 라이벌을 이기는 것과 관련되어 있음을 기억하라. 과잉통제 내담자에게 보상이란 반드시(그리고 마땅히) 획득해야 하는 것이다. 이는 대부분의 과잉통제 내담자들이 경품에 당첨되거나, 아름다운 일몰을 보거나, 예상치 못한 칭찬처럼 자신의 노력과 무관하거나 우연히 주어지는 보상에 그다지 감격하거나 흥분하지 않는 이유를 설명하는 데 유용하다. 실제로 대부분의 과잉통제 내담자는 선택할 수만 있다면 편하고 쉬운 길보다는 자신의 기량을 시험하고 가치를 증명하기 위해 가장 어려운 길을 선택하는 것을 선호한다. 한 마디로, 닫힌 마음은 항상 위협을 느껴서라기보다는, 성공하고, 장기적 목표를 달성하고, 장애물을 극복하고, 라이벌을 이기는 데서 오는 흥분성 보상으로 인해 나타난다. 따라서 **온전한 개방성**은 방어적 각성을 경험할 때뿐만 아니라, 자신감, 자기확신, 평온함, 통제력, 현명함을 느낄 때도 유용하다(타이타닉 호가 침몰한 주된 요인은 과신이었다). 좋은 소식은, 우리가 언제 닫혀 있는지 모르더라도 이를 잘 감지할 수 있는 몇 가지 방법이 있다는 것이다(「당신은 특히 당신이 닫혀 있지 않다고 생각할 때 닫혀 있는 것을 어떻게 알 수 있는가?」 참조).

온전한 개방성이란 무엇인가?

온전한 개방성이라는 용어는 정서적 웰빙의 근간이 되는 다음 세 가지 핵심 역량이 합쳐진 상태를 뜻한다.

1. 학습을 위한 새로운 경험 및 반증적 피드백에 대한 수용성
2. 변화하는 환경 조건에 적응하기 위한 유연한 자기통제
3. 최소 한 명 이상 타인과의 친밀감과 유대감

따라서 온전히 개방적인 삶을 살기 위해서는, 반증적 피드백을 열린 마음으로 받아들이고 타인의 욕구를 함께 고려하는 방식으로 행동해야 한다. 완벽을 위해 애쓰지만 그 노력이 비생산적이거나 관계를 해친다는 피드백을 받으면 중단하고, 규칙을 준수하지만 누군가의 생명을 구할 때처럼 규칙을 깨는 것이 필요한 경우에는 어길 수 있고, 예의 바르고 협조적으로 행동하지만 안전이 최우선인 상황에서는 화를 낼 수도 있어야 한다.

온전한 개방성은 **말라마티 수피즘**Malâmati Sufism으로 알려진 정신적 전통에 그 뿌리를 두고 있다. 말라마티 수피즘은 9세기 페르시아 북동부 코라산Khorasan(현 이란) 지역에서 시작됐으며, 현재는 터키와 발칸 지역에 많은 추종자들이 있다. 말라마티라는 용어는 '비난blame'을 의미하는 아랍어 **말라마**malamah에서 유래한 것으로, 자신의 진정한 동기를 이해하기 위해서 끊임없는 자기관찰과 건강한 자기비판을 수행하는 말라마티의 수행을 지칭한다(Toussulis, 2011). 말라마티파는 혼자서는 자기인식을 함양할 수 없다고 믿기에, 영적인 대화와 교제companionship(아랍어로 sohbet)를 강조한다. 말라마티파는 현실을 수용하거나 '있는 그대로' 보는 데 별로 관심이 없었으며, 오히려 자기 안의 결점을 찾고, 권력, 인정, 자기확대self-aggrandizement에 대한 자기중심적 욕망

에 의문을 제기한다.[43] RO DBT는 우리가 타고난 지각 및 조절 편향으로 인해 혼자서 자기인식을 높이는 것이 불가능하기 때문에, 타인을 통해 자신의 맹점blind spot을 깨닫는 것을 기본 원리로 삼는다. "만약 내가 아는 것이 있다면, 그것은 내가 모든 것을 알 수 없으며 이는 다른 누구도 마찬가지라는 것이다"라는 말처럼(M. P. Lynch, 2004, p. 10), RO DBT에서는 진실이 실재해도 이를 파악할 수는 없다고 본다. 중요한 것은 진리를 추구하는 것이지 얻는 것이 아니다. **온전한 개방성**은 우리가 현실을 있는 그대로 알 수 있다고 가정하지 않는다. 그보다는 우리는 모두 매 순간 지각적 편견과 규제 편향에 치우쳐 있으며, 이는 우리가 열려 있거나, 새로워지거나, 반증적 정보로부터 배울 수 있는 능력을 방해한다고 본다.[44]

하지만 단지 우리의 의견·관찰·감정·신념을 솔직하게 표현하는 것만으로는 최적의 상호 학습 경험의 특징인 열린 대화라고 할 수 없다. RO DBT에서는 내면의 경험이나 의견을 다른 사람에게 드러내는 동시에, 자신의 오류 가능성을 인정하는 것이 필수적이라고 본다. RO DBT는 세상이 으레 나에게 맞춰 줘야 한다고 가정하거나("내가 화났으니 당신은 나를 인정해 줘야 해"), 각성을 낮추고 평화로움을 느끼는 수용 전략을 당연한 우선 순위로 두는 대신, '진실은 아프다truth hurts'라고 가정한다. 즉 우리가 가고 싶지 않은 바로 그곳에 마음을 이끌 때 비로소 가장 개인적인 자기성장의 자리에 도달할 수 있다. 그래서 **온전한 개방성**은 곧 우리가 있는 곳의 반대 방향으로 나아가려는 열정을 개발하는 것을 의미한다. 이는 마음챙김을 넘어서는 것이다. 또한 우리가 피하고 싶거나 불편하게 여기는 삶의 영역을 적극적으로 찾아서 배우는 것을 의미하는 것이기도 하다. 이를 위해서는 목적이 있는 **자기탐구**, 자신이 기꺼이 틀릴 수 있다는 의지, 그리고 필요하면 기꺼이 변화하려는 마음이 있어야 한다. 그것은 행동하는 겸손이다. **온전한 개방성**을 위해서는 다음의 세 단계를 순차적으로 실천한다.

1. 긴장감, 저항감, 비호감, 무감각, 공격·통제·도망가려는 욕구를 유발하는 반증적이거나 예상치 못한 사건의 존재를 인지한다.
2. 으레 하듯이 반응을 조절·설명·재평가·수용하는 대신, 일시적으로 반증적 내용으로 주의를 돌려 거기서 무엇을 배울 수 있을지 질문함으로써 **자기탐구**를 실천한다.
3. 상황을 효과적으로 관리하거나 변화하는 환경에 적응하기 위해 그 순간에 필요한 조치를 취함으로써 겸손하고 유연하게 대응한다.

당신은 특히 당신이 닫혀 있지 않다고 생각할 때 닫혀 있는 것을 어떻게 알 수 있는가?

이 질문에 대한 간단한 대답은, 최소한 친구의 도움 없이는 불가능하다는 것이다. 길게 대답하자면, 당신의 성격 중 특이한 부분을 평가하는 데 있어서는 당신보다 동료들이 더 정확할 때가 많다는 연구 결과들이 있으며(Oltmanns, Friedman, Fiedler, & Turkheimer, 2004; John & Robins, 1994), 당신이 남들보다 별로 문제가 없다고 생각하더라도 동료들은 당신이 생각하는 것보다 더 많은 문제를 지니고 있다고 생각할 가능성이 높다(Oltmanns, Gleason, Klonsky, & Turkheimer, 2005). 따라서 자신이 닫혀 있는지 알고 싶다면 다음의 기술들을 실천해 보라.

- 당신이 개방적이라고 자신이나 다른 사람을 설득하기 위해 노력하고 있는 것을 발견한다면, 당신이 개방성을 주장하는 것이 곧 닫혀 있는 증거라고 생각하라.
- 항상 당신의 직감을 믿지는 말 것. 한창 논쟁 중일 때 당신이 열린 마음을 지니고 있다는 확신이 든다고 해서 정말 자신이 옳다고 생각하지 마라. 그보다는 잠시 대화를 멈추고 당신이 얼마나 마음을 열고 있는지에 대해 상대방의 의견을 구하라. 천천히 심호흡을 하며(열을 식히기 위해) 잠시 시선을 다른 곳으로 돌렸다가 이렇게 말하라. "저기, 물어볼 게 있어요" 그리고 잠시 멈춘 뒤 상대의 눈을 바라보며 미소를 머금은 채 이렇게 물어보라. "제가 지금 얼마나 열린 마음을 지니고 있다고 생각하세요? 제가 최근에 노력을 많이 하고 있어서 꼭 알고 싶거든요. 지금 주제에서는 좀 벗어난 질문이지만 궁금합니다. 어떻게 생각하세요?" 상대방이 응답하기 전에 충분히 생각할 시간을 부여하라. 질문할 때는 굳이 침착해 보이려고 애쓸 필요 없이 상대방의 진솔한 생각을 듣고 싶다는 마음을 전달하는 것이 중요하다. 그 순간에 바로 피드백을 받을 수도 있고, 질문하는 것 자체가 강력한 사회적 안전 신호로 작용할 수 있기에 매우 좋은 방법이다.
- 당신이 닫혀 있을 거라고 지레 짐작하지 말 것. 대화가 끝난 뒤 상대방의 피드백을 **온전한 개방성** 기술을 실천할 수 있는 기회로 활용하라. 예를 들어, 『기술훈련 매뉴얼』 5장 22과 및 유인물 22.2를 살펴보고, 유인물에 있는 12가지 질문을 활용하여 상대의 피드백을 수락할지 거절할지 정하라.
- 상대방이 근처에 없을 때처럼 그 순간에 피드백을 바로 확인하지 **못하는** 상황에서

도 당신이 열려 있는지 닫혀 있는지 알 수 있는 방법이 있다. 예를 들어 당신이 틀리거나, 마음을 열지 않거나, 원한을 품거나, 시기심을 지니고 있는 것을 얼마나 기꺼이 발견하거나 인정하려고 하는지 자문해 보라. 스스로에게 이 질문을 할 때 에너지나 저항을 많이 느낄수록 더 진실되게 마음을 열고 있을 가능성은 떨어진다.

- **자기탐구**를 실천하라(이 장 뒷부분의 「**자기탐구 실천 및 자신을 드러내기**」 참조). 스스로에게 '내가 여기서 배울 점이 있을까?'라고 물어보라.
- 피드백 요청은 모든 사람에게 불안을 유발한다는 것을 기억하라. 자의식, 비난에 대한 두려움, 사회 불안은 부족의 본성과 타인에 대한 근본적 의존성을 반영한다. 앞서 살펴본 것처럼 부족에서 배제되는 것은 원시 조상들에게 사형 선고와도 같은 일이었으므로, 불안의 존재를 곧 닫힌 것으로 간주하면 안 된다. 섣부른 대답을 차단하며 **자기탐구**를 실천하라('내가 느끼는 불안은 나에 대해 무엇을 말해주는 걸까? 내가 여기서 배울 점이 있을까?'). 친밀한 사회적 유대감을 형성하는 데는 피드백보다 질문하는 행위 자체가 더 중요하다. 당신의 관점이 틀릴 가능성을 염두에 두고 상대의 솔직한 피드백을 요청하는 단순한 행위만으로도, 우정·개방성·동등함에 대한 강력한 메시지를 전달할 수 있다. 메시지를 받는 사람은 당신이 자신의 관점을 경청할 만큼 열린 마음을 지니고 있음을 본능적으로 느낄 수 있기 때문에 경계를 늦출 수 있다.

이처럼 개방성은 에너지를 고갈시키는 단점에도 불구하고(개방성을 지니기 위해서는 인지적 노력이 필요함), 유전적으로 남남인 개체들와의 후천적 협력을 가능하게 하는 인간 고유의 진화적 이점의 핵심 특징이라고 할 수 있다. 다시 말해 열린 마음가짐은 서로의 차이를 함께 묶고 전에는 상상할 수 없었던 새로운 화합을 이루어 내는 부족의 접착제라 할 수 있다.

새로운 것을 배우는 데 열려 있기 위해 꼭 이전에 배운 것을 거부해야 하는 것은 아니다. 같은 장소로 가거나(예: 런던으로 가는 길은 무수히 많음) 같은 일을 하는 데는(예: 감자를 요리하는 방법은 무수히 많음) 여러 가지 방법이 있으며, 세상은 끊임없이 변화하기 때문에 항상 새로운 것을 배울 수 있음을 알고 있어야 한다. 예를 들어 최고의 과학자들은 자신이 알고 있는 것이 나중에 더 큰 지식으로 진화하거나 변화할 것을 알고 있기에 겸손하다. 특히 우리가 이의나 예상치 못한 피드백을 강하게 거부하거나, 방어하거나, 혹은 너무 아무렇지도 않게 동의하고 있는 것 같을 때 **자기탐구**를 실천하면 도움이 된다. 하지만 이는 종종 확고한 신념이나 생각을 희생해야 하기에 고통스러울 수 있다. 좋은 소식이 있다면, 개방성을 지니면 과거에 자신을 보호하는 데 사용했던 에너지를 자유롭게 활용할 수 있다는 것이다. 개방성은 가식, 안주, 수동성, 체념과 반대다. 비록 개방성이 행복, 침착함, 계몽을 담보해 주지는 않지만, 진정한 우정과 대화의 가능성은 약속할 수 있다. **온전한 개방성**은 승인, 순진무구한 믿음, 분별없는 묵인과는 다르다. 때로는 닫힌 태도가 필요할 때도 있고 굳이 변화가 불필요할 때도 있다. 예를 들어 코티지 치즈 맛이 마음에 안 들 때 다른 먹을 것이 있다면 굳이 치즈를 안 먹어도 된다. 닫힌 마음은 강도의 공격을 받거나 전쟁에서 포로로 잡혀 고문을 당할 때 매우 유용하다. 닫힌 태도는 부족을 하나로 묶는 데 유용한 특정한 가족적 혹은 문화적 전통을 보호하는 데 도움이 되기도 한다(예: 더 이상 종교적 의미가 없음에도 크리스마스를 고집스럽게 기념하는 것). 개방성은 행동이다. 마지막으로, **온전한 개방성**은 지적인 수단만이 아닌 경험을 통해 파악하는 것이다. 직접적이고 지속적인 연습을 하다 보면 시간이 지남에 따라 더 깊이 이해할 수 있다.

자기탐구 실천 및 자신을 드러내기

RO DBT에서는 방어적 각성, 신체적 긴장, 원치 않는 감정이 우리가 변화하거나 성장해야 할 삶의 영역을 알려주는 유용한 것들로 여긴다. **온전한 개방성**은 으레 우리가 더 나은 기분을 느끼기 위해 세상이 달라져야 한다고 가정하지 않으며, 대신 우리가 가장 어렵게 느끼는 삶의 영역에서 가장 많은 것을 배울 수 있다고 본다. 따라서 RO DBT는 원치 않는 감정·생각·감각을, 우리가 도전적이거나 위협적인 경험으로 주의를 돌려 '내가 여기서 배울 점이 있을까?'라는 질문을 통해 **자기탐구**를 연습할 수 있는 자극 요인으로 본다. **자기탐구**를 하다 보면 결국에는 배울 것이 없거나 특정한 시간이나 상황에서는 닫힌 태도가 필요하다는 결론에 이르기도 한다. 하지만 온전한 개방 상태에서는 상황이 달라지거나 같은 문제에 대해 몸의 긴장이 다시 고조될 때 기꺼이 그 문제를 재검토하고 **자기탐구**를 다시 실천하려는 마음을 가진다.

> ### 온전한 개방성은 온전한 수용과 다르다
> **온전한 개방성**과 관련한 기술은 표준 DBT의 일부로 가르치는 온전한 수용radical acceptance기술(Linehan, 1993b)과 다르다는 것을 꼭 알아야 한다. 온전한 수용은 현실과의 싸움을 그만두고 감내하기 어려운 괴로움suffering을 감내할 만한 고통pain으로 바꾸는 것을 의미하지만, **온전한 개방성**은 현실에 대한 우리의 **지각** 자체에 문제를 제기한다. **온전한 개방성**은 우리가 사물을 있는 그대로 볼 수 없고, 오직 우리가 보는 대로만 볼 수 있다고 가정한다. 따라서 RO는 겸손을 전달하며, 세상으로부터 주어지는 것을 통해 배우는 자기탐구와 건강한 자기회의를 함양할 것을 장려한다.

RO DBT에서 자신을 드러내는outing(revealing) 행위는 오늘날 대담함이나 언론의 자유로 정의하는 **파르헤지아**parrhésia의 개념과 유사하다. 고대 그리스인들(예: 플라톤, 소크라테스, 디오게네스)은 대담하고 솔직한 화법을 구사했고, 공동선을 위해 진실을 말하는 것을 몸소 실천했다. 자신을 드러내는 것을 연습하고 실천할 때는 대개 몸의 긴장을 인식하는 것에서부터 시작해서, 자신의 한계점(개인적 성장이 일어날 수 있는 지점)을 찾기 위해 현재 자기 안에서 일어나는 생각·감정·감각을(아무리 어리석고, 말이 안 되고, 혼자만의 생각처럼 느껴지더라도) 공개적으로 서술해 나간다. 대부분의 경우 개인적 한계점은 당혹감, 불편함, 외면하고 싶은 욕구, 공개적으로 인정하고 싶지 않은 생각과 이미지를 통해 찾을 수 있다. 굳이 거대한 문제나 강렬한 감정을 가지고 **자기탐구**를 연습할 필요는 없다. 오히려 비교적 사소한 일들(예: 부하 직원의 질문에 짜증이 나거나, 내가 책상을 정리한 것을 배우자가 모르거나, 동료가 불행한 일을 겪었던 얘기를 할 때 기분이 좋아짐)을 통해서 자신에 대해 더 많은 것을 알 수 있다.

자기탐구는 자신이 피하고 싶은 바로 그것을 향해 눈을 돌리고 자신이 발견한 것을 동료(또는 친구)에게 털어놓음으로써, 자신의 맹점을 찾아내 성장을 추구한다. 따라서 **자기탐구**의 실천은(항상은 아니어도) 종종 당혹감이나 수치심을 유발할 수 있다. 그럼에도 불구하고 자신을 드러내는 연습과 실천은, 숨기고 싶거나 부정하고 싶은 성격의 일부가 **자기탐구**를 통해 드러날 때 드는 부당한 수치심이나 당혹감과 반대로 진행된다. 자신의 오류성fallibility을 인정하는 것은 타인의 반응에 대한 두려움이나 저항을 극복하는 용기 있고 고귀한 일이므로, 이를 수치스럽게 느끼는 것은 부당하다. 자신을 드러내는 것은 자신이 아무것도 부끄러워할 것이 없음을 뇌에 전달하는 것이고, 타인에게 자신의 오류성이나 성격 문제를 숨기는 것은 자신이 나쁜(수치스러운) 성격 문제나 오류성을 지니고 있다고 뇌에 전달하는 것과 같다. 인간은 모두 결점이 있다. **온전한 개방성**은 우리가 지닌 특이한 습관을 자기비하가 아닌 자기발견의 기회로 활용하게 해준다.

다행스러운 것은, 자신을 드러내는 것은 자신의 지각과 행동에 책임을 지는 데 유용하다는 것이다. 이는 습관적인 회피와 부정을 차단한다. 많은 과잉통제 내담자들이 비판받거나 변화를 감수해야 하는 것 때문에 개인적 감정이나 의견을 드러내기 꺼려한다. 자신을 드러내는 것은 겸손함과 세상으로부터 배우려는 의지를 보여 주는 것이기에 관계를 향상한다. 개인적인 내용을 타인에게 공개하는 것은 강력한 친사회적 신호로, 본질적으로 "나는 당신을 믿는다."(못 믿는 사람에게 자신의 취약성을 드러내지 않는다), "나도 당신과 똑같은 사람이다."(우리는 모두 오류성을 지니고 있다)라고 말하는 것이다. 따라서 여러 가지 측면에서 볼 때 자신을 드러내는 것은 진정한 우정의 기초가 된다. 친구는 상대방을 탓하기보다는 자신의 감정에 대해 스스로 책임진다. 친구는 설령 상처가 되더라도 피드백을 열린 마음으로 받아들인다. 친구는 자신이 틀릴 수도 있다는 태도로 고통스러운 진실을 얘기함으로써, 서로를 보호하면서 가치 목표를 달성할 수 있도록 기꺼이 돕는다. 따라서 진정한 친구(친밀한 유대감을 지닌 사람들)는 서로에게 상처 되는 것들을 알아도 이를 서로를 공격하는 데 사용하지 않는다.

마지막으로, **자기탐구**는 **자기탐구** 자체에 의문을 제기할 수 있다. **자기탐구**를 실천하는 데서 나오는 모든 질문(과 대답)은 아무리 심오하고 현명하고 분별력 있는 것처럼 보여도 오류가 있을 수 있음을 인식한다. **자기탐구**는 자책하지 않으면서도 타인에게 자신의 잘못을 인정하거나 자신이 어떻게 문제를 만드는 데 일조했는지 인정할 수 있는 용기를 지니는 것이자, 빠른 대답을 의심하는 것이다. **자기탐구**에 대한 빠른 대답은 종종 이전에 학습한 내용, 즉 모든 것을 곧바로 해결해야 한다는 엄격한 규칙이나 신념, 자신의 행동을 정당화하는 해결책이나 설명을 제시함으로써 사회적 비난을 피하려는 강박적 욕구의 반영일 수 있다. 우리가 이처럼 빠르게 교정하거나 대답하려는 경향은 RO DBT에서(동료 치료자에게 자신을 드러내는 것처럼) **자기탐구**적 통찰과 관찰을 타인에게 드러내는 것을 강조하는 핵심적인 이유 중 하나다. 자신의 유별난 성격이나 약점을 공개적으로 드러내는 것은 내면의 감정을 감추려는 과잉통제 성향에 반하는 것이며, 과잉통제 내담자가 다시 부족에 속할 수 있는 강력한 수단이 될 수 있기에 치료에서 그 중요성은 아무리 강조해도 지나치지 않다.[45] 자문팀에서 정식으로 **자기탐구**를 실행하는 단계와 자신을 드러내는 방법에 대해서는 다음 절과 『기술훈련 매뉴얼』에서 다루고 있다.

RO DBT 팀 자문과 슈퍼비전

RO DBT의 핵심 전제는 치료자와 내담자가 모두 치료 환경 내에서 지각 및 조절 편향을 지니고 있고 그것이 치료 결과에 영향을 끼친다는 것이다. 또한 RO DBT는 정신치료의 기술적 측면이 치료를 제공하는 사람이나 치료관계의 맥락과 무관할 수 없다고 가정한다. 따라서 RO DBT를 시행하는 치료자는 효과적인 치료를 위해 스스로 **온전한 개방성**을 실천하는 데 도움이 되는 수단을 치료 프로그램 내에 구축하는 것이 이상적이다. 이를 위해 대개는 매주 대면 또는 온라인으로 치료자 자문팀 회의를 진행한다. 자문팀 회의는 치료자가 **온전한 개방성**을 실천할 수 있는 플랫폼인 동시에, 치료자 소진을 줄이고, 공감을 증진하며, 치료에 대한 치료자의 순응도를 향상할 수 있는 여러 가지 중요한 기능을 수행한다. RO는 경험적이기 때문에 머리로만 파악할 수 있는 것이 아니며, 우리의 맹점을 알려 줄 동료 치료자를 필요로 한다. 이를 위해 치료자는 **자기탐구**와 **온전한 개방성**을 자신의 삶 속에서 실천해야 한다. 마음챙김과 마찬가지로 **자기탐구** 역시 직접적이고 반복적인 실천이 필요하며, 직접적인 실천을 통해 RO에 대한 이해를 날로 발전시켜 나간다. 마지막으로, 과잉통제 내담자는 치료자가 먼저 모델링하지 않는 이상 성인으로서 긴장을 풀거나, 놀거나, 취약성을 표현하는 것이 부적절하다고 여길 가능성이 높기 때문에, 치료자가 RO를 연습하는 것은 과잉통제 내담자가 이러한 부분에서 성장을 촉진하는 데 도움이 된다.

과잉통제 문제를 다루는 치료자는 도움이 필요하다

대부분의 과잉통제 내담자는 취약한 감정을 드러내거나, 자신의 잘못을 공개적으로 밝히거나, 내면의 생각을 솔직하게 표현하는 데 어려움을 겪기 때문에, 치료자가 내담자를 이해하거나 유대감을 형성한다는 느낌을 갖기 힘들다. 실제로 이러한 정보의 부족은 내담자가 치료자를 속이거나 조종하고 있다고 해석하게 하고, 내담자에 대한 확실한 대처 방법을 모르고, 내담자가 완고하고 적대적이고 무성의하게 여겨지는 것에 대한 좌절과 분노를 촉발하며 치료자를 힘들게 한다. 연구에 따르면 만성 우울증(고도 과잉통제의 특징) 내담자들을 치료하는 치료자는 다른 내담자들에 비해 이들을 더 적대적이고 덜 우호적으로 인식하는 경향이 있었다(Constantino et al., 2008). 이는 과잉통제에서의 사회적 신호의 결핍으로 설명할 수 있다.

과잉통제 내담자는 또한 중요한 주제에 대한 탐색을 교묘히 차단할 수 있는데, 이는 치료자의 소진을 유발하거나 치료에서 중요한 목표가 무엇인지 불확실하게 만들 수 있다(10장의 **「반발」 반응** 및 **「"나를 아프게 하지 말아요" 반응**」 참조). 예를 들어 치료자는 내담자의 비언어적 행동(예: 치료자의 말이 끝난 뒤 눈을 살짝 굴리며 다른 곳을 쳐다봄)을 관찰하며, 내담자의 참여도가 낮음을 짐작할 수 있다. 하지만 막상 내담자에게 이러한 행동에 대해 질문했을 때 내담자가 일관되게 부인하거나 치료자의 질문과 무관한 대답을 하면, 치료자는 맥이 빠질 수 있다. 치료자가 가장 흔히 보고하는 불만이나 좌절감 중 하나는, 사례를 개념화하거나 임상 상황을 관리할 수 있는 방법을 숙달하지 못하거나 잘 모르는 느낌이 든다는 것이다. RO DBT에서는 불확실성, 의기소침, 혼란스러운 느낌을 **자기탐구**를 연습할 수 있는 기회로 본다. 이때 치료자는 (자신의 고뇌를 조절하거나 수용하려고 하기 전에) 먼저 고뇌를 들여다보며 의기소침이 말하는 것이 무엇인지 자신에게 물어본 다음, 가능하면 자문팀 내에서 자신이 깨달은 내용을 공개하는 것이 좋다. 다음은 **자기탐구**를 촉진하는 데 활용할 수 있는 질문들이다.

- 나는 특정한 내담자와 있을 때만 사기가 저하되는가?
- 나는 다른 내담자들과 있을 때, 집에 있을 때, 동료들과 있을 때를 포함해 전반적으로 사기가 저하되는 것 같은가? 내가 외적인 문제를 관리하기 위해 배우거나 해야 할 일은 무엇인가?
- 나의 사기저하가 주로 과잉통제 내담자와 있을 때 나타난다면, 항상 그런가 아니면 그때그때 다른가? 만약 항상 그런 게 아니라면, 사기저하의 원인은 무엇인가? 예를 들어 사기가 저하되기 전에 내가 주로 하는 행동이나 생각은 무엇인가?
- 나는 특정한 내담자와 작업할 때만 행동이 달라지는가? 이를테면 평소보다 말이 더 빨라지는가? 특정한 내담자와 작업할 때 내 질문이나 의견을 설명하거나 정당화해야 할 것 같은 의무감이 드는가? 내가 여기서 배울 점은 무엇인가?
- 나는 내담자와의 다음 회기가 기대되는가? 치료 시간 외에 내담자에 대해 얼마나 자주 생각하는가? 치료 회기 외에 의도적으로 내담자에 대해 생각하지 않으려고 노력한 적이 있는가? 내담자와의 관계에 대한 나의 대답을 통해 알 수 있는 것은 무엇인가?

- 내가 느끼는 사기저하는 치료동맹의 훼손을 의미하는가? 최근에 동맹파열이 발생한 적이 있는가? 파열이 완전히 회복되지 않았을 수도 있는가?[46]
- 나는 특정한 내담자에 대해 긍정적인 감정을 느끼기 어려운가? 만약 그렇다면, 이를 통해 내담자의 사회적 신호 전달 스타일이나 나의 세계관에 대해 무엇을 알 수 있는가?
- 내담자는 치료에 얼마나 참여하고 있는가? 내담자는 어떤 식으로 사회적 참여 신호를 보내는가? 내담자는 어떤 식으로 사회적 비참여 신호를 보내는가?
- 나는 내담자가 두려운가? 만약 그렇다면, 무엇이 두려운가?
- 나는 내담자를 얼마나 고치거나 내담자의 기분이 나아지게 해야 한다고 느끼는가? 이를 통해 나의 직업적 역할, 내담자, 나 자신에 대한 나의 신념에 대해 무엇을 알 수 있는가?
- 나는 내담자와 작업할 때 죄책감, 수치심, 굴욕감을 느끼는가? 만약 그렇다면 그런 느낌들은 정당한 것인가? 내가 깨닫거나 다르게 행동해야 할 것이 있는가?
- 만약 내가 내담자의 치료자가 아니었다면 내담자와 시간을 함께 보내는 것이 즐거웠을 것 같은가? 나는 내담자를 좋아하는가? 만약 아니거나 그저 그렇다면, 이를 통해 내담자의 사회적 신호에 대해 알 수 있는 것은 무엇인가? 나에 대해서는 무엇을 알 수 있는가?
- 나는 내담자에게 짜증이나 화가 느껴지는가? 만약 그렇다면 나는 이러한 고통을 슈퍼바이저나 동료들과 공유한 적이 있는가?
- 나는 특정한 내담자와 작업할 때 다른 내담자들과 작업할 때와 다르게 행동하거나 느끼는가? 그 내담자와 작업할 때 쉽게 이야기할 수 있는 주제는 무엇인가? 더 어렵게 느껴지는 토론이나 주제의 유형이 있는가? 내가 피하거나 꺼리고 싶은 주제나 현안이 있는가? 이를 통해 내담자나 나에 대해 알 수 있는 것은 무엇인가?
- 나는 내 사기저하에 대해 얼마나 스스로를 탓하는가? 치료자, 임상가, 혹은 의사로서의 역할에 대한 나의 신념은, 내담자와 작업할 때 치료에 대한 나의 기대에 어떤 영향을 끼치는가? 여기서 내가 배울 점은 무엇인가?
- 어떤 내담자가 과거의 다른 내담자들만큼 반응이 빠르지 않거나 반응하는 방식이 달라서 내 사기가 저하된다면, 나는 이에 대해 얼마나 당혹감을 느끼는가? 나는 스스로 유능하거나 이해심 많은 상담사, 치료자, 의사라고 자부하는가? 내가

내담자에게 반응하는 모습을 통해 나에 대해 알 수 있는 것은 무엇인가? 여기서 내가 배울 점은 무엇인가?
- 나는 사기저하에 대해 어느 정도로 내담자 탓을 하는가? 이를 통해 나에 대해 알 수 있는 것은 무엇인가? 내담자와의 관계에 대해 무엇을 알 수 있는가? 나의 세계관에 대해 무엇을 알 수 있는가?

치료자의 사기저하는 종종 문제를 해결하거나, 치료에 통달하거나, 다른 사람이나 상황을 지배하려는 욕구에서 비롯될 수도 있다. 예를 들어 몇몇 과잉통제 내담자들은 과잉통제 문제를 해결하려는 열망이 너무 큰 나머지, 일기나 숙제처럼 꼭 요구되는 것들은 물론(치료자보다 더 나은 수준으로) 모든 RO 기술을 단어 하나하나까지 외우기도 하고, 치료의 진행 속도를 높이거나 결과를 향상하기 위해 스스로 새로운 과제를 생성하기도 한다. 내담자의 이러한 근면함 및 변화를 향한 전념은 존경할 만하지만, 그들의 지나친 근면함은 곧 부적응적 과잉통제(강박적 집착) 방식이기도 하다. 치료자는 의욕 넘치는 과잉통제 내담자와 작업할 때 마치 '누가 최고의 해결사인가?'라는 리얼리티 쇼 프로그램에서 경쟁하는 것처럼 느껴질 수 있기 때문에, 사기가 저하될 수 있다.

누가 최고의 과업, 숙제, 통찰, 도전을 통해서 최종적으로 과잉통제를 변화시킬 수 있을까요? 치료자일까요? 아니면 내담자일까요? 내담자는 치료자를 떨어뜨릴까요? 다음주 회기도 기대해 주세요!

기본적으로 내담자가 치료자보다 자신을 더 잘 알고 있기도 하고, 치료자가 과잉통제를 치료하기 위해서는 자신이 더 열심히 노력해야 한다고 전제하는 한 결코 내담자를 이길 수 없다는 사실을 인지하지 못한다면 자신이 부족하다고 느낄 것이다. 따라서 치료자는 애초에 내담자와 경쟁하는 것이 아니라, 과잉통제 방식의 대처를 바꾸려는 과잉 동기가 내담자의 삶에 스며들어 있는 또 다른 부적응적 과잉통제 문제임을 인식하도록 도와줌으로써 자신과 내담자 모두를 구할 수 있다. 이를테면 치료자와 내담자는, "문제를 고치려고 하기보다는, 그냥 낮잠 자는 연습을 해보는 게 어떨까요?" 같은 얘기를 나누며 진행 방법을 정할 수 있다.

여기서 치료자가 중요하게 숙지해야 하는 것은, 대부분의 부적응적 과잉통제 행동이 항상 명확히 드러나는 것은 아니라는 점이다. 또한 과잉통제 내담자는 변화를 암시하는 탐탁치 않은 피드백을 차단하는 데 능숙한 경우가 많기 때문에(예: 겉으로는 중요해 보이는 새로운 논의 주제를 제시함), 이를 제대로 인지하지 못하면 치료의 진행이 더디어지거나, 치료자가 정상적인 자기효능감을 못 느끼거나, 내담자가 주도권을 쥐고 있다고 느끼거나, 특정한 내담자와 작업할 때마다 지루함이나 두려움을 경험할 수 있다. 또한 과잉통제형 인간의 감정 표현은(특히 공공장소에서는) 절제된 경우가 많기 때문에, 치료자는 이들과의 작업이 다른 내담자와의 작업에 비해 별로 힘들거나 고통스럽지 않다고 오해하기도 한다. 하지만 실제로는 그 반대인 경우가 많다. 과잉통제 내담자의 행동은 비교적 눈에 잘 띄지 않음에도 불구하고(대개 그럴 듯하게 부인하겠지만) 그들이 속한 사회적 환경에 큰 영향을 끼치며, 치료자 또한 그 영향에서 자유롭지 못하다. 표현을 잘 하지 않고 폐쇄적인 과잉통제 내담자와 작업하는 것은 상당히 괴롭고 때로는 당황스러울 수도 있다. 결론적으로, RO DBT 치료자는 자신의(비록 반응 강도가 약하더라도) 개인적 감정 반응을 자문팀에 보고하고, **자기탐구**를 연습하며 개인적 성장을 추구하고, 내담자가 가치 목표를 달성하기 위해 필요한 변화를 이루도록 도와야 한다(「과잉통제 내담자와 작업하는 치료자의 소진을 의심할 수 있는 징후」 참조).

과잉통제 내담자와 작업하는 치료자의 소진을 의심할 수 있는 징후

- 과잉통제 내담자가 회기에 안 오거나 치료를 중단하고 싶다고 말했을 때 안도감을 느낀다.
- 특정한 내담자에 대해 이야기할 때 짜증, 좌절, 무뚝뚝함, 표현 부족이 느껴진다.
- 회기 전에 평소보다 더 많은 계획, 준비, 리허설을 한다.

내담자와 치료자의 성격 스타일 간의 상호작용

과잉통제 내담자는(우리 대부분과 마찬가지로) 자기만의 대처 방식을 선호한다. 따라서 내담자는 치료자의 개인적 스타일이 전반적으로 과소통제적일 때도 과잉통제적인 방식으로 행동하도록 은연중에 영향을 끼칠 수 있다. 예를 들어 치료자는 과잉통제 내담자와 작업할 때 자신도 모르게 신중히 준비하고, 계획하고, 행동하도록 강화되는 경우가 많다. 또한 과잉통제 내담자는 매우 규칙지배적이기 때문에, 종종 치료 중에 어떤 일이 일어나야 하고 치료자가 어떻게 행동해야 하는지에 대한 규칙을 정해 놓는 경우도 많다. 예를 들어 과잉통제 내담자는 치료자가 자기통제를 발휘해야 하고, 절대 취약한 감정을 드러내서는 안 되며, 절대 회기 중에 개인적 내용을 공개하면 안 된다고 생각할 수 있으며, 미묘한 방식(예: 살짝 찌푸림, 시선 회피, 무관심, 갑작스러운 주제 변경)으로 비동의 의사를 표현한다. 치료자가 내담자의 이러한 반응을 인지하지 못하면 특정한 주제를 피하거나, 덜 진실되게 대하거나, 덜 호기심을 가지도록 조건화될 수 있으며, 이는 과잉통제 내담자의 예후에도 안 좋고 치료자의 사기도 떨어뜨리는 결과를 초래한다. 또한(모든) 과잉통제 내담자는 감정 표현을 어려워하는 경우가 많은데, 치료자가 이를 알아차리지 못한 채 과잉통제 내담자의 제한된 감정 표현 스타일에 맞출 때도 있다. 그렇게 되면 감정 억제와 자기통제가 항상 최선이라는 내담자의 믿음을 은연중에 강화할 수 있다.

따라서 치료자가 자신의 성격 스타일과 대처 습관 및, 그것들이 치료에 끼치는 영향을 살펴볼 방법을 찾는 것이 중요하다. 대개는 슈퍼비전이나 팀 자문을 활용하는 것이 최선이다. 예를 들어 일부 치료자는 인간관계에서 침묵(흔한 과잉통제 반응)을 불안해하거나 견디기 어려워한다. 이러한 불편이 다뤄지지 않으면 그로 인한 문제가 새로 발생하거나 사기저하로 이어질 수 있다. 또한 우리의 연구에 따르면 대부분의 치료자는 과잉통제 스타일에 치우쳐 있어서, 치료자가 회기 중 내담자의 부적응적 과잉통제 행동을 인지하기 더 어렵고, (적어도 겉으로는) 자신의 행동과 비슷해 보이기 때문에 의도치 않게 내담자의 행동을 강화·방어·정상화하기도 한다. 예를 들어 한 과잉통제 내담자가 동네 술집을 가기 위해 생각해 낸 정교한 전략을 과잉통제 성향의 치료자에게 보고했다. 먼저 그녀는 바텐더에게 다가가, "여기서 친구들을 만나기로 했는데요, 혹시 누가 들어와서 사람을 찾으면 제 테이블로 안내해 주시겠어요?"라고 말했다. 그런 뒤에 그녀는 음료를 주문하고 빈 테이블을 가리키며 "그동안 저는 여기서 기다릴게요, 감사합니다"라고 말한 뒤 빈 테이블로 가서 앉아서 책을 읽기 시작했다. 치료자는 내담자가 사회적 환경을 회피하지 않은 것(집을 나와 술집에 간 것)을 칭찬했지만, 실제로는(바텐더가 아닌) 다른 사람과 어울린 적이 있는지 평가하지 못했고, 바에 도착해서 거짓말한 것(바텐더에게 친구를 기다리고 있다고 말함)으로 생길 수 있는 문제를 다루지도 못했다. 자문팀 회의에서는 내담자의 행동으로 인해 생길 수 있는 불이익에 대해 논의했다. 치료자는 논의 과정에서, "그녀가 왜 술집에 있는 다른 사람들과 어울려야만 하나요? 정말 아무 방해도 안 받고 조용히 앉아서 술을 마시고 싶었을 수도 있잖아요"라고 반문했다. 자문팀의 추가 논의 과정에서 치료자 자신도 공공 장소에서 불편함을 느낀 적이 자주 있었고, 누군가에게 자신을 드러내는 느낌과 불안을 회피하기 위한 다수의 선의의 거짓말과 전략을 활용해 온 사실이 밝혀졌다. 치료자는 자신도 바꾸기 어려운 행동을 내담자가 바꾸도록 하는 것을 불편하게 여겼음을 인정했다. 치료자는 이러한 논의들 덕분에 후속 회기들에서 내담자와 함께 가볍게 거짓말하는 것의 장점과 단점을 알아보는 작업을 할 수 있었다. 내담자는 하얀 거짓말이 안전함을 느끼는 데는 도움이 됐지만, 동시에(사교 모임에 참여하려면 변명이나 거짓말을 해야 했기에) 자신이 사회 부적응자라는 믿음을 은연중에 조장하기도 한다는 사실을 인지할 수 있게 됐다.

슈퍼비전과 치료 결과를 향상하기 위해 자문팀 활용하기

앞서 언급한 것처럼, 부족의 집단 지성의 혜택을 받을 수 있는 것은 종으로서 인간의 핵심 특징이다. 이와 마찬가지로 치료자 역시 동료 자문과 외부 슈퍼비전을 통해 집단 지성을 활용할 수 있다. 또한 RO DBT를 효과적으로 시행하기 위해서는 치료자가 직접 **온전한 개방성** 기술을 실천해야 하며, 외부 자문을 활용하는 것은 이를 실현할 수 있는 가장 효과적인 방법들 중 하나다. 자문팀이 잘 작동하고 있다면 열린 마음으로 지지와 교정적 피드백을 제공해 줄 것이다. 하지만 대부분의 과잉통제 문제들이 쉽게 눈에 띄지 않는 점을 고려하면, 치료자가 단순히 동료 슈퍼비전을 통해서 자신의 어려움을 얘기하거나 무엇을 문제라고 생각하는지 말로 설명하는 것만으로는 충분하지 못하다. 그보다는 대부분의 과잉통제 문제가 사회적 신호의 문제라는 점을 염두에 두고, 치료자가 롤플레잉이나 실제 회기 영상을 통해 자신이 어려워하는 부분을 직접 시연하거나 보여 주는 습관을 가져야 한다. 따라서 RO DBT 자문팀 회의에서는 과잉통제 내담자를 이해하거나 치료계획을 수립하는 데 있어서 말보다 관찰을 우선시한다. 또한 치료에서 비언어적 사회적 신호를 중시하고 있으므로, 자문팀 회의와 슈퍼비전 회기 때 개별 회기(혹은 기술 수업) 영상을 시청하는 것의 중요성을 강조한다.

이상적으로는 팀 회의 때마다 15분씩 실제 치료 회기 영상을 시청하는 것이 좋다. 팀원 중 누군가 내담자나 치료자의 부적응(혹은 적응) 행동이 나타나는 것을 발견하면 곧바로 영상을 중지한다. 행동을 관찰한 팀원은 재생 담당자에게 "멈춰 주세요!"라고 외친 뒤, 자신이 관찰한 내용(예: 눈동자 굴림, 시선 회피, 갑작스러운 목소리 톤의 변화)에 라벨을 붙이거나 설명할 수 있다. 팀원들은 문제를 사회적 신호 과잉(적대적 시선), 사회적 신호 결핍(질문에 대한 직접적 대답 회피), 자극 조절(상황에 무관하게 무표정한 얼굴) 문제로 설명할 수 있어야 한다. 영상을 시청하는 팀원은 내담자의 다음 두 가지 행동 유형에 주의를 기울여야 한다.

1. 팀은 내담자의 언어적 행동이나 상호작용 중에 사용하는 언어에 주목해야 한다. 구체적으로는 특이한 언어 사용(예: 감정을 '플라스틱'이라고 묘사함), 똑같은 대답이나 문구의 반복(예: "괜찮아요.", "좋아요.", "못해요.", "그건 상식이죠"), 말수(예: 한 단어로 된 문장, 짧은 단답식 대답, 모호하고 장황하거나 지나치게 긴 대답, 말을 지어냄), 치료자의 질문에 대답하는 수준(예: 주제를 바꿈, 질문에 질문으로 대답함, 말은 많이 하면서 정작 질문과 관련된 내용은 없음, 감정에 대한 질문에 대해 생각을 대답함, "모르겠어요"라는 말을 자주 함) 등을 주의 깊게 살펴봐야 한다.
2. 팀은 **말해지지 않는 것**, 즉 내담자의 비언어적 사회적 신호에도 주목해야 한다. 여기에는 목소리(예: 단조로움, 자연스러운 억양), 말의 속도(예: 매우 느리거나 매우 빠름, 보통에서 느리게 혹은 보통에서 빠르게 변화), 목소리 크기의 변화(예: 내담자가 속삭이기 시작함), 감정의 미세한 표현(예: 눈동자를 굴림, 은밀한 미소), 눈 맞춤의 변화, 특정한 질문에 대답이 지연되거나 지나치게 빠름, 신체 자세의 변화, 내담자가 치료자의 몸 움직임에 동조하는 정도, 협력적인 친사회적 신호의 빈도와 정도(예: 동의의 표시로 고개를 끄덕이기, 미소 짓기), 친사회적 신호의 맥락 적절성 등이 있다. 때때로 소리를 끄고 내담자와 치료자의 비언어적 행동을 관찰하면 미묘한 사회적 신호를 더 능숙하게 알아차릴 수 있다.

특히 미묘한 사회적 신호와 관련한 문제가 예상되는 경우에는, 치료자가 팀이 어렵다고 판단한 부분만 반복해서 재생하는 것이 도움이 될 수 있다. 팀원들은 내담자의 비언어적 행동에 대한 관찰 내용이 진실을 반영한다고 가정하지 말고, 그저 검증이 필요한 가설 정도로만 여겨야 한다. 영상을 시청하는 팀은 치료자의 언어적·비언어적 사회적 신호를 모두 고려하는 것이 중요하다. 어려움이나 문제는 종종 교류적이며 감각수용체(전의식) 수준의 감정 처리 과정에서 발생하는 경우가 많다. 예를 들어 한 치료자는 특정한 내담자와 함께 작업하는 것에 대해 막연한 불편감을 보고했는데, 자문팀과 함께 문제가 되는 회기의 영상을 검토하면서 비로소 그 원인을 발견할 수 있었다. 치료자가 방어적인 태도를 보일 때마다 내담자가 비언어적으로 미세한 경멸적 표현을 하는 것이 관찰된 것이다. 내담자의 치료와 궁극적 회복에 결정적인 기여를 하게 된 이 관찰은 영상 녹화가 없었다면 불가능했을 것이다.

마지막으로 과잉통제의 미묘하고 간접적인 사회적 신호를 인식하는 치료자의 기술을 향상하는 간단한 연습 방법 중 하나로, 30초마다 영상을 멈추고 팀원들에게 "지금 시점에서 내담자가 치료에 참여하고 있나요, 아니면 참여하지 않고 있나요?"라고 물어보는 것이 있다 RO DBT에서는 다음 두 가지 이유로 과잉통제 내담자의 참여(혹은 참여의 부재)를 알아차리는 것을 중시한다. 첫째, 과잉통제 내담자는 열심히 노력해야 한다는 사회적 의무감으로 인해(특히 치료 초기에는) 치료자에게 동의하지 않거나, 싫어하거나, 참여를 거부하는 것을 대놓고 드러내기 어려워한다. 둘째, 과잉통제 내담자는 참여하고 싶지 않다고 느끼면 굳이 이유를 밝히지 않고 그냥 치료를 중단하거나 회기에 안 나올 가능성이 매우 높다. 치료자는 회기 녹화본을 보면서 치료관계에 영향을 끼치는 미묘한 사회적 신호와, 가장 중요하게는 내담자의 행복감을 점점 더 민감하게 포착할 수 있게 된다.

따라서 과잉통제 내담자와 작업하는 치료자는(아직 도입하지 않았다면) 임상 치료 과정의 정상적인 한 부분으로 회기 중 녹화를 도입해야 한다. 처음에는 치료자와 내담자 모두에게 불안을 유발할 수 있으나, 이미 언급한 것처럼 녹화된 회기에서 얻는 정보의 중요성은 아무리 강조해도 지나치지 않다. 녹화에 대한 내담자의 동의는 첫 번째 회기나 사전 회기 때 받는 것이 이상적이다. 치료자는 내담자가 도움을 요청한 문제(예: 신경성 식욕부진증, 만성 우울증)는 본질적으로 복합적인 속성을 지니고 있기 때문에, 영상 녹화된 회기를 통해 치료자(와 내담자)가 다른 외부 전문가의 관점으로 중요한 사항을 발견하거나 치료자가 최적의 "수준으로" 치료를 제공하는 데 도움을 받을 수 있다고 설명한다. 이러한 접근 방식은 치료자가 자신의 실수를 인정하고 동료 치료자 커뮤니티에 의지해 내담자에게 최상의 치료를 제공한다는 신호를 보내기 때문에, 치료 초기부터 **온전한 개방성**의 개념을 전달할 수 있다.

대부분의 내담자들은 영상 녹화를 양질의 치료를 보장해 주는 중요하고 적절한 방법으로 받아들이고 쉽게 동의한다. 하지만 여기서 치료자가 동의를 구하는 방식이 중요하다. 영상 녹화에 대한 불안을 느끼는 치료자는 이를 내담자에게 비언어적으로 표현한다(예: 지나치게 양해를 많이 구하거나 부탁하는 태도를 보여서 마치 회기 중 녹화가 문제가 있거나 해로울 수 있는 것처럼 암시함). 치료자가 영상 녹화가 이상하거나, 부끄럽거나, 특이하다는 식의 느낌을 전달하면 내담자가 동의하지 않을 가능성이 더 높아진다. 한편 치료자가 아무리 동의를 완벽하게 구해도 거부하는 내담자가 있다. 이럴 때는 내담자와의 강한 작업동맹을 구축한 치료의 후반부에 다시 영상 녹화에 대한 얘기를 꺼내 볼 수 있다.

치료자가 영상 녹화에 대한 동의를 얻었으면, 카메라를 딱히 눈에 띄지 않으면서도 치료자와 내담자를 모두 촬영할 수 있는 곳(예: 책장 선반)에 놓는다. 만약 어떤 이유로든지 이렇게 하는 것이 불가능하다면 내담자만이라도 녹화할 수 있는 곳에 카메라를 놓는다. 내담자가 방 안에 들어오기 전부터 영상 촬영을 시작해야 하며, 일반적으로는 치료자가 카메라에 대해 먼저 언급하거나 회기가 녹화 중이라는 사실을 굳이 언급하지 않는다. 마지막으로, 기억과 학습 증진을 위해 내담자가 자신의 오디오나 비디오 장비를 회기에 가져와서 직접 녹음하거나 녹화하도록 권장해야 한다.

RO 자기탐구 일지

앞 장에서 설명한 바와 같이, RO DBT는 치료자가(생각이나 이성만으로는 알 수 없고) 경험적으로만 파악할 수 있는 핵심 개념을 과잉통제 내담자에게 모델링할 수 있도록 개인 및 직업 생활에서 **온전한 개방성** 기술을 적용해야 한다. 이를 위해서는 지속적으로 **자기탐구**를 연습하고 실천해야 한다. 『기술훈련 매뉴얼』은 치료자가 숙지하고 있으면서 필요에 따라 **자기탐구** 연습에 포함할 수 있는 **자기탐구** 질문 및 **자기탐구** 연습과 실천에 유용한 팁이 담긴 다양한 유인물을 담고 있다. **자기탐구**를 잘 실천할 수 있도록 촉진하는 또 다른 구조적 방법은 바로 **자기탐구**를 실천하면서 떠오르는 생각, 이미지, 감각, 감정을 일지journal 형식으로 기록하는 것이다. RO DBT 치료자는 자신이 설파하는 내용을 실천해야 하기 때문에, 매일 **자기탐구** 경험을 기록하는 과잉통제 내담자의 경험을 진정으로 이해하기 위해서뿐만 아니라 **자기탐구**에 대한 개인적 이해도를 높이기 위해서도 일지를 써야 한다.

처음 시작하는 RO DBT 일지는 **깨끗한 석판**tabula rasa, 즉 백지와 같다. 물리적으로는 깨달음과 생각을 기록할 수 있고, 시간이 지나도 견딜 수 있을 만큼 튼튼하며, 외관상 보기 좋은(예: 가죽 커버로 된 무지 공책) 정도면 있으면 된다. 각 쪽에는 **자기탐구**를 연습하고 실천하는 사람의 글을 기록하고, 외관은 각자의 미적 혹은 실용적 취향에 맞게 정하면 된다. RO DBT에서 일지는 개인적 발견을 되새기는 역할을 하기 때문에 중요한 경우가 많다. 일지는 반복되는 주제, 끊임없는 씨름, 가끔 있는 자기발견의 승리를 상기시키며, 대개는 지속적인 실천의 결과로 인해 시간이 지남에 따라 글쓰기 혹은 기록 방식이 점차 진화한다. **자기탐구** 일지는 평범한 일기장과 비슷한 것 같지만 여기에는 특정한 목적이 있다. **RO 자기탐구 일지**는 그저 일상의 사건을 기록하는 것이 전부가 아니다. **자기탐구 일지**는 자신에 대한, 자신에 의한, 자신을 위한 개인적 질문의 기록으로서, 배우려는 목적의식을 지니고 회피하고 싶거나 불편한 것을 적극적으로 찾아내기 위해 자기를 시험할 수 있는 자기감을 양성하기 위한 것이다. **RO 자기탐구 일지**는 개인적인 것이므로 내담자의 치료자를 비롯한 그 누구와도 공유할 필요가 없다. 과잉통제 내담자가 작성할 때는 간단한 자기탐구 연습과 실천에서 나온 내용뿐만 아니라, 개별화된 목표와 내담자에게 특화된 기술도 모두 기록한다. 다음은 한 치료자가 3일 연속으로 자기탐구 일지에 기록한 내용이다(각 날짜마다 어떤 **자기탐구** 질문이 등장했는지 주목할 것).

1월 13일

묵언수행. 내가 살고 있는 멋진 집의 2층 데크deck 확장을 위한 설계와 시공을 위해 2주 전에 계약했던 시공 업체 관계자와 대화를 나눴다. 하지만 며칠에 한 번 꼴로 시공 업체에서 이런 저런 추가 비용을 계속 얘기해서 1주일 내내 긴장감이 더 커지는 것이 느껴졌다. 나는 이와 관련하여 에너지가 좀 소모되고 있음을 알아차렸기 때문에, 오늘 이에 대한 피드백을 주려고 마음먹었지만 잘 되지 않았다. 내가 여기서 배울 점은 뭘까? 확실한 것은 몸 안에서 분노가 느껴졌다는 것이다. '어떻게 감히 내게 그럴 수 있지?', '고객은 항상 옳다는 걸 모르나?'라는 생각이 들었다. 내가 스스로에게 던진 첫 번째 질문은, '고객은 항상 옳다는 생각은 어디에서 온 걸까?'였다. 누가 그 말을 절대적 진리라고 했나? 아버지의 모습이 떠올랐다. 아버지가 어떤 일을 하시면서 나에게 옳은 일을 하라고 말씀하시는 모습이 번뜩이며 지나갔다. 기억이 확실하지는 않다. 내 개인적 한계점은 어디일까? 나는 어떻게 거기에 도달할 수 있을까? 앗, 방금 떠올랐다! 어떻게 감히 나한테 대들 수 있지? 도전받기 싫어하는 '나'는 누구일까? 나인가? 아, 아픈 것 같다. 도전받으면 안 된다고 주장하는 이런 '나'는 누구인가? 궁극의 질문에 좀 더 가까워진 것 같다. 몸에서 약간의 흥분이 느껴진다. 나는 도전받는 것에 대해 뭘 배워야 할까? 일단 여기서 멈춰야겠다. 문제를 해결하려고 하는 습관에 빠질까 봐 걱정된다.

1월 14일

묵언수행. 오늘 연습에 대한 기대가 컸다. 어제 내가 발견했던 질문 중에서 나한테 가장 큰 에너지를 불러일으키는 질문, '도전받으면 안 된다고 주장하는 "나"는 누구인가?'부터 시작했다. 아무런 생각이… 아 그런데 왜 갑자기 주장이라는 단어가 싫은 걸까? 주장하다! 주장하다! 나는 삶에서 얼마나 자주 주장하는가? 별로 많이 하지는 않는 것 같다. 나는 항상 내가 온유한 사람이라고 여긴다. 아, 방금 질문이 떠올랐다. 난 정말 그런가? 난 정말 얼마나 온유할까? 나는 온유한가? 아니면 그냥 내가 그렇게 말하고 싶은 걸까? 여기서 내가 배울 점은 뭘까? 가장 먼저, 내가 온유하지 않다는 걸 배우고, 내가 온유하다고 생각하는 걸 멈춰야 한다는 생각이 들었다. 하지만 이러면 마치 대답처럼 들리니까 여기서 멈춰야겠다. 그런데 어떤 질문이 날 가장 힘들게 하는 걸까? 음. 이 질문인 것 같다. 나는 온유한가? 나는 온유한가?

1월 15일

묵언수행. 어제 했던 질문을 반복하는 것으로 연습을 시작했다. 나는 온유한가? 가장 먼저 떠오른 건 '아니야!'라는 외침이었다. 그리고 8-9살 때의 내 모습이 떠올랐다. 갑자기 두려움이 느껴졌다. 지금… 누군가에게 대드는 것이 뭐가 문제일까? 그런 생각은 어디서 비롯된 걸까? 난 뭐가 두려운 걸까? 와. 난 한 번도 나를 스스로 온유하다고 생각해 본 적이 없었다. 어쩌면 난 실제로는 시공 업체 관계자를 두려워하고 그걸 나 자신에게조차 인정하고 싶지 않은 걸까? 내가 '어떻게 감히 나한테 대들 수 있지?'라고 말했을 때, 내가 진짜 말하고 싶었던 건 내가 감히 그에게 대들지 못한다는 게 아니었을까? 갑자기 울고 싶고 눈물이 흐를 것 같다. 나는 왜 사람들에게 도전하는 게 두려울까? 거의 다 온 것 같지만, 실제로는 내 한계점에서 물러나는 것 같다. 내일의 질문은 뭘까? 내 한계점에 가장 근접한 질문은, 내가 그에게 감히 대들지 못한다는 말인 것 같다. 아, 아프다. '겁쟁이'라는 단어가 떠오른다. **자기탐구**를 그만둬야 한다는 생각이 들면서도 더 하고 싶은 욕구가 느껴진다. 어쩌면 내일.

위의 예에서 치료자는 며칠 동안 **자기탐구** 질문을 지속했다. 그 결과 그는 자신에 대한 강력한 학습 경험을 보고했다. 그는 항상 자신이 다른 사람을 배려하는 사람이라고 생각했지만, 이 연습을 통해 자신에 대한 다음 두 가지 새로운 통찰을 깨달을 수 있었다. '나는 항상 배려하는 사람이 아니다', '나는 두려움 때문에 다른 사람을 공격한다' 이는 새로운 자기발견의 중요한 영역이 됐다. 치료자는 전혀 예상치 못한 곳에서 '사악한 나'가 얼마나 자주 나타나는지 놀랐다고 기록했다. '사악한 나'라는 라벨은 그의 RO 자문팀에서 농담처럼 사용되는 말이 됐다. "조심하세요, 당신의 '사악한 나'가 다시 돌아올지 몰라요." 이러한 통찰은 그가 자애명상을 싫어하는 이유를 파악하는 데 도움이 됐으며, 이후 몇 달 동안 다양한 **자기탐구**와 통찰의 중요한 원천이 됐다. 앞의 예에서 주목할 점은, 치료자가 (좋은 질문이 아닌) 답을 찾으려는 방향으로 움직이기 시작한 때를 인식할 수 있었고, 그 지점에서 연습을 중단하고 다음날 다시 시작해야 한다는 것을 깨달았다는 것이다. 이는 하나의 **자기탐구** 질문이 어떻게 해서 또 다른 질문으로 이어지는 경우가 많은지 보여 주는 좋은 예이기도 하다.

자문팀을 통한 자기탐구 및 자신을 드러내는 연습

RO DBT 치료자는 자신이 설파하는 내용을 실천하는 것이 좋으며, RO 자문팀에 참여하는 것은 이를 담보하는 방법 중 하나다. 예를 들어 각 상담팀은 『기술훈련 매뉴얼』에서 직접 가져온 RO 마음챙김 연습으로 시작하는 것이 이상적이다. 하지만 잘 기능하는 자문팀은 치료자가 치료에 영향을 끼칠 수 있는 치료자의 문제를 해결할 수 있는 기회를 제공함으로써 한 단계 더 나아간다. 이는 큰 틀에서 보면 자문팀을 단순히 슈퍼비전뿐만 아니라 치료자의 자기성장을 위한 중요한 수단으로 사용하는 것이다. 자문팀은 치료자가 온전한 개방성과 **자기탐구**의 근간이 되는 핵심 원리를 기억하게 함으로써 이 과정을 촉진할 수 있다. 예를 들어 신체적 긴장은 우리가 무언가를 위협적인 것으로 평가했다는 신호일 수 있는데, 이는 사실일 수도 있지만 거북하거나 불편한 느낌이 드는 피드백을 (종종 자신도 모르게) 덜 수용하게 할 수도 있다. 치료자는 팀 회의나 슈퍼바이저 회기 때 간단한 **자기탐구**와 자신을 드러내는 연습을 할 수 있는 시간을 확보해야 한다. 다음의 질문들이 이 과정을 촉진하는 데 도움이 될 수 있다.

- 나는 팀 회의 중 긴장감이 느껴질 때, 동료 팀원들에게 그 사실을 얼마나 기꺼이 밝힐 수 있는가? 나의 대답을 통해 나에 대해 무엇을 알 수 있는가? 내 팀에 대해서는 무엇을 알 수 있는가? 내가 배울 점은 무엇인가?
- 내가 방어하거나 저항하고 싶은 느낌이 드는 것은, 적어도 내가 제안받은 내용을 완전히 듣고 싶지 않다는 신호일 수 있을까? 내가 **고정된 마음**Fixed Mind 상태에서 작동하고 있는 것은 아닐까?[47]
- 나는 팀원들이 나를 충분히 지원하거나 인정해 주지 않는다고 몰래 비난하고 있지는 않은가? 설령 (어느 정도는) 그렇다 하더라도, 내가 여기서 배울 점이 있을까? 이것은 나에게 나와 내 팀에 대해 무엇을 말해주고 있는가?

- 나는 너무 빨리 자기비난, 차단, 포기로 넘어가고 있지는 않은가? 내가 **운명론적 마음**에서 작동하고 있는 것은 아닌가?

자문팀을 통한 자기탐구 및 자신을 드러내는 연습 프로토콜

치료자가 사기저하, 좌절감, 불확실성, 죄책감, 당혹감을 느낀다고 보고하면, 자문팀 팀원들은 으레 괴로워하는 동료를 달래거나, 인정하거나, 조절하는 대신, 그가 스스로 **자기탐구**를 할 수 있도록 독려해야 한다. 대부분 시간 제약으로 인해 자문팀 회의 중에 치료자가 고통을 경험하거나 보고할 때 정식으로 **자기탐구**를 연습하는 것은 거의 불가능하다. 하지만 좋은 소식이 있다면, **자기탐구** 연습은 그 정의상 10분을 넘지 않게 시간 제한이 있다는 것이다. 그 이상 넘어가면 거의 항상 치료자가 **자기탐구** 개념에서 벗어나 문제를 해결하거나 해결책을 찾으려는 시도를 하게 됨을 뜻한다. 잘 작동하는 RO DBT 자문팀 구성원들은 정기적으로 함께 **자기탐구**를 연습하는 방법을 찾을 것이다. 다음은 치료자가 자문팀 환경에서 **자기탐구**를 연습하기 위한 프로토콜이다.

1. 치료자가 자신의 한계점을 찾아 팀에 드러낸다(즉, 자신을 드러내는 연습을 한다). 과잉통제 내담자를 치료할 때의 어려움을 드러낼 때는 거의 항상 내담자나 자신에 대한 판단적 사고나 부적절하다고 여겨지는 경험(예: 내담자에 대한 분노나 강한 혐오감)이 나온다. 치료자가 모든 개인적 생각, 감각, 경험을 공개해야만 한다는 강박을 느껴서는 안 된다. 자신이 드러낼 수 있는 것을 드러내고, '편집'은 불가피하며 적절한 것임을 깨닫는 것이 목표다.

2. 팀은 치료자에게 그의 어려움을 통해서 배울 점을 묻는다. 주된 질문은, '나의 한계점에 이르기 위해 나에게 어떤 질문을 해야 하는가?'이다. 모범 질문이란 없다. (자기주도적이든 팀에서 제시한 것이든) 질문의 목표는 문제를 해결하기 위한 것이 아니다. 팀에서는 팀원들이 치료자가 자신의 한계점으로부터 멀어지게 하는 반anti자기탐구 행동을 하지 않도록 적극적으로 차단한다. 반자기탐구 행동의 예로는, 달래기("걱정 마세요. 다 잘 될 거예요"), 인정하기("저라도 그렇게 힘들었을 거예요"), 조절하기("다 같이 심호흡을 해보죠"), 평가하기("그거 어디서 배웠을 거예요, 어느 부분인지 알아요?"), 응원하기("당신은 정말 훌륭한 치료자라는 걸 기억하세요"), 문제 해결하기("내담자가 이 문제를 직면하게 해야 해요"), 수용시키기("당신이 이 문제를 해결할 수 없다는 걸 수용해야 해요") 등이 있다. 치료자는 팀원들이 질의한 내용에 대해 소리 내어 대답

하고, 팀은 치료자의 말을 듣고만 있는다.
3. 팀은 치료자가 자신의 한계점과 계속 접촉하도록 돕는다. 가장 흔히 하는 방법으로는 60초 간격으로 "여전히 한계점에 있나요, 아니면 조절을 했나요?"라고 묻는 것이 있다. 치료자는 본능적 경험을 통해 자신이 얼마나 한계점에 있는지 알 수 있다(사람의 한계점은 결코 평화롭지 않다).
4. 약 3-5분 뒤 연습이 끝나고 나면, 팀에서 치료자에게 연습에서 나왔던 질문 중 자신의 장점을 가장 잘 이끌어 낼 수 있는 질문이 있었는지 물어본다. 팀은 앞으로 1주일 동안 하루에 3-5분씩 미니 연습을 통해 치료자가 자신에게 해당하는 질문을 하고, 그렇게 했을 때 어떤 일이 일어나는지 알아차리는 방식으로 추가적인 **자기탐구** 연습을 하도록 권장한다. 치료자는 질문에 의해 유발된 이미지·감각·감정·생각과 더불어, 연습이나 질문을 조절하거나 회피하려는 시도를 관찰한 내용을 **RO 자기탐구 일지**에 기록해야 한다. 일반적으로 매일 시행하는 **자기탐구**는 새로운 인식을 이끌어 낸다.

팀은 요약하거나 해석하려고 하지 말아야 하는데, 그 이유는 그러한 행동들이 대부분 **자기탐구** 딜레마에 대한 '해답'이나 '해결책'으로 기능할 수 있기 때문이다. 즉, **자기탐구** 질문에 대한 빠른 대답은 지혜를 가장한 회피인 경우가 많다. 이러한 이유로 RO DBT에서는 대부분의 **자기탐구** 연습을 며칠 또는 몇 주에 걸쳐 지속하도록 권장한다. **자기탐구**의 목표는 좋은 답을 찾는 것이 아니라(만약 있다면) 좋을 질문을 찾는 것으로, 나중에라도 치료자가 이에 대한 답을 발견하고 팀과 공유할 수 있게 하는 것이다. 여기서 떠오른 해결 방법이나 해답은 자기성장의 또 다른 부분이 될 수 있다.

RO DBT 자문팀 회의 구성

자문팀 회의는 매주 진행되며, 팀 규모에 따라 90분에서 2시간 정도 소요된다. 아직 어떤 팀에도 속하지 않은 치료자는 웹 기반으로 다른 RO DBT 치료자와 온라인으로 연결해서 팀을 구성하도록 노력해야 한다. 우리의 경험에 따르면, 이러한 방법은 매우 효과적이며 특히 **자기탐구** 연습을 향상하는 데 유용하다. 치료자는 자문팀 회의에 참석하기 전에 자신이 특정한 내담자에 대해 어떤 감정을 느끼는지, 동맹파열이 걱정되는지, 내담자가 우려하는 특정한 치료적 문제로 어려움을 겪고 있는지에 대해 간단히 **자기탐구** 연습을 해야 한다. 팀 회의 때 참고할 수 있도록 과잉통제 내담자와 그 치료에 대한

RO DBT의 핵심 가정(4장 참조)을 미리 요약해 온다.

의제 설정과 팀 리더의 책임

앞서 언급했듯이, 각각의 팀 회의는 『기술훈련 매뉴얼』의 5장에 나와 있는 수업 계획서에서 권고하는 간략한 RO 마음챙김 연습으로 시작하는 것이 가장 이상적이다. 그런 뒤에는(돌아가면서 맡는) 그날의 팀 리더가 다른 팀원들에게 역할(관찰자, 서기, 시간 기록자)을 배정한다. 그 뒤 리더는 RO DBT의 치료 목표 위계화(4장 「개인치료에서 치료 대상의 위계화」 참조)를 활용하여 의제를 구성한다. 중요한 업무나 임상 조직 문제에 대한 논의는 팀 회의 마지막에 이루어지며 회의의 주요 요소가 되어서는 안 된다. 일반 임상 업무와 관련한 문제는 팀 회의 밖에서 논의하는 것이 가장 좋다. 가장 우선순위가 높은 것은 생명을 위협하는 행동과 관련한 내담자의 문제이며, 그 다음이 동맹파열과 과잉통제 행동 주제다. 리더는 다음 네 가지 핵심 질문을 통해 의제를 설정한다.

1. 당장 문제가 되거나 심각하게 생명을 위협하는 행동을 하는 내담자가 있는가?
2. 동맹파열과 관련한 문제가 있는 사람이 있는가?
3. 사회적 신호 대상이나 과잉통제 행동 주제와 관련한 상담이 필요한 사람이 있는가?
4. 기술훈련 수업과 관련하여 논의해야 할 중요한 문제가 있는가?

팀 리더는 방금 나열한 네 가지 주요 질문과 관련이 없는 다른 문제에도 주의를 기울여야 한다. 다음은 유용하게 고려할 만한 몇 가지 중요한 추가 질문들이다.

- 치료를 중단하겠다고 위협하는 내담자가 있는가?
- 회기에 불참하거나 숙제를 안 하는 등 치료에 참여하지 않는 내담자가 있는가?
- 내담자와 함께 일하는 것에 대해 강한 감정이나 사기저하를 느끼는 사람이 있는가?
- 어떤 이유로든 내담자에 대해 걱정하는 사람이 있는가?
- 자문이 필요하지만 아직 언급하지 않은 문제를 지니고 있는 사람이 있는가?

서기의 역할

서기는 의사 결정과 행동에 대한 간략한 기록을 담당한다. 이 기록은 회의록 작성과는 다르다. 팀 자문 기록은 주요 결정 사항(예: 치료자가 자살 시도한 내담자에게 취할 다음 단계에 대한 조치 사항)이나 다음 회의 때 후속 조치를 취해야 하는 중요한 문제를 기록하는 것이 주된 목적이므로, 흔히 말하는 회의록보다 훨씬 더 간략하다. 서기가 기록 업무 때문에 팀 회의에 완전히 참여하는 데 지장을 받아서는 안 된다.

팀 기능 모니터링

자문팀으로서 팀의 균형이 안 맞을 수 있는 가능성에 대해서도 경각심을 가져야 한다. 팀이 불균형을 보일 수 있는 몇 가지 징후들은 다음과 같다.

- 팀이 내담자에 대한 논의를 피하거나, 팀원들이 한 가지 문제 또는 한 명의 내담자에 대해서만 많은 시간을 할애한다.
- 팀이 아직 RO DBT 치료에 참여하지 않은 내담자에게만 집중하고, 이미 참여하여 치료 중인 내담자에 대해서는 거의 논의하지 않는다.
- 팀 문화가 내담자의 문제를 해결할 의무를 강조하는 식으로 형성된다. 그 결과 팀은 치료와 관련한 문제나 치료자의 감정을 다루는 시간을 줄이고, 해결책에 집중하게 된다.
- 팀이 합의에 기반한 결정이나 내담자 문제를 이해한 것에 거의 이의를 제기하지 않고, 팀이 권고한 내용의 장단점에 대해서도 거의 평가하지 않는다.
- 팀원들이 내담자에 대해 은연중에 지니는 생각(예: '그 내담자는 감정을 못 느낀다고 거짓말하고 있다')에 대해 논의하지 않는다.
- 팀이 지나치게 진지하다. 이를테면 팀원들은 자신의 개인적 결점을 웃어 넘기지 못한다.
- 자신도 모르게 눈살을 찌푸리게 하는 치료자의 부정적 감정이나 판단적 사고를 표현할 때, 팀원들이 침착함이나 평정심을 유지해야 한다는 문화가 형성되어 있다.
- 취약한 감정이 거의 표현되지 않는다.
- 팀원들이 규칙과 프로토콜을 준수하는 데 많은 시간을 할애한다.
- 팀원들 사이에서 누가 가장 개방적인지를 두고 은밀한 경쟁이 벌어진다.

이 장에서 다룬 내용

- **온전한 개방성**은 RO DBT의 핵심 기술이자 핵심 철학적 원리다.
- 치료자가 과잉통제 내담자에게 **온전한 개방성**과 **자기탐구**를 모델링하려면, 먼저 치료자 스스로 **온전한 개방성**과 **자기탐구**를 실천해야 한다.
- 자신이 언제 열려 있고 닫혀 있는지는 알기 힘들 수 있다.
- 치료자가 과잉통제 내담자와 함께 일하면서 통상적이거나 정기적으로 팀 기반 자문 및 지원을 받고 있지 않다면, 이러한 자원을 찾거나 만드는 것이 좋다.

8장

치료동맹, 동맹파열, 복원

이 장의 목적은 과잉통제 내담자의 치료 참여를 향상하기 위해 고안된 RO DBT의 전략을 자세히 설명하는 것이다. 과잉통제 내담자는 내면적으로 자신을 아웃사이더로 경험한다. RO DBT 치료자는 이를 바로잡는 데 도움을 주기 위해 정서적으로 외로운 과잉통제 내담자가 부족으로 돌아올 수 있도록 환영하는 역할을 한다. 이 장은 크게 다음의 네 가지 주제로 구성된다.

1. RO DBT의 치료적 입장
2. 치료동맹
3. 동맹파열과 복원
4. 조기 치료 중도 탈락 방지

RO DBT의 치료적 입장

RO DBT는 (자신을 포함한) 모든 곳에서 실수를 파악하는 경향이 있는 초디테일 중심적 과잉통제 완벽주의자의 문제에 초점을 맞추는 대신, (우리 모두가 지니고 있는) 건강한 부분을 알아차리는 것에서 시작하고 이를 치료개입의 지침으로 삼는다. RO DBT에서 심리적 건강이나 웰빙은 다음 세 가지 상호작용하는 핵심 특징을 지닌다.

1. 학습을 위한 새로운 경험과, 부정적 피드백에 대한 수용성 및 개방성
2. 변화하는 환경 조건에 적응하기 위한 유연한 통제력
3. 종의 생존을 위해 남과 오래 지속되는 유대감을 형성하고 집단이나 부족 안에서 힘을 합해야 한다는 전제에 기반한(적어도 한 명 이상 타인과의) 사회적 유대감

다른 많은 사람들과 마찬가지로 과잉통제 내담자들 역시 이 세 가지 모두에서 어려움을 겪고 있다. 그중에서도 특히 사회적 유대감을 느끼는 데 가장 큰 어려움을 겪는다.

실제로 RO DBT는 부적응적 과잉통제의 주요 단점이 본질적으로 사회적이라고 가정한다. 예를 들어 낮은 개방성과 만연한 감정 표현 제약은 긴밀한 사회적 유대감을 형성하는 데 부정적 영향을 끼쳐 사람들 사이에서 고립감을 심화한다. 과잉통제 내담자는 타인과의 접촉이 부족하기보다는 **친밀한 유대감이 부족**해서 정서적 외로움을 겪는다. 따라서 RO DBT의 주요 목표는 과잉통제 내담자가 더 잘하거나 더 열심히 노력하는 방법에 초점을 맞추기보다는, 이들이 부족에 다시 합류하고 사람들과 강한 사회적 유대를 형성하는 법을 배우도록 돕는 것이다. 그런 면에서 RO DBT에서 치료자는 사회적으로 고립된 과잉통제 내담자가 다시 부족에 합류할 수 있도록 장려하는, 일명 부족 대사의 역할을 한다. 이들은 과잉통제 내담자에게 다음의 메시지를 전달한다. "어서 오세요. 기대치를 충족하거나 그 이상 추구하려는 당신의 열망과 자기희생에 감탄했습니다. 당신은 열심히 일해 왔기 때문에 쉴 자격이 있습니다."

대사로서 RO DBT 치료자는 문제를 수정·교정·제한·개선하기보다는 친절·협력·장난스러움을 모델링하는 자세를 취한다. 대사는 자신이 교류하는 다른 나라 사람들이 자신과 같은 방식으로 생각하고, 감정을 느끼고, 행동하고, 똑같은 언어를 사용할 것이라고 기대하지 않는다. 이들은 다양성을 존중하고 함께할 때 더 나은 존재가 됨을 알고 있으며, 자신의 관점이 무조건 옳다고 생각하지 않는다. 이들은 어떤 대가도 바라지 않고 다른 사람들에게 먼저 다가가 그들의 관습과 언어를 배운다. 대사는 다리를 놓는다. 대사는 상대의 체면을 세워 준다. 대사는 정곡을 찌르지 않고도(즉, 상대를 공개적으로 모욕하지 않고) 다른 사람(또는 국가)이 잘못을 인정할 수 있게 한다. 예를 들어 RO DBT 치료자는 내담자를 완전히 이해할 수 있다고 가정하는 것이 오만하다는 것을 알기 때문에,

회기 때 절대적 표현("전 … 라는 걸 알아요", "당신은…")보다는 조건부 표현("혹시…", "어쩌면…")을 사용할 가능성이 더 높다. 대사는 협상 중에 상황이 극도로 긴장될 때 상대방(그리고 자신)이 문제나 이슈를 즉시 이해·해결·수정할 필요가 없다는 여유를 조성함으로써 긴장을 완화한다. 하지만 대사는 친절이란 이따금씩 좋은 친구가 가치 목표를 달성하도록 돕기 위해 고통스러운 진실을 말하는 것을 의미하며, 자신이 틀릴 수도 있다는 태도로 이러한 고통스러운 진실을 말해야 함을 알고 있다. RO DBT는 개인의 행복 경험은 사회적 유대감이나 부족에 소속감을 느끼는 정도에 따라 크게 좌우된다는 전제를 바탕으로, 과잉통제 내담자가 사람들과 공유할 가치가 있는 삶을 살도록 돕는 것을 가장 중요한 목표로 삼는다.

치료동맹

RO DBT는 치료 순응도, 약속 선언, 갈등 부재를 강력한 치료관계의 지표로 간주하지 않는다. 그보다는 동맹파열(복원된 동맹)을 견고한 치료관계의 증거로 간주한다. 동맹파열은 갈등이 친밀감을 향상할 수 있으며, 갈등이나 의견 불일치를 포함한 내면의 감정을 표현하는 것이 정상적이고 건강한 관계의 일부임을 배울 수 있는 연습 무대를 제공한다. 따라서 RO DBT는 14회기까지 치료자-내담자 사이에 몇 차례의 동맹파열과 성공적 복원이 없을 때 치료관계를 피상적인 것으로 간주한다. 하지만 과잉통제 내담자는 내면의 감정을 숨기는 데 능숙하고 잠재적 갈등을 직접 다루기보다는 새로운 관계(예: 치료)를 포기하려는 경향이 더 강하기 때문에 거기까지 도달하기 어려울 수 있다.

과잉통제 내담자와 진정한 치료관계를 구축하는 것의 어려움을 과소평가하면 안 된다. 과잉통제의 생기질적 소인은 회피적이거나 무시하는 애착 스타일, 내면의 감정을 감추고 갈등을 피하려는 과잉학습된 경향과 맞물리며 진정한 작업치료동맹을 구축하거나 인식하는 것을 어렵게 한다.

또한 대부분의 과잉통제 내담자는 자신의 독특함과 심리적 복잡성에 자부심을 갖고 있으며, 특정한 유형으로 라벨이 붙거나 범주화되는 것을 싫어한다. 따라서 이들은 대부분의 상황에서 자신을 다른 사람과 다르다고 여길 가능성이 높기 때문에, 치료자의 숙련도, 경력, 사전 훈련, 특별하거나 독특한 재능(예: 높은 공감적 직관)과 무관하게 치료동맹을 형성하는 것이 어려울 수 있음을 예상해야 한다.

또한 과잉통제 내담자의 상당수는 치료에 영향을 끼치는(대개는 의식적으로 자각하지 못하는) 세계관이나 자기관을 공유한다. 이는 대략 '나는 나니까 내 일을 한다', '나는 나니까 내 행동이나 기분을 감당할 수 없다'로 해석할 수 있다. 명시적으로 말로 표현하거나 의식적으로 인정하는 경우는 드물지만, 이들은 '나는 변할 수 없으니 내가 변할 거라고 기대하지 마세요'를 기본 전제로 한다. 특히 대부분의 과잉통제형 인간은 자신이 중요한 변화를 이룰 수 없는 이유를 그럴듯하고 논리적으로 설명하는 데 능숙하기 때문에(예: "돈이 없어서 아무하고도 데이트할 수 없어요"), 이를 인식하기 어려울 수 있다. 치료자가 이를 합리적인 설명으로 받아들인다면, 전 세계의 가난한 사람들도 다 데이트를 한다는 사실을 무시한 채 내담자가 데이트하는 방법을 배우는 것에서 더 많은 돈을 버는 것으로 바꿀 가능성이 높다. RO DBT 치료자는 내담자가 변화하지 않는 그럴듯하지만 근본적으로 비논리적인 이유를 경계하고, 이를 내담자가 스스로 탐구할 수 있는 기회로 삼도록 해야 한다.

RO DBT는 특정한 유형의 치료관계만으로도 치료가 가능하며 공감이 가장 효과적인 치료 기전이라는 여타의 인간관계 중심 치료법 및 로저스Rogers(1959)의 주장과 궤를 같이한다(Miller, Taylor, & West, 1980; Najavits & Weiss, 1994; Miller & Rose, 2009). 따라서 RO DBT는 개인치료 중에 강력한 작업동맹을 구축하는 것을 치료의 필수 요소로 간주한다. 이는 기능분석정신치료functional analytic psychotherapy, FAP(Kohlenberg & Tsai, 1991), 정신치료의 인지행동분석 시스템(J. P. McCullough, 2000), 표준 DBT(Linehan, 1993a), 동기강화면담(Miller, 1983), 내담자 중심 치료(Rogers, 1959), 단기관계치료 brief relational therapy, BRT(Safran & Muran, 2000) 등을 비롯한 많은 정신치료 기법들에서 공통적으로 강조하는 것이다. RO DBT의 치료적 입장은 동기강화면담과도 일치한다(Miller, 1983; Miller & Rose, 2009). 동기강화면담과 유사하게 RO DBT 역시 권위적(지시적)이기보다는 협력적 치료적 입장을 장려하고, 외적 수반성을 활용하기 강요하기보다는 내담자가 스스로 동기를 발견하도록 독려하며, 내담자의 자율성을 존중한다(Miller & Rose, 2009).[48]

RO DBT는 BRT와는 별개의 치료 기법이지만, 동맹파열이 후속 복원을 통해 긍정적 결과를 강화할 수 있다는 점에서 비슷한 가설을 공유한다. BRT는 관계적 정신역동이론에서 파생된 원리에 따라 개발됐다(Ferenczi & Rank, 1925; Greenberg & Mitchell, 1983). BRT는 인간관계에서 반복되는 부적응 행동 패턴을 정신병리의 발달 및 유지의 핵심으로 보며, 치료관계를 성공적 치료의 중요한 요소로 간주한다(Safran & Muran, 2000). RO

DBT와 BRT는 모두 지금 현재의 치료관계에 집중하고, 치료자와 내담자가 상호작용에 공동으로 기여하는 방법을 협력적이고 지속적으로 탐색하며, 내담자의 치료 및 상호작용 경험의 미묘한 변화를 조사하고, 치료자가 감정과 생각을 개방적으로 표현하는 것을 모델링하는 데 중점을 둔다(Satir et al., 2011). 파열을 복원하는 방식과 관련한 RO DBT와 BRT의 주요 차이점으로, RO DBT는 억제된 감정 표현 및 취약한 자기개방을 회피하기 위해 과잉학습하는 경향과 관련한 생기질적 편향을 설명하는 데 중점을 둔다. 예를 들어 RO DBT는 갈등을 회피하는 과잉통제 내담자가 파열을 복원하는 과정에 쉽게 참여할 수 있게 고안된, 순차적 단계와 비언어적 사회적 신호 전략을 중점적으로 설명한다. 또한 RO DBT는(과잉통제 내담자는 주목받는 것을 싫어하기 때문에) 치료자가 과잉통제 내담자가 자기개방을 조성하기 위한 복원 시간을(10분 이내로) 제한할 것을 권장한다. 동기강화면담은 '저항'이 나타날 때 내담자를 저감하기 위해 직면을 피하고(Miller, 1983), 표준 DBT는 동맹파열을 치료를 방해하는 행동으로 간주하여 이에 대해 변화·인정·조절 전략을 사용해야 하는 것으로 개념화한다(Linehan, 1993a). 하지만 RO DBT는 동맹파열과 그 복원을 위한 상호작용을 문제가 아닌 성장과 **자기탐구**의 기회로 여긴다. 이러한 관점은 FAP에서 치료자가 변화의 기회를 창출하기 위해 회기 중에 내담자에게서 문제 행동을 불러일으키는 것이 중요하다고 보는 것(Kohlenberg & Tsai, 1991)과 어느 정도 비슷하다. FAP의 기본 개념은, 치료관계 밖에서 어려움을 유발하는 행동 문제가 회기 중에 나타나지 않으면 치료가 진전될 가능성이 낮다는 것으로, 이는 동맹파열을 성장의 기회로 간주하는 RO DBT의 개념과 유사하다. 따라서 치료자가 동맹파열과 그 복원을 치료 진전의 증거로 보면서 그 방법을 배우는 것이 중요하다.

요약하면, RO DBT는 과잉통제 내담자와의 작업은 덜 냉담한 다른 내담자 집단에 비해 진정한 치료동맹을 구축하는 데 걸리는 시간과 난이도를 더 보수적이거나 비관적으로 본다. 실제로 RO DBT는 치료동맹이 존재한다는 증거(예: 내담자가 치료자에 대한 존경·존중·호감을 보고함, 치료에 대한 약속을 굳게 다짐함)가 있더라도 치료 중반(약 14회기)까지는 강력한 작업동맹을 기대하지 말라고 가르친다. 이는 어느 정도 전략적인 것으로, 치료자가(책임감 있게 작성된 다이어리 카드로 알 수 있는) 내담자의 순응도와 약속, 갈등의 부재를 강력한 치료관계의 증거로 가정하기보다는, 치료자가 RO DBT의 **자기탐구** 원리를 활용해 자신이 과잉통제 내담자와 얼마나 깊이 있는 인간관계와 진정성을 맺고 있는지 물어보게 한다. RO DBT는 과잉통제 내담자가 저항, 의견 불일치, 강한 주장이나 양가 감정을 공개적으로 표현하고, 이러한 문제를 떠나지 않고 해결하기 위해 열린 마음으로 참여하려는 의지가 있을 때 강력한 협력 동맹이 존재한다고 본다.

동맹파열과 복원

동맹파열 인지하기

RO DBT는 다음 두 가지 기준 중 하나 이상을 충족할 때 동맹파열로 정의한다.

1. 내담자가 치료자로부터 오해받고 있다고 느낀다.
2. 내담자가 치료를 자신의 고유한 문제나 이슈와 동떨어진 것으로 느낀다.

치료자는 이 두 가지 문제를 모두 다뤄야 할 책임이 있다(즉, 동맹파열을 일으킨 것에 대해 내담자를 비난해서는 안 된다). 동맹파열은 바다의 파도 같아서 피할 수 없을 뿐만 아니라, 13세기 시인 메블라나 잘랄루딘 루미Mewlana Jalaluddin Rumi(ca. 1230/2004, p. 109)의 말처럼, "새로운 기쁨을 주기 위해, 그대를 청소하는 것"일 수 있기에 성장을 촉진하는 요소가 될 수 있다. 치료자가 동맹파열을 복원할 때는(적어도 RO DBT에서는) 그것이 내담자의 책임이 아니기 때문에 편안한 분위기에서 진행한다.

동맹파열을 복원하는 첫 번째 단계는, 파열이 진행 중이라는 사실을 알아차리는 것이다(과잉통제 내담자와의 치료에서 이는 생각보다 어렵다). 파열을 감지하기 어려운 가장 큰 이유는, 대부분의 과잉통제 내담자들의 소통 방식이 간접적이기 때문이다. 간접 의사소통은 단순히 예의를 갖추기 위한 것일 수도 있지만, 책임을 회피하거나, 다른 사람을 속이거나 조종하거나, 내면의 감정을 숨기는 데 흔히 사용된다("아뇨, 당신이 날 깨운 게 아니에요. 전화받으려고 일어난 거예요"). 또한 간접 의사소통은 잘못 해석될 가능성이 훨씬 더 높기 때문에, 동맹파열이나 인간관계 갈등 및 오해가 발생할 가능성이 더 높다.

동맹파열은 표정, 목소리 톤, 혹은 많은 과잉통제 내담자들의 경우 단순한 칭찬에 이르기까지 거의 모든 것에 의해 촉발될 수 있다. 다행히도 동맹파열의 가능성을 시사하는 몇몇 언어적·비언어적 지표가 있다. 치료자는 내담자가 다음의 언어적 행동을 보이면 비참여를 암시하는 갑작스러운 변화에 주의해야 한다(「**동맹파열을 암시하는 말**」 참조).

- 내담자가 갑자기 대화의 분위기나 톤을 바꿈

- 내담자가 논의 중인 주제를 빠르게 전환함
- 내담자가 말하는 속도가 갑자기 느려지는데, 이는 내담자가 자신이 드러내는 내용을 편집하고 있음을 시사함
- 내담자의 말수가 갑자기 줄어듦
- 내담자가 갑자기 "네" 또는 "그럼요"처럼 단답식으로 대답함
- 내담자가 자발적으로 말하다가 비자발적으로 바뀜(즉, 질문에 대답은 하지만 자세히 설명하지는 않음)
- 내담자가 "네" 대신 "음"이라고 말하기 시작함. 이는 동의하지 않는다는 신호일 수 있음
- 이전까지 말이 많거나 열성적이었던 내담자가 갑자기 "아마도", "그런 것 같아요", "네, 하지만…", "노력해 볼게요" 같은 표현을 사용하며 답변함

동맹파열을 시사하는 몇몇 비언어적 신호는 다음과 같다.

- 내담자가 갑자기 시선을 피하거나 치료자에게서 고개를 돌림
- 내담자가 눈동자를 살짝 굴림(혐오 반응)
- 내담자가 갑자기 얼굴을 숨기거나 가림(수치 반응)
- 내담자가 갑자기 움직이지 않거나 얼어붙거나 무표정하거나 멍한 눈빛을 보임(6장 「'헤드라이트 앞의 사슴' 반응」 참조)
- 내담자가 갑자기 미간을 찌푸림
- 내담자가 손이나 발을 비정상적으로 움직임
- 내담자가 갑자기 맥락에 맞지 않는 미소를 지음
- 내담자의 눈이 순간적으로 가운데 또는 아래쪽("잘 모르겠어요"), 위쪽("당신이 틀렸어요"), 옆쪽("당신이 옳을지 모르지만 당신이 제안한 대로 하지는 않을 거예요")으로 휙 사라짐
- 내담자가 입술을 굳게 다묾("당신에게 화가 났지만 말하지 않을 거예요")
- 내담자의 강도 미소가 한 회기 여러 번 혹은 여러 회기에 걸쳐 반복적으로 나타나고 치료자에게 모든 부담을 지우는 것처럼 보이면, 동맹파열의 미묘한 비언어적 표현일 수 있음

쉿! 한 가지 비밀이 있다… 관계가 중요하다는 걸 (꼭!) 전달하라

치료자는 RO DBT에서 동맹파열(및 복원)을 변화의 핵심 기전으로 간주하는 이유를 포함한 치료관계의 중요성을 내담자에게 설명할 기회를 찾아야 한다. 대개 이러한 교육은 통상적인 회기 때 할 수 있다(예: **체인분석** 중이나 동맹파열을 성공적으로 복원한 후). 어떤 식으로 이러한 작은 가르침을 전달하든 그 주된 목표는 신뢰를 구축하는 것이다. 하지만 지나치게 디테일 중심적이고 자신은 어지간해서는 감동하지 않는다고 자부하는 과잉통제 내담자와 신뢰를 구축하는 것이 때로는 버겁게 느껴질 수 있다. 또한 대부분의 과잉통제 내담자에게 신뢰란 획득하는 것이며, 치료관계에서는 치료자가 신뢰를 얻어야 한다(저자 주: 죄송합니다 치료자 여러분, 여러분 몫이에요). 설상가상으로 과잉통제 내담자는 정신치료 전반에 대해, 특히 정신치료자에게 회의적이며(흔히 그럴 만한 이유가 있다), 그중에서도 곧이곧대로 듣기에 너무 좋은 말은 뭐든(진심으로 배려하는 치료자, 사랑이 가능하다는 생각 등) 의심스러워한다.

따라서 치료관계의 이점이나 **동맹파열 복원**의 중요성을 지나치게 열정적으로 선포하거나 장황하게 설명하는 것은 의심의 눈초리로 보일 수 있다. 한 과잉통제 내담자는, "정말 그게 그렇게 좋으면 선생님은 왜 저를 설득하기 위해 그렇게 열심히 노력하시는 거죠?"라고 말하기도 했다. 다행히도 치료자와 내담자 모두 긴장을 풀어도 된다. 강력한 치료동맹은 서두른다고 되지 않으며, 신뢰를 쌓은 데는 시간이 필요하기 때문이다.

마찬가지로 치료자는 내담자가 동맹파열을 성장의 기회로, 동맹파열의 성공적 복원을 강력한 치료동맹의 증거로 여길 수 있도록 해야 한다. 그렇다고 해서 치료자가 일부러 동맹파열을 일으키려고 시도해서는 안 된다(예: 의도적으로 내담자의 말을 곡해함). 이는 불친절할 뿐만 아니라 불필요한 행동이다. 또한 과잉통제 내담자에게 잘못된 메시지, 즉 친밀한 관계에서는 거짓된 모습을 보이거나 조종해도 괜찮으며 그게 효과적이라는 메시지를 전달할 수 있다. 치료자는 동맹파열이 일어나지 않을까 봐 걱정할 필요가 없다. 마치 마법처럼 동맹은 저절로 파열된다.

하지만 대부분의 과잉통제 내담자들은 방금 언급한 새로운 지식으로 무장하고 있어도 인간관계 갈등(즉, 동맹관계의 파열)의 존재를 인지하기는커녕 이에 대해 이야기하는 것조차 어려워한다. 내면의 감정을 감추고 갈등을 회피하려는 과잉통제 내담자의 자연스러운 성향은 이를 더 악화시킬 수 있다. 이들은 치료자와의 갈등을 떠올리는 데 어려움을 겪거나, 동맹파열 가능성을 논의하는 것을 자신이 치료에 완전히 전념하지 않는다는 의미로 여길 수 있다(후자의 반응은 자신이 이해받지 못하고 있다고 느끼는 것이며, 결과적으로 이미 첫 번째 동맹파열을 경험하고 있음을 시사한다). 치료자는 또한 RO DBT에서 강력한 치료동맹은 치료자가 내담자와 개인적으로 가까워질 것이라고(또는 그럴 필요가 있다고) 믿음을 의미하지 않으며, 가장 중요한 것은 내담자가 이해받는다고 느끼고 치료가 자기에게 맞는다고 경험하는 것임을 설명해야 한다.

치료자는 이러한 언어적·비언어적 행동의 작은 변화도 능숙히 알아차릴 수 있도록 단련해야 한다.

마지막으로, 동맹파열은 단순한 오해에서 비롯되는 경우가(아마도 가장) 많다. 예를 들어 어떤 치료자가 가치 목표에 대해 토론하는 동안 자신의 삶에서 가치 목표의 예("저는 글 쓰는write 걸 중요시해요")를 공유했는데, 내담자는 전혀 다르게("저는 올바름right을 중요시해요") 이해했다. 치료자는 이러한 상호작용으로 촉발된 동맹파열을 다음 회기가 될 때까지도 인지하지 못했다. 그 사이 1주일 동안 내담자는 지난 한 주 동안 반추를 거듭했고, 회기에도 거의 안 올 뻔했다고 보고했다. 내담자가 회기에 다시 온 유일한 이유는, 치료를 중단하기 전에 치료를 중단하고 싶은 충동을 치료자에게 직접 이야기하기로 한 약속 때문이었다. 그는 치료자의 '위선'에 대해 혼란스럽고 화가 났다고 말하며, "선생님 자신도 안 믿으면서(즉, 치료자가 올바름을 중요하게 여기면서), 어떻게 올바름에서 벗어나는 가치를 설파할 수 있나요? 그건 윤리적이지 않아요"라고 말했다. 다행히 이 사례에서 치료자는 내담자와 협력하여 파열의 원인을 파악할 수 있었고(즉, "올바름right"이 아니라 "쓰다write"는 의미였음), 내담자는 이 경험을 핵심 RO 기술, 즉 단지 무엇을 믿는다고 해서 그것이 진실은 아님을 인식하는 기술을 되새기는 데 사용할 수 있었다. 이 예에서 치료자는 촉발요인trigger을 능숙하게 식별할 수 있었지만, 동맹파열을 복원하기 전에 굳이 촉발요인을 몰라도 된다. 마지막으로 동맹파열 여부를 언급하는 가장 좋은 방법은, 회기 중에 내담자에게 자주 확인하고 참여도를 모니터링하기 위해 현재 내담자가 경험하는 것을 알려달라고 요청하는 것이다. 확인하는 데 유용한 질문으로는, "이해가 되세요?", "제 말 뜻을 알아들으셨나요?", "저에게 어떤 말씀을 하고 싶으세요?" 등이 있다. 확인하는 것은 기본적으로 내담자에게 불만을 제기할 수 있는 특권을 부여함으로써, 치료자가 내담자의 성향을 더 쉽게 파악하게 해주기 때문에 효과적이다(이는 결국 내담자에게도 도움이 된다).

동맹파열을 암시하는 말

어정쩡한 대답, 거부, 미묘한 의견 불일치 신호
- 구체적이지 않거나, 모호하거나, 애매한 대답을 반복함(예: "그런 것 같아요", "아마도요")
- 고통을 반복적으로 부인함(예: "아뇨, 전 괜찮아요", "상관없어요", "아뇨, 화 안 나요")
- 적대적인 순응과 거짓 항복(예: "그렇게 생각하신다면요", "그래요, 선생님 말씀대로 해보죠")
- 치료자를 반복적으로 교정함(예: "선생님은 절 몰라요", "정확한 건 아니에요", "아뇨, 그건 아니에요", "선생님이 잘못 아신 거예요")
- 이전에 동의한 상황에서 "흠…" 또는 "별로요…"라고 말함

'반발' 반응
- 질문에 질문으로 대답함(예: "왜 그런 질문을 하세요?", "그게 왜 중요하죠?", "이게 무슨 도움이 될까요?", "왜 그렇게 해야 되죠?")
- 비꼬는 말투(예: "분명 제 잘못이겠죠", "완전히 긍정적이기만 한 회기를 바라지는 않으시죠?", "선생님 방식대로 하죠", "어떻게 하면 될까요?")
- 선언proclamations과 인신공격(예: "이건 저보다 선생님 이야기인 것 같은데요", "선생님도 기술을 사용해 보셔야 할 것 같아요", "전에 봤던 다른 치료자들처럼 얘기하시네요", "선생님의 열정도 전략의 일부죠")

"나를 아프게 하지 말아요" 반응
- 고통스러운 감정을 내세워 책임을 회피함(예: "너무 힘들어요", "너무 불안해요", "너무 우울해요", "두통이 심해요", "부담스러워요", "전 …는 못 해요", "이건 불가능해요")
- 남 탓하기(예: "선생님은 제 고통을 이해하지 못해요… 전 선생님이 바라는 대로 할 수 없어요", "불공평해요", "그만하지 않으면 전 무너지고 말 거예요… 혹시 그러면 다 선생님 때문이에요!"

'수수께끼의 곤경' 반응
- 모호한 대답(예: "모르겠어요", "아마도요", "그때그때 달라요")
- 간접적인 부동의(예: "노력은 해보겠지만…", "네, 하지만…", "그런 것 같아요…")
- 은밀한 자부심(예: "전 남들과 달라요", "선생님이 어떻게 이해하시겠어요", "저는 딱히 분류하기 어려운 사람이에요")

과잉통제 내담자가 동맹파열을 무시, 억제, 위장하는 경우도 드물지 않다. 다음을 보라.

- 항상 다이어리 카드를 작성하던 내담자가 갑자기 카드를 안 가지고 오거나, 작성을 제대로 안 해 가지고 옴
- 지시 사항을 곧이곧대로 따르던 내담자가 숙제를 깜박했다고 보고함
- 항상 시간을 잘 지키던 내담자가 지각함
- 한 번도 결석한 적이 없는 내담자가 회기를 빠짐
- 직장에서 병가를 낸 적이 없다고 자랑스러워하던 내담자가 너무 아파서 회기에 못 온다는 메시지를 남김
- 치료자와 연락하는 것이 항상 좋다고 말하던 내담자가 예고 없이 치료자의 전화를 차단하거나 이메일과 문자 메시지에 대답하지 않음

위에서 나열한 예에는 공통점이 있다. 바로 내담자와 상관없이 모두 사회적 신호를 담고 있다는, 즉 강력한 메시지를 보낸다는 점이다. 치료자는 이런 의문을 가져야 한다. '내담자가 숙제를 완료하지 않는 것은 무엇을 말하려는 것일까?' 어쨌든 이러한 행동이 나타나면 먼저 비참여의 신호로 보고 동맹파열 가능성을 시사하는 것으로 이해해야 한다.

다음 임상 사례에 대한 치료자의 보고는, 회기 중 미묘한 행동에 주의를 기울이는 것이 얼마나 중요한지 보여 준다.

치료 초기 완전한 작업동맹을 맺기 전인 7회기 때, 과잉통제 내담자가 삶에 늘 즐거움이 없는 경험을 말했어요. 저는 내담자가 그럼에도 불구하고 여전히 유머 감각이 있다고 언급했고, 그가 회기 중에 가끔씩 웃는 걸 그 증거로 들었죠. 그때 저는 몰랐지만 내담자는 이 말을 매우 불인정하는 것으로 여겼고, 그럼에도 불구하고 회기가 진행되는 동안 자신의 감정을 엄격히 통제했습니다. 다음 회기 때 저는 그가 논의에 덜 참여하는 걸 느꼈고, 혹시 어떤 계기가 있는지 물었어요. 내담자는 이전 회기 때 제가 내담자가 유머를 통해 어느 정도는 즐거움을 지니고 있다고 말했던 것 때문에 치료를 그만둘 생각까지 했다고 말했어요.

위의 상황에서 치료자는 내담자가 기꺼이 치료로 돌아와 지난주에 있었던 일에 대한 자신의 진심을 드러내 준 것에 대해 감사를 표했다. 치료자는 이것이 치료의 진전과 변화에 대한 내담자의 진정한 의지를 나타낸다고 언급했다. 그런 다음 치료자는 내담자의 이러한 노출을 활용해 **온전한 개방성**과 유연성을 모델링했다. 치료자는 잠시 시간을 내어 내담자와 함께 이전 회기에서 어떤 점이 잘못됐는지 소리 내어 되짚어 보았다. 치료자는 내담자에게 앞으로 비슷한 문제를 어떻게 다루면 좋을지에 대한 피드백을 요청했고, 내담자가 자신의 말에 동의하지 않을 때는 언제든지 그 순간에 편하게 바로 알려줄 것을 독려했다. 마지막으로 치료자는 내담자가 이러한 논의를 어떻게 경험했는지 확인하고, 이 시점에서 치료가 내담자가 직면한 문제와 얼마나 관련이 있는지 물었다.

동맹파열 복원하기

동맹파열을 복원한다는 것은, 내담자를 고치는 것이 아니라 관계를 복원하는 것이다. 따라서 동맹파열이 의심되면 치료자는 먼저 자신의 의제(예: **체인분석**, 새로운 기술훈련)를 놓아 버리고, 내담자를 이해하는 데 주의를 돌려야 한다(「**개방적 호기심을 사용하여 동맹파열을 복원하기**」). 일반적으로 이를 위해 상호작용 속도를 늦추면서 지금 내담자에게 무슨 일이 일어나고 있는지 물어보는 것이 좋다. 동맹파열을 다루는 기본은, 다음 중 한 가지 조치를 취하여 잠시 내담자의 열을 식히는 것이다.

- 내담자와의 거리를 두기 위해 의자에 뒤로 기대기
- 어깨를 약간 돌리며 내담자에게 가까운 쪽 다리를 다른 다리 위에 올려놓기
- 천천히 심호흡하기
- 잠시 눈을 떼기
- 눈썹 추켜올리기
- 시선을 내담자를 향하면서 입을 다물고 미소 짓기

> 동맹파열을 복원한다는 것은, 내담자를 고치는 것이 아니라 관계를 복원하는 것이다.

그런 다음 치료자는 치료 회기 중 동맹파열과 관련됐을 것으로 여겨지는 것을 비판적으로 묻거나, 강조하거나, 소리 내어 알려야 한다. 동시에 치료자는 개인적으로 자신이 동맹파열에 어떻게 기여했는지 자문함으로써 **자기탐구**를 실천해야 한다. 치료자는 동맹파열을 논의하면

서 내담자가 질문에 답할 시간을 줘야 하며, 즉시 문제해결에 뛰어들고 싶은 욕구를 내려 놓아야 한다. 이를 통해 치료자는 동맹파열과 그 복원을 다루는 것이 치료 중에 내담자에게 가르칠 수 있는 다른 어떤 기술보다 못하지 않고 오히려 더 중요할 수 있음을 깨닫게 된다. 이는 치료자가 내담자를 비난하지 않음으로써 스스로 **온전한 개방성**을 실천해야 함을 의미한다. 다음 지문은 치료자가 14회기(즉, 치료 중반) 때 내담자와의 동맹파열을 복원하는 예시를 보여 준다

치료자: 주제를 살짝 바꾸신 것 같은데요. 우리가 논의하던 내용에 대해 더 하실 말씀이 없어서인가요, 아니면 다른 얘기를 하기 바라시는 건가요?(갑작스러운 방향 전환을 알아차리고 동맹파열 가능성을 가정함)

내담자: 제가 주제를 바꿨다고요? 뭘로요?

치료자: 음, 우리는 관계와 혼자되는 것에 대해 얘기하고 있었죠. 그와 관련해서 저도 개인적으로 어머니가 돌아가신 뒤에 특히 힘들었다고 말씀드렸고요.

내담자: 제 안에 엄청난 저항이 있네요.(잠시 멈춤) 완전히 긍정적이기만 한 회기를 바라셨던 건 아니죠?(살짝 웃음)

치료자: 뭐에 대한 저항인지 아시겠어요? 제가 당신과 비슷한 경험을 했다고 얘기한 것 때문인가요?(동맹파열의 원인을 물음)

내담자: 네, 그런 것 같아요. 제가 보기엔… 선생님은 절 몰라요.

치료자: 제가 당신이 경험한 것과 똑같은 고통을 경험해 보지 못했다는 말씀일까요?(내담자의 언급을 설명하고 확인함)

내담자: 네, 그런 거죠.(끄덕임)

치료자: 당신 말이 맞아요. 저는 당신의 고통이나 삶에 대해 몰라요.(잠시 멈춤) 제가 이해하려고 노력할 거라는 게 도움이 될까요?(내담자는 고개를 끄덕이며 동의함)

치료자: 또 제 생각에는 지금 이걸 포함해서, 이해받지 못하는 느낌이 들면 언제든 저한테 말씀해 주시는 게 더 나아질 수 있는 중요한 과정일 것 같은데요, 어떻게 생각하세요?(내담자가 내면의 감정을 기꺼이 드러낼 의향이 있는지 확인하고 그걸 치료의 진행과 연결한다.)

내담자: 제가 해왔던 방식은 아니긴 해요. 보통 사람들은 관심이 없거나 어차피 이해하지 못할 거라고 생각하지만, 저는 그런 게 변화로 이어진다는 걸 알 수 있어요.(논의에 더 적극적으로 참여하며, 이는 동맹파열이 복원되고 있음을 시사하는 변화임)

개방적 호기심을 사용하여 동맹파열을 복원하기

1. 당신이 제시한 안건을 내려놓는다.
2. 잠시(1-2초) 눈을 마주치지 않음으로써 내담자의 긴장을 푼다.
3. 뒤로 기대어, 천천히 심호흡을 하고, 입을 다물고, 미소를 지으며, 눈썹을 추켜올림으로써 협력의 신호를 보낸다(그리고 자신의 사회적 안전을 활성화한다).
4. 비우월성 친근감을 표시하면서(고개를 살짝 숙이고, 어깨를 살짝 으쓱하고, 입을 다물고, 미소를 짓고, 눈썹을 추켜올리고, 눈을 마주침), 자신이 관찰한 변화에 대해 질문한다. 예를 들어, "방금 뭔가 달라진 걸 발견했어요"라고 말한다. 달라진 점을 설명한 다음, "지금 무슨 일이 일어나고 있는 거죠?"라고 질문한다.
5. 내담자가 질문에 답할 시간을 주고 회기의 흐름을 늦춘다.
6. 내담자가 말한 내용을 이해한 바를 다시 내담자에게 얘기하고, 내담자가 그에 동의하는지 확인한다.
7. 내담자의 자기개방을 강화하고, 치료자 역시 **온전한 개방성**을 실천한다.
8. 동맹파열을 복원하는 시간은 10분 이내로 짧게 한다.
9. 내담자와의 대화를 통해 재참여reengagement를 확인한다.

동맹파열은 내담자가 치료를 자신의 문제와 상관없는 것으로 경험할 때도 촉발될 수 있다. 이를 위해 치료자가 가장 자주 가장 잘 할 수 있는 것은, 개별화된 치료 목표에 대해 상호 합의하고, 합의된 목표가 여전히 내담자의 문제와 관련 있는지 자주 확인하면서, 내담자의 문제에 상응하는 치료를 제공하는 것이다. 유일한 예외는 생명을 위협하는 행동이다. 이는 항상 다른 모든 것에 우선한다. 특히 치료자는 내담자가 성장함에 따라 치료 목표가 변경될 수 있을 인식하고 있어야 한다. 특정한 순간에 내담자에게 적합한 내용을 다루기 위해 치료 목표를 조정해야 할 수도 있다(9장의 개별화된 치료 목표에 대한 내용을 참조).

치료자는 동맹파열을 평가하고 치료할 때 파열 자체를 지나치게 길게 다루지 않는 것이 좋다. 특히 치료자는 비교적 짧은 시간 내에(10분 이내) 파열을 성공적으로 복원하지 못하면, 복원 시도 자체가 오히려 더 파열을 악화시킬 수 있다고 가정해야 한다. 동맹파열에 대한 지지부진한 논의는 내담자가 아직 치료자와 공유할 준비가 되지 않은 내면의 감정을 드러내야 한다는 압박감이나 조종받는다는 느낌을 받게 할 수 있다. 기저의 원인과 관계없이 동맹파열을 격하게 논의하는 것은 관계를 포기하려는 내담자의 학습된 경향을 강화할 수 있으며, 내면의 감정을 다른 사람과 공개적이고 직접적으로 논의해야 하는 초기 치료 과정에 악영향을 끼칠 수 있다. 따라서 갈등에 대한 공개적인 논의를 피할 필요는 없지만, 장시간의 논의는 개방적 노출에 대한 벌로 작용할 수 있기에 피해야 한다. 대신 치료자는 내담자의 열을 식혀야 한다. 치료자는 자신이 회기 중 어떤 형태로든 개인적 지각 편향, 과거의 학습, 혼자만의 가정으로 인해 과잉통제 내담자의 관점이나 행동을 완전히 이해하기 어려울 수 있음을 늘 염두에 둬야 한다.

치료자는 복원이 어려울 것 같으면 자신이 관찰한 내용을 내담자와 공유하고, 다음 회기 때 파열을 재논의할 수 있게 허락을 구함으로써 열을 식힐 수 있다. 따라서 치료자는 자신의 행동이나 인식이 관계를 손상시킨 것을 내담자에게 인정하고, 필요한 경우 사과할 준비가 되어 있어야 한다. 자신의 행동에 책임을 지는 것은 개방성, 비우월성, 관계에 대한 전념을 의미한다. 다음 대화는 내담자의 열을 식히면서 **온전한 개방성**을 보여 주는 모형을 보여 준다

치료자: 제 말씀에 얼마나 동의하시는지는 모르겠지만, 이유는 몰라도 저는 당신이 전달하려는 내용이나 지금 기분을 완전히 이해하지 못하는 것 같을 때가 있어요. 누군가를 알아간다는 것은 늘 어떤 식으로든 소통 문제를 동반하기 때문에 이런 게 문제가 아닐 수도 있다고 생각해요. 하지만 어떻게 보면 당신을 이해하는 게 제 일이기도 하죠. 그래서 제 생각에는, 우리가 무슨 일이 일어나고 있는지 알아내려는 노력을 잠시 쉬는 게 현명할 것 같아요. 그래야 우리가 상호존중의 신호를 보내고 성찰의 시간을 가진 다음, 나중에 다시 새로운 통찰을 가지고 이 문제를 더 깊이 다룰 수 있을 것 같아서요. 이 문제를 다음 회기로 넘기는 것도 한 가지 방법이 될 수 있겠죠. 지금 당신이 보기엔 어떤가요?

그런 다음 치료자는 내담자에게 앞으로 한 주 동안 이번 회기와 자신이 놓쳤을 수도 있는 것에 대해 **자기탐구**를 실천할 계획임을 알리고, 내담자도 비슷한 것을 하도록 제안해야 한다. 치료자가 어떤 단어를 사용하든, **편한 태도**로 자신도 틀릴 수 있음을 보여야 하며, 내담자가 치료자에게(비판적인 내용일지라도) 자신의 진정한 감정이나 생각을 말해도 괜찮음을 명확히 전달해야 한다. 이후 치료자는 내담자에게 간단한 확인을 받고 나

서 주제를 다른 영역으로 옮겨야 한다. 이 시점에서 치료자가 그냥 회기를 종료해서는 안 된다. 그럴 경우 갈등에 대한 해결책으로 포기하는 것을 강화할 수 있다. 치료자는 내담자가 다음 회기 때 다시 파열을 논의하겠다고 약속하게 해야 한다. (첫 4회기 동안) 오리엔테이션 및 약속 과정의 일부로, 내담자는 이미 치료자와 직접 논의하지 않은 채 치료를 중단하지는 않겠다고 약속했었다. 치료자는 적절할 때마다 내담자가 초반에 했던 이 약속을 상기시킨다.

마지막으로, 파열 복원은 내담자가 성공적이었다고 말할 때만 성공적인 것으로 간주할 수 있지만, 겉모습만 보고도 복원이 잘 됐음을 알 수 있는 몇 가지 지표가 있다. 가장 초기에 나타나는 징후들로 내담자가 자연스레 눈을 다시 마주치기 시작하고, 여러 단어로 이뤄진 문장으로 말하고, 자발적으로 논의에 임하고, 주제에 집중하고, 이전에는 피하거나 힘들어했던 주제에 대해서도 먼저 말하는 것 등이 있다.

조기 중도 탈락 방지

과잉통제 내담자는 갈등이 발생하면 문제를 직접 다루기보다는 관계를 포기할 가능성이 높다. 치료자와 대면하여 논의하기 전에 혼자 먼저 치료를 중단하지 않겠다는 과잉통제 내담자의 약속은, 치료의 조기 종결을 방지하고 이미 발생한 동맹의 파열을 복원할 수 있는 기회를 확보하는 데 꼭 필요하다. 대개 치료 초기 단계에서는 대부분의 과잉통제 내담자들이 변화에 대한 높은 동기를 지니고 있기 때문에 이러한 약속을 매우 쉽게 얻을 수 있다. 실제로 어떤 과잉통제 내담자들은 치료자와 직접 논의하지 않고 혼자 치료를 중단하는 경우도 있다는 치료자의 말에 항의하거나 불쾌함을 표시하기도 한다. 그럼에도 불구하고 오랜 연구와 임상 경험에 따르면, 겉보기엔 매우 전념하는 것 같은 내담자가 치료가 자신과 안 맞는다고 단정하고 이메일이나 편지로 갑자기 중도 포기하는 경우가 드물지 않다. 때때로 거기에 동맹파열을 명시적으로 언급하기도 한다(즉, 내담자가 오해받았거나 치료가 자신의 문제를 다루지 못하는 것으로 경험했음을 암시함). 하지만 거기에 치료자나 치료에 대한 문제가 없는 경우도 흔하다. 대신 내담자의 새로운 직업이나 근무 일정 변경으로 인해 후속 치료를 받으러 오기 어렵거나, 신체 질병으로 인해 치료를 계속할 수 없거나, 내담자가 '나아진' 것 같거나 '완치'되어 더 이상 치료를 필요로 하지 않거나, 휴가와 같은 중요한 장애물을 언급하기도 하고, 그간 받은 도움에 대한 감사의 표현을 하기도 한다. 치료자는 내담자가 적은 겉보기에 그럴듯한 이유를 곧이곧대로 진실로 여기지 말아야 한다. 내담자가 치료자와 직접 대면하여 함께 결정을 논의하지 않고 글자로만 치료를 중단하는 것은 대부분 동맹파열로 인한 회피인 경우이며, 대면 논의를 통해서만 다른 이유를 알 수 있다. 과잉통제 내담자는 사전에 합의한 내용을 준수할 의무를 느끼기 때문에, 이러한 약속은 조기 중도 탈락을 방지하는 데 큰 효과를 볼 수 있다. 따라서 치료자는 첫 번째 회기가 끝나기 전에 이렇게 말하며 내담자의 약속을 받아내야 한다. "당신과 비슷한 문제를 가진 사람들을 대상으로 한 연구에 따르면, 치료 중 어느 시점에서 치료를 잠시 중단하고 싶을 수도 있고, 때로는 치료를 안 받거나 중도에 포기하고 싶은 경우가 생길 수 있습니다. 이는 전적으로 정상적인 현상이지만, 실제로 치료를 중단하고 싶을 때는 꼭 직접 오셔서 치료에 대한 걱정이나 중단하고 싶은 마음을 저와 직접 논의하시겠다고 약속해 주실 수 있는지 여쭙고 싶습니다. 기꺼이 그렇게 하시겠다고 약속해 주실 수 있을까요?" 치료자는 다음과 같은 반대 반응을 염두에 두고 있어야 한다.

- "중간에 그만두는 건 생각도 안 했어요!"
- "전 정말 이 치료에 전념하고 싶어요!"
- "전 선생님을 훌륭한 치료자라고 생각하기 때문에 중간에 그만둘 일은 거의 없을 거예요."

치료자는 위의 말 중 어느 것도 중간에 치료를 그만두기 전에 직접 만나서 함께 논의하겠다는 약속을 요청한 것에 대한 실질적 대답이 아니라는 것에 유의해야 한다. 한 과잉통제 내담자는 나중에 치료자에게, "약속을 하면 반드시 지켜야 한다는 의무감 때문에 실제로 그렇게 하기 어려웠지만, 선생님이 물어보실 때는 차마 그 얘기를 못 했어요"라고 보고했다. 내담자가 명확히 약속하지 않은 경우 치료자는 내담자가 실질적인 대답을 할 수 있도록 부드럽게 반복해서 요청해야 한다. 대부분의 경우 내담자는(때로는 마지못해 한다거나 그게 불필요하다는 내색을 하기도 하지만) 요청받은 대로 약속한다. 중요한 것은 일단 내담자의 약속을 받으면 필요할 때 언제든 내담자에게 이를 상기시킬 수 있다는 것이다. 특히 동맹파열을 복원하거나, 부적응 행동에 직면하거나, 감정이 고조된 내용을 논의하는 회기가 끝나기 전에 반복해서 약속을 받아야 한다.

과잉통제 내담자에게 약속을 받는 세 가지 원칙

1. 치료 중단을 방지한다. 이렇게 말하라. "때로는 치료에 오기 싫거나 중간에 그만두고 싶을 수도 있기 때문에, 치료를 그만두기로 결정하기 전에 직접 저와 만나서 걱정하시는 내용을 논의하겠다고 약속해 주셨으면 합니다. 그렇게 해주실 수 있을까요?"
2. 솔직한 노출을 독려한다. 이렇게 말하라. "우리가 함께 작업하는 동안 어떤 이유로든 당신이 치료에 대한 양가감정이나 불편함을 느낄 수 있다는 걸 알려드리고 싶습니다. 이는 정상이며 나쁜 게 아닙니다. 오히려 의문을 품고 있기 때문에 치료에 더 적극적으로 참여하고 있다는 신호일 수도 있고, 다른 방법을 찾기 위해 열심히 노력하고 있다는 의미일 수도 있습니다. 제가 부탁드리고 싶은 것은, 그런 감정이 느껴질 때마다 저한테 알려주시는 거예요. 그렇게 해주실 수 있을까요?"
3. 의견 불일치를 독려한다. 이렇게 말하라. "저는 당신이 때때로 제 의견과 다를 수도 있다는 걸 알아요. 동의하지 않는 건 나쁜 게 아니에요. 사실 그건 감정을 숨기는 것과 정반대이고, 우리가 함께 작업하는 데 중요한 조정 역할을 해주기 때문에 치료가 진전된다는 신호인 경우가 많아요. 혹시 당신이 저와 의견이 다를 때는 저한테 알려주실 수 있을까요? 설령 그렇게 하는 게 힘들거나, 그렇게 하는 게 맞는지 확신이 안 드시더라도요."

내담자가 치료를 조기에 중단할 때의 큰 목표는 가능하면 다시 참여시키는 것이다. 이 과정은 갑작스러운 치료 중단이든 공식적인 중도 탈락이든 동일하게 존중과 자비를 바탕으로 이루어진다. 개인치료 또는 기술훈련 수업에 내담자가 갑자기 빠지면 치료자 또는 강사는 즉시 내담자에게 전화해야 한다. 내담자가 전화를 받으면 지체 없이 치료나 수업에 와서 일부 회기(또는 수업)를 받게 하되, 그게 안 되면 내담자가 참석하지 못하는 문제에 대한 간단한 평가를 실시할 수 있다. 이는 일부라도 치료를 하는 것이 안 하는 것보다 낫고 회피를 차단하는 것이 중요하다는 원칙에 근거한다. 내담자에게 직접 연락할 수 없으면 음성이나 문자 메시지를 남긴다. 음성이 더 개인적 관계를 나타내기에 선호된다. 다음은 내담자가 회기에 안 나온 이유를 모르는 치료자가 남긴 음성 메시지의 한 예다.

치료자: 안녕하세요, 제인. RO DBT 클리닉의 크리스입니다. 오늘 회기에 안 오신 것 같아서요.(잠시 멈췄다가 **편한 태도**로 말을 이어 나감) 평소 당신 같지 않네요! 그래서 안부를 확인하고 싶어서 전화드렸어요… 메시지 들으시고 제게 전화 주시면 정말 감사하겠습니다. 제 전화번호는 555-555-5555입니다. 당신이 보고 싶다는 걸 꼭 알아주시고, 이 메시지를 들은 뒤 바로 전화 주세요. 감사합니다.

다음은 내담자가 치료를 중단하고 싶다는 내용의 메일을 보낸 뒤 치료자가 남긴 음성 메시지의 예다.

치료자: 안녕하세요, 제인. RO DBT 클리닉의 크리스입니다. 보내 주신 메일은 잘 받았습니다. 걱정하시는 부분을 알려주셔서 감사합니다.(잠시 멈춤) 그것들에 대해 진지하게 생각해 봤어요.(잠시 멈춤) 저는 당신과 치료를 계속 함께하고 싶지만, 이게 당신의 경험을 반영하지 못할 수도 있다는 것도 알고 있어요. 분명 몇 가지 조정은 필요합니다.(잠시 멈춤) 치료가 조기에 종료될 수 있는 문제나 우려되는 사안을 논의하기 위해 직접 만나기로 합의한 걸 꼭 지켜주셨으면 합니다.(잠시 멈춤) 그러니 이번 주에 예정된 정규 회기 때 가능하신지 다른 시간을 찾아야 할지 전화로 알려 주시면 좋겠습니다. 제 전화번호는 555-555-5555입니다. 제가 당신에게 일어나는 일에 관심이 있고 치료가 잘 되기를 진심으로 바란다는 것도 알아주세요. 조만간 연락이 됐으면 좋겠습니다. 감사합니다.

예상했든 못했든 일반적으로 치료 중단은 동맹파열로 간주되며, 따라서 곧바로 참여와 애착 전략을 사용해야 한다. 최선의 결과는 내담자가 치료에 재동의하거나 최소한 마지막으로 한 번이라도 오는 것이다. 이는 동맹파열을 복원할 수 있는 중요한 기회를 제공한다. 치료를 조기에 그만두려는 욕구는 다양한 요인에 의해 생길 수 있는데, 다음은 몇 가지 예다.

- 치료자가 '잘못된' 단어를 사용한다.
- 내담자가 이해받지 못하거나 오해받았다고 느낀다.
- 내담자가 치료자를 너무 지시적이라고 느낀다.
- 내담자가 치료를 자기 문제와 상관없는 것으로 경험한다.

- 내담자가 치료자 또는 치료를 너무 비인간적이거나 주제넘은 것처럼 느낀다.
- 내담자가 치료자의 질문을 부적절하거나 거슬리게 느낀다.
- 내담자가 치료에 대해 가지고 있던 '규칙' 혹은 기대가 깨진다.
- 내담자가 감정 유출로 인한 수치심을 경험한다.
- 내담자가 갑자기 우울이나 불안이 악화됐을 때 절망감을 느낀다.
- 내담자가 회기 중에 비판, 노출, 버거움을 느낀다.
- 내담자가 치료자와 친밀해지는 것을 두려워한다.

내담자가 치료를 중단하려는 이유를 말하게 하면, 갈등을 성공적으로 해결하고 복원하는 방법을 배우는 데 도움이 된다. 이를 위해 치료자는 내담자에게 다가가 그를 신경 쓰고 있고, 그의 우려를 진지하게 여기고 있으며(예: 치료자가 도움되는 것을 하지 못했다는 걸 기꺼이 인정할 의향이 있음을 드러냄), 내담자가 잘못한 것이 없음을 알려주는 것이 좋다(예: 무언가에 동의하지 않거나 싫어하는 것이 나쁜 것이 아님을 알려줌). 치료 프로토콜을 엄격하게 준수하거나, 치료를 종료하고 다른 곳으로 의뢰해 달라는 내담자의 요청을 신속하게 수용하는 것(종종 내담자의 의사를 존중하는 것으로 위장됨)은 치료하기 어려운 내담자를 피하려는 치료자나 팀의 의도를 반영하는 것일 수 있다. 동맹파열을 복원하는 데 필요한 공간을 마련하기 위해 여러 옵션을 고려하기 위해 자비로운 마음으로 잠시 멈추는 것이 도움이 된다.

중도 탈락으로 이어지는 동맹파열을 항상 예측할 수 있는 것은 아니다. 뚜렷한 경고 없이 이런 일이 발생하면 치료자는 놀라고, 당황하고, 혼란스러워하기도 한다. 예를 들어 내담자가 치료를 중단한다는 내용의 편지나 이메일을 쓰거나 음성 메일만 남기고 치료자와 직접 대화하는 것을 피하는 등 인간적 접촉 없이 중도 탈락이 발생했다면, 치료자가 동맹파열 가능성에 대한 초기 경고 신호를 놓쳤거나, 무시했거나, 마지막 회기에서 심각한 파열이 발생했는데도 이를 해결하지 않고 방치했거나 부적절하게 복원했을 가능성이 높다. 치료자는 이를 내담자와 공유해야 한다. 즉 치료자가 무언가를 오해했거나, 치료가 내담자 특유의 문제를 다루지 못했을 가능성을 고려하고 있음을 명시적으로 밝힘으로써 **온전한 개방성**을 모델링해야 한다.

그럼에도 불구하고, 예상치 못한, 적대적이거나 인간적이지 않은 방식으로 전달되는 중도 탈락은 치료자를 힘들게 하고 사기를 떨어뜨리는 일이 될 수 있다. 치료자는 그것이 자기 탓이라고 여길 수도 있다. 따라서 중도 탈락은 항상 자문팀 내에서 논의해야 한다. 자문팀은 내담자에 대한 현상학적 공감을 유지하면서도, 치료자의 관점(예: 배신감, 사기 저하)과 감정(예: 분노, 굴욕감, 절망감, 안도감)을 이해하고 인정하고자 노력해야 한다. 즉, 팀원들은 일어난 일에 대해 치료자나 내담자 어느 한 쪽을 비난함으로써 균형이 깨지는 것을 피해야 한다. 치료자를 치료하기 위해 고안된 해결책을 통해 가혹한 자기비난을 차단하거나 재정의하고, 정당하지 않은 감정과 반대 방향으로 나아가거나, 정당한 감정을 다루는 방법을 통해 치료자가 다시 내담자와의 관계에 참여하게 하는 데 초점을 맞춰야 한다. 이를 위해 다음과 같은 다양하고 창의적인 부가 전략들이 있다.

- 전화를 요청하거나, 내담자의 안부를 묻거나, 애정이나 관심을 담고 있는 엽서 보내기
- 문자 메시지, 이메일, 기타 인터넷을 창의적으로 활용한 방법
- 개인치료자가 아닌 다른 사람이 연락하기
- "보고 싶어요"라고 적힌 카드나 풍선 보내기

치료자는 가능하면 내담자가 치료를 중단하기 전에 치료자와 직접 얘기하기로 한 약속을 상기시킬 수도 있다. 치료자는 자신이 내담자와 함께 작업하는 데 최선을 다하고 있으며, 우려되는 사안에 대한 행동이나 말에는 꼭 한 가지 방법만 있지 않고 모든 사람이 다 다르다는 점을 내담자에게 상기시켜야 한다. 마지막으로, 우리는 치료자나 팀이 내담자의 재참여를 얼마나 강력히 시도하는지와 관계없이, (보통 수개월에 걸쳐) 포기하지 않고 내담자와 연락을 유지하는 것만으로도 관심과 배려를 전달하는 강력한 수단이 될 수 있으며, 이는 궁극적으로 내담자의 재참여로 이어진다는 사실을 발견했다. 굳이 복잡하게 할 필요 없이, 매달 내담자가 더 나아지기를 바라는 진심 어린 마음을 담은 간단한 메모를 손글씨로 작성하는 것만으로도 충분하다(5장 「**과잉통제 내담자의 참여를 유지하기 위한 팁**」 참조).

이 장에서 다룬 내용

▶ 동맹파열은 감정적이고 인간관계적인 문제다.
▶ 자잘한 동맹파열은 과잉통제 치료 중에 자주 발생할 수 있기 때문에, 이를 두려워하기보다는 기술을 연습할 수 있는 중요한 기회로 여겨야 한다.
▶ RO DBT에서는 14회기까지 동맹파열과 복원이 자주 나타나지 않으면 치료관계가 피상적인 것으로 간주한다.
▶ 과잉통제 내담자들은 감정을 감추고 취약성이나 화를 드러내지 않는 데 능숙하고, 갈등이 발생하면 관계를 포기하는 경향이 있기 때문에, 동맹파열과 복원은 이들이 갈등에 성공적으로 참여하고 해결하여 긴밀한 사회적 유대를 형성하는 데 필요한 기술을 연습할 수 있는 핵심 수단을 제공한다.

9장

치료 대상 선정과 개입: 사회적 신호를 최우선적으로 고려하기

여러 의미에서 지금까지의 모든 장들은 바로 이 장을 위한 것이라고 할 수 있다. 과잉통제 문제의 치료에서 효과적으로 치료 대상을 선정하는 것의 핵심은, 내적 경험(예: 감정조절 장애, 부적응 인지, 메타인지 인식 부족, 과거의 외상 기억)만을 과잉통제 고통의 원인으로 보지 않는다는 것이다. 대신 RO DBT는 억제되고 제한된 감정 표현을 사회적 고립 및 치료저항성 우울증 같은 잘 치료되지 않는 내재화 질환과 연계한 양질의 연구를 바탕으로, 과잉통제 내담자의 정서적 외로움이 주로 간접적이고, 숨겨지고, 제한된 사회적 신호에서 비롯된 것으로 본다.

개인치료자는 빠르면 4회기부터 시작해서 이후 치료 내내 사회적 신호가 치료 대상임을 명심하면서, 내담자와 협력적으로 과잉통제 사회적 신호 주제와 연결된 치료 목표를 개별화한다. 이는 RO DBT의 치료 대상 선정 위계에서 세 번째 우선순위에 있다. 일단 치료 대상을 선정하고 그에 대해 합의가 되면, 다이어리 카드로 대상을 모니터링한다. 이 장에서는 이러한 목표를 개별화하는 방법을 논의하고 목표를 다루는 치료 전략을 제시한다. 단, 생명을 위협하는 행동과 동맹파열은 항상 최우선순위다. 이 장에서는 먼저 치료 대상을 선정할 때 공유할 가치가 있는 삶의 개념을 지침으로 삼는 법과, 치료 대상 위계가 회기를 구조하는 데 어떻게 사용되는지 설명한다. 이어서 목표 설정의 기본 원칙과 그 사회적 신호의 중요성에 대해 살펴보고, 치료 대상 선정 프로토콜의 개요를 설명한다. 또한 우리가 흔히 빠질 수 있는 함정을 살펴보고, RO DBT에서 다이어리 카드 사용법을 자세히 설명한다. 끝으로 몇 가지 치료 개입을 다루면서 장을 마무리한다. 이에 대한 자세한 내용은 『기술훈련 매뉴얼』에서 확인할 수 있다.

무엇보다 가장 중요한 것은 친절

대부분의 사회에서 이기심은 미덕과는 거리가 먼 것으로 여겨진다. 하지만 뉴스 헤드라인은 관대함과 친절한 행동보다는 도덕적 결핍, 속임수, 탐욕, 폭력, 잔인함에 대한 이야기와 가십으로 가득 차 있다. 여기에는 희망적인 사실이 숨겨져 있는데, 반사회적 행위가 뉴스로서의 가치가 있는 이유는(언론이나 특정 정치인이 믿고 싶어 하는 것과는 달리) 그것이 매우 드물기 때문이다. 우리는 세계 곳곳에서 인정이나 보답을 생각하지 않고 작은 친절을 베푸는 사례를 매일 볼 수 있다(예: 다른 사람을 위해 문을 열어 주는 사람, 길 잃은 사람을 도와주는 사람, 줄을 서서 기다리는 사람에게 먼저 가도록 양보하는 사람, 버스에서 자리를 양보하는 사람, 다른 사람이 더 간절히 바란다는 이유만으로 그가 이기도록 두는 사람, 노숙자에게 음식을 제공하는 사람 등). 작은 친절은 우리를 하나의 종으로 묶어 준다. 또한 할리우드 영화에서 흔히 묘사되는 것과는 달리, 대규모 재난(예: 뉴욕 9/11 테러, 일본 후쿠시마 원자력 발전소 사고)이 발생하면 대부분의 사람들은 공황이나 공격성이 아니라 이타적으로 대응한다(예: 함께 뭉치고 자원을 공유함. Boehm, 2012). 실제로 관대함과 친절은 생후 18개월부터 나타나며(Warneken & Tomasello, 2006), 굳이 누가 부탁하지 않아도 3-5세 사이의 어린이는 자신이 더 적은 보상을 받더라도 과제에서 더 많은 일을 한 파트너에게 더 많은 보상을 양보했다(Kanngiesser & Warneken, 2012). 친절에 대한 인간의 역량은 개인의 생존 본능(예: 물에 빠진 아이를 구하기 위해 곧바로 얼어붙은 강에 뛰어드는 사람, 부대원을 보호하기 위해 수류탄 위로 몸을 던지는 군인, 불의를 폭로하기 위해 모든 위험을 감수하는 내부 고발자)을 무시할 정도로 강력할 수 있으며, 이는 친절이 인류의 진화 과정에서 내장됐을 가능성을 시사한다.[49] 실제로 친절은 다른 모든 것을 가능하게 하기 때문에, 탁월한 인간적 특성으로 간주할 수 있다.

하지만 친절kindness은 비슷하게 사용되기도 하는 자비compassion와는 다른 것이다. 대개 자비는 고통에 대한 반응으로, "자비의 방향은 오직 한 가지, 즉 고통을 치유하는 것"이다(Feldman & Kuyken, 2011, p. 152). 자비는 외부(타인의 고통에 대한 공감) 또는 내부(자기 연민)에 대한 동정적sympathetic 이해의 감정 상태에 기반한다. 흥미롭게도 친절은 애정이나 사랑을 동반하는 반면, 자비는 공감, 연민mercy, 동정심을 동반한다. 예를 들어 판사는 피고인에게 애정이 아니라 연민을 느끼기 때문에 형을 경감한다. 하지만 친절은 꼭 고통받는 사람뿐만 아니라 행복한 사람에게도 베풀 수 있다. 또한 친절이 항상 배려심에 기반하지만 꼭 좋게만 표현되지는 않는 반면(때때로 사람이 할 수 있는 가장 친절한 일은 거절하는 것), 배려는 항상 좋게 표현한다(즉, 거의 비판적이지 않음). **표 9.1**은 친절과 자비의 여러 차이를 요약해서 보여 준다.

표 9.1. 친절과 자비의 차이

친절	자비
사회적 신호	내적 경험
애정, 따뜻함, 장난기를 전달함	동정, 공감, 걱정을 느낌
우선순위: 겸손, 개방성, 투명성, 잘못이나 실수를 기꺼이 공개적으로 인정할 수 있는 마음	우선순위: 수용, 비판단적 사고, 인정
배우고 사람들과 사회적 유대감을 형성하기 위해 스스로에게 질문하고 다른 사람들에게 개방적인 신호를 보내는 것을 지향함	공감적 이해, 인정, 비판단적 인식을 통해 자신과 타인을 치유하는 방향을 지향함
부족의 본성 및 개별적 차이를 기쁘게 받아들이며, 대가를 바라지 않고 타인의 복지에 기여하는 데 중점을 둠	감내, 평정심, 수용, 관대함으로 괴로움을 완화하고 인간적 괴로움의 보편성을 인정하는 데 중점을 둠

그런데 친절이 좋은 친구에게 고통스러운 진실을 말하거나 대가를 바라지 않고 누군가를 돕는 것을 의미한다면, 우리는 왜 굳이 그렇게까지 해야 할까? 더 구체적으로 질문하자면, 그렇게 해서 인류가 얻는 이점이 뭘까? RO DBT의 신경조절모형(2장 참조)에 따르면, 우리의 스트레스 조절 시스템은 적어도 어느 정도는 우리를 다른 사람들과 연결하기 위한 목적으로 진화한 것이다. 혈연관계든 아니든 우리는 소중한 사람과 친밀감

을 느낄 때 진정되고, 고립되거나 혼자 있을 때 심한 동요를 느낀다. 독방 감금은 짧은 시간만으로도 정신이 흐트러지고 신체가 손상되는 수준의 스트레스를 유발할 수 있다. 커뮤니티 안에서 사회적 고립을 경험하는 것은 흡연만큼이나 건강에 해로울 수 있다(또한 자살의 가장 흔한 예측 요인이기도 하다). 친절하고 관대한 행동은 우리를 갈라놓기보다는 하나로 묶어주는 강력한 사회적 안전 신호다. 안타깝게도 대부분의 과잉통제 내담자들은 매우 양심적임에도 불구하고 사회적으로 친절을 표현하는 방법을 잘 모른다. 따라서 RO DBT의 치료 목표는 점진적 조성을 통해 과잉통제 내담자가 자신의 가치에 따라 생활하고 다른 사람에게 친사회적으로 신호를 보내는 방법(즉, 친절하게 행동하는 방법)을 배우게 하는 것이다. 이를 이루기 위한 전략들이 바로 이 장의 근간을 이루고 있다.

온전히 개방적인 삶: 공유할 가치가 있는 삶을 만들기

온전히 개방적인 삶이란, 목표를 달성하거나 자신의 가치에 따라 살기 위해 타인의 욕구를 고려하는 방식으로, 끊임없이 변화하는 상황에 자신의 행동을 유연하게 적응하는 법을 배우는 것을 의미한다. 정서적으로 외롭고 사회적으로 고립된 과잉통제 내담자(와 아마도 모든 사람들에게)와 함께 작업할 때 가장 중요한 것은, 앞에서 설명한 내용의 중간쯤 있는 '타인의 욕구를 고려하는 방식으로'일 것이다. 따라서 온전히 개방적으로 살아간다는 것은, 내가 남들과 같은 부족원이라고 느끼는 정도에 따라 행복감이 크게 좌우된다는 전제하에, (다른 사람들과) 공유할 가치가 있는 삶을 만드는 법을 배우는 것이다.[50] 연구 결과에 따르면 우리는 남들과 유대감을 느낄 때 덜 동요하고 덜 불안하며 덜 우울하고 덜 적대적으로 된다. 공유할 가치가 있는 삶은, 개인의 생존과 관련된 오래된 '이기적' 성향에 반하는 방식으로 타인의 행복에 기여하기 위해(항상 대가를 기대하지 않고) 살아가는 것이기에 공유할 가치가 있다. 이는 행동하는 겸손이며 모든 인간에게서 이타주의를 실천하는 기본이 된다. 그런데 온전히 개방적인 삶에서는 강요가 아닌 내가 스스로 선택해서 남에게 도움을 줌을 인식한다. 나의 희생은 내가 자유롭게 선택한 것이므로, 내가 돕는 사람은 나에게 빚진 것이 없다. 누군가를 돕거나 돕지 않기로 한 결정에 대한 책임은 오롯이 나에게 있다. 고립된 상태에서는 높은 수준의 자기인식에 이를 수 없기에 자신의 맹점을 알려줄 누군가(가능하면 친구)가 필요하다. 따라서 공유할 가치가 있는 삶은 열린 대화와 교제를 개인적 성장 및 타인의 복지에 모두 기여할 수 있는 핵심 수단으로 중요시한다. 공유할 가치가 있는 삶을 사는 사람은, 무너지지 않고 자신의 결점을 적극적으로 찾아내려고 노력하며 자신의 동기에 의문을 제기하기 때문에 용감하다. 또한 지나친 자의식 없이 자신의 약점을 놀리며 다른 사람들과 함께 웃을 수 있다. 사람은 자랑하고 싶을 때(예: 열심히 일한 것을 인정받기 위해) 한껏 자랑할 수 있고, 나서야 할 때(예: 다른 사람을 보호하려고 불의에 맞서기 위해) 나설 수 있다. 하지만 공유할 가치가 있는 삶은, 우리 각자가 개인의 안녕과 성공을 위해 다른 사람에게 의존하고 있다는 사실을 인정하기 때문에 기본적으로 겸손하다. 이는 우리의 인식·신념·확신이 잘못된 것일 수도 있고 (종종) 타당하지 않을 수 있음을 인정하는 것이기에, 상호작용하는 상대에게 이러한 의심의 혜택을 제공해 주는 것이기도 하다. 어쨌든 우리는 각자 공유할 가치가 있는 삶이 자신에게 어떤 의미인지, 그것을 어떤 모습으로 구현할지(예: 장기적인 관계 개선, 새로운 관계 구축, 타인의 복지에 기여함으로써 소속감을 향상함) 스스로 결정해야 한다.

비록 공유할 가치가 있는 삶과 사회적 유대감이 인간의 행복에 필수적인 것으로 간주되더라도, 치료자는 특히 치료 초기에는 모든 과잉통제 내담자가 그에 동의할 것으로 기대하면 안 된다. 대부분의 과잉통제 내담자들은(혼자서만 몰래 사회적 유대감을 바랄 때도 있지만) 친밀한 유대감을 어떻게 맺는지 경험해 본 적이 전혀 없거나, 독립성이나 자기감을 잃게 될까 봐 두려워하기도 한다. 어떤 내담자들은 치료자에게 자신이 쓸모 없거나, 사랑스럽지 않거나, 사랑 따위는 없다고 주장하기도 한다. 바로 여기에 치료자의 어려움이 있다. '어떻게 하면 상대가 원하지 않는 것에 다가가도록 유도할 수 있을까?' 일반적인 방법 중 하나는, 내켜 하지 않는 상대가 따르도록 압력을 가하는 것(예: 요청의 강도를 높임, 따르지 않을 때 나타날 수 있는 문제를 강조함, 반복해서 잔소리함)이다. 이 방법이 효과가 있을 때도 있지만 모든 사람에게 다 그런 것은 아니다.

실제로 과잉통제 내담자는 적극적인 설득 시도에 특히 저항하는 편이다. 당신이 노력할수록 상대는 더 회의적인 태도를 보일 것이다. 하지만 당신이 노력하지 않으면, 이는 당신이 공유할 가치가 있는 삶에 관심이 없거나 애초에 이를 안 믿는 것과 같다. 치료자가 알고 있어야 할 중요한 것은, 대부분의 경우에 이렇게 상반된 메시지를 의도적으로 보내는 경우는 드물다는 것이다. 과잉통

> 대부분의 과잉통제 내담자들은(혼자서만 몰래 사회적 유대감을 바랄 때도 있지만) 친밀한 유대감을 어떻게 맺는지 경험해 본 적이 전혀 없거나, 독립성이나 자기감을 잃게 될까 봐 두려워하기도 한다.

제 내담자는(꼭 치료에 대해서뿐만 아니라) 일반적으로 그냥 의심이 많다. 좋은 소식은 치료자가 내담자에게 즉각적인 답변을 강요하거나 무엇이 최선인지 알고 있다고 가정하는 것보다는, 내담자 스스로 결과를 고려하고 결정할 시간을 주는 인간관계 피드백에 긍정적으로 반응할 가능성이 훨씬 높다는 점이다. 따라서, 처음에 작은 것을 요구해서 상대가 이를 들어주면 점차 더 큰 것을 바라는 '문간에 발 들여놓기' 전략이(Freedman & Fraser, 1966), 처음에 큰 것을 요구한 뒤(종종 은밀하게) 상대가 거절하면 그보다 더 작은 것을 요구해서 받아들이게 하는 '면전에서 문 닫기' 전략보다 더 좋은 결과를 얻을 가능성이 높다. 여기서 유일한 예외는, 내담자가 당장 생명을 위협하는 행동을 하는 경우다.

RO DBT 치료 목표 위계화로 회기를 구조화하기

개인치료의 목표는 크게 다음 세 가지 범주로 위계적으로 구성된다.

1. 심각하고 임박한 생명을 위협하는 행동
2. 동맹파열
3. 5가지 과잉통제 사회적 신호 테마와 관련한 부적응적 과잉통제 사회적 신호

치료 대상 선정에 대한 이러한 전반적 위계 구조는, 치료자가 개인치료 회기를 구성하고 필요에 따라 조정할 수 있는 수단을 제공한다(4장 「**개인치료에서 치료 대상의 위계화**」 참조). 일반적으로 개인치료는 회기마다 유사한 구조를 따르지만, 치료자는 각 회기 내에서 그 순간에 발생하는 문제를 해결하기 위해 의도적으로 위계 구조의 수준들 사이를 한 번 이상 이동할 수 있다. 생명을 위협하는 문제 행동은 최우선순위다. 따라서 당장 생명을 위협하는 행동이 있을 때 치료자는 자신의 의제를 중단하고 내담자를 살리는 데 우선순위를 둬야 한다. 과잉통제 내담자와 함께 작업할 때 당장 생명을 위협하는 행동을 평가하고 해결하기 위한 RO DBT 프로토콜은 5장에서 확인할 수 있다. RO DBT에서 두 번째로 중요한 목표는 과잉통제 내담자와 치료자 간의 치료동맹 파열이다(8장 참조).

비록 생명을 위협하는 행동과 동맹파열이 우선순위이기는 하지만, RO DBT는 사회적 신호 결핍이 과잉통제의 정서적 외로움, 고립감, 심리적 고통의 근간을 이루는 핵심

문제라고 가정한다. 따라서 이상적으로는 치료 시간의 대부분을 이러한 문제들에 할애하는 것이 좋다. 과잉통제의 다섯 가지 사회적 신호 테마는 과잉통제형 사회적 신호 결핍의 발달과 유지에 고유한 영향을 끼친다. 치료자는 이 테마들에 따라서, 그동안 내담자가 금기시하거나 공개하지 않았던 주제를 소개하고, 자신의 어려움이 다른 사람들에 비해 유별나고, 특이하고, 비정상적이라는 과잉통제 내담자의 오랜 믿음을 교정할 수 있는 근거 기반 프레임워크를 제공한다. 이를 통해 사회적으로 고립된 과잉통제 내담자가 다시 부족에 합류하는 데 필요한 중요한 과정을 시작할 수 있다. 가장 중요한 것은, 과잉통제형 신호 테마가 공유할 가치가 있는 삶을 이루는 데 필수적인 개별화된 치료 목표를 설정하는 밑바탕이 될 수 있다는 것이다. 이 장의 핵심 목표는 바로 이를 달성하기 위한 실용적인 내용을 다루는 것이다. 그러나 과잉통제 테마와 관련된 사회적 신호 결핍을 목표로 삼기 전에, 먼저 다음 절의 주제인 사회적 신호의 의미부터 알아야 한다.

탱고는 두 명이 춘다: 사회적 신호의 정의

RO DBT에서는 형식, 의도, 의식하는지 여부와 무관하게 다른 사람이 있는 상황에서 하는 모든 행동을 사회적 신호로 정의한다. 이 정의에 따르면 의도하지 않은 행동(예: 하품)이나 부지불식간에 하는 행동(예: 갑작스러운 한숨) 모두 다른 사람이 있는 자리에서 하거나(영상을 통해 보듯이) 관찰할 수 있을 때 사회적 신호로 기능한다. 따라서 지금 내가 타이핑하고 있는 단어는 나 이외의 다른 사람이 읽을 때만 사회적 신호가 된다. 청중 없이(즉, 개인적으로) 전달되는 행동, 제스처, 표정은 사회적 신호가 아니라 그저 표면적 행동일 뿐이다. 상사에게 할 말을 거울 앞에서 리허설하는 것도 사회적 신호가 아닌, 그저 무대에 오르기 전 대사를 준비하는 것에 불과하다.

대부분의 사람들은 무대 위(관찰되는 상황)와 무대 밖(완전히 혼자 있는 상황)을 구분하는 데 매우 능숙하며, 거기에 맞춰 다르게 행동한다(우리는 누가 보고 있다고 생각하면 코를 후비지 않을 것이다). 또한 연구에 따르면 우리는 다른 사람의 말보다 비언어적 감정 표현을 더 신뢰한다. 따라서 발신자는 전혀 의도하지 않은 경우(때로는 하품이 그냥 하품일 수도 있음)를 포함해, 실제로 의도한 메시지가 의도한 대로 수신됐는지 여부를 파악하는 것이 중요하다. 가장 자주 잘못 해석되고 가장 강력한 비언어적 사회적 신호는, 말하거나 행동한 것보다는 말하지 않거나 행동하지 않은 것과 관련된다. 예를 들어 상호작용 중에 예상할 수 있거나 관습적인 친사회적 신호가 눈에 띄게 나타나지 않으면(인사할 때 미소 짓지 않거나 긍정적인 고개를 끄덕이는 비율이 낮은 경우), 이를 발신자의 실제 의도와 관계없이

거의 항상 거부나 비호감으로 해석한다. 우리는 다른 사람들과 있을 때(미세한 표정과 몸 동작을 통해) 끊임없이 사회적 신호를 보내는데, 심지어 필사적으로 그러지 않으려고 노력할 때조차도(아무 말도 하지 않는 것이 긴 연설만큼이나 강력할 수 있음) 신호를 보낸다.

무엇을 치료 대상으로 삼을 것인가: 성공적 치료의 열쇠

과잉통제 내담자는 내면의 경험을 숨기고 감정 표현을 억제하는 데 전문가이며, 심지어 자신이 언제 그런 행동을 하고 있는지조차 인식하지 못할 수도 있기 때문에, 이들과 작업할 대 치료 대상을 선정하는 데 어려움이 있다. 이들이라고 더 표현력 있고 진실되며 자신을 드러내는 것이 유용함을 모르지는 않는다. 문제는 이들이 자신의 방식과 다르게 행동하는 법을 모른다는 것이다(혹은 진심으로 그런 시도를 했다가 상처받거나 배신당할까 봐 두려워한다).

또한 과잉통제 내담자는 집이 불타고 있는 상황에서도 통제력 있거나 유능해 보이고자 하는 동기가 강하며('진땀 흘리는 모습을 드러내지 않기' 현상), 뛰어난 자기통제 능력을 발휘하여(적어도 대부분은) 이를 가능하게 한다. 하지만 유능한 사람으로 보이고 싶은 강한 욕구에도 불구하고, 역설적이게도 대부분의 과잉통제 내담자들의 이력이나 현재의 힘든 생활 상황을 보면, 이들은 마치 변화가 불가능하거나 정상적으로 기대되는 행동을 못하는 것 같다. 치료자는 과거의 외상과 현재의 역경이 꼭 절망과 패배로 이어지는 것은 아니라는 사실을 잊은 채, 자신도 모르게 과잉통제 내담자의 비관적 관점에 동참하는 경우가 많다.

또한 과잉통제 내담자는 자신의 의도를 분명히 드러내지 않으면서(예: 못 들은 척하기, 무시하기, 질문에 질문으로 대답하기, 교묘하게 주제 바꾸기, 엉뚱한 질문으로 국면 전환하기 등) 듣기 싫은 피드백에 귀를 막고 속마음을 위장하는 데 능숙하다(드러내면서도 드러내지 않는 기술). 문제를 더욱 복잡하게 만드는 것은(그리고 과잉통제 내담자의 자기혐오를 악화시키는 것은) 대개 이들이 자신의 통제·승리·지배에 대한 강박적 욕구를 잘 알고 있으며, 이러한 욕구를 남에게 숨기면서 이를 자신의 고질적이고 결함 있는 성격의 '증거'로 활용하는 경우가 많다는 것이다. 간접적이거나 위장된 사회적 신호는 발신자가 모르는 척하면서 타인에게 영향을 끼치거나(통제하거나) 원하는 것을 얻을 수 있기 때문에 강력하다. 예를 들어 침묵은 말없이 분노의 신호를 보내는 동시에 부인하기도 쉽다("누구요, 저요? 아뇨, 저 화 안 났어요. 그냥 말할 기분이 아니어서 그래요.") 하지만 이런 메시지를 보내는 발신자는 숨은 비용을 치러야 한다. 간접 신호로는 발신자의 진정한 의미나 의도를 알기 어렵고 치료자가 내담자의 변화를 위해 무엇을 치료 대상으로 삼아야 하는지 알기 어렵기 때문에, 사람들 사이에 오해나 불신을 초래하기 쉽다. 또한 발신자의 실제 의도와 상관없이 간접적이고 모호한 사회적 신호(예: 무표정한 얼굴, 단조로운 목소리 톤, 억지 웃음, 하품)는, (발신자가 의도하지 않았어도) 수신자가 거부·혐오·속임수를 의미하는 것으로 해석하기 쉽기 때문에 인간관계에 큰 해를 끼칠 수 있다.

또한 겉으로 드러나는 외현적 행동이나 사회적 신호가 모호하면 내적 경험은 항상 그럴듯하게 부정되거나 혼란스러워지기 때문에, 치료자가 사회적 신호를 무시하고 내부 프로세스(예: 생각이나 내적 감정 경험)를 치료 목표로 설정하는 것은 과잉통제 내담자의 딜레마를 악화시킬 뿐이다. 치료자는 내담자가 창문을 향해 의자를 던지고 나서 "아주 좋아요"라고 말하는 것을 믿기 어렵기 때문에, 과소통제형 인간(예: 경계성 성격장애)과 작업할 때는 내적 경험을 치료 목표로 삼는 것이 훨씬 더 쉽다(표 9.2).

기본적으로 과소통제형 부적응적 사회적 신호는 그 정의상 크다(즉, 더 표현적이고, 더 극적이며, 더 불안정하다). 과소통제 내담자의 치료 대상은 눈에 띄고 존재감이 두드러지기 때문에 무시하거나 부정하기 어렵다. 반면 과잉통제형 사회적 신호는 거의 항상 절제되고 통제되며 작기 때문에, (감정 유출의 경우를 제외하면) 변화를 위해 무엇을 치료 대상으로 삼아야 할지 알기 힘들다. 다행히도 이 딜레마를 극복할 수 있는 방법이 있다. 이는 사회적 신호에서 그 크기는 중요하지 않다는, 이를테면 침묵이 쉴 새 없이 말하는 것만큼이나 강력할 수 있다는 사실을 알아차리는 것에서 시작된다. 또한 RO DBT의 관점에서는 인간관계에서 개인의 내면적 생각이나 느낌보다는, 내적 의도와 경험을 외부로 전달하는(또는 신호를 보내는) 방법이 더 중요하다.

따라서 사회적 신호가 중요한데, 회기 밖에서 발생하는 수많은 표정은 차치하더라도 1시간의 치료 회기에서 발생하는 수천 가지의 미세한 표정, 몸동작, 제스처, 언어적 표현 중에서 무엇을 치료 대상으로 삼아야 할지 아는 것은 불가능한 일처럼 보일 수 있다. 하지만 낙담하지 마라. 방법은 있다. 그것은 우리의 개인적 사회적 신호 습관이 우리가 무엇을 부적응적 사회적 신호라고 여길지를 좌우할 수 있을 인식하는 데서 시작한다.

표 9.2. 과잉통제 및 과소통제 성격 스타일 간의 사회적 신호 차이

	과잉통제형 신호	과소통제형 신호
표현	과잉통제형 사회적 신호는 절제되고, 통제되며, 예측 가능하고, 기분에 좌우되지 않는다. 과잉통제형 신호 스타일에는 다음 두 가지가 있다. (1) 억제되고 과묵하고 무미건조한 표현, (2) 지나치게 친사회적이며 진실되지 않고 가식적인 표현. 두 스타일 모두 공개적으로나 개인적으로 취약한 감정을 드러내거나 표현하는 경우는 거의 없다.	과소통제형 사회적 신호는 극적이고, 억제되지 않으며, 예측할 수 없고, 기분에 좌우된다. 혹시 무표정하다면 이는 일시적일 뿐이며 거의 항상 감정조절 장애(예: 감당하기 힘든 수치심, 극심한 분노, 해리 또는 공황)의 결과로 나타난다. 취약하고 극단적인 감정 표출(예: 분노나 울음)가 흔하다.
통제	과잉통제형 인간은 어떤 상황에서도 충동을 억제하고, 만족을 지연하고, 미리 계획을 세우고, 고통을 감내하고, 감정 표현을 조절하는 등의 뛰어난 자기통제 능력을 타고난 것에 대해 은근한 자부심을 지닌다. 그래서 이들은 속으로는 불안해도 겉으로는 침착하고 아무렇지도 않은 척한 것처럼 보일 수 있다.	과소통제형 인간은 감정 표현을 통제하지 못하는 능력 부족을 고통스럽게 여긴다(이에 대해 당황하거나 부끄러워할 수도 있다). 대개 스트레스나 상충되는 요구가 있을 때 감정 폭발을 억제하는 데 필요한 능력이 부족하다.
상황	과잉통제형 인간은 공공장소나 직계 가족이 아닌 사람들 앞에서 감정 표현을 억제하거나 숨기도록 간헐적 강화를 받아 왔다. 이들은 자의식이 강하고 미리 준비되지 않은 상황에서는 주목받는 것을 싫어한다.	과소통제형 인간은 감정 표현을 크게 드러내도록 간헐적 강화를 받아 왔다. 이들은 억제성 통제가 낮고 보상 민감성이 높기 때문에(개인적이든 공개적이든) 상황에 잘 영향받지 않는다. 예를 들어 이들은 매우 흥분하면 자신이 너무 많이 또는 크게 말하고 있다는 사실을 인지하지 못할 수도 있다. 대개 공공장소에서 다른 사람들보다 자의식이 약하고, 관심의 대상이 되는 것을 즐기며, 예정된 친목 모임에 대비해 미리 준비·계획·리허설에 자기 시간을 잘 할애하지 않는다.

가변성	과잉통제형 인간은 유의성이나 강도에 따라 감정 표현 방식에 거의 변화가 없다. 보상 민감성이 낮기 때문에 흥분이나 기쁨을 자발적으로 스스로 잘 표현하지 않는다.	과소통제형 인간의 감정 표현은 그 유의성과 강도가 다양하고 불안정하다. 일반적으로 부정적인 감정의 극단적인 표현을 억제하거나 통제하려고 노력하지만(종종 성공하지 못함), 긍정적인 감정의 표현을 통제하거나 억제하려는 시도는 거의 하지 않는다.

우리는 세상을 있는 그대로 보지 않고, 우리가 보는 대로 본다

우리 모두는 각자 고유한 표현 스타일을 지니고 있기에, 사회적 신호를 보내는 올바르거나 최적의 방법이라는 것은 없다. 따라서 치료자가 간접적이고 모호한 사회적 신호를 치료 대상으로 삼는 것은, 우리 각자의 독특함으로 인해 어려운 도전일 수 있다. RO DBT의 핵심 원리 중 하나는, 내담자와의 작업을 포함해 우리 모두는 어디에서든 지각 및 규제 편향을 지니고 있다는 것이다(즉, 우리는 세상을 있는 그대로 보지 않고 우리가 보는 대로 본다). 이것이 바로 RO DBT에서 치료자가 외부의 슈퍼비전을 받고 스스로(이상적으로는 RO 자문팀 안에서) **온전한 개방성**을 연습하도록 권장하는 이유 중 하나다.

또한 대부분의 과잉통제 행동의 불연속적인 특성으로 인해, 치료자는 문제 행동의 진실성veracity, 즉 '이게 정말 문제인가?'라는 의문을 가지게 된다. 문제 인식이 없는 치료자가 내담자의 세계관이나 설명을 곧이곧대로 합리적, 정상적, 혹은 적응적인 것으로 받아들일 때마다 사례개념화 문제를 볼 수 있다. 예를 들어 내담자가, "돈이 없어서 데이트를 못해요"라고 보고하면, 치료자는 이 대답에 의문을 제기하기보다는 가난한 사람들도 늘 데이트를 한다는 사실을 잊은 채 그럴듯한 말로 받아들인다. 또는 내담자가 "우울해서 제 속마음을 드러낼 수 없어요"라고 말하면, 치료자는 행동 변화에 대한 기대를 버리고 우울증을 먼저 없애는 데 집중하면서, 애초에 우울증이 내면의 감정을 감추는 사회적 신호 결핍에서 비롯된 것임을 잊어버린다.

마찬가지로 친밀감에 대한 우리의 욕구·문화·성격(예: 치료자가 과잉통제 또는 과소통제 쪽으로 기울어져 대처하는 정도)의 근본적 차이는 우리를 남들과 다르게 만듦과 동시에, 우리가 세상을 인식하는 방식은 물론이고 궁극적으로는 치료 대상을 선정하는 데도 영향을 끼칠 수 있다. 예를 들어 치료자가 과잉통제 대처 스타일에 기울어져 있으면(연구 결과에 따르면 대부분 그렇다고 한다), 그 스스로도 종종 똑같은 행동을 하기 때문에 부적응적 과잉통제 사회적 신호 결핍을 식별하기가(쉽지 않고) 더욱 어렵다.[51] 또한 과잉통제 대처 스타일에 기울어져 있는 치료자가 주로 같은 스타일의 사람들과만 지내 왔다면, 자연스레 자신의 사회적 신호 스타일을 정상적이거나 좋게 인식할 가능성이 높다. 과잉통제 대처 스타일에 치우쳐 있는 치료자에게 어떤 사회적 신호가 부적응적인지 아닌지를 묻는 것은, 물 속에서 헤엄치고 있는 물고기에게 지금 바닷물에 있는지 민물에 있는지 묻는 것과 같다. 비교할 대상이 없는 물고기에게는 바닷물과 민물을 구분할 수 없다. 한 연구 치료자는 이렇게 말했다. "저는 내담자의 행동이 합리적이라고 스스로에게 말할 때마다 **자기탐구**를 사용하는 법을 배웠습니다. 종종 저도 내담자와 같은 행동을 하고 있다는 사실을 발견하곤 합니다."

마지막으로, 치료자가 사회적 신호를 치료 대상으로 삼는 법을 배우는 것은 힘든 일이다. 왜냐하면 내적 경험(예: 역기능적 사고, 감정조절 장애, 외상 기억의 부각)을 중요시하고 그에 반응하는 방식(예: 회피, 비수용, 반추, 사고 억제)을 변화시키는 다양한 기전을 강조하는 사전 훈련된 또는 다른 유형의 이론적 모형을(적어도 어느 정도는) 포기해야 하기 때문이다. 실제로 우리 대부분은 감이 잘 안 잡힐 때면 오래된 습관이나 자기가 가장 잘 아는 것으로 되돌아가므로, 치료자 역시 처음 RO DBT를 배울 때 이와 비슷한 반응을 보일 수 있음을 예상해야 한다(따라서 스스로를 친절히 대하라).

좋은 소식은, 내가 오랫동안 과잉통제 내담자, 친구, 학생, 동료들로부터 RO DBT의 기본 원칙뿐만 아니라 이러한 원칙을 다른 사람들에게 설명하는 방법(예: 훈련이나 슈퍼비전)에 대해 많은 피드백을 받을 수 있었다는 것이다. 이를 바탕으로 부적응적 사회적 신호를 치료 대상으로 삼는 두 가지(그렇다, 하나만 있는 것은 아니다) 방법을 개발하게 됐다. 이 두 가지 방법은 독립적으로 사용해도 되고, 상호 교환적이거나 같이 조합하여 사용할 수도 있다. 둘 사이의 차이는, 실행할 때 '구조화되고 계획된' 것인지 혹은 '구조화되지 않고 즉흥적인' 것인지에 따라 나뉜다. 두 방법 모두 성공률은 비슷하다.

치료 대상 선정: 궁금할 때가 가장 효과적이다

우리는 다른 사람을 알기도 하고 모르기도 한다. 연구에 따르면 우리는(사진 한 장만 봐도) 처음 본 사람의 비언어적 행동을 접한 지 단 몇 분 만에 그의 성격 특성, 사회경제적 지위, 신뢰성 및 이타심과 같은 도덕적 속성에 대한 신뢰할 수 있고 타당한 인상을 형성할 수 있다(Ambady & Rosenthal, 1992; W. M. Brown 외, 2003; Kraus & Keltner, 2009). 하지만 타인의 내면을 진정으로 이해하려고 노력해 본 사람이라면 누구나 그것이 생각보다(또는 방금 인용한 데이터에서 제시하는 것보다) 어려움을 바로 지적할 것이다. 내 경험으로 보면 정서적 외로움(예: 과잉통제)과 같은 문제를 치료할 때 가장 중요한 것은, 직관이 얼마나 정확한지보다는 상대방에 대해 본능적으로 느끼는 감정, 즉 내가 상대방과 얼마나 시간을 더 많이 혹은 적게 보내고 싶은지다.

따라서 치료자는 부적응적 사회적 신호를 치료 대상으로 삼을 때, 발신자의 의도와 관계없이 내담자가 회기 중에 보이는 모든 외현적 행동을 사회적 신호로 여기도록 스스로를 재훈련해야 한다. 예를 들어 내담자가 회기 중에 다리를 위아래로 반복적으로 흔든다면, RO DBT 치료자는 이 행동을 단순히 습관이나 불안 증상으로 판단하면서 흘려보내지 않을 것이다. 대신 치료자는 사회적 신호의 관점에서 다리를 흔드는 행동을 평가할 텐데, 여러 회기에 걸쳐 다양한 맥락에서(치료에 국한되지 않음) 그것이 내담자의 사회적 유대감이나 가치(예: 다른 사람에게 유능한 사람으로 보이는 것)에 따라 살아가는 능력을 방해한다고 여겨지는 경우에만 치료 대상의 후보로 올려 놓고 이에 대해 내담자와 직접 논의한다. 만약 논의의 대상이 될 만한 기준을 충족한다면, RO DBT 치료자는 치료 대상의 적절성을 결정하는 초기 단계로 그 행동을 사회적 신호의 측면에서 내담자와 직접 논의한다. 치료자는 입을 다문 따듯한 미소를 지은 뒤 이렇게 물어볼 것이다. "우리가 특정한 주제에 대해 이야기할 때마다 당신이 다리를 진짜 빨리 흔드는 거 아세요? 그 다리 흔들기가 하려는 말이 뭘까요?"

또한 RO DBT 치료자는 과잉통제 내담자에게 사회적 신호가 어떻게 잘못됐는지 말하기보다는, 내담자가 다음의 두 가지 질문을 활용해 **자기탐구**를 하며 사회적 신호의 유용성을 검토하도록 권장한다.

1. 나의 사회적 신호는 나의 핵심 가치를 얼마나 반영하고 있는가?
2. 나의 사회적 신호의 결과는 본래의 의도를 얼마나 달성했는가?

위의 질문에 대한 답을 결정적(절대적 진리)인 것으로 간주해서는 안 되며, 치료자와 공유(또는 내담자의 **RO 자기탐구 일지**에 기록)한 뒤 내담자와 치료자 모두 그 가설이 타당하다는 데 동의한 후에만 변화의 대상으로 삼아야 한다. 가장 좋은 치료적 질문은 우리가 이미 답을 알고 있다고 생각하지 않는, 즉 진정한 호기심을 물어보는 것이다. RO DBT

치료자의 질문은 내담자가 마음을 바꾸거나 우리 방식대로 생각하도록 강요하기 위해 하는 것이 아니라, 자신이 누구인지 알고 어떻게 살고 싶은지 스스로 발견하도록 독려하기 위한 것이다. RO DBT가 이러한 접근 방식과 소크라테스식 질문을 사용하는 다른 치료 기법들(Padesky, 1993)과 다른 점은 사회적 신호에 중점을 둔다는 것이다.

회기 중에 나타나는 사회적 신호를 치료 대상으로 삼기: 기본 원칙

어떤 순간에 사람들 사이에서 얼마나 많은 사회적 신호가 오가는지 파악하고 나면, 회기 중에 나타나는 사회적 신호를 쉽게 목표로 설정할 수 있다(죄송합니다… 방금 전에 했던 말과 모순되네요. 사실 쉬운 건 아니고요, 상대적으로 더 쉬워질 수는 있어요). 중요한 것은, 무엇에 우선순위를 두고 어디에 주의를 집중해야 하는지 반복해서 훈련하는 것이다. 이 책 전체에서 반복적으로 강조한 바와 같이, RO DBT는 언어적 설명이나 보고보다 비언어적 행동에 우선순위를 둔다. 실제로 누군가를 처음 만난 후 몇 초 안에 잠재의식 수준에서 엄청난 양의 정보가 전송·수신·해석·반응을 거친다. 우리는 타인의 얼굴 표정과 발성에서 거부의 신호, 즉 우리의 사회적 지위, 우리의 행동이 사회적으로 바람직한 정도, 다른 사람이 우리를 얼마나 좋아할지에 대한 정보를 끊임없이 스캔한다. 슬로 모션 영상 분석은 우리가 상호작용 중에 자신도 모르게 상대방의 몸동작, 자세, 표정 변화에 반응한다는 사실을 명확히 밝혀냈다. 또한 연구에 따르면 우리가 얼굴의 감정을 알아차리는 데 최소 17-20밀리초가 필요하지만, 우리의 뇌는 이미 4밀리초 정도의 짧은 시간 안에 생리적으로 반응하고 있으며(L. M. Williams et al., 2004, 2006), 언어에 기반한 평가는 200밀리초가 지나야 시작되는 것으로 추정된다(예: 표정을 보고 미소라고 이름 붙임). 진화적으로 더 오래된 피질하 처리의 관점에서 보면 정말 느린 것 같지만 사실 이는 매우 빠른 속도다. 상향식 1차 평가에 대한 하향식 재평가(인지 재구조화 등)는 일단 사람이 경험에 라벨을 붙인 다음(예: 눈살을 찌푸림) 광범위한 기억과 맥락 정보, 사전 학습에 접근한 뒤, 중추 인지 수준의 하향식 규제 프로세스가 피질 하부의 상향식 1차 평가와 일치하는지 여부를 결정해야 하기 때문에 훨씬 더 느리다.(휴!) 1960년대 TV 인기 시리즈 '비벌리 힐빌리'의 모세 할머니의 말을 빌리자면, "많은 감정이 들어"라고 말하는 것만으로도 벅차다.[52] 여기서 질문은, "어떻게 하면 종종 밀리초 단위로 일어나는 비언어적 행동을 잘 인식할 수 있도록 훈련할 수 있는가?" 하는 것이다.

다행히도 다양한 연구 결과에 따르면 우리는 이것에 꽤 능숙하다. 즉 우리는 다른 사람의 사회적 신호를 통해 그 사람을 신뢰할 수 있는지, 그 사람과 더 많은 시간을 보내고 싶은지 판단한다. 대부분의 치료자들은 타인을 신뢰하거나 애착을 느끼는 것이 어떤 느낌인지 본능적으로 알고 있다. 또한 연구에 따르면 인간은 대체로 사회적 안전을 감지하는 데 능숙하다. 우리의 뇌는 다른 사람이 상호협력적 행동을 할 가능성이 어느 정도인지를 안정적으로 감지하는 방법을 발달시켜 왔다. 예를 들어 우리는 감정에 기반한 접촉, 미소, 전반적 감정 표현 수준을 통해 다른 사람의 친사회적 의도를 인식한다(Boone & Buck, 2003; W. M. Brown & Moore, 2002; W. M. Brown et al, 2003; Hertenstein, Verkamp, Kerestes, & Holmes, 2006; Schug, Matsumoto, Horita, Yamagishi, & Bonnet, 2010). 우리는 미소가 진짜인지 가짜인지 잘 알 수 있고, 목소리에서 긴장을 정확히 감지할 수 있다(Pittam & Scherer, 1993; Ekman, 1992). 실제로 우리가 다른 사람에 대해 가지는 가장 신뢰할 수 있는 첫인상 중 하나는, 따듯함(친절, 친근함)이나 차가움(냉담함, 까칠함)에 대한 것이다. 하지만 앞서 언급했듯이, 치료자는 자신의 본능적 관찰이 내담자에 대한 진실을 대변한다고 가정하는 유혹에 빠지면 안 된다. 또한 지난 40년 동안 폴 에크먼Paul Ekman과 그의 동료들이 주로 속임수 감지에 초점을 맞춰 수행한 연구에 따르면, 사람들은 훈련을 통해 감정의 미묘한 지표나 미세한 표현을 더 잘 감지할 수 있다. 예를 들어 거짓말 탐지 정확도가 높은 사람은 언어적·비언어적 단서를 더 다양하게 사용하면서, 특히 비언어적 신호와 미묘한 감정 표현에 집중하는 것으로 나타났다. 또한 눈 맞춤을 활용하는 능력을 향상하기 위해 기술을 연습하고 피드백을 받은 결과 거짓말을 정확하게 탐지할 수 있었다(Ekman & O'Sullivan, 1991; Ekman, O'Sullivan, & Frank, 1999; O'Sullivan & Ekman, 2004). 따라서 치료자 또한 약간의 훈련과 연습을 통해 회기 중에 내담자의 미묘한 감정 표현을 알아차리는 방법을 배울 수 있다. 그럼 이제 지금까지 살펴본 내용을 치료 대상 선정에 적용하는 법을 살펴보자.

회기 중에 나타나는 사회적 신호 문제를 치료 대상으로 삼기: 단계별 프로토콜

회기 내에서 나타나는 행동으로 파악하든 회기 밖의 행동에 대한 내담자의 보고에서 도출하든, 사회적 신호를 치료 대상으로 삼을 때 가장 중요한 질문은, "내담자의 사회적 신호가 사회적 유대감에 어떤 영향을 끼치는가?"다. 치료자는 이를 위해 친밀한 사회적 유대감을 형성하는 데 성공한 자신의 개인적 경험을 모델 삼아, 내담자의 사회적 신호의 잠재적 효과를 평가한다(물론 여기에는 치료자가 장기적인 친밀한 유대감을 형성하는 데 어느 정도 성공했다는 전제가 깔려 있다). 다시 말해 이 평가의 핵심은 다음과 같은 자문으로 요약할 수 있다. '이 사람이 내 내담자가 아니었다면 그와 함께 시간을 보내는 것이 즐거웠을까?' 또는 좀 더 일상 용어로 표현해서, '이 사람은 내가 맥주 한잔하러 가고 싶은 사람인가? 그렇지 않다면 그 이유는 뭘까?' 또는 더 구체적으로, '이 내담자의 사회적 신호 중에서 사람들이 그와 관계 맺고 싶지 않게 하는 것은 뭘까?'라고 자문할 수 있다. 회기 내 사회적 신호를 대상으로 삼는 데 필요한 몇 가지 고유한 특징이 있는데, 일단 이를 숙달하면 회기 밖 사회적 신호(즉, 치료자가 직접 보지 못하고 내담자의 자기 보고를 통해서만 접하는 사회적 신호)를 대상으로 삼는 데에도 접목할 수 있다.

전체 프로토콜(나는 이를 정감 있게 '하품 프로토콜'이라고 부른다)은 **부록 5**에 제시된 임상 사례에 자세히 요약되어 있다. 여기에는 내담자의 비언어적 사회적 신호에 대한 자세한 설명이 포함돼 있어서 내담자가 치료에 참여하고 있는지 여부를 판단하는 데 유용할 뿐만 아니라, 치료자가 말 대신 자신의 사회적 신호 행동을 사용하여 내담자에게 영향을 끼치는 방법에 대해서도 자세히 설명되어 있다.

프로토콜의 세부 사항이나 단계 수(총 15개)에 기죽지 마라. 임상 사례 하나에 치료 대상 선정과 관련한 RO DBT의 모든 핵심이 포함되어 있기 때문에, 이 장에 수록된 내용이 모두 필요한 경우는 사실상 거의 없을 것이다. 또한 치료자가 **부록 5**의 임상 사례와 『기술훈련 매뉴얼』에 나와 있는 해박한 지식을 결합한다면, 기본적으로 무엇을 어떻게 대상으로 삼을 것인지(이 원리는 **부록 5**에 나와 있음)와 어떻게 개입할 것인지(이 원리는 『기술훈련 매뉴얼』에 나와 있음)의 핵심 원리를 갖출 수 있다. **부록 5**의 또 다른 장점은 우리가 종종 눈치채지 못하고, 등한시하고, 상관없는 것으로 여기고, 어떻게 해야 할지 모르는 사회적 신호가 회기 중에 얼마나 많이 나타나는지 보여 준다는 것이다.[53]

부록 5의 임상 사례를 하품하는 내담자에게만 해당되는 것으로 오해해서는 안 된다. 이는 다른 사회적 신호 문제를 치료 대상으로 삼는 데 필요한 원리로도 사용할 수 있다. '하품' 및 그와 관련한 단어를 다른 대상을 나타내는 단어나 문구(예: '무표정한 얼굴', '눈동자 굴림', '찡그린 눈썹')로 대체하기만 하면 된다. 치료자가 주의해야 할 두 가지 흔한 간접 사회적 신호 스타일인 친사회적 신호의 과잉 및 결핍을 염두에 두는 것도 도움이 될 수 있다(각각에 대한 요약은 **표 9.3** 참조).

표 9.3. 과잉통제 내담자의 친사회적 신호의 부재 혹은 과잉

친사회적 신호 결핍	친사회적 신호 과잉
무표정, 진지한 표정	자주 얼어붙음, 이를 드러내는 예의 바른 미소
고개 끄덕임이나 미소 부족	과도한 고개 끄덕임
친근하고 협력적인 신호 부족	불필요하거나 부적절하거나 지나친 세심함, 아첨, 아부
빤히 쳐다봄	복종이나 유화 표현을 자주 함

중요한 것은 치료 대상으로 삼는 사회적 신호에는 그만한 이유가 있어야 한다는 것이다. 즉, "내담자가 이 신호 때문에 부족에서 소외되는가?"라는 질문에 답할 수 있어야 한다. 때로는 내담자의 옷차림이나 착용하는 보석의 종류도 사회적 신호에 포함될 수 있다. 또한 말의 비언어적 요소인 속도(말의 빠르거나 느린 속도), 음정(상대적인 음의 높낮이), 억양(말하는 동안 나타나는 음정 움직임), 리듬(일정한 시간 간격으로 말을 구성하는 방식), 성량(목소리 크기)도 치료 대상 선정의 중요한 요소가 될 수 있다. 밋밋하거나 단조

> 치료자는 내담자가 부족에서 소외되는 것과 관련된 사회적 신호를 치료 대상으로 삼아야 한다.

롭거나 무미건조한 목소리, 질문에 대답하기 전이나 말할 때 불필요하게 길게 멈추는 것, 다른 사람보다 훨씬 느리게 말하는 것, 대화 중에 길게 멈추는 것 등은 모두 과잉통제 내담자들에게서 흔히 관찰되는 말하기 패턴이다. 우울증 내담자는 문장 끝을 올리지 않고 내리는 경향이 많은데, 이는 가라앉은 기분, 지루함, 무관심을 나타낼 수 있다. 이 중 무엇이든 적절한 치료 대상으로 삼을 수 있다. 하지만 대상은 한 번에 하나씩만 설정할 수 있으므로, 가장 강력한(즉, 내담자가 사회적 유대감을 형성하는 데 가장 방해가 되는) 대상을 찾는 것이 중요하다.

침묵은 강력하면서도 간접적인 사회적 신호의 또 다른 좋은 예다. 대개 침묵은 누군가와 의견이 안 맞거나 상대가 자신의 기대에 부응하지 못할 때 나타난다. 침묵은 언어적 행동의 급격한 감소, 무표정한 얼굴, 시선 회피 등의 행동을 통해 명시적으로 의견을 드러내지 않고도 이견이나 분노를 표현하는 신호로 작용한다. 수신자가 갑작스러운 사

회적 신호의 변화에 대해 물으면, 발신자는 대개 이러한 변화를 부인하며 무표정한 얼굴과 무덤덤한 목소리로, "아뇨, 괜찮아요" 또는 "다 좋아요"라고 대답한다. 또한 앞서 언급했듯이 '반발' 및 "나를 아프게 하지 말아요" 반응(10장에서 설명)은 매우 흔하기 때문에, 회기 중에 나타났을 때 이를 치료 대상으로 삼아서 개입하기 위한 완전한 프로토콜이 있다. 전체 RO 기술훈련 수업도 이를 다루기 위한 것이다(『기술훈련 매뉴얼』 5장 16과 참조). 마지막으로, **부록 5**의 임상 사례는 별도의 설명이 필요 없지만, 프로토콜에는 많은 치료자가 기존에 훈련받은 방식과 너무 다르게 느껴져서 실행하기 어려워하는 단계가 하나 있다. 아마 짐작한 사람도 있겠지만, 바로 여섯 번째 단계(즉, 부적응적일 수 있는 사회적 신호를 내담자에게 보여 주기)다. 다음에서 이 단계의 기초가 되는 몇 가지 기본 원칙을 검토한다.

말하기보다는 보여 주기

부적응적 사회적 신호에 대해 말만 하지 말고 행동으로 보여 준다. 이 원칙은 RO DBT의 전형을 보여 준다. 치료자가 사회적 신호 결핍이 어떤 것인지 말로 설명하는 것보다는, 행동으로 보여 주거나 모델링하는 것이 중요하다. 이를 통해 과잉통제 내담자는 사회적 신호의 수신자 입장에서 어떤 기분이 드는지를 본능적으로 경험할 수 있다. 치료자는 내담자에게 이를 미리 설명하거나, 정당화하거나, 대비시키지 말아야 한다. 이는 내담자가 자의식을 느끼게 하여 롤플레잉에 참여하기 꺼리게 할 수 있기 때문에 귀중한 회기 시간을 빼앗는 불필요한 것이다. 대신 **부록 5**에 나와 있는 것처럼, 말하지 말고 그냥 내담자에게 사회적 신호를 보여 달라고 요청하여 그 심각도를 확인하면 된다.

또한 많은 치료자들의 기대와 달리, 사회적 신호를 시연할 때는 내담자를 보호하거나 개인적인 부끄러움을 피하기 위해 축소하기보다는 오히려 과장하는 것이 중요하다. 롤플레잉을 하는 동안 이렇게 과장해서 보여 주면 내담자가 사회적 신호를 알아차리기 쉽고 치료자가 내담자를 조롱하거나 비판하려는 것이 아님을 분명히 할 수 있는 반면, 치료자가 내담자의 사회적 신호를 진지하고 사실적으로 묘사하면 내담자가 치료자의 사실적인 묘사에 드러난 자신의 모습을 고통스럽게 여길 수 있기 때문에 오히려 이를 더 비판적으로 받아들일 가능성이 높다. 과장된 묘사는 마치 무언극이나 코미디 쇼를 보는 것처럼 덜 개인적으로 느끼게 하면서도, 요점(즉, 묘사되는 사회적 신호가 어떻게 부적응적 기능을 할 수 있는지)을 전달할 수 있다. 사회적 신호를 과장되게 묘사하는 것은 그것을 표현해도 됨을 모델링하는 것이기도 하다(과잉통제 내담자는 치료자가 먼저 그러한 행동을 모델링하는 것을 보지 않는 한, 놀이이나 휴식, 또는 공개적으로 감정을 표현하는 것이 사회적으로 허용된다고 믿지 않음을 기억하라). 우리가 자유롭게 자신을 표현하고, 서로를 놀리고, 남들 앞에서 유치한 모습을 보일 때 비로소 비우월성·평등·우정이라는 강력한 친사회적 신호를 전달한다. 친사회적 신호 행동을 과장되고 유치하게 시연함으로써 내담자에게 그 신호의 잠재적인 단점을 분명히 보여 주면서, 내담자가 신호를 받는 사람이 어떤 느낌인지 본능적으로 경험할 수 있는 기회도 제공한다. 따라서 RO DBT 치료자는 사회적 신호 문제에 대해 말만 하기보다는 직접 시연하고, 내담자와 협력하여 사회적 신호가 내담자의 사회적 유대감에 부정적인 영향을 끼치거나 내담자의 가치 목표를 정확하게 반영하는 정도를 결정한다.

달래거나 걱정하지 않기

롤플레잉 중에 내담자가 부끄러워할 때 치료자는 이에 대해 강하게 반응하거나, 대놓고 걱정하거나, 달래지 말아야 한다. 부끄러움을 표현하는 것은 정상적인 것이고, 거의 항상 친사회적이며, 자기성찰의 의지를 나타내는 신호다. 사람들은 부끄러움을 표현하는 사람을 좋아하고 신뢰한다. 부끄러움을 드러내는(예: 얼굴이 빨개지는) 사람은 사회적 잘못(예: 다른 사람의 발을 밟거나 무신경한 행동)을 하지 않으려고 신경 쓰고 있다는 신호를 보내기 때문에 더욱 친밀감을 전달할 수 있다.

짧게 하기

마지막으로 치료자가 과잉통제 내담자와 함께 시연이나 롤플레잉을 할 때 흔히 저지르는 실수로, (대개 내담자가 사회적 신호의 영향을 빨리 파악하지 못할 것이라고 생각해서) 너무 오래 진행하는 것이 있다. 하지만 앞서 설명한 것처럼 우리가 논하는 유형의 본능적 학습은 종종 수 밀리초 밖에 걸리지 않는다. 따라서 시연은 짧게 하는 것이 좋다. 치료자가 충분히 과장해서 시연하면 내담자의 피질하 감정 처리 시스템이 요점을 파악할 것이다. 치료자는 내담자가 '경험했어야 할' 것을 설명하려고 할 때 다음의 세 가지 가능한 사항을 고려해야 한다.

1. 치료자가 보여 준 사회적 신호가 내담자가 그 영향을 경험할 수 있을 만큼 충분히 과장되지 않으면, 치료자는 신호의 강도를 높여서 다시 시도한다(이것이 거의 항상 가장 먼저 해야 할 일이다).

2. 내담자가 참여하지 않거나, 사회적 신호 문제를 못 보거나 경험하지 않은 척함으로써 간접적으로 비참여를 전달하면, 동맹파열을 복원하기 위한 프로토콜을 시작한다.
3. 사회적 신호가 부적응적이지 않거나 치료와 관련이 없으면, 대부분의 사람들은 고통이나 불쾌함을 느끼지 않는다.

부록 5에 제시된 사례에 나오듯이 세 번째 사항에 해당하는 경우는 드물다. 내담자가 하품하는 것은 적어도 초기에는 첫 번째 가설인 내담자가 피곤해서 그렇다는 말에 완벽하게 부합할 수 있다. 따라서 치료자는 끈기를 가져야 한다. 또한 **부록** 5의 사례에서 치료자가 부적응적 사회적 신호를 수정·해결·변형하려는 시도를 한 번도 하지 않았다는 점에 주목해야 한다. 치료 대상을 선정할 때 해결책이나 기술(즉, 행동을 바꾸는 방법)에 초점을 맞추는 것은 잘못된 메시지를 전달할 수 있다. 이는 이미 해당 행동을 이해하고 있다는 의미(즉, 부적응적이므로 바꿔야 한다는 의미)를 전달할 뿐만 아니라, 과잉통제 내담자의 강박적 해결 성향을 강화할 수 있다. 과잉통제 내담자는 긴장을 푸는 법을 배워야 함을 기억하라. 다음 절에서는 과잉통제 사회적 신호 테마에 따른 치료 대상 선정에 접목하는 법을 간략하게 설명한다. 이 테마들은 설정 대상의 폭을 넓혀 주고(그래서 핵심 문제가 간과되지 않게 하고), 치료 대상으로 삼는 것이 유용하지만 치료자가 회기 중 대상 설정 프로토콜을 적용할 만큼 충분히 또는 반복적으로 부적응적 사회적 신호가 나타나지 않는 치료 초기에 특히 유용하다(**부록** 5 참조).

과잉통제 사회적 신호 테마를 치료 대상 선정에 활용하기: 기본 원칙

과잉통제 사회적 신호 테마는 총 5개가 있다. 이상적으로 치료자는(앞서 언급했듯이 이론적으로는 1회기부터 비공식적인 대상 설정이 시작될 수 있지만) 4-5회기까지는 내담자에게 특화된 치료 대상을 식별하는 과정을 개시해야 한다. 치료 과정에서 새로운 치료 대상이 나타나거나 오래된 대상이 개선되므로, 내담자를 더 잘 알아가면서 기존의 대상을 수정하고 구체화해야 한다. 따라서 치료자는 5개의 과잉통제 사회적 신호 테마 중 하나와 관련된 대상을 다룬 뒤 치료가 끝났다고 생각하는 실수를 범해서는 안 된다. 이상적인 치료 대상 선정은, 내담자가 내적 경험을 감추지 않고 드러내는 데 더 능숙해지고 치료자와 협력적으로 동맹파열을 복원하는 경험을 하면서, 내담자가 힘들어하는 특정 문제와 점점 더 구체적이고 관련성이 높은 것으로 적용해 나가는 끊임없는 과정이다(RO DBT에서 강력한 작업동맹은 여러 번의 파열과 복원이 이루어진 후에야 확립된다고 가정함을 기억하라. 8장 참조).

과잉통제 테마는 너무 광범위하고 구체적이지 않기 때문에 그것만으로 치료 대상이 되지는 않는다. 대신 이를 통해 내담자에게 가장 흔히 나타나는 주요한 문제 영역이 치료 과정에서 다뤄지도록 할 수 있다. 따라서 이 장 뒷부분에서 설명하고 있는 프로토콜이 형식적이거나 구조적으로 보일 수 있지만(실제로 그렇게 표기돼 있기도 하다), 그렇다고 해서 이를 엄격하게 따라야 하는 것은 아니다. 앞서 언급했듯이 치료자는 공식·비공식 기법을 자유롭게 접목하여 치료 대상을 선정할 수 있어야 한다(이는 종종 이상적인 접근법으로 입증된다). 대부분의 치료자들이 RO DBT를 처음 배울 때는 더 공식적인 접근 방식이 중요할 수 있는 대상을 실수로 놓치지 않게 해주기 때문에 가장 유용하다고 보고한다. 하지만 대부분의 치료자들은 경험이 쌓이면서 자연스레 유연해지고, 회기에서 관찰한 내용과 내담자의 필요에 따라 공식적인 접근 방식과 비공식적인 접근 방식을 모두 통합하여 치료 대상을 선정하게 된다. (공식적이든 비공식적이든) 치료 대상을 선정하는 스타일이 아닌 결과가 중요하다(즉, 치료자가 내담자와 관련된 적절한 사회적 신호를 대상으로 식별할 수 있었는지 여부가 중요하다). 다음은 각 과잉통제 테마와 관련된 몇 가지 특징과 사회적 신호 결핍의 예다.

- 감정 표현 억제(안 좋은데도 "괜찮아요"라고 말함, 무표정, 화났을 때 웃음, 긴장되는 모습을 절대 안 보이려고 함, 감정을 표현하는 단어를 적게 사용함, 말할 때 눈썹 추켜올림, 큰 제스처와 손짓, 고개 끄덕임, 눈 맞춤 등의 협력적 신호를 적게 사용함)
- 지나치게 조심스럽고 과잉경계하는 행동(모든 행사 전에 강박적으로 계획을 세움, 강박적으로 말할 내용을 연습함, 새로운 상황을 피함, 계산된 위험만 감수함, 강박적으로 확인하는 행동)
- 경직되고 규칙지배적 행동(상황에 관계없이 '항상 예의 바르게 행동하기', '항상 열심히 일하기', '행동하기 전에 항상 생각하기', '항상 끈기 있게 행동하기', '불평하지 않기' 등의 규칙과 이전의 경험에 따라 행동함)
- 냉담하고 소원한 관계(상대방이 자신을 이해하지 못하는 것을 은근히 즐김, 개인정보나 약점을 거의 안 드러냄, 갈등에 직접 대처하기보다는 그냥 관계를 포기함)
- 시기와 원망(빈번한 사회적 비교, 라이벌에 대한 험담, 화났을 때 삐치는 행동, 복수심에 불타

는 행동, 라이벌이 고통받을 때 몰래 좋아하는 행동, 타인의 도움을 받기 거부하거나 타인에게 도움을 주는 것을 거부하는 행동)

마지막으로, 과잉통제 테마와 대상이 행동으로 나타나는 방식은 개인마다 상당히 다르다. 치료자는 테마와 관련된 행동의 형태, 빈도, 강도, 기능 등을 파악하여 가능한 한 행동적으로 구체화하려고 노력해야 한다. 예를 들어 '냉담하고 소원한 관계'라는 테마의 경우, 어떤 내담자의 냉담함은 개인정보 노출을 피하기 위해 몰래 대화 주제를 바꾸는 것으로 나타날 수 있고, 다른 내담자의 냉담함은 자신이 싫어하는 일을 하는 사람을 비난하는 눈빛으로 드러날 수 있으며, 또 다른 내담자의 냉담함은 자신의 개인사에 대한 주제가 나올 때마다 다른 사람에게 말을 시키는 것으로 나타날 수 있다. 적절한 개입을 위해서는 냉담함과 거리두기가 어떤 사회적 신호를 보내는지 정확히 파악하는 것이 중요하다(예를 들어, 대화가 개인사로 이어질 때마다 습관적으로 주제를 바꾸는 사람에 대한 개입은 갈등을 해소하는 사람과는 달라야 한다. 공식적인 프로토콜을 검토하기 전에 내가(공식적으로!) 오랫동안 관찰한 몇 가지 일반적인 함정에 대해 언급하겠다. 치료자가 다음의 함정들을 처음부터 피할 수 있다면 시간을 절약하고 불필요한 혼란을 방지할 수 있다.

치료 대상 선정: 흔한 함정들

정보 과부하

5개의 과잉통제 테마를 동시에 모두 다루려는 유혹을 피하라. 오리엔테이션과 약속 전략은 RO DBT의 핵심 부분이지만, 치료 대상 선정과 관련하여 너무 많은 정보를 너무 곧바로 너무 빨리 전달하면 해결되는 것보다 더 많은 문제를 야기할 수 있다(의원성iatrogenic일 수 있음). 이 경우 치료자는 모든 과잉통제 내담자의 복잡성을 완전히 포착하도록 설계되지 않은 과잉통제 대처에 대한 광범위한 개념을 설명·정당화·방어해야 하는 입장에 처하게 된다. 과잉통제 테마는 치료자의 치료 대상 선정을 향상하는 데 유용한 전체적 설명일 뿐, 모든 과잉통제 내담자에 대한 사실적 진술이 아니다. 따라서 한 번에 한 개의(즉, 회기당 하나씩) 과잉통제 테마만 소개하는 것이 좋다.[54]

대상을 식별하기 위한 노력

치료자에게는 때때로 학습 곡선이 가파르지만, 대부분의 과잉통제 내담자들은(참여도가 높으면) 사회적 신호의 중요성을 즉시 파악할 수 있을 뿐만 아니라 대상을 선정하는 중에 특정한 과잉통제 주제와 관련된 몇 가지 사례를 별다른 어려움 없이 만들 수 있다. 내담자가 어려워하면서도 치료에 참여하는 것처럼 보이면 사회적 신호의 의미에 대한 이해를 재평가하고, 오해가 있으면 명확히 설명하라. 하지만 내담자가 힘들어하면서 참여도가 떨어지면(예: 눈을 피함, 우물거림, "모르겠어요"라고 반복해서 말함), 치료자는 사회적 신호에 대한 내담자의 이해를 재평가하면서 동맹파열 가능성, 즉 이러한 행동의 변화가 (치료자에 대한) 사회적 신호일 가능성도 고려해야 한다. 중요한 것은 내담자가 알리고자 하는 것이 무엇인가 하는 것이다. 이는 치료 의제(즉, 사회적 신호 대상을 식별하는 의제)를 내려놓고 동맹파열을 복원하기 위한 프로토콜(8장 참조)을 도입하는 것이다. 즉, 치료자가 내담자의 행동 변화에 대해 이렇게 직접 물어보면 된다. "당신은 어떤지 잘 모르겠지만, 이 테마와 관련된 사회적 신호를 식별하는 것에 대해 이야기하기 시작하자마자 행동이 달라지는 것 같았습니다. 지금 무슨 일이 일어나고 있나요? 무슨 말씀을 하고 싶으신 거죠?" 대개 동맹파열이 복원되면 대상자도 더 이상 힘겨워하지 않는다.

더 많은 통찰의 필요성

내담자가 부적응적으로 보이는 사회적 신호를 적응적이거나 정상적인 것으로 보고할 때는 **자기탐구**를 장려하라. 이 과정을 촉진하는 데 도움이 되도록 내담자에게 다음과 같은 **자기탐구** 질문을 제시하라(모든 질문을 다 제시해야 한다는 강박은 갖지 말 것).

- 나는 내 행동 방식에 얼마나 자부심을 느끼는가? 나는 다른 사람이나 어린 자녀가 나와 상호작용할 때도 비슷한 행동을 하도록 장려할 것인가? 이것이 내가 말하거나 행동하는 방식에 대한 내 가치나 느낌에 대해 무엇을 말해 줄 수 있는가? 내가 배워야 할 것은 무엇인가?
- 만약 내가 내 행동이나 생각에 자부심을 느낀다면, 간접적이거나 모호한 표현 대신 상대방에게 내 진심이나 감정을 좀 더 직접적으로 전달하지 못하는 이유는 무엇일까?
- 내가 이런 식으로 신호를 보내는 진정한 이유가 남에게 드러나거나 공개되면 부끄럽거나 괴롭거나 짜증이 날까? 내가 배워야 할 것은 무엇인가?

말하기보다는 보여 주기

사회적 신호 결핍이 어떻게 보이거나 들리는지 내담자에게 말로만 설명하지 말고 직접 시연하는 습관을 들이는 것이 좋다. 앞서 언급했듯이 이것은 RO DBT 치료의 필수 구성 요소이자 대부분의 치료자들이 배우고 연습해야 하는 기술이다. 이를 통해 내담자는 직접 자신의 사회적 신호의 수신자가 되어 봄으로써, 그런 신호를 보내는 것이 정말 자신이 원하는 모습인지 알 수 있다. 눈동자를 굴리는 것부터 시작해 찡그리기, 속삭이기, 질문에 대한 장황한 대답으로 실질적 대답 피하기 등 거의 모든 유형의 사회적 신호에 대한 시연을 할 수 있으며, 이는 큰 재미와 웃음의 원천이 되기도 한다. 시연의 목적은 내담에게 피드백을 제공하는 것이기 때문에, 치료자는 내담자가 시연에 어떻게 반응할지 지나치게 우려하지 않는 것이 중요하다. RO DBT 원리에 따르면 우리가 불인정받는 느낌이 들 때마다 으레 세상이 우리를 알아서 인정해 주기를 기대하지 말고, '내가 배울 점은 무엇인가?'라고 자문함으로써 **자기탐구**를 연습할 수 있는 기회를 가져야 함을 기억하라. 만약 부적응적 사회적 신호에 대한 강렬한 시연을 하지 않는다면, 치료자는 (논리에 호소하거나 언어적 설명이나 일화를 통해) 사회적 신호가 문제라는 것을 내담자에게 설득해야 한다. 이는 많은 노력이 필요할뿐더러 좋은 시연이 제공하는 본능적 영향만큼 강력한 경우도(혹시라도 있다면) 매우 드물다.

빠른 해결에 대한 욕망

자신도 모르게 문제를 빠르게 해결하고 싶어 하는 내담자(및 치료자 본인)의 욕망desire을 차단하라. 대부분의 과잉통제 내담자들은 강박적 해결사여서, 강박적 과잉통제가 문제임을 인식한 후에는 이를 해결하려는 함정에 빠지기 쉽다. 치료자는 내담자가 강박적으로 회복을 서두르는 것처럼 보일 때 치료 대상을 선정하는 과정의 속도를 늦출 수 있어야 한다(너무 빠르지만 않으면 된다). 어떤 과잉통제 내담자는 5회기 때 당장 본인이 해결하기로 마음먹은 18개의 치료 대상을 써 가지고 왔다. 치료자는 치료에 대한 내담자의 의지(치료 대상 목록)를 인정하는 한편, 자신을 고치려는 내담자의 강한 동기가 실제로 더 많은 것을 나타내는 것(위장된 과잉통제 행동)은 아닌지 물었다. 이는 삶의 문제들 대부분이 즉각적인 해결책을 필요로 하지 않는다는 생각을 은연중에 전달하는 질문으로, 이상적으로는 치료 전반에 걸쳐 대상을 선정하는 과정의 속도를 조절함으로써 이를 전달하는 것이 좋다.

과잉통제 사회적 신호 테마를 활용해 정식으로 단계별 치료 대상 선정하기

1단계: 회기 테마 소개하기

- 회기를 시작하고 의제를 설정하는 동안 다루고 싶은 과잉통제 테마(예: 냉담하고 소원한 관계)를 소개한다. 단, 일주일에 한 가지 테마만 다뤄야 함을 명심하라.
- 필요하면 "과잉통제 테마는 치료 대상을 잘 설정하는 데 유용하게 활용할 수 있습니다"와 같이, 과잉통제 테마의 일반적 목적을 내담자에게 간략히 상기시킨다. 테마에 대한 긴 설명이나 자세한 논의는 불필요하며 도움이 되지 않을 때가 많다.
- 내담자에게 사회적 신호 치료 대상을 식별하는 것이 중요함을 상기시킨다. 이를테면 이렇게 말할 수 있다. "과잉통제 문제가 있으면 대개 아웃사이더처럼 느껴지고, 남들과 정서적으로 멀어지고, 외로움을 느끼기 쉽습니다. 우리가 사회적으로 신호를 보내는 방식은 사회적 유대감에 큰 영향을 끼칩니다. 따라서 RO DBT에서는 내면의 감정이나 생각 자체보다는, 내면의 경험을 다른 사람에게 전달하는 방식을 가장 중요하게 여깁니다. 이는 우리가 사회적으로 신호를 보내는 방식이 우리 자신에 대한 느낌뿐만 아니라 다른 사람들이 우리에 대해 느끼는 방식에도 영향을 끼치기 때문입니다."

2단계: 특정한 과잉통제 테마와 관련하여 떠오르는 단어를 물어보기

이는 치료자와 내담자가 서로 공유할 수 있는 언어를 만들고, 내담자가 그 의미를 어떻게 생각하는지 파악하게 해준다. 또한 내담자에게 특화된 치료 대상(및 치료법)을 설정하는 데도 유용하다. 내담자의 말을 메모해 두면 이후 대화에 활용하기 좋다. 하지만 이 단계에서는 너무 길게 설명하지 말고 몇 마디 정도로 하고 다음 단계로 넘어가는 것이 중요하다.

3단계: 과잉통제 주제를 가치 목표와 연결하기

이를테면 이렇게 물어본다. "시기와 원망이라는 테마는 당신의 삶에 어떻게 적용되고, 누구와 관련 있나요?"

4단계: 내담자의 과잉통제 테마 행동을 어떻게 인지할 수 있을지 물어보기

이를테면 이렇게 물어본다. "만약 제가 벽에 붙어 있는 파리라면, 당신이 냉담하고 소원하게 행동하는 것을 어떻게 알 수 있을까요?" 이 질문은 내담자와 치료자 모두 부적응적 사회적 신호가 겉으로 볼 때 구체적으로 어떤 모습인지 파악하는 데 도움이 된다. 따라서 치료자는 내담자가 이러한 행동을 할 때 다른 사람들이 어떻게 볼지 상상해 보도록, 즉 문제 행동이 나타날 때 벽에 붙은 파리가 자신을 관찰하는 것처럼 보도록 독려해야 한다. 파리는 내담자의 마음을 읽을 수 없기 때문에, 이 은유는 치료자와 내담자 모두 테마와 관련된 사회적 신호를 찾는 데 집중하고 이를 가장 잘 설명하는 단어(즉, 내담자의 다이어리 카드 라벨)를 찾는 데 유용하다. 파리는 생각이나 내면의 감정을 볼 수 없다.

사회적 신호를 식별했으면 그것이 테마와 긴밀한 관련이 있고(예: 내담자가 가치 목표를 달성하는 데 방해됨) 만연해 있는지(예: 습관적이고, 빈번하고, 다양한 상황에서 발생함) 확인한다. 쉽게 예측할 수 있거나 드물게 발생하는 경우(예: 일요일 오전 9시에만 나타남), 한 명(예: 특정 이웃)과만 관련된 사회적 신호도 문제이기는 하지만 치료 대상으로 삼을 정도로 긴밀하거나 만연하지는 않다. 이를 확인하는 가장 좋은 방법은, "네, 하지만 남편이 식기세척기에 그릇을 제대로 쌓는 법을 모른다고 말하는 게 뭐가 문제죠? 정말 모를 수도 있잖아요" 혹은 "남편과 있으면서 지루할 때 하품하는 건 솔직한 것 같은데요, 그게 뭐가 문제죠?"처럼 내담자에게 사회적 신호가 정말 부적응적인 이유를 '증명'해 보라고 요청하는 것이다. 치료 대상으로 삼는 사회적 신호에 대한 내담자의 자기보고가 꼭 타당하거나 적절하다고 지레짐작하지 않는 것이 중요하다. 그래야(내담자가 치료자에게 부적응적 사회적 신호가 문제라는 것을 설득해야 하기 때문에) 내담자의 실제 변화 의지를 평가하는 동시에 더 정확하게 대상을 선정할 수 있다. 다시 한번 말하지만, 내담자에게 사회적 신호 결핍이 어떻게 보이거나 들리는지 말로만 설명하지 말고 직접 시연해야 한다.

5단계: 사회적 신호를 설명하는 행동 라벨에 합의하기

예를 들어, '가식적인 관심'이라는 라벨은 동정이나 배려를 진정성 있게 표현하는 데 사용될 수 있다(과잉통제 테마 행동: 억제된 감정 표현). '겉으로만 참여하기'라는 라벨은 질문에 질문으로 대답하는 데 사용될 수 있다(과잉통제 테마 행동: 냉담하고 소원한 관계). '거짓 겸손'이라는 라벨은 남보다 자신을 먼저 비판하는 내담자에게 사용될 수 있다(과잉통제 테마 행동: 시기와 원망). 갈등이 생겼을 때 곧바로 관계를 정리하는 내담자에게는 '떠나기'라는 라벨을 사용할 수 있다(과잉통제 테마 행동: 냉담하고 소원한 관계).

6단계: 사회적 신호 대상과 관련한 생각과 감정 식별하기

이는 대개 방금 파악한 사회적 신호 대상과 관련된 생각과 감정을 식별하는 것이다. 예를 들어 한 내담자는 '떠나기'(내담자가 싫어하는 대화를 갑자기 끝내거나, 관계를 포기하거나, 통화 중에 끊는 등 냉담하고 소원한 관계라는 과잉통제 테마와 관련된 모든 행동)라는 사회적 신호를 치료 대상으로 삼는 데 동의한 후, 외면하며 떠나기 직전에 어떤 생각이 들었는지에 대해 질문받았다. 내담자는 종종 '내가 대가를 바라지 않은 채 얼마나 많은 도움을 줬는지 모른다고?'라는 생각과 함께(이 생각에 대해서는 '순교자 되기'라는 라벨이 붙었다) 그런 관계는 필요 없다는 생각이 든다고 말했다(내담자는 이 치료 대상을 미워하기도 하고 사랑하기도 했다). 그런 다음 내담자와 치료자는 떠나는 것과 순교자가 되는 것 모두와 관련된 감정(화)을 식별하고 라벨을 붙인 다음, 적어도 처음에는 이 세 가지(떠나는 것, 순교자가 되는 것, 화)를 모두 추적하되, 필요하면 시간이 지남에 따라 각각을 구체화하거나 수정하기로 했다.

7단계: 새로운 대상을 모니터링하고 결핍을 고치려는 충동을 차단하기

RO DBT 다이어리 카드를 사용하여 새로운 대상을 모니터링하되, 사회적 신호 결핍을 즉시 고치려는 충동을 차단하라. 내담자가 자기 문제의 심각도를 관찰하도록 훈련받은 과학자나 독립적 관찰자로 바라보며 변화를 시도할 수 있도록 독려하라. 적어도 초기에는 새로 식별된 사회적 신호 대상에 대해 조치를 취하기에 앞서, 식별 후 일주일 동안은 그 빈도 및 심각도와 관련된 공변량(생각 및 감정)을 모니터링해야 한다. 이는 삶의 모든 문제를 즉시 해결할 필요가 없다는 생각을 은연중에 전달하면서, 치료 대상으로 삼은 것이 실제로 중요한 것인지(관련성이 있는지) 확인하는 데에도 유용하다. 따라서 새로 식별한 사회적 신호를 일주일 동안 모니터링하는 동안 그 문제가 한 번도 발생하지 않았다는 사실을 발견했다면, 치료자와 내담자는 해당 신호를 마냥 모니터링하기보다는 그것이 갑자기 드물게 발생한 이유를 탐색하거나 치료 대상의 정의나 모니터링 방식을 조정해 볼 수 있다. 앞서 언급했듯이 만연하지 않고 드물게 나타나는 사회적 신호는, 일단 나타나면 문제를 야기할 수는 있지만 이를 해결하는 것이 공유할 가치가 있는 삶을 만드는 데 그렇게 밀접하지 않을 수 있다. 유일한 예외가 있다면 생명을 위협하는 행동이다. 이러한 행동은 심각한 결과를 초래하기 때문에, 빈도·심각도·만연함에 관계없이(특히 내담자에게 자살 행동 또는 자해 병력이 있는 경우) 중요하게 모니터링해야 한다.

8단계: 테마와 대상을 서열화하기

과잉통제 테마와 개별화된 치료 대상은 (유연하게) 서열화해야rank-order 한다. 과잉통제 테마는 크게 5개이므로, 치료자는 5개 테마를 모두 논의하고 각 테마에 대한 개별화된 목표를 식별하는 데 최대 5번의 회기가 소요될 것으로 예상할 수 있다. 이론적으로 (그리고 산술적으로), 치료자와 과잉통제 내담자 모두 매우 부지런하면 9회기가 끝날 때까지 15개 이상의 개별화된 목표를 생성할 수 있다. 그러니 긴장을 풀어라! 목표는 사회적 신호를 재미있게 탐구하는 것이지, 임의의 프로토콜을 엄격하게 준수하는 것이 아니다. 좋은 소식이 있다면 주요한 사회적 신호 대상과 관련한 보조 대상(감정 및 생각)이 거의 항상 겹친다는 것이다(예를 들어 분노는 '침묵을 지키기'와 '떠나기'라는 사회적 신호 대상과 관련된 감정일 수 있다). 이런 식으로 다이어리 카드에서 모니터링하는 항목의 수가 자연스럽게 줄어들 수 있다. 모든 대상을 즉시 또는 동시에 모니터링할 필요는 없다. 치료자는 모든 것을 한꺼번에 고치려고 하기보다는(즉, 부적응적 경직성을 변화시키기 위해 고안된 프로토콜을 경직된 방식으로 활용하기보다는) 내담자와 협력하여 어떤 대상부터 우선적으로 변화시키는 것이 가장 중요할지 정한 뒤 그 대상에 집중해야 한다. 양보다 질이 중요하며, 치료 대상의 질을 테스트하는 가장 좋은 방법은 내담자의 지속적인 개선과 변화다.

과잉통제 테마를 활용한 치료 대상 선정: 임상 사례

다음의 회기 중 대화에서 치료자는 지금까지 설명한 치료 대상 선정 절차에 따라, 완벽주의에 대한 내담자의 자기보고를 활용해 경직된 행동이라는 과잉통제 테마를 중심으로 내담자에게 맞는 치료 대상을 선정한다.

치료자: 네, 앞서 논의했듯이 오늘 회기의 안건 중 하나는 새로운 치료 대상을 식별하기 위해 '경직된 규칙지배적 행동'이라는 새로운 과잉통제 테마를 소개하는 것이었습니다. 이 주제로 바로 넘어가도 될까요?

(내담자가 고개를 끄덕임)

치료자: 좋습니다, 그럼 '경직된 규칙지배적 행동'이라는 단어를 들을 때 어떤 게 생각나죠? 어떤 단어나 이미지가 떠오르나요?

내담자: 소녀 시절에 여동생이 제 도자기 말 컬렉션의 순서를 바꿨을 때 화내던 모습이 가장 먼저 떠올라요. 전 항상 구조와 질서를 선호했거든요. '완벽주의', '강박적인 계획', '정확성'라는 단어도 떠올랐어요.

치료자: 그럼 당신은 어릴 때부터 질서와 구조에 대한 욕구를 지니고 있었고, '완벽주의', '계획', '정확성' 같은 단어들이 떠오르는 걸 알아차렸군요.

(내담자가 고개를 끄덕임)

치료자: 경직된 규칙지배적 행동이라는 주제가 지금 당신의 삶에서 어떻게 나타나는 것 같나요? 그것 때문에 당신이 가치 목표를 달성하거나 그에 부합하게 사는 데 방해가 되는 것 같나요?

내담자: 음…잘 모르겠어요. 제 여동생은 항상 제가 세세한 부분까지 신경 쓴다고 말해요. 여동생은 그게 짜증나나봐요.(잠시 멈춤) 직장에서 제가 통제광control freak으로 통하는 건 분명하지만, 저는 그게 미덕이라고 생각해요.

치료자: 네, 그럼 당신은 통제광이고, 매사를 통제하고, 고도로 조직적이고, 아마 체계적이기도 한 그런 유형의 경직된 행동이 다른 사람들을 화나게 할 수도 있다고 생각하나요?(경직성을 부정적인 사회적 결과와 연결함)

내담자: 화는 안 내는 것 같고요, 그냥 좋아하지 않는 것 같아요.

치료자: 제가 만약 벽에 붙어 있는 파리라면, 당신의 행동 중에서 남들이 짜증나거나 달갑지 않게 여길 만한 모습으로 뭘 볼 수 있을까요? 벽에 붙은 파리는 당신이 사람들이 싫어하는 행동을 하고 있다는 걸 어떻게 알 수 있을까요? 파리가 볼 수 있는 당신의 어떤 행동엔 뭐가 있을까요?(내담자가 대상을 구체화하는 것을 도와줌)

내담자: 글쎄요, 사람들이 질투하는 것 같아요.(살짝 웃고 잠시 멈춘 뒤, 치료자를 바라봄) 누가 저한테 이래라 저래라 하면 짜증날 것 같아요. 잔소리는 여동생이 원해서가 아니라 제가 필요해서 하는 거예요. 대부분의 사람들은 정리하는 법을 모르는 것 같아요.

치료자: 그럼 벽에 붙은 파리가 당신이 다른 사람에게 무엇을 해야 하는지 또는 어떻게 정리해야 하는지 알려주는 것을 알아차릴 수 있을까요? 그러니까 상대방이 먼저 도움을 요청하거나 조언을 구해서 당신이 그런 말을 하는 건 아니죠?(질투에 대한 언급을 무시함으로써 완벽주의와 경직된 행동이라는 주제에 초점을 맞추고, 나중에 시기와 원망이라는 과잉통제 주제를 논의하기 위해 내담자가 '질투'라는 단어를 사용한 것에 주목하며, 다른 사람이 내담자에게 도움이나 조언을 요청하지 않았는데도 내담자가 먼저 뭘 하라고 말하는 것은 문제가 될 수 있음을 암시함).

내담자: 네, 맞아요.

치료자: 그럼 우리는 당신이 다른 사람에게 뭘 하라거나 정리하고 말하는 걸 얼마나 자

주 하는지 관찰할 수 있을 것 같아요. 다른 사람에게 뭘 하라고 지시하는 행동에 라벨을 붙인 뒤에 다이어리 카드를 사용해서 앞으로 몇 주 동안 그게 얼마나 자주 나타나는지 보면 어떨까요?

(내담자가 동의하며 고개를 끄덕임)

치료자: (웃음) 그렇게 하면 우리는 남한테 이래라 저래라 하는 행동이 실제로 전에 말씀하셨던 관계 개선 같은 중요한 목표를 달성하는 데 방해가 되는지 더 잘 알 수 있을 겁니다. 당신은 사람들이 이런 행동에 짜증을 낼 수 있다고 하셨는데요, 혹시 그런 증거가 있나요?(내담자의 말을 활용해 모니터링할 대상을 설명하고, 다른 사람들이 짜증내는 것을 내담자가 어떻게 알고 있는지 설명해 달라고 요청함으로써 치료 대상의 중요성과 결과를 식별할 수 있게 도와줌)

내담자: 음… 좋은 질문이네요.(잠시 멈춤) 제 여동생이 딱 이렇게 말해요. "어떻게 하는지는 나도 알아" 아니면 "알았다고, 이미 다 안다고! 가르치려고 좀 하지 마!"(잠시 멈춤) 하지만 직장에서는 좀 더 미묘해요. 어떨 때는 사람들이 그냥 무시하기도 해요. 이메일을 네 번이나 보냈는데도 답장이 없더라고요! 제 업무는 품질 관리 정책과 절차가 준수되고 있는지 확인하는 건데 사람들이 그러면 정말 답답해요. 사람들은 이 일이 얼마나 중요한지 몰라요.

치료자: 자신의 업무에 대해 인정받지 못한다고 느끼시나 보네요.

(내담자가 동의하며 고개를 끄덕임)

치료자: 인정받는다는 게 이 모든 것과 어떻게 연결되는지 살펴볼 수 있을 것 같아요. 인정받지 못한다고 느낄 때 어떤 감정이 드시죠?(다른 사람에게 무엇을 하라고 지시하는 명백한 문제 행동과 관련된 비사회적 신호 행동과 치료 대상을 탐색함)

내담자: 음…잘 모르겠어요. 제가 항상 모든 게 잘 되게 해야 하는 사람이라는 사실이 답답하고 짜증나요. 네, 말씀하신 대로 전 정말 인정받지 못하고 있어요!

치료자: 네, 네. 그럼 한 번 세 가지 행동부터 시작해 보면 어떨까요? 첫 번째는 노골적으로 다른 사람에게 뭘 하라고 지시하는 거예요. 두 번째는 인정받지 못하면서 늘 책임감을 가져야 한다거나 그런 비슷한 생각을 하는 거예요. 세 번째는 분노나 짜증과 같은 감정이고요. 정말 재미있을 거예요. 우리는 앞으로 몇 주 동안 이 세 가지 행동을 평가할 겁니다. 그러다가 당신이 남한테 뭘 하라고 강하게 말하거나 지시한 날이 있으면, 남한테 지시하는 걸 분석하고 그게 이해할 만한 건지 살펴본 다음에, 필요하면 수정하는 거예요. 그렇게 해 볼 의향이 있나

요?(다른 사람에게 뭘 하라고 지시하는 것과 관련된 두 가지 비사회적 신호 행동과 대상인 인지와 감정을 강조하고, 이러한 행동을 치료 대상으로 삼는 것에 대한 내담자의 의지를 평가함)

내담자: 네, 좋은 말씀이네요. 저는 일을 바로잡는 것이 제 일이라고 생각하지만, 굉장히 고압적일 때도 있는 것 같아요. 그게 제 가장 큰 장점은 아니거든요.(살짝 웃음)

치료자: 좋아요, 이건 어때요? 다이어리 카드에서 사회적 신호 행동 아래에 다른 사람에게 이래라 저래라 지시하는 행동을 0에서 5까지의 척도로 평가하는 거예요. 0은 하루 종일 그런 일이 전혀 없었던 거고, 3은 꽤 자주 이래라 저래라 한 거고, 5는 그냥 통제광이었던 거고요.(잠시 멈춤)

(내담자가 동의하며 고개를 끄덕임)

치료자: (내담자에게 다이어리 카드를 보여줌) 그런 다음에, 비사회적 신호, 행동, 대상 밑에다 '사람들은 배은망덕해' 같은 라벨이 붙은, 인정받지 못한 것에 대한 분노나 짜증, 반추를 모니터링하고, 사람들이 배은망덕하다는 생각, 심한 짜증이나 분노, 심한 위세 떨기(남에게 이래라 저래라 지시함)가 같은 날에 나타나고 그날 있었던 상호작용과 관련된다는 가설이 맞는지 확인해 보는 거예요. 어떻게 생각하세요?(과잉통제 테마의 경직된 행동과 관련된 세 가지 대상에 라벨을 붙일 때 내담자가 자신의 경험을 설명한 것과 같거나 유사한 단어를 사용함. 대상을 어떻게 평가할지 검토하고, 다이어리 카드의 어느 부분을 평가할지 내담자에게 보여 주고, 평가를 통해 얻을 수 있는 것을 설명함)

치료자는 의도적으로 목표에 대한 **해결분석**을 시행하지 않고, 대신 내담자가 문제일 수 있는 대상을 해결하기 전에 먼저 관찰함으로써 **자기탐구**를 즐기는 연습을 하도록 독려했다. 또한 치료자는 경직된 행동이라는 과잉통제 테마를 탐색하는 목표와 무관한 다른 잠재적 대상(예: 질투와 시기)을 의도적으로 무시했다. 대신 이것들을 나중 회기들에서 논의할 수 있는 대상으로 따로 언급했다.

이후 회기를 통해 치료자와 내담자는 모든 과잉통제 테마를 검토하고, 각각의 치료 대상을 확인한 후, 내담자가 가치 목표를 달성하는 데 가장 문제가 되는 목표를 선정했다. 위의 사례에서 내담자가 경험한 외면당하는 느낌, 고립감, 외로움이 난치성 우울증의 근본적인 핵심 요인으로 여겨졌다. 치료자와 내담자는 가장 중요한 치료 대상들이 냉담하고 소원한 관계라는 과잉통제 테마와 관련돼 있고, 그것이 두 가지 사회적 신호 대상, 즉 갈등에서 '멀어지기'와 '다른 사람이 있을 때 침묵하기'(또는 짜증날 때 조용히 있기)라는 데 동의했다. 자살 행동이 없었기 때문에 치료자와 내담자는 이 두 가지 사회적 신호 대상에 대한 체인분석 및 **해결분석**을 모니터링하고 수행하는 것을 최우선 과제로 설정하는 데 동의했다(10장 「**과잉통제 행동의 체인분석 및 해결분석: 전반적 원칙**」, 「**단계별 체인분석 수행하기**」 참조).

이 내담자에게서 경직된 규칙지배적 행동이라는 테마는 고립감과 명확한 연관성이 있기 때문에 두 번째 순위를 차지했다. 모니터링을 위해 선택한 사회적 신호 대상은 '위세 부리기'(다른 사람에게 이래라 저래라 하는 것)였으며, 이는 원망과 화, 인정받지 못한다는 생각과 관련이 있었다. 세 번째와 네 번째 테마인 감정 표현 억제, 시기와 원망은 비슷한 수준의 중요도를 지닌 것으로 여겨졌고, 이 두 주제 모두 냉담하고 소원한 관계라는 내담자의 주요 과잉통제 테마와 관련 있었다. 이러한 테마와 관련된 개별화된 치료 대상으로는, 아닌 척하기, "전 괜찮아요" 현상, 은밀한 자부심, 복수 충동이 있었다.

이 내담자는 마지막 과잉통제 테마인 지나치게 조심스러운 행동과 과잉경계와는 별로 관련이 없는 것으로 평가됐다. 하지만 간접적이나마 내담자가 사회적 상호작용 시 사회적 안전 시스템(PNS-VVC)의 활성화를 강조하는 기술 향상을 통해, 내담자가 덜 경계하거나 덜 조심스러운 태도로 사회적 상황에 들어가도록 이 테마를 대상으로 삼았다.

다이어리 카드로 치료 대상 모니터링하기

다이어리 카드는 내담자가 일주일 동안 매일 대상 행동의 존재, 빈도, 강도를 기록할 수 있는 수단으로 만들어진 것이다. 보통 4회기 때 매일 다이어리 카드를 작성하는 것의 치료적 근거를 내담자에게 설명한다(5장 「**RO DBT 다이어리 카드 소개**」 참조). 다이어리 카드는 매주 개인치료 회기(기술 사용 포함)를 시작할 때 검토하고, 각 회기가 끝날 때마다 내담자에게 새 카드(새 대상이나 기존 대상의 수정 사항 포함)를 제공한다. 다이어리 카드를 소개할 때는, 내담자가 말하지 않아도(물론 **몇 마디**는 해도 된다) 카드에 기록된 정보만으로도 치료자가 지난 한 주 동안 내담자에게 무슨 일이 있었는지 알 수 있는 핵심 수단임을 꼭 강조해야 한다.

많은 치료자들은 RO DBT를 처음 배우면서 마치 유연성이 체계가 전혀 없거나, **편한**

태도가 아무런 주관도 없는 것이라고 오해한다. 이는 결코 사실이 아니며, 그렇게 해서는 RO DBT를 잘하기 힘들다. 과잉통제 내담자는 자신의 고통을 숨기는 데 능숙하지만, 겉으로 드러나지 않을지라도 이들의 삶은 비참할 때가 많다. 우리 모두와 마찬가지로 과잉통제 내담자들 역시 생활 방식을 크게 바꿔야 할 때가 있다. 오래된 습관을 바꾸는 것은 어려운 반면, 그대로 유지하는 것은 더 쉽고 안전하게 느껴지는 경우가 많다. 과잉통제 내담자와의 효과적인 치료를 위해서는 치료자가 진정으로 변화를 일으킬 수 있도록 아주 헌신적이고 유연하며 체계적이어야 하며, 다이어리 카드는 이 과정에서 중요한 구조적 요소임을 반드시 명심해야 한다.

다이어리 카드: 3가지를 명심할 것

1. 다이어리 카드는 필수다

다이어리 카드를 완성하는 것이 어렵게 느껴질 수 있어도, 이는 치료의 필수 요소다. 다이어리 카드만 가지고 바로 치료되는 것은 아니지만, 이는 치료를 효과적으로 전달할 수 있는 핵심 요소 중 하나다. 다이어리 카드는 치료자가 회기를 구성하는 방법과, 회기 중 행동을 **체인분석** 할 때 초점을 맞출 문제 행동을 정의하기 위해 꼭 알고 있어야 하는 한 주간의 사건에 대한 스토리텔링과 기나긴 설명을 줄여 준다. 다이어리 카드는 이렇게 문제 해결을 위한 귀중한 회기 시간을 아껴 준다. 연구에 따르면 정보의 정확성도 향상한다. 실제로 모든 것이 계획대로 진행된다면, 회기 중에 다이어리 카드를 검토하는 데 드는 시간은 약 6분에 불과하다. 다이어리 카드가 없으면 치료 중 지난 한 주 간 발생한 가장 부적응적이고 긴밀한 사회적 신호 결핍을 식별하는 것이 마치 건초 더미에서 바늘 찾는 격이 될 수도 있음을 꼭 명심해야 한다.

2. 다이어리 카드를 완성하지 않는 것은 강력한 사회적 신호다

대부분의 과잉통제 내담자들은 치료에 잘 순응하는 편이다. 이들은 요청받은 대로 다이어리 카드를 철저히 작성해야 한다는 책임과 의무를 느끼기 때문에, 치료자가 할당된 6분 안에 다이어리 카드 검토를 완료하기 어려울 정도로 많은 세부 정보를 기입하기도 한다. 따라서 과잉통제 내담자가 다이어리 카드를 작성하지 않는 것은, 치료 비참여에 대한 강력한 사회적 신호를 보내는 것이다. RO DBT 치료자는 내담자가 당연히 더 헌신하고, 더 노력하고, 더 잘해야 한다고 가정하기보다는, 다이어리 카드를 완성하지 않은 것을 동맹파열의 징조로 봐야 한다.[55] 따라서 치료자가 내담자로 하여금 다이어리 카드를 작성하거나 완성하게 하는 데 어려움을 겪거나 지친다면, 이를 **자기탐구**의 기회로 삼아서 가급적 동료 RO 치료자(예: RO 자문팀)에게 자신을 드러내는 연습을 해야 한다. 치료자는 **자기탐구**를 실천하며 자신이 어떻게 문제에 기여하고 있는지 파악한 다음, 동맹파열을 복원하기 위한 프로토콜에 참여하여 잠재적인 균열을 해결하거나 내담자의 **자기탐구**를 촉진해야 한다. 이를 위해 다음의 질문들을 활용할 수 있다.

- 내가 다이어리 카드를 포기하고 싶은 마음이 드는 이유는 무엇인가? 내가 지치거나 사기가 저하된 것은 아닌가? 만약 그렇다면 이 사실을 다른 사람과 공유한 적이 있는가? 내가 여기서 배울 점은 무엇인가?
- 나는 다이어리 카드의 개념이나 아이디어를 얼마나 믿고 따르는가? 내담자가 처음부터 다이어리 카드 사용에 전념하지 않았을 가능성은 없는가? 만약 그랬다면 이에 대해 내가 할 수 있는 것은 무엇인가?
- 나는 프로토콜이나 매뉴얼로 된 치료법을 따르는 것을 얼마나 중요히 여기는가? 이를 통해 내가 다이어리 카드를 작성하는 방식에 대해 무엇을 알 수 있는가?
- 내담자가 내 행동을 조성하고 있을 가능성이 있는가? 그렇다면 여기서 내가 배울 점은 무엇인가?
- 일반적으로 내가 이 일을 하면서 내담자로부터 다이어리 카드나 그와 유사한 정보를 얻는 것을 어려워하는가? 만약 그렇다면 이것이 나에 대해 알려 주는 것은 무엇인가? 만약 그런 경우가 드물다면 이를 통해 이 내담자에 대해 알 수 있는 것은 무엇인가?
- 이 질문을 할 때 내 몸에는 얼마나 많은 에너지가 있는가? 이것은 다이어리 카드 작성과 관련하여 나에 대해 무엇을 말해 주는가? 나 자신이나 내 일에 대해 말해 주는 것은 무엇인가?

따라서 과잉통제 내담자가 다이어리 카드를 작성하지 않는 것은 기본적으로 동맹파열의 증거로 간주하여 이를 복원하기 위한 프로토콜을 개시한다. 특히 내담자가 이전 회기에서 다이어리를 작성하기로 동의했거나, 내담자가 그동안 쭉 다이어리를 작성하다가 갑자기 이를 중단하거나 부실하게 하는 것은 더욱 강력한 사회적 신호다. 미완성은 종종 내담자가 작성할 내용이 내담자의 문제와 긴밀한 관련이 없음을 의미한다(예: 내담자가 모니터링하는 치료 대상이 자신에게 어떤 도움이 되는지 모름). 파열이 빨리 복원되지 않거나, 내담자가 이제는 다시 잘 작성할 수 있다고 확신한 뒤에도 계속 다이어리 카드를 작성하는 데 문제가 있다면(예: 회기에 가져오는 것을 계속 잊어버림), 치료자는 다음 질문 목록을 내담자에게 제공하여 **자기탐구**를 촉진할 수 있다(더불어서 내담자에게 **자기탐구 일지**에 자신이 관찰한 내용을 기록하게 해야 한다).

- 내가 다이어리 카드를 작성하지 않음으로써 치료자(또는 다른 사람들)에게 전달하려는 사회적 신호는 무엇인가? 만약 내가 이전에 다이어리 카드를 작성했다면, 지금 달라진 것은 무엇인가? 치료자에게 이 사실을 말했는가? 나를 방해하고 있는 것은 무엇인가? 여기서 내가 배울 점은 무엇인가?
- 나는 다이어리 카드를 완성하지 않은 것에 대해 얼마나 자부심을 느끼는가? 다른 사람에게도 비슷한 행동을 하도록 권유할 것인가? 이것이 나의 가치에 대해 말해 주는 것은 무엇인가? 내가 치료나 나아지는 데 전념하는 것이 말해 주는 것은 무엇인가?
- 나는 다이어리 카드를 작성하는(또는 작성하지 않는) 방식에 대한 치료자의 질문에 의례적으로 대답하거나, 변명하거나, 무시하고 싶은 마음이 드는가? 만약 그렇거나 그럴 가능성이 있다면 그게 의미하는 바는 무엇인가?
- 나는 다이어리 카드 사용의 근거를 얼마나 알고 있다고 생각하는가? 근거를 확실히 모르거나 그에 동의하지 않는다면 이를 치료자에게 알렸는가? 이것이 말해 주는 것은 무엇인가?
- 나는 이렇게 다이어리 카드로 자기탐구를 실천하는 걸 싫어하는가? 이것이 치료에 대한 나의 다짐에 대해, 그리고 나 자신에 대해 말해 주는 것은 무엇인가?
- 나는 다이어리 카드가 내 치료와 관련이 있다고 생각하는가? 이를 치료자에게 알렸는가? 그렇지 않다면, 이것이 치료에 대한 나의 다짐에 대해 말해 주는 것은 무엇인가?
- 나는 다이어리 카드에서 모니터링하고 있는 치료 대상이 중요하다고 생각하는가? 그렇지 않거나 그렇지 않을 가능성이 있다면, 이를 치료자에게 말했는가? 내가 염려하는 것을 치료자에게 말하지 않았다면, 그 이유는 무엇인가?
- 나는 지금의 경험을 나를 채찍질하거나, 스스로에게나 남들에게 내가 쓸모없거나 가치 없음을 입증하는 또 다른 기회로 사용하고 있는가? 만약 그렇다면 여기서 내가 배울 점은 무엇인가?

- 내가 다이어리 카드를 작성하는 것이 부당하다고 느끼는 부분이 있는가? 이것이 중요한 변화를 이루고자 하는 나의 의지에 대해 말해 주는 것은 무엇인가?
- 나만의 괴로움, 외상 경험, 혹은 이전의 희생으로 인해 다이어리 카드를 작성하라는 요청이 부당하게 여겨지는가? 나는 치료자가 나를 다른 내담자와 구분해서 특별히 취급해 주기 바라는 마음이 얼마나 되는가? 이것이 나에 대해 말해 주는 것은 무엇인가? 여기서 내가 배울 점은 무엇인가?
- 내가 생각하고, 원하고, 기대하는 바를 굳이 표현하지 않아도 남들이 당연히 알고 있어야 한다고 생각해서 다이어리 카드를 불필요하다고 여기는 정도는 얼마나 되는가?
- 나는 치료가 실패하기를 은근히 바라는 마음을 갖고 있지는 않은가? 치료자, 나, 또는 다른 사람을 벌주기 위해 의도적으로 다이어리 카드를 작성하지 않는 것을 선택한 것은 아닌가?
- 나는 치료자가 아무리 설득해도 다이어리 카드를 믿을 수 없는가? 이것이 치료에 대한 나의 다짐이나 더 넓게는 나의 세계관에 대해 말해 주는 것은 무엇인가?
- 나는 치료자나 치료에 대해 원망이나 악감정을 지니고 있는가? 만약 그렇거나 그럴 가능성이 있다면, 이것이 다이어리 카드 작성에 방해가 되는가? 여기서 내가 배울 점은 무엇인가?

3. 중요한 것은 사회적 신호다

다이어리 카드를 수기, 컴퓨터, 스마트폰 메모(앱도 포함) 중 어떤 형태로 작성하든 크게 중요하지 않다. 과잉통제 내담자를 치료할 때 가장 중요한 것은, 매일 사회적 신호 결핍의 존재를 기록할 수 있는 최적의 수단을 찾는 것이고 그 외 모든 것들은 다 부수적일 뿐이다. 부적응적 사회적 신호가 중요한 이유는, 그것 때문에 내담자가 부족에 속하지 못하기 때문이다. 카드의 나머지 부분에 아무것도 기입하지 않고 서너 개의 사회적 신호 대상만을 기입하는 것이, 카드를 전혀 사용하지 않거나 허위로 카드를 작성하는 것(치료자의 기분을 맞추기 위해 회기 직전에 급조한 카드)보다 훨씬 더 바람직하다.

RO DBT 다이어리 카드: 구성 요소

그림 9.1과 **그림 9.2**의 다이어리 카드 서식은 복사해서 사용할 수 있다. 치료자는 특정 내담자나 임상 집단(예: 신경성 식욕부진증 청소년)의 필요에 따라 서식을 수정할 수 있

다. 많은 내담자들은 잊어버리지 않게 침대 옆에 다이어리 카드를 놓아두고 자기 전에 그날의 내용을 카드에 적는다. 다음은 가장 일반적인 두 가지 작성 방법이다.

1. 특정 행동의 유무만 기입한다. 일반적으로 해당 열에 '예' 또는 '아니오'로 그날에 그 행동이 있었거나 없었음을 나타낸다.
2. 빈도에 대한 전반적인 평가 및 행동이 있었던 다른 때와의 비교를 포함한 차원 척도로 평정한다.

    차원 척도의 범위는 0부터 5까지다.

    0 = 행동이 없음

    1 = 행동이 약간 있음(낮은 빈도 및 낮은 수준)

    2 = 행동이 분명히 있지만 낮은 수준임

    3 = 행동이 중등도로 있음

    4 = 행동이 심하거나 심각함(빈도가 많거나 고강도 수준)

    5 = 행동이 내담자가 경험한 것 중 가장 세고 매우 자주 나타남(빈도 및 강도가 비정상적으로 극단적이거나 심함)

일반적으로 차원 척도 점수가 그간 내담자가 보고해 온 것보다 3점 이상 높게 나타나면 이를 강조하고 분석해야 한다. 이는 치료자는 내담자에게 차원 평정 척도를 정확하게 사용하는 방법을 잘 안내해야 함을 의미한다. 대개 내담자가 특정 행동에 대해 매일 일관되게 5점을 보고하는 것은 극히 드문 일이다. 이는 내담자가 강도와 빈도의 차이를 잘 모르거나, 해당 행동과 관련해 치료자에게 중요한 신호를 보내려는 것일 수 있다(예: 내담자가 이 행동을 완전히 바꿀 수 없다는 절망감을 느끼거나, 치료자가 이 행동에 더 많은 주의를 기울여 주기를 바람). 이럴 때 치료자는 내담자를 고착시키는 부적응적 반응(예: 변화가 불가능하다는 내담자의 믿음)을 강화하지 않도록 주의해야 한다. 인간의 행동·감정·기분은 대개 시간에 따라 달라진다(예: 자고 있을 때는 두려움과 우울이 사라짐). 또한 대부분의 사람들은 극심한 압박감 속에서도 자신의 행동 방식을 바꿀 수 있다(우울한 내담자라도 불타는 건물에서 아이를 구할 만큼 충분히 몸을 움직일 수 있다).

그림 9.1. 다이어리 카드 앞면(빈 서식): 치료 대상 나타내기

온전한 개방성
RO DBT 다이어리 카드

이니셜/이름
등록번호 #

이 주의 주된 과잉통제:
회기 중 작성: 예/아니오
카드 시작 날짜: ___/___/___
이 면을 얼마나 자주 채웠나요?
___ 매일 ___ 2-3회
___ 4-6회 ___ 한 번

사회적 신호나 다른 명시적 행동

요일	개인적 행동: 생각, 감각, 감정			약물치료				
	죽고 싶은 충동 0–5			처방약	다른 약물이나 알코올	무엇 예/아니오		
월요일								
화요일								
수요일								
목요일								
금요일								
토요일								
일요일								

시작 날짜에 ○표

이번주에 추구한 가치 있는 목표:

새로운 자기탐구 질문:

메모/의견/체인분석:

그림 9.2. 다이어리 카드 뒷면(빈 서식), 내담자의 RO 기술 나타내기

온전한 개방성 기술(기술을 연습한 요일에 동그라미 표시)	목차	요일					
유연한 마음을 확실히(DEFinitely): 온전히 개방적으로 사는 3단계	1.B	월	화	수	목	금	토	일
빅3+1: 사회적 안전 활성화하기	3.A	월	화	수	목	금	토	일
자애명상 실천: 사회적 안전 극대화하기	4.1	월	화	수	목	금	토	일
유연한 마음은 변화한다(VARIES): 새로운 행동 하기	5.1	월	화	수	목	금	토	일
유연한 마음은 현명하다(SAGE): 수치심, 당혹감, 거부감, 소외감 다루기	8.W	월	화	수	목	금	토	일
유연한 마음은 깊다(DEEP): 가치에 부합하는 사회적 신호 보내기	10.2	월	화	수	목	금	토	일
고정된 마음을 진정히 대하는 연습	11.2	월	화	수	목	금	토	일
운명론적 마음으로부터 배우는 연습	11.3	월	화	수	목	금	토	일
운명론적 마음에 반대하는 연습	11.B	월	화	수	목	금	토	일
인식의 연속체 연습	12.1	월	화	수	목	금	토	일
마음챙김 '무엇을' 기술: 개방적으로 관찰하기	12.1	월	화	수	목	금	토	일
마음챙김 '무엇을' 기술: 있는 그대로 서술하기	12.1	월	화	수	목	금	토	일
마음챙김 '무엇을' 기술: 계획 없이 행동하기	12.2	월	화	수	목	금	토	일
마음챙김 '어떻게' 기술: 자기탐구	13.1	월	화	수	목	금	토	일
마음챙김 '어떻게' 기술: 가혹한 판단 인식하기	14.1	월	화	수	목	금	토	일
마음챙김 '어떻게' 기술: 하나의 마음으로 인식하기	14.1	월	화	수	목	금	토	일
마음챙김 '어떻게' 기술: 겸손하게 효과적인 것을 하기	14.1	월	화	수	목	금	토	일
'반방'과 "나를 아프게 하지 말아요" 반응을 알아차리는 연습	16.1	월	화	수	목	금	토	일
유연한 마음은 드러낸다(REVEALs): 인간관계에 진실되게 임하기	16.2	월	화	수	목	금	토	일
유연한 마음은 즐긴다(ROCKs ON): 인간관계 친절도 높이기	17.1	월	화	수	목	금	토	일
'무엇'보다 먼저 친절하기' 연습	17.B	월	화	수	목	금	토	일
유연한 마음은 입증한다(PROVEs): 열린 마음으로 자기주장하기	18.A	월	화	수	목	금	토	일
유연한 마음은 인정한다: 사회적 상황 전달하기	19.A	월	화	수	목	금	토	일
유연한 마음은 허용한다(ALLOWs): 사회적 유대감 강화하기	21.1	월	화	수	목	금	토	일
매치 +1 연습: 친밀한 관계 맺기	21.3	월	화	수	목	금	토	일
유연한 마음은 피드백을 받아들인다(ADOPTs): 개방적으로 피드백 대하기	22.1	월	화	수	목	금	토	일
유연한 마음은 (놓아 버리기 위해) 도전한다(DARES): 쓸데없는 시기심 다루기	27.A	월	화	수	목	금	토	일
유연한 마음은 가볍다(LIGHT): 원망 변화시키기	28.A	월	화	수	목	금	토	일
유연한 마음은 사랑이다(HEART): 용서하는 법 배우기	29.A	월	화	수	목	금	토	일

카드는 한 면에는 목표, 다른 면에는 기술 사용법이 기재된 양면을 활용하는 것이 좋다. RO 기술을 사용한 요일에는 해당 기술 칸에 동그라미 표시를 함으로써, 내담자와 치료자가 모두 내담자가 가장 많이 사용하는 기술, 아직 배워야 할 기술(내담자에게 필수적이라고 판단되는 경우에는 개인치료에서 비공식적으로 가르쳐야 함), 기술 사용에 대한 내담자의 전반적인 의지를 파악해야 한다. 다이어리 카드 서식에서 볼 수 있듯이, 카드의 맨 왼쪽 열에는 아래로 요일이 나열되어 있고 각 요일에 해당하는 칸이 있다. 제목 아래 열에는 크게 두 개의 섹션이 있는데, 한 군데에는 2차적 비사회적 신호 행동 및 대상(생각, 감각, 감정)을 기록하고, 다른 곳에는 1차적 사회적 신호 행동이나 그 외 명시적으로 드러나는 행동을 기록한다. 내담자의 자살 충동, 처방약 복용 준수 여부, 비처방약 및 알코올 사용을 기입하는 세 개의 열을 별도로 할애하고, 나머지는 치료자와 내담자가 치료 대상을 내담자에게 맞춰 개별화할 수 있게 공란으로 남겨 둔다. 중요한 것은 이 모든 것을 내담자(또는 치료 프로그램)의 필요에 따라 수정할 수 있다는 것이다. 예를 들어 섭식장애 내담자를 대상으로 하는 프로그램에서는, 섭식장애와 관련된 고위험 행동에 대한 라벨이 기입된 열을 몇 개 추가할 수 있다. 치료자는 내담자에 대한 기록의 일부로 저장하고 진행 상황을 모니터링하기 위한 수단으로 매주 다이어리 카드 사본을 보관할 수 있다.

RO DBT 다이어리 카드 서식의 간략한 개요

앞서 언급했듯이 RO DBT 다이어리 카드는 일종의 예시나 서식으로 간주해야 한다. 이 책에 나와 있는 그대로 사용해도 되지만, 필요에 따라 수정해도 된다. 카드의 일반적인 특징은 다음과 같다.

- **이니셜이나 등록번호**: 기밀 유지를 위해 내담자의 이름 대신 이니셜을 사용할 수 있다. 연구 목적의 경우 등록번호를 할당할 수 있다.
- **회기 중에 카드를 작성했는지 여부**: 내담자가 회기 중에 카드를 작성했다면 '예', 그렇지 않으면 '아니오'에 동그라미 친다.
- **지난 한 주 동안 카드를 얼마나 자주 작성했는지**: 내담자는 지난 한 주 동안 다이어리 카드를 얼마나 자주 작성했는지 기록해야 한다(예: 매일, 2-3회, 4-6회, 한 번).
- **시작 날짜**: 내담자는 카드를 완료한 주의 시작 날짜를 기록해야 한다.
- **한 주의 주된 과잉통제 행동 테마**: 내담자는 한 주 동안 집중한 주된 과잉통제 사회적 신호 테마를 기록해야 한다.

- **자살 충동**(0-5로 평가): 특정한 날짜의 자살 충동의 빈도와 강도를 모두 반영하여 평가한다. 빈 열은 내담자 맞춤형으로 개별화하여 다른 자살 행동(예: 자해 충동, 자해의 명백한 행동, 자살 생각 등)을 추적할 수 있다.
- **처방약을 용법대로 복용했는지 여부**: 이 칸에는 내담자가 현재 복용 중이면서 모니터링이 필요할 수 있는 처방약(예: 항우울제)을 기입한다. 내담자가 약을 처방대로 복용했는지에 따라 '예' 또는 '아니오'로 기입한다.
- **비처방약 또는 음주**: 알코올의 경우 술의 종류(맥주, 칵테일이나 혼합주, 위스키, 와인 등)와 양(잔 수)을 명시한다. 불법 약물의 경우 약물의 종류(마리화나, 헤로인, 스피드, 코카인 등)를 명시한다. 일반적으로 대부분의 과잉통제 내담자들은 규칙을 준수하고 적절하며 사회적으로 바람직하게 보이려는 동기가 있기 때문에 불법 약물을 남용하지 않는다.
- **내담자의 메모, 의견, 체인분석**: 이 부분은 내담자가 추가 의견이나 관찰 사항을 기록할 수 있는 곳이다.
- **한 주 동안 추구한 가치 목표**: 이 부분은 내담자가 가치 목표를 추구하는 데 집중하는 것을 상기시키기 위한 것이다. 치료자는 이 부분을 자유롭게 수정해도 되고 딱히 유용하지 않다고 판단되면 완전히 삭제할 수도 있다.
- **새로운 자기탐구 질문**: 이 부분은 매우 중요하다. 이는 내담자가 **자기탐구**를 연습해야 함을 기억하게 함과 동시에, 스스로 자신을 드러내는 연습을 할 수 있는 구조화된 수단이기도 하다. 내담자가 이 칸을 비워 두면 치료자는 이를 동맹파열이나 **자기탐구**에 대한 혼란을 나타내는 사회적 신호로 여겨야 한다. 치료자는 이 부분이 공란으로 남겨져 있는 것을 그냥 지나쳐서는 안 된다.

회기 중 RO DBT 다이어리 카드 검토 프로토콜

다음은 자살 충동과 만성 우울증 병력이 있는 과잉통제 내담자의 다이어리 카드를 검토하는 12회기 때의 기록이다. 치료자는 내담자의 가치 목표가 가족(언니와 딸)과의 관계를 개선하고, 건강한 연애 관계를 맺고, 더 많이 쉬고 덜 일하는 방법을 배우는 것임을 검토한다. 내담자와 치료자는 이전에 침묵시위(상대를 응징하기 위한 의도를 인정하지 않은 채 말을 안 하는 것으로 표현함), 괜찮은 척하기(내담자가 기분이 좋지 않은데도 괜찮다고 말함), **'떠나기'**(대화가 너무 불편해서 사전 예고 없이 그냥 그만둠), 감정 유출 등 몇 가지 사회적 신호 대상을 확인했다. 그들은 또한, "사람들은 마약 중독자다"와 "왜 내가 다 해야 하지?"의 두 가지 습관적 사고를 확인했다. 이러한 감정과 생각은 사회적 신호 행동이 아닌 치료 대상이다.

치료자: (카드를 보면서) 좋아요, 그럼 나머지 카드를 보겠습니다.(잠시 멈춤) 음… 자살 생각이나 충동이 없네요. 좋습니다!(따뜻한 미소를 지으며 생명을 위협하는 행동이 없음을 강조함.) 음… 어디 봅시다.(잠시 멈춘 뒤 행동의 강도를 나타내는 숫자를 큰 소리로 읽음) 화요일에는 화를 4점으로 높게 평가했고 시기/원망은 5점으로 더 높았네요. 다른 사람을 비난하는 것도 5점으로 높았고요. 남 탓하는 것도 5점으로 높게 평가했는데, 수요일에는 수치심이 4점으로 높았네요. 지난 한 주를 되돌아봤을 때 가장 문제가 많았던 날은 언제였던 것 같네요?(더 자세한 논의와 **체인분석**을 수행하기 위한 요일과 구체적인 행동을 파악하려고 함)

내담자: 화요일에 여동생과 제부가 왔어요. 가끔은 그들이 저를 기분 나쁘게 하는 것 같아요. 그들은 늘 행복한 것처럼 행동해요.

치료자: 음… 네, 우리는 전에도 여동생과 제부에 대해 이런 유형의 사고를 알아차린 적이 있었죠. 화요일에 '침묵시위'와 '떠나기'에도 체크하셨네요. 이 모든 행동을 알아차리다니 정말 잘하셨어요!(**자기탐구**를 강화하고 짧게 웃으며 잠시 멈춤) 화요일에 무슨 일 때문에 그렇게 힘드셨죠?

내담자: 저는 동생과의 관계를 개선하려고 동생 부부를 저녁 식사에 초대했어요. 하루 종일 동생이 좋아하는 음식을 만들었죠. 정말 미친 짓이었어요. 동생의 알랑거리는 남편은 걔가 하는 말이라면 뭐든 다 고개를 끄덕이면서 맞장구를 치더라고요. 걔는 음식 얘기는 하나도 안 했어요. 대신 새 직장이 얼마나 좋은지에 대해서만 얘기했죠. 그 꼴을 계속 보기 힘들어서 자리를 뜨기로 한 거예요.

치료자: 당신 집에서요?(맥락을 명료화함)

내담자: 더 이상 거기 있는 걸 참을 수 없어서요. 산책하고 싶은 척했죠. 하지만 너무 흥분한 나머지 외투도 안 입고 나갔어요. 날씨가 추웠지만 돌아가면 재수없을 거라는 말만 되뇌었어요.

치료자: 음…참, 정말 힘든 시간이었을 것 같네요. 우리가 새로 개발한 **체인분석** 기술을 사용할 수 있는 완벽한 기회이기도 하고요.(잠시 멈춤) '떠나기'를 문제 행동 대상으로 삼아도 될까요?

내담자: 네, 그럼 될 것 같아요. 전 아직도 그 일로 제가 실망스러운 것 같아요.

치료자: 음…네, 어쩌면 이런 일로 인해 기분이 가라앉는 건 당연한 결과일 수 있어요. 특히 당신의 가치 목표 중 하나가 여동생과 다시 친해지는 거니까요.(대상으로 삼은 문제 행동과 가치 목표를 연결함) 아마 **체인분석**이 이걸 이해하는 데 도움이 될 수 있을 거예요.(잠시 멈춤) 일단 그 전에 카드의 나머지 부분을 잠깐 살펴보죠.

이후 치료자는 카드의 나머지 부분을 빠르게 검토하면서 해결해야 할 다른 주된 문제가 없는지 확인하고, 내담자가 RO 기술을 얼마나 잘 사용하고 있는지 파악할 것이다(다이어리 카드 검토는 5-7분 이내에 신속하게 수행한다). 이 작업이 완료되면 회기의 의제를 설정하고 **체인분석**을 시작하여, '떠나기'라는 사회적 신호 행동 문제와, 그것이 시기와 원망, '남 탓하기'라는 비사회적 신호 대상과 어떻게 연결되는지 조사하고, 이것이 내담자가 여동생과의 관계 개선이라는 목표를 달성하는 데 어떻게 장애물로 작용하는지 파악하면 된다.

가치 목표, 테마, 대상

표 9.4, **표 9.5**, **표 9.6**은 사례 개념화를 공식화하기 위해 가치 목표, 주제, 대상을 통합하는 방법에 대한 개요를 제공한다. 이 사례의 내담자는 25년간 만성 우울증을 앓아 온 45세 강박성 성격장애 여성이다. 그녀는 엔지니어와 결혼했고, 자녀는 없으며, 가정 주부다. 이 내담자가 지닌 과잉통제 테마에서 최우선순위는 냉담하고 소원한 인간관계고, 그 외 주요 테마로 시기와 원망, 감정 표현 억제, 경직된 규칙지배적 행동이 있다. **표 9.4**는 내담자의 가치관과 목표를, **표 9.5**와 **표 9.6**은 각각 내담자의 비사회적 신호 대상, 사회적 신호 행동, 그리고 대상과 행동과 관련한 특정한 감정, 행동, 결과를 보여 준다.

표 9.5. 내담자의 가치와 목표

내담자의 가치	내담자의 목표
친밀한 사회적·가족적 유대	남편을 비롯한 다른 가족 구성원들(특히 여동생)과 더 친밀한 관계 맺기
자기만족 유능함 성취 업무 생산성	자신의 기술을 활용하고 가계 소득에도 기여할 수 있는 직업이나 자원봉사를 찾아보기
공정 친절 타인을 존중하고 배려함	타인을 더 친절히 대하기 어떤 대가도 바라지 않고 도와주기 남들로부터 도움받기

표 9.6. 내담자의 비사회적 신호 대상

비사회적 신호 대상	과잉통제 테마/행동
감정	
화, 원한	시기, 원망 냉담하고 소원한 인간관계
외로움	냉담하고 소원한 인간관계
감각	
기진맥진	경직된 규칙지배적 행동 냉담하고 소원한 인간관계
생각	
저 음모꾼을 보게나…*	시기, 원망 복수하는 상상 원한 기진맥진 냉담하고 소원한 인간관계
감사할 줄을 모르네.	경직된 규칙지배적 행동 시기, 원망 기진맥진
왜 그거 밖에 모르지?	냉담하고 소원한 인간관계

* 특정 행동에 대해 내담자의 다이어리 카드에 사용하는 라벨이다.

표 9.7. 내담자의 사회적 신호 행동

사회적 신호 대상	과잉통제 테마/행동
침묵시위	냉담하고 소원한 인간관계 원한 남들이 자신에게 감사할 줄 모른다는 생각
떠나기 (남편과 갈등이 있을 때 가장 흔히 사용)	냉담하고 소원한 인간관계
화나는데 웃음	감정 표현 억제 원한 시기, 원망 경직된 규칙지배적 행동 (예: '항상 예의 발라야 한다'는 규칙을 따름)
도움 거절	원망 원한 기진맥진 슬픔
지나친 사과	경직된 규칙지배적 행동 (예: '항상 예의 발라야 한다'는 규칙을 따름) 원한 기진맥진
솔직한 의견 개진	사회적 유대감 향상 (진정한 감정을 숨기지 않고 솔직하게 의견을 공유하기 때문)

대상 설정에서 개입까지: 치료 전략의 개요

내담자가 가치 목표를 달성하는 데 방해가 되는 문제 행동을 파악하고 나면, 다음 단계로 이에 대해 무엇을 할지 결정해야 한다. 대부분의 정신치료 기법들에서 이는 곧 내담자가 문제 행동을 변화시키거나 수용하도록 돕는 것(또는 이 두 가지의 조합)이다. RO DBT는 여기에, 문제를 파악하고 이에 대해 어떻게 대처할지 파악하는, **자기탐구**를 연습하는 단계를 추가한다. 따라서 변화 또는 수용 전략을 서두르기 전에 반드시 내담자가 **자기탐구**를 연습하도록 독려해야 한다. 다음 지문에 나오는 회기 중 개입은 전체 그림의 일부일 뿐이다. 치료자는 RO 기술에 통달해 있어야 하며, 이상적으로는(『**기술훈련 매뉴얼**』을 참조하여) 직접 연습하고 실천함으로써 필요시(공식적으로나 비공식적으로) 개인치료에 접목할 수 있어야 한다. 마지막으로, 다음에 나오는 해결책들은 RO 기술훈련 수업에서 가르치는 기술을 보완하기 위한 것일 뿐 이를 대체할 수는 없음을 명심하라.

과잉통제 테마를 다루는 RO DBT 치료 전략

감정 표현 억제

이 책의 다른 장에서 설명한 바와 같이, RO DBT는 감정 표현의 의사소통 기능을 긴밀한 사회적 유대를 형성하고 유지하는 데 핵심적인 과잉통제 결핍과 연결한다. 이 테마는 다음의 두 가지 하위 테마로 나뉜다.

1. **억제되거나 거짓된 표현**(예: 내면의 경험을 진솔하게 나타내지 않는 얼어붙은 표정, 무표정, 평면적인 표정, 가식적이거나 거짓된 표정): 감정 표현을 감추거나, 위장하거나, 억제하거나, 가식적이거나 거짓된 표현이 만연한 것은 과잉통제의 핵심 문제다. 이는 인간관계에 막대한 부정적인 영향을 끼친다. 따라서 성공적 치료를 위해서는 억제되거나 거짓된 표현을 치료 대상으로 삼아야 한다.
2. **감정 경험 감소 및 감정 인식 저하:** 대부분의 과잉통제 내담자들은 남들이 감정을 매우 많이 경험한다고 보고하는 상황(예: 장례식, 생일 파티, 은퇴 기념식, 부부싸움)에서 감정을 적게 경험하거나 인식한다는 보고를 자주 한다. 감정 감쇠attenuation가 흔히 나타나는 경우는 다음과 같다. 감정적 감각·생각·이미지에 대한 인식이 낮아서 감정 경험이 적거나 미분화될 때, 감정에 이름을 붙여 본 경험이 거의 없을 때, (감정에 이름을 붙이지 않거나 감정에 대한 언급을 하지 않는 식으로) 격한 갈등을 완화하거나 사회적으로 비난받을 가능성을 낮추려는 동기가 있을 때, 감정 반응성에 대한 생기질적 차이, 과잉통제 내담자의 흔한 기분 상태(예: 불쾌감, 원망, 불안, 과민)로 인해 언제 새로운 감정이 나타났는지 감지하지 못할 때(몇 분 전에 기쁨을 경험했다면 슬픔을 더 쉽게 알아차릴 수 있지만, 과잉통제 내담자에게서는 감정의 대비 효과가 낮다). 치료자는 내담자가 정말로 감정을 감지하지 못하거나 분류하지 못할 수 있어도, 감정 감쇠가 곧 내담자에게 감정이 존재하지 않음을 의미하지는 않는다는 것을 기억해야 한다. 예를 들어 감정은 의식적으로 인식하기 전에 관련 자극에 빠르게 반응할 수 있기 때문에, 과잉통제 내담자가 두려움에 기반한 반응을 지니고 있지 않다면 진작에 버스에 치었을 것이다. 치료자는 내담자가 감정 감쇠를 보

고할 때 열린 마음과 호기심 있는 자세를 견지해야 한다. 이는 내담자의 자기보고에 대한 믿음을 전달하는 한편, 내담자가 더 깊이 들어가는 것을 촉진한다.

하위테마 1의 치료 전략: 억제되거나 솔직하지 못한 표현

자유로운 감정 표현의 이점을 가르치기

치료자는 내담자에게 자유로운 감정 표현의 이점을 반복적으로 소개하고, 가르치고, 모델링해야 한다. 예를 들어 자유로운 감정 표현은 창의성을 향상하고, 자신의 내적 경험을 인정하며, 남에게 자신이 개방적이고 속이지 않는다는 신호를 보낼 수 있다. 이는 타인과 진정한 친밀감을 형성하는 데 필수적 접착제다. 자유로운 감정 표현은(자기의 내면을 드러내기 때문에) 상대를 신뢰하고 숨기는 것이 없으므로 신뢰할 수 있는 사람이라는 신호를 전달함으로써 친밀감을 향상한다. 대부분의 사람들은 얼굴을 붉히는 것을 매우 바람직하지 않은 반응으로 간주하여 이를 통제하거나 억누르려고 하지만(Nicolaou, Paes, & Wakelin, 2006), 연구에 따르면 얼굴을 붉히고 부끄러움을 공개적으로 표현하는 사람은 더 많은 신뢰와 긍정적 평가를 받을 가능성이 높고, 비슷한 상황에서 얼굴을 붉히지 않는 사람들에 비해 관계 형성 욕구를 더 크게 불러일으킨다(Feinberg et al., 2012; Dijk, Koenig, Ketelaar, & de Jong, 2011). 치료자는 미세모방이 공감을 유발하는 기전에 대해서도 설명해야 한다. 즉 타인의 감정을 이해하는 한 가지 방법으로, 얼굴 표정의 미세모방을 통해 그 감정을 직접 경험할 수 있다고 말이다. 예를 들어 누군가 고통스러워 찡그리는 모습을 목격하는 관찰자는 곧바로 자신도 미세하게 찡그리게 된다. 이를 통해 관찰자의 뇌에 신호가 전달되고, 관찰자는 그 감정을 경험함으로써 상대방의 감정을 이해할 수 있게 된다. 의식적으로 표정을 숨기는 것도 메시지를 전달할 수 있다는 설명도 해야 한다(Adler & Proctor, 2007). 감정을 부정하거나 감추는 사람을 보면 속에서 감정이 일어나고 있음을 알 수 있다(J. J. Gross & John, 2003). 내담자와 함께 감정 표현의 장단점을 살펴보고, 감정 표현은 상황에 따라 달라질 수 있음을 상기시킨다(예: 포커를 칠 때는 무표정이 유용함). 치료자는 내담자가 감정을 자유롭게 표현하는 방법을 배우기 위해 노력하겠다는 약속을 하도록 요청한다.

사회적 상호작용에 앞서 생리적 각성을 변화시키기

치료자는 『기술훈련 매뉴얼』의 유인물 3.1(『생리적 변화를 통해 사회적 행동을 변화시키기』)을 검토해야 한다.[56] 『기술훈련 매뉴얼』의 5장 3과를 참조하여 **사냥개, 방패, 칼**의 교육 요점을 파악하고, **싫어하는 친구의 이야기**에 대해 자세히 이야기한다. 사회적 상황에서 특정한 기분 상태나 행동(사냥개, 방패, 칼)을 드러내는 것이 어떻게 상황을 악화시킬 수 있는지에 대해 내담자와 협력적인 방식으로 탐구한다. 사회적 상호 행동에 앞서 생리를 변화시켜 사회적 안전 시스템에 들어가야 하는 근거를 검토한다. 우리는 본능적으로 안전하다고 느낄 때 자연스럽고 자유롭게 감정을 표현할 수 있다. 치료자는 회기 중 생리적 각성을 변화시키는 연습을 할 수 있는 기회를 찾고, 이 기술을 향상하기 위한 숙제를 내줘야 한다. 끝으로, 치료자는 자유롭고 개방적인 표현을 자연스럽게 촉진하는 사회적 안전 기분을 유도하기 위해 RO DBT 자애명상을 사용하도록 권장한다.

과잉학습된 억제 장벽 허물기

과잉통제형 인간은 자유로운 표현을 어렵게 하는 억제성 장벽을 발달시켜 왔다. 치료자는 이렇게 과잉학습된 장벽을 허물기 위해 항상 감정을 조절하거나 통제해야 한다는 내담자의 믿음에 동조하지 않도록 주의해야 한다. 치료자는 내담자가 이를 이해할 수 있도록 즉흥성, 장난기, 억제되지 않은 감정 표현을 향상하는 연습에 기꺼이 스스로를 내던지며 모델링해야 한다. 이와 관련하여 『기술훈련 매뉴얼』 5장 5과의 「**극단적으로 재미있는 극단적 표현 워크숍**」과 「**움파룸파**」, 혹은 마음챙김 연습을 위해 30장의 「**모방 게임**」을 참조하라. 치료자는 특정한 신체 자세, 표정, 제스처가 생리적 각성에 어떻게 영향을 끼치고 다른 사람에게 중요한 비언어적 정보를 어떻게 전달하는지 가르쳐야 한다(『기술훈련 매뉴얼』 5장 3과의 빅3+1 연습을 참조하라). 창의성과 장난기도 중요할 수 있다(예: 회기 중에 다양한 감정의 얼굴 표정을 보여 주는 사진이나 비디오 클립을 보고 함께 따라해 보기). 치료자가 모델링하는 것의 중요성은 아무리 강조해도 지나치지 않다. 치료자가 자유롭게 표현하는 것은 그것이 사회적으로 적절한 행동이라는 신호다. 이는 숙제를 통해 더욱 강화할 수 있다(예: 거울 앞에서 다양한 감정 표현을 연습하거나, 눈썹을 크게 추켜올리고 손바닥을 드러내는 제스처처럼 협력을 나타내는 제스처를 큰 동작으로 해보기). 전체적인 목표는, 난이도가 점점 올라가면서도 버겁지는 않은 정도의 표현 기회에 점진적으로 노출됨으로써 감정 표현 향상을 조성해 나가는 것이다.

수반성을 활용하여 "전 괜찮아요" 현상 조성하기

앞서 설명한 바와 같이, "전 괜찮아요" 현상은 많은 과잉통제 내담자들이 자신의 진정한 감정 상태를 축소하거나 실제와 다르게 말하는 경향을 뜻한다. "전 괜찮아요" 현상에 대한 기능분석을 시행하면 이러한 행동이 부정적으로 강화되어 온 사실이 밝혀지는 경우가 많다. 예를 들어 어떤 내담자는 화나는 감정을 부정함으로써 갈등에 대한 논의를 피할 수 있었다. 치료자는 결과나 강화제를 변화시켜 영향을 줄 수 있다. 예를 들면 내담자가 괜찮다고 말할 때마다 치료자가 그것이 실제로는 **괜찮지 않다는** 의미로 받아들여질 수 있음을 알려줄 수 있다. 이때 치료자는 회기 중에 하던 대화를 잠시 멈추고, 내담자가 사용한 말("전 괜찮아요")를 강조하며 내담자에게 감정을 표현하는 단어를 사용하여 자신의 경험을 더 자세히 설명하도록 요청함으로써, 내담자가 모호하거나 너무 축소해서 표현했던 감정을 다시 설명할 수 있게 한다. 치료자는 이 **장난스러운 도발** 전략 또는 치료적 놀림을 통해 미분화된 라벨링에 대한 가벼운 거부감을 표현하는 동시에, 내담자가 실제로 경험한 것을 더 잘 설명하도록 조성할 수 있다. 내담자가 하루 종일 "괜찮아"라는 말을 몇 번이나 했는지 세는 것도 비슷한 기능을 할 수 있다.

하위 테마 2: 2. 감정 경험 감소 및 감정 인식 저하에 대한 치료 전략

행동 노출 활용하기

일부 사람에게는 감정 감쇠, 무감각, 분리되거나 단절된 느낌이 고전적 조건 반응일 수 있다. RO DBT의 근간이 되는 신경조절모형은, PNS-DVC의 활성화를 통한 고전적 조건화에 의해 차단 반응이 매개된다고 가정한다(2장 참조). PNS-DVC는 감당하기 어려운 위협에 의해 촉발돼서 무감각, 통증 민감성 저하, 둔마된 정서 등의 생리적 변화를 초래한다(Porges, 2003a). 치료자는 회기 중에 이러한 유형의 반응이 나타나는지 주의 깊게 살펴야 한다(예: 내담자의 얼굴이 무표정해지거나, 치료자가 말하는 내용을 내담자가 이해하거나, 말하거나, 듣기 어려운 경우). 이런 반응이 나타나면 치료자는 자신의 의제를 중단하고 내담자의 행동 중 달라지거나 전환된 것을 물어봐야 한다. 이를 통해 차단이나 무감각 반응을 촉발한 단서를 파악하고 해당 반응의 기능을 파악하는 것이다(즉, 그것이 반응자respondent, 조작자operant, 또는 이 둘의 조합에 의한 것인지 여부를 파악함. 반응자 및 조작자 행동에 대한 논의는 10장을 참조). 따라서 차단 반응에 대한 평가는 적어도 초기에는 동맹파열을 평가하는 방법, 즉 의제를 중단하고 갑작스러운 행동 변화와 관련한 탐구를 진행하는 것과 같거나 유사하다. 이 둘의 차이는 처리 방식에 있다. 고전적 조건화된 차단 반응은 노출 기술을 사용하여 처리하는 것이 가장 좋다. 행동 노출은 회피 또는 도피 행동이 차단된 상태에서 조건화된 반응을 이끌어 내는 단서에 노출되는 것을 말한다(Foa & Kozak, 1986; Barlow, 1988). 노출은 일반적으로 안전 신호와 같은 새로운 학습의 습득을 수반하는 것으로 가정한다(T. R. Lynch, Chapman, Rosenthal, Kuo, & Linehan, 2006; Bouton, 2002). 하지만 우리가 아는 한, 감정 감쇠에 대한 노출 치료는 행동 노출에 대한 연구 문헌에서 아직 많은 관심을 받지 못하고 있다. 예를 들어 거미 공포증(거미에 대한 극도의 공포)은 SNS를 매개로 한 공포와 회피 각성을 대상으로 삼는다.

과잉통제 내담자의 경우, 차단 반응을 유발한 단서나 조건 자극은 개인정보 요청, 의견 구하기, 칭찬 같이 단순한 것일 수 있다. 이러한 속성의 중립적 자극은 과거에 정보 요청이나 칭찬이 가혹한 처벌(예: 내담자가 틀린 대답을 했거나 지나친 즐거움을 드러냈을 때 가해짐)에 앞서 이루어졌기 때문에 고전적으로 조건화된다. 차단 반응은 입력 자극에 대한 인식과 민감성을 차단하기 때문에 보호적이지만, 새로운 학습이 일어나지 못하게 막는 역할도 한다. 따라서 칭찬이나 찬사를 받을 때마다 자동적으로 무감각해지나 차단되는 내담자는 칭찬이 위험하지 않다는 것을 배울 가능성이 낮아진다. 감정 감쇠에 대한 노출 치료를 위해서는 먼저 내담자에게 앞의 내용을 설명하고, 치료를 진행하기 전에 치료에 전념하겠다는 다짐을 받아야 한다. 감정 감쇠에 대한 노출 요법에는 길항성antagonistic SNS 반응(예: SNS 욕구 각성)을 활성화하여 PNS-DVC 매개 반응을 방지하는 것이 포함된다. 치료자가 노출 원리와 길항성 SNS 각성 절차(예: 내담자가 위아래로 뛰어다니며 활짝 웃거나, 눈썹을 추켜올리며 팔을 흔들 때 반복적으로 칭찬함)를 접목하는 것이 핵심이다. 내가 알기로는 독일의 마틴 보후스Martin Bohus와 동료들이 이러한 유형의 노출 개입을 다루는 유일한 연구팀이다. 그들은 경계성 성격장애 내담자의 해리를 방지하기 위한 절차를 수행할 때, 내담자가 과거 외상의 단서가 담긴 오디오 녹음을 들으면서 실내 자전거를 타게 한다. 몇몇 내담들은 입력 자극에 여전히 주의를 기울일 수 있기 때문에 굳이 SNS 활성화가 필요하지 않다. 이럴 때는 회피를 차단하면서 단순히 단서(즉, 칭찬)를 제시하는 것만으로도 비슷한 효과를 얻을 수 있다. 즉, 아직은 작용기전 가설을 검증하기 위한 연구가 절실히 필요하며, 의료진이 이 원리를 감정 감쇠에 적용할 때는 이 점을 고려해야 한다.

무감각 및 신체 감각 모니터링

신체 감각의 변화(또는 갑작스러운 감각 저하)에 대한 인식을 높이면 감정 인식(예: 심박수 증가, 얼굴이 붉어지거나 뜨거워짐, 발한, 떨림, 무감각이나 마비감, 소변이 마려운 느낌)을 높이는 데 도움이 될 수 있다. 정확성을 기하기 위해 대개 감각 부족(무감각)과 감각 변화(뜨거운 느낌)를 별도로 모니터링하는 것이 가장 좋다. 다이어리 카드에서 모니터링하는 항목의 세부 사항은 내담자마다 다를 수 있다. 이후 **체인분석**을 시행할 때 이러한 감정 징후를 포함할 수 있다.

외현적 행동을 활용하여 감정에 이름 붙이기

감정 경험과 관련된 외현적 행동을 활용하여 감정에 이름 붙이는 것을 촉진함으로써 감정 인식을 향상할 수 있다. 예를 들어 내담자가 누군가를 노골적으로 공격하는 것(예: 거칠게 비판함)은 격한 분노를 느끼고 있음을 나타낸다(분노의 행동 충동은 공격이다). 고개를 숙이거나 얼굴을 가리는 행동은 수치심을 나타낸다(수치심의 행동 충동은 숨는 것이다). 내담자가 어떤 행동이 어떤 감정과 연관되어 있는지 알면, 남들과 비슷한 방식으로 내적 경험에 이름을 붙이는 법을 배울 수 있다. 감정에 이름을 붙이면, 감정과 연관된 생각·감각·행동 경향을 쉽게 파악하고 앞으로의 행동을 예측할 수 있다. 또한 다른 사람들이 감정 경험을 설명할 때 사용하는 것과 같은 단어를 사용함으로써, 함께 공유하거나 보편화된 유대를 형성하고 있다는 신호를 전달하여 사회적 유대감을 향상할 수 있다. 내담자가 이 연습을 처음 시작할 때는 감정을 표현하는 단어들을 많이 모를 수 있다. 예를 들어 어떤 과잉통제 내담자는 내적 감정 경험을 처음 설명할 때 '플라스틱', '날것', '신선함', '건조함', '광이 나는', '깔끔함' 같은 단어들만 사용했다. 어떤 과잉통제 내담자들은 기본적인 감정의 이름들(화, 두려움, 혐오감)이 너무 극단적이어서 싫다고 한다. 이들은 자신이 좌절감을 느끼는 것은 기꺼이 인정할 수 있지만, 이들에게 화는 곧 소리와 비명을 지르는 것과 같기 때문에 자신이 화났다고 말하는 것을 어려워한다. 치료자는 『기술훈련 매뉴얼』의 5장 2과에서 감정이 다섯 가지 신경 기질과 연결되는 방식을 가르치는 방법을 알 수 있으며, 6장 22과에서 감정에 대해 더 광범위하게 가르치는 방법을 참조할 수 있다. 예를 들어 치료자는 회기 중에 주기적으로 "지금 기분이 어떠세요?"라고 질문함으로써 내담자가 감정에 이름 붙이는 연습을 할 수 있는 기회를 찾아야 한다.

내담자가 애도하는 법을 배우도록 돕기

과잉통제 내담자들은 슬픔을 피곤함이라고 표현하는 등 취약한 감정을 경험하고 이름을 붙이는 데 어려움을 겪을 수 있다. 치료자는 오리엔테이션 및 약속 단계에서 내담자의 성장을 막는 중요한 장애물이 될 수 있는 외상, 오랫동안 품어 온 원한, 기타 상실 경험을 평가하는 것이 중요하다. 애도 작업은 내담자가 이러한 고통스러운 경험에서 벗어나는 것을 돕는 중요한 수단이 될 수 있다. 성공적인 애도를 위해서는 뇌가 과거에 존재했던 것이 지금은 더 이상 존재하지 않는다는 것을 학습해야 한다. 애도 작업은 상실을 느낀 뒤 그것을 놓아 버리는 것(조절 연습)을 의미한다. 시간이 지남에 따라 뇌는 변화하는 상황에 적응한다. 즉 잃어버린 대상을 찾는 것을 포기하고, 새로운 삶을 만들기 시작한다(『기술훈련 매뉴얼』 5장 29과 참조).

자기탐구 독려하기

치료자는 너무 혐오 감정을 변화시키는 데에만 몰두하지 않도록 주의해야 한다. RO DBT는 조절 전략(예: 수용, 주의 전환, 재평가)을 적용하기 전에 먼저 **자기탐구**, 즉 잠시 멈춰서 자신의 반응에 대해 질문하는 것을 중요시한다. RO DBT는 내담자가 혐오 감정으로부터 주의를 돌리는 대신, 강도가 낮더라도 혐오 감정으로 주의를 돌리면서 먼저 **자기탐구**를 활용하도록(예: 감정이 아닌 중립적인 신체 감각에 주의를 기울임) 독려한다. 예를 들어 슬픔은 자신의 삶에서 중요한 무언가가 바뀌었거나 다른 무언가를 해야 한다는 신호일 수 있다. 감정의 **자기탐구**는 잠시 멈춰 지금 이 감정이 나에게 말하는 것이 무엇인지 자문하는 것을 의미한다. '나는 얼마나 열린 마음으로 이 감정을 느끼고 있는가?', '나는 이 감정을 없애고 싶은가, 부정하고 싶은가, 아니면 곧바로 조절하고 싶은가?', 혹시 그렇다면 '내가 피하고 있는 것은 무엇인가?', '내가 여기서 배울 점은 무엇인가?' **자기탐구**는 문제를 해결하려는 것도, 불편함을 조절하거나 피하려는 것이 아니기 때문에 반추적이지 않다. 실제로 RO DBT에서는 빠른 대답을 오래된 학습의 결과이자 해결책 없는 고통과의 진정한 접촉을 피하려는 욕구를 반영하는 것으로 본다. 따라서 **자기탐구**는 경험이 사라지기를 기다리는 데 우선순위를 두기보다는, 열정적으로 관찰하고 메타인지적으로 생각과 거리를 두며, 적극적으로 불편함을 추구하고 즉각적인 답을 차단한다는 점에서 다른 마음챙김 접근법과 차별화된다. 이 때문에 대부분의 **자기탐구** 연습들은 며칠 또는 몇 주에 걸쳐 지속하는 것이 좋다. 내담자는 한 주 동안의 **자기탐구** 질문과 **자기탐구** 연습 중에 떠오르는 내용을 기록할 수 있는 수첩을 작성하는 것이 좋다.

비판단적 인식을 함양하기

마음챙김 훈련은 감정에 대한 평가나 생각에도 영향을 끼칠 수 있다. 우리는 종종 마음챙김이 감정을 '지니고 있되 붙잡지는 않는 것', 즉 감정과 관련된 감각·이미지·생각을 비판단적으로 온전히 경험한 뒤, 기꺼이 그 감정이 되돌아오기를 바라며 변화 전략을 사용해 감정을 내려놓는 것이라고 말한다. 내담자로 하여금 자신의 생각이나 평가가 감정 경험에 영향을 끼칠 수 있음을 상기시킬 수도 있다. 우리가 감정을 경험하는 동안 생각하는 것이 그 감정을 지속시키거나 다른 감정을 유발할 수도 있다(예: 화나는 것이 싫다는 생각은 불에 휘발유를 끼얹는 것과 같아서 화나는 감정을 다시 불러일으킬 수 있다). 마음챙김은 자신이 감정적 사건에 반응하는 경향을 관찰하는 법을 알려준다(예: 두려울 때 도망치고 싶은 충동을 비판단적으로 관찰한다). T. R. 린치와 동료들(2006)은 이 접근법이 원래의 감정 인식을 재평가하거나 수정하기 위해 실행 통제를 사용할 필요 없이 감정과 관련된 의미나 평가를 자동적으로 변화시킨다고(예: 나쁜 것에서 있는 그대로의 것으로) 가정했다. 비판단적으로 감정을 경험(노출)하는 것은 새로운 연관성(감정·생각·기억을 모두 있는 그대로의 것으로 인식함)으로도 이어진다. 반복적인 연습은 감정을 불러일으키는 자극이 새로운 행동이나 사고방식과 맺는 연관성이 점차 우세해지게 함으로써, 두려움이 나쁘거나 위험하다는 평가에 의해 더 강화되는 과정이 줄어들게 한다(T. R. Lynch et al., 2006 참조). 이러한 접근법, 즉 감정적 감각·충동·생각·기억을 주의 깊게 관찰하는 것은 대부분의 전통적 마음챙김 알아차림 치료기법들의 핵심이다(J. M. G. Williams, 2010; Segal, Williams, & Teasdale 2002). RO DBT는 자비로운 인식과 열정적인 참여를 모두 중요하게 여긴다.

감정에 대한 마음챙김을 개발하는 숙제

숙제는 내담자가 내적 경험에 대한 마음챙김 인식과 라벨링을 개선할 수 있는 방식으로 내야 한다(예: 마음챙김으로 온수 목욕을 하면서 드는 감각과 생각, (그리고 이상적으로는) 경험하는 모든 감정에 이름을 붙이는 **개방적으로 관찰하기** 및 **있는 그대로 서술하기** 기술 연습, 『기술훈련 매뉴얼』 5장 12과 「**인식의 연속체**」 참조). 하지만 많은 과잉통제 내담자들은 강한 감정을 느끼지 않도록 의도적으로 환경과 활동을 조정한다(예: 매일 같은 방식으로 출근하고, 매일 같은 음식을 먹고, 가게에 가기 전에 신중하게 계획을 세움). 따라서 치료자는 내담자가 감정을 불러일으키는 행동(예: 더 친사회적으로 행동하기, 더 많이 웃기, 취약하거나 개인적인 경험을 남들과 공유하기, 다른 경로를 이용해 집으로 걸어가기, 교회에서 찬송가 부르기, 춤추기)을 하도록 독려하면서, 내담자의 이전 반응 경향(예: 침묵하기, 외면하기, 떠나기)을 비판단적으로 관찰해야 한다. 내담자는 반복적인 연습을 통해 이전에 회피했던 상황과 내면의 감정 경험에 대해 새로운(중립적이고 더 긍정적인) 연관성을 개발해 나간다.

지나치게 조심스럽고 과잉경계하는 행동

과잉통제에서 나타나는 지나치게 조심스럽고 과잉경계하는 행동은, 위협 민감성이 높고 보상 민감성이 낮은 생기질적 소인에서 비롯되는 것으로 여겨진다. 따라서 과잉통제 내담자는 가치 있는 활동(예: 딸의 결혼식 참석)에서 기대할 수 있는 만큼의 즐거움을 경험하지 못할 수 있으며, 실제로 똑같은 활동에 참여하는 다른 사람에 비해서 경험하는 흥분이나 즐거움이 낮다. 접근 동기와 신중함은 가족 및 환경 요인에 의해서도 영향을 받을 수 있다. 예를 들어 어린 시절 남들과 다르거나 부정확한 행동으로 벌받은 경험이 있으면, 실수나 관심의 대상이 되는 것에 대한 두려움이 유발될 수 있다. 그럼에도 불구하고 많은 과잉통제 내담자들은 적어도 표면적으로는 사회적 상황이나 새로운 상황을 두려워하지 않는 것처럼 보인다. 이들은 상황을 피하기보다는 교회, 학교, 직장, 예정된 친목 모임에 시간 맞춰 성실히 참석하고 커뮤니티 행사에 중요한 기여를 한다(예: 불의에 반대하는 발언, 향후 회의 준비, 회의록 기록 등). 하지만 이들에게 친사회적 기여를 하는 이유를 물어보면, 즐거움이나 사회적 유대감보다는 책임감이라는 대답을 자주 한다. 실제로 이들은 쾌락이나 즐거움을 추구하는 것을 퇴폐적이거나 비뚤어지거나 방종한 것으로 여기기도 한다. 따라서 치료자는 지나치게 조심스럽고 과잉경계하는 행동을 보이는 과잉통제 내담자를 치료할 때 앞서 언급한 요인들을 고려하고 그에 따라 개입 전략을 조정하는 것이 중요하다. 이 테마의 생기질적 근거가 되는 다양한 신경 기질, 특히 사회적 안전 시스템(PNS-VVC, 2장 참조)은 이를 활성화하기 위해 고안된 RO DBT 전략이 중요함을 시사한다.

지나치게 조심스럽고 과잉경계하는 행동에 대한 치료 전략

새로운 행동을 하기 전에 사회적 안전 시스템(PVS-VVC) 활성화하기

과잉통제 내담자는 위협 민감성이 높은 생기질적 편향으로 인해 새롭거나 불확실한 상황을 위협적인 것으로 인식할(즉, 방어적 각성) 가능성이 더 높다. 따라서 치료자는 과잉통제 내담자에게 행동 활성화 과제를 숙제로 내기 전에, 사회적 안전 시스템을 활성화하는 방법을 먼저 가르쳐야 한다. 개인치료자는 과잉통제 내담자가 기술훈련 수업만으로 이러한 기술을 배우는 데 충분할 것이라고 가정해서는 안 된다. 사회적 안전 활성화 및 문제 해결 노력의 필요성을 교육하는 것은 개인치료의 필수적인 부분이며, 6회기까지 기술훈련 수업과 동일한 유인물을 사용하여 진행하는 것이 가장 좋다. 이렇게 하면 치료 초기에 사회적 안전 기술을 적어도 두 번(개인치료에서 한 번, 기술훈련 수업에서 한 번)

교육할 수 있다. 또한 치료자는 과잉통제 내담자가 기술 사용법을 교육받았거나 치료 회기에서 이러한 기술을 연습했다는 이유만으로 사회적 안전을 능숙하게 활성화할 수 있다고 가정해서는 안 된다. 많은 과잉통제 내담자들은 기술(예: 자애명상, 눈썹 추켜올리기)을 너무 쉬운 것으로 생각하거나, 은근히 사이비나 유치한 것으로 여기거나, 그 근거가 되는 과학을 완전히 이해하지 못한다는 이유로 기술의 중요성을 제대로 인식하지 못하는 경우가 많기 때문이다. 따라서 치료자는 내담자에게서 사회적 안전 활성화 기술을 실천하려는 의지뿐만 아니라 수행 능력도 함께 평가해야 한다. 그렇지 않으면 내담자가 아무리 사회적 신호 과제를 성실히 수행하더라도 방어적 각성에 대한 생기질적 소인을 조절하지 못해서 노력한 만큼의 혜택을 누리지 못하게 된다. 내담자가 다르게 행동하려는 의지가 부족해서가 아니라, 사회적 안전을 활성화한 경험이 충분하지 않아 이를 본능적으로 긍정적 결과로 느끼지 못한다는 것이 중요하다.

유연한 마음은 변화한다(VARIEs) 가르치기

유연한 마음은 변화한다(VARIEs) 기술(『기술훈련 매뉴얼』 5장 5과 참조)은 새로운 것을 시도하고 회피와 반대되는 방향으로 나아가는 것을 돕기 위해 고안된 것이다. 비록 이 기술을 기술 수업에서 공식적으로 가르치지만, 개인치료자는 비공식적으로도 이를 가르치고 개별화된 숙제 연습을 통해 기술 사용을 강화해야 한다. 내담자가 집에 있는 가구를 재배치하거나, 다른 옷(예: 밝은 색상)을 입거나, 새로운 길로 마트에 가거나, 새로운 종류의 음식을 시도하는 것과 같은 간단한 것부터 시작할 수 있다. 삶을 흥미롭게 만드는 것으로 대비contrast를 소개한다. 과잉통제 내담자가 사회적 안전 시스템을 활성화하는 데 능숙해지기 전에 섣불리 **유연한 마음은 변화한다**(VARIEs) 기술을 가르치거나 연습을 시켜서는 안 된다. 치료자는 내담자가 시간이 지나면서 연습을 성공적으로 많이 해 나감에 따라 이전에 피했던 상황·장소·사람 등에 대한 노출 강도를 높일 수 있다.

경직된 규칙지배적 행동

유연하지 못하고 경직된 신념은 과잉통제의 전형적인 특징이지만, 내면의 생각과 경험을 드러내지 않으려는 과잉통제 내담자의 타고난 경향으로 인해 이것이 항상 바로 드러나지는 않는다. 경직성은 신념·태도·습관을 바꾸는 것에 대한 저항으로 정의되는 반면, 규칙지배적 행동은 언어에 기반한 학습 행동을 의미한다. 언어적 규칙은 행동(예: 취약한 감정을 공개적으로 드러냄)과 그 잠재적 결과(예: 개방적이고 취약한 사람은 상처를 받을 가능성이 높음) 사이의 관계를 설명한다. 문제는 규칙지배가 너무 강력해서 대부분의 반응이 현재 순간의 경험보다 과거의 학습에 따라 정해질 때 발생한다. 대부분의 과잉통제 내담자들은 질서와 구조에 대한 강박적 욕구, 올바름에 대한 강한 욕구, 지나친 완벽주의, 강박적 문제 해결, 부적응적 수집, 과도한 계획, 과도한 리허설, 동일성에 대한 집착 등으로 나타나는 경직되고 규칙지배적 경향이 강하다.

경직된 규칙지배적 행동의 문제는, 내담자가 자기구성이나 세계관을 부정하거나 기대한 것과 일치하지 않는 환경적 피드백을 접할 때 가장 확연히 드러난다. 경직된 신념은 간헐적 강화(관찰·규칙·생각·신념이 과거에는 문제 해결에 효과적이었던 적이 있었음) 이력을 지니고 있는 경우가 많다. 경직된 규칙지배적 행동을 대상으로 하는 치료 전략의 기본적 접근법은 다음과 같이 요약할 수 있다.

- 현실에 대한 인식에 의문을 제기하고 개방적 **자기탐구**를 장려하기 위해 고안된 RO DBT의 온전한 개방성 및 **자기탐구** 연습(『**기술훈련 매뉴얼**』, 5장 1, 11, 13과 참조)
- 다양한 신경 기질, 특히 배쪽 미주 복합체를 포함한 사회적 안전과 관련된 신경 기질을 활성화하도록 고안된 RO DBT의 신경조절 기술(『**기술훈련 매뉴얼**』, 5장 2과 참조)

경직된 규칙지배적 행동의 치료 전략

말하기보다는 물어보기

과잉통제 내담자는 비판에 과민하고, 실수를 두려워하며, 경직된 신념이 간헐적으로 강화된 오랜 이력을 지니고 있기 때문에, 일반적인 설득이나 논리에 잘 반응하지 않는 경우가 많다. 이들에게서는 산호초를 이루는 해양 생물의 단단한 외골격처럼, 도전받거나 노출되면 단단한 퇴적물이 더 두꺼워지는 석회화 사고방식이 나타날 수 있다.

RO DBT는 먼저 치료자가 문제를 이해하는 방식이 잘못됐거나 틀릴 수도 있다는 가정 하에 경직된 신념과 행동을 다룬다. 이는 내담자가 숨 쉴 공간을 제공하고, 내담자와 치료자 모두에게 학습의 기회를 제공한다. 따라서 치료자는 과잉통제 내담자의 경직된 행동이나 신념이 잘못됐거나 왜곡됐거나 비효율적이라고 말하는 대신, 열린 마음으로 내담자가 지닌 신념이나 행동이 어떤 부분에서 이로운지 물어봐야 한다. 이는 내담자가 **자기탐구**와 자기개방을 연습하도록 장려하는 동시에 치료자의 **온전한 개방성**을 모델링한다. 예를 들어 한 치료자는 자신이 치료하는 과잉통제 내담자가 아픈 남편에게 진통제를 주기 위해 한밤중에 일어나는 것을 친절한 행동이 아닌 '이기적'이고 '통제적 행동'으로 서술했다고 말했다. 이런 상황에서는 그냥 말하기보다는, "남편을 이런 식으로 돕는 게 어떻게 이기적인 행동일 수 있는지 제가 이해할 수 있게 도와주실 수 있을까요?"와 같은 질문을 할 수 있다. 이러한 유형의 질문은 내담자가 내면의 감정을 드러내는 연습을 하는 데 도움이 되며, 내담자의 반응 방식에 영향을 줄 수 있는 정보를 제공하는 것을 피할 수 있다.

적어도 치료 중반(14회기 정도)은 되어야 강력한 작업동맹이 형성될 수 있으므로, 그 전에는 내담자가 치료자가 듣고 싶어 하는 대로 보고하는 경향을 보일 수 있다. 과잉통제 내담자가 무언가를 설명하는 데 어려워하는 것 같을 때 치료자가 빠르게 움직여 유용한 제안(치료적 마음 읽기)이나 치료적 해석을 제공하면, 내담자는 자신의 경험을 자기 말로 설명할 수 있는 공간과 시간을 갖지 못하게 된다(또는 그렇게 하려는 노력을 하지 않게 된다). 따라서 해석("당신이 너무 자기비판적이어서 스스로를 친절하다고 느끼지 못하는 걸 수 있어요")보다는 개방형 질문("당신은 뭐 때문에 그런 행동에 친절이라는 이름을 못 붙이는 걸까요?")이나, 명확한 정답이나 사회적으로 적절한 답이 없는 질문("당신이 한밤중에 남편을 도와줄 때, 그런 행동을 통해 삶에서 중요한 것을 이룰 가능성이 높아지나요, 아니면 낮아지나요?")을 통해 내담자가 훨씬 더 많은 것을 배울 수 있다. 치료자는 지나치게 교정적이지 말아야 하며, 질문만으로 RO DBT를 잘할 수 있다고 단정해서는 안 된다. 오히려 교훈적인 가르침, 치료적 마음 읽기, 사례 공식화 검토, 명시적인 변화 요구도 치료에 꼭 필요한 요소들이다.

내담자가 자연스러운 변화를 허용하고 강박적 해결을 늦추게 하기

개인치료자는 과잉통제 내담자가 문제가 발생했을 때 즉시 고치거나 해결하려는 경직된 욕구를 내려놓게 도울 수 있는 기회를 찾아야 한다. 예를 들어 한 과잉통제 내담자가 치료자가 요청하지도 않았는데 지난주에 시도한 117가지의 새로운 과제 목록을 가지고 세 번째 RO DBT 회기에 왔다. 이 행동은 새로움에 대한 회피를 교정하려는 강력한 시도를 나타내기도 하지만, 불확실성을 견디지 못하는 또 다른 핵심 문제를 나타내는 것이기도 하다. 내담자는 부적응적 과잉통제 문제를 해결하기 위해 또 다른 식의 부적응적 통제 노력을 기울이고 있었던 것이다. 치료자는 대개 과잉통제 내담자와 작업하는 데 있어서(특히 경직된 문제를 해결할 때는) 엄숙함보다는 여유 있는 태도를 취해야 한다. 치료자는 과잉통제 내담자에게(그리고 자신에게도) 겉으로 드러난 모든 문제를 즉각적으로 해결해야 한다고 가정하지 않고, 그냥 있는 그대로 두는 연습을 권장해야 한다. 이는

불확실성과 모호함에 대한 비공식적인 행동 노출 효과를 지닌다. 강박적 해결은 다이어리 카드를 통해 모니터링할 수 있으며, 치료자는 이를 통해 내담자가 해결책처럼 보이는 것이 때로는 상황을 악화시킨다는 사실을 깨닫게 해야 한다. 한 과잉통제 내담자는 사용하던 식기세척기에 더러운 물이 가득 차 있는 것을 발견한 후 곧바로 새 식기세척기를 주문했던 일을 떠올렸다. 그녀는 새 식기세척기가 도착한 다음날 아침이 되어서야 기계 부품이 아닌 배수관이 막힌 것이 문제였음을 발견했다. 빠른 통제에 대한 그녀의 열망은 시간과 비용을 허비했을 뿐만 아니라 자신의 해결책이 부적절했다는 것에 대한 분노로 이어졌다. 만약 이 내담자가 문제를 즉시 해결하려고 하지 않고 여유를 가졌더라면, 다음날 아침에 기계가 아닌 배수에 문제가 있다는 사실을 발견했을지도 모른다. 이 내담자가 이러한 패턴을 인식한 것은 자연스러운 변화가 일어날 수 있게 두고 강박적인 해결을 놓아 버릴 수 있는 중요한 전환점이 됐다.

비생산성 기술을 장려하기

치료자는 과잉통제 내담자가 항상 일하지는 않는 연습을 할 수 있는 기회를 찾아야 한다. 과잉통제 내담자들은 건강한 삶에서 놀이와 웃음이 얼마나 중요한지 잊고 지낸다. 치료자는 내담자에게 어린 시절(예: 3살)에는 자의식 없이 놀 수 있었다는 사실을 상기시킬 수 있다. 매일 새롭거나 다른 일을 하는 것은 오래된 습관을 깨고 자연스럽게 자발성을 장려하는 데 유용하다. 치료자는 내담자가 힘들지 않게 업무에서 거리를 두며 지내는 연습을 할 수 있는 방법을 찾아야 한다. 이를테면 업무를 안 하는 시간에 자기계발 서적을 읽는 대신 판타지, 오락, 진지하지 않거나 허구적인 내용의 잡지나 책을 읽도록 권장한다. 일주일에 한 번은 일찍 퇴근하기, 직장 동료와 맥주 한잔하기, 낮잠 자기, 공상에 잠기기, 코미디 보기, 느긋하게 목욕하기, 정해진 시간에만 일하기 등을 실천하는 숙제를 내 줄 수도 있다.

장난스러운 도발을 사용하여 경직된 신념에 도전하고 강박적 규칙지배적 행동을 차단하기

이야기와 은유를 혼합한 **장난스러운 도발**은, 좀 더 공식적으로 제시했다면 묵살됐을 만한 문제나 치료 전략에 대한 중요한 정보를 은연중에 끄집어 낼 수 있다. 예를 들어 치료자는 강박적 해결을 방지하기 위해 반드시 지켜야 하는 새로운 규칙, 즉 '문제가 처음 발생한 후 24시간이 지나기 전까지는 해결하거나 고치려고 시도해서는 안 된다'는 규칙을 만듦으로써, 규칙을 준수하려는 과잉통제 성향을 장난스럽게 활용할 수 있다. 과잉

통제 내담자가 강박적인 해결 행동을 24시간 이상 지연하면 다음과 같은 몇 가지 이점이 있다.

- 문제에 대한 새로운 정보가 자연스레 드러날 수 있는 시간을 확보함으로써, 뒤늦게 오류나 불필요한 것으로 밝혀지는 성급한 의사 결정을 방지한다.
- 강박적 해결은 불확실성이나 모호함에 대한 두려움과 회피에 의해 발생하지만, 결정이나 해결책을 24시간 늦추면 일단 그 사이에 잘 수 있다(수면 중에는 단서로 유발된 감정 반응이 사라지므로, 다음날 아침에 문제에 대한 새로운 시각을 가지게 될 가능성이 높다).
- 내담자가 너무 열심히 일하지 않고 자신 및 개인적인 약점에 대해 비판적이지 않은 유머 감각을 기르는 연습을 할 수 있는 기회를 제공한다(비생산성 기술을 가르치는 것은 『기술훈련 매뉴얼』 5장 5과 참조).

이 전략은 **장난스러운 도발**(즉, 약간 놀리는 듯한 방식)을 사용하여 전달해야 한다. 해결을 지연하는 새로운 24시간 규칙을 반드시 준수해야 한다고 장난스럽게 강조하면서 비언어적으로 애정을 전달하면, 내담자가 치료자와 함께 오래된 습관을 바꿀 수 있는 새로운 방법을 실험해 볼 수 있도록 유도할 수 있다.

다음의 회기 내용은 **장난스러운 도발**을 통해 생각에 대한 즉물적 믿음에 도전하고 규칙지배적 사고를 완화하는 법을 보여 준다(**장난스러운 도발**에 대한 자세한 논의는 10장을 참조).

치료자: 어젯밤에 신선한 모짜렐라 치즈, 구운 토마토와 마늘, 신선한 후추와 파슬리를 약간 뿌리고 올리브 오일을 뿌린 바삭한 크러스트를 얹은 맛있는 치즈 피자를 만들었어요. 빨리 집에 가서 오븐에서 데워 먹고 싶어요!(잠시 멈추고 내담자를 바라봄) 그런데 제가 왜 이런 얘기를 하고 있죠?

(내담자가 어깨를 으쓱함)

치료자: 사실 거짓말이에요. 전 그런 피자를 만든 적이 없어요! 혹시 당신도 저처럼 지금 군침을 흘리고 있다면, 꼭 진실된 생각만 우리에게 영향을 끼치지는 않는다는 사실을 알면 좋을 것 같아요. 당신이 그렇게 생각한다고 해서 그게 다 사실은 아닐 테니까요.(이 경험을 통해 내담자가 생각이 사실이 아니더라도 생리적·정서적으

치료자: (안경을 쓰며) 전 안경을 쓰고 있지 않아요.

(내담자가 어리둥절해함)

치료자: 진짜예요, 전 안경을 쓰고 있지 않아요!(자신이 쓰고 있는 안경을 만진 뒤, 잠시 멈췄다가 내담자를 바라봄) 제 말을 믿으세요?

(내담자가 아니라는 뜻으로 고개를 저음)

치료자: 안경에 대한 저의 말은 당신의 머릿속 생각처럼 설득력 있게 들릴 수 있어도 꼭 진실은 아니에요.(경험을 통해 내담자의 생각에 대한 즉물적 믿음에 장난스럽게 도발적인 이의를 제기하고, 이야기를 통해 교훈적 가르침을 전달함) 생각은 우리 안에 있기 때문에, 우리는 머리 밖의 사물에 대한 생각을 쉽게 무시할 수 있음에도 불구하고 그걸 그대로 믿는 경향이 있죠. 예를 들면 우리는 라디오에서 '돈을 보내지 않으면 세상이 끝날 것이다'라고 주장하는 말을 쉽게 무시합니다. 또는 어린아이가 '나는 키가 2미터가 넘는 거인이다'라고 외칠 때 이 말이 허구라는 걸 압니다. 하지만 우리는 내면의 언어적 행동, 즉 말과 생각은 쉽게 무시하지 않습니다.(생각을 문자 그대로의 진실이 아닌 그냥 생각으로 보는 것의 중요성을 보여 주는 다른 예를 들어 설명함) 그래서 저는 생각을 곧이곧대로 진실로 여기지 않고 그냥 관찰하는 기술을 연습해 보자는 제안을 드리고 싶습니다. 여기서 목표는 생각을 마치 영화가 재생되는 것처럼 관찰하는 겁니다. 이 연습에 익숙해지면 자신이나 타인에 대한 부정적인 믿음은 점점 힘을 잃어 갈 거예요. 어떻게 생각하세요?

(내담자에게 동의를 구하고 확인함)

경직성이 관계에 끼치는 부정적 영향 강조하기

경직된 규칙지배적 행동, 완벽주의, 구조와 통제에 대한 강박적인 욕구는 관계에 부정적 영향을 끼칠 수 있다. 예를 들어 한 과잉통제 내담자는 다른 사람이 일을 제대로 안 한 것 같을 때 본인이 다시 해야 한다는 강박을 느낀다고 보고했는데, 치료자와 내담자의 이러한 행동이 일을 잘 해낸 후에 느끼는 자부심이나 성취감에 의해 강화됐을 가능성이 크다고 판단했다. 하지만 강박적 다시 하기는 인간관계에 부정적인 영향을 끼쳤다. 가족과 동료들이 그녀의 완벽주의적인 기준을 충족하는 경우가 거의 없었기 때문에, 그녀가 다시 하는 것은 그들의 사기를 떨어뜨렸다. 또한 내담자 역시 지칠 때가 많고 (다른 사람의 일을 다시 하는 것은 추가적인 노력을 필요로 함), 자기만 일하고 있다는 느낌 때문에 분노와 원망 커졌다(가족은 사실상 거의 모든 집안일에서 손을 뗐음). 또 다른 내담자는 사회적 에티켓('항상 예의 바르게 행동하기' 또는 '매년 크리스마스 카드를 보내기')이나 성실('항상 모든 이메일에 즉시 답장하기')과 관련된 규칙에 경직된 행동을 지니고 있었다. 이럴 때 마음챙김 연습은 관계에서 판단하지 않고 참여하는 것의 중요성에 초점을 맞추는 동시에, 어떤 일이 일어났어야 했는지 또는 상대방이 어떻게 행동해야 했는지에 대한 도움되지 않는 생각을 놓아 버리는 데 초점을 맞출 수 있다.

구조와 통제에 대한 강박적 욕구에 대한 충동 서핑

RO DBT는 구조와 통제에 대한 강박적 욕구를 예측 가능한 행동 경향에 대한 내적 경험(본질적으로 일시적 속성을 지닌 행동 경향이나 충동)으로 개념화한다. 내담자는 충동과 관련된 생각에 사로잡히거나 충동과 관련된 행동 경향(예: 해결책에 대해 반추하거나 명백한 문제를 서둘러 해결하는 것)에 무심결에 굴복하지 않고, 마음챙김을 통해 통제·수정·교정하려는 강박적 욕구에 주의를 기울이는 법을 배울 수 있다. 내담자는 반복적인 연습을 통해 충동이 파도처럼 밀려왔다가 지나감을 배울 수 있다(Marlatt & Gordon, 1985). 마음챙김에 기반한 충동 서핑 지문은 『기술훈련 매뉴얼』 5장 12과를 참조할 것.

완벽주의적 성향을 사랑하는 법 배우기

치료자는 완벽주의를 변화시키려는 함정에 빠지지 말아야 한다. RO DBT는 내담자가 항상 자신을 개선하려고 노력하기보다는 결핍을 수용하는 연습을 하도록 권장한다. 따라서 부적응적 완벽주의의 치료는 자신의 단점을 사랑하는 것에서 시작해야 한다. 한 RO DBT 치료자는 완벽주의를 치료해 달라는 내담자의 요구에 **장난스러운 도발**로 이렇게 대답했다. "죄송합니다. 저는 윤리적으로 당신의 완벽주의를 치료할 수 없습니다. 그럼 당신은 결코 충분하지 않다는 자신의 믿음을 믿게 될 테니까요. 즉 제가 당신의 완벽주의를 없애도록 도와주는 건 결국 당신이 결함이 있다는 믿음에 동의하는 것이고, 그건 윤리적으로 잘못된 일이라고 생각하거든요. 하지만 이 문제에 관심이 있으시다면 다른 해결 방법이 있습니다. 좀 어렵긴 해요. 바로 완벽주의적 성향을 바꾸는 대신 완벽주의적 성향을 완전히 사랑하거나 감사하는 마음을 가지는 거예요. 당신이 정말로 그렇게 할 수 있다면, 자신을 개선시키려는 노력을 멈췄기 때문에 더 이상 그때부터는 완벽주의자가 아닐 겁니다."

냉담하고 소원한 관계

과잉통제는 근본적으로 사회적 고립과 외로움의 문제로 볼 수 있기 때문에, 치료의 가장 중요한 목표는 내담자가 한두 개의 장기적이고 아주 친밀한 관계(예: 연애 또는 결혼)를 맺거나 강화할 수 있도록 돕는 것이다. 대부분의 과잉통제 내담자는 건강하고 장기적인 연애 관계를 원하면서도, 이를 달성하는 데 대해 억울해하거나, 냉소적이거나, 체념한 경우가 많다. 치료자는 내담자가 기존의 장기적인 관계의 친밀감(또는 친밀감의 부족)에 대한 심층적인 평가를 수행하고 변화하겠다는 약속을 하게 해야 한다. 또한 내담자가 진정으로 공유할 가치가 있는 삶을 살고, 치료의 장기적인 이득(예: 더 이상 만성 우울증에 걸리지 않는 것)을 얻으려면 이 영역에서의 의미 있는 진전이 필수적임을 설명해야 한다. RO DBT에서는 관계를 계획하거나 그에 대해 이야기하는 것을 넘어서는, 새로운 행동에 참여할 때 비로소 진정한 진전이 있는 것으로 정의한다(예: 18회기 전까지 내담자가 데이트를 시작하는 것을 개선으로 정의할 수 있다). 이 목표의 중요성은 처음 네 번의 오리엔테이션 및 약속 회기 때 간략히 소개한 뒤 자주 재확인하는 것이 좋다. 치료자는 인간관계에 대한 내담자의 세계관(예: 장기적인 연애 관계는 불가능하거나 바람직하지 않음, 지금의 관계도 괜찮음)에 동의하지 않도록 주의해야 한다. 이 주제에 대한 내담자의 저항은 예상할 만하지만(10장 「**반발**」 반응 및 「**"나를 아프게 하지 말아요" 반응**」 내용 참조), 이 테마에 대한 작업을 중단해야 한다는 의미로 받아들여서는 안 된다.

냉담하고 소원한 관계에 대한 치료 전략

동맹파열 복원과 관계 증진기술을 연계하기

과잉통제 내담자는 위험을 회피하기 때문에, 새로운 관계를 맺을 때 경계하고 신중하며 덜 신뢰하는 경향이 있어 치료동맹을 구축하기가 어렵다(5장 참조). 다행히도 과잉통제 내담자와 강력한 치료동맹을 구축하는 데 관련된 문제는, 내담자가 현실 세계에서 다른 사람들과 경험하는 문제와 똑같거나 비슷하다. 예를 들어 과잉통제 내담자는 인간관계 갈등의 해결책으로 포기를 생각한다. 하지만 모든 친밀한 관계에서 갈등은 피할 수 없다. 치료자는 내담자가 포기하는 대신 갈등 해소 기술을 연습할 수 있는 이상적인 (그리고 안전한) 장소로 개인치료 시간을 활용하도록 권장해야 한다. 좋은 치료에서는 교정적 피드백(부적응 행동을 불인정하는 것)을 제공하므로, 분명 이를 연습할 기회가 많을 것이라고 장난스럽게 설명할 수도 있다. 그렇기 때문에 과잉통제 내담자를 치료하는 RO DBT에서는 동맹파열을 생명을 위협하는 행동 바로 다음으로 우선적 목표로 다루며, 이를 문제가 아닌 기술 연습의 기회로 간주한다. 동맹파열 및 복원에 대한 자세한 내용은 8장을 참조할 것.

의견 불일치 강화하기

많은 과잉통제 내담자는 적어도 표면적으로는 친밀감을 높이는 것처럼 보이는, 과잉친화적 행동으로 냉담함을 표현한다. 이러한 내담자는 치료자에게 전적으로 혹은 거의 동의하지 않거나, 다이어리 카드 작성의 중요성에 대한 설명을 충분히 들었음에도 불구하고 이를 이해하지 못하거나, 속으로 이를 시간 낭비나 자신의 문제와 관련이 없다고 생각하면서도, 정작 치료자가 내 주는 숙제는 성실히 수행한다(예: 몇 시간씩 할애해서 다이어리 카드를 상세히 작성함). 내담자는 속으로는 치료에 대한 환멸이나 치료자에게 화를 느끼면서도 겉으로는 이를 드러내지 않는다. 따라서 치료자는(특히 치료 초기에는) 내담자의 순응, 동의, 또는 전념 표현을 진실된 내적 경험의 반영이라고 간주하지 말아야 한다. 반대로 내담자가 불화, 불편, 양가감정, 또는 의견 불일치를 드러내면 이를 문제가 아닌 치료의 진전을 나타내는 것으로 재정의하고 친밀감을 증진하는 데 필수적인 단계로 간주함으로써 적극적으로 드러내도록 장려해야 한다. 따라서 만약 내담자가 치료자가 말한 내용에 곧바로 동의하지 않는 뜻을 밝히면, 치료자는 다음의 세 가지 단계를 수행해야 한다.

1. 자신의 감정을 솔직하게 말한 내담자에게 감사를 표하고, 그렇게 하는 것이 내면의 감정을 감추려는 과잉통제적 본성에 반하는 것임을 언급한다.
2. 내담자의 피드백이 맞을 가능성을 진지하게 고려하고, 내담자의 비판이 병리를 반영한다고 단정하지 말고, **자기탐구**(즉, 치료자가 문제에 기여했을 가능성을 탐색함)를 실천한다.
3. 내담자가 피드백한 내용을 어떻게 다룰지 함께 상의하고(예: 문제를 계속 관찰함, 치료 방식을 변경함, 그대로 진행함), 이를 유연한 마음과 관련된 원칙을 가르칠 수 있는 기회로 활용한다(『기술훈련 매뉴얼』 5장 참조).

비판적 피드백에 대한 개방성을 늘림으로써 관계를 향상하기

일부 과잉통제 내담자의 냉담하고 소원한 인간관계 스타일은, 이들이 겪는 인간관계의 고통스러운 피드백을 회피하는 데 도움이 되기 때문에 간헐적으로 강화되어 왔다.

차가워 보이거나 쉽게 범접하기 어려운 모습은 이들이 인간관계 피드백을 중요하지 않게 여기거나 별로 신경 쓰지 않는다는 인상을 줄 수 있다. 시간이 지날수록 점차 사람들은 피드백을 꺼린다. **온전한 개방성**은 주관을 유지하면서도 자신이 틀릴 수도 있음을 받아들임을 의미한다. 이를 위해서는 유연함과 더불어 자신의 오류성을 기꺼이 받아들이려는 마음이 필요하다. 치료자는 과잉통제 연령의 내담자가 다른 사람들이 인간관계 피드백을 제공해 주도록 장려하는 수단으로 **유연한 마음은 피드백을 받아들인다**(ADOPTs) 기술을 사용하도록 독려해야 한다(『기술훈련 매뉴얼』 5장 22과 참조).

사회적 포용을 전달하기 위한 인정 기술 가르치기

많은 과잉통제 내담자들이 주된 기술에 결핍이 있는 것은 그만큼 타인의 감정·생각·욕구·행동·경험에 대한 이해와 수용, 즉 인정을 전달할 수 있는 능력이 부족함을 의미한다. 인정은 상대방의 반응을 수용하고, 가치 있게 여기고, 그 자체로 중요하게 여기고 있음을 전달하기에 친밀한 관계를 향상한다. 개인치료자는 과잉통제 내담자에게 **인정하기** 기술을 명시적으로 가르치고, 회기 중에 리허설할 수 있는 기회를 찾아야 한다(『기술훈련 매뉴얼』 5장 19과 참조).

자기개방을 증진하기 위해 매치 +1 기술 가르치기

대부분의 과잉통제 내담자들은 타인에게 자신의 취약성을 드러내거나 개인적인 내용을 말하기 꺼리기 때문에 친밀한 관계를 형성하기가 더 어렵다. 친밀한 인간관계를 위해서는 친사회적이거나 긍정적인 경험도 중요하지만, 약점이 될 수 있거나, 당황스럽거나, 사회적으로 부적절한 감정·생각·경험을 서로 드러낼 필요도 있다. 치료자는 과잉통제 내담자가 자신의 취약성이나 과거에 저지른 실수를 다른 사람과 공유하는 것은 곧 발신자가 수신자를 신뢰할 수 있다고 생각한다는 것을 전달하는 것임을 깨달을 수 있게 해야 한다. 이렇게 할 때 수신자도 발신자와 비슷하게 반응할 가능성이 높다. 개인치료자는 이를 촉진하기 위해 **매치+1** 기술을 가르쳐야 한다(『기술훈련 매뉴얼』 5장 21과 레슨 참조). **매치+1** 기술은 개인적 내용을 공개하면 상대방과 더 가까워질 수 있으며, 이러한 호혜적 과정은 모든 친밀한 인간관계의 기본이라는 단순한 인간관계 원리에 기반한다.

시기나 원망을 유발하는 심한 사회적 비교

과잉통제 내담자는 성취와 성과를 중시하기 때문에, 유능해 보이는 것은 선택이 아니라 필수다. 따라서 자신의 성과가 다른 사람에 비해 우월하거나 적어도 비슷한 수준인지 확인하기 위해 자주 사회적 비교에 몰두한다. 이들은 부정적 정서를 조절하고 자존감을 높이기 위한 강박적인 수단으로 자신이 다른 사람보다 더 잘하고, 더 빠르고, 더 똑똑하고, 더 건강하다는 증거를 찾는 데 몰두한다. 사회적 비교로 자신의 성공을 확인할 수도 있지만, 결과가 부정적일 때는 그 대가를 치르게 된다. 다른 사람과 비교한 결과 자신이 못마땅하고 다른 사람이 부당하게 우위를 누리고 있다고 생각하면 쓸데없는 시기심이 든다. 시기는 대개 수동-공격적이지만 종종 노골적으로 공격적인 행동을 유발할 수 있기 때문에 꼭 이해해야 하는 중요한 감정이다.

억제성 통제가 높은 사람은 억제력이 낮은 사람에 비해 실연당하고 나서 한 달 이내에 외상, 우울증, 스트레스, 당황스러움 등의 증상이 더 많이 나타나고 상대를 덜 용서하는 것으로 나타났다(Couch & Sandfoss, 2009). 연구에 따르면 인간관계 잘못(즉, 다른 사람이 자신에게 고통스럽거나 도덕적으로 잘못된 방식으로 해를 끼쳤다고 지각하는 것. M. E. McCullough, Root, & Cohen, 2006)은 정신건강에 부정적인 영향을 끼칠 수 있다. 예를 들어 굴욕감은 주요우울장애의 위험을 70% 증가시켰다(Kendler, Hettema, Butera, Gardner, & Prescott, 2003). 앞서 언급한 바와 같이, 우리 연구에서는 전체 과잉통제 내담자의 약 절반이 과거 외상을 경험했거나 다른 사람에게 원한을 품고 있다고 보고했다. 심한 사회적 비교는 과잉통제형 인간에게 흔하며 시기와 원망의 전조로 작용한다. 우리에게 해를 끼친 사람에게 덜 긍정적인 감정을 느끼는 것이 정상적이라 하더라도, 원한이나 잘못을 놓아 버리고 용서할 수 있는 사람은 자신에게 상처 준 사람을 덜 피하고, 앙심을 덜 품으며, 더 자비롭다(M. E. McCullough et al., 2006). 다음의 회기 중 진술 내용은 한 과잉통제 내담자가 경험한 원망과 복수에 대한 내용을 보여 준다.

금요일 아침에 차에 기름을 넣어야 했는데 시간 낭비 같아서 짜증이 났어요. 주유소에 도착했을 때 줄이 너무 길어서 대체 이 멍청한 사람들이 왜 이렇게 오래 걸리나 생각했던 기억이 나요. 드디어 제 차례가 되자 주유구가 기계 반대편에 있어서 호스를 차를 가로질러 늘려야 한다는 사실을 깨달았어요. 그 때문에 시간이 걸렸고 뒤 사람들이 계속 절 쳐다봤어요. 전 굴욕감이 들었어요. 그래서 스스로에게 말했죠, '저 사람들을 기다리게 해야지'. 전 평소처럼 트렁크를 열어서 고무장갑을 찾고, 호스와 노즐을 천으로 닦고, 영수증을 다시 한번 확인하고, 전반적으로 다 잘 처리했는지 점검했어요. 시간이 걸린다는 사실은 중요하지 않았죠. 뒤차들이 울리는 경적은 그냥 무시했어요. 제 권리를 지켜야 했기 때문에 그렇게 하는 게 정당한 것 같았어요.

이 사건 이후 내담자의 허리 통증은 더욱 심해졌고, 그는 그 사건을 회상하며 사람들의 어리석음을 탓했다. 또한 주유소 주인에게 복수할 수 있는 방법도 생각했다. 개인치료자는 내담자와 함께 **체인분석**을 통해 상황의 역기능적 연결고리를 찾아내고, 더 효과적인 대응 방법을 도출하고자 했다. 그 일환으로 내담자가 경험한 감정에 이름을 붙이게 하고, 행동의 결과(예: 허리 통증 심화)도 조사했다. 치료자는 내담자가 이러한 경험을 바탕으로 쓸데없는 분노와 원한을 놓아 버리는 기술을 배울 수 있도록 했다. 내담자는 그 일환으로 주유 기계의 잘못된 쪽에 주차한 자신을 용서하고, 주유소에서 다른 사람들이 표현한 답답함에 공감했다.

쓸데없는 시기는 수치심과 분노의 고통스러운 혼합을 수반하는데, 우리는 이를 은밀한 분노라고 부른다. 자신이 충분히 가질 자격이 있다고 믿는 것을 얻지 못하거나, 다른 사람이 부당하게 이득을 취했다는 결론에 계속 도달하면 원망이라는 감정 상태에 이를 수 있다. 원망은 비관주의, 냉소주의, 배은망덕한 느낌을 특징으로 한다. 원망과 시기는 모두 인간관계에 부정적인 영향을 끼치고 다른 사람들이 친교를 꺼리게 한다. 한 과잉통제 내담자는 치료를 안 받는 자신의 과잉통제 어머니가 "늘 다른 사람의 잔치에 재를 뿌리시는 것 같아 곁에 있는 것이 힘들어요"라고 말했다.

시기와 원망에 대한 치료 전략

시기와 원망에 대한 반대행동 기술 가르치기

시기와 원망에 대한 **반대행동** 기술은 훈련 수업에서 다루지만, 개인치료 시간에도 별도로 가르쳐야 한다. 시기에 대한 **반대행동**은 숨고 싶은 충동과 공격하고 싶은 충동이라는 두 가지 다른 충동에 반대로 행동하는 것이고, 원망에 대한 **반대행동**에는 남을 돕고, 남의 도움을 받고, 인간의 보편적 공통점을 성찰하고 감사하는 연습을 하는 것이 있다.

무엇보다 중요한 것은 친절임을 모델링하기

친절은 RO DBT의 핵심 행동 방식이다. 친절은 다른 사람들이 우리에 반하거나 멀어지기보다는, 우리와 함께할 수 있게 장려한다. 친절은 세상에서 우리의 위치를 인지하고 모든 것이 연결되어 있음을 이해함으로써 진정한 겸손을 실천하는 것을 의미한다.

친절은 우리가 더 많은 정보를 얻을 때까지 상대방이 의심의 여지를 가질 수 있게 하고, 그 후에도 기꺼이 틀릴 수 있다는 것을 연습함을 의미한다. 결정적으로, 친절은 단순히 타인을 '자상하게' 대하는 것을 의미하지 않는다. 실제로 남을 위해 할 수 있는 가장 친절한 일은 거절하거나 엄격하게 대하는 것일 때도 있다. 치료자는 내담자에게 친절을 모델링하고, 친절을 강화하는 데 유용한 숙제를 연습하도록 독려해야 한다(『기술훈련 매뉴얼』 5장 17과 참조).

자애명상 가르치기

치료자가 자애명상으로 시기와 원망을 치료할 때는 RO DBT에서 이를 활용하는 일반적 목표와 다르다는 것을 내담자에게 설명해야 한다. 일반적으로 자애명상의 주요 목표는 PNS-VVC를 매개로 한 사회적 안전 시스템을 활성화하는 것이다. 하지만 시기나 원망이 심한 내담자를 도울 때 자애명상의 주요 목표는 자비와 커뮤니티와의 유대를 증진하는 것이다. 자애명상을 이런 식으로 실행하면 내담자가 이미 소중히 여기는 사람 및 평범한 관계에 있는 사람뿐만 아니라, 더 폭을 넓혀서 내담자가 대하기 어려운 사람(예: 질투를 느끼는 사람), 자신, 세상에 대해서도 애정, 따뜻함, 선의를 직접 표현하게 할 수 있다. 연구 결과 4분간의 짧은 자애명상 연습은 대조군에 비해 낯선 사람에 대한 긍정성과 사회적 유대감을 크게 증가시켰다(Hutcherson, Seppala, & Gross, 2008). 치료자는 『기술훈련 매뉴얼』(5장 4과)에 제공된 자애명상 지문을 활용해 시기와 원망을 대상으로 하는 연습의 기초로 사용할 수 있으며, 개인치료 중에는 연습을 녹음하는 것이 좋다(녹음된 내용을 내담자가 집에서 사용할 수 있도록 제공함). 마지막으로, 치료자는 자애명상을 활용해 시기와 원망을 다루는 것은 어디까지나 선택적으로 필요한 경우에만 사용하는 반면, PNS-VVC 매개 사회적 안전 시스템을 활성화하기 위한 자애명상은 필수(즉, 표준 RO DBT 프로토콜의 일부)임을 명심해야 한다.

용서 훈련 가르치기

대부분의 과잉통제 내담자들은 자신과 다른 사람의 잘못, 실수, 과거에 폐를 끼친 것을 용서하는 데 어려움을 느낀다. 우리는 모두 용서하는 데 어려움을 겪는다는 사실을 깨닫는 것이 중요하다 용서는 하나의 과정이다. 이를 위해서는 고통을 내려놓기로 결심하고, 습관적인 대응 방식을 바꾸겠다고 다짐하고, 더 자비로워지고 너그러워지는 데 도움이 되는 기술을 기꺼이 실천하려는 의지가 있어야 한다. 용서한다고 꼭 고통이 사라진다는 보장은 없다. 용서 훈련은 RO DBT에서 가장 강력한 임상 도구들 중 하나다. 이는 다시 부족에 합류하고 자신과 타인에 대한 자비를 되찾는 데 필수적인 수단이다. 용서 훈련은 기술훈련 수업에서 공식적으로 가르치지만(『기술훈련 매뉴얼』 5장 29과 참조), 개인치료자는 개인치료 회기 때도(보통 14회기 이후에) 용서의 원리를 가르쳐야 한다. 치료자는 내담자에게 용서란 과거에 대한 승인이나 부정이 아닌, 현재의 우리 자신을 돌보는 것임을 상기시켜야 한다. 용서는 선택이다. 우리가 성장하고 정신적으로 건강해지기 위해서는 과거의 상처를 내려놓으려는 끊임없는 노력이 필요하다. 끝으로, 용서는 자신을 돌보고 자신의 가치에 따라 살기 위해 과거의 불만, 원한, 복수심을 놓아 버리는 것을 의미하기에 자유로움을 선사하지만, 이를 위해서는 긴 시간과 지속적인 실천이 필요하다.

사회적 신호 하위유형을 사용하여 치료 대상 선정하기

3장에서 언급한 바와 같이, 과잉통제는 사회적 신호에 따라 **과잉친화**overly agreeable와 **과잉비친화**overly disagreeable의 두 가지 하위유형으로 나눌 수 있다. 각 하위유형은 주로 과잉통제 내담자가 사회적 환경 속에서 다른 사람들에게 어떻게 인식되기 바라는지에 구분된다(즉, 하위유형은 과잉통제 내담자의 공개적 페르소나와 관련 있다). 과잉통제의 특징적인 핵심 사회적 신호 결핍은 바로 자신의 내면 감정을 타인에게 감추는 데 있다. 이들은 외부적으로 표현하는 것(공개적으로 드러나는 것)이 속으로 느끼는 것(개인적으로 경험하는 것)을 정확하게 반영하지 못하는 경우가 많다. 부족에 다시 합류하고 정서적 외로움을 줄이기 위해서는 그 페르소나와 정확히 반대되는 것이 곧 해결해야 하는 핵심 문제인 경우가 많기 때문에, 내담자의 공개적 페르소나(즉, 과잉통제의 하위유형)를 파악하는 것만으로도 치료 대상을 더 잘 설정할 수 있다. 두 하위유형 모두 유능해 보이려는 동기에 바탕을 두고 있지만, 과잉비친화 하위유형은 사회적 승인이나 예의에 덜 신경 쓴다. '친화적'과 '비친화적'이라는 단어는 내면의 감정 자체가 아닌, 자극을 받았을 때 가장 일반적으로 나타내는 외적인 가면 혹은 페르소나를 의미한다. 두 하위유형 모두 인간의 모든 감정과 기분(예: 화, 적대감, 불안, 공포, 수치심, 죄책감 등)을 경험하지만, 자기통제 성향에 따라 내적 감정 경험을 표현하는 방식은 다르다(RO DBT의 신경조절모형에 대해서는 2장을 참조). 따라서 과잉비친화형 인간의 페르소나 또는 외적 표현 스타일은, 스트레스를 받거나 부정적 피드백 혹은 예상치 못한 사건에 직면했을 때 결의·독단·냉담·경멸·의심하는 태도를 보일 수 있다. 반대로 과잉친화형 인간의 페르소나는 예의 바르고, 순응적이며, 친밀하고, 비위를 잘 맞추는 사람으로 보일 가능성이 높다.

과잉비친화 하위유형

이 하위유형에 속하는 사람은 유능해 보이려는 동기부여를 지니고 있지만, 순종적이거나 복종적이지는 않다. 말투는 업무적인 색채를 띠며, 얼굴 표정은(특히 스트레스를 받으면) 심각하거나, 걱정스럽거나, 무표정하다. 불굴의 의지를 중요시하며, 불의에 맞서고, 부도덕한 방식의 순응을 요구하는 사회적 압력에 저항한다. 이들은 열정적이거나 표현을 잘하는 사람, 약하거나 불평하거나 위선적이거나 무능해 보이는 사람을 굉장히 싫어한다. 흥미롭게도 이들은 도덕적 잘못에 대해 다른 사람에게 기꺼이 맞서거나 옳은 일을 하는 것이 중요하다고 강력히 주장하면서도, 정작 친밀한 인간관계 갈등에 관해서는 문제를 직접 해결하기보다는 관계를 끊거나 포기하는 것을 선호한다.[57] 하지만 이들은 목적을 달성하기 위해서라면 얼마든지 불친절해질 수 있고 악역을 마다하지 않는다. 설령 그게 중요한 관계를 훼손하더라도 말이다. 예를 들어 과잉비친화 하위유형은 원치 않는 피드백에 직면하면, "나를 아프게 하지 말아요" 반응(예: 나약하거나 연약한 것처럼 행동)보다는 '반발' 반응(예: 질문에 질문으로 대답)을 보일 가능성이 더 높다. 그럼에도 불구하고 이들은(특히 잘 모르는 사람들과 함께 있을 때) 매우 친사회적이고 친절할 때가 많다. 따라서 치료자는 치료 초기 단계에서 첫 번째 동맹파열 때까지 과잉비친화 내담자가 예의 바르고 친사회적인 태도를 보일 수 있음을 염두에 둬야 한다. 겉으로는 강인하거나 자신감 있는 것처럼 보이지만 내면적으로는 불안·걱정·불확실성·취약성을 느끼는 과잉비친화 하위유형은 자신을 다른 사람에게 드러내려고 하지 않는다. 이들은 자신의 딱딱한 외면이 근본적으로 결함이 있고 약한 내면을 감출 수 있다는 은밀한 믿음을 지니고 있다. 실제로 이들은 이러한 취약성을 남에게 숨기는 것이 필수적이라고 믿으며, 어리석거나 교묘하게 조종하는 사람이나 개인적 취약성을 드러낸다고 믿는다. 이로 인해 이들은 즐거움, 휴식, 자기위안을 즐기지 못하고 소진과 냉소적 원망으로 이어질 수 있다. 따라서 과잉비친화 하위유형의 치료에서는, 타인과 긴밀한 사회적 유대를 형성하고 개선하기 위해서는 취약성을 숨기지 않고 오히려 드러내는 것이 중요함을 강조한다. 개인치료자는 인정(**『기술훈련 매뉴얼』** 5장 19과 참조)에 중점을 두며 내담자가 다음의 내용을 배우도록 도와주는 RO DBT 기술에 초점을 맞춰야 한다.

- 더 장난스럽고 즉흥적이며, 생산성에 대한 집착을 멀리하기(5과)

- 열린 마음으로 자신감 가지기(18과)
- 남 앞에서 자신의 취약성 드러내기(21과)
- 관계를 포기하지 않고 공개적으로 갈등을 다루기(21과)
- 손상된 관계를 복원하기(21과)
- 잘못한 뒤 사과하기(21과)
- 비판적 피드백을 열린 마음으로 대하기(22과)
- 시기와 원망을 놓아 버리기(28과)
- 자신과 타인을 용서하기(29과)

다음은 내가 과잉비친화 내담자와 함께 작업할 때 유용하다고 여긴 맞춤형 숙제들이다.

- 디테일을 다시 살펴보거나 작업을 재확인하지 않고 그대로 완료하기
- 게으름을 피우거나 과도한 업무 줄이기(예: 남들과 같은 시간에 퇴근하거나, 토요일 오후에 낮잠을 자거나, 자기계발서가 아닌 재미있는 잡지나 책 읽기)
- 자기계발이 아닌 취미나 여가 활동을 즐기고 개발하는 연습하기
- 정해진 시간만 할애하여 업무를 완료하고, 시간 내 업무를 완료하지 못하더라도 언제든 나중에 완료할 수 있다는 사실을 받아들이는 연습하기(하루의 작업 시간이 다 되면 다음날에 다시 시작함)
- 일에 대한 경직된 욕구를 내려놓고, 올바름에 집착하지 않는 것에 대한 자부심을 키우기
- 휴식의 기술 연습하기(예: 매일 20분씩 낮잠 자기)
- 느슨하고 여유로운 태도를 연습하고, 덜 진지해지는 방법을 찾기(문제를 항상 해결하려는 경직된 욕구를 놓아 버리는 자신에게 보상해 줄 것)
- 사소한 실수를 하고 그 결과를 지켜보는 연습을 하며, 실수를 한다고 해서 꼭 나쁜 일이 일어나지는 않음을 알아차리기(때로는 실수처럼 보이는 것에서 새로운 배움이나 예상치 못한 이득이 생길 수 있다)
- 나와 다르거나, 덜 진지하거나, 덜 업무 중심적인 사람들과 교류하는 연습하기 (예: 히피들이 모이는 박람회에 가 보기)
- 수집하는 행동을 내려놓기(예: 신문을 그날그날 버리기)

- 으레 곧바로 다음 할 일로 넘어가기보다는 자신이 잘한 것을 격려해 주기(예: 차고를 청소한 뒤에는 시간을 내어 재미있는 소설을 읽거나 한 시간 동안 일광욕을 함)
- 불확실하거나 모호한 상황에 처했을 때 무조건 통제하는 척하기보다는 불확실성을 드러내는 연습하기
- 다른 사람에게 무엇을 해야 하고 어떻게 문제를 다뤄야 하는지 알려주고 싶은 충동을 놓아 버리는 연습하기
- 남에게 비밀을 털어놓는 연습하기
- 친사회적 행동을 늘리기(예: 일주일에 세 번씩 수다 떨기, 칭찬받을 때 감사함을 표현하기, 실수한 뒤 사과하는 연습하기)
- 긍정적 감정을 유발하는 상황을 회피하지 않기(예: 강아지 입양하기)
- 모든 불만을 해결하거나 잘못을 바로잡아야 한다는 기대를 줄이기(예: 아무리 최선을 다해도 상황을 해결하거나 바로잡을 수 없을 때도 있음을 알아차리기)

과잉친화 하위유형

이 하위유형에 속하는 사람은 유능하고 사회적으로 바람직한 사람으로 보이기 위한 동기부여를 지닌다. '과잉친화'라는 단어는 공개적 페르소나, 명시적 상호작용 스타일, 전반적 기분 상태를 나타낸다. 과잉친화형 인간은 사회적 비난이나 시류에 역행하는 것을 두려워한다. 이들은 갈등을 피하고 공공장소에서 정상적이거나 적절하게 보이려는 강한 욕구를 지니고 있다. 이들은 개인적 공간(예: 가족 주변이나 혼자 있을 때)에서만 사회적 공손함의 가면을 벗는다. 사회적 상호작용 중에 할 말이나 행동을 강박적으로 연습하거나 계획하기도 하며, 자연스럽거나 재미있어 보이는 행동을 연습하기도 한다. 이러한 친사회적 페르소나는 항상 있는 그대로의 모습이 아닌 연출하는 것이기에 이를 유지하는 데 진이 빠진다. 따라서 이들은 병가가 잦고 편두통 및 기타 신체적 문제를 더 많이 호소하는데, 이는 특히 업무 수행에 대한 사회적 압박감이 커졌을 때(예: 결혼식, 하루 종일 외부에서 진행되는 회사 수련회) 두드러진다.

겉으로 드러나는 행동은 협력적이고 친사회적인 것처럼 보이지만, 과잉친화형 인간은 분노, 분개, 시기 등의 감정을 부정하거나 감추기 위해 노력하는 경우가 많다. 이들은 자신의 사회적 지위나 동료들 간의 우열에 집착하는 경향이 있으며, 사회적 환경에서 자신이 존중받지 못하거나, 거부당하거나, 인정받지 못하는 징후가 있는지 은밀히 탐지한다. 이들은 반대나 지지하는 증거가 없음에도 불구하고 타인의 행동이나 표현에 대한

자신의 해석에 확신을 지닌다. 이들은 자신의 인식이 정확한지 당사자에게 확인도 안한 채 며칠 또는 몇 주(때로는 몇 년) 동안 상대가 자신에게 잘못했거나 배신했다고 여기는 것을 반추할 수 있다. 대개 이들의 분노는 직계 가족 정도만 알 수 있다. 집안에서는 분노를 격렬하게 표현하기도 하지만(예: 화를 내거나 비꼬는 말투로 비아냥거림), 밖에서 만나는 이들은 과잉친화 내담자를 항상 예의 바르고 배려심 있는 멋진 사람으로 여기는 경우가 많다. 하지만 과잉친화 내담자는 사회적 바람직함의 가면에 가려진 진짜 자신은 사회적으로 부적절하고 열등하며 가식적이라고 느낀다. 이들은 자신이 겉으로 드러내는 배려와 관심의 표현이 내면과 일치하지 않는 경우가 많기 때문에 자신을 사기꾼처럼 느끼기도 한다. 예를 들어 이들은 다른 사람에 대해 부정적인 생각을 자주 하거나, 다른 사람에게 불행이 닥치는 것을 몰래 즐기거나, 자신이 무시당한다고 느끼는 사람을 깎아내릴 방법을 적극적으로 찾거나, 심한 험담에 몰두한다. 또한 이들은 개인적인 성취를 경시하거나 최소화하면서도, 은근히 자신의 천부적 재능에 대한 칭찬이나 인정을 갈망한다. 이들은 갈등이 발생했을 때 자신이 책임져야 한다고 주장하거나 자기비하적 태도를 보이면서도, 속으로는 다른 사람을 비난하거나 정당한 분노가 끓어오르기도 한다. 이들은 남들 앞에서 자신의 분노·분개·시기를 숨기는 데 능숙하기 때문에, 남들도 자기와 비슷하게 행동한다고 믿는다. 그래서 이들은 남을 불신하고 남의 솔직함이나 감정을 드러내는 것을 교묘하거나 가식적인 것으로 여길 가능성이 높다. 이러한 인식은 특히 치료 초기 단계에서 치료자나 기술훈련 강사에게까지 확대되는 경우가 많다. 이 하위유형의 내담자들이 가장 자주 보이는 얼굴 표정과 말투는, 상황에 맞지 않는 부적절하거나 과장된 친사회적 표현(예: 거의 알지 못하거나 다시 안 볼 사람에게 지나친 공손, 배려, 또는 동정을 표현함) 또는 내면의 감정이나 생각과 다른 감정 표현(예: 괴로울 때 미소 짓기)이다. 이들은 사회적 어색함을 줄이기 위한 전략을 개발하기도 한다(서 있기보다는 앉아서 상호작용하기, 흡연을 핑계로 집단에서 떨어져 있기, 자신에 대한 이야기를 안 하려고 상대방의 삶에 대해 질문하기, 주제 전환을 위해 다른 것에 관심이나 흥미 있는 척하기 등). 이들은 대화 중에 주의 깊게 경청하는 것처럼 보이지만, 실제 속으로는 관심 없거나, 자신을 질책하거나, 어떤 대답을 할지 생각하거나, 상대방을 판단하고 있을 수 있다(6장 '**헤드라이트 앞의 사슴**' 반응 관련 내용 참조). 이들은 친근하게 보이기 위해 열심히 노력하며, 자신은 친구가 많거나 다른 사람들의 고민을 잘 들어주는 재능이 있다고 말하기도 한다. 하지만 좀 더 자세히 살펴보면, 실제로 이들에 대해 잘 아는 사람은 거의 없다(예: 이들이 지닌 내면의 의심이나 두려움, 분노 폭발 등을 아는 사람은 거의 없으며, 이들 주변에서 친밀감이나 사회적 안정감을 느끼는 사람도 거의 없다). 과잉친화 하위유형의 내담자는 원치 않는 피드백에 직면했을 때 "나를 아프게 하지 말아요" 반응을 보일 가능성이 높으며(10장 참조), 사회적 승인에 대한 강한 욕구로 인해 자신의 진실된 감정이나 생각을 드러내는 것을 더 어려워하기 때문에, 다른 하위유형의 내담자보다 치료하기 더 힘들다. 또한 이들은 유연성이 사회적으로 바람직하다고 판단되면, 치료자에게 자신이 실제로는 유연하게 통제되고 있음을 재빨리 보일 수 있다. 이들은 자신의 문제를 부정하지 않는다는 것을 치료자에게 확신시킬 만큼의 적절한 개수의 문제를 인정하거나, 민감한 주제에 대한 대화를 교묘히 다른 방향으로 돌리거나, 듣기 싫은 피드백이나 질문을 교묘하게 처벌하기도 한다. 치료자는 과잉친화 내담자와 작업하면서 이들에 대한 공감을 유지하기 위해, 과잉통제 내담자에 대한 RO DBT 가정(4장 참조)을 참고해야 한다(예: 이러한 내담자는 취약성을 드러내는 것을 피하는 경향에도 불구하고, 속으로는 괴로워하며 자기통제 노력에 지쳐 있고, 대부분의 사람들과 진실되게 친밀한 유대감을 형성하는 법을 배우고 싶어 함). 일반적으로 과잉친화 내담자와 작업하는 치료자는 진정성을 향한 중요한 단계로서, 이들이 자신들의 비판적 사고, 고통, 친사회적이지 않은 행동을 진정 스스로 드러낼 수 있는 것을 목표로 삼아야 한다. 과잉친화 하위유형 내담자를 위한 치료 목표, 기술훈련, 숙제에서 중점을 두고 있는 부분은 다음과 같다.

- 가식 없이 진정성 있게 연기하기(『기술훈련 매뉴얼』 5장 5과 참조)
- 비판하거나 판단하는 생각이나 감정을 드러내기(19과 및 21과)
- 비판적 피드백에 위축되지 않고 열린 자세로 임하기(22과)
- 불필요한 사회적 비교를 내려놓기(28과)
- 자신과 타인을 용서하기(29과)

과잉친화 내담자와 함께 작업할 때 도움될 수 있는 맞춤형 숙제는 다음과 같다.

- 하루에 한 번 이상은 리허설 없이 그냥 말하는 연습을 한다.
- 일주일에 세 번씩 어떤 일에 대한 자신의 솔직한 의견을 남에게 밝히는 연습을 하고, 자신의 의견을 좋게 포장하거나 협조적인 것처럼 꾸미려고 하지 않는다.
- 개인치료 회기 중 다른 사람에 대해 판단하는 생각 세 가지를 치료자에게 말하고, 그에 대해 판단하지 말고 그것을 판단한다는 것에 대한 판단이나 수치심을 최소화한다(즉, 자신의 판단을 판단하지 마라).

- 하루에 두 번씩 다른 사람보다는 자신에게만 이익이 될 수 있는 일, 예를 들어 좋아하는 텔레비전 프로그램 시청하기, 저녁에 전화기 꺼 놓기, 원하는 식당에 가서 원하는 음식 먹기, 상사에게 최근의 성과에 대해 알리기 등 자신에게 더 집중하는 연습을 한다.
- 사회적으로 인정받을 수 있는 방식으로 행동하려는 자신의 욕구를 인정하고 소중히 여기는 연습(사람은 사회에서 생존하기 위해 협력적으로 행동해야 함)을 하는 동시에, 갈등을 피하기 위해 다른 사람의 의견에 자동적으로 동의하거나 따르기보다는, 비협조·거절·자기주장을 내세우는 기술을 연습한다(예: 일주일에 세 번씩 사과 없이 동의하지 않는 연습하기).
- 나중에 할 말을 리허설하기보다는, 다른 사람의 말에 집중하여 경청하는 연습을 하고 때가 되면 필요한 말을 할 수 있다는 믿음을 가진다.
- 반항심을 키운다. 반대 의견이 있을 때 이를 드러내는 연습을 하고, 우려 사항을 직접 전달하며, 피드백에 열린 자세로 임한다.
- 남에 대한 험담을 차단하고, 시기심에 대해 반대행동 기술을 사용한다.
- 고통이나 부정적인 감정이 느껴질 때 이를 드러내는 연습을 하고, 겉으로만 행복한 척하거나 배려하는 척하지 않는다.
- 남의 말을 신뢰하고, 상대방이 당신을 의심할 수 있는 여지를 주는 연습을 하며, 불신하기보다는 신뢰하는 연습을 하며, 세 번 이상의 상호작용을 통해 불신이 정당하다는 증거를 확인한 후에만 불신의 사치를 누린다.
- 상대방의 관점을 이해하려는 의지를 전달하는 방식의 일환으로, 정당한 분노·짜증·좌절감을 직접 표현하는 연습을 한다.
- 불신하는 생각과 다른 사람들이 자신을 해코지한다는 가정을 놓아 버린다.
- 다른 사람들이 항상 자신과 같은 관점으로 세상을 보거나, 자신과 같은 표현 방식으로 대처하지 않음을 명심한다(많은 사람들이 자유롭게 감정을 표현하거나, 크게 신경 쓰지 않고 내적 경험을 표현한다. 한 예로 과소통제형 인간은 감정 표현을 잘 억제하지 않는다).

이 장에서 다룬 내용

▶ 과잉통제 문제를 효과적으로 치료하는 핵심 방법은, 과잉통제 내담자가 느끼는 정서적 외로움·고립감·불행의 주요 원인인 간접적이고, 은폐되고, 제한된 사회적 신호를 치료 대상으로 삼는 것이다.
▶ RO DBT 개인치료자는 내담자의 사회적 신호가 사회적 유대감에 어떤 영향을 끼칠 수 있는지 지속적으로 질문해야 한다.
▶ RO DBT는 치료자와 내담자가 모두 치료 환경 내에서 지각 및 규제 편향을 드러내고, 이러한 편향이 치료관계와 치료 결과 모두에 영향을 끼친다고 가정한다.
▶ 가장 능숙한 치료자는 겸손하고 개방적이기 때문에, 당장 생명을 위협하는 행동이 아니라면 무엇이 부적응 행동인지에 대한 궁극적인 판단은 내담자에 맡긴다.

10장

변증법과 행동 전략

RO DBT에서는 원리에 기반한 치료 전략을 수립한다. 이 원리에는 신경생물이론과 진화론(2장 참조)은 물론이고, 치료자가 치료를 시행하는 방식에 큰 영향을 끼치는 변증법, 행동주의, **온전한 개방성**, **자기탐구**와 같은 RO DBT의 핵심 철학적 원리나 아이디어가 담겨 있다. **온전한 개방성**과 **자기탐구**는 이미 앞 장들에서 다뤘기 때문에, 이 장에서는 유연한 반응을 극대화하고, 사회적 신호를 개선하며, 사회적 유대감을 극대화하도록 고안된 전략을 중심으로, 변증법과 행동주의라는 나머지 두 가지 철학적 원리를 검토하는 것을 주요 목표로 한다.

왜 변증법인가?

RO DBT의 변증법적 전략은 게슈탈트Gestalt 치료(Perls, 1969)뿐만 아니라 표준 DBT의 지침이 되는 변증법적 원리(Linehan, 1993a)에서도 가장 두드러지는 실존주의 및 변증법적 철학과 그 뿌리를 공유한다. 변증법적 사고는 반작용을 부르는 명제(예: "억제는 유용하다"), 명제와 모순되며 이를 부정하는 것처럼 보이는 반명제("탈억제가 유용하다"), 그리고 이 두 명제 사이의 긴장을 두 가지 상반된 관점의 통합을 통해 해결하는 세 단계로 구성된다. 이를 위해서는 단순한 타협보다 더 고차원적인 기능을 발휘해야 한다(억제와 탈억제의 가치에 대한 분극화된polarized 진술의 통합은, 상황에 따라 필요하다면 얼마든지 자기통제를 유연하게 포기하겠다는 의지를 담고 있다). 헤겔Hegel 변증법은 다음의 다섯 가지 핵심 개념 또는 가정을 포함한다.

1. 모든 것은 일시적이고 유한하다.
2. 삶에서 중요한 것들은 모두 모순되는(즉, 반대되는) 힘으로 구성된다.
3. 하나의 힘이 반대되는 힘을 넘어설 때, 점진적 변화는 급변점 혹은 전환점으로 이어진다.
4. 세계는 전체론적이고holistic, 모든 것은 연결된 관계 속에 있다.
5. 변화는 지속적이고 교류적이다(즉, 상반되는 관점이 서로 영향을 주고받으며 시간에 따라 진화한다).

RO DBT에서 치료자는 변증법적 원리를 사용하여 인지적으로 경직된 과잉통제 내담자가 더 복합적이고 유연한 사고를 하도록 독려한다.

변증법적 사고의 예는 RO의 마음챙김 기술인 **자기탐구**에서 볼 수 있다. 7장에서 자세히 설명한 것처럼, **자기탐구**를 위해서는 자신의 신념, 인식, 행동 충동, 행동과 완전히 척을 지지도 않고 굴복하지도 않으며 기꺼이 의문을 제기하는 자세를 지녀야 한다. 변증법적 긴장은 자신을 신뢰하는 것과 불신하는 것 사이의 균형을 맞추는 것이다. 본질적인 문제는, 그 순간 자신의 인식이 현실을 정확하게 반영한다고 어느 정도까지 믿을 수 있는가 하는 것이다. 적어도 절대적인 측면에서 보면 정확한 현실 인식은 불가능하다. RO DBT에서 통합은 즉각적 부정(또는 동의) 없이 비판이나 피드백을 열린 마음으로 경청할 수 있는 것이며, 자신의 가치를 잃지 않으면서도 열린 마음으로 새로운 것을 기꺼이 경험하려는 의지를 나타내는 것이다.

변증법적 사고는 변화에 유연하게 적응하는 능력과 친밀한 사회적 유대감을 형성하는 능력을 방해하는, 유연하지 못한 규칙지배적 행동, 경직된 고정관념, 높은 도덕적 확신('어떤 일을 행하거나 생각하는 데는 단 하나의 올바른 방법만 있다')에 대한 과잉통제 내담자의 경향을 완화하는 데에도 매우 유용하다. 예를 들어 많은 과잉통제 내담자들은 '의존'을 경멸적 단어로 여긴다(한 과잉통제 내담자의 보고에 따르면, "의존은 나를 나약하고 학대에 취약하게 만든다"). 하지만 모든 인간은 개인적 취향과 무관하게 적어도 어느 정도는 무언가 또는 누군가에게 의존하고 있다(예: 신선한 우유를 공급해 주는 식료품점, 진실을 말해 주는 친구, 매듭을 제대로 묶는 법을 알려주는 암벽등반 강사, 어린 시절 부모의 애정에 의존). 한편 도덕적 잘못에 맞서거나, 아무도 가지 않은 길을 가려고 애쓰거나, 남에게 폐를 끼치지 않으려고 노후 대비 저축을 하거나, 인기 없는 의견에 목소리를 내는 것처럼, 타인에 의존한다고 해서 꼭 독립적 삶의 가치가 부정되는 것은 아니다. 따라서 변증법적 사고는 RO DBT에서 중요한 치료 도구다. 치료자는 변증법적 사고를 통해 내담자의 관점('독립적이어야 상처받지 않는다')을 진정으로 인정하는 동시에, 그 반대 관점('의존은 생존에 필수다')도 견지함으로써 새로운 사고와 행동 방식(새로운 통합)이 출현할 수 있는 가능성을 만들 수 있다. 끝으로, 변증법적 사고는 치료자가 내담자와 상호작용하는 동안의 행동에도 영향을 끼친다.

나는 과잉통제 내담자와 작업하면서 다음 두 가지 변증법적 극성이 나타날 가능성이 가장 높다는 것을 발견했다.

1. **확고부동한 중심성** vs **순순히 놓아 버림**
2. **장난스러운 도발** vs **자비로운 진지함**(그림 10.1 참조)

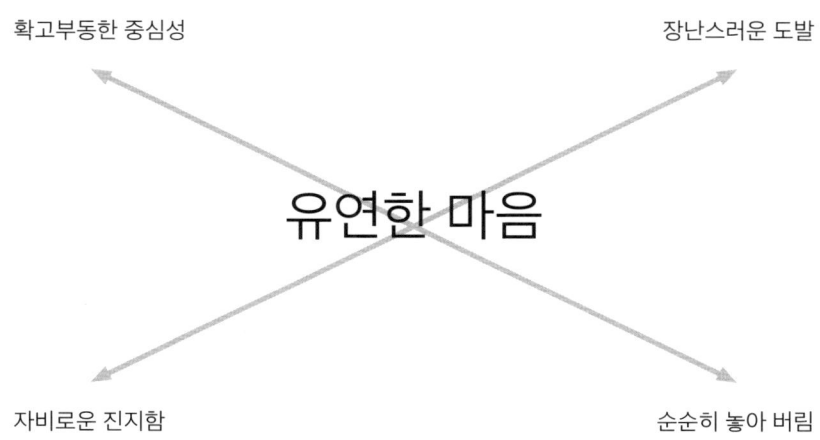

그림 10.1. RO DBT의 변증법적 사고

이 장의 다음 두 절에서는 이 두 가지 극성이 RO DBT에서 치료를 증진하는 데 어떻게 사용되는지 설명한다.

확고부동한 중심성 vs 순순히 놓아 버림

'**확고부동한 중심성**nonmoving centeredness vs **순순히 놓아 버림**acquiescent letting go'
은, 핵심 RO 원칙을 모델링하고, 내담자의 참여를 유지하고, 동맹파열을 복원하고, 새로운 성장을 촉진하기 위해 내담자와 함께 작업할 때 사례 공식화, 이론적 통찰, 또는 개인적 신념을 언제 고수해야(혹은 내려놓아야) 하는지 알아야 하는 치료자의 변증법적 딜레마를 의미한다. 이는 치료자와 내담자 모두 각자의 지각 및 규제 편향을 치료 환경에 가져오고, 이러한 편향이 치료관계와 그 결과에 영향을 끼친다고 가정하는 중요한 RO DBT 원리에 기반한다. 따라서 편견을 인식하고 언제 이를 버려야 하는지 아는 것은 다음과 같은 치료 과제를 수행하는 데 있어 치료자의 필수적인 변증법적 딜레마를 나타낸다.

- 강력한 치료동맹을 형성할 가능성을 극대화한다(RO DBT에서는 여러 회기에 걸쳐 동맹파열을 여러 번 성공적으로 복원하기 전까지는 과잉통제 내담자와 강력한 작업동맹을 맺을 가능성이 낮다고 본다).
- 과잉통제 내담자에게 **온전한 개방성**을 효과적으로 모델링한다.
- 내담자의 습관적 행동과 사고방식에 대한 대안을 제시한다

이것들은 결코 사소하지 않다! 하지만 딜레마를 주의 깊게 인식한다고 해서 꼭 통합으로 이어지는 것은 아니며, 치료자가 딜레마와 씨름하려 할 때 경험하는 정서적 고통이 완화되는 것도 아니다(즉, 확고히 지니고 있던 신념을 놓아 버리는 것과 자신의 신념을 고수하는 것 모두 고통스러운 치료적 선택이 될 수 있다). 여기서 문제를 더 복잡하게 만드는 것은, 치료자가 적어도 어느 정도는 편향될 필요가 있다는 것이다. 즉, 의료인으로서의 역할을 하기 위해서는 어느 정도 내담자가 당면한 문제와 최선의 치료 과정에 대한 전문적 의견이 필요하다(이러한 의견을 사례 개념화라고도 한다). 실제로 사례 개념화를 '근거 기반 실천의 핵심'으로 부르기도 한다(Bieling & Kuyken, 2003, p. 53). 대개 치료자는 자신의 사례 개념화를 내담자의 행동에 대한 신뢰할 수 있고 정확한 설명으로 여기도록 훈련받지만, 연구 결과에 따르면 치료자는 종종 똑같은 내담자에 대해서도 매우 상이하게 사례 개념화를 한다(Kuyken, Fothergill, Musa, & Chadwick, 2005). 하지만 이러한 어려움에도 불구하고 RO DBT는 출구가 있다고 가정한다. 바로 환경이나 내담자의 피드백이 치료자의 사례 개념화에 오류가 있을 수 있음을 시사할 때마다, 치료자가 일시적으로 자기

회의 상태에 들어가는 것이다.

건강한 자기회의는 RO DBT의 핵심 구성 요소다(7장 참조). 이는 치료자가 전문가로서의 책임이나 기존의 관점을 포기하지 않고도 통제에서 벗어날 수 있는 일관된 수단이기도 하다. **순순히 놓아 버림**의 장점에 대한 한 예로, 연구에 참여한 한 치료자는 과잉통제 내담자와의 동맹파열을 해결하는 방법을 몰라서 힘들다고 자문팀에 보고했다. 치료자가 내담자가 괜찮은 사람이라거나 친사회적 의도를 지니고 있다고 얘기하면, 내담자는 이를 계속 무시하면서, "선생님은 절 몰라서 그래요. 저는 사악한 인간이에요. 저는 사람들과 어울리는 데 거부감이 심해요. 저는 천성이 악해요. 선생님께 거의 말씀드리지는 않았지만 제 과거가 그 증거예요"라고 말했다. 치료자는 내담자의 신념을 약화하거나 반증하는 요소들을 언급하려고 시도했지만, 그럴수록 내담자의 천성이 악하다는 주장을 강화하기만 하는 것 같았다. 또한 치료자는 자신의 세계관으로는 인간의 본성이 악하다는 것을 받아들일 수 없었기에 점점 더 불안감이 느껴진다고 보고했다. 자문팀은 치료자에게 **자기탐구** 연습(즉, 일시적 자기회의 상태에 들어가는 것)을 하도록 독려했다. 그 결과 치료자는 세상 누구도 천성적으로 악할 수 없다고 가정한 것이 오만했음을 발견하게 됐으며, 고통스럽지만 내담자의 관점을 온전히 열린 마음으로 받아들이는 통찰을 얻었다. 그 다음 회기에서 치료자는 내담자에게 자신이 이전 회기 때 악에 대한 자신의 세계관이 유일하게 올바른 것이라고 가정하여 오만하게 행동했다는 통찰을 얻었다고 언급했다. 치료자의 개인적 노력과 자신을 기꺼이 드러내고자 하는 의지는 곧바로 치료관계의 역동을 변화시켰고, 놀랍게도 몇 회기 뒤 내담자는 자발적으로, "어쩌면 저도 그렇게 악하지 않을지도 모른다는 생각이 요즘 들어요"라고 말했다. 이 임상 사례는 아무리 논리적이거나 본능적으로 옳은 것처럼 보이는 신념이라도, 아무리 강하게 고수하고 있던 신념이라도 이를 온전히 포기하거나 놓아 버릴 수 있는 것이 치료적으로 얼마나 가치 있는지 보여 준다. (**자기탐구**를 통해) 일시적인 자기회의 상태에 들어가는 것은 다른 관점에 대한 승인도 아니고, 치료자가 종래 지니고 있던 신념을 영구히 버리는 것도 아닌, 닫힌 마음가짐의 치료적 유용성(즉, **확고부동한 중심성**)을 그저 하나의 가능성으로만 인식하는 것이다.

결과적으로, **확고부동한 중심성**은 **순순히 놓아 버림**의 변증법적 쌍둥이다. **확고부동한 중심성**은 내담자나 환경의 강력한 반대에도 불구하고 치료자가 내담자에 대한 개인적 확신이나 신념을 고수하는 것이 중요함을 의미한다. 이러한 입장의 근거는 무엇보다도 친절이라는 RO 원칙으로 가장 잘 표현될 수 있다. 앞 장에서 논의했듯이 친절은 때때로 내담자가 가치 목표를 달성하도록 돕기 위해(치료자 자신의 오류성을 인정하는 방식으로) 힘든 진실을 말하는 것을 의미할 수 있다. 따라서 RO DBT 치료자는 내담자의 성장을 촉진하기 위해서는 과잉통제 내담자에 동의하지 않을 수도 있음을 인식해야 한다. RO DBT에서 시행하는 직면은 대개 내담자에게 명백한 문제를(일방적으로 말하는 것이 아니라) 물어봄과 동시에, 비언어적 비우월성 사회적 신호(예: 비판적 피드백을 공정하고 개방적으로 받아들임을 알리는 의미로 손 내밀기, 따뜻한 미소 짓기, 눈썹 추켜올리기, 눈을 맞추며 머리를 약간 숙이고 어깨를 으쓱하는 행동)를 함께 드러냄으로써 이루어진다. 이러한 변증법적 딜레마는 치료자가 당장 생명을 위협하는 행동을 차단하기 위해 덜 개방적인(또는 긴급성을 우선적으로 고려하는) 신호를 보내거나, 우월적 자신감에 찬 주장을 펼칠 수 있는 여지를 마련해 준다.

장난스러운 도발 vs 자비로운 진지함

'**장난스러운 도발**playful irreverence vs **자비로운 진지함**compassionate gravity'은 RO DBT의 핵심 변증법이다. 이는 정서적으로 외롭고 사회적으로 고립된 외상후 스트레스 장애 내담자를 치료할 때 치료자가 직면하는 근본적인 변증법적 딜레마인, 내담자가 보금자리로 돌아오는 것을 환영하면서도 그에 대해 이의를 제기해야 하는 딜레마를 나타낸다. 이 변증법에서 장난스럽고 도발적인 부분은 친구들 사이의 악의 없는 놀림과 치료적 사촌 관계다. 친구들은 항상 장난스럽고 친근하게 서로를 놀려 댄다. 놀림과 농담은 친구들이 서로의 결점을 너무 가혹하지 않게 비공식적으로 지적하는 방식이다. 연구 결과 가족과 부족 내에서의 놀림은, 사소한 사회적 규범 위반("어이쿠… 방금 방귀 뀌었어?"), 이기적 행동("누가 팝콘을 만들어 먹고 안 치웠어?"), 사회적 지위에 대한 오판("물론입니다 폐하, 모시게 되어 영광입니다")에 대해 개별 구성원에게 비공식적인 피드백을 제공하는 방식으로 작용했다.

6장에서 설명한 것처럼 좋은 놀림은 항상 친절하며, 미소와 같은 친근감, 달래기, 비우월성 신호와 함께한다. 장난스럽고 경건하지 않은 스타일의 치료자는 제일 친밀한 관계를 위해 신중하고 겸손하게 내담자에게 이의를 제기한다. 따라서 치료적 놀림은 정서적으로 외롭고 사회적으로 고립된 과잉통제 내담자에게, "당신은 우리 부족의 일원입니다"라는 강력하고 영향력 있는 사회적 안전의 메시지를 말없이 전달한다.

하지만 사람이 항상 잘 대해주기만 할 수는 없듯이, 놀림도 항상 친절하지만은 않다. 자신이 싫어하는 사람이나 다른 부족의 라이벌 구성원에게는 무자비하고 냉정하고 기만적인 태도를 보일 수 있다. 불친절한 놀림은 피드백에 대한 반응이 없을 때 가장 잘 알아차릴 수 있는데, 이는 당하는 사람이 놀림이 너무 오래 지속되고, 즐겁지 않으며, 특별히 재미도 없고, 이제 그만하면 좋겠다는 의사를 언어적·비언어적으로 분명히 밝혔음에도 불구하고 계속해서 놀림받고 있음을 의미한다. 따라서 미소 등의 유화적 신호를 너무 늦게 보내면 놀리는 것이 어느 순간 무시하는 것이 될 수 있다. 불친절한 놀림은 괴롭힘과 비슷하지만, 그럴 듯이 부인할 수 있기에 훨씬 더 무섭다. 이를테면 이런 식이다. "걱정 마, 난 널 좋아해. 내가 네 농담에 웃지 않는 이유는 그저 네 농담이 재미없기 때문이야" RO DBT에서는 이렇게 자신의 악의적인 의도를 인정하거나 책임질 필요 없이 사람들에게 복수하거나, 벌주거나, 라이벌의 노력을 폄하하는 식의 불친절한 놀림을 **빈정대기**niggling라고 부른다. "누구요, 저요? 아뇨, 힘들게 하려는 게 아니에요. 농담은 그냥 농담으로 받아들이면 안 돼요?"(이 장의 뒷부분에서 살펴보겠지만, 빈정대기는 '**반발**' 반응과도 관련 있다.) 이는 지저분한 싸움의 본질이자 은밀한 쾌감의 원천이다(상대방이 고통스러워하거나 패배할 때 느끼는 쾌감, 즉 **샤덴프로이데**Schadenfreude와 유사하다). 빈정대기는 다른 사람을 은밀하게 통제하는 기능이 있어 강력하면서도, 표현 방식의 간접성으로 인해 발신자가 이를 부인할 수 있다. "네가 왜 그렇게 화를 내는지 정말 모르겠어. 그냥 농담한 거야." 실제로 상대방이 화를 낼수록 빈정대는 사람은 더 큰 힘을 느끼게 된다. 하지만 우리는 내면적으로 놀림이 비호감이나 혐오감을 간접적으로 전달하는 방법이며 일종의 속임수라는 것을 알고 있기 때문에 다른 사람(그리고 종종 자기 자신)을 놀리는 의도를 숨긴다. 겉으로는 순진해 보이는 농담이나 발언이 상대방을 위하기보다는 상처를 주기 위한 것을 드러내고 싶지 않고, 다른 사람으로부터 비슷한 방식으로 대접받고 싶지 않기 때문이다.

한 가지 다행이라면, 치료적 놀림은 괴롭힘이 아니기 때문에 치료자가 긴장을 풀 수 있다는 것이다. 하지만 모든 인간은(다른 사람과 상호작용을 해본 적이 있다면) 적어도 한 번쯤은 친절한 놀림이 의도치 않게 빈정대거나 폄하하는 것으로 오해받은 적이 있었을 것이다. 따라서 치료자는 내담자를 놀리고, 농담하고, 장난스럽게 도발하려는 시도가 자칫 잘못된 방향으로 받아들여지지 않을까 걱정할 수 있다. 이 문제에 대한 내 답변은, 브롱크스 억양을 최대한 흉내 내서 말하자면, "걍이저버려Fuhgeddaboudit"다.(놀리는 거예요. 제가 미소 지으며 눈썹을 추켜올리는 게 안 보이시겠지만요.) 하지만 진지하게 생각해 보자. 방금 내가 왜 그런 말을 했을까? 그 이유는 RO DBT 치료 스타일의 본질이라고 할 수 있는 수많은 밑바탕을 이루고 있다. 하지만 이를 설명하기 전에 먼저 **자비로운 진지함**이라는 용어가 무엇을 의미하는지 소개하겠다.

빈정대기와 자기탐구

빈정대기가 내담자의 중요한 행동 패턴으로 보이는 경우, 치료자는 내담자가 **자기탐구**를 연습하고 실천하도록 독려해야 한다. 이 과정을 촉진하고 내담자가 이러한 유형의 간접 사회적 신호가 자신의 핵심 가치를 얼마나 반영하는지 판단하는 데 도움이 될 만한 질문으로 다음을 참조하라.

- 나는 남몰래 다른 사람을 빈정대는 것을 즐기는가? 실제로는 비판적인데도 비판적이지 않은 것처럼 보일 수 있다고 은근히 자랑스러워한 적이 있는가? 다른 사람을 통제하거나, 지배하거나, 원치 않는 피드백을 차단하거나, 목적을 달성하기 위해 의도적으로 빈정대기를 사용한 적이 있는가?
- 나는 누군가를 빈정대는 능력을 은근히 자랑스러워하는가? 이것이 내가 세상과 다른 사람들을 보는 방식에 대해 무엇을 말해 주는가?
- 나는 자녀가 자기 일이 뜻대로 안 되거나 자신의 마음에 안 드는 사람이 있을 때 빈정대는 것을 권할 것인가? 만약 그렇지 않다면, 그것이 내 가치에 대해 무엇을 말해 주는가?
- 나는 빈정댐을 당하는 것이 좋은가? 그렇지 않다면 그것이 내가 하는 빈정댐을 당하는 행동에 대해 말해 주는 것은 무엇인가?
- 다른 사람들이 내 진정한 의도나 은밀한 생각을 알고 있다는 사실을 갑자기 알게 된다면 내 기분이 어떤 것 같을까? 이 질문에 대한 대답은 나의 핵심 가치나 타인을 대하는 나의 행동 방식에 대한 진정한 감정에 대해 무엇을 말해 주는가?? 여기서 내가 배워야 할 것은 무엇인가?

자비로운 진지함은 **장난스러운 도발**과 변증법적으로 반대되는 입장에 서 있다. 놀림과 반박보다는 이해와 진지함을 전달한다(즉, 치료자는 내담자가 우려하는 내용이나 보고하는 경험을 진지하게 받아들이고 있다는 신호를 보낸다). 또한 **장난스러운 도발**이 내담자를 가열한다면, **자비로운 진지함**은 열을 식히는 방법으로 기능한다(6장 「가열하기 전략」 및 「열 식히기 전략」 참조). **자비로운 진지함** 자세는 상호작용의 속도를 늦추고 내담자에게 사회적 안전을 전달하기 위해 고안된 것이다. 다음은 **자비로운 진지함** 자세에 동반되는 가장 흔한 비언어적 행동들이다.

- 말하는 속도 늦추기
- 더 부드러운 목소리 톤으로 말하기
- (내담자가 원하는 경우) 말할 시간을 더 주기 위해 내담자가 말하려고 할 때마다 잠시 멈추기
- 따뜻한 눈 맞춤(뚫어지게 쳐다보는 것은 아님)
- 입을 다물고 따뜻한 미소 짓기
- 만족을 표현하는 치료적 한숨

이러한 비언어적 신호의 치료적 사용은 우리가 가장 친밀한 순간에 사랑하는 사람들과 대화하는 방식을 본뜬 것이다. 이는 강력한 사회적 안전 신호로 기능하며, 대놓고 말하지 않아도 내담자의 참여를 증진한다. 다음은 **자비로운 진지함** 자세에 흔히 동반되는 몇 가지 추가적인 비언어적 신호들이다.

- 의자에 뒤로 기대기
- 내담자의 말을 들을 때(혹은 말할 때) 눈썹을 추켜올리기
- 고개를 약간 숙이고, 어깨를 살짝 으쓱하고, 입을 다물고 미소를 지으며, 손을 벌리는 제스처를 통해(특히 동맹파열을 복원할 때) 치료자의 비우월성과 언제든 틀릴 수 있음을 전달한다.

자비로운 진지함 자세는 개방성과 겸손함도 표현한다. 예를 들어 치료자는 자신도 틀릴 수 있거나 자신의 세계관이 내담자의 관점을 이해하는 데 방해될 수 있음을 인정함으로써 **자비로운 진지함**을 실천할 수 있다. 실제로 **자비로운 진지함**은 동맹파열의 성공적 복원에 필수적 요소이며, 치료적 놀림이 잘못된 방향으로 받아들여지지 않도록 **장난스러운 도발** 발언의 균형을 맞추는 데에도 도움이 될 수 있다. 큰 목표는 내담자의 관점에서 내담자를 이해하려는 진실된 열망을 전달하는 것이다.

자비로운 진지함과 **장난스러운 도발** 모두 강력한 사회적 안전 신호다. 좋은 놀림은 자

비로운 말만큼이나 사람을 편안하게 해준다. 그럼에도 불구하고 두 가지 변증법적 극성 중에서 **자비로운 진지함**은 대부분의 치료자들이 더 쉽게 활용할 수 있고 애매할 때(즉, 무엇을 해야 할지 잘 모를 때) 선택하는 기본 모드인 반면, **장난스러운 도발**을 행할 때 치료자는 자신이 뭘 잘못한 것처럼 느낀다. 종종 이러한 잘못된 느낌은 치료자가 받은 임상 훈련이나 행동 방식에 대한 일반적 믿음('항상 내담자가 옳다고 가정한다' 또는 '늘 자비로워야 한다')의 결과인 경우가 많다. RO DBT도 확실히 그와 비슷한 가치를 담고 있다. 그렇지 않다면 애초에 '자비로운'이라는 단어를 사용할 필요가 없지 않았을까? 하지만 차이가 있다면, RO DBT는 정서적으로 외면당한 과잉통제 내담자가 부족에 다시 합류하는 법을 배우도록 돕기 위해 자비보다는 친절을 우선시한다는 것이다(표 9.1 참조).

  치료자가 놀리거나 놀림받는 것에 대한 개인적인 경험이나 이력에 상관없이 명심할 것은, 놀림은 친구, 가족, 부족이 서로에게 수시로 피드백을 주는 방식이며 결코 큰 사고나 개인적인 위기를 유발하지 않는다는 것이다. 사람들 간의 장난스러운 놀림은 친밀감과 신뢰를 표현하는 것일 뿐, 악의적 의도나 사악한 속임수가 아니다(즉, 장난스러운 놀림은 빈정대기가 아니다). 이는 친구 사이에서만 하는 것이며 항상 비우월성이나 친근감 신호로 마무리된다(예: 미소 짓기, 고개 숙이기, 유화적 제스처). 이러한 비우월성과 친근감 신호는 여러 문화권에서 공통적으로 나타나는데, 그 유형은 실로 다양하다. 콩고의 숲에 사는 피그미족은 음식을 주면서 놀리듯 웃고(Turnbull, 1962), 남아메리카 야노마뫼족은 장난스럽게 속임수를 부리거나 히죽히죽 웃으면서 축하한다(Chagnon, 1974). 사람들이 흔히 상대에게 상처주지 않는 방식으로 낄낄대며 웃을 때는 시선을 피하고, 일본인들은 흔히 미소를 지으며, 영국 문화권에서는 아무렇지 않은 표정으로 신랄하게 비판한 뒤 미소와 긍정의 고개 끄덕임으로 마무리한다(Mizushima & Stapleton, 2006; Keltner, Capps, Kring, Young, & Heerey, 2001). 또한 동일한 문화권에서도 허용되는 놀림의 유형(예: 풍자적인 말이나 다른 사람의 머리에 찬물 붓기), 놀려도 되는 상황(예: 장례식 때 어떤 가족은 놀림과 농담으로 고인의 삶을 추모하는 반면, 다른 가족은 이러한 행동을 무례하거나 상스러운 행동으로 간주함), 놀리는 주체와 대상(예: 어떤 가족은 어린이가 어른을 놀리는 것을 부적절한 행동으로 간주함)에 따라 다르다. 놀림은 개인적 생기질, 사회적 지위, 성격이나 대처 스타일에 따라서도 다르게 표현된다.

  치료자 역시 이러한 영향에서 자유롭지 않다. 치료자가 받은 전문가적 훈련 및(사전에 훈련받은 내용에 기반한) 행동의 적절성 및 부적절성에 대한 치료자의 신념도 내담자에 대한 **장난스러운 도발** 행동을 편하게 여기는 데 영향을 줄 수 있다. 이로 인해 치료자는

RO DBT를 처음 배울 때 치료적 놀림과 **장난스러운 도발**을 할 때 불안이나 불편을 느낄 수 있다. 많은 경우 치료자는 성찰(자기탐구)을 통해, 자신이 놀림을 불편하게 여기는 이유가 놀림을 끔찍하거나 해롭게 생각해서라기보다는 개인적 선호도, 신념, 그동안 받아온 훈련 때문임을 알게 된다. 그렇지 않다면 친구들이 왜 서로 애정 어린 놀림을 주고받으면서도 여전히 친구로 남아 있고, 왜 모든 문화에서 비슷한 방식으로 놀리며, 왜 그렇게 많은 사람들이 친절한 놀림을 진심으로 재미있거나 즐겁다고 여기고, 왜 놀림이 이성을 유혹하는 핵심 요소가 될 수 있었겠는가?

그럼에도 불구하고, 대부분의 치료자들은 치료적 놀림을 어려워한다. 그 이유는 과잉통제 내담자들이 표현 방식과 무관하게 모든 형태의 피드백을 눈에 띄지 않게 처벌하는 데 능숙하기 때문이다. 예를 들어 치료자가 회기 중에 놀리거나 농담하거나 장난치려고 하면, 곧바로 내담자의 무표정한 얼굴을 보게 될 것이다. 무표정한 얼굴이 그렇게 강력한 영향을 끼칠 수 있는 것은 그저 무표정하기 때문만은 아님을 기억하라. 무표정의 힘은 자유로운 감정 표현이 필요한 상황(예: 치료 회기)에서, 예상되거나 관습적인 친사회적 신호(미소, 긍정적인 고개 끄덕임)가 없거나 확연히 적게 나타나는 데서 발생한다. 또 다른 흔한 형태로, 시선을 회피하고 자세를 움츠리는 것을 특징으로 하는 나를 아프게 하지 말아요 반응이 있다. 이는 치료자의 **장난스러운 도발**이 내담자에게 상처를 주고 있으므로 즉시 중단하라는 뜻이다. 문제는 치료자가 **장난스러운 도발**을 즉시 중단하는 경우, 치료자가 치료적 놀림을 사용하여 교정적 피드백을 제공하려는 바로 그 행동을 강화하게 된다는 것이다. 실제로 부족 내에서 놀림을 조사한 인류학 연구에 따르면, 잘못을 저지른 부족원이 자신의 잘못을 인정하고 자신이 저지른 피해를 복구하겠다는 신호를 보낼 때까지 놀림이 사라지지 않는 것으로 나타났다(Turnbull, 1962. 페페이Pepei의 이야기 참조). 부족은 모든 구성원의 기여를 바탕으로 생존할 수 있기에 강인하면서도 친절하다. 마찬가지로, 부족 대사로서 RO DBT 치료자는 동료 부족원(내담자)이 어려움을 겪는 것을 지켜보는 고통을 기꺼이 감내하며, 내담자가 불편함을 느끼는 징후가 처음 나타났을 때 학습의 단서나 기회를 없애지 않고 성장을 촉진한다. 이 장의 뒷부분에서 살펴보겠지만, 두 가지 극성이 모두 중요하기에 변증법이 필요하다.

기본적으로 과잉통제 내담자는 매우 진지할 뿐만 아니라 주변 사람들도 진지하게 행동하도록 미묘하게 강화한다. 대개 치료자를 포함한 다른 사람이 과잉통제 내담자를 거부하거나, 싫어하거나, 시험하거나, 부적절하게 여기는 것처럼 행동할 때마다 이러한 진지함이 나타나도록 조건화되며, 간접적이거나 비언어적으로 처벌을 전달한다(예: 무표정, 약간 찡그린 얼굴, 예상치 못한 어색한 침묵, 눈을 피하거나 굴림, 갑자기 고개를 숙임). 그렇다고 해서 이것이 꼭 과잉통제 내담자가 어떤 의도를 가지고 그렇게 행동한다는 의미는 아니다. 오히려 그들은 많은 고통을 겪고 있으며, 어떻게 달라져야 할지도 모른다(그러니까 치료를 받으러 온 것이다). 하지만 우리 대부분과 마찬가지로 과잉통제 내담자 역시 스스로 인정하고 싶은 것보다 자신에 대해 더 많은 것을 알고 있으며, 진정한 변화에는 고통이 따른다.

따라서 내담자가 이런 행동을 보일 때 치료자의 가장 친절한 행동은 즉각 치료적 놀림을 중단하고 진지하게 행동하는 것이 아니라, 자신과 내담자에게 우정이라는 선물을 주는 것이다. 즉, 치료자는 친구들끼리 있을 때와 같은 방식으로 자신의 방어막을 내려놓아야 한다. 이를 치료의 맥락에서 해석하면, 정서적으로 외롭고 사회적으로 고립된 과잉통제 내담자가 좋은 친구가 있다는 것이 어떤 느낌인지 본능적으로 배우고, 장난스럽게 대화에 참여하고, 무리에 속해 있다는 자신감을 경험하고, 부족에 속해 있다는 안정감을 가질 수 있도록 돕기 위해(적어도 어느 정도는) 전문가적 역할을 내려놓는 것을 의미한다.

> 치료자의 가장 친절한 행동은 자신과 내담자에게 우정이라는 선물을 주는 것이다.

논의를 계속 진행하기에 앞서, 치료자가 내담자를 놀리거나 농담하거나 장난스럽게 도발하는 시도가 잘못된 방향으로 받아들여질까 봐 염려할 필요가 없다고 말했던 내용으로 돌아가 보자(이전의 "걍이저버려요" 놀림 참조). 우리가 곰곰이 생각해 볼 질문이 하나 있다. 바로, "제가 지금 이 말을 왜 했을까요?"다. 내가 한 농담이 실은 단순한 농담 이상이었던 걸까? 간단한 말하면 그렇다. 나의 농담은 학습을 촉진하기 위해 의도한 것이다. 이는 치료적 놀림의 모형을 제시하고, 모든 것을 한꺼번에 드러내지 않으면서도 장난스럽고 도발적인 태도가 어떻게 내담자의 주의를 끌 수 있는지 강조하기 위한 것이었다. 내가 의도한 효과가 있었기 바란다(아직 잠들지 않으셨다면 기다려 주셔서 감사합니다). 이제 변증법과 관련한 좀 더 실천적 기능을 살펴보자.

치료자는 장난스럽게 도발할 때와 자비로운 진지함을 발휘할 때를 어떻게 알 수 있을까?

치료자는 내담자의 사회적 신호가 숨겨진 의도나 위장된 요구를 나타내는 것처럼 보일수록 장난스럽게 도발하고(또는 놀리고), 내담자가 치료에 진심으로 참여하고, 솔직하고, 개방적일수록 **자비로운 진지함**을 보일 가능성이 높다. 치료자는 두 가지 이유에서 **장난스러운 도발**에서 **자비로운 진지함**으로, 혹은 그 반대 방향으로 전환해야 할 때를 잘 알아야 한다. 첫째, 이러한 유형의 상호교환(놀이에서 진지함으로, 다시 진지함에서 놀이로)은 정상적이고 건강한 사회적 담론의 특징인 밀물과 썰물을 반영하는 것으로, 과잉통제 내담자가 기술을 연습할 수 있는 중요한 기회가 된다. 둘째, 불필요한 치료동맹 파열을 방지하는 데 도움이 된다. RO DBT는 동맹파열을 중요한 성장의 기회로 간주하지만, 의도적으로 파열을 조장할 필요는 없음을 기억하라. 모든 친밀한 관계에서 갈등은 피할 수 없으므로 치료자는 굳이 파열을 일으키려고 할 필요 없다. 그냥 있다 보면 마법처럼 갑자기 파열이 생긴다! 과잉통제 내담자는(특히 치료 초기에) 부정적 반응을 드러낼 가능성이 낮다. 대부분의 부적응적 사회적 신호들은 간접적으로 표현되고 암시되며, 원치 않는 피드백을 차단하거나 타인의 행동에 은밀한 영향을 끼치는 위장된 요구로서, 이를 요구하는 사람은 굳이 자신의 의도를 인정하지 않아도 된다(이 장 뒷부분의 「**간접 사회적 신호와 위장된 요구**」 참조). 따라서 **장난스러운 도발**에서 **자비로운 진지함**(예: 내담자를 놀리다가 인정해 줌)으로 전환할 수 있는 능력은, 실생활과 과잉통제 내담자의 치료 모두에서 매우 유용한 기술이다.

  하지만 실생활과는 달리 치료에서는 내담자를 최대한 이해해야 할 뿐만 아니라, 내담자에게 기꺼이 교정적 피드백(즉, 내담자가 가치 목표를 달성하는 데 방해가 될 수 있는 고통스러운 진실을 지적하는 것)을 제공하는 일을 해야 한다. 따라서 치료적 놀림은 교정적 피드백을 제공하는 데 그 의의가 있다(예: 내담자가 말할 수 없다는 것을 말로 표현하거나, 해고당하게 하기 위해 거짓말까지 했음을 인정한 동료에게 전혀 적대감을 느끼지 않는다고 말할 때, 치료자가 믿을 수 없거나 웃기고 황당하다는 표정을 지음). 예를 들어, **"아, … 가 정말인가요?"** 같은 반응은 고전적인 RO DBT 치료적 놀림의 한 예다. 이 반응은 갑자기 친구가 이전에 보고했던 것과 반대되거나 다른 행동 및 사고방식을 보이는 것처럼 보고할 때, 그러한 갑작스러운 변화를 인지하지 못하고 자동적으로 사용하는 사회적 놀림이나 질문의 한 형태다(예: 늘 부모님께 혼난다고 보고하던 친구가 갑자기 부모님이 따뜻하고 배려심이 많은 분인 것처럼 묘사함). **"아, … 가 정말인가요?"** 반응은 사회적 신호의 불일치를 강조하기 위한 것이다. 그렇게 말하면서 못 믿겠음을 암시하는 신호(예: 깜짝 놀라거나 뜻밖이라는 표정, 고개를 갸우뚱하며 입술을 비죽거림)를 동반한 뒤, 곧바로 비우월성 신호(예: 어깨를 살짝 으쓱하고, 입을 다물고, 따뜻한 미소를 지음)를 보일 때 가장 효과적이다. 이는 우호적 불신을 의미하며, 치료자가 지나치게 공격적이거나 심각하거나 주제 넘지 않으면서도 내담자가 자신의 갑작스러운 입장 변화를 더 잘 설명할 수 있는 기회를 준다. 치료자는 **"아, … 가 정말인가요?"**에 대한 내담자의 반응을 통해 불일치를 더 자세히 탐색할 수 있다.

치료자: 지난 주에 당신은 부모님을 원망하면서 모든 게 다 부모님 탓이라고 얘기했죠. 근데 이번 주에는 한 번도 부모님을 원망한 적이 없다고 말씀하시네요. 정말 놀랍지 않나요? 이게 뭘 말해 주는 것 같나요? 당신은 어떻게 그런 생각을 하게 된 건가요?(눈썹을 추켜올리며 입을 다물고 따뜻한 미소를 지음)

RO DBT의 **장난스러운 도발**의 또 다른 예로, 내담자가(기술훈련 수업에 참석하는 것 등에 대해) 불안을 느끼거나 습관을 바꾸기 어렵다고 보고할 때, 치료자가 차분한 미소를 지으며 "멋진데요?"라는 말로 응수할 수 있다. 치료자의 말이 내담자가 기대했던 것과 다를 가능성이 높기 때문에 이는 도발적이며, 치료자의 미소와 따뜻한 목소리 톤이 친근감을 나타내는 동시에 RO DBT의 핵심 원리를 대놓고 중요한 것처럼 제시하지 않고 은연중에 전달하기 때문에 장난스럽다(예: 내담자는 약속한 것을 이행하면서도 동시에 불안을 느낄 수 있고, 생활 습관을 바꾸는 것이 어렵다는 것은 새로운 성장과 다짐의 증거이므로 축하할 일임).

따라서 **장난스러운 도발**은 언어적으로나(내담자의 행동들이 불일치함을 강조하는 예상치 못한 질문이나 발언을 통해) 비언어적으로(놀란 표정, 의문을 제기하는 목소리 톤, 입술을 비죽거리면서) 이의를 제기하고 대립적이며, 거의 즉시(수 밀리초 내에) 비우월성 신체 자세와 친근한 표정(입을 다문 따뜻한 미소를 지으며 어깨를 살짝 으쓱함)으로 이어짐으로써, 치료자가 실제로는 내담자를 좋아하고 부족의 일원으로 간주한다는 보편적인 신호를 전달한다. **장난스러운 도발**은 내담자가 자신의 의도나 희망이 무엇인지 더 직접적으로 드러낼 때까지(치료자가 내담자의 간접적이거나 위장된 요구를 못 알아차리는 것처럼 행동함으로써) 내담자의 수동적이고 간접적인 사회적 신호를 처벌하는(감소하는) 기능을 하는 가벼운 혐오적 수반성으로 활용할 수도 있다. 예를 들어 내담자가 듣기 싫은 질문을 받을 때마다 고개를 돌리거나 인상을 찌푸리거나 고개를 숙인다면, 치료자는 으레 내담자를 달래거나 인정해 주는 대신 **장난스러운 도발**을 통해 아무런 문제도 없는 것처럼 대화를 계속할 수 있다. 그럴 때 과잉통제 내담자는 수동적 사회적 신호 표현을 늘려 부적응 행동을 더 분명히 드러냄으로써 치료 대상을 더 쉽게 찾을 수 있다(단단히 삐진 모습을 부정하기 어렵다). 가장 이상적인 것은 내담자가 싫어하거나 불쾌하게 여기는 것을(말로) 명확히 전달하겠다고 마음먹는 것이다(이는 치료의 진전을 나타내는 동시에 **동맹파열 복원**의 기회일 수도 있다).

경험칙rule of thumb(편집자님, RO DBT에서는 규칙을 따르면 안 되잖아요. 저를 생각해서 이 부분은 비밀로 해주세요. [편집자 주: 알겠습니다])을 요약하면 다음과 같다. 치료자는 다음의 원리에 따라 회기 중 **자비로운 진지함**과 **장난스러운 도발**을 활용한다. 과잉통제 내담자의 사회적 신호가 부적응적일수록 더 **장난스러운 도발**을 보이고, 내담자가 회기에 많이 참여할수록 치료자는 더 자비롭고 호혜적인 모습을 보인다(내담자가 스스로 열심히 노력하고 있으므로 굳이 치료자가 교정적 피드백을 제공할 필요가 없다). 행동학적 관점에서 **장난스러운 도발**이 작용하는 방식은 다음과 같다.

- 부적응적 사회적 신호를 소거하는 목적에서, 마치 간접 신호를 못 본 것처럼 행동한다.
- 행동이 조작적인지 반응적인지 판단하는 것을 돕는다(이 장 뒷부분의 「**조작 행동과 반응 행동 구별하기**」 참조). 행동이 조작적이라면 치료자는 이를 소거하는 작업을 하고, 그 초반에는 부적응적 사회적 신호의 강도가 더 높아질 것으로 예상할 수 있다.
- 치료자가 굳이 따로 강조하지 않아도 내면의 경험과 감정을 솔직하게 말로 표현하는 것이 요점을 가장 효과적으로 전달하는 수단으로 활용하게 해준다.

자비로운 진지함은 내담자를 인정하고 소박하면서도 따뜻함과 배려를 전달하는 역할을 하지만, 내담자의 참여를 높이고 치료적 변화를 강화하기 위해서는 사회적으로 고립되고 외로운 내담자가 다시 부족에 합류하도록 반길 수 있는 **장난스러운 도발**이 필수다.

치료적 놀림이 안 먹히면 자비로운 진지함으로 전환한다

치료적 놀림은 내담자를 진정시키거나 달래거나 조절하기 위한 목적이 아니므로, 치료자는 이를 실행할 때 내담자가 고통, 혼란, 불확실성, 저항의 징후를 보일 수 있음을 염두에 둬야 한다. 사실 치료적 놀림은 치료자가 내담자의 학습을 돕기 위해 장난스럽게 교정적 피드백을 제공하는 수단이다. 내담자가 치료적 놀림에 호의적으로 반응하지 않을 때는 몇 가지 이유가 있다. 첫 번째 질문은, "내담자가 호의적인 반응을 보이는지 어떻게 알 수 있는가?"일 것이다. 내담자가 피드백(예: 치료적 놀림)에 호의적으로 반응하는지 알 수 있는 가장 좋은 방법은, 내담자가 놀림받는 동안과 그 직후의 지속적인 참여도를 관찰하는 것이다. 다음 질문들에 대한 대답이 좋지 않을수록 비참여를 의미한다.

- 내담자가 주제에 집중하고 있는가?
- 내담자가 치료자의 질문에 맞게 대답하는가?
- 내담자가 계속 눈을 마주치는가?
- 내담자가 웃거나 미소 짓거나 키득대는가?
- 내담자가 단답식이 아닌 완전한 문장을 사용해서 말하는가?
- 내담자가 질문받지도 않은 내용이나 자신에 대한 정보를 자발적으로 표현하는가?

치료자가 아무리 내담자와 관계를 잘 형성하고 유용한 교정적 피드백을 유능하게 잘 제공하더라도 늘 치료적 놀림이 실패할 가능성을 염두에 둬야 한다(물론 항상 실패하지는 않는다). 때로는 치료적 놀림을 너무 약하게 표현해서 실패하기도 하고, 반대로 어떨 때는 너무 강하게 표현해서 실패하기도 한다. 무슨 일이 일어났든, 왜 그랬든, 놀림이 치료자의 의도대로 받아들여지지 않았거나 더 큰 혼란을 야기했다고 느껴지면 곧바로 놀림을 중단하고(즉, **장난스러운 도발**을 놓아 버리고), 내담자가 당신과 함께 자기발견에 동참하는 것을 독려하는 **자비로운 진지함**의 자세로 나아가라.

"제가 지금 이 말을 왜 했을까요?"

치료자는 내담자의 반응에 상관없이 다음과 같은 훌륭한 3단계 프로세스를 통해 놀림이 실패한 뒤 찾아오는 혼란이나 오해를 바로잡을 수 있기 때문에, 마음 놓고 **장난스러운 도발**을 실행할 수 있다.

1. 내담자의 열을 식히고(예: 1-2초 동안 잠시 눈을 마주치지 않음) 비언어적으로 **자비로운 진지함**을 전달한다(예: 입을 다물고 미소를 지으며 치료적인 한숨을 내쉼. 6장 「**가열하기 전략**」 및 「**열 식히기 전략**」 참조).
2. **"제가 지금 이 말을 왜 했을까요?"** 라는 질문을 통해 내담자가 스스로 치료적 놀림의 근거를 탐색하도록 독려하고, 비우월성 신호(예: 고개를 살짝 숙이거나 어깨를 살짝 으쓱하거나 손을 내미는 제스처)와 협력적 신호(예: 따뜻한 미소, 눈썹 추켜올리기, 눈 맞춤, 느린 속도로 말하기, 부드러운 목소리 톤)를 사용하여 내담자의 솔직한 자기개방을 독려한다(6장 「**개방성 신호와 편한 태도**」 참조).
3. 내담자가 계속해서 비참여 신호를 보내면 **동맹파열 복원 프로토콜**을 사용한다(4

장 「**동맹파열 복원**」 참조).

1단계

프로토콜의 1단계에서는 별로 심각하지 않게 내담자의 열을 식히면서 **자비로운 진지함**을 향해 나아간다. 당신이 그동안 **열 식히기** 신호를 별로 사용한 적이 없기 때문에, 여기서 이를 사용하면 당신의 의도대로 작동할 수 있음을 명심해야 한다. 이 책 전체를 통틀어 과잉통제 내담자와 작업할 때 **편한 태도**를 취하라고 계속 상기시키지만, 그렇다고 해서 항상 느긋해 보이고, 의자에 기대고, 미소 짓고, 눈썹을 추켜올려야 한다는 뜻은 아니다. 만약 그렇다면 이는 거짓된 태도다. 누가 굳이 말하지 않아도 당신의 몸-뇌는 물론 내담자도 이를 알 수 있다.(당신이 자신이 그렇게 해야 한다고 생각한다면 그것이 거짓됨을 모를 것이고, 내담자도 당신이 무엇을 하는지 당신이 알고 있다고 여긴다면 그게 거짓된 것임을 모를 수 있다. 삶이란 재미있지 않은가?) **편한 태도**로 행동하는 것은 상황에 따라서도 달라진다. 미소 짓기, 놀림, 유쾌한 태도가 항상 적절한 것은 아니며, 삶의 많은 상황에서는 엄숙함과 염려도 드러내야 한다. 항상 느긋한 태도를 취하고 있으면 이상하게(혹은 가식적으로) 보일 뿐만 아니라, 내담자와 소통할 수 있는 중요한 기회를 잃게 된다. 게다가 핵심 RO 전략도 활용하기 힘들어진다. 먼저 몸을 앞으로 숙이고 있어야 의자 뒤로 몸을 기대는 것이 사회적 안전 신호로 작용할 수 있고, 사전에 눈을 맞추고 있어야 잠시 시선을 다른 데로 돌리는 것이 **열 식히기** 기능을 할 수 있다.

몸을 뒤로 젖히든 앞으로 숙이든, 같은 자세로 너무 오래 앉아 있지 말고 움직여야 한다는 것 또한 명심하라. 우리는 실제 생활에서 매순간 벌어지는 상황에 따라 이동하고, 긁고, 자세를 조정하고, 손가락을 꼼지락거리고, 발로 바닥을 두드리고, 팔을 흔들고, 표정을 바꾼다(선원에서 명상을 하는 사람이 아니라면, 부동 자세로 앉아 있거나 자세를 거의 바꾸지 않는 사람은 좀 이상하거나 기이해 보일 것이다). 앉아서 몸을 앞이나 뒤로 기울이고, 중요한 얘기를 할 때 큰 제스처를 취하고, 웃고, 찡그리고, 걱정스러운 표정을 짓고, 물을 한 모금 마시는 것은 모두 사람들이 실제 현실에서 상호작용할 때 하는 일이며, 당신도 친구들과 있을 때 정확히 똑같이 행동할 것이다. 치료자는 가만히만 앉아 있어야 한다면(우리는 종종 내담자에게 영향을 끼치지 않거나 전문적으로 보이기 위해 가만히 앉아 있는 훈련을 받는다), 치료자처럼 행동하고 싶은 사람이 누가 있을까?[58] 가만히 앉아 있는 것은 카메라를 향해 웃어 달라는 요청을 받은 뒤 사진사가 버벅거리면서 촬영이 지연될 때 느낌과 비슷하다. 진정한 기쁨이 담긴 솔직한 미소는 똑같은 표정을 오래 유지할수록 점점 더 얼어붙은 예의 바른 미소로 변하며 가식적 느낌 속으로 금세 사라지고 만다. 이는 안전이 아닌 위험하다는 메시지를 뇌에 전달한다(토끼가 여우를 보고 가장 먼저 하는 일은 모든 신체 움직임을 멈추는 것이다). 실제 현실에서 사람들은(약물에 심하게 취하지 않는 한!) 우호적으로 교류하면서 가만히 앉아있거나 얼어붙은 것처럼 있지 않는다. 또한 RO DBT에서는 사회적으로 외면당하고 외로운 과잉통제 내담자들이 부족으로 돌아오도록 말로 설득하거나 대화하는 것은 소용없다고 생각하기에, 치료자로서 우리의 임무는 친구들에게 하듯이 내담자에게 행동함으로써 내담자가 다시 부족에 합류할 수 있는 방법을 보여 주는 것이다(유일한 예외는 당장 생명을 위협하는 행동이 존재할 때다). 요지는 내담자가 치료에 몰입하고 있을 때는 어떤 사회적 신호를 보내든 상관없다는 것이다. 몸을 앞으로 숙이고, 걱정스러운 표정을 짓고, 눈을 마주치고, 진지한 목소리 톤을 사용해도 상관없다. 내담자가 몰입 중이기 때문이다! 치료적 사회적 신호는 주로 내담자가 몰입하지 않거나, (**말하기보다는 물어보기** RO 전략 등을 사용해) 내담자에게 직접적으로 이의를 제기할 때 중요하다. 따라서 편안히 있든 긴장하든, 얼굴을 찡그리든 미소 짓든, 무엇을 하든 진정성 있게 하라.

2단계

프로토콜의 2단계에서는 **개방적 호기심**을 가지고 내담자에게 다시 열기를 불어넣는다. 놀림이 명백히 실패로 돌아갔을 때 곧바로 내담자를 달래거나 정당화하거나 사과하는 대신, "제가 지금 이 말을 왜 했을까요?"라고 질문하라. 이 질문을 할 때는 비언어적 비우월성 및 친근감의 신호를 함께 보냄으로써, 내담자의 솔직한 자기개방을 독려하는 동시에 의도치 않게 부적응적 간접 과잉통제형 신호와 위장된 요구를 강화할 가능성을 낮춰야 한다(이 장 뒷부분의 「'반발' 반응」 및 「"나를 아프게 하지 말아요" 반응」 참조). 치료자가 놀림에 대한 치료적 근거를 명시적으로 설명함으로써 **자비로운 진지함**의 깊이를 더할 수도 있지만, 내담자 스스로 그 이유를 탐색하려고 시도하게 한 뒤 설명해 주는 것이 이상적이다. 흥미롭게도 이 질문에 대한 과잉통제 내담자의 가장 흔한 대답들 중 하나는 "모르겠어요"지만, 과잉통제 내담자는 종종 자신이 인정하고 싶은 것보다 더 많은 것을 알고 있다. 따라서 이들이 종종 무지를 주장할 때는, 실제로 무슨 일이 일어나고 있는지(왜 당신이 그들을 놀리는지) 어느 정도 알더라도, (그들이 당신을 더 잘 알기 전까지는) **그들이** 알고 있다는 사실을 **당신이** 알기 바라지 않는다. 물론 과잉통제 내담자가 무슨 일이 일어나고 있는지 전혀 모를 때도 있다. 치료적 놀림이 잘못됐을 때 내담자가 그 상황을 어떻게 인식하는지는 중요하지 않다. 중요한 것은, 내담자가 자신의 소중한 목표에 더 가까이 다가가기 위해 실제로 놀림이 도움되는 기능을 하는지 여부다.

3단계

프로토콜의 3단계는 비참여를 나타내는 언어적·비언어적 지표(예: 시선 회피, 간접적이고 모호한 답변 지속, 상호적 웃음이나 미소 부족)가 장기간 지속될 때 내담자의 참여와 상호 이해를 확보하기 위한 것이다. 이런 경우에 치료자는 다음 질문들을 통해 내담자가 솔직하게 자신을 드러내도록 독려하고 **동맹파열 복원 프로토콜**을 개시해야 한다(4장 참조)

- 지금 저한테 어떤 말을 하고 싶으신가요?
- 제가 제대로 이해했는지 잘 몰라서요, 다시 한번 말씀해 주시겠어요?
- 당신에 대해 잘은 모르지만 제가 보기엔 뭔가 달라진 것 같네요. 저한테 어떤 말을 하시려고 그렇게 바닥을 보고 계신 건가요?

다행인 것은, 내담자가 위의 질문들에 어떻게 대답하든 치료자와 내담자 모두 윈-윈 할 수 있다는 것이다. 치료자는 일방적 말하기가 아닌 질문을 통해, 내담자의 내적 경험을 단정하지 않고 스스로 더 직접적으로 드러내는 연습(치료의 핵심 목표)을 할 수 있는 기회를 제공한다. 치료자는 내담자의 솔직하고 개방적인 자기개방, 특히 비판적 피드백에 대한 자기개방을 강화하는 습관을 들여야 한다. 이는 내담자를 알아가는 방법이 될 수 있다. 나는 치료자와 내담자 사이에 권장되는 개방적이고 정직하며 직접적인 의사소통의 과정인 내담자의 솔직한 자기개방(은폐의 반대 개념)을 '진실의 선물gift of truth'이라고 장난스럽게 표현하기도 한다. 대부분의 과잉통제 내담자들이 지니고 있는 가치 목표들은 정직과 진실성과 관련되어 있기 때문에 자기개방을 이런 이름으로 부르는 것을 좋아한다. 진실의 선물은 치료적 놀림(치료자가 내담자의 호의에 보답하기 위해 진실의 선물을 주기고 하고 받기도 할 수 있도록 허락을 구함)으로 사용될 수 있으며, 내담자의 솔직한 드러냄과 치료자의 솔직한 피드백을 장려하는 은유로도 사용될 수 있다. 끝으로, 솔직한 자기개방을 치료 진전의 신호이자 건강한 친밀한 관계의 필수적인 부분으로 인식하는 것이 중요하다.

과잉통제 내담자는 내면의 감정을 숨기는 데 전문가다. 따라서 피드백이 없거나 부정적인 것 같다고 해서 놀림이나 **장난스러운 도발**이 효과가 없거나 치료자의 의도와 다르게 받아들여졌다고 단정하면 안 된다. 예를 들어, 내담자가 무표정하게 쳐다보는 것은(당신은 내담자가 진심으로 당신을 싫어한다고 생각할 수 있겠지만) 실제로는 당신의 장난에 속으로는 기쁨, 의외, 놀라움을 느끼지만 겉으로는 웃거나 키득대지 않으려고 애쓰는 것일 수도 있다. 이들은 평생 기쁨이나 즐거움을 느낄 수 없다고 안팎으로 주장해 왔기 때문에, 당신이 자신과 가까워지고 있다는 사실을 모르게 할 수 있다(이는 상당히 일반적인 반응이다). 내담자가 한 번이라도 웃거나 미소 지을 수 있다면 행복과 긍정적 사회적 유대감을 경험했을 가능성이 있기 때문에, 그가 완전히 헛된 인생을 살아오지는 않았음을 입증할 수 있다. 내담자가 딜레마를 명시적으로 표현할 때는, 치료자의 자기개방을 강화한 뒤(내담자에게 감사하고, 그로 인해 내담자와 더 가까워진 느낌이 든다고 언급하고, 더 친밀한 관계와 관련한 가치 목표와 연결함), 딜레마를 해결하거나 없애려고 하기보다는, 내담자가 자신의 난제('이게 바로 내가 실패자라는 걸 증명하는 거야')를 그 주의 **자기탐구** 연습 대상으로 삼도록 독려하라. 이를 통해 다음 두 가지 중요한 RO 원리를 은연중에 전달할 수 있다.

1. 내담자 역시 우리 모두와 마찬가지로 세상과 자신을 인식하는 방법에 대해(적어도 어느 정도는) 책임이 있다.
2. 모든 문제를 즉시 해결할 필요는 없다.

이와 더불어 가장 중요한 것은, **장난스러운 도발**이 **자비로운 진지함**과 균형을 이룰 때 내담자가 건강한 인간관계 속에 있는 느낌을 직접 경험할 수 있고, 이는 곧 친한 친구 사이에서 일어나는 자연스러운 주고받기와 상호공유 유형을 반영한다는 것이다. 따라서 치료자는 치료적 놀림이 호혜적 미소나 웃음을 이끌어 내지 못한다고 해서 낙담해서는 안 된다. 내담자는 치료자가 알고 있는 것보다 훨씬 더 참여의 신호에 가까이 있을 수 있기 때문이다. 일반적으로 치료적 놀림은 수반성 관리의 한 형태이므로, 이론적으로는 내담자가 부적응적 사회적 신호에 참여하는 것을 중단하고 더 친사회적이거나 사회성 있는 행동에(여기에는 놀림을 멈추라는 명시적인 요청도 포함된다. 좋은 친구는 명시적 요청을 받으면 놀림을 중단한다) 참여할 때까지 지속하는 것이 좋다. 또한 치료적 놀림의 대상은 내담자의 반응 행동이 아닌 부적응적 조작 행동임을 꼭 명심해야 한다(이 장 뒷부분의 '**조작 행동과 반응 행동 구별하기**' 참조). 마지막으로, 치료자는 모든 비전형적이거나 불쾌한 사회적 신호가 꼭 부적응적이거나 조작적인 것은 아님을 명심해야 한다. PNS-DVC 차단 반응과

'헤드라이트 앞의 사슴' 반응은 과잉통제 내담자 행동의 흔한 두 가지 예이며, 이는 반응 행동에 해당한다.

변증법적 사고는 경직된 사고를 완화하는 데 도움이 된다

변증법적 사고는 겉으로는 반대인 것처럼 보이는 두 가지 관점이 동시에 존재할 수 있게 해주며(예: "독립성과 의존성 모두 장점이 있다"), 이는 종종 절대적인 관점(예: "어떤 것과 관련한 올바른 행동이나 생각은 하나뿐이다")으로 생각하는 경향이 있는 과잉통제 내담자와 작업할 때 큰 도움이 될 수 있다. 다음 임상 사례는 치료 초기 과잉통제 내담자와의 대화를 보여 준다. 치료자는 '시기나 원망을 동반한 심한 사회적 비교'라는 과잉통제 사회적 신호 테마와 관련하여, 반추와 곱씹기를 치료 대상으로 삼는 것에 대해 내담자의 약속을 얻어 내고자 한다(9장 「**과잉통제 테마를 다루는 RO DBT 치료 전략**」 참조).

내담자: 전 이게 문제라고 생각하지 않아요. 제가 곱씹는 건 생각이 깊기 때문이에요. 경솔한 생각이 세상을 무너뜨리죠.

치료자: 무슨 말씀인지 알겠습니다. 신중하게 생각하는 건 정말 중요하고, 저는 당신의 그런 부분을 바꾸고 싶지 않아요.(회상에 잠기는 것의 중요성을 인정하며 이 부분을 바꾸는 것이 치료의 초점이 아님을 내담자에게 안심시킴) 실제로 오히려 생각을 더 많이 해야 할 수도 있죠. 그런데 깊이 있는 생각이란 본질적으로 뭘까요?(잠시 멈춤) 어쩌면 그건 사물이나 자신에 대해 질문할 수 있는 능력일 수도 있어요. 모든 걸 당연하게 여기지 않는 것, 즉 **자기탐구**의 한 형태인 거죠. 어떻게 생각하세요?(장난스럽고 도발적인 자세로 깊은 생각을 **자기탐구**와 연결 짓고, 깊은 생각이 매우 중요하므로 내담자가 이를 더 많이 해야 한다고 제안하는 방식으로 내담자의 말에 이의를 제기함. 이는 내담자가 예상하지 못했던 관점으로, 이를 계속 진행하기 전에 내담자의 인식을 확인함).

내담자: 네, 그럴 수도 있겠네요. 대부분의 사람들은 충분히 생각하지 않아요. 멍청이들이 사방에 널려 있죠.

치료자: 네. 그래서 당신은 **자기탐구**, 즉 깊이 생각하는 능력을 키워야 해요.(변증법에 집중하기 위해 내담자의 판단이 담긴 발언은 무시함) 우리는 또 깊이 생각하는 것의 핵심은 모든 것에 의문을 제기한다는 사실도 고려할 필요가 있어요. 안 그런가요?(내담자를 바라보며 입을 다물고 미소를 지음) 그건 매사를 당연히 받아들이지 않

는다는 뜻이니까요.(내담자가 살짝 고개를 끄덕임)

치료자: 그래서 우리가 정말로 매사를 당연하게 여기지 않는 데 전문가가 되려면, 자기가 가진 신념, 심지어 깊이 생각하는 것에 대한 신념에 대해서도 의문을 제기하는 연습을 해야 해요.(치료자와 내담자 모두 이러한 유형의 질문을 연습해야 함을 암시함으로써, 협력적인 '우리'의 입장을 유지하면서 곱씹기와 반추를 확신이나 신념으로 재구성함) 깊이 생각하는 것에 대해 깊이 생각하면 뭔가를 발견할 수도 있지 않을까요? 우리가 말하는 것을 몸소 실천하면 자부심을 느낄 수 있어요…(잠시 멈추고 입을 다물며 눈썹을 추켜올림) 깊이 생각하는 것에 대한 우리의 신념을 당연히 여기지 않는 것만으로도 말이에요. 재밌는 것 같지 않나요?(입을 다물고 미소를 지으며 눈썹을 추켜올리며, **장난스러운 도발**과 논리를 활용해 내담자가 습관적으로 깊이 생각하는 것을 다루는 것에 대한 저항에 이의를 제기함) 물론 곱씹기, 깊이 생각하기, 반추하기는 가치 있는 것들이에요. 그렇게 해서 훌륭한 일을 할 수도 있으니까요. 우리는 깊이 생각하기의 본질을 활용해서 자기가 가진 가장 기본적인 신념, 깊이 생각하는 것 자체의 가치에 대한 신념까지도 다시 생각해 봄으로써 더 생각을 잘하는 사람이 돼야 해요.("곱씹기는 항상 좋다"와 "곱씹기는 항상 나쁘다"라는 변증법적 극성의 통합을 제안함) 제가 이 말을 할 때 어떤 생각이나 감정이 드시나요?(입을 다물고 눈썹을 추켜올리고 미소를 지으며, 내담자가 이러한 사고방식을 추구할 의지가 얼마나 있는지 확인함)

이후 내담자는 약간의 두려움을 보고했지만, 깊은 생각과 곱씹기에 대한 자신의 개인적인 신념에 의문을 제기하는 방법을 배우는 것이 유용할 수 있다는 데 동의했다. 뭐가 두려운지에 대한 질문에 그는 실패에 대한 두려움 때문에 반추를 목표로 삼는 것이 꺼려진다고 했다(이전에 우울증 치료를 받을 때 반추를 성공적으로 멈추거나 조절하지 못했음). 치료자는 내담자의 솔직한 태도에 감사를 표한 뒤 내담자의 동의를 얻어 RO DBT가 쓸모없는 반추를 어떻게 치료하는지 설명했다. 치료자는 먼저 반추 사고를 줄이거나 감정을 조절하는 데 초점을 맞추기보다는(즉, 내적 경험을 목표로 삼기보다는), RO DBT가 사람의 웰빙은 자신이 속한 더 큰 집단이나 커뮤니티의 감정 및 반응과 분리될 수 없다고 가정하는, 감정 및 감정의 건강에 대한(개인주의가 아닌) 집산주의collectivist 모형에 기반함을 설명했다. RO DBT에서는(반추에서처럼) 내면적이거나 개인적 느낌과 생각보다는, 내면의 경험을 사회적으로 소통하거나 전달하는 방법과 그것이 사회적 유대감에 끼치는 영향을 더 우선적 치료 대상으로 삼는다. 이 관점에 따르면 우리는 부족의 일원이라고 느낄 때 안전하다고 느끼며, 그 결과 자연스럽게 걱정도 덜 하게 된다. 과잉통제는 주로 정서적 외로움의 문제이기 때문에, 내담자가 다시 부족에 합류하는 법을 배우도록 돕는 데 중점을 둔다. 치료자는 행복감을 느끼는 것은 좋지만, RO DBT의 관점에서는 고립된 상태에서는 아무리 상황을 받아들이고, 재평가하고, 바꾸려고 노력해도, 아무리 바쁘게 지내고, 운동을 하고, 요가를 하고, 주의를 분산시키려고 해도 행복을 느끼기 어렵다고 설명했다.

이것은 내담자에게 중요한 치료적 전환점이 됐다. 이후 몇 회기에 걸쳐 내담자와 치료자는 함께 내담자의 곱씹기가 어떤 사회적 신호로 나타날 수 있는지 파악하는 작업을 했다. 내담자는 곧 자신이 남들과 있을 때 자주 곱씹는다는 사실을 알게 됐고, 그런 곱씹는 행동은 대부분 자신이 하찮게 여겨지거나 인정받지 못한다는 느낌에 의해 촉발되며, 이마에 주름을 잡거나, 찡그린 표정을 짓거나, 딴 데나 아래를 쳐다봄으로써 싫은 감정을 간접적으로 다른 사람에게 드러내고 있음을 알았다. 곱씹기와 관련한 다른 사회적 신호로는 자신에게 잘못한 사람이 농담할 때 일부러 안 웃기(또는 잘못한 사람이 말할 때 하품하기), 질문에 질문으로 대답하기, 자신이 만난 유명인의 이름을 들먹이기, 시나 책의 구절을 말하기, 장황한 강의나 독백하기 등이 있었다. 치료자와 내담자는 이러한 사회적 신호에 '나의 작은 교수님'이라는 이름을 붙인 뒤 다이어리 카드를 통해 모니터링했다(RO DBT는 지나치게 심각한 과잉통제 내담자에게 자신의 약점을 비웃는 것이 건강하다는 생각을 심어주기 위해 치료 대상을 구어체로, 특히 이상적으로는 유머러스하게 라벨을 붙이는 것을 중시한다.)

그 외 흔히 나타나는 과잉통제 변증법적 딜레마

과잉통제 내담자와의 작업에서 흔히 볼 수 있는 변증법적 딜레마는 감정 경험과 자기 검증 문제를 중심으로 이루어진다. 과잉통제 내담자는 슬픔, 수치심, 화, 두려움, 불안 등의 감정 경험을 부정하는 경향이 있다. 이들은 감정이 안전하지 않거나, 파괴적이거나, 참을 수 없거나, 약함의 신호라는 믿음을 지니기도 한다. 따라서 이들은 자신의 개인적 감정 경험, 특히 사회적으로 용납할 수 없다고 여기는 감정을 불인정하거나 비판하는 경우가 많다. 또한, 과잉통제 내담자는 본의 아니게 애초에 원했던 것보다 더 높은 강도로 감정을 표현하여 감정 유출을 경험할 때면, 자신이 자기통제가 부족하다고 가혹하게 판단할 가능성이 높다. 실제로 과잉통제 내담자는 감정 경험의 가치에 상관없이 전반적으로 감정 경험을 폄하하거나 불인정하는 경향이 있으며(예: 긍정적 감정과 부정적 감정의 효용을 모두 무시), 문제 해결을 위한 전략적이거나 논리적인 수단을 과대평가하는 경향이 있다.

역설적이게도 과잉통제 내담자는 특정한 기분이나 감정을 즐기고, 이를 낭만적으로 여기거나, 그 안에 머물러 있는 것처럼 보이기도 한다. 과잉통제 내담자들이 그렇게 한쪽에 쏠려 있을 때는 슬픔이나 우울한 감정을 은밀히 즐기거나, 자기연민에 빠져 있거나, 절망을 만끽하는 것처럼 보일 수 있다. 이는 여러 가지 방식으로 나타날 수 있다. 이를테면 비극적인 이야기나 시를 쓰고, 절망이나 우울을 지적으로 순수하거나 고귀한 것으로 묘사하고, 슬픈 짝사랑 노래를 들으며 향수에 잠기기도 한다. 허무주의나 냉소주의를 즐기고, 부고 기사를 찾아 읽으며, 자살이나 죽음을 낭만적으로 여기기도 한다. 고립감과 소외감은 아무도 자신을 신경 쓰거나 이해하거나 인정하지 않는다는 믿음을 강화하기 때문에, 오히려 그런 활동들을 더 잘 즐길 수 있다. 치료자는 내담자가 이러한 감정 상태에 빠져 있을 때 자살 위험성이 더 높아질 수 있으므로, 이를 신중하게 평가해야 함을 꼭 명심해야 한다. 우울, 비참함, 절망감 역시 과잉통제 내담자가 자신을 불공정하거나 불의한 세상(또는 불의한 가족)의 희생자, 희생양, 순교자로 경험하고 있다는 흔한 신호다. 장시간 근무, 단기적 쾌락을 포기, 남들은 안 지키는 규칙을 혼자 지키는 것과 같은 자기희생을 인정받고 싶은 내담자의 합리적 욕구는 씁쓸한 아쉬움으로 이어질 수 있다. 인정에 대한 이러한 갈망은 다양한 측면에서 강화되면서 원한이 깃들고, 그 결과 고립감과 타인과의 거리감이 커진다. 과잉통제 내담자의 문제는, 강박적 자기통제에 의한 소진을 해독할 수 있는 특효약인 휴식과 이완의 시간을 스스로에게 허용하지 않는다는 것이다.

이 변증법적 딜레마와 관련하여 치료자는 통합하기 어려워 보이는 다음 두 가지 문제를 알고 있어야 한다. 첫째, 감정 경험을 불인정하려는 과잉통제 경향이 있는 내담자와 작업하는 치료자는, 많은 과잉통제 내담자들이 남들과 같은 방식으로 감정을 경험하지 않으며 감정에 이름을 붙이는 능력이 부족할 수 있음을 기억해야 한다. 과잉통제 내담자에게 흔히 나타나는 항상 똑같은 기분 상태(예: 지속적인 긴장, 불안, 짜증 등)는 기복이 없기 때문에, 자신의 현재 감정이 어떤지 잘 모를 수도 있다(바로 직전에 기쁨을 경험했다가 슬퍼지면 쉽게 알아차릴 수 있다). 따라서 치료자는 내담자가 감정 경험을 의도적으로 잘못 표현하거나 거짓말할 수 있다는 판단이나 믿음에 빠지지 않도록 주의해야 한다. 그래야 과잉통제 내담자가 부담 없이 감정과 관련된 감각을 탐색하는 데 필요한 여지를 확보해 줄 수 있다. 둘째, 치료자는 과잉통제 내담자가 감정에 휩싸인 상태에서 행동하는 것처럼 보이면, 내담자가 인정받지 못하는 느낌은 최고가 되기 위해 열심히 노력하고, 항상 올바르게 행동하고, 쾌락을 포기하고, 늘 규칙을 준수하는 데서 비롯되는 자연스러운 결과임을 상기시켜야 한다. 자신의 욕망·충동·감정을 엄격하게 통제하는 것은 힘들고 때로는 지치는 일이기도 하지만, 과잉통제 내담자는 자신의 성취를 크게 부각하는 것을 꺼리는 경향이 있기 때문에 자기희생이 부각되지 않을 때가 많다. RO DBT는 **자기탐구**를 통해 이러한 딜레마를 해결함으로써, 내담자가 남을 돕고자 하는 동기와 자기희생이 핵심 가치에 얼마나 부합하는지 탐색하게 해준다. RO DBT의 관점에서 가장 바람직한 변증법적 통합은, 내담자가 다른 사람을 도울지 말지 결정할 책임은 스스로에게 있음을 인식하는 것이다. 자기희생은 자유로운 선택이기에, 내담자는 자신이 돕기로 결정한 사람에게 어떤 대가도 바라지 않는다. 또한 자기희생과 호혜성이 장기적으로 건강한 관계를 유지하는 데 둘 다 똑같이 필수적임을 알아야 한다. 한 과잉통제 내담자는 **자기탐구** 연습을 통해 자신의 '성인군자' 같은 자기희생에는 남들도 똑같이 보답해야 한다는 강한 기대가 포함되어 있으며, 남들이 그에 부응하지 않을 때면 조용히 분노가 치밀어 오른다는 사실을 인식하기 시작했다. 또한 그녀는 **자기탐구**를 통해서, 인정이나 도움에 대한 욕구를(그러면 '이기적'이기 때문에) 누구에게도 알리지 않았다는 사실을 깨달았다. 그녀는 치료자와의 작업을 통해서 남에게 의존하는 것에 대한 두려움 때문에 도움을 요청하지 못했음을 인식할 수 있었다. 이러한 자기발견은(타인에게 자신의 취약성과 의존성을 드러내는 것을 실천함으로써) 손상된 관계를 회복하는 중요한 단계가 됐으며, (모든 것을 혼자 다 하는 대신 누군가의 도움을 받을 수 있게 됨으로써) 전반적인 피로감을 줄이는 데에도 도움이 됐다.

'수수께끼의 곤경'

과잉통제 내담자는 자기통제가 꼭 필요하며 결코 실수를 용납할 수 없다는 믿음을 지니도록 조성되어 왔다. 비판을 피하는 한 가지 방법은, "내 문제는 다른 사람의 문제와 근본적으로 달라"라는 입장을 취하거나, "내 문제는 너무 복잡해서 아무도 이해할 수 없고, 나는 남들과 달라"라고 암시하는 것이다(물론 이는 사실이지만, 과잉통제 내담자뿐만 아니라 모든 인간에게 해당되는 말이기도 하다). 나는 이것을 '수수께끼의 곤경'enigma predicament 이라고 부른다. 한 과잉통제 내담자가 "저를 진정으로 이해해 준 치료자는 없었어요"라고 폭로한 것처럼, 이는 은근히 과잉통제의 사회적 고립, 냉담함, 타인과의 거리를 유지하는 기능을 하며, 치료관계에 부정적인 영향을 끼치거나 치료자의 사기를 떨어뜨릴 수 있기 때문에 문제가 될 수 있다. **그림 10.2**의 네 가지 태도는 과잉통제 내담자의 사회적 신호에 부정적인 영향을 끼치고, 냉담하고 소원한 인간관계 스타일을 악화시키기 때문에 수수께끼의 곤경과 가장 밀접한 것으로 간주한다.

1. '나는 남들과 달라'
2. '아무도 나를 이해할 수 없어'
3. '어떤 질문이든 대답할 수 있어'
4. '나는 어떤 유형으로도 분류할 수 없어'

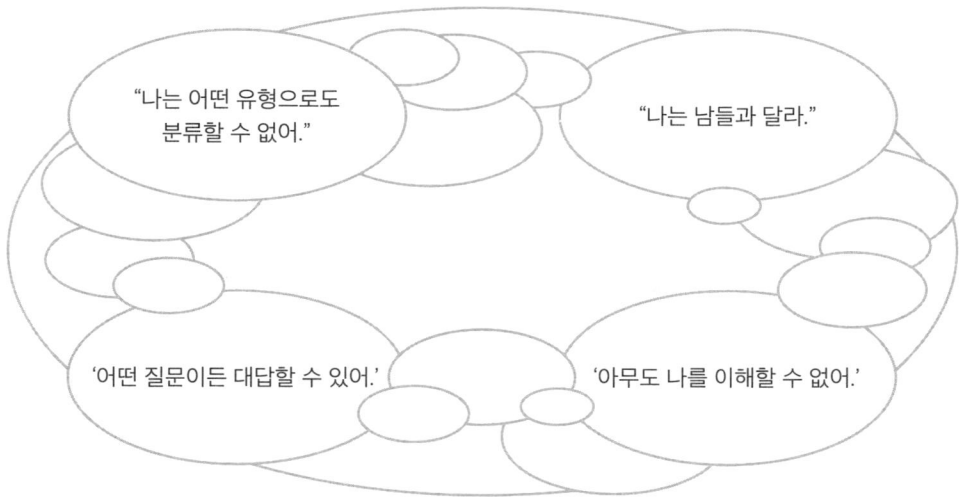

그림 3. '수수께끼의 곤경'

'나는 남들과 달라'

이 태도의 핵심은 과잉통제 내담자가 자신을 본질적으로 다르거나 특별한 존재로 여기는 것이다. 이는 사회적 상황과 비판적 피드백을 피하는 것을 정당화한다. 한 내담자는 이렇게 말했다. "저는 대부분의 사람들과 달라요. 남들은 누군가 함께 있기를 바라지만 전 그딴 헛소리들은 다 가짜라는 걸 오래전에 깨달았죠." 또 다른 내담자는 이렇게 말했다. "제가 누구와도 친밀한 관계를 맺지 않았던 이유는 제가 특별하고 까다롭기 때문이에요. 대부분의 사람들은 저 같지 않죠." 이는 대부분의 사람들이 내담자를 매우 거만하게(그리고 불쾌하게) 느끼게 함으로써 자기애성 성격장애로 오진되기도 한다.

수수께끼의 곤경 요소 중 '나는 남들과 달라'를 다루는 치료자는, 과잉통제 내담자가 으레 회피하거나 자신과 관련 없다고 무시하는 경향이 있는 인간관계 자극(예: 칭찬, 찬사, 도와주겠다는 제의, 본인의 행동에 대한 정상화)에 노출될 수 있는 간단한 연습 기회를 찾아야 한다. 이를 통해 이들이 냉담함과 소원함을 유지하는 부적응적 회피를 차단하고, 중요한 교정적 피드백, 새로운 학습, 타인과의 애착 및 참여 행동을 연습할 수 있는 기회를 확보할 수 있다. 예를 들어 과잉통제 내담자에게(비슷한 상황에 처한 사람이라면 누구나 그렇게 행동했을 것이기 때문에) 그의 행동이 정상적이거나, 일반적이거나, 납득할 수 있다고 말하면, '반발' 반응이나 동맹파열을 초래할 수 있다. 하지만 치료자가 이러한 유형의 피드백을 피하면 냉담함과 소원함이 계속 유지될 것이므로, 과잉통제 내담자가 싫어한다고 해서 이들 행동의 정상성을 관찰한 내용을 공유하지 말아야 하는 것으로 여겨서는 안 된다. 다음 임상 대화는 이러한 원칙의 일부를 보여 준다.

치료자: 지금 당신이 오해받고 있다고 느끼시는 것 같은데요, 맞나요?(잠재적인 동맹파열을 알아차리고 그에 대해 질문함)

내담자: (의자를 움직이며) 아뇨, 아닌데요.

치료자: 아, 그럼 오해받고 있다고 오해받고 계신 거로군요?(입을 다물고 미소를 지으며, 눈썹을 추켜올리고, 치료적 놀람을 사용하여 분위기를 밝게 하고 내담자가 솔직하게 털어놓도록 유도함)

내담자: 네 그런 것 같아요.(키득거리며 참여의 신호를 보냄) 제가 오해받고 있거나…(잠시 멈춤) 아니면 제가 어떤 감정을 느낀다는 걸 인정하기 힘든 것 같아요.

치료자: 네, 알 것 같아요.(잠시 멈추고, 솔직한 노출을 강조하기 위해 동정심을 자극하는 태도로 넘어감) 엄마가 휠체어에 계신 얘기를 할 때 눈물이 나는 건 당연한 거예요. 그런 일로 슬퍼하는 것은 정상적인 반응이죠.(내담자가 감정을 말하는 데 어려움을 겪는 것을 인정하고, 변증법을 사용하여 내담자가 불인정으로 느꼈을 만한 부분으로 대화를 다시 유도함)

내담자: (치료자를 똑바로 쳐다보며) 전 정상이 아니에요.

치료자: (동맹파열의 가능성을 알아차림) 제가 말씀드릴 수 있는 건 당신한테 제3의 눈 같은 건 없다는 거예요.(입을 다물고 따뜻한 미소를 지으며 눈썹을 추켜올림으로써 개방성과 **장난스러운 도발**을 드러내며, 내담자의 열기를 유지하고 자신이 남들과 다르다는 내담자의

입장에 부드럽게 이의를 제기하며 내담자가 응답할 시간을 주기 위해 잠시 멈춤)

(내담자는 말없이 있음)

치료자: (의자에 뒤로 기대어 잠시 내담자에게서 시선을 돌린 채 천천히 심호흡함.) 제가 말씀드리고 싶은 건, 좋든 싫든 당신은 정상이거나 적어도 어떤 면에서는 남들과 비슷하다는 거예요.(내담자가 정상적인 인간적 반응을 경험한다는 관점을 유지하며 놀림의 이유를 설명함으로써, **장난스러운 도발**에서 **자비로운 진지함**으로 전환함) 앞서 말씀드린 것처럼, 우리가 할 일 중 하나는 바로 당신이 사람들과 함께할 수 있도록 돕는 거예요. 당신이 커뮤니티의 일원임을 암시하는 제 얘기에 반대할 때마다 고립감만 더 느끼시는 것 같아요. 오히려 우리는 엄마에 대한 슬픔 같은 거야말로 정말 당신이 인류의 일원임을 알려주는 반응이라는 사실을 받아들일 수 있도록 함께 노력해야 할 것 같아요. 당신의 반응은 정상이니까요! 적어도 제가 볼 때는 그래요. 제가 궁금한 건 이거예요. 당신이 최소한 가끔은 평범하거나 남들처럼 (잠시 멈춤) 행동하는 데 무슨 문제가 있을까요?(입을 다물고 눈썹을 추켜올리고 미소를 지으며, 관계 개선을 위해 노력하겠다는 내담자의 사전 약속을 상기시키고, '우리가 할 일'과 '우리'라는 말을 사용하여 협업을 알리고, **말하기보다는 물어보기** 전략을 사용하여 겸손함을 드러내고, 내담자 스스로 질문하도록 유도함)

이 상호작용 이후 치료자와 내담자는 내담자가 정상성을 회피하는 것이 타인에 대한 냉담함과 소원함을 유지하는 기능을 하기 때문에 부적응적인 것으로 간주하기로 합의했다. 또한 이들은 이 영역에서의 변화를 촉진하기 위해 노출의 행동 원리를 활용하기로 했다. 치료자는 내담자의 동의를 얻어 회기 중에 내담자의 반응이 정상으로 보일 때를 지적했다. 그리고 이러한 순간이 바로 내담자가 다르게 반응하는 연습을 할 수 있는 기회가 될 것임을 설명했다. 치료자는 또한 내담자가 자신도 남들과 비슷하다는 생각에 대한 혐오감을 극복하기 위해, '정상'이라는 단어에 비공식적으로 노출하는 것도 장난스럽게 적용했다. 예를 들어 치료자는 다른 주제를 논의하다가 갑자기 말을 멈춘 뒤, 유치한 목소리로 '정상'이라는 단어를 장난스럽게 크게 말한 다음, 두 번 더(이전보다 더 크게) 반복했다. 어떨 때는 치료자가 내담자에게 '정상'이라는 단어를 20번까지 반복해 보라고 요청하기도 했다(이 버전은 곧 구호로 발전했고, 한 번은 노래로도 발전해서 치료자와 내담자 모두 매우 즐거워했다). 이러한 짧은 노출을 통해 '정상'이라는 단어에 대한 새로운 연상이 생겼고, 내담자는 자신의 개인적 약점을 비웃는 방법을 배우며 "외계인이 되고 싶다"(내담자의 표현)는 욕망에 대한 유머 감각을 키울 수 있었다. 그녀는 **자기탐구** 연습을 통해, 커뮤니티에 속하거나 남들과 비슷하거나 정상적인 것이 꼭 자신이 뭔가 잘못하고 있거나, 재미없는 사람이거나, 자기감을 전부 포기해야 함을 의미하지는 않음을 인식할 수 있었다. 그녀는 잡담을 시간 낭비이자 멍청한 짓이라고 생각했지만, 관계 초기에는 서로를 더 잘 알아가기까지는 의례적인 친절이나 농담이 필요할 수 있다는 데 동의했다. 그래서 그녀는 잘 모르는 사람과 일주일에 세 번씩 수다 떠는 연습을 숙제로 하기로 했다. 또한 상담 시간 외에도 사람들과 어울리거나 남들처럼 행동할 수 있는 기회를 찾아보고, 이러한 사회적 신호의 변화가 관계에 어떤 영향을 미치는지 살펴보기로 했다. 또한 **매치+1** 같은 연관 RO 기술을 통해 내담자가 연습으로 얻은 새로운 사회적 신호에 대한 통찰을 보강했다(『기술훈련 매뉴얼』 5장 21과 「**유연한 마음은 허용한다(ALLOWs)**」 부분 참조). 수수께끼의 곤경의 이러한 측면은 자기통제에 대한 은근한 자부심으로 나타날 수도 있다. 이 책 전체에서 반복적으로 언급하고 있듯이, 과잉통제형 인간은 괴로워도 신음·불평·울음을 억제하고, 미리 계획을 세우고, 불편한 업무를 지속하고, 장기 목표를 달성하기 위해 단기간의 쾌락적 보상을 무시하는 데 능숙하다. 대부분의 사회에서 자기통제를 중요한 가치로 여기는 것은, 자신은 특별하거나 우월하다는 내담자의 믿음을 강화할 수 있으며, 실제로 종종 이러한 자부심을 정당화하기도 한다. 대부분의 과잉통제 내담자들은 어릴 때부터 사회 불안을 경험하며, 자신이 또래에 비해 사회적으로 특이하거나, 이상하거나, 진실되지 않은 경험을 한다(Eisenberg, Guthrie, et al., 2000; J. J. Gross & John, 2003). 따라서 과잉통제 내담자는 자신의 자기통제에 자부심을 느끼는 동시에, 열등감, 사회적 배제, 일이 잘 안 풀리는 경험을 한다.

과잉통제 내담자와 자부심pride에 대해 논의하는 것은 어려울 때가 많다. 이들은 자부심을 남들보다 우월하거나 뽐내는 것의 일종으로, 도덕적으로 나쁘거나 부적절하게 여길 수 있기 때문이다. 따라서 이들은 자부심이 있어도 드러내지 않고 숨길 가능성이 많다. 예를 들어 한 과잉통제 내담자는, "알아차리기는 정말 힘들지만, 제 마음 깊은 곳에는 제가 남들보다 통제력이 더 뛰어나기 때문에 무뚝뚝한 게 별 문제가 안 된다는 생각이 자리잡고 있어요"라고 말했다. 일부 과잉통제 내담자들은 은밀한 자부심에 대한 대화 중 '반발' 반응을 보이기도 한다. 한 내담자는, "제가 그렇게 저를 높이 평가하면 왜 이렇게 우울한 거죠?"라고 말하기도 했다. RO DBT 치료자는 그때를 놓치지 않고 내담자가 치료자에게 숨겨진 메시지를 전달하는 것이 아니라 정말 궁금해서 물어보는 것인지 탐색한 뒤, "음…"이라고 말했다. 그 뒤 치료자는 잠시 멈추고 의자에 기대어 눈썹을 추켜올리며, "흥미로운 질문이네요. 당신은 스스로를 높이 평가한다고 생각하세요?"라고 물었다. 치료자는 이 질문을 통해 내담자의 질문을 이해했다는 신호를 보내는 동시에, 내담자가 '반발' 행동을 보이거나 동맹파열을 뜻하는 것일 수도 있는 신호를 보내지 않으며, **말하기보다는 물어보기** 전략을 사용해 내담자가 은밀한 자부심을 얼마나 문제라고 여기는지 평가하자 했다(이 장 뒷부분의 「**'반발' 반응**」 및 「**간접 사회적 신호와 위장된 요구**」 참조).

'아무도 나를 이해할 수 없어'

수수께끼의 곤경의 이 요소는 내면의 씨름·고통·동기를 진정으로 이해할 수 있는 지성이나 공감 능력을 지닌 사람이 없음을 의미하기에, 남들이 과잉통제 내담자와 교류하거나 더 알아가는 것을 어렵게 한다. 누군가의 내면 경험을 진정으로 이해할 수 없다는 것은 어떤 면에서는 사실이다. 하지만 사람들은 늘 다른 이로부터 이해받는 느낌을 경험하며, 이러한 경험은 사회적 유대감을 경험하는 데 필수다. 미스터리하거나 이해하기 어려운 식으로 계속 행동하는 것은 자신을 이해하려는 타인의 시도를 처벌하는 효과를 보인다. 그 결과 사람들이 과잉통제 내담자를 이해하려는 노력을 포기하면서 최초의 전제('아무도 나를 이해할 수 없어')만 확인하게 된다.

방금 설명한 과잉통제 내담자의 자세는 사회적 고립을 악화시킬 뿐만 아니라 개인적 성장의 기회도 차단한다. 예를 들어 내담자는 자신이 싫어하는 주제가 나올 때마다 어차피 치료자가 자신을 이해하지 못한다고 암시할 수 있다. 그러면 치료자는 내담자의 기분을 상하게 하지 않기 위해 특정 주제에 대한 논의를 피하거나 특정한 반응을 억제하는 경향을 보이게 된다. 한 내담자는 자신이 화가 난 것처럼 보인다는 논의를 한 뒤 감정 반응에 대한 질문을 받자, "저보다는 선생님 얘기 같은데요"라고 말했다. 이는 내담자의 감정 경험을 더 깊이 이해하려는 치료자의 욕구가 비정상적이거나 부적절한 것임을 암시한다. 치료자는 내담자의 위장 질문에 방어적이지 않고 개방적으로 대답한 다음, **말하기보다는 물어보기** 전략을 사용했다. 내담자는 "음"이라고 대답했다. 치료자가 말했다. "사실 전 우리가 방금 얘기한 게 당신한테 좀 괴로울 수 있었겠다는 생각이 들었어요. 그래서 당신이 원하면 어떤 감정이 드는지 얘기할 기회를 드리고 싶었어요. 근데 지금은 말하고 싶지 않다는 말씀이시죠?" 이 질문은 내담자가 원하면 언제든 대화의 방향을 조절할 수 있다는 신호를 보내고, 내담자의 삶에서의 결정권은 내담자에게 있음을 알아차리도록 신중히 고안된 것이다. 이는 내담자가 자신의 욕구와 바람, 내적 경험을

(간접적으로 드러내면서 남들이 자신을 이해한다고 가정하거나, 자신을 이해하지 못하는 것 같을 때 비난하기보다는) 직접 표현함으로써 사회적 신호를 개선하는 연습을 할 수 있는 기회가 됐다.

치료자가 이 패턴을 평가할 때는, '아무도 나를 이해할 수 없어'와 '당신은 나를 이해하지 못해'를 구별하는 것이 중요하다. 대부분의 사람들이 오해받을 때 느끼는 고통과 달리, 수수께끼의 곤경에 따라 행동하는 과잉통제 내담자는 오해받아도 별로 괴롭지 않을 수 있다. 오히려 이들에게 이해받는다는 것은 자신도 이해될 수 있음을 증명함으로써 미스터리한 페르소나를 유지하는 데 필요한 핵심 전제가 흔들리는 것이기에 더 괴로울 수 있다. 예를 들어 한 과잉통제 내담자는, "그동안 10명이 넘는 치료자를 만났지만 아무도 도움이 안 됐어요"라고 말하며 약간의 강도 미소를 보였는데(6장 **「강도 미소」** 참조), 이 내담자가 흘린 강도 미소는 자신이 치료하기 어려운 상태라는 것에 은근히 자부심을 지니고 있음을 암시하며, 따라서 수수께끼의 곤경을 시사한다. 치료자가 이를 다루기 위해서는 치료 순서와 관련된 요소를 고려해야 한다. 예를 들어 이 내담자의 진술과 강도 미소가 치료의 오리엔테이션 및 약속 단계에서 발생했다면, 치료자는 그 행동을 조용히 주목하면서 당분간 무시했을 것이다(**부록 5** 참조). 치료 초기에 치료자의 주요 목표는 부적응적일 수 있는 모든 행동을 다루는 것이 아니라, 내담자와 좋은 작업동맹을 구축하는 것이기 때문이다. 만약 이 내담자가 회기 중 치료자로부터(치료자가 한 일로 인해) 오해나 불인정받은 것처럼 반응했다면, 내담자의 진술과 강도 미소를 작업동맹 파열의 징조로 간주하고 파열을 복원하는 프로토콜을 가동해야 한다. 동맹이 잘 형성된 뒤에도 내담자가 똑같이 행동하고, 남들과 어울리고, 함께하고, 유대감을 형성하는 것을 피하는 기능을 하는 것으로 판단되면, 치료자는 그 행동을(강화하지 않기 위해) 무시하거나 직접 문제를 제기했을 것이다(말하기보다는 물어보기 전략을 사용). 예를 들어 치료자는 내담자의 강도 미소가 가장 자주 나타나는 방식과 시기를 명시적으로 정의한 다음, 이러한 사회적 신호 행동의 기능과 내담자의 사회적 유대감에 끼치는 영향을 파악하기 위해 간단한 **체인분석**을 수행할 수 있다.

'어떤 질문이든 대답할 수 있어'

과잉통제 내담자는 거의 모든 일에 대해 항상 특정한 반응이나 답을 준비함으로써, 박식하고 사회적이고 유능하다는 외적 페르소나(혹은 자기이미지self-image)를 유지하고 싶어 한다. 수수께끼의 곤경의 이 요소는 다양하고 미묘한 행동으로 나타날 수 있다. 예를 들어 한 과잉통제 내담자는 화제를 상대방에게 집중함으로써 자신에게서 멀어지게 하는 데 매우 능숙하여, 주로 상대방의 삶에 대해 '연민적' 질문을 잘한다고 말했다. 이를 통해 그녀는 자신의 개인사나 솔직한 의견을 드러내지 않을 수 있었고, 외향성이나 친밀감의 페르소나를 유지함으로써 취약하거나 한 수 아래로 보이지 않을 수 있었다. 어쩌다 누가 그녀의 개인사에 대한 자기개방이 부족하다고 언급하기라도 하면, 그녀는 딱히 꺼낼 만한 중요한 게 없다고 부인하며 웃으면서 화제를 바꾸거나, 상대방이 너무 걱정하는 것 같다고 말하거나, 갑자기 약속이 있다고 하면서 상황을 반전시키기도 했다.

수수께끼의 곤경의 '어떤 질문이든 대답할 수 있어'는, 종종 관심 있는 척하기(상대의 대답에 관심도 없으면서 질문하기), 허위 관심 신호(가짜 동정), 참여하는 척하기(상대의 관심을 다른 곳으로 돌리기 위해 질문에 질문으로 대답하기), 거짓된 개방적 신호(다른 사람보다 먼저 자신을 비판하기. 한 내담자는 "저는 약점을 알기만 하면 기꺼이 드러낼 수 있어요"라고 말함)를 보내는 행동으로 나타난다. 수수께끼의 곤경의 이 요소에 동반되는 사회적 신호 행동은 종종 사전에 신중하게 리허설된다. 이 행동의 목표는 일반적으로 개방성·유대감·겸손함의 페르소나나 겉모습을 만드는 동시에, 은밀하게 폐쇄적이고, 무관심하고, 우월한 태도를 유지하는 것이다.

'나는 어떤 유형으로도 분류할 수 없어'

과잉통제 내담자는 라벨이나 카테고리가 붙는 것을 거부하고 공개적 약속을 안 함으로써, 행동에 대한 책임을 회피하고 부정적인 결과를 남에게 떠넘긴다. 누가 무엇을 믿거나 느끼는지 제대로 모르는데 그 사람을 비판하거나 책임을 묻기는 매우 어렵다. 이러한 태도는 다양한 방식으로 나타날 수 있다. 예를 들어 한 내담자는 어떤 문제에 대해 의견을 제시하라는 압력을 받으면, 전혀 그럴 마음이 없는데도 "생각해 보고 다시 연락드릴게요"라고 말하면서 그 사이에 문제가 해결되기 바란다고 말했다. 어떤 내담자들은 남들 앞에서는 자신의 과잉통제의 특성을 인정하면서도, 정작 자신에게 '과잉통제'라는 라벨을 붙이면 뭔가 달라져야 할 것 같은 두려움이 들어 거부한다. 또 다른 내담자들은 진단명(예: '우울증', '성격장애')을 거부하고, 특정한 용어를 관습적으로 사용하며(예: 자신의 행동에 항상 '정상'이라는 용어를 붙임), 변화에 대한 확고한 약속을 거부한다(늘 "노력할게요"라고 말만 하면서 회피). 이러한 사회적 신호는 간접적으로 나타나는 특성이 있어서 문제를 제기하기 어려운데, 그래도 이를 해결하지 않으면 남들이 과잉통제 내담자들의 진정한 신념을 알 수 없게 되어 고립감이 고착되게 된다.

수수께끼의 곤경의 '나는 어떤 유형으로도 분류할 수 없어' 요소는, 과잉통제 내담자와의 개인치료에서 기본적으로 유인물을 권장하지 않는 이유 중 하나다(기술훈련 수업에서는 RO 기술을 가르치는 데 유인물과 워크시트가 필수적이다). 한 치료자가 선의를 가지고 과잉통제의 5대 사회적 신호 테마를 설명하는 유인물을 제공하며 치료 대상 선정 과정을 빠르게 진행하려고 시도하자, 한 과잉통제 내담자는 "이 치료는 도대체 제가 어떤 척하기 바라는 거죠? 전 저만의 개성이 있어요. 전 이 치료를 통해서 절대 변하지 않을 거예요. 마치 제가 우편함에 분류되는 기분이에요"라고 말했다.[59] 내담자의 입장에서는 내면의 복잡한 경험을 고작 종이 한 장에 요약하는 것은 불가능했다. 내담자의 관점은 옳지만, 어차피 한 인간의 복잡성은 한 쪽이든 천 쪽이든 종이로는 다 설명할 수 없을 것이다. 그럼에도 불구하고 인간의 뇌에는 분류 기능이 있다. 우리는 패턴을 알아차리고 만들어내는 데 매우 능숙하며(예: 뭉게구름이 갑자기 토끼로 변함), 이 과정은 매우 자동적이어서 대부분의 사람들은 이런 일이 일어나는 순간을 인식하지 못한다. 가능한 모든 뉘앙스를 설명하는 대신 한두 개의 단어만으로 복잡한 행동 패턴에 라벨을 붙일 수 있다면, 시간도 절약하고 문화·부족·문맥에 따른 의미를 공유할 수 있는 설명어로 상호이해를 촉진할 수도 있다.

흥미롭게도 수수께끼의 곤경에서 '나는 어떤 유형으로도 분류할 수 없어' 요소는 사람들과 같이 있을 때 자신의 의견을 피력하지 않는 것으로 발전할 수 있다. 한 내담자는 이렇게 말했다. "사람들이 제 의견을 물어볼 때마다 저는 항상 '그때 그때 달라요'라고 대답하고 나서 그들은 어떻게 생각하는지 물어봐요. 그래야 제 입장을 드러내지 않으면서 상대방의 생각을 파악할 시간을 가질 수 있거든요. 일단 상대가 어떤 생각을 가지고 있는지 알면, 실제로 제가 믿는 걸 안 드러내고도 상대의 관점에 허점이 있음을 지적함으로써 열을 식힐 수 있어요." 이러한 위장된 사회적 신호들은 매우 교묘해서 과잉통제 내담자들이 상대방의 언급에 대해 거부권을 행사하거나 아예 언급 자체를 피하는 것으로 나타날 수 있다.

한 내담자는 치료 초기에 치료자가 자신이 들은 말을 설명하거나 반박할 때마다 이러한 요소를 특징적으로 드러냈다. 내담자는 무표정한 얼굴로 경청하다가, "그건 제 문제랑 상관없는데요"라고 짧게 말한 뒤 치료자가 말을 시킬 때까지 조용히 앉아 있고는 했다. 치료자는 **동맹파열 복원 프로토콜**을 통해, 내담자가 갑자기 침묵하는 이유는 치료자의 언어적 반영이나 설명이 내담자가 완전히 인정할 만큼 정확하지 않음을 전달하기 위한 것임을 알았다. 그 뒤 치료자는 그릇에 담긴 조약돌 3개를 내담자에게 보여 주며

몇 개의 물체가 보이는지 물었다. 내담자는 3개라고 대답했다. 치료자는 고개를 끄덕이며, "네, 하지만 이 방에 물리학자가 있으면 그는 이걸 보고 그릇에 3조 개의 물질, 즉 전자가 있다고 말하지 않을까요?"라고 말했다. 치료자는 입을 다물고 눈썹을 추켜올리며 미소 지은 다음, 내담자에게 "3 개와 3조 개 중 어느 것이 더 정확한 혹은 정밀한 대답일까요?"라고 물었다. 내담자는 멋적은 미소를 지으며, "비유적으로 물어보시는 거죠?"라고 대답했다. 그런 다음 그는 치료자가 제시한 조건에서는 정답이 없음을 마지못해 인정했다. 나중에 알게 된 것이지만 이 '물리학자의 비유'는, 내담자에게 장난스러운 농담이자 어떤 상황에서도 엄격한 정확성을 고집하지 않음을 실천하라는 의미로 각인됐다. 또한 이 은유는 내담자가 다른 의견을 사회적으로 알리는 방식, 즉 더 직접적이고 겸손하게 자신의 의견을 전달하는 법을 배우는 데 큰 변화를 가져오는 원동력이 됐다. 다음 지문은 '나는 어떤 유형으로도 분류할 수 없어' 요소가 나타나는 또 다른 모습을 보여 주는 예다.

치료자: 그래서 기분이 꽤 속상하고 우울하시군요. 지금이 기술을 사용해야 할 때일까요?(내담자의 참여도를 평가함)

내담자: 그렇게 우울하면 아무것도 생각할 수 없어요.

치료자: 정말 힘드신 건 이해가 됩니다만, 몇 가지 기술을 활용해 효과를 볼 수 있을 거라는 생각은 안 드세요?(단서를 제시함)

내담자: 뭐 제안해 주실 거라도 있나요?(질문에 질문으로 대답함)

치료자: 글쎄요…(잠시 멈춤) 근데 우리는 오늘 이 문제를 확실히 정리해야 해요.(곧바로 해결책을 제시하지 않고 단서를 유지함으로써 내담자의 질문에 개방적 태도로 직접적으로 대답함) 제가 여쭤 본 이유는, 당신이 우울할 때 기술을 사용하는 것을 얼마나 중요시하는지 알고 싶어서예요.(**말하지 않고 물어보기** 전략을 사용하여 내담자가 질문에 집중하도록 이끔)

내담자: 딱히 별거 없는데요.(입장을 표명하지 않음으로써 '반발' 신호를 보냄)

치료자: 친한 친구가 지금 당신과 비슷하게 우울증에 걸렸다고 가정해 보죠.(내담자가 이 대화를 피하고 싶을 수 있다고 가정하고, 좋은 친구의 은유를 사용하여 다른 방식으로 접근하기로 함) 당신은 그 친구에게 기분 전환을 위해 뭘 해보라고 할 것 같나요? 혹시, "그냥 우울한 채로 있어, 어차피 네가 할 수 있는 건 아무것도 없어"라고 얘기하실 건가요?

내담자:	뭐가 가장 좋을지 모르겠어요. 공감하면서 얘기를 들어주는 건 어떨까요?(여전히 아리송한 모습임)
치료자:	(미소를 지음) 그럼 당신이 제안하고 싶은 기술이 있는 거로군요.(내담자가 기술을 사용하려는 의지를 평가 목표에 집중할 수 있도록 **개방적 호기심, 장난스러운 도발, 편한 태도**를 활용함)
내담자:	제가요?(여전히 인식이 부족함)
치료자:	네. 방금 그러셨잖아요. 공감하면서 들어주시겠다고요.(잠시 멈춤.) 당신이 이야기한 기술을 지금 문제에 활용하면 우울증이 좋아질 수도 있을 것 같아요.(내담자의 참여 수준을 결정하기 위해 사실적이고 **편한 태도**로 내담자의 의견을 언급함)
내담자:	문제에 대해 말하는 건 문제를 훨씬, 훨씬 더 악화시키기만 할 뿐이에요.(내담자가 치료에 참여하지 않고 있음을 암시함)
치료자:	그럼…(약간 멈춤) 문제에 대해 말하면 기분이 더 안 좋아지신다고요?(내담자가 진술한 의미를 평가함)
내담자:	네 저는요. 하지만 다른 사람들은 기분이 좋아지는 것 같더라고요. 커뮤니티 센터에서는 사람들이 항상 저한테 자기 문제들을 말하거든요.
치료자:	다른 사람들 이야기를 듣는 걸 좋아하세요?
내담자:	딱히요. 계속 듣다 보면 그 사람들 얘기가 너무 지루하게 느껴져요.(잠시 멈춤) 예를 들면, 불평하기 좋아하는 여자가 한 명 있어요. 맨날 손이 아프다 허리가 아프다 그래요.(확실한 의견을 말하지 않음)
치료자:	그럼 당신은 그 사람이 짜증나겠네요.
내담자:	아뇨, 별로요.(방금 말한 것을 번복하는 듯한 모습으로 모호한 태도를 보임)
치료자:	아, 그럼 당신은 실제로는 그 사람과 말하는 걸 좋아하는군요.
내담자:	아뇨, 그녀는 사람을 이용해요. 마치 '불쌍한 척' 하는 작은 새끼 고양이 같아요.(이전에 말한 내용을 뒤집음으로써 치료자의 말에 동조하지 않음)
치료자:	그럼 당신은 그녀를 안 좋아하는군요. 그렇다면 그녀가 당신에게 말을 걸지 못하게 하는 기술을 연습해야 할 것 같아요!(**장난스러운 도발**을 사용하며 내담자의 참여도를 평가하는 데 계속 중점을 둠)
내담자:	아뇨, 전 그 사람을 좋아해요.(잠시 멈춤) 그 사람은 그냥 불쌍한 할머니일 뿐이에요.(겉으로 드러낸 관점을 다시 뒤집음)
치료자:	음. 여기서 무슨 일이 일어나고 있는지 알 것 같네요. 혹시 눈치채셨나요?(잠시

멈춤) 제가 당신한테 들은 말을 확인할 할 때마다, 당신은 제가 말한 것과 정반대로 대답하고, 그럼 저는 뭔가 놓치는 게 없는지 걱정하기 시작하죠. 지금 무슨 일이 일어나고 있다고 생각하시는지 말씀해 주실 수 있을까요?(다른 주제에 대한 논의보다 동맹파열 가능성을 먼저 탐색하기로 결정함)

요약하면, 수수께끼의 곤경은 다른 사람들이 내담자의 내면적 감정, 생각, 의심, 욕망을 진정으로 알지 못하게 함으로써, 과잉통제 내담자의 냉담함과 소원함을 유지하기 때문에 문제가 된다. 누군가와 친밀한 관계를 발전시키기 위해서는 자기 생각을 밝히고, 취약한 감정을 표현하고, 결점을 드러내는 것이 필요하다. 실제로 진정한 우정과 유대감을 위해서는 자신의 취약한 부분을 노출하고 다른 사람의 피드백이나 다른 의견을 열린 마음으로 받아들여야 한다. 그럼에도 불구하고 치료자는(특히 내담자를 알게 된 초기에는) 수수께끼의 곤경에 속하는 간접 사회적 신호를 곧바로 치료 대상으로 삼거나 문제를 제기하지는 않을 것이다. 앞서(9장 「회기 중에 나타나는 사회적 신호를 치료 대상으로 삼기: 기본 원칙」 참조) 앞서 설명한 대로, 간접 사회적 신호는 여러 회기에 걸쳐 부적응적 사회적 신호가 여러 번 드러난 후에야 회기에서 치료 대상으로 삼을 수 있다. RO DBT는 수수께끼의 곤경과 연관된 반응의 다양한 감정, 기분, 신념 체계, 인지 스키마cognitive schemas를 치료의 우선순위로 삼기보다는, 이러한 내적 경험과 신념을 겉으로 표현하는 방식 및 이러한 사회적 신호가 내담자의 사회적 유대감을 훼손하고 핵심 가치 목표를 달성하는 것을 방해하는 정도를 목표로 삼는다.

행동 원리와 전략

행동 원리와 인지행동 전략은 RO DBT의 핵심 부분이다. 이러한 원리와 전략을 바탕으로 과잉통제 문제를 이해하고 개입한다. 행동강화이론은 특정한 부적응적 과잉통제 사회적 신호의 결핍 및 과잉이 시간이 지남에 따라 어떻게 간헐적으로 강화되는지 설명하는 데 사용된다(예: 원치 않는 피드백이나 요청을 차단하는 '반발' 반응). 이 장의 목표는 행동 원리와 전략의 기본적 개요를 설명하는 것으로, 특히 과잉통제 문제를 치료할 때 가장 중요한 원칙에 중점을 두고 있다.[60]

계속 진행하기에 앞서 먼저 강화의 법칙을 다루겠다. 이를 설명하는 데 사용되는 전문 용어는 비교적 간단하지만 꼭 직관적으로 명쾌히 이해되지는 않을 유념해야 한다. 예를 들어, 행동주의 훈련을 받은 치료자조차도 종종 부적 강화negative reinforcement를 처벌punishment의 의미로 잘못 사용하는 경우가 있다(부적 강화는 행동 반응의 확률을 높이는 반면, 처벌은 이를 낮춘다). 게다가 전문적인 행동주의자들은 똑같은 원리를 설명하기 위해 서로 다른 용어를 사용하거나, 다른 원리를 설명하기 위해 동일한 용어를 사용하는 경우도 많다(예: 강화 훈련은 조작적 조건화, 행동 수정, 조성, 수반성 관리, 도구적 학습 등 다양한 용어로 불린다). 더 이상의 혼란을 피하기 위해 다음 절에서 임상 사례를 곁들여 몇 가지 핵심 용어들을 제대로 정의하였다.

기본 학습 원리 정의

강화

반복되는 행동은 대개 강화reinforcement의 결과다. 실제로 어떤 행동이 반복적으로 나타나는 것은(설령 당사자가 의식적으로 인지하지 못하더라도) 그 행동이(적어도 가끔은) 바람직한 결과를 낳는 기능을 하기 때문이다. 예를 들어 강박적 수정은 그것이 해결책으로서 효과가 있을 때 강화되고, 차단과 포기는 그로 인해 다른 사람이 그 문제를 떠맡을 때 강화되며, 원치 않는 피드백을 못 들은 척하는 것은 다른 사람이 피드백을 중단할 때 강화되고, 강박적으로 일하는 것은 직장내 승진에 의해 강화될 수 있다.

강화제reinforcer는 결과로 나타나는 사건으로, 선행 행동이 미래에 다시 일어날 확률을 높이는 기능을 한다. 여기서 중요한 것은 모든 강화가 보상(기분 좋음)을 주지는 않으며, 어떤 강화는 혐오 사건의 제거를 수반함으로써 편안하게 해준다는 것이다(정적 강화positive reinforcement). 이와 마찬가지로 행동 반응을 감소하는 기능을 하는 모든 요소가 혐오적인 것은 아니며, 좌절감(소거)이나 불이익(정적 처벌)을 주는 요소도 있다. 또한 어떤 이에게는 강화나 처벌인 것이 다른 이에게는 그렇지 않은 경우도 있다. 예를 들어 누가 원치 않는 피드백을 못 들은 척함으로써 대처하는 법을 배운다고 치자. 이후 피드백을 안 받는 것이 어떤 이에게는 강화로 작용하는 반면, 또 다른 이에게는 똑같이 피드백을 안 받는 것이 혐오적 수반성 상황(처벌)으로 작용할 수 있다.

강화는 특정한 상황에서 평균 행동 빈도를 늘리는 결과다. 정적 강화는 긍정적이거나 보람 있는 결과를 제공함으로써 행동의 빈도를 증가시킨다

내담자의 경우: 가혹한 자기비판은 다른 사람의 보살핌이나 위로를 이끌어 낼 때 정

적 강화된다.

치료자의 경우: 과잉통제 내담자가 감정이나 취약성을 직접적이고 솔직하게 표현할 때 치료자가 내담자의 솔직한 노출에 대해 간단히라도 감사를 표하는 것은, 개방적 감정 표현을 정적 강화(또는 강화하려고 시도)한다.

부적 강화는 혐오 자극을 제거하거나 중단함으로써 행동의 빈도를 증가한다.

내담자의 경우: 내담자는 원치 않는 비판적 피드백을 못 들은 척함으로써 이를 피하는 법을 배울 수 있으며(조작적 반응), 이때 상대가 비판적 피드백(혐오 자극)을 중단할 때 그 행동이 부적 강화된다.

치료자의 경우: 거의 모든 과잉통제 내담자들은 주목받는 것을 매우 싫어하기 때문에, 상세한 조사나 관심에서 벗어나는 것은 강력한(부적) 강화제가 된다. RO DBT의 **열 식히기** 기법은 치료자가 주의를 전략적으로 사용하여 적응 행동을 조성하는 법을 보여 주는 예다(6장 「열 식히기 전략」 참조).

처벌

처벌punishment은 특정한 상황에서 평균적으로 행동의 감소를 초래하는 결과다. 정적 처벌은 혐오적 결과를 제공함으로써 행동의 빈도를 감소한다.

내담자의 경우: 내담자가 적대적이거나 무덤덤한 시선('모습')을 통해 듣기 싫은 피드백이나 비판을 의도적으로 처벌한다.

치료자의 경우: 과잉통제 내담자는 주목받는 것을 싫어하기 때문에, 치료자는 전략적으로 혐오적 수반성 상황을 만드는 **가열하기** 기법을 사용할 수 있다(6장 「가열하기 전략」 참조). 이는 대개 어떤 식으로든 치료자가 의도적으로 주의를 기울여 내담자가 순간적으로 주목받는 느낌이 들게 한다(예: 직접적인 눈 맞춤, 반복적인 요청, 치료적 놀림).

부적 처벌은 정적 자극을 제거하거나 중단함으로써 행동의 빈도를 감소한다. 보상 사건을 제거함으로써 불이익을 주는 것이다.

내담자의 경우: 누군가 약속 시간에 늦으면 목소리가 차가워진다.

치료자의 경우: 병동에 입원 중인 환자가 전화를 남용하면 전화 사용 권한을 박탈한다.

소거

소거extinction는 특정한 상황에서 더 이상 강화를 제공하지 않음으로써 행동이 나타날 가능성을 감소한다. RO DBT에서는 주로 간접 사회적 신호와 위장된 요구를 줄이기 위해 소거의 원리를 자주 사용한다.

내담자의 경우: 다른 사람의 미소에 반응하지 않는 내담자는 다른 사람, 특히 내담자가 자주 보는 사람들의 미소 짓는 행동을 소거할 가능성이 높다.

치료자의 경우: 내담자가 '반발'이나 "나를 아프게 하지 말아요" 반응을 무시하고 아무 일도 없었다는 듯이 자신의 의제를 계속 진행함으로써 그러한 반응들을 소거해 나간다(이 장 뒷부분의 「'반발' 반응」 및 「"나를 아프게 하지 말아요" 반응」 참조).

소거 격발

소거 격발extinction burst은 강화가 제거되는 초기에 행동의 빈도와 강도가 일시적으로 증가하는 것이다. 대부분의 과잉통제 내담자들에게 소거 격발은 간접 사회적 신호나 위장된 요구의 강도가 점차 증가하는 식으로 나타난다. 소거 격발은 사회적 신호인 분노발작temper tantrum을 대할 때처럼, 그냥 무시하는 것이 가장 효과적인 방법이다.

내담자의 경우: 치료자가 내담자의 시선 회피(초기의 간접 사회적 신호)에 내담자가 원하는 방식으로 반응하지 않은 직후에, 갑자기 내담자가 고개를 숙이고 어깨를 움츠리며 얼굴을 손으로 가린다(이 장 뒷부분의 「"나를 아프게 하지 말아요" 반응」 참조). 여기서 내담자의 비언어적 신호의 강도가 갑자기 증가한 것이 바로 소거 격발이다.

치료자의 경우: 내담자가 자신이 원하거나 필요로 하는 것을 직접 드러냄으로써 더 적응적인 사회적 신호를 보일 때까지 치료자가 내담자의 소거 격발을 무시한다.

하지만 소거 격발이 계속되고 내담자가 자신의 욕구·바람·욕망 등을 더 직접적으로 표현하지 않는 경우, 치료자는 **동맹파열 복원 프로토콜**로 전환하여 무슨 일이 일어나고 있는지 터놓고 물어보는 것이 중요하다. 다행스러운 것은, 소거 격발을 계속 무시하는 것과 무슨 일이 일어나고 있는지 물어보는 두 가지 방식 모두 간접 사회적 신호와 위장된 요구의 빈도를 감소할 수 있다는 것이다.

조성

조성shaping은 원하는 행동을 목표로 하여 연속적 근사 행동들을 강화하는 프로세스를 말한다.

내담자의 경우: 통제를 지나치게 중시하는 초기 가족 및 환경 경험은, 내담자가 내면의 감정을 숨기고 감정 표현을 제한하는 것을 반복해서 강화할 수 있다. 내담자가 이렇게 내면을 감추는 것은 존경의 대상이 될 정도로까지 강화될 수 있다("위기 상황에서도 침착해 보이시네요. 정말 놀랍습니다!"). 하지만 안타깝게도 늘 침착하고, 반응이 없고, 표현이 없는 것은 친밀한 유대감을 형성하고 유지하는 데 딱히 도움이 되지 않는다.

치료자의 경우: 치료자가 지나치게 수줍음을 많이 타는 과잉통제 내담자가 자신의 의견을 말하도록 격려하기 위해, 처음에는 내담자가 의견을 말하는 것과 조금이라도 비슷한 표현을 할 때마다 강화한 뒤, 점차 더 효과적인 의견 제시 행동을 조성해 나간다.

자연적 강화 vs 임의적 강화

자연적 강화natural reinforcement는 바라는 행동 반응과 선천적으로 연결되어 있는 반면, 임의적 강화arbitrary reinforcement는 내담자의 일상생활 환경에서 자연스럽게 나타나지 않는다.

내담자의 경우: 내담자가 처음 만나는 사람마다 선물을 사주거나 참석하는 모든 모임에 케이크를 가져온다면, 이는 임의적 강화를 사용하고 있는 것이다.

치료자의 경우: 치료자가 과잉통제 내담자가 내면의 감정을 솔직하게 드러낼 때마다 "감사합니다"라고 말하는 것은 임의적 강화 전략을 과도하게 사용하는 것이다. 이는 내담자에게 인위적이고 억지스럽게 느껴질 수 있다. 그런 방법보다는 문화적 배경이나 학습 이력과 무관하게 대부분의 사람들이 자연스럽게 강화할 수 있는 손짓, 자연스러운 목소리 톤, 눈썹 추켜올리기 같은 비언어적 사회적 안전 신호를 우선적으

로 사용하는 것이 좋다.

고정적(지속적) 강화 vs. 간헐적(가변적) 강화

학습의 초기 단계에는 고정적fixed(혹은 지속적steady) 강화가 필요하다. 하지만 새롭게 습득한 행동을 유지하기 위해서는 간헐적intermittent(혹은 가변적variable) 강화가 더 효과적인 경우가 많다. 예를 들어 라스베가스의 슬롯머신은 플레이어가 동전을 계속 넣을 때 가끔 예기치 않은 강화(금속 바구니에 동전이 부딪히는 소리와 함께 큰 종소리와 휘파람 소리)를 제공함으로써 간헐적 강화 작용을 한다. 간헐적으로 강화되는 행동은 소거하거나 바꾸기 가장 어렵다(이것이 바로 도박이 중독성이 강한 이유다).

사회적 신호로 행동 분석하기

행동이란 무엇인가? 급진적 행동주의자radical behaviorist의 관점에서 보면, 행동은 공개적으로든 개인적으로든 사람이 하는 모든 생각·느낌·행위를 일컫는다. 즉 B(행동Behavior) = R(반응Response)이다. 이에 따라 RO DBT에서도 개인적 반응과 공개적 반응에 동일한 행동 원리를 적용하기 때문에, 생각·감각·충동·감정 같은 개인적 행동 또한 표면적 행동과 질적으로 다르지 않은 것으로 본다. 하지만 RO DBT는 변화의 주요 기전이자 대상이기도 한 사회적 신호를 내담자의 주된 문제로 간주하며 중점을 둔다는 점에서, 소위 말하는 3동향 행동치료(Hayes, 2004)를 비롯한 여타의 치료 기법들과 구분된다. RO DBT에서는 왜 그렇게 사회적 신호를 강조할까? 답은 간단하다. 사회적 신호는 사회적 유대감에 강력한 영향을 끼치는 독특한 유형의 외현적 행동을 대표하기 때문이다. 사회적 신호 결핍은 과잉통제형 인간의 외로움과 고립감, 정서적 고통의 핵심 원인으로 간주된다.

그럼 대체 사회적 신호란 무엇일까? RO DBT에서는 의도와 상관없이(예: 아무 이유 없이 하품할 수도 있음), 의식적이든 아니든(예: 무의식적인 한숨), 다른 사람이 있을 때 하는 모든 행동을 사회적 행동으로 정의한다. 보는 사람이 없는 곳에서(즉, 사석에서) 드러내는 행동, 제스처, 표정은 사회적 신호가 아니라 그저 외현적 행동일 뿐이다. 상사에게 할 말을 거울 앞에서 리허설하는 것도, 사회적 신호를 보내는 것이 아니라 그저 무대에 오르기 전에 대사를 준비하는 것뿐이다. 따라서 SS(사회적 신호Social Signal) = 공개적 R(반응)이다.

RO DBT에 따르면, 인간의 사회적 신호 행동은 의사를 전달할 뿐만 아니라 서로 무관한 개인 간의 강력한 사회적 유대감을 형성하는 방향으로 진화했다. 사회적 신호의 이러한 이타적 이점으로 인해 서로 무관한 유기체 간에 전례 없는 협업이 가능해졌는데, 이는 오늘날까지 동물계에서 유례를 찾아볼 수 없는 인간만의 독특한 특징이다. 우리가 다른 사람들과 함께 있을 때 무언가를 안 하는 것도(예: 침묵은 쉬지 않고 말하는 것만큼이나 강력할 수 있음), 의식하지 않은 행동(예: 미세한 표정이나 신체 움직임 등)도 끊임없이 사회적 신호를 보낸다. 따라서 대부분의 RO DBT 행동 개입 전략들은 사회적 유대감을 방해하는 요인을 줄이는 데 초점을 맞추며, RO DBT의 모든 기술들은 어떤 식으로든 전부 핵심 과잉통제 사회적 신호 결핍을 해결하도록 고안된 것들이다.

따라서 과잉통제 문제의 치료 대상을 효과적으로 선정하기 위해서는, 과잉통제 내담자의 괴로움이 단지 내적 경험(예: 감정조절 장애, 부적응적 인지, 메타인지적 인식 부족, 과거의 트라우마 기억)에서만 기인하지 않음을 꼭 명심해야 한다. 대신 RO DBT에서는 과잉통제 내담자의 정서적 외로움, 고립감, 불행의 주요 원인으로, 간접적이고, 숨기고 있으며, 억제된 사회적 신호를 꼽는다. 간접 사회적 신호는 발신자의 진정한 의도를 알기 어렵게 함으로써 사회적 유대감을 방해한다(예: 눈살을 찌푸림으로써 강한 흥미나 이견을 드러낼 수 있다). 말도 유용하기는 하지만 그것만으로는 친밀한 유대감을 형성하기에 부족하다. 중요한 것은 말하는 내용이 아닌 방식이다(예: "사랑해"라는 말도 어떻게 하느냐에 따라 다르게 받아들여질 수 있다). 사람들은 자신이 본 것을 믿는다. 따라서 과잉통제 내담자의 내적 경험보다 사회적 신호 문제를 치료 대상으로 삼으면, 사회적 신호는 그 정의상 공개적으로 관찰할 수 있는 행동이므로 내담자가 결과를 무시하거나 다 괜찮은 척하기 어렵다는 추가적인 이점이 있다.

가장 중요한 것은, 사회적 신호를 치료 대상으로 삼으면 과잉통제 내담자는 그럴듯하게 부인할 수 있는 방패를 잃게 된다는 것이다. 설령 의도하지 않거나 예기치 않은 사회적 신호(예: 하품)라도 관계를 훼손하는 기능을 하거나 그럴 가능성이 있다면 치료의 잠재적 대상이 될 수 있으므로 이를 잘 검토해야 한다. 예를 들어 어떤 내담자가 집중하거나 경청할 때 자신도 모르게 눈살을 찌푸리고 인상을 쓰는 습관이 있다고 치자. 안타깝게도 대부분의 사람들은 눈살을 찌푸리고 인상을 쓰는 것을 비호감이나 거부의 신호로 해석하며, 그렇게 찌푸리는 행동은 상대방도 인상을 쓰게 할 뿐만 아니라 관계에 대한 욕구를 감소하기도 한다. 한 가지 명심해야 할 것은, 효과적인 치료 대상 선정을 위해 꼭 내담자가 사회적 신호를 의식적으로 자각하여 보고한 것들에 한정할 필요는 없다는 것이다. 사회적 신호는 사회적 유대감 및 인간관계를 방해하는 정도에 따라 그 부적응적 특성이 정의된다(9장 「회기 중에 나타나는 사회적 신호를 치료 대상으로 삼기: 기본 원칙」 참조).

표 10.1. 사회적 신호 문제에 대한 행동적 정의

문제	서술	예시
사회적 신호 과다	바람직하지 않은 행동을 함	떠나가 버림
사회적 신호 결핍	바람직한 행동을 하지 않음	취약한 부분을 드러내지 않음
잘못된 자극 통제	상황에 맞지 않는 행동이 나타나거나, 상황에 맞는 행동이 나타나지 않음	상황에 무관하게 얼굴 표현이 없거나 무표정함

한편 사회적 신호 행동은 겉보기에는 똑같거나 비슷해 보일 수 있어도 실제로는 상당히 다른 기능을 하기도 한다. 예를 들어 남을 돌보기 위해 자신의 욕구를 무시하는 행동이, 사람 1에게는 관계를 유지하는 식으로, 사람 2에게는 타인을 잘 보살피는 식으로, 사람 3에게는 혐오 감정을 줄이는 식으로, 사람 4에게는 자기처벌적으로 기능할 수 있다. 따라서 RO DBT 역시 3동향 행동치료와 유사하게(Hayes, Follette, & Follette, 1995), 맥락 및 기능을 알아야 심리적 행위를 가장 잘 이해할 수 있다고 본다.

마지막으로, 사회적 신호의 대상은 크게 문제가 되는 사회적 신호가 너무 자주 발생하는지(즉, 과도한지), 너무 적게 발생하는지(즉, 결핍됐는지), 잘못된 시간이나 장소에 발생하는지(즉, 잘못된 자극 통제의 결과)에 따라 세 유형으로 구분된다(표 10.1). 문제가 되는 사회적 신호의 이 세 가지 특징을 구분하는 것은, 치료자가 강화할 부분을 파악하고 가장 효과적인 수반성 관리 원칙을 정하는 데 유용하다.

조작 행동과 반응 행동 구분하기

치료자가 과잉통제 내담자와의 작업에서 중요하게 할 일은, 부적응 행동이 반응적인지 조작적인지 판단하는 것이다. 이것이 선행되어야 어떤 개입을 사용할지 가늠할 수 있다. 다음의 질문들이 도움이 될 수 있다.

- 부적응 행동이 **반응적**인가? 즉, 행동이 선행 자극에 의해 통제되는가? 예를 들어 신경성 식욕부진증 환자에게서 흔히 관찰되는 무표정하고 무감각하고 텅 빈 표정은 장기간의 굶주림을 반영하는 경우가 많다. 극심한 영양 부족은 에너지를 보

존하고 생존을 극대화하기 위해 진화적으로 발달된 차단 반응을 유발할 수 있다(2장 참조). 이 경우 반응 행동은 무감각하고 무표정한 얼굴이다. PNS-DVC 활성화로 무감각해진 정동은(본인이 하고 싶어도) 생물학 기전에 의해 진술하고 친사회적이고 우호적인 의도를 전달하기 어렵게 하고, 결과적으로 사회적 유대감에 부정적 영향을 끼치는 부적응 행동이다. 반응 행동은 무조건적(자동적)일 수도 있고 조건적(학습된)일 수도 있다. 예를 들어 예상치 못한 큰 소리는 대부분의 사람들에게 무조건적 놀람 반응을 불러일으키는데, '헤드라이트 앞의 사슴' 반응(6장 참조)은 치료자와의 장시간 눈 맞춤으로 유발되는 무조건적 불안 반응의 한 예다. 반면에(고전적) 조건화 반응은 이전에 중립적이었던 자극(예: 의견을 묻는 질문)이 무조건적 반응(내담자가 감히 이견을 제시할 때마다 어머니에 의해 벽장에 갇혀 극도의 공포를 느낌)과 짝을 이룰 때 발생한다. 일반적으로 반응 행동은 쉽게 통제되지 않는다(예: 일단 얼굴이 붉어지는 과정이 시작되면 이를 억제하기 어렵다). 다행인 것은, 새로운 반응을 학습할 수 있다는 것이다(이 장 뒷부분의 「**행동 노출을 통한 사회적 유대감 강화**」 참조).

- 부적응 행동이 **조작적**인가? 즉, 행동에 뒤따르는 강화나 처벌 자극의 수반성에 의해 통제되는가? 예를 들어 부적응적 사회적 신호인 삐치는 행동은, 상대가 삐치는 사람을 달래 줄 때마다 강화된다.
- 행동이 조작적 및 반응적 조건화의 **복합적 산물**인가? 예를 들어 하품은 그저 평범한 하품(피곤함에 의해 유발된 반응 행동)일 때도 있지만, 단순한 하품 이상일 때도 있다(내담자가 원치 않는 주제를 피하는 데 도움되는 기능을 할 때 부정적으로 강화되는 조작적 반응)일 수도 있다.

치료가 효과가 없는가? 행동의 관점에서 생각하라!

부적응적 과잉통제 행동은 강화되기 때문에 지속된다. 하지만 부적응적 과잉통제 행동을 강화하는 바로 그 강화 원리가 치료자에게도 똑같이 작용해 치료 효과가 떨어질 수 있다. 따라서 치료자가 내담자를 이해하지 못하거나, 무엇을 대상으로 삼아야 할지 모르거나, 내담자의 사례에 대해 사기가 저하된 느낌을 받는다면, 이를 다룰 때 자신의 행동에 대한 기능분석도 포함해야 한다(슈퍼바이저나 자문팀과 함께 회기 영상을 시청하는 것이 이상적이다). 예를 들어 과잉통제 내담자가 처음에 치료자의 도전적인 질문에 뿌루퉁하거나 고개를 돌리는 방식으로 반응할 수 있다. 그런 다음 치료자가 도전적인 질문을 중단하면, 치료자가 혐오적 수반성(즉, 도전적인 질문. 이 장 앞부분의 「**강화**」 참조)을 제거함으로써 내담자가 어려움을 느낄 때마다 삐치는 행동이 다시 나타날 가능성이 높다. 이 상황에서 내담자는 도전적인 질문을 한 치료자를 처벌하기 위해 혐오적 수반성(삐침)을 사용하고 있으며, 치료자는 혐오 자극(도전적인 질문)을 제거하고 주제를 변경함으로써 의도치 않게(부적 강화를 통해) 삐침을 강화한다. 치료자가 이를 다루지 않은 채 이러한 역학 관계가 반복되면, 내담자의 삐치는 행동의 빈도와 강도는 증가하고 치료자는 더 유약해지면서 치료 결과가 나빠질 가능성이 높다. 이를 해결하는 방법은 치료자가 간접 사회적 신호가 부적응적인 경우를 인식하고, 이를 강화하지 않는 법(이 경우에는 뿌루퉁함을 소거할 계획을 세움)을 배우는 것이다(이 장 뒷부분의 「**"나를 아프게 하지 말아요" 반응**」 참조).

RO DBT에서는 강화 원리를 사용하여 긴밀한 사회적 유대감을 형성하고 유지하는 것과 관련된 적응적 반응(예: 취약한 부분을 드러냄, 감정을 솔직하게 표현함)도 조성한다. 하지만 안타깝게도 대부분의 외상후 스트레스장애 행동 반응이 보이는 미묘한 특성으로 인해, 치료자(또는 다른 사람)가 무엇을 강화해야 하는지 파악하기 어려울 수 있다. 한편 높은 자기통제는 종종 접근 대처와 동일한 것으로 간주되기도 한다. 전통적으로 회피 대처avoidance approach는 좋지 않은 정신건강 결과 및 해로운 활동과 관련된 반면, 접근 대처approach coping는 흔히 스트레스를 줄이는 가장 건강하고 유익한 방법으로 여겨져 왔다. 하지만 과잉통제 내담자는 접근 대처가 해를 끼치는 정도까지 강박적으로 과도하게 사용한다. 예를 들어 이들은 단지 중요한 일이 남아 있는 것이 불편하다는 이유로, 다른 생활 맥락과 상관없이 그 일을 완수하기 위해 강박적으로 일하기도 한다. 부적응적 접근 대처는 정적 강화(예: 성취에 대한 자부심)와 부적 강화(예: 미리 계획을 세움으로써 각성 감소)가 모두 가능하지만, 부적응적 회피 대처는 주로 부적 강화(예: 두려운 자극을 피하는 데 따른 혐오적 각성 감소, 이 장 앞부분의 「**강화**」 참조)를 통해 유지된다. 따라서 RO DBT가 다른 행동치료와 다른 중요한 차이점은, 바로 접근 대처 같은 방식을(특히 과잉통제 문제를 치료하는 데) 항상 좋은 것으로 간주하지는 않는다는 것이다.

한편 처벌과 혐오적 수반성(예: "내가 원하는 것을 주지 않으면 고소할 거야")은 정적 강화제(예: 감사를 표현하고 호의를 베풀겠다는 약속)보다 덜 효과적임을 명심해야 한다. 또한 처벌(또는 처벌하겠다는 위협)은 장기적인 변화를 가져올 가능성이 낮다. 고양이가 없으면 다시 쥐가 돌아다니기 때문에(즉, 처벌자가 없으면 예전의 행동이 다시 나타남), 처벌이 장기적 변화를 가져올 가능성은 낮다. 비록 처벌이나 처벌하겠다는 위협으로 순응을 강제하더라도, 사람들 사이에서 처벌은 종종 분노, 원한, 복수심, 처벌자를 향한 수동-공격적 행동으로 이어진다. 따라서 장기적인 친밀한 관계에서는 행동을 처벌하는 가치가 거의 없다. 과잉통제의 치료에서 가장 중요한 목표는 내담자가 부족에 다시 합류하도록 돕는 것이므로, 치료에서 혐오적 수반성은 신중하게 사용해야 하며 대개는 가벼운 수준이다 (6장 **「놀림, 비우월성, 장난스러운 도발」** 및 **「가열하기 전략」** 참조).

행동 노출을 통한 사회적 유대감 강화

거의 모든 과잉통제 내담자들은 사회적 상황이 정신적으로 피곤하다고 보고하는데, 이들이 피곤하게 느끼는 똑같은 상황이 다른 내담자들에게는 만족이나 재충전의 기회가 되기도 한다. 따라서 과잉통제 내담자들이 가장 두려워하는 자극 유형은 본질적으로 사회적 자극이며, 그중에서도 특히 즉흥성, 타인과 어울림, 내면 경험의 공유가 필요한 친목 모임 같은 것이다.

예를 들어 한 과잉통제 내담자는 과거 부모님 허락 없이 의견을 말했다가 처벌받은 적이 있었고, 이제는 성인이 되어서도 누가 자신의 의견을 물어볼 때마다 자동적으로 불안을 경험한다. 그럼에도 불구하고 성인으로서 그가 자신의 의견을 말하는 것에 대한 위협은 거의 또는 전혀 없다. 오히려 성인으로서 자기 의견을 말하는 것을 회피하는 것을 통해 불안을 낮춤으로써, 의견을 말하는 것에 대한 두려움을 부적으로 강화한다. 노출은 자동적 도피 반응을 차단하면서, 단서(예: 의견 제시, 적응적 사회적 신호)를 반복적으로 제시하는 방식으로 작동한다. 이 과정에서 해로운 결과가 없으면 의견 제시와 불안 사이의 연결고리가 약해질 수 있다.

전통적으로 행동 노출 원리와 노출 치료는, 혐오 결과가 없는 상황에서 개인에게 공포를 유발했던 자극에 반복적으로 노출시키는 것이었지만, 연구에 따르면 조건 자극 conditioned stimulus에 대한 강화 없는 노출을 반복해도 애초에 무조건 자극 unconditioned stimulus과 조건 자극이 짝지어진 연관성은 약해지지 않는 것으로 나타났다. 대신 노출은 조건 자극-무조건 자극의 관계를 감추며, 소거 훈련을 통해 새로운 조건 자극을 연관 짓는 법을 학습하게 된다(Robbins, 1990). 이 프레임워크에서 행동 노출은 원치 않는 내적 경험을 유도하는 자극에 대한 대체 반응(예: 조건화된 두려움 단서가 있을 때 비교적 안전함을 경험함)을 적극적으로 학습하는 것이다. 그렇다면 행동 노출이란 무엇일까? 행동 노출은 단순히 학습된 공포와의 연관성을 없애는 것이 아니라, 새로운 학습을 하는 것이다. 단서는 노출을 통해 새로운 의미를 갖게 된다.

부족에 대한 간단한 노출로 보상 학습을 증진하기

RO DBT는 기술훈련 수업을 통해, 습관화가 아닌 노출 원리를 자신에게 맞게 활용하여 부족에 속하는 것과 관련된 소비 보상 경험을 이전까지 두려워했던 사회적 단서와 연결한다(『기술훈련 매뉴얼』의 「계획 없이 참여하기」 연습 참조). 두려운 사회적 자극에 노출되는 시간이 극도로 짧은(30-60초에 불과) 것이 새로운 보상 학습이 일어나기 위해 가장 중요하다. 노출의 짧고 예측 불가능한 속성으로 인해 노출에 대한 자의식이 발생할 가능성이 낮은 반면, 부족원으로서의 경험을 공유함으로써 자연스레 즐거움이 발생할 가능성은 더 높기 때문이다. 빈번하고 예측할 수 없는 **계획 없이 참여하기** 연습은 사람들과 함께하는 것과 관련된 긍정적 기억을 저장하게 해준다. 이러한 연상은 반복 연습을 통해 강의실 밖의 사회적 상황으로 일반화되기 시작한다. 이제는 더 이상 의무감만으로 친목 모임에 참여하지 않아도 된다. 대신 내담자는(종종 생애 처음으로) 사회적 상호작용을 하기 전에 평소에 느꼈던 두려움보다는, 기대되는 보상이나 즐거움을 경험하기 시작한다.

비공식적 노출을 통한 두려운 자극에 대한 습관화

일반적으로 RO DBT 노출 개입은 간결하고, 덜 구조화되고, 비공식적이라는 점에서 다른 접근법들과 차별화된다(일부 기법들의 공식 노출 시간은 50분에서 90분까지다. Foa & Kozak, 1986 참조). 실제로 과잉통제 내담자는 장시간 노출(5-10분 이상)이나 강렬한 노출(예: 홍수법flooding)을 감당하기 힘든 것으로 경험할 가능성이 높으며, 결과적으로 차단 반응을 유발할 수 있다(6장 「헤드라이트 앞의 사슴' 반응」 참조). 치료자가 비공식 노출을 사용할 때는 사전에 내담자에게 그 근거와 전략에 대한 오리엔테이션을 시행하는 것이 이상적이다(앞서 설명했던 **계획 없이 참여하기** 기법에서는 절대 오리엔테이션을 진행하지 않는다). 내담자는 노출 기법과 관련한 구체적인 단계 및, 회기 중에 그것이 어떤 식으로 나타나는지에 대해 오리엔테이션 받는다. 치료자와 내담자는 두려운 반응을 이끌어 낼 가능성이 가장 높은 단서가 무엇인지 함께 정한다. 예를 들어 개인적 내용에 대한 자기개방을 두려워하는 어떤 내담자는, 매 회기마다 적어도 세 번씩 다른 남들에게 숨겨 왔던 개인적 내용들을 치료자와 공유하는 데 합의했다. 비공식 노출 연습을 계획할 때는, 회기 중이든 실제 상황(즉, 내담자의 사회적 환경)이든, 기존의 학습이 강화되지 않도록 노출을 구성하는 것이 중요하다. 따라서 연습할 때 노출 수준은 최소에서 최대로 이동하는 위계적 구조에 따라 신중하게 점진적으로 늘려야 한다. **표 10.2**는 RO DBT의 비공식 노출 단계를 요약하고 있다.

표 10.2. 부적응적 사회적 신호를 대상으로 하는 RO DBT의 비공식적 행동 노출 프로토콜

단계	실천
1	치료자는 맥락에 맞지 않거나, 이상하거나, 불쾌감을 주는 사회적 신호의 미묘한 변화(예: 내담자가 칭찬받은 뒤 갑자기 조용해지거나 무표정해질 때)에 주의를 기울인다.
2	치료자는 내담자의 사회적 신호가 여러 회기에 걸쳐 여러 번 나타난 이후에만 사회적 신호의 변화를 물어본다. 일반적으로 이 단계에서는 내담자가 사회적 신호 행동이 반복적인 속성을 지니고 있는 것을 얼마나 인지하고 있는지, 이로 인해 어떤 변화가 생겼을지 파악한다. 예를 들어 치료자는, "방금까지 조용하시더니 이제는 아래를 내려다보고 계시네요. 뭣 때문에 무표정해지신 것 같나요?"라고 물어본다. 치료자는 이 질문을 할 때는 눈썹을 추켜올리고, 입을 다물고, 따듯한 미소를 짓는다.
3	치료자는 내담자에게 부적응적 사회적 신호와 연관된 감정에 이름을 붙여 보도록 하고, 부적응적 사회적 신호를 보내지 않으면서도 기꺼이 그 감정을 경험하려는 내담자의 의지(즉, 반응 방지response prevention)를 평가한다.*
4	치료자와 내담자가 협력하여 부적응적 사회적 신호를 유발한 자극(예: 칭찬)을 파악한다.
5	치료자는 내담자에게 행동 노출의 원칙을 간략히 소개하고, 노출의 첫 번째 단계로 내담자가 이러한 원칙에 따라 연습하겠다는 약속을 받는다.
6	치료자는 감정 단서(혹은 촉발 요인)를 제시한다. 예를 들어 내담자가 칭찬받은 뒤에 눈살을 찌푸리고, 아래를 내려다보고, 아무 말도 안 하기보다는, 으레 해왔던 사회적 신호 충동에 반대되는 행동을 하거나 사회적 상황에 적합한 친사회적 신호를 보내도록(예: 미소를 지으며 "감사합니다"라고 말함) 독려한다.
7	치료자는 회기 중에 이 단서를 여러 번 반복하면서, 매번 (거의) 똑같은 표정과 목소리 톤을 사용하는 것이 이상적이다. "잘했어요. 다시 해보죠. 으레 무표정하고 눈을 안 마주치려는 사회적 신호 충동의 반대 행동으로, 입을 다물고 미소 짓고 눈을 마주치는 것을 명심하세요. 속에 있는 감정이나 감각에 저항하거나 피하지 않고, 굳이 좋다 나쁘다 생각하지 말고 그냥 있는 그대로 받아들이세요."

8	치료자는 단서를 섣불리 제거하기보다는 여러 회기에 걸쳐 여러 번 반복적으로 제시함으로써, 내담자가 단서에 가장 적합한 반응(예: 칭찬에 대한 반응으로 "감사합니다"라고 말하기, 눈 마주치기, 입을 다물고 따뜻한 미소를 지으며 눈썹 추켜올리기)을 할 수 있을 때까지 새로 발견한 사회적 신호 기술을 연습할 수 있는 충분한 시간을 부여한다.
9	치료자는 내담자의 참여를 증진하고, 한 주 동안 칭찬처럼 행동을 유발하는 자극을 접할 때마다 동일한 기술을 연습하도록 독려한다. 또한 행동 노출을 위해서는 자극을 유도하는 경험을 여러 번 해야 함을 설명한다. 내담자로부터 다음 회기 때도 이러한 유형의 작업을 계속하겠다는 약속을 받는다.

* 감정 파악과 관련된 기술에 대해서는 『기술훈련 매뉴얼』 5장 6과 「감정에 이름을 붙이는 환희의 4단계!」를 참조할 것.

노출은 원칙에 따라 신중하게 진행하는 것이 가장 이상적이지만, 때로는 문제의 성격에 따라 즉흥적이거나 덜 계획적인 노출이 더 효과적일 수 있다. 예를 들어 한 과잉통제 내담자는 모든 형태의 자기위안self-soothing은 이기적이고 퇴폐적이라는 강한 신념을 지니고 있었다. 아이스크림을 한 덩어리가 아닌 두 덩어리를 먹고, 점심 때까지 자고, 재미로 책을 읽는 것은 불필요한 방종이며, 그런 것을 허용할수록 점점 더 비도덕적이고 비생산적인 삶이 될 뿐이라고 생각했다. 그녀의 검소함과 확고한 직업 윤리는 존경할 만한 것이었다. 하지만 그녀 또한 퇴폐적으로 여겨지는 것에 대한 두려움, 검소함과 신중함에 대한 집착이 자신을 지치게 하고, 그로 인해 가끔 파티나 여럿이 함께 모여 축하하는 것 같은 즐거운 활동에 참여하지 못함을 알고 있었다. 그녀는 '퇴폐'라는 단어만 들어도 자동적으로 혐오감과 역겨움이 들었다. 치료자는 이런 배경을 바탕으로, 그녀에게 비공식적 노출이 삶을 즐기고 부족과 함께 축하하는 기술을 배우는 데 도움이 될 수 있다고 제안했다. 치료자는 그러한 방법 중 하나로, 회기 중에 예고 없이 갑자기 내담자에게 허리를 곧게 펴고 고개를 들고 미소를 지으며 '퇴폐'라는 단어를 당당하고 우렁차게 여러 번 말하도록 했다. 치료자는 또한 내담자로부터 '퇴폐'나 이와 비슷한 수준으로 두려워하는 다른 단어들('방종', '쾌락', '재미', '게으름')을 회기 중에 불시에 말하는 것에 대한 동의를 얻어 비공식적 노출 연습을 더욱 강화했다. 한 예로 치료자는 다른 사람이 한 일을 내담자가 다시 한 것에 대한 **체인분석**을 진행하다가, 갑자기 큰 소리로 '퇴폐'를 세 번 연속으로 말한 다음 내담자에게 그 단어를 들었을 때 경험을 간단히 확인하고 삶에서 즐거움을 늘리려는 목표를 상기시킨 다음 곧바로 다시 **체인분석**으로 돌아갔다. 얼굴이 붉어지는 것을 두려워하는 또 다른 과잉통제 내담자의 경우, RO DBT 치료자는 내담자에게 '당혹', '굴욕', '붉은 얼굴', '홍조' 등의 단어와 문구에 노출시키는 전략을 사용했다. 이 전략은 여러 회기 동안 여러 차례 연습하면서 최고조의 노출에 도달했는데, 이때 치료자는 내담자에게 갑자기 일어서라고 한 뒤 둘이 함께 천장을 향해 손을 들고 큰 목소리로 자랑스럽게 "공개적 굴욕아 사랑해! 공개적 굴욕아 사랑해! 공개적 굴욕아 사랑해!"라고 외치고는 했다. 이 과정은 여러 회기에 걸쳐 여러 번 반복됐는데, 이러한 노출이 성공한 이유는 반복성과 짧은 지속 시간 덕분이었다(한 번 노출하는 최대 길이는 30-60초). 이렇게 짧게 노출할 때는 대개 치료자와 내담자 둘이 서로 킥킥 웃으면서 끝났는데, 이후 내담자는 이 작업을 다른 사람과의 상호작용에 더 자유롭게 참여할 수 있는 중요한 단계로 인식했다. 치료자는 방금 설명한 두 사례에서 노출 연습을 하는 동안 모두 눈썹을 추켜올리고 미소를 지으며 내담자에게 애정과 장난스러운 신호를 보내는 데 집중했다. 따라서 대부분의 다른 노출 기법을 사용하는 치료자들과 달리, RO DBT 치료자는 위험하지 않은 자극에 대한 짧은 노출과 친사회적 비언어적 신호(미소 및 눈썹 추켜올리기)를 결합함으로써, 자기발견과 새로운 시도를 위해서는 진지함이 아닌 축하가 필요하며, 재미있게 놀아도 괜찮음을 본능적으로 알 수 있게 전달한다. 내담자가 비공식적으로 탈억제의 가치에 노출되는 것은 치료자가 직접 RO 기술을 연습하는 것이 중요한 핵심 이유 중 하나다.

다음 지문에서 치료자는 먼저 내담자가 비공식적 노출을 사용하는 아이디어를 접하게 한 다음, 비공식적 노출 기법을 통해 내담자가 칭찬과 찬사를 더 잘 받아들이는 법을 배우도록 돕는다.

치료자: 저는 당신이 칭찬받을 때마다 주제를 바꾸거나 다른 식으로 피한다는 걸 알면 좋겠어요. 제가 칭찬하면 당신은 마치 스스로를 쓸모없는 사람인 것처럼, 마치 자신이 쓰레기라도 되는 것처럼 칭찬을 인정하지 않는 것 같아요. 하지만 동시에…(잠시 멈춤) 특히 당신이 남은 평생을 쓰레기라고 느끼면서 살기는 싫다고 말씀하신 걸 보면, 자신에 대한 진실되고 긍정적인 감정을 굳이 감출 필요는 없을 것 같아요.(내담자의 문제적 신념과 칭찬을 관련 지음)

내담자: 글쎄요, 저도 그렇게 받아들이려고 애는 쓰고 있어요. 하지만 칭찬을 받아들이려면 억지로 노력해야 해요. 선생님이 말씀하신 긍정적인 말들을 어젯밤에 생

각해 봤어요. 관계에 대해서… 선생님이 강조하신 생각들… 그것들을 받아들이려면 억지로 노력해야 하는데 어색해요. 그래도 어느 정도는 하고 있어요… 어느 정도는요. 제가 칭찬받는 내용처럼 저를 생각하지 않기 때문에 칭찬을 안 믿는 것 같아요. 저는 그냥 "이 사람은 아무것도 몰라. 자기가 무슨 말을 하는지 몰라"라고 생각해요.(자유로운 자기개방을 통해 내담자가 치료에 참여하고 있음을 나타냄)

치료자: 무슨 말씀인지 이해됩니다. 당신이 저나 다른 사람들과 함께 춤춘다고 생각해 보세요. 그동안 당신이 배웠던 춤은 스스로를 지치게 하고 가두는 것 같아요. 힘드시겠지만 그래도 다른 스텝을 연습하고, 남들과 자신에게 당신이 쓰레기라는 걸 증명하는 것과는 반대로 가야 해요. 그런 춤이 바로 사람들과 가까워지는 걸 오랫동안 막아 온 거니까요. "봐, 내가 맞잖아. 아무도 날 좋아하지 않아"라는 노래에 맞춰서, 남들이 나를 거부하기 전에 먼저 자신을 거부해온 거죠.(잠시 멈춤) 하지만 여기서 벗어날 방법이 있어요.(잠시 멈춤) 뭔지 궁금하신가요?(은유를 사용하여 회피의 문제를 강조하고, 내담자에게 다른 것을 시도해 보겠다는 결심을 요구함)

내담자: 네, 이제는 그런 것 같아요.

치료자: 네. 그럼 스스로 만든 이 함정에서 벗어나는 방법이 뭘까요?(잠시 멈춤) 일단은 다른 사람의 친절과 긍정적인 감정을 받아들이는 법을 배우고, 자신에 대해 좋은 말을 듣는 것을 피하려는 자연스러운 경향과 반대로 나아가면서, 항상 자신을 비판하기만 하는 내면의 목소리를 내려놔야 해요. 새로운 춤의 스텝을 배우는 건 그런 거예요.(오랫동안 멈춤) 이 방법의 정식 명칭은 '행동 노출'이에요. 오래된 두려움을 극복하기 위해 새로운 학습을 할 수 있는 검증된 방법이죠.(웃음) 실제로 제가 말을 타다가 떨어진 적이 있었는데, 할머니께서 저보고 그냥 다시 말을 타라고 말씀하시더라고요. 그때 할머니가 사용하신 원리가 바로 지금 제가 말씀드리는 거랑 똑같은 거예요. 그럴 듯한가요?(은유를 사용해서 내담자의 행동이 학습된 습관이라는 것과 노출을 변화시키는 원리를 소개하며, 이러한 접근 방식에 대한 내담자의 반응을 내담자를 통해 확인함)

내담자: 네, 그럼요, 알겠어요.

치료자: 그래서 저는 당신이 여기에 동의한다는 가정 하에 같이 실험을 할 거예요. 제 칭찬이나 찬사가 당신에게 고통으로 느껴질 수 있다는 걸 염두에 두겠지만, 우

리 둘 다 변화가 필요하다고 결정하지 않는 한 칭찬을 멈추지 않을 거예요. 말 타는 건 누구나 할 수 있고, 그게 행복한 삶을 사는 데 중요하다고 생각하면서 다시 말 타는 연습을 하는 거죠. 한번 도전해 보시겠어요?(칭찬의 수반성을 요약하고, 내담자가 칭찬이 가져올 수 있는 고통을 인식할 필요가 있다는 것을 변증법적으로 제시하며, 행동이 효과를 발휘하기 위해서는 단서를 제거하지 않는 것이 중요하다고 말하며, 내담자의 전념을 요구함)

비공식적 노출로 애도 다루기

성공적인 애도를 위해서는 뇌가 기존에 존재했던 것이 더 이상은 존재하지 않는다는 것을 배워야 한다. 애도 작업은 상실을 느끼고 그것을 놓아주는 것(조절 연습)을 의미한다. 시간이 지남에 따라 뇌는 변화하는 상황에 적응한다. 즉, 잃어버린 대상을 찾는 것을 포기하고 새로운 삶을 구축하기 시작하는 것이다(『기술훈련 매뉴얼』 5장 29과 참조).

과잉통제 행동에 대한 체인분석 및 해결분석: 전반적 원칙

행동의 **체인분석**을 효과적으로 수행한다는 것은 좋은 탐정이 됨을 의미한다. 훌륭한 탐정은 호기심이 많기 때문에 범죄 현장을 직접 보고 싶어 하고, 범죄에 이르는 가능한 모든 디테일과 범죄가 초래한 결과도 알고 싶어 한다. 탐정은 이를 바탕으로 많은 범죄들을 해결해 나간다. 행동의 **체인분석**도 이와 마찬가지지만, 나는 과잉통제 사회적 신호 결핍이 범죄는 아니라고 말하고 싶다(대개는 사회적 기술 결핍을 반영한다). 내담자에게 **체인분석**을 소개할 때는, "우리 함께 탐정이 되어 봐요!"라고 말하며 탐정 비유를 사용하는 것이 유용할 수 있다. 훌륭한 탐정은 열린 마음을 지니고 있지만, 범죄 현장에 처음 들어갔을 때는 본인이 직접 조사할 때까지 다른 사람과 이야기하지 않을 가능성이 높다(이는 먼저 현장에 도착한 다른 사람의 의견에 의해 자신의 인식이 편향되지 않게 방지하는 데 유용하다). 마찬가지로 호기심을 가지고 있을 때 **체인분석**을 가장 잘 수행할 수 있으므로, **체인분석**을 시작하기 전에 자신을 점검하며 다음의 질문들을 해보라.

- 나는 내담자나 내가 수행하려는 **체인분석**을 할 의욕이 있는가?
- 나는 내담자에 대해 특별히 선호하는 이론을 지니고 있는가?
- 지금 이것은 내 행동에 얼마나 영향을 끼치고 있는가?
- 나는 대안적 관점을 고려하는 데 얼마나 온전히 열려 있는가?

- 여기서 내가 배울 점은 무엇인가?

치료자는 이 같은(몇 초밖에 안 걸리는) 간단한 확인을 통해, **체인분석**을 수행할 때 **개방적 호기심**이라는 이상적 태도를 방해하는 편향이나 개인적 한계점을 알 수 있다 (발견한 편향은 나중에 RO 자문팀과 공유하거나 개인적인 **자기탐구** 연습의 일환으로 사용할 수 있다).

> 가장 좋은 체인분석은 호기심을 가지고 수행하는 것이다.

체인분석은 치료자나 내담자가 더 잘 이해하고자 관심을 가지는 행동에 대해 수행할 수 있으며, **해결분석**은 향후 유사한 사회적 신호 문제를 예방할 수 있는 대안적 행동이나 기술을 파악하는 데 사용할 수 있다. 때로는 숙제를 완료하지 못하거나 숙제로 주어진 새로운 기술을 연습하지 못한 일련의 사건들을 이해하기 위해 **체인분석**을 수행할 수도 있다. 하지만 대부분의 **체인분석**들은 다이어리 카드로 모니터링하는 사회적 신호 대상에 초점을 맞춰야 한다. RO DBT에서의 **체인분석**은 과잉통제 내담자가 더 열심히 노력하거나 더 진지해지도록 동기를 부여하는 혐오적 수반성으로 사용돼서는 안 된다(과잉통제 내담자는 이미 지나치게 심각하기 때문에, 생명을 위협하는 행동을 제외하고는 더 심각해질 필요가 없음을 명심하라). 과잉통제 내담자와 함께 작업할 때 **체인분석**을 하는 목표는, 공유할 가치가 있는 삶을 발견하기 위해 스스로 탐정이 되는 방법을 배우도록 돕기 위함이다.

체인분석은 너무 질질 끌 필요가 없다. 사실 과잉통제 내담자와 작업할 때는 **체인분석**을 짧게 할수록 가장 좋은 경우가 많다(과잉통제 내담자는 주목받는 것을 싫어한다는 것을 기억하라). 따라서 RO DBT에서 **체인분석** 및 **해결분석**은 되도록 짧아야 하며(20분 내외가 이상적이지만, 7-12분 안으로도 효과적인 **체인분석** 및 **해결분석**을 완료할 수 있다), 더 많은 자기통제보다는 **자기탐구**를 장려하는 방식으로 진행해야 한다. 짧은 **체인분석**은 지시적 교육이나 비공식적인 행동 노출 같은 다른 필요한 일들을 할 시간을 벌어 주기도 한다. 나는 대부분의 치료자들이 연습을 통해 짧은 **체인분석** 및 **해결분석**을 수행하는 기술을 배울 수 있다는 것을 확인했다. 여기서 중요한 것은, 자주 나타나는 대상에 주의를 빼앗기기보다는 이를 추후에 논의할 수 있도록 메모해 두는 것이다. 내 일반적인 경험칙은 하나의 체인당 2-4개의 새로운 해결책을 찾는 것이다(앗 또 법칙을 만들어 버렸네요).

부록 6에서는 임상 사례를 통해 **체인분석**의 단계를 설정하는 법을 설명한다. **부록 7**에서는 임상 사례를 통해 **체인분석** 및 후속 **해결분석**을 수행하는 프로토콜을 설명한다.

단계별 체인분석 수행하기

RO DBT **체인분석**은 6가지 기본 단계로 구성된다. 다음에 제시된 순서대로 각 단계를 완료하도록 노력하자.

1단계: 문제에 대한 명료한 서술

사회적 신호 문제 행동(즉, 맥락)에 대한 명료한 설명으로 시작하고, 가능하면 내담자에게 회기 중 사회적 신호 행동이 어떻게 보이는지 시연해 보도록 한다. 설명할 때는 문제 행동의 맥락, 빈도, 강도, 지속 시간을 포함해야 한다.

2단계: 기여 요인 파악

내담자가 특정한 날에 문제 행동을 할 가능성을 높이는 먼distal 기여 요인(취약성 요인vulnerability factors이라고도 함)을 파악한다(예: 강박적인 청소나 일에서 비롯되는 피로).

3단계: 사건의 유발 요인 및 관련성 확인

문제 행동을 유발했거나 단서를 제공했을 수 있는 사건을 파악하고, 이 사건이 실제로 문제와 관련성이 있는지 확인한다. 중요한 것은, 문제 행동으로 이어지는 연쇄 반응을 촉발한 사건(즉, 사회적 신호 문제가 발생하지 않았을 수도 있는 사건)이 무엇인지 파악하는 것이다.

4단계: 사건에 대한 자세한 설명

문제 행동으로 이어진 일련의 사건에 대해 감정, 행동, 생각, 감각으로 구성된 체인의 각 연결고리를 자세히 설명한다. 행위(외현적 행동)가 독자적으로 발생한 경우가 아니라면, 내담자에게 행동을 사회적 신호로 설명해야 함을 명심하라(자세한 내용은 9장 「탱고는 두 명이 춘다: 사회적 신호의 정의」 참조). 각 문자가 서로 다른 행동이나 기능을 나타내는 약어인 EATS(E = 감정emotions, A = 행위actions, T = 생각thoughts, S = 감각sensations)를 유용하게 활용할 수 있다.

그건 그렇고, EATS는 신경성 식욕부진증 내담자와 함께 작업할 때 치료적 놀림으로 활용할 수 있다. 혹시 내담자가 싫다고 하면 FAT(F = 감정feelings, A = 행위actions, T = 생각thoughts)으로 바꿀 수도 있다. 어쨌든, 어디까지 얘기했더라?(편집자 주: 너무 깊이 들어갔네요...)(저자 답변: 네... 숨 좀 돌리고요...) 치료자는 자극 사건을 확인한 뒤 내담자에게 "다음에 무슨 일이 있었나요? 그 다음은요?"라고 물어봐야 한다. 모든 연결고리가 문제 행동으로 이어질 때까지 이 프로세스를 계속한다. 아무리 사소한 것이라도 사건 체인의 모든 연결고리를 매 순간 기록하고, 서로 기능이 다른 것들을 한데 묶지 않도록 주의하라(예: 생각과 감정을 하나의 연결고리로 묶는 실수를 범함). 협력적 문제 해결을 촉진하기 위해 영화 대본을 만들 때처럼 화이트보드에 체인을 그리는 것도 도움이 된다. 체인의 각 연결고리에 대해 더 작은 연결고리가 있는지, 그리고 그 연결고리가 전체 이야기에서 의미가 있는지 물어본다. 각 고리는 논리적으로 선행 고리에 이어져야 한다. 예를 들어 내담자가 '그는 이기적이고 게을러'라고 생각한 직후 슬픔(감정 연결고리)을 경험했다고 말했다면, 다른 사람을 판단하는 생각은 대개 슬픔이 아닌 다른 감정과 관련이 있으므로, 어떻게 그 일이 일어났는지 함께 탐색해 보도록 유도하라. 이러한 질문을 통해 치료자와 내담자는 내담자가 실제로는 화를 먼저 경험했고(감정 연결고리), 처음에 보고했던 슬픔은 지친 느낌(감각 연결고리)에 뒤이어 '난 도움을 요청하는 법을 모르기 때문에 도움받지 못할 거야'라는 생각(생각 연결고리) 뒤에 나타난 것이며, 그 뒤 내담자의 어깨가 축 처지고 눈을 내리뜨며 찌푸린 표정(사회적 신호 연결고리)으로 이어졌음을 알 수 있다. 각 연결고리는 앞뒤로 연결된 고리들과 논리적 관계에 있거나 이해할 수 있어야 한다. 흥미로운 것은, 어긋난 부분(뭔가 맞지 않는 것 같을 때, 퍼즐 맞추기를 생각해 보라)을 놓치지 않고 탐색하다 보면 가장 중요한 학습을 이끌어 낼 수 있다는 것이다.

다이어리 카드에 갑자기 '모두 다 좋음'이라고 되어 있을 때

앞서 살펴본 것처럼, 다이어리 카드는 RO DBT에서 사회적 신호 목표와 시간 경과에 따른 진행 상황을 모니터링하는 데 사용된다. 따라서 어떤 치료 대상도 안 보이면, 즉 내담자가 지난 한 주 동안 다이어리 카드에 부적응적 사회적 신호 행동을 기록하지 않았으면, 그것 자체를 사회적 신호로 받아들여야 한다. 스스로에게 물어봐야 할 질문은, '내담자가 나에게 말하려고 하는 것이 무엇인가?'다. 즉 실제로 내담자가 환상적인 한 주를 보냈을 수도 있지만, 다음 주에도 똑같은 패턴이 반복된다면 동맹파열의 증거와 함께 새로운 사회적 신호 대상을 찾기 시작해야 한다. 바로 당장!

다시 말해 **체인분석**을 수행하기 위한 사회적 신호 대상을 식별하는 데 계속해서 어려움을 겪고 있다면, 무엇보다 치료 대상이 효과적이지 않을 수 있다. 이럴 때는 치료 대상이 내담자가 부족에 속하지 못하게 하는 핵심 사회적 신호 결핍과 관련이 없다고 가정한 뒤, 이를 내담자에게 직접 드러내야 한다. 이 작업은 치료자와 내담자가 함께 하는 것이 이상적이지만, 적합한 치료 대상을 찾는 것이 당신의 일임을 내담자에게 언급함으로써 **온전한 개방성**과 자문하기를 실천하라. 이 문제에 대해 자기개방을 할 때는, 내담자가 당신을 위로하거나, 변명하거나, 주제를 바꾸려는 어떤 시도도 적극적으로 차단해야 한다. 그럴 때는 그냥 손을 들어 손바닥을 앞으로 내밀면서, "아니에요, 이건 당신이 할 일이 아니에요. 제 일이에요. 그래도 선뜻 도와주셔서 감사합니다"라고 말하라(입을 다물고 따뜻한 미소를 지으며 마무리한다). 흥미롭게도 내담자가 주제에서 벗어나려고 할수록 뭔가 숨기는 것이 있을 가능성이 높다.

그럼에도 불구하고, 당신이 진정 자신의 행동에 책임 질 준비가 돼 있다는 신호를 보내려는 의지가 강할수록, 혹은(이 경우에는 효과적인 사회적 신호 대상을 찾지 못하는 것에 대해) 내담자를 비난하는 신호를 보내지 않을수록, 핵심 RO 기술을 모델링하며 배려와 동등성에 대한 강력한 메시지를 전달하기 위해서는 마음의 개방성을 유지하는 것이 중요하다. 이러한 RO 자세는 당신이 무언가 잘못했음을 의미하지 않고, 단순히 당신이 설파하는 것(즉 당신 자신도 기꺼이 하고 싶지 않은 일은 내담자에게 요구하지 않는 것)을 실천함을 의미한다.

당신이(희망 사항이지만) 자기성찰에 임하겠다는 진정한 의지를 보인 후에는, 즉시 그 반대편 변증법(**장난스러운 도발**)으로 전환할 수 있다(이상적으로는 그래야만 한다). 따라서 내담자가 도와주겠다는 제의를 거절하기보다는, "근데 그거 아세요? 지금 생각해보니 정말 당신의 도움이 필요할 것 같아요"라고 말하며 직접 도움을 요청하라. 그런 뒤 입을 다물고 따뜻한 미소와 가벼운 윙크로 마무리하라. 이 미소와 가벼운 윙크는 치료적 놀림이 될 수 있다. 이는 내담자에게 당신이 완벽하게 적합한 사회적 신호 대상을 찾지 못한 것에 대해 화내지 않는다는 신호(과잉완벽주의자인 과잉통제 내담자에게는 중요한 메시지다)를 보내는 동시에, 미소와 윙크를 통해 내담자가 드러내고자 하는 것 이면에 더 많은 것들이 있을 것으로 의심하지만, 내담자를 직접 추궁하기보다는 내담자가 먼저 다가올 때까지 기다릴 것임을 암시한다.

어느 쪽이든 전체 프로세스를 통해 당신과 내담자 모두 **온전한 개방성**을 연습할 수 있는 기회를 확보한다. 중요한 것은 당신이 이런 식의 변증법적 자세를 취함으로써 내담자가 의심의 혜택을 누릴 수 있도록 하고, 내담자에게 신뢰·존중·친절의 신호를 보낼 수 있음을 아는 것이다. 만약 이 극성을 말로 표현한다면, "저는 당신이 옳은 일을 할 것이라고 믿어요. 저는 당신이 유능하고, 약속을 지킬 수 있는 능력이 있다고 믿어요"가 될 것이다. 하지만 변증법적 입장 자체는 전체적으로 건강한 회의나 놀림을 담고 있다. 이 전략은 어떤 식으로든 내담자를 돕는 기능을 하기 때문에, 나는 이것을 '죄책감을 치료적으로 유도하기'라고 부른다. 예를 들어 내담자가 솔직하고 협력적인 태도를 보인다면 신뢰의 자세가 효과적임을 알게 될 것이고, 이는 더 정직한 자기개방을 강화할 가능성이 높다. 혹은 반대로 내담자가 의도적으로 숨기거나 가장한다면, 내담자는 자신이 당신의 무조건적 신뢰를 받을 자격이 없다는 생각에 당황할 수 있으며(내담자는 죄책감을 느끼기 시작할 것이다), 남을 탓하는 오래된 습관이나 운명론적 사고에 빠지기 더 어려워질 것이다. 일반적으로 당신은 다음의 조건에 해당하기 전까지는 무조건적 신뢰의 자세를 유지해야 한다.

- 당신의 신뢰가 부당하다는 구체적인 증거가 있을 때: 그 시점에서 당신이 알고 있는 내용을 내담자에게 밝히고 내담자가 솔직하게 드러낼 것을 독려한다.
- 내담자 자신을 드러내며 더 솔직해질 때: 곧바로, "와, 말씀해 주셔서 감사해요"라고 말함으로써 내담자의 솔직함에 힘을 실어 준다. 입을 다물고 따뜻한 미소를 지으며 이렇게 말한다. "그런 일이 있었을 거라고 짐작은 했지만 확실하지 않았기 때문에 당신이 말해 줄 때까지 기다리고 있었어요. 이렇게 다 말하고 나니 기분이 어떤가요?"
- 당신이 적절한 치료 대상이 없는 것에 대한 책임을 지려고 친절하게 시도한 후에도 내담자의 참여도가 떨어지거나 당신을 비난하는 것처럼 보일 때: 이는 동맹파열의 가능성을 시사하므로 동맹파열을 복원할 수 있는 방법을 강구한다.

5단계: 결과 설명

특히 강화나 처벌의 결과와, 내담자와 동일한 사회적 환경에 있는 다른 사람들의 반응에 중점을 두며 문제 행동 직후 발생한 결과를 설명한다. 예를 들어 한 내담자는 동료의 엑셀 작업을 다시 한 뒤 자부심을 느꼈지만(자부심은 재작업 행동을 강화한다는 점에 유의하라), 그 직후 '왜 항상 나는 이렇게 제대로 해야 하지?'라는 생각이 들며 피로와 원망을 경험했다고 보고했다. 이 사례에서 내담자는 동료가 평소와 다르게 일찍 퇴근하는 것도 알아차렸다. 치료자는 내담자가 **자기탐구**를 통해 동료의 반응(조기 퇴근)이 다른 사람의 일을 다시 해야 한다는 내담자의 강박적 충동으로 인한 부정적 사회적 결과일 가능성을 생각해 보도록 했다. 문제 행동을 변화시키기 위해 강화 또는 처벌을 통해 결과에 영향을 끼칠 수 있는 방법에 유념하라(수반성 원리에 대한 검토는 다음을 참고. Farmer & Chapman, 2016). 치료자가 가장 중요하게 할 일은, 과잉통제 내담자가 자신의 행동이 사회적 환경에 끼치는 영향을 알아차리고, 자신의 행동과 그 결과가 가치 목표에 부합하는지 탐색하는 것을 돕는 것이다.

6단계: 해결분석 실행

체인을 작성한 뒤 각각의 연결고리를 살펴보라. **해결분석**은 **체인분석** 이후나 도중에 실행할 수 있으며, 그때 사용했다면 문제 행동을 예방했을 수 있는 기술을 중점적으로 다룬다. 각각의 잠재적 해결책이나 대안적 행동은 문제 행동으로 이어진 특정한 부적응적 연결고리와 연관성을 지니고 있어야 한다. 예를 들어 치료자는 내담자에게, "더 효과를 볼 수 있었던 다른 말이나 행동이 있었을까요? 이 연결고리에서 어떤 기술을 사용했다면 행동을 바꿀 수 있었을까요?"라고 질문할 수 있다. 때로는 치료자 자신이 내담자와 비슷한 곤경이나 상황에 처해 있다고 상상하면서, '내가 내담자라면 어떻게 했을까?'라고 자문해 보는 것도 도움이 될 수 있다. 이를 통해 창의적이고 실용적으로 문제 해결을 촉진할 수 있다. 치료자는 내담자로부터 파악한 해결책을 사용하겠다는 다짐을 받고, 내담자가 해결책을 활용하기 어렵게 하는 요인을 해결해야 한다. 가급적 내담자는 해결책을 쉽게 떠올리기 위해 이를 기록한 내용을 가까이에 보관하는 것이 좋다. 또한 내담자가 치료자의 도움 없이 스스로 **체인분석**을 할 수 있는 기술을 개발하는 것이 좋다. 가능하면 회기 중에 내담자가 새로운 기술을 연습할 수 있는 기회를 찾아보라(예: 롤플레잉 활용). 과잉통제 내담자를 치료할 때는 무엇을 해야 한다고 말하기보다는 실제로 연습하는 것이 중요하다. 마지막으로, 너무 많은 해결책으로 내담자가 버거워하지 않도록, 양보다 질에 중점을 둬야 한다(대개 **체인분석** 하나당 2-4개의 새로운 해결책을 권장함). 개인치료자로서 당신은 비공식적 기술 트레이너의 역할을 담당하고 있으므로, 내담자가 새로운 기술을 배워야 하면 기술훈련 수업에서 이를 다룰 때까지 기다리지 말고 회기 중에 비공식적으로 가르치는 것이 좋다.

부적응적 사회적 신호를 치료 대상으로 삼기: 큰 그림

치료자는 **체인분석**을 수행하는 주된 이유가 단지 통찰력을 얻기 위해서가 아니라, 정서적으로 외롭고 고립된 과잉통제 내담자가 부족으로 돌아가기 위한 대안적 대처 방법과 사회적 신호를 만드는 데 있음을 명심해야 한다. 이와 마찬가지로 대안적 대처 방법과 사회적 신호를 위한 해결책을 만드는 것은, 내담자의 내면을 변화시키기보다는(사회적 신호를 개선함으로써 이를 달성할 수도 있지만) 내담자가 사람들과의 사회적 유대감을 다시 쌓을 수 있도록 하는 데 중점을 둔다.

하지만 치료자가 사용할 수 있는 대안적 사회적 신호의 개수는 엄청나게 많다. 예를 들어 현대인은 1만 가지가 넘는 다양한 표정을 지을 수 있는 것으로 추정되며, 여기에 자신을 표현할 수 있는 엄청난 수의 신체 자세, 움직임, 제스처를 더하면 가능한 해결책의 수는 기하급수적으로 늘어난다(참고로, 인간관계에서 수 밀리초 이내에 얼마나 많은 비언어적 사회적 신호가 발생하는지에 대한 임상 사례에 대해서는 **부록 5**를 참조할 것).

선천적 생물학적 사회적 신호 vs 문화적 사회적 신호

다행히도 치료자는 효과적인 치료를 위해 가능한 모든 사회적 신호 조합을 일일이 알지 않아도 된다. **해결분석**의 방향을 설정하는 데는 몇 가지 기본 원칙만 있으면 되며, 이를 한 가지 원칙으로 압축할 수도 있다. 바로 **사회적 신호 해결책은 모든 인간이 보편적으로 친사회적인 것으로 인식하는 사회적 신호, 즉 선천적 생물학적 사회적 신호에 우선순위를 둬야 한다**는 것이다.

하지만 치료자가 특정한 사회적 신호에 대한 권장 사항이 정말 보편적인 것이라고 어떻게 확신할 수 있을까? 세상에는 수많은 제스처가 있으며 이는 문화와 지역에 따라 다르다. 예를 들어 한 손의 엄지와 집게 손가락으로 원을 만드는 것은 미국인에게는 '괜찮음'을 의미하지만, 미소를 동반하지 않으면서 똑같은 기호를 나타내는 것은 이탈리아 사람에게는 '0'이나 '쓸모 없음'을 의미할 것이고, 일본 문화에서는 '돈'을 의미할 수 있다(Morris, 2002). 감정 표현에 대한 문화적 영향은, 대대로 전해 내려오는 감정 표현의 적절성 및 그와 관련한 가치와 태도로 정의되는 표현 규칙display rules(Ekman, 1972; Friesen, 1972) 측면에서 논의되는 경우가 많다. 예를 들어 한 연구 결과, 일본인과 미국인 참여자는 모두 스트레스가 없는 상황에서 감정을 자극하는 영화를 볼 때 똑같은 표정을 지었다(Ekman, 1972). 하지만 똑같은 영화를 지위가 높은 사람이 있는 상황에서 관람하는 두 번째 실험에서 일본인은 미소를 지으며 혐오감을 은폐하거나 감추는 경향을 보인 반면, 미국인은 다소 절제된 형태이기는 하지만 여전히 전과 같은 감정을 표현하는 경향을 보였다. 따라서 문화적 경험은 특정한 감정이 표현되는 방식에 중요한 역할을 한다. 모든 문화권에서 사람들은 지위가 높은 사람과 함께 있을 때 혐오감 같은 특정한 감정을 하향조절하며, 그 방법은 문화마다 다를 수 있다. 흥미롭게도 문화적 표현력의 차이는 그 문화나 사회가 집단보다 개인을 중시하는 정도, 개인 구성원 간의 위계나 지위, 권력 차이를 중시하는 정도의 두 가지 차원의 영향을 가장 크게 받는다(Matsumoto, 1991). 미국인은 멕시코나 필리핀 사람들에 비해 개인주의 성향이 강하고, 위계·지위·권력에 대한 관심은 다소 낮은 편이다(Hofstede, 1983).

치료자가 사회적 신호 전략을 기획할 때 문화에 따른 표현 수준을 잘 감지하여 고려하는 것이 중요하지만, 다행스러운 것은 RO DBT 치료자가 사회적 신호 결핍을 처리하는 최종 중재자나 의사 결정권자가 아니라는 점이다. 최종 결정권자는 늘 내담자다(그렇다고 해서 내담자가 치료자에게 놀림, 회유, 반박당하지 않는다는 의미는 아니다). 근본적으로 RO DBT 치료자는 누군가에게 어떻게 살라고 말하는 것을 오만한 것으로 여긴다(생명을 위협하는 행동만이 유일한 예외다). RO DBT 치료자는 내담자에게 무엇이 잘못됐는지 말하기보다는, 내담자 스스로 자신을 힘들게 하는 것을 발견하고 **자기탐구** 연습을 통한 보람을 가치 있게 여기는 법을 배우도록 권장한다. 즉, RO DBT 치료자는 강요하는 사람이 아니다. 다른 이를 위한 가장 배려심 있는 행동은 그 사람이 가치 목표를 달성할 수 있도록 고통스러운 진실을 말해 주고, 이를 말하는 사람도 자신이 틀릴 수 있음을 인정하는 방식으로 전달하는 것이다. 따라서 어떤 행동이 사회문화적 규범이나 관습을 위반하는지 여부를 판단하는 것은, 치료자가 아닌(대부분은 **자기탐구** 연습을 활용한) 내담자의 몫이다(내담자가 부적응적일 수도 있는 사회적 신호 행동을 보고했을 때 치료자가 내담자에게 권할 수 있는 **자기탐구** 질문의 예는 9장「**더 많은 통찰의 필요성**」을 참조).

> RO DBT 치료자는 내담자에게 무엇이 잘못됐는지 설명하기보다는, 내담자 스스로 자신을 힘들게 하는 것을 발견하고 자기탐구 연습을 통해 얻는 보람을 가치 있게 여기는 법을 배우도록 권장한다.

문화와 학습의 영향에도 불구하고, 감정 이론가들과 진화 고인류학자들은 인류의 생존과 개인의 행복에 필수적이라고 주장하는 비언어적 사회적 신호의 보편성을 뒷받침하는 엄청난 양의 연구 결과들을 제시하고 있다. 예를 들어 우리는 문화에 상관없이 성공을 축하할 때 손바닥이 바깥쪽을 향하도록 팔을 높이 들어 올려 마치 세상을 포옹하는 것처럼 행동하며, 6장에서 살펴본 것처럼 선천적으로 시각 장애가 있는 운동선수도 경기에서 이기거나 질 때 시각장애가 없는 선수와 동일한 얼굴 표정과 제스처를 보인다(Matsumoto & Willingham, 2009). 미소 짓기, 찌푸리기, 웃기, 응시하기, 노려보기, 어깨 으쓱하기, 입술을 뿌루퉁하기, 움찔하기, 얼굴 붉히기, 절하기, 뚫어지게 쳐다보기,

윙크하기, 끄덕이기, 손짓하기, 손 흔들기 등 실로 다양한 얼굴 표정, 목소리 톤, 신체 움직임이 문화를 뛰어넘는 보편적인 것으로 제시되고 연구되어 왔다. 연구 결과 선천적 감정 표현은 대략 지위, 생존, 친밀감과 관련한 기능 영역으로 분류할 수 있으며, 각 영역은 그에 특화된 주요 표현 경로로 알 수 있다(App, McIntosh, Reed, & Hertenstein, 2011). 예를 들어 사회적 지위와 관련된 감정(당혹감, 굴욕감, 수치심, 자부심)은 몸을 통해, 생존과 관련된 감정(분노, 혐오, 두려움, 기쁨, 행복, 슬픔)은 얼굴을 통해, 친밀감과 관련된 감정(사랑, 연민)은 신체 접촉으로 표현된다.[61] 하지만 내가 볼 때 장기적으로 가장 중요한 것은, 내면의 감정보다는 자신의 감정을 실제로 헤아리는 사람이 있는지, 즉 내가 얼마나 부족의 일원으로 느낄 수 있는지 하는 것이다. 호혜성은 배려하는 관계에서 매우 중요하다.

감정 표현의 보편성은 우리를 인류라는 하나의 종으로 묶어 준다. 자신의 의도와 감정을 종족의 다른 구성원에게 드러내는 것은, 인간 부족의 초석인 강한 사회적 유대를 형성하는 데 꼭 필요했다. 따라서 문화적 배경, 사회적 지위, 개인적 신념, 피부색에 관계없이 힘든 상황이 닥쳤을 때 가장 중요한 것은 바로 우리가 얼마나 부족의 일원이라고 느끼는지, 즉 우리가 얼마나 다른 부족원과 연결돼 있다고 느끼는지 여부다. 나머지는 전부 부차적일 뿐이다. 뉴욕에 9/11 사태가 벌어졌을 때 발벗고 나선 사람들에게 자신이 돕는 이들이 노숙자인지 백만장자인지, 종교인지 무신론자인지, 흑인인지 백인인지를 얼마나 고려했는지 물어보면 어떤 반응을 보일까? 이타적 행위는 문화에 따라 다르지 않으며, 이것저것 따지지 않고 행할 때 가장 강력한 힘을 발휘한다. 사실 대가를 바라지 않고 낯선 이를 도와주거나 잘 모르는 사람을 위해 자기희생을 하는 순간에 갑자기 나와 남의 구분이 사라지는 것은 인류가 선천적으로 타고난 부족 본성이다. 내가 보기에 타인을 자신과 동일하게 경험하는 능력은 인류의 핵심적인 진화적 생존의 이점 중 하나이자 크나큰 기쁨의 원천이다. RO DBT는 기본적으로 우리가 개인적이거나 문화적 차이에 관계없이 모두 동등하게 함께할 때 더 잘할 수 있으며, 이는 우리 개개인이 아무리 상처받거나 다르게 생각하려 해도 달라지지 않는다고 본다. 그렇기 때문에 우리는 사회적 배제를 두려워하고, 남들이 우리를 어떻게 생각하는지 신경 쓰며, (가끔은 그렇지 않은 척하려고 노력하지만) 남들이 우리의 행동을 비난할 때 화내고, 험담하기 좋아하고, 개인적 이익 때문에 다른 부족원에게 해를 끼치거나 속인 사람들을 처벌하는 것을 독선적이라고 느낀다. 우리는 모두 사랑과 존경을 받기 원하고, 공평하게 대접받기 바라며, 평등을 믿고, 공정한 사람으로 보여지기 바란다. 우리 인류는 유독 공정성을 중시한다(Shaw & Olson, 2012). 인간은 다른 대부분의 동물들과 다르게 무조건적으로 동맹이나 친족을 편들지 않는다(DeScioli & Kurzban, 2009).

또한 연구에 따르면, 우리는 다른 사람이 보내는 사회적 신호를 바탕으로 우리에게 호감이나 신뢰를 갖고 있는지 직관적으로 알 수 있다. 우리는 듣는 것이 아닌 보는 것을 신뢰한다. 예를 들어 개방적이고 탈억제된 감정 표현이 필요한 상황에서(예: 친구가 방금 암 진단을 받았다는 사실을 알게 됐거나, 파티에서 춤을 추거나, 누군가에게 청혼하거나, 자녀가 잘한 일에 대해 칭찬하거나, 동료들과 나가서 맥주를 마시거나, 배우자와 다툼) 지나치게 통제적이거나, 자기중심적이거나, 당연한 듯한 태도를 보이면 잘못된 메시지를 전달할 수 있다. 차분한 겉모습은 자칫 오만함·무관심·교활함·혐오감을 표현하는 것으로 오인될 수 있으며, 실제로 오해받는 경우도 종종 있다. 연구에 따르면 사람들은 부정적 감정이라도 자신의 감정을 자유롭게 표현하는 사람을 습관적으로 감정을 억누르는 사람보다 더 좋아한다. 따라서 과잉통제 내담자와 작업할 때 효과적인 **해결분석**의 핵심은, 회기 중에 '내담자의 사회적 신호가 그의 사회적 유대감에 어떤 영향을 끼칠까?'라고 끊임없이 자문하는 것이다.

다행인 것은 이 질문에 대해 내담자의 사회적 신호의 영향이 그다지 긍정적이지 않다는 답이 나오라도, 약간의 훈련과 연습으로도 비교적 쉽게 사회적 신호 습관을 바꿀 수 있다는 것이다. **해결분석** 및 내담자의 사회적 신호 결핍의 해결책에 대한 대안적 사회적 신호를 제시할 때 지침이 되는 세 가지 기본 원칙이 있다.

1. 내담자의 사회적 신호 결핍과 관련된 것이어야 한다.
2. 내담자의 가치 목표와 관련된 것이어야 한다.
3. 모호하지 않아야 한다(즉, **해결분석** 자체가 명확해야 하며, 해결책으로 제시된 대안적 사회적 신호를 수신자가 오인할 여지가 없어야 한다).

또한 사회적 신호 해결책은 치료자와 내담자가 함께 만들고, 개별화하고, 가급적 회기 중에 연습해야 한다(나중에는 내담자의 상황에 따라 달라질 수 있다).

사회적 신호 해결책을 구체화하고 더 창의적으로 만드는(즉, 정형화된 틀에서 벗어나 생각하는) 유용한 방법 중 하나는, 행동을 **체인분석** 하면서 자신이 내담자가 설명하는 것과 똑같은 상황(사회적 맥락)에 있다고 상상하며, '내가 똑같은 상황에 처해 있다면 어떻게 행동할까? 내담자가 표현한 가치 목표를 달성하기 위해 나는 내담자와 어떤 다른 행동을 할까?'라고 자문하는 습관을 들이는 것이다. 그렇다고 해서 내담자를 당신의 미니미

Mini-Me(좀 웃기지만, 당신처럼 행동하거나 말하는 존재)로 여기라는 뜻은 아니다. 그래도 만약 당신이 삶에서 사람들과 친밀하고 가까운 관계를 맺고 유지하는 데 어느 정도 성공했다고 가정할 때, 내담자의 입장에서 '내가 이런 상황에 놓였다면 어떻게 할까?'라고 넌지시 자문하면 놀랍도록 참신한 해결책이 도출될 수 있다. 이런 식으로 해결책을 도출하는 이상적인 방법은, 대안적 사회적 신호에 대해 말하거나 설명하기보다 롤플레잉을 통해 그 신호가 어떻게 보이거나 들릴지 모델링하거나 시연하는 것이다.

다음의 지문은 이 원칙을 어떻게 실천하는지 보여 준다. 내담자는 만성 우울증으로 치료받고 있다. 그녀와 치료자는 17회기에 접어들었다. 그들은 이미 여러 번의 동맹파열과 복원을 겪었는데, 이는 준수한 치료동맹을 시사한다. 치료자는 '떠나기'라는 부적응적 사회적 신호에 대한 **체인분석**을 완료했기 때문에, 이 사회적 신호가 언제, 어디서, 어떻게 발생했는지 이미 알고 있으며, 기여 요인, 생각, 감정, 행위는 물론 그 후에 발생한 결과도 알고 있다. 지문은 **해결분석**의 중간부터 보여 준다. 이 시나리오에서 RO DBT 치료자는 내담자가 설명한 것과 같은 상황(즉 원치 않는 피드백을 받는 상황)에서 내담자처럼 아무 말없이 그냥 떠나지 않고, 비판적 피드백에 대한 개방성을 높이는 핵심 RO 기술을 사용함과 동시에 자신과 상대방에게 최선의 진행을 고려할 시간을 확보하기 위해 상호작용의 속도를 늦추는 방법을 찾으려고 노력할 것이다(치료자는 이 사회적 신호 개입에 대해 **지연전술**stalling tactic이라는 독창적인 이름을 붙였다).

치료자: (개방적 호기심을 표현하며) 애나, 개방성을 나타내는 신호 하면 뭐가 떠오르시나요? 지금 당신이 그녀에게 전달하고 싶은 메시지는 뭐죠? 당신이 이제 막 회사에 중요한 결과를 가져올 수 있는 회의에 동료와 함께 들어가려고 하는데, 당신은 그녀와 같은 팀이에요.(상황을 요약함) 당신이 방금 그녀가 한 말에 동의하지 않는다면 어떤 모습으로 함께 회의에 들어가고 싶나요?

내담자: 편안하고, 침착하고, 전문적인 태도로요.

치료자: 네, 한 팀처럼 말이죠. 같은 팀원이니까요.(따뜻한 미소를 지음)

(내담자가 고개를 끄덕임)

치료자: 그럼 그걸 그녀에게 전달하려면 어떤 신호를 보내야 할까요? 그녀는 방금 당신이 프로젝트 예산을 잘 모른다고 했어요. 거기에 대해 우리가 방금 생각한 해결책 중 하나는, 다음에 그런 일이 또 있으면 **빅3+1**을 사용해서 당신이 열린 마음으로 그녀의 피드백을 경청하고 있다는 신호를 보내는 겁니다. 근데 그걸 할 때

확실히 성공하는 방법이 있을까요? 뭐 짚이는 게 있을까요?(**개방적 호기심**을 표현하며 입을 다물고 따뜻한 미소를 지음)

내담자: 제가 하는 말 중에서요?(내담자가 참여함)

치료자: 네.(**편한 태도**를 활용함) 앞서 말씀드린 것처럼, **유연한 마음은 피드백을 받아들인다**(ADOPTs) 같은 다른 해결책들을 함께 활용하면 12가지 질문에 대한 답을 찾게 될 거예요…

(내담자가 고개를 끄덕임)

치료자: … 그녀의 피드백을 언제 수락하거나 거절할지 알아야 하니까요. 근데 너무 열받으면…(잠시 멈춘 뒤 내담자를 바라봄)

내담자: 그럴 시간이 없겠죠.

치료자: 네, 맞아요. 그래서 제 생각에는, 당신도 같은 생각인지 확인해 봐야겠지만, 한 박자 늦추는 게 도움이 될 것 같아요. 상대방의 의견에 열린 마음을 가지고 있다는 신호를 보내면서도, 안 좋은 인상을 남기면서 방을 나가버리기보다는 일단 대응 방식을 생각할 시간을 확보하는 **지연전술**을 사용하는 거죠. 여기까지 들었을 때 어떤 것 같나요? 어떻게 생각하세요?(계속 진행하기 전에 확인 절차를 거침)

내담자: 네. 클레어와 제가 근무하는 회사 입장에서 볼 때, 선생님 말씀대로 저희가 한 팀으로 회의에 참석하면 훨씬 더 좋을 것 같다는 생각이 들어요. 회사에서 저의 장래 가능성을 생각하면 클레어와 잘 지내는 게 진짜 중요해요. 클레어는 젊지만 떠오르는 기대주라서 잘 지내 놓으면 정말 좋거든요. 그녀가 다음 팀을 고를 때 저와 같은 팀을 하고 싶어 할지도 알고 싶고요.(내담자가 진지한 태도로 몰입함)

치료자: 네.(잠시 멈추고 **편한 태도**로) 개방성의 특성 중 하나는 꼭 비언어적으로만 신호를 보낼 필요는 없다는 거예요. 비언어적 신호와 언어적 표현을 함께 활용하는 게 중요합니다. 지금 바로 연습해 볼까요? 이렇게 말하는 게 자연스러운지 한 번 들어 보세요. "클레어, 난 당신이 하는 말을 진심으로 귀담아듣고 있어요" 어때요?(잠시 멈춤) 물론 당신 말에 어느 정도 진심이 담겨 있어야겠지만요.(잠시 멈춤) 그녀가 당신에게 준 피드백이 진실을 담고 있을 수도 있다고 생각하세요?(계속하기 전에 내담자의 참여를 유도하고, 혼자만의 추측을 피하기 위해 내담자가 동료로부터 받은 피드백에 진실이 있다고 느끼는지 확인함. 입을 다물고 따뜻한 미소를 지으며 눈썹을 추켜올림)

내담자: 네… 지나고 보니 그런 것 같아요. 이 프로젝트의 예산은 그녀가 저보다 더 잘 알고 있어요. 저는 여기에 별로 관여하지 않았기 때문에 그녀가 한 말에는 어느 정도 진실이 있어요.(내담자가 진지하게 참여함)

치료자: 네… 그럼 적어도 이런 경우에는, "클레어, 당신 말도 어느 정도 일리가 있네요. 이 얘기는 나중에 좀 더 해도 될까요? 일단 지금은 당신과 한 팀으로 회의에 들어가고 싶거든요"라고 말할 수 있겠네요. 그녀가 동의하는지 확인하기 위해 끝에다 "그래도 괜찮을까요?" 같은 말을 붙여도 되고요.(입을 다물고 미소를 지으며) 어떨 것 같나요?(계속 입을 다물고 미소를 지으며 의자에 기대어 눈썹을 추켜올림)

내담자: (치료자가 방금 한 말을 **자기탐구** 일지에 적으면서) 네, 그러면 될 것 같아요.(내담자가 진지하게 몰입함)

치료자: 좋아요. 그럼 지금 바로 연습해 볼까요?(**개방적 호기심**을 표현함)

내담자: 네, 좋아요. 지금 바로 연습해 보라는 말씀이시죠?(내담자가 진지하게 몰입함)

치료자: 네.(**편한 태도**로) 최선을 다해서요.(입을 다문 채 따뜻한 미소를 지음)

내담자: 좋아요.(자신의 노트를 내려다보며 몸을 앞으로 기울이고 롤플레잉을 시작함) 클레어, 무슨 말인지는 잘 알겠는데요, 지금은 우리가 한 팀으로 회의에 들어가는 게 중요할 것 같아요. 그래서 음, 제가 당신 말 뜻은 이해했으니 일단 지금은 넘어갔다가 회의가 끝난 뒤에 다시 얘기하면 어떨까 싶어요.(내담자는 열심히 몰입하며, 진지하면서도 약간 단조로운 목소리로 말함. 몸을 앞으로 기울이고 치료자와 눈을 마주침)

치료자: 훌륭해요.(입을 다물고 따뜻한 미소를 지음) 한 번 더 해보죠… 이번에는 의자에 약간 뒤로 기대 보세요.("훌륭해요"라고 말하며 내담자에게 힘을 실어 준 뒤, 입을 다물고 따뜻한 미소를 지음. 그 뒤 이번에는 자세만 바꿔서 다시 연습해 보라고 말함)

내담자: (의자에 뒤로 기대고 편안한 얼굴로) 좋아요, 무슨 말인지는 잘 알겠는데요, 지금은 우리가 한 팀으로 이 회의에 들어가는 게 젤 중요할 것 같아요. 그래서 혹시 괜찮다면 이 얘기는 이따가 회의 끝난 뒤 하면 어떨까 싶어요.(내담자가 리허설에 몰입함. 더 부드러운 목소리와 긍정적인 고개 끄덕임이 늘어남)

치료자: 훌륭하네요. 진짜 잘하셨어요.(내담자의 진전을 강조하기 위해 입을 다물고 따뜻한 미소를 지음) 제가 보기엔 당신이 몸을 뒤로 기대는 것만으로도 목소리 톤이 달라진 것 같았어요. 저를 비난하는 느낌이 별로 안 들더라고요.(입을 다물고 따뜻한 미소를 지으며 의자에 뒤로 기대어 어깨를 살짝 으쓱하고 손을 벌리는 제스처를 취함)

내담자: (끄덕임) 제가 느끼기에도 목소리가 좀 부드러워진 것 같아요.(내담자가 참여함)

치료자: 네, 정말 그런 것 같았어요. 잘하셨어요!(입을 다물고 따뜻한 미소를 지으며) 오늘 우리는 당신이 피드백을 단순히 흘려 넘기지 않고 더 개방적으로 받아들이는 데 활용할 수 있는 세 가지를 생각해 봤어요. 그 중 당장 급할 때 쓸 수 있는 건, 방금 같이 얘기한 **빅 3+1**과 **지연전술**이에요. **지연전술**의 좋은 점은, **유연한 마음은 피드백을 받아들인다**(ADOPTs)에 나오는 12가지 질문을 한 뒤에 상대방의 피드백이 타당하지 않다고 판단되면 반박할 기회를 위한 시간을 약간 벌 수 있다는 거예요. 또한 클레어처럼 중요한 관계에 있는 사람의 경우에는, "당신의 피드백도 일리가 있지만, 괜찮다면 방금 얘기한 내용을 따로 생각한 뒤에 내 의견을 말하고 싶어요"라고 대답할 수도 있어요. 그러면 최소한 내가 상대방의 의견을 진지하게 받아들이고 있다는 신호를 전달할 수 있죠.(입을 다물고 따뜻한 미소를 지으며 **편한 태도**를 지님)

(내담자가 고개를 끄덕임)

치료자: 그럼 일지에 **지연전술**을 적어 두는 건 어떨까요? 세 번째 해결책은 안전지대에 들어가기 위해 하루를 자애명상으로 시작하는 걸 기억하는 거였죠. 제가 말씀드린 것들이 어떤 것 같으세요?(입을 다물고 따뜻한 미소를 지으며 내담자의 생각을 확인함)

앞의 임상 사례에 나온 상호작용은 10분도 채 걸리지 않았다. 치료자는 굳이 완벽한 시범을 보이려고 하기보다는 그냥 회기 중에 간단한 롤플레잉을 통해 사회적 신호 해결책을 시연했다. 치료자는 마지막으로 자신이 생각해 낸 세 가지 해결책을 요약하고 내담자의 참여를 확인했다. 그 뒤에는 가능한 해결책을 더 생각하거나 기존의 세 가지 해결책들을 더 구체화하려고 하지 않고, (내담자의 참여를 확인한 뒤) 다른 주제로 넘어감으로써 내담자의 열을 식혔다(과잉통제 내담자는 주목받는 것을 싫어하기 때문에, 새로운 적응 행동을 강화하는 데 **열 식히기** 전략을 사용할 수 있음을 떠올릴 것). 또한 임상 사례에서 볼 수 있듯이 기술훈련 수업에서 배운 RO 기술들 중 하나(이 사례에서는 **빅3+1**[『기술훈련 매뉴얼』 5장 3과], **유연한 마음은 피드백을 받아들인다**(ADOPTs)[『기술훈련 매뉴얼』 5장 22과], **자애명상**[『기술훈련 매뉴얼』 5장 4과])를 내담자가 기억하고 연습하게 돕는 것도 해결책이 될 수 있다. 따라서 과잉통제 내담자에게 효과적으로 기술을 추천하기 위해서는 개인치료자도 RO 기술 트레이너 못지 않게 모든 RO 기술들을 잘 숙지하고 개인적으로 연습해야 한다(스쿠버다이빙 강사가 물에 들어가 본 적이 없다고 상상해 보라). 자신이 추천한 사회적 신호 해결책을 내담자의 입장에서 연습하는 모습을 상상하는 것 또한 중요하다. 이렇게 하면 내담자의 실제 상황에서 전혀 효과가 없는 기술을 새로 연습하게 하는 일을 방지할 수 있다. 예를 들어 상사와 갈등을 겪고 있는 내담자에게 **인식의 연속체**(『기술훈련 매뉴얼』 5장 12과)를 연습하라고 권하는 것은 좋지 않다. 언뜻 보면 훌륭한 것 같은 RO DBT 기법도 막상 실제 상황에서 어떤 모습으로 나타날지 잠시만 생각해 보면 이점이 없음을 금세 알 수 있다. 내담자가 상사에게 "저는 지금 화나는 걸 느껴요" 혹은 "가슴에서 뜨거운 게 느껴져요"라고 말하는 모습을 상상해 보라. 내담자가 상사에게 "제가 제정신이 아니라고 생각하신다는 걸 알고 있어요"라고 말하면 그 즉시 대화가 중단될 것이라고 쉽게 짐작할 수 있다(상사는 인식의 연속체가 무엇인지 전혀 모르거나, 알아볼 시간도 마음도 없기 때문이다).

앞의 사례에서 치료자가 내담자에게 동료에게 할 말을 다시 한번 연습하게 하고 나서, 따뜻한 감사의 신호를 보내는 태도를 취하면서도 과도한 칭찬은 하지 않았다는 점에 주목하라. 이러한 유형의 절제가 과잉통제 내담자와의 작업에서 규칙처럼 적용되면 안 되겠지만, 일반적으로 이들은 주목받는 것을 싫어하므로 너무 호들갑스러운 칭찬은 종종 가식적이고 인위적으로 여겨질 수 있다. 하지만 때로는(특히 내담자가 예상보다 몇 걸음 더 나아갔거나 내담자가 변화를 주도한 경우에는) 정말 변화를 축하할 필요도 있다(앞서 언급했듯이 호혜성이 중요하다). 치료자가 내담자에게 다시 연습을 요청했을 때, 치료자는 내담자가 이미 피드백을 받아들일 능력을 지니고 있다고 생각한다는 신호를 보냈고, 내담자가 부정적 반응을 보이더라도 **동맹파열 복원**을 통해 두 사람 모두가 더 성장할 수 있는 기회가 될 수 있음을 알고 있었다.

이 책이 앞의 사례에서 제시된 **지연전술** 같은 효과적인 사회적 신호 해결책을 모두 담고 있는 것은 아니다. 따라서 치료자는 자신의 사회적 신호 경험을 바탕 삼아, 특정 상황에서 내담자에게 적합한 해결책을 개발하는 것이 좋다.

마지막으로, **온전한 개방성, 자기탐구,** 자기개방 행동은 사회적 안전 신호로 작용하는 동시에 겸손함과 세상으로부터 배우려는 의지를 보여줌으로써 관계를 향상한다. 실제로 개방성과 협력 의도는 말의 내용이 아닌 행동(예: 얼굴 표정, 목소리 톤, 말하는 속도, 눈맞춤, 신체 자세, 제스처)을 통해 평가된다. 우리는 타인에게 애착을 느낄 때 부족의 일원임을 느끼고, 안전함을 느끼고, 사회적 안전 시스템이 활성화된다. 몸이 이완되고 호흡과 심박수가 느려진다. 차분하면서도 유쾌한 기분이 든다. 자의식이 줄어들고 사교에 대한 욕구가 강해진다. 안면 근육을 통해 쉽게 눈을 마주치고 유연하게 의사소통할 수 있다. 억양이 자연스러워진다. 만지고 만져지는 것을 즐긴다. 개방적이고 수용적이며 호기심이 많고 타인의 감정에 공감한다. 하지만 이 책에서 여러 번 언급했듯이, 과잉통제의 생기질적 편향(높은 위협 민감성과 낮은 보상 민감성)으로 인해 과잉통제 내담자는 안전과 안정보다는 불안과 우울을 느낄 가능성이 더 높다. 따라서 치료자는 보호 기능을 하거나 정서적 취약성을 감소하는 전략을 독려하고, 내담자가 사회적 신호 기술을 연습하는 데 어려움을 겪을 때는 곧바로 문제 해결로 넘어가기 전에, "이렇게 행동하는 것이 당신이나 저에게 어떤 신호를 보내고 있는 걸까요? 저에게 뭔가 하고 싶은 말씀이 있을까요? 당신이 여기서 배울 점은 뭘까요?"라고 질문함으로써 **자기탐구**를 독려해야 한다.

이 장에서 지금까지 다룬 중요한 내용을 정리하고 몇 가지 추가적인 사항을 확인하려면, 「RO DBT 해결책: 간접 사회적 신호 변화에 중점 두기」를 참조하라.

RO DBT 해결책: 간접 사회적 신호 변화에 중점 두기

- 내담자가 보편적 친사회성을 담보한 사회적 신호(예: 눈썹 추켜올리기, 입을 다물고 미소 짓기)를 사용하는 습관을 갖도록 권장한다.
- 내담자가 표현하고자 하는 바를 정하고 이를 가치 목표와 연결할 수 있도록 도와준다. 비슷한 상황에서 그 해결책을 사용하는 자신의 모습을 상상해 봄으로써 실용성을 확인한다. 자신도 사용하지 않을 해결책을 내담자에게 제시하지 말 것. '내가 같은 상황에 처했다면 내 의도나 가치 목표를 어떻게 알릴 것인가?'라고 자문한다. 하지만 당신의 신호 전달 방식이 꼭 내담자에게 효과적이거나 옳은 것은 아니라는 것도 명심한다.
- **말하기보다 보여 준다.** 회기에서 새로운 사회적 신호 해결책을 시연하고 연습한다(예: 의자에 뒤로 기대는 법, 긍정의 고개 끄덕임, 비우월성과 개방성을 알리는 손짓과 함께 어깨를 으쓱하는 제스처).
- 내담자가 사회적 상호작용을 하기 전에 사회적 안전 시스템을 활성화하도록 상기시킨다.
- 내담자가 상호작용하는 사람들의 사회적 신호에 맞춰 사회적 유대감을 강화하도록 장려한다. 상대방이 무표정한 경우에는 내담자로 하여금 큰 제스처, 눈썹 추켜올리기, 입을 다물고 미소 짓기 등을 사용하여 상대방과 반대 방향으로 가도록 유도한다.
- 사회적 신호에 대한 권장 사항이 모호하지 않은지 점검한다.
- 타인의 욕구를 고려하는 방식으로 솔직하게 자기개방을 하고, 억제되지 않은 감정

표현을 장려하고 강화한다. 내담자가 놓인 맥락을 중시한다.
- 타인의 관점에 개방적인 마음을 지니고 있으면 굳이 말하지 않아도 상대방과 사회적으로 유대감을 형성할 수 있다는 사실을 내담자에게 상기시킨다.
- 내담자가 해결책을 기억할 수 있게 적어 놓는다.
- 내담자의 참여도를 평가하기 위해 자주 확인한다.
- 내담자가 불확실한 것처럼 보일 때는 **자기탐구**를 독려한다. 굳이 내담자를 설득하려고 하지 않는다.
- 과유불급. 한 회기에 너무 많은 해결책을 제시해서 내담자가 버거워하지 않게 한다. 시간을 가지고 천천히, 한 번 **체인분석** 할 때마다 최대 3-4개의 새로운 해결책을 모색한다.
- 내담자의 사회적 신호 문제와 구체적으로 관련 있는 RO 기술을 가르친다. 내담자가 지금 당장 필요로 하는 기술을 다루기 위해 RO 기술 수업에만 의존하지 않는다.

요약하면, 간접 사회적 신호와 간접 언어적 표현은 타인에게 영향을 끼치거나 요구를 하면서 정작 본인의 그런 의도를 부인할 수 있는 강력한 힘을 가지고 있다. 수신자가 이러한 요구를 긍정적으로 보면 동의하면 그만이지만, 적대적으로 본다고 해서 반박할 수는 없다(Lee & Pinker, 2010). 안타깝게도 간접 화법은 발신자의 진정한 의미나 의도를 숨기기 때문에 오해와 불신을 초래하는 경우가 많다. 하지만 진실을 신중하게, 간접적으로, 간결하게 말하는 것이 항상 나쁜 것은 아니다. 예를 들어 다른 사람의 실수나 잘못에 대해 상대방의 심기를 건드리거나 공개적으로 문제 삼지 않으면서 재치 있게 언급하는 것은 친절의 표현이 될 수 있다. 실제로 **은연중에 전달하기**로 알려진 RO DBT의 핵심 개념 또한 본질적으로는 간접 의사소통의 한 형태다. 또한 예의상 직설적 표현을 안 할 때도 있지만, 친구나 가족 간에는 이미지 관리에 대한 부담이 덜하기 때문에 몸짓과 표정을 더 폭넓게 활용할 수 있고, 언어 표현도 격식을 벗어나 더 다채롭게 구사할 수 있다. 따라서 치료자는 과잉통제 내담자가 다채로운 언어를 사용하거나, 놀리거나, 농담하거나, 힘들게 하거나, 두서없이 대놓고 반대하면(질겁하지 말고 오히려) 기뻐해야 한다. 과잉통제 내담자가 우리 앞에서 자의식을 안 느낀다는 것은 우리를 자신의 친구나 부족의 일원으로 간주함을 의미하는 것이기 때문이다(내가 볼 때는 엄청난 칭찬이다). 이는 치료동맹이 강력히 형성되어 있음을 암시하고, 치료자가 솔직한 자기개방(친밀한 사회적 유대감에서 필수적)과 장난스러운 놀림(친구들이 서로에게 피드백을 주는 일반적인 방법)을 해도 된다는 의미이기도 하다. RO DBT는 이러한 이론적 관찰을 다음과 같은 다양한 방식으로 치료적 개입에 접목한다.

- 내담자에게 상황에 맞게 감정을 표현하고 사회적 유대감을 향상하는 효과가 입증된 비언어적 사회적 신호 전략을 사용하는 법을 가르친다.
- 사회적 안전 시스템과 관련된 뇌 영역을 활성화하는 기술을 통해, 과잉통제에서 나타나는 생기질적 결핍과 과잉을 치료 대상으로 삼고, 내담자가 사회적 상호작용에 참여하기 전에 이러한 기술을 사용하도록 독려한다(과잉통제 내담자가 자연스럽게 안면 근육을 이완하고 비언어적으로 친근감을 표현함으로써, 상대방의 상호 협력적 반응과 원활한 사회적 상호작용을 촉진하게 한다).
- 치료자는 거울뉴런과 고유감각 피드백을 활용하는 방법을 가르쳐서 내담자가 의식적으로 이완·친근감·비우월성을 전달하는 제스처·자세·표정을 사용하여 과잉통제된 사회적 안전 시스템을 활성화할 수 있게 유도한다(이 전략은 RO DBT에서 치료자가 **자기탐구**와 **온전한 개방성** 기술을 직접 연습하고 모델링하는 것이 왜 그렇게 중요한지 알려준다).

대안적 사회적 신호 방법에 대해 과잉통제 내담자와 협력할 때 명심해야 할 가장 중요한 질문들은, 누구보다 바로 내담자가 자기 자신에게 물어봐야 하는 것들이다. 그 예는 다음과 같다.

- 나는 상대방에게 무엇을 전달하고 싶은가?
- 나는 이 사람에게 어떻게 인식되고 싶은가?
- 나의 사회적 신호로 이를 달성할 수 있는가?
- 나의 사회적 신호는 내 가치 목표를 얼마나 반영하는가?

위에서 가장 마지막 질문이 중요하다. 개인적 이득을 위해 진심을 왜곡하고 싶을 수도 있지만, 그러면 정직과 성실이라는 가치 목표에 위배될 수 있기 때문이다. 새로운 사회적 신호 해결책을 활용하라고 말만 하지 않고, 회기 중에 직접 간단한 롤플레잉을 함으로써 해결책을 시연하고 연습하는 것이 중요하다. 치료자는 내담자가 애매한 용어로 말하거나 간접 화법을 구사할 때 그 의미를 알고 있다고 가정하지 않아야 한다. 치료자는 이러한 명료성 부족을 무시하기보다는 오히려 자신이 이를 이해하지 못함을 드러내고(즉 자신을 드러내고), 내담자에게 더 직접적인 표현은 어떤 것이 있을지(말하지 말고) 물어봐야 한다. 끝으로, 치료자와 내담자가 모두 RO 기술을 속속들이 알고 있으면 모든 것이 훨씬 쉬워진다(이는 치료자에게 가장 중요하다. 치료자는 내담자에게 RO 기술을 모델링하고 안내하는 역할을 해야 한다). 또한 치료자는 이 책의 6장에서 다루는 내용을 매우 잘 알고 있어야 하며, 이상적으로는 규칙적으로 **자기탐구**를 연습하고 실천해야 한다.

간접 사회적 신호와 위장된 요구

- "제가 이렇게 행동하는 건 그게 제 방식이기 때문이에요."(숨겨진 메시지: "제가 변할 거라고 기대하지 마세요")
- "저는 남들과 달라요."(숨겨진 메시지: "저는 남들보다 뛰어나요")
- "아니에요, 정말 괜찮아요. 전 이 결정에 만족해요. 당신 방식대로 하죠"(숨겨진 메시지: "제 방식에 동의하지 않으면 분명 그 대가를 치르게 될 겁니다")

대부분의 과잉통제 내담자들은 간접 신호를 보낸다. 이들은 내면의 감정을 감추고 숨기고 축소하는 경향이 있기 때문에, 자신의 진정한 의도를 남들이 알기 어렵게 한다. 예를 들어, 과잉통제 내담자가 "아마도"라고 말하는 것은 실제로 "아니요"를 뜻할 수 있고, "으음…"이라고 말하는 것은 실제로 "동의하지 않아요"라는 의미일 수 있다. 치료자(와 다른 사람들)의 문제는, 과잉통제 사회적 신호 안에 내담자가 그럴듯하게 부인할 수 있는 요소("아니요, 괜찮아요. 그냥 말하고 싶지 않을 뿐이에요." 또는 "아니요, 화 안 났어요. 그냥 생각 중이에요.")가 담겨 있어서 이러한 부적응 행동에 직접 문제를 제기하기 어렵다는 것이다. 예를 들어, '반발' 반응은 "나를 아프게 하지 말아요 반응"과 상당히 다른 것 같지만, 두 개 모두 원치 않는 비판적 피드백을 차단하는 기능을 한다. RO DBT 에서는 이러한 행동이 사회적 환경에 끼치는 영향을 가장 중시한다. 이는 사회적 신호 결핍을 나타내기 때문에 문제로 간주된다. 앞의 두 가지 반응 모두 과잉통제 내담자가 고통스러운 피드백을 방지하거나 중단하고, 특정한 행동을 하지 않게 하고, 자신이 원하는 목표를 달성하는 것을 돕는 기능을 한다.

'반발' 반응

'반발pushback' 반응은 대개 다음의 두 가지 요소를 포함한다.

1. "내가 당신에게 뭘 하라고 얘기하는 건 아니에요…"
2. "…하지만 내가 원하는 대로 하는 게 좋을 거예요"(이 메시지의 핵심은 다음과 같다. "당신이 현명하다면 지금 바로 내게 이의를 제기하거나 질문하거나 피드백 주는 걸 중단하세요. 만약 그렇지 않으면 내가 아무도 모르게 당신의 삶을 비참하게 만들 거니까요")

'반발' 반응은 다음의 예들처럼 말뿐 아니라 비언어적 신호로도 전달된다.

- 무표정함
- 침묵시위
- 얼굴을 찌푸림
- 적대적 시선
- '떠나기'
- 경멸적 표정
- 눈동자 굴림
- 혐오 반응
- 차갑고, 날카롭고, 냉소적이고, 거만하고, 단조로운 목소리 톤
- 냉정한 미소
- 강도 미소
- 무시하는 제스처
- 비웃고, 깔보고, 조롱하고, 경멸적인 미소, 업신여기는 웃음

'반발' 반응은 수신자의 위협 시스템과 방어적 각성을 유발한다(수신자는 도망치거나 발신자에게 주먹을 날리면서 싸우려고 할 가능성이 높다).[62] "내가 당신에게 뭘 하라고 얘기하는 건 아니에요…"라는 요소는 대개 발신자가 상대방이나 상황을 통제하려는 의도를 숨길 수 있게 해준다. 한 내담자는 긴장으로 가득 찬 사회적 상호작용에 대한 **체인분석**에서, "그들이 제대로 행동했을 때는 제가 그들이 원하는 대로 하는 데 전혀 문제가 없었기 때문에, 갈등이 생긴 건 전적으로 그들 때문이었어요"라고 말했다. 이 말은 기술적으로는

그럴 듯해 보이지만, 그들이 사전에 미리 합의한 규칙을 지키지 않았음을 암시함으로써 갈등의 책임을 남에게 전가하고 있다.

이처럼 겉보기에는 협조적인 행동도 상대방이 자유롭게 선택할 수 있음을 암시하는 진술에 포함될 수 있다. 한 과잉통제 내담자는 분노나 좌절을 유발했을 것으로 보이는 상호작용에 대한 질문을 받은 뒤, "저는 그때 화나지 않았어요"라고 단호히 주장했다. 치료자가 부드럽게 설명을 요구하자 내담자는, "말했잖아요, 화내는 거 아니라고요! 한 번만 더 물어보시면 일어나서 바로 나갈 거예요!"라고 말했다. "한 번만 더 물어보시면"이라는 말은 마치 치료자에게 선택의 여지가 있다는 착각을 불러일으킨다. 하지만 치료자가 계속 질문하기로 선택하면 내담자는 회기를 마칠 때 치료자를 비난할 수 있고, 반대로 치료자가 질문을 그만두는 것을 선택하면 내담자는 원치 않는 주제에 대한 논의를 피할 수 있다. 이 시나리오는 치료 초반에 있었던 일이어서 치료자가 내담자의 행동을 강화하지 않는 것이 어려웠다. 치료자가 강화를 원하지 않았다면 단서를 제거하지 않고 (즉, 주제를 바꾸지 않고), 적어도 어느 정도는 그 순간에 일어나고 있는 일에 대한 논의를 계속해야 했을 것이다. 하지만 치료자는 내담자의 행동 반응이 동맹파열을 의미할 수도 있음을 깨달았다. 그래서 치료자는 자신의 의제를 포기하고 치료관계의 파열을 이해하는 데 집중함으로써, **온전한 개방성**을 모델링하고 내담자의 오해를 내담자와 인간관계 기술을 연습할 수 있는 기회로 활용했다. 재미있는 것은, 동맹파열을 복원하려면 내담자가 화가 무엇을 의미하는지 이해하는 것을 포함해, 화에 대한 추가 논의가 필요하다는 것이었다. 치료자는 내담자가 화를 자기통제를 잃고 분노를 폭발하는 것을 의미하는 것으로 믿고 있다는 것을 알았다. 내담자는 공공장소에서 자기통제를 잃거나 격렬한 분노를 표출한 적이 거의 없었기 때문에, 자신이 화났었다는 것을 인정하기 힘들었을 것이다. 치료자는 RO DBT **동맹파열 복원 프로토콜**을 사용하여 내담자의 세계관을 더 자세히 알아보는 동시에, 단서(화에 대한 논의)를 제거하지 않고 오해에 대한 해결책으로 으레 관계를 포기하는 것을 방지할 수 있었다. 이는 내담자에게 중요한 전환점이 됐다. 내담자는 **자기탐구**를 통해서 자신이 화를 단호히 부정하는 것을 살펴볼 수 있었고, 그동안 부정하거나 회피했지만 관계에 부정적인 영향을 끼치고 있던 낮은 수준의 화와 적대감(분노와 복수 욕구 포함)을 알아차리게 됐다. 내담자가 그동안 숨겨 왔던 화와 그것이 타인(가족)에게 끼치는 영향을 인정할 수 있었던 것은 그녀가 성장하는 데 중추적 역할을 했다.

언뜻 보면 피할 수 없는 것처럼 보이는 또 다른 '반발' 행동으로 책임감이나 의무감을 표명하는 것이 있다. 한 내담자는, "저는 비판을 무시하기보다는 오히려 그 반대로 행동해요. 모든 걸 제 탓으로 돌리죠. 전적으로 제 잘못이에요. 저는 모든 비판을 달게 받아들여요"라고 말했다. 치료자는 내담자에게, "남보다는 먼저 자신을 비판하는 게 더 안전하게 느껴질 수 있지만, 우리의 그런 의도가 항상 좋은 것만은 아닐 수 있어요. 당신은 다른 어떤 걸 성취하기 위해 혼자 모든 책임을 다 짊어지는 게 가능하다고 생각하세요?"라고 물었다. 이 질문은 내담자가 그전까지 의심하지 않았던 행동 반응의 또 다른 기능을 더 잘 이해할 수 있는 중요한 계기가 됐다.

피할 수 없어 보이는 '반발'은 빠른 반박이나 응수, 인신공격, 방어적 논박, 순응 거부, 상대를 곤란하게 하는 행위 등 여러 가지 다양한 방식으로 나타날 수 있다. 이러한 '반발'은 종종 현재 일어나고 있는 일에 참여하거나 관여하려는 의지가 있는 것처럼 보이기 때문에 식별하기 어려울 수 있다. 예를 들어 치료자가 내담자에게 슬플 때 모습이 어떤지 보여 달라고 요청하면, 내담자의 즉각적인 반응은 "왜 그렇게 해야 되죠?"인 경우가 많다. 질문에 질문으로 답하는 것은 과잉통제의 일반적인 '반발' 행동이다. 이는 언뜻 보면 참여적이면서 회피와 무관한 것처럼 보이지만, 실제로는 상대방을 방어적으로 만들거나(자신이 물어본 것을 정당화해야 하므로) 원치 않는 주제에서 다른 쪽으로 화제를 돌림으로써 상황을 전환하는 기능을 한다. 이러한 유형의 반응이 여러 차례 관찰되면 치료자는 그런 행동이 나타날 때 이를 언급하고 내담자도 똑같이 하도록 독려한 다음, **자기탐구**를 통해 이러한 행동 방식이 내담자를 가치 목표(예: 더 친밀한 관계 형성)에 가까워지게 하는지 혹은 멀어지게 하는지 판단해야 한다.

또 다른 내담자는 치료자가 그 순간의 감정에 대해 묻자 '반발' 반응을 하는 것처럼 보였다. 그는 "저보다는 선생님 이야기 같아요"라고 말했다. 이에 대해 치료자는 단서를 제거하지 않고(즉, 내담자가 자신의 기분을 아는 것의 중요성에서 다른 곳으로 주의가 흐트러지지 않도록), 방어적이지 않게 그의 발언을 다루며 **온전한 개방성**을 모델링했다. 다음 지문을 보자.

치료자: 음. 이렇게 생각할 수도 있을 것 같은데요. 말씀하신 내용을 생각해 보면…(잠시 멈춤) 잘은 모르겠지만, 당신이 어떻게 경험했는지 여쭤 보는 게 중요할 것 같아요. 특히 제가 비판적 피드백이라고 생각하는 내용을 알려드린 뒤에는 더더욱요. 저는 질문을 안 하는 건 무관심한 태도라고 보거든요. 저의 어떤 행동 때문에 제가 당신의 감정을 물어보는 게 당신보다 저에 대한 이야기라고 생각하시

게 된 건가요?

위의 접근 방식은 치료자가 사과하거나, 주제를 바꾸거나, 자기방어를 하지 않았기 때문에 부적응 행동('반발')을 강화하지 않을 수 있었다. 대신 치료자는 진정한 배려의 신호를 보내고, **말하기보다는 물어보기** 전략을 사용하여 내담자가 자신의 내면의 경험을 드러내도록 유도했다. 이러한 접근 방식을 통해 치료자는 내담자의 관찰을 진지하게 받아들이면서도, 내담자가(내면의 감정을 감추지 않고) 오히려 자신이 의도하는 바를 직접적으로 드러내도록 장려할 수 있었다. 이러한 상호작용은 내담자가 힘든 감정을 공개적으로 표현하는 방법과 자신의 감정 반응을 남 탓으로 돌리는 자동적 경향을 차단하는 법을 배우는 데 중요한 역할을 했다.

'반발'은 비교적 미묘한 비언어적 경로(인상 쓰기, 대화 중 예상치 못한 어색한 침묵, 눈동자 굴림, 찡그림, 무관심한 표정)를 통해서만 전달될 수도 있고, 보다 분명한 방식으로 전달될 수도 있다(예: 절제된 분노 발작이나 주먹으로 책상을 치는 행위). 한 내담자는 자신의 어머니를 이렇게 묘사했다.

어머니가 기분이 나쁠 때는 온가족이 알고 있었지만, 이에 대해 언급하는 것은 허용되지 않았습니다. 어머니는 소리를 지르지 않으셨어요. 그냥 사람들을 놀라게 하는 표정을 짓곤 하셨죠. 우리는 어떤 대가를 치르고 며칠이 걸리더라도, 그저 조용히 자기 할 일 하면서 어머니의 기분이 평온해질 때까지 맞서지 말아야 한다는 걸 알고 있었어요.

또 다른 내담자는 직장 동료에 대해 이렇게 말했다.

저는 직장에서 그 사람의 터프하고 간단명료한 방식을 존경하곤 했어요. 그런데 알고 보니 그 사람이 저보다 더 과잉통제적이었어요! 예를 들면 그가 방에 들어올 때마다 사람들이 얼어붙는 게 느껴졌어요. 같이 나누던 잡담과 농담을 멈추고 주제를 바꾸더라고요. 마치 그의 심기를 살피는 것 같기도 하고 그가 나가기만을 기다리는 것 같기도 한데, 그가 나가면 곧바로 다들 긴장을 풀더라고요. 심지어 그가 그들의 직속 상사도 아닌데도요! 그의 그런 모습을 볼 때면 저도 가끔 사람들에게 비슷한 영향을 끼치는지 궁금해지더라고요.

이 두 가지 예는 '반발'이 치료자를 포함한 다른 사람들에게 얼마나 강력한 영향을 끼칠 수 있는지 보여 준다. 겉보기에는 무해하고, 친절하고, 절제되고, 적절한 것 같지만, 많은 '반발'에 내포되어 있는 암묵적 위협은 사회 환경에 강력한 메시지("날 건드리지 마시오")를 전달한다. 또한 '반발'에 직접 맞서려는 시도는 그럴듯한 명분을 내세워 쉽게 무위로 만들 수 있다(예: "어, 제가 화났냐고요? 아뇨, 그냥 제 의견을 말한 것뿐인데요"라고 항변함). 따라서 습관적으로 '반발' 행동을 하는 많은 과잉통제 내담자들은 이러한 행동에 대한 직접적 문제제기를 거의 경험해 본 적이 없는 경우가 많다.

치료자는 '반발'이 대부분 과잉학습된 반응이며, 악의적 의도 없이 부지불식간에 전달되는 경우가 많다는 점을 기억해야 한다. '반발'은 내담자가 원치 않는 피드백이나 변화에 대한 제안을 피하는 데 유용한 일련의 행동의 일부로, 간헐적으로 강화되어 온 것이다. 이를 통해 '반발'은 스트레스에 대한 주된 자동 반응으로 자리잡게 된다. 치료자가 이를 염두에 두면 '반발'이 발생할 때 자비로운 자세를 유지하는 데 도움이 될 수 있다. 치료자는 '반발' 반응을 다룰 때 본의 아니게 이를 강화하지 않도록 자신의 내적 경험에 주의를 기울여야 한다. 예를 들어 대부분의 사람들은 적대감을 미소로 가리더라도 상대방이 적대적인 태도로 행동하고 있다는 것을 민감하게 감지한다. 은밀한 적대감의 표현은 수신자에게도 비슷한 감정을 불러일으키는 경향이 있다(사람들은 강요당하거나 공격당하는 것을 싫어한다). 따라서 치료자는 자신의 내적 경험을 적대적 '반발'을 발견하기 위한 지침으로 활용할 수 있다. 하지만 치료자는 자신의 감정 반응이 꼭 내담자에게 문제가 있다는 신호라고 가정해서는 안 되며, 오히려 이러한 순간이 치료자와 내담자 모두에게 성장의 기회가 될 수 있으며, 이를 함께 협력적으로 탐구할 때 과잉통제 내담자가 아웃사이더가 아닌 부족원임을 경험할 수 있도록 도와줄 수 있다.

다음의 지문은 치료자가 '반발' 행동에 대해 어떻게 대처하는지 보여 준다.

치료자: 주제를 바꾸신 것 같네요. 우리는 당신이 종종 화를 경험하면서도 그걸 감정으로 인식하지 않으며 지내 온 것에 대해 논의하고 있었죠. 지금은 기분이 어떠세요?(단서, 즉 이 경우에는 화에 대한 논의를 유지함)

내담자: 아무것도요.

치료자: 몸에서 뭐라도 느껴지는 게 있나요?

내담자: 아뇨. 이런 얘기를 왜 하는지 모르겠어요. 전 화를 거의 안 느낀다고 말씀드렸잖아요.

치료자: 지금은 어떤 기분이 드세요?

내담자: (고개를 돌리며) 아무것도요… 불편한 건 없어요. 이런 게 대체 왜 중요한 거죠?('반발' 신호)

치료자: 모르죠.(잠시 멈춤) 당신이 이 주제를 피하는 건 사실 우리가 이해해야 하는 중요한 게 있다는 얘기일 수도 있다는 생각이 들어요. 당신은 이 문제를 얼마나 피하고 싶은가요?('반발'을 무시하고 직접 행동을 평가함)

내담자: (아래를 내려다보며 잠시 멈춤) 모르겠어요.

치료자: 으음.(부드러운 목소리로) 아마 당신은 인정하고 싶은 것보다 감정을 더 자주 느끼시는 것 같네요.(잠시 멈춤) 어떻게 생각하세요?(명시적이지 않은 행동을 무시하며, 감정과 생각을 솔직하게 표현하도록 권함)

내담자: 그럴 수도 있을 것 같아요. 전 감정을 좋아하지 않아요. 감정을 안 느끼려고 노력해 왔죠.(치료에 다시 참여하며 적응 행동을 보임)

치료자: 알려주셔서 감사해요. 회피에 대해 이야기하는 게 중요할 것 같네요.(적응 행동 및 감정과 생각의 솔직한 표현을 강화함)

앞서 언급한 것처럼 '반발'은 그 신호의 발신자가 아닌 수신자에게 문제가 있음을 암시하기 때문에 해결하기 어려울 수 있다. (직접적이든 암시적이든) 비난과 적대감의 표현은 종종 상대방에게 방어적 각성과 행동을 촉발한다. 치료자도 이러한 정상적 반응에서 자유롭지 않다. '반발'은 다른 사람들로부터 사과나 항복의 행동을 이끌어 낼 수 있으며, 치료자가 이와 유사하게 묵인 반응을 보이면 '반발'을 강화할 수 있다. 하지만 치료자가 내담자에게 회기 중에 강렬한 감정을 경험하지 않아야 한다고 믿거나, 내담자와 작업할 때는 항상 배려하는 태도로 행동해야 한다고 믿는다면, 회기 중에 내담자의 '반발'이 유발하는 불쾌한 감정이 혼란스러울 수 있다. 치료자는 종종 미묘하면서도 부정하기 쉬운 이러한 행동을 명시적 치료 대상으로 삼거나, 자신의 취약한 감정을 드러내며 내담자와 함께하려는 시도가 반복적으로 거부되거나 무시되고, 교묘히 조종하는 행동으로 취급받을 때 사기가 떨어지거나 분노할 수 있다. 그 결과 치료자는 '반발' 행동을 치료 대상으로 삼는 것을 완전히 단념하게 된다. 한편 '반발' 행동을 조기에 직면시키는 것도 의도와 달리 강화로 작용할 수 있다. '반발' 행동을 계속 논의하면 애초에 내담자가 피하고 싶었던 바로 그 주제에서 주의를 돌릴 수 있기(즉, 단서를 제거할 수 있기) 때문이다. 자문팀은 이러한 요인에 주의를 기울이며 치료자가 중도의 지점을 찾도록 도와줘야 한다.

'반발'을 다룰 때의 큰 목표는, 내담자 스스로 그것을 문제 행동으로 여기도록 하는 것이다. 치료자는 부적응적일 수도 있는 내담자의 간접적이거나 솔직하지 못한 표현을 무시하거나 자비롭게 직면시키면서, 내담자가 감정이나 의견을 개방적으로 표현하는 것을 강화할 수 있는 기회를 찾아야 한다. '반발' 반응은 일반적으로 욕구와 욕망에 대한 간접 표현을 무시하고 오직 직접 표현에만 반응하는 소거 스케줄에 따라 다루는 것이 가장 좋다. 치료자는 내담자가 원하는 것을 얻고 싶다면 자신의 의사를 명확히 밝히게끔, 마치 '반발'이라는 것이 존재하지 않는 것처럼 행동해야 한다. 따라서 치료자는 시종일관 내담자의 관점에 대한 애정과 이해를 드러내는 긍정적이고 친사회적인 방식으로 행동하는 것이 가장 좋다. 이러한 접근을 통해 치료자는 과잉통제 내담자가 자신의 의사가 진지하게 받아들여지게 하기 위해 더 직접적으로 말하고 솔직한 자기개방을 연습할(즉, 강화 대상이 되는 적응 행동에 참여할) 수 있는 기회를 제공한다. 일단 내담자의 약속을 받은 뒤에는 다이어리 카드에서 '반발'을 모니터링하며 **체인분석**에서 다룰 수 있다. 과잉통제 내담자가 '반발' 행동을 버리는 대신 자신의 욕구를 직접 표현하는 방법을 배우는 것은 성공적인 치료의 초석이 되는 경우가 많다.

"나를 아프게 하지 말아요" 반응

"나를 아프게 하지 말아요don't hurt me" 반응은 원치 않는 피드백이나 커뮤니티 활동에 참여하라는 요청을 차단하는 기능을 하는 행동이다. 대개 비언어적으로 표현되는 여러 행동들(예: 고개 숙임, 손으로 가리는 등 얼굴을 안 보이게 감춤, 자세를 느슨하게 하고 움츠림, 눈꺼풀을 내림, 아래를 쳐다봄, 시선을 회피함, 어깨를 움츠림)의 조합을 통해 자신이 의식하는 감정을 표현한다. "나를 아프게 하지 말아요" 반응의 근본적인 메시지는 다음과 같다.

나의 특별한 지위나 재능, 특별한 고통과 아픔, 과거의 외상, 사회에 기여하기 위해 기울인 극도의 노력, 노고, 혹은 타인을 위한 자기희생 등으로 인해, 당신은 나를 이해하지 못하며 내 행동에 대한 당신의 기대치는 나를 아프게 합니다. 따라서 나의 특별한 지위를 인정하지 않은 채 커뮤니티의 다른 구성원들에게 기대하는 것과 같은 참여나 기여, 책임 있는 행동을 바라는 것은 불공평해요. 결론적으로, 당신이 배려심 있는 사람이라면 내게 변화하고 올바르게 행동하며 규범을 준수하도록 압력을 가하는 것을 중단할 것입니다.

위의 내용을 다른 말로 하면, "내가 숙제를 완수하기를 기대하지 말고, 내가 싫어하는 질문을 하지 말고, 내가 기술 수업에 참여하기를 기대하지 마세요"라는 뜻이다. "나를 아프게 하지 말아요" 반응에 담긴 마지막 숨겨진(혹은 간접) 메시지는, "당신이 멈추지 않으면 나는 무너질 것이고, 그건 당신 책임이에요"다.

"나를 아프게 하지 말아요" 반응은 다음의 이유들로 인해 파악하기 어려운 경우가 많다.

- 이는 분명 조작 행동이지만, 발목을 삐끗하고 울거나 친구를 잃은 후 슬픔이나 애도를 표현하는 등의 신체적 또는 정서적 고통에 대한 반응처럼 보이도록 교묘히 위장할 수 있다.
- 기술훈련 수업 시간 때 적절하게 자기개방을 하고 나서 고개를 숙이거나 시선을 피하는 경우처럼, 자의식이나 수치심을 부적절하게 표현하는 모습으로 나타나기도 한다.

이는 내담자 자신도 모르게 습관적으로 발생할 수 있지만, 다음에 나와 있듯이 "나를 아프게 하지 말아요" 반응은 반응 행동과 구분된다.

- "나를 아프게 하지 말아요" 반응은 기술훈련 수업이나 가족 회의 동안 내내 유지될 만큼 지속 시간이 긴 반면, '발가락이 찌르는 듯한 통증' 같은 반응은 일단 유발 자극이 제거되면 다른 사람의 행동과 무관하게 빠르게 사라진다.
- "나를 아프게 하지 말아요" 반응은 원하는 반응(예: 달래기, 질문 철회, 주제 변경, 사과)이 나오지 않으면 그 강도가 높아지는 반면, 반응 행동은 유발 자극의 강도에 따라 달라진다.

"나를 아프게 하지 말아요" 신호 반응은 늘 사회적 맥락에서 발생하기 때문에, 부족·가족·커뮤니티 집단의 관점에서 그 행동을 조사하는 것은 그 부적응적 특성을 이해하는 또 다른 방법이 될 수 있다(이와 사촌 격인 자기동정은 종종 독립적으로 발생하며 "나를 아프게 하지 말아요" 신호에 선행하는 경우가 많다). "나를 아프게 하지 말아요" 반응의 수신자가 종종 놓칠 수 있는 것은, 발신자는 거의 늘 커뮤니티·집단·부족의 일원이 되기를 기꺼이 바라면서도(즉, 발신자가 참여를 강요받은 것이 아니면서도), 특별 대우를 기대한다는 것이다. 대개 과잉통제 내담자의 "나를 아프게 하지 말아요" 반응은 가족 및 커뮤니티 구성원들(치료자 및 치료 프로그램 포함)에 의해 간헐적으로 강화된 것인데, 대부분은 내담자를 달래거나, 돌보거나, 고통스러워 보이는 주제를 피하도록 도와줌으로써 내담자의 기분을 상하지 않게 하려는 선의의 시도들이다. 이는 내담자 주변에서 살얼음판을 걷는 것과 같은 방식으로 이루어져 왔다고 할 수 있다. 하지만 "나를 아프게 하지 말아요" 반응이 오래 지속되거나, 만연하거나, 타인의 도움 제공 시도에 반응하지 않으면 내담자에 대한 사회적 배척을 불러일으킬 수 있다. "나를 아프게 하지 말아요" 반응은 삐침과 마찬가지로 의견 불일치 및 비참여를 간접적으로 알리는 기능을 하기 때문에 부적응적 반응이다. 그 결과 장기적으로는 내담자의 자기감에 부정적 영향을 미치고, 친밀한 사회적 유대감을 형성하는 데 방해가 된다.

치료자에게 어려운 점은, "나를 아프게 하지 말아요" 반응을 언제 강화하거나(달래기) 강화하지 말지(무시하기) 아는 것이다(Farmer & Chapman, 2016). 과잉통제 내담자는 취약한 감정 반응(예: 부모의 죽음에 따른 슬픔)을 남에게 진정성 있게 표현하고 전달하는 법을 배워야 하지만, "나를 아프게 하지 말아요" 반응은 사회적 환경에 영향을 끼치기 위해 취약성 표현을 모방한 사회적 신호이기 때문에 문제가 될 수 있다. 따라서 "나를 아프게 하지 말아요" 반응은 고통에 대한 정당하거나 당연한 반응으로 위장하지만, 실제로는 내담자가 피드백이나 변화에 대한 요구를 피하거나 방지하도록 돕는 기능을 한다.

다음 임상 사례에서는 자신에 대한 다른 사람들의 반응을 통해 그들의 생각을 알 수 있다는 내담자의 굳은 신념을 회기 중에 다루고 있으며, 치료자는 논리와 **말하기보다는 물어보기** 전략을 통해 내담자가 자신의 신념이 문자 그대로의 사실일 가능성이 낮다는 것을 마지못해 인정하도록 유도한다. "20년 동안 아무도 나한테 뭐라고 하지 않았어요." 이 말은 맥락에 따라 다르게 해석될 수 있지만, 치료자는 이것이 주제를 전환하기 위한 "나를 아프게 하지 말아요" 반응이라고 가정한다. 이에 따라 치료자는 새로운 정보를 기록하며 다음과 같이 진행한다.

치료자: 우와, 존. (잠시 멈춤) 그건 우리가 함께 논의할 내용 같네요. 하지만 그 전에 먼저…(잠시 멈추고, 몸을 의자 뒤로 젖히고, 눈을 마주치고, 속도를 늦춤) 여쭤 볼 게 하나 있습니다.(잠시 멈추고, 옅은 미소를 지으며, 눈썹을 추켜올리고 내담자를 바라봄) 방금 당신이 주제를 바꾼 걸 아나요?

치료자는 **말하기보다는 물어보기** 전략을 사용하여, 내담자가 자신이 그동안 지녔던 신념이 오류일 수도 있다는 것을 더 이상 논의하지 않으려고 의도적으로 주제를 변경했음을 알아차리고 밝힐 수 있도록 도울 수 있었다. 치료자와 내담자는 이를 토대로 내담자가 다른 상황에서도 비슷한 회피 전략을 사용했다는 것과, 그것이 사회적 관계에 끼치는 영향에 대해서도 알아차릴 수 있었다. 이는 내담자가 성장할 수 있는 중요한 지점이 됐다 "나를 아프게 하지 말아요" 반응의 또 다른 예는, 오랫동안 만성 우울증을 앓으며 혼자 살고 있는, 장애가 있지만 쇼핑, 병원 진료 예약 등을 타인의 도움 없이 해결하고 있는 45세 과잉통제 내담자와의 11회기에서 볼 수 있다. 이 사례에서 "나를 아프게 하지 말아요" 반응은 내담자가 숙제(같은 마을에 사는 오빠를 방문하기)를 완료하지 못한 것에 대해 **체인분석**을 하는 와중에 나타났다.

내담자: 인터넷으로 버스 노선은 알아냈지만 같이 갈 사람이 없어서 못 갔어요.

치료자: (의자에 뒤로 기댐) 음, 동생이 사는 동네에서는 꼭 누군가와 같이 다녀야 한다는 법이 있나요?(눈썹을 추켜올리고, 옅은 미소를 짓고, 부적응 행동에 이의를 제기하기 위해 도발을 사용함)

내담자: (잠시 멈추고, 아래를 내려다보며, 목소리는 낮춤) 아니요, 그냥 제가 같이 다닐 사람이 없었다고요.

치료자: (내담자의 진술이 "나를 아프게 하지 말아요" 반응일 가능성이 있다고 가정함) 그래서 제가 왜 동생 동네의 법을 물어본 것 같나요?(약간의 미소를 지으며 눈썹을 추켜올리며, "나를 아프게 하지 말아요" 반응을 무시하면서 무미건조하게 내담자에게 원래의 질문을 반복하며 단서를 제거하지 않음)

내담자: 모르죠.(고개를 숙이고, 어깨를 움츠리고, 얼굴을 찌푸림) 지금은 얘기하기 힘들어요. 너무 피곤하고… 두통도 심해요.(주제를 바꿈)

치료자: 저런, 사라, 이건 정말 중요한 거예요. 지금 무슨 일이 일어나고 있든, 당신이 저와 이 이야기를 나누는 방식이 우울증의 핵심 요인일 수도 있어요. 지금 무슨 일이 일어나고 있는 것 같나요?(회기 중 행동의 중요성을 강조하고, **말하기보다는 물어보기** 전략을 통해 **자기탐구**를 독려함)

내담자: 몰라요.(치료자를 잠시 쳐다봄)

치료자: (단서를 유지하며 뒤로 몸을 기댐) 한번 생각해 보죠. 동생 동네에는 꼭 누구랑 같이 다녀야 한다는 법도 없고, 당신이 일주일에 두 번씩 혼자 버스를 타고 여기 와

서 치료받는다는 걸 떠올려 보면, 이게 의미하는 게 뭘까요?

내담자: 제가 회피적이라고요?(치료자와 눈을 마주침)

치료자: 아니면 동생을 정말 싫어하거나요.(부드럽게 웃음)

(내담자가 다시 참여하는 것처럼 보임)

치료자: (잠시 멈춤) 어느 쪽이든 능력 문제가 아닌 건 확실해요. 당신은 누구의 도움 없이도 혼자 버스를 탈 수 있어요. 하지만 제가 발견한 또 다른 사실이 있는데요, 당신이 어려움을 겪을 때마다, 즉 제가 볼 땐 새로운 행동을 해야 할 때마다 그런 게 나타나는 것 같아요. 그건 말과 행동으로 모두 나타나고요. 제가 드리는 말씀이 이해 되시나요?(말하기보다는 물어보기 전략을 사용함)

내담자: 으음… 제가 선생님을 안 쳐다본다고요?(치료자를 쳐다봄)

치료자: 네, 그것도 있죠. 방금 전까지만 해도 그러고 계셨는데요… 무슨 일이 생기면 고개를 숙이고 자세를 움츠리시는 것 같아요. 그리고 말씀하신 것처럼 저를 안 쳐다보시면서, "안 돼요", "불가능해요" 같은 단어를 사용하기 시작하죠. 이걸 알아차리셨다니 정말 다행입니다. 당신이 이런 말과 행동을 통해서 뭘 전달하려는 것 같나요?

    치료자는 이 상호작용을 통해 "나를 아프게 하지 말아요" 반응의 개념을 소개하고 다이어리 카드를 통해 이를 모니터링하겠다는 다짐을 받았으며, 행동의 빈도를 측정하고 그것이 다른 대상과 관련이 있는지 알아내는 것을 초기 목표로 설정했다. 치료자는 "나를 아프게 하지 말아요" 반응이 내담자가 속한 사회 환경에 자신이 연약하고 무능하다는 신호를 보냄으로써 계속해서 만성 우울증에 빠져 있을지도 모른다는 생각을 은연중에 내비쳤다. 한편 사람들이 기대치를 낮추거나 중요한 피드백을 하지 않는 식으로 내담자를 풀어주는 것은, 본의 아니게 향후 "나를 아프게 하지 말아요" 반응이 더 자주 나타나도록 강화하는 역할을 한다. 내담자는 "나를 아프게 하지 말아요" 행동에 대해 치료자가 회기 중에 관심 갖기 바라지 않음으로써, 이를 타인이나 환경이 자신을 변화시키거나 돌봐 주게 하는 수단이 아닌, 자신의 감정 반응에 대해 스스로 책임 지는 연습을 할 수 있는 순간으로 사용하는 데 동의했다. 또한 내담자는 고개를 숙이는 대신 들어올리고, 어깨를 축 늘어뜨리는 대신 뒤로 젖히고, 속삭이듯 말하는 대신 정상적인 목소리 톤과 크기로 말하는 등 "나를 아프게 하지 말아요" 행동과 반대되는 방향으로 비언어적 표현을 하는 연습을 시작하는 데 동의했다.

'반발' 반응에 대한 치료와 마찬가지로, "나를 아프게 하지 말아요" 반응 또한 감정과 생각을 간접적이거나 수동적 방식이 아닌 직접적으로 표현하는 것을 강화함으로써(즉, 치료자가 단서를 제거하지 않고 내담자를 달래지 않으며 그 행동을 무시함으로써) 치료한다. 때로는 치료자가 사무적인 말투로 반응이 없는 내담자(시선을 피하고 어깨를 축 늘어뜨리고 속삭이듯 말하는 내담자)에게, 어깨를 뒤로 젖히고 치료자와 눈을 마주치면서 평범한 크기의 목소리로 방금 말한 내용을 다시 말하도록 요청하는 것이 도움이 될 수 있다. 이는 내담자가 사회적으로 유능하다는 신호를 보내는 동시에, 자신의 생각과 감정을 직접 표현하는 연습을 할 수 있는 기회를 제공한다. "나를 아프게 하지 말아요" 반응이 심해지거나(즉, 내담자가 고개를 푹 숙임) 점점 줄어들지 않으면, 치료자는 열린 마음으로 내담자에게 그런 행동이 어떤 기능을 하는지 직접 물어봐야 한다.

치료자: 당신에 대해서 잘은 모르겠지만, 당신이 우리 대화에 반응하는 방식이 달라진 게 느껴지네요.(몸을 뒤로 젖히고 눈썹을 추켜올리며 옅은 미소를 지음)

무언가 다른 점을 알겠는가? 내담자가 반응적으로 행동할 때 치료자는 질문에 방어적이지 않게 대답하고, 자신의 경험을 계속해서 자유롭게 이야기하며, 주제를 바꾸지 않으며 치료자와 적극적으로 소통할 것이다. 내담자가 조작 행동을 한다면 대개 얼어붙거나, 주제를 바꾸거나, "나를 아프게 하지 말아요" 반응을 과장하거나, 치료자의 질문이 부적절하다고 암시하는 등 '반발' 행동을 할 것이다. 다음 임상 사례에서 내담자는 반복적으로 의자를 움직이고, 딴 데를 쳐다보고, 주제를 바꾸려고 시도한다. 이에 대해 치료자는 내담자의 행동이 조작적인지 혹은 반응적인지 판단하고자 한다.

치료자: (내담자의 행동 변화에 주목함) 으음… 지금 당신은 마치 더 이상 이야기를 안 하고 싶은 것처럼 보이네요. 제가 어떻게 행동하면 좋을까요?(내담자의 행동 변화의 기능을 직접 물어봄)
내담자: 저한테 잘해 주셨으면 좋겠어요.
치료자: ("나를 아프게 하지 말아요" 반응을 알아차림. **편한 태도**를 보이며) 정말요?(잠시 멈춤) 잘해 드리기만 하면 되나요?(잠시 멈춤) 잘은 모르겠지만… 왠지 그게 전부는 아닌 것 같은데요.(단서를 제거하지 않음)
내담자: 또 뭐가 있다는 말씀이세요?

치료자: 제가 피드백을 드리지 않았으면 하고 생각하시는 것 같아서요. 그것도 맞나요?(내담자의 행동이 조작적일 가능성을 직면시킴)

내담자: (잠시 멈추고 아래를 내려다봄) 네… 그럴지도 몰라요.(적응 행동을 나타냄)

치료자: (조용하고 부드러운 목소리 톤으로) 네… 솔직하시네요.(잠시 멈춤) 방금 하신 건 다행히 효과적인 행동인 것 같아요.

(내담자가 고개를 들어 쳐다봄)

치료자: 무슨 말씀이냐면, 당신이 그동안 이런 주제를 피하고 있었다는 사실을 저와 스스로에게 인정하기 위해서는 어느 정도 용기가 필요했을 것 같아서요. 어쨌든 이런 유형의 표현을 더 자주 하시면 좋을 것 같네요.(잠시 멈춤) 어떻게 생각하세요?(적응 행동을 강화함)

요약하면, 치료자는 비참여나 회피를 나타내는 미묘한 신호를 능숙하게 알아차려야 한다. '반발' 및 "나를 아프게 하지 말아요" 반응은 내담자가 원치 않는 피드백이나 커뮤니티에 참여하라는 요청을 차단하는 기능을 하거나 비참여를 전달하는 간접 신호일 수 있다. '반발' 반응은 일반적으로 타인의 묵인이나 회피, 복종을 유도하는 기능을 하는 반면, "나를 아프게 하지 말아요" 반응은 달래기, 보살핌, 또는 양육을 유도하는 기능을 한다. 일반적으로 사회적 환경 내의 사람들은 이 두 가지 과잉통제 조작 행동을 혐오 자극으로 경험하며, 수신자는 자신의 인식이나 동기를 혼란스러워하거나 확신하지 못할 수 있다. 치료자는 자신의 개인적 감정 반응을 통해 '반발' 및 "나를 아프게 하지 말아요" 반응을 구분할 수 있다. 치료자가 내담자를 따뜻하게 인정하거나 공감하거나 달래고 싶은 마음이 갑자기 든다면, 내담자가 "나를 아프게 하지 말아요" 반응을 보였을 가능성이 높다. 치료자가 갑자기 물러서거나 사과하거나 자신의 행동을 정당화하려는 마음이 든다면 내담자가 '반발' 반응을 보였을 가능성이 높다.

이러한 부적응적 과잉통제 행동 패턴을 다룰 때 가장 중요한 목표는, 내담자가 자신의 욕구나 욕망을 간접적이거나 수동적으로 표현하는 것을 강화하지 않으며, 개방적이고 솔직하며 직접적으로 표현하는 것을 강화하는 것이다. 치료자는 이러한 부적응 행동 패턴이 나타나는 초기에는 마치 그런 사회적 신호를 못 본 것처럼 대화를 계속함으로써 (즉 유쾌한 모습으로 당면 주제를 계속 논의함으로써), 해당 행동을 소거해 나가야 한다. 만약 내담자가 자신의 의도나 내적 경험을 더 직접적으로 드러낸다면, 치료자는 그에 대해 감사를 표하는 식으로 자기개방을 강화해야 한다. 하지만 내담자가 자신의 욕구나 바람, 욕망을 더 직접적으로 표현하지 않으면서 그러한 행동이 조금도 줄어들지 않거나 강도가 증가한다면, 치료자는 **동맹파열 복원 프로토콜**을 사용하여 지금 무슨 일이 일어나고 있는지 열린 마음으로 물어봐야 한다. 이상적으로는 이를 통해 내담자가 자신의 감정 반응과 개인적 기호를 으레 부인하거나 통제 불가능한 요인으로 치부하지 않고, 스스로 책임질 수 있도록 도와줌으로써 새로운 자기발견으로 이어지게 할 수 있다.

복습: '반발'과 "나를 아프게 하지 말아요" 반응에 개입하기

당신은 '반발'과 "나를 아프게 하지 말아요" 반응에 어떻게 개입해야 하는가?

1. 소거 스케줄에 따라 해당하는 행동을 무시한다. 마치 그런 행동이 없었던 것처럼 행동하고 무심한 태도로 치료 의제를 진행한다.
   - 행동을 그냥 무시하지 말아야 하는 예외적 경우가 있다. 내담자가 고개를 숙이고, 얼굴을 가리고, 시선을 피하고, 자세를 움츠리는 등 오랫동안 "나를 아프게 하지 말아요" 반응을 보이는 경우, 사무적 말투로 당신을 바라보도록 요청한다. 이러한 방식으로 사회적 신호를 보내는 사람은 거의 항상 커뮤니티, 집단, 또는 부족에 포함되고 싶어 하며, 아무도 그에게 참여를 강요하지 않더라도 여전히 특별 대우를 바란다는 점을 명심한다.
2. 내담자가 이와 같은 행동을 지속하면서 자신의 욕구, 바람, 또는 욕망을 더 직접적으로 표현하지 않으면, **동맹파열 복원 프로토콜**로 전환하고, 열린 마음으로 내담자에게 지금 무슨 일이 일어나고 있는지 물어본다.

이 장에서 다룬 내용

▶ RO DBT에서 변증법적 사고는 겉보기에는 상반되는 것 같은 두 관점을 동시에 지닐 수 있게 함으로써, 경직되고 절대주의적 사고를 지니는 과잉통제 내담자에게 매우 유용할 수 있다.

▶ 변증법 치료자가 과잉통제 내담자와 작업하는 데 지니는 태도에는 크게 두 가지 주요한 변증법적 극성이 있는데, 이는 (1) **확고부동한 중심성** vs **순순히 놓아 버리기**, (2) **장난스러운 도발** vs **자비로운 진지함**이다.

▶ 과잉통제 내담자는 여러 변증법적 딜레마 중에서 특정한 형태의 수수께끼의 곤경에 빠져 있는데, 이는 바로 자신과 자신의 문제는 너무 특별하고 복잡해서 그 누구도 이해할 수 없다는 믿음이다. 이러한 신념은 자신의 부적응 행동을 바꿀 수 있다는 기대를 꺾는 역할을 한다.

▶ RO DBT는 정서건강을 증진하기 위해 사회적 유대감을 방해하는 요인을 줄이고 사회적 유대감을 강화하는 명시적 기술을 구축하는 방법을 활용함으로써, 내담자의 사회적 신호에 초점을 맞추는 집산주의 및 인간관계적 접근 방식을 취한다.

▶ RO DBT는 내담자의 부적응적 사회적 신호를 치료 대상으로 삼아 **체인분석**과 **해결분석**을 사용한다.

▶ RO DBT 치료자는 과잉통제 내담자의 부적응적 사회적 신호를 치료 대상으로 삼을 때, 내담자의 반응 행동과 부적응 행동(예: 내담자가 사회적 신호를 변화시키고 사회적 유대감을 증진할 책임에서 회피하는 것을 돕는 '반발' 및 "나를 아프게 하지 말아요" 반응)을 주의 깊게 구분해야 한다.

11장

마지막 말, 실전 질문, 치료 순응도

이 마지막 장의 주요 목표는 자주 묻는 몇 가지 질문에 답하고, 마지막 한두 마디를 덧붙이고, 임상가를 위한 자기평가 준수 체크리스트를 제공하고, 몇 가지 결론으로 마무리하는 것이다.

자주 묻는 질문

내가 RO DBT를 준수하고 있는지 어떻게 알 수 있는가?

이 질문은 주로 치료 준수adherence 및 충실도fidelity 문제와 관련 있다. 답을 알 수 있는 몇 가지 방법이 있다. 무엇보다도 인증된 RO DBT 임상 슈퍼바이저의 슈퍼비전, 즉 RO DBT 전문가가 당신의 회기 중 하나를 평가하는 것이 가장 좋은 방법일 것이다. 치료자는 **부록 8**에 있는 RO DBT 준수 자기평가 체크리스트를 사용할 수도 있다. 이 체크리스트는 상황에 따라 유연하게 사용할 수 있도록 설계됐으며, 치료자나 독립된 평가자가 작성할 수 있다. 평가는 전체 회기를 반영하는 것이 이상적이며, 관련 내용에 체크 표시가 많을수록 더 치료를 잘 준수했음을 의미한다.[63]

치료자가 매뉴얼에 충실할수록 치료 준수율이 향상된다. 대략적으로는 사회적 신호 목표와 해결책을 강조하고, 협력적이고 겸손하며 친절하고 유쾌하고 체계적이며 도전적인 치료 자세를 취하는 것으로 RO DBT 치료 준수를 파악할 수 있다. 나의 오랜 경험에 따르면 대부분의 치료자들이 RO DBT를 처음 배울 때 극복해야 할 첫 번째 큰 장애물은, 사회적 신호 관점에서 내담자를 보는 법을 배우면서 다른 목표나 변화의 메커니즘(예: 내적 경험, 감정조절 장애, 부적응적 스키마)에 더 우선순위를 두는 다른 모형에서 벗어나는 것이다. 치료자가 처음 RO DBT 치료법을 배울 때 흔히 하는 오해나 실수로, '유연한' 것이 '비구조적인' 것을 의미한다고 생각하거나, **편한 태도**를 '항상 웃고 친절하게 대하는 것'으로 착각하거나, 다이어리 카드를 검토하는 데 너무 시간을 많이 사용하거나, **체인분석**을 수행하지 않는 것 등이 있다. RO DBT는 고도로 구조화되어 있고 매우 유연하며 관계 중심적인 치료법이다. 끝으로 요약하자면, RO DBT는 다음의 네 가지 핵심 요소로 구성된다고 볼 수 있다.(우와, 제가 방금 그렇게 말했나요?)

1. 내담자의 생존을 보장하기 위해 생명을 위협하는 행동을 모니터링하기
2. 동맹파열을 파악하고 복원하기
3. 사회적 신호 결핍을 치료 대상으로 삼기
4. (내담자와 치료자 모두) **온전한 개방성** 기술을 연습하기

내가 과잉통제 내담자와 강력한 작업동맹을 맺고 있는지 어떻게 알 수 있는가?

과잉통제 내담자는 지나치게 조심스럽고 위협에 대해 과잉경계하기 때문에, 타인(치료자도 포함)을 알아가고 신뢰하는 데 시간이 걸리는 편임을 기억하라. 따라서 대부분의 다른 치료법들과 달리, RO DBT는 강력한 작업동맹을 구축하는 데 걸리는 시간을 넉넉히 가지는 편이다(즉, 작업동맹이 생길 때까지 약 14주가 소요된다고 본다). 강력한 작업동맹이 형성됐는지에 대한 자기평가의 일부로 다음 세 가지 요소를 사용할 수 있다.

1. 동맹이 여러 차례 파열되고 **복원됨**
2. 내담자의 사회적 신호가 상호적(치료자가 웃을 때 내담자도 웃고, 그 반대의 경우도 마찬가지)이고, 형식성과 정중함이 덜함(내담자가 더 편하게 바디 랭귀지를 사용하고 격식을 갖춘 말을 덜 사용함)

3. 내담자가 관계를 포기하지 않으면서도 열린 마음으로 치료자에게 직접 이의를 제기하거나 다른 의견을 제시함

따라서 치료자는 과잉통제 내담자가 화려한 언변을 구사하거나, 치료자를 놀리거나, 농담하거나, 공개적으로 다른 의견을 표할 때 걱정하기보다는 기뻐해야 한다. 이는 내담자가 치료자를 신뢰하고 자신의 부족의 일원으로 간주한다는 강력한 사회적 신호를 보내는 것이기 때문이다. 하지만 과잉통제 내담자와 진정성 있는 관계를 맺는 가장 강력한 방법은, 당신이 설파하는 것을 몸소 실천하는 것이다. 즉 당신이 **온전한 개방성**을 실천하면 자연스럽게 삶 속에 겸손함이 깃들게 되고, 그 혜택을 누리는 사람은 비단 과잉통제 내담자만은 아닐 것이다.

> 과잉통제 내담자와 진정성 있는 관계를 맺는 가장 강력한 방법은, 당신이 설파하는 것을 몸소 실천하는 것이다.

내가 정말 온전한 개방성을 실천해야 하나? 진짜?

물론 그렇지 않다. 당신의 삶이지 않나? 내가 당신이 RO DBT의 핵심 원리를 효과적으로 모델링하기 위해 **온전한 개방성**을 실천하거나 개인적인 **자기탐구** 연습을 개발해야 한다고 말하는 것은 오만할 수 있다. 하지만 그래도 그렇게 하라. 내담자만 혜택을 보는 것은 아니니까.[64]

내가 자기탐구를 연습하면서 올바른 질문을 하는지 어떻게 알 수 있는가?

자기탐구에서는 좋은 질문을 찾는 것이 중요하다. 좋은 답이 아니라, 자신의 한계점(**내 안의 미지의 영역**)에 더 가까이 다가갈 수 있는 좋은 질문을 찾아야 하는 것이다. 마찬가지로 **자기탐구**를 촉진하는 사람은 모범 질문을 찾으려는 욕구를 놓아 버리는 연습을 해야 한다. 모범 질문을 찾으려는 욕구는 마치 그런 것이 있기라도 한 것처럼 느끼게 하고, (치료자가 모범 질문을 찾아야 하기 때문에) 어떻게든 자신에게 내담자의 문제를 해결할 책임이 있다고 단정하게 한다. 따라서, "이 상황에서 내가 배울 점은 뭘까?", "나는 이 사건이 일어나는 데 어떤 역할을 했나?", "나는 한계점에 있는가, 아니면 조절하고 있는가?"와 같은 고전적 질문 외의 모범 질문은 없다. 끝으로, 다음에 제시된 **자기탐구**에 반하는 행

동들을 알아차리고 차단하라.

- 달래기: "모든 게 다 잘 될 테니 걱정하지 마세요."
- 인정하기: "저라도 그렇게 힘들었을 거예요."
- 조절하기: "우리 둘 다 심호흡을 해야 할 것 같아요."
- 평가하기: "이걸 어디서 배웠는지 아세요?"
- 안심시키기: "당신은 정말 배려심이 많은 사람이라는 걸 기억하세요."
- 문제 해결: "당신은 …와 관련해 그 사람을 직접 대면해야 합니다."
- 수용 장려: "당신은 이 문제를 해결할 수 없다는 걸 받아들여야 해요."
- 응원하기: "당신은 할 수 있어요!"

마지막 말

인류는 단지 생존만 한 것이 아니라 번성하기까지 했다. 어떻게 그랬을까? 우리의 신체적 연약함은 생존이 개인의 힘, 속도, 강인함을 넘어서는 무언가에 의존했다는 증거다. 우리가 살아남을 수 있었던 이유는, 혈연관계가 없는 남들과 잦은 사회적 유대감을 형성하고, 부족 단위로 협력하며, 귀중한 자원을 공유할 수 있는 능력을 개발했기 때문이다. 하지만 어쩌면 인간을 인간답게 만드는 것은 단순히 여럿이 모일수록 안전하기 때문만이 아니라, 다른 사람의 이익을 위하거나 부족에 기여하기 위해 기꺼이 자기희생을 감수하는 것일지도 모른다. RO DBT는 인간의 감정 표현이 단순히 의사 전달만이 아닌, 남남 사이에 강한 사회적 유대감과 이타적 행동을 잘 형성하기 위해 진화했다고 주장한다. 인류는 다른 이를 위하는 것을 우선적으로 고려하기 위해 빠르고 안전하게 갈등을 평가하고 해결할 수 있는 복잡한 사회적 신호 기능을 개발했으며, 이는 오늘날까지 동물계에서 유례를 찾아볼 수 없는 인간 고유의 특징인 남남 간의 협업을 이끌어 냈다.

실제로 인류는 다른 어떤 동물들보다 초협력적인 종이다. 인간은 친족이 아닌 남과 고도로 복잡하고 조율된 집단 활동을 하며, 완전히 낯선 사람의 요청에도 거부감 없이 응한다. 연구에 따르면 대부분의 사람들은 재난이 닥쳤을 때 무너지거나 난동을 부리기보다는, 침착하고 질서정연하며 다른 사람을 돕기 위해 협력하는 것으로 나타났다. 우리는 극도의 위기 상황에서 개인적 차이, 배경, 신념을 잊고 공동의 대의를 위해 단합한다(뉴욕 9/11 사태 때 적극적으로 활동한 사람들에게 자신이 도운 이들이 노숙자인지 백만장자인지, 종교인인지 무신론자인지, 흑인인지 백인인지 얼마나 신경 썼는지 물어보라). RO DBT에 따르면, 얼굴 정서에 대한 거울뉴런 시스템과 미세모방 능력은 말 그대로 주변 사람들의 고통과 기쁨을 직접 경험하고 공감과 이타주의를 실현할 수 있게 해준다. 이는 우리가 목숨을 걸고 물에 빠진 낯선 사람을 구하거나, 조국을 위해 싸우다 죽는 이유를 설명해 준다.

RO DBT는 개인의 안녕이 결코 더 큰 집단이나 커뮤니티의 감정 및 반응과 별개일 수 없다고 가정한다는 점에서 대부분의 다른 치료법들과 다르다. 따라서 RO DBT에서는 개인적이거나 내면적인 생각과 감정은 장기적인 정신건강 및 웰빙에 그다지 중요하지 않으며, 개인적이거나 내면적인 경험을 부족의 다른 구성원에게 전달하거나 사회적 신호를 보내는 방식 및 사회적 신호가 사회적 유대감에 끼치는 영향을 가장 중요하게 여긴다. 행복을 느끼는 것은 좋지만, 외로우면 아무리 상황을 수용·재평가·변화시키고, 바쁘게 지내고, 운동을 하고, 요가를 하고, 주의를 전환하려고 해도 행복을 느끼기 어렵다. 장기적으로 볼 때 우리는 부족적 존재이며 다른 구성원들과 삶을 공유하기를 갈망한다. 기본적으로 우리는 부족의 일원이라고 느낄 때 자연스레 안전함을 느끼고 걱정을 덜게 된다.

마지막으로, 인류의 진화적 유산이 우리로 하여금 본능적으로 자녀나 가족 구성원을 돌보게 할 수는 있지만, 이것이 우리를 다른 동물들과 구분 짓는 것은 아니다. 내가 보기에 인간다움은 뛰어난 지적 능력이나 엄지손가락에 있지 않다. 인간의 특별함은 다른 누군가를 사랑할 수 있는 능력에 있다. 실제로 유전자가 다른 남과 오래 지속되는 유대감과 우정을 형성하는 우리의 능력은 인류의 성공적 진화에 핵심적인 역할을 한 것으로 추정된다. 하지만 사랑할 수 있는 능력은 본능(혹은 반사reflex)이 아니며, 어른이 돼서 갑자기 생기지도 않는다. 그것은 타고난 것이 아닌 소인일 뿐이다. 우리는 이를 평생에 걸쳐 배우고 익히고 계속해서 선택해야 한다. 쉬운 길은 없다. 우리가 결정하고 행하는 것에 따라 그 능력은 성장할 수도 있고 시들 수도 있다. 그렇긴 해도 겸손한 마음으로 진료실에 들어간다면 즐겁게 참여할 수 있다.

끝으로⋯ 이를 가장 잘 보여 주는 것으로, 록족의 코웍이 클로그족과 힘을 합쳐 사납고 탐욕스러운 사자 무리를 물리칠 수 있는 방법을 부족장에게 설명한 말을 보자.

"우리는 취약성을 알려야 합니다. 우리는 얼굴에 묻은 출진 물감을 깨끗이 씻어내고 배를 드러내야 합니다. 방패 뒤에 숨지 말고, 열린 마음으로 기꺼이 두려움과 기쁨을 드러내며 클로그족을 향해 거리낌 없이 걸어가야 합니다. 그래야만 클로그족이 우리가 그들의 형제임을 알 수 있고, 그래야만 그들과 함께 힘을 합쳐 사자를 물리칠 수 있습니다."

내 생각에는 위험을 감수할 만한 가치가 있다.

부록 1

대처 스타일 평가하기: 단어 짝 체크리스트

지침: 각 행의 A열과 B열에 있는 한 쌍의 단어나 문구를 읽고, 각 행에서 자신을 더 잘 설명하는 단어나 문구 옆 상자에 체크 표시를 한다. 짝을 이루는 단어나 문구에 대해 하나의 상자에만 체크 표시한다(즉, 한 행에 체크는 하나만 해야 한다). 두 개의 선택지 중 어느 것이 자신을 더 잘 설명하는지 잘 모르겠다면, 친구나 가족이라면 자신에 대해 어떻게 얘기할지 상상해 보라. 각 열의 체크 표시 개수를 합하여 점수를 계산한다. 체크 표시가 더 많은 열이 당신의 **전반적** 성격 스타일을 나타내는 것이다. A열의 점수가 높을수록 과소통제 경향을, B열의 점수가 높을수록 과잉통제 경향을 나타내지만, 어느 열의 점수가 높다고 해서 꼭 **부적응적** 과소통제 혹은 과잉통제 대처를 의미하는 것은 아니다.

A	B
☐ 충동적인	☐ 신중한
☐ 터무니없는	☐ 실현 가능한
☐ 순진한	☐ 세속적인
☐ 상처받기 쉬운	☐ 거리감 있는
☐ 위험한	☐ 조심성 있는
☐ 수다스러운	☐ 과묵한
☐ 반항적인	☐ 순종적인
☐ 공상적인	☐ 현실적인
☐ 변덕스러운	☐ 변함없는
☐ 생각하기 전에 행동함	☐ 행동하기 전에 생각함
☐ 활기찬	☐ 차분한
☐ 기분이 변덕스러운	☐ 기분이 안정적인
☐ 마구잡이의	☐ 질서정연한
☐ 낭비하는	☐ 검소한
☐ 사근사근한	☐ 데면데면한
☐ 감수성이 풍부한	☐ 쉽게 감동하지 않는
☐ 엉뚱한	☐ 뻔한
☐ 불평하는	☐ 불평하지 않는
☐ 반응적인	☐ 반응이 없는
☐ 부주의한	☐ 꼼꼼한
☐ 장난스러운	☐ 심각한
☐ 취한	☐ 냉철한
☐ 제멋대로인	☐ 자제하는
☐ 한가한	☐ 근면한
☐ 틀에 얽매이지 않는	☐ 관습적인
☐ 극적인	☐ 얌전한
☐ 야단스러운	☐ 눈에 띄지 않는
☐ 노골적인	☐ 조심스러운
☐ 변덕스러운	☐ 단호한

A
- ☐ 비현실적인
- ☐ 잘 속는
- ☐ 종잡을 수 없는
- ☐ 의존적인
- ☐ 부도덕한
- ☐ 무질서한
- ☐ 예민한
- ☐ 불안정한
- ☐ 변덕스러운
- ☐ 쉽게 흥분하는
- ☐ 해이한
- ☐ 무질서한
- ☐ 생각 없는
- ☐ 무신경한
- ☐ 일시적인
- ☐ 생기 있는
- ☐ 열정적인
- ☐ 즉각 만족

B
- ☐ 분별 있는
- ☐ 통찰력 있는
- ☐ 믿을 수 있는
- ☐ 독립적인
- ☐ 도덕적인
- ☐ 체계적인
- ☐ 둔감한
- ☐ 변함없는
- ☐ 내색하지 않는
- ☐ 침착한
- ☐ 정확한
- ☐ 구조화된
- ☐ 사려 깊은
- ☐ 세심한
- ☐ 지속적인
- ☐ 의기소침한
- ☐ 무관심한
- ☐ 만족 지연

부록 2

임상가 평정 과잉통제 특성 평가 척도

서식 3.1. 평가자/임상가를 위한 특성 설명

지침: 다음 특성에 대한 설명을 읽은 뒤, 각 특성을 **서식 3.2**의 1-7점 척도에 평가한다. 각 항목 별로 6점이나 7점은 '사례성caseness'(평가 대상이 과잉통제 특성 패턴과 거의 일치함)을 의미한다. 점수를 합산할 때 **경험에 대한 개방성, 교제 욕구, 긍정적 정서성 특성** 점수는 역으로 계산해야 하며(항목 옆에 **이 붙어 있음), 총점이 40점 이상이면 과잉통제 '사례성'에 해당한다.

****경험에 대한 개방성**Openness to experience: 새로운 아이디어와 변화, 새로운 상황, 예상치 못한 정보에 대해 수용적이고 개방적인 정도를 의미한다. 판단하기 전에 비판적 피드백을 기꺼이 경청하고, 자신이 틀렸을 때는 이를 기꺼이 인정하려는 마음을 지닌다.

****교제 욕구**Affiliation needs: 따듯함과 애정을 주거나 받는 것을 중요하게 여기고, 다른 이들과 친밀하고 가까운 사회적 유대를 즐기는 정도를 의미한다.

부정적 정서성 특성 Trait negative emotionality: 살면서 경계하고 조심하며, 잘된 일보다는 잘못된 일에 신경 쓰는 정도를 의미한다. 불안이나 걱정을 경험하거나, 미래에 대해 지나치게 염려하는 정도도 포함한다.

**긍정적 정서성 특성Trait positive emotionality: 현재 순간에 일어나는 일에 대해 흥분, 열광, 활력, 열정을 느끼는 정도를 의미한다.

감정 표현 억제 Inhibited emotional expressivity: 내면의 느낌이나 감정을 표현하는 것을 통제, 억제, 보류, 억제하려는 정도를 의미한다. 이 특성에서 높은 점수를 받는 사람은 감정을 축소해서 표현하거나 거의 감정을 경험하지 않는다고 보고하는 경향이 있다.

도덕적 확신 Moral certitude: 미래에 대한 강박적 계획 욕구, 극도의 책임감, 과도한 도덕성, 과도한 완벽주의를 의미한다. 이 영역에서 높은 점수를 받는 사람은 높은 기준을 설정하고, 기준을 적절히 완화할 수 이는 유연성이 부족하다.

강박적 노력 Compulsive striving: 순간의 감정보다는 앞으로 일어날 일을 고려하거나 장기적인 목표를 달성하기 위한 행동에 동기를 부여한다. 장기적인 목표를 달성하기 위해 당장의 만족이나 쾌락을 미루고, 지속할 경우 자신에게 해가 될 수 있다는 피드백에도 불구하고 원하는 목표를 달성하기 위해 스트레스가 되는 활동을 지속하며, 강박적으로 바로바로 해결책을 세우고, 이러한 행동으로 인해 즉각적이지만 시의적절하지 않은 안 좋은 결과를 초래한다.

높은 디테일 중심 처리 High detail-focused processing: 전체적 처리와 대조되는 디테일에 치우친 처리에 중점을 두고, 동일성을 고집하며, 사소한 모순에도 지나치게 경계하고, 비대칭보다 대칭을 선호하는 것을 의미한다. 이러한 특성이 높은 과잉통제 내담자는 다른 사람들이 놓치는 문법 오류를 발견하거나, 복잡한 차트에서 누락된 자료 요소를 빠르게 감지하는 경향이 있다.

참고: 임상가는 개별 특성 평가 점수를 사용하여 치료계획을 수립하는 것이 좋다(예: **감정 표현 억제** 점수가 높으면 치료에서 이 특성을 목표로 삼는 것이 중요함을 뜻한다).

서식 3.2. 임상가 평정 과잉통제 특성 평가 척도

과잉통제 특성	낮음						높음
**경험에 대한 개방성	1	2	3	4	5	6	7
**교제 욕구	1	2	3	4	5	6	7
부정적 정서성 특성	1	2	3	4	5	6	7
**긍정적 정서성 특성	1	2	3	4	5	6	7
감정 표현 억제	1	2	3	4	5	6	7
도덕적 확신	1	2	3	4	5	6	7
강박적 노력	1	2	3	4	5	6	7
높은 디테일 중심 처리	1	2	3	4	5	6	7

참고: 점수를 합산할 때는 경험에 대한 개방성, 소속감 욕구, 긍정적 정서성 특징의 점수를 역으로 계산해야 한다(항목 왼쪽에 ** 표시가 되어 있다).

부록 3

과잉통제 전반적 원형 평가 척도

서식 3.3. 과잉통제 전반적 원형 평가 척도

지침: 이 면담에서 원형 평가 척도는 네 개의 핵심 과잉통제 결핍 평가한다(각 결핍 범주마다 두 개의 하위 범주가 있다).

1. 수용성과 개방성 Receptivity and openness
2. 유연한 대응 Flexible responding
3. 감정 표현과 인식 Emotional expression and awareness
4. 사회적 유대감과 친밀감 Social connectedness and intimacy

면담자는 임상적 면담을 완료하고 8개의 하위 범주 아래에 있는 설명을 읽은 다음, 개별 증상들을 따지기보다는 다음의 0-4점 척도를 사용하여 내담자가 전반적으로 설명과 일치하는 정도를 평가한다.

0 = 거의 혹은 전혀 일치하지 않음(해당되는 설명이 없음)
1 = 일부 일치함(일부 특징을 지님)
2 = 중등도로 일치함(상당한 특징을 지님)
3 = 많이 일치함(대부분의 특징을 지님)

4 = 매우 많이 일치함(전형적인 예임)

평가는 내담자가 면담을 마치고 돌아간 뒤 실시해야 한다. 8개의 하위 범주 점수를 합산한 뒤, **서식 3.3**의 마지막에 있는 척도를 사용하여 내담자가 과잉통제 원형에 얼마나 일치하는지 판단한다.

참고

1. 모든 평가를 완료하는 데 소요되는 시간은 평균 5분이다.
2. 과잉통제 하위유형 내담자가 전반적 평가 척도에서 17점 이상을 받은 경우에만 평가한다.
3. 서식 3.4의 마지막에 나와 있는 요약 채점표는 내담자의 진료 기록에 수록할 수 있다.

1. 수용성과 개방성의 결핍

a. 위협적이거나, 비판적이거나, 모순되거나, 체계적이지 않거나, 대칭성이 결여된 것으로 지각되는 자극에 대해 과잉경계하는가?

1. 새롭거나 낯선 상황에 들어갈 때 보상 가능성보다 위험 가능성에 더 주의를 기울이고, 불확실성이나 모호함에서 즐거움, 자극, 잠재적 이득을 찾는 경향이 적다. 예를 들어 계획에 없던 위험(즉, 준비할 시간이 없는 위험)을 감수하는 것을 피하거나, 성취에 대한 감탄과 인정을 바라지만 오히려 세세한 관심이나 주목은 받기 꺼려한다(비판을 불러올 수 있기 때문).

2. 미처 대비할 수 없었던 새롭거나, 불확실하거나, 색다른 상황을(특히 자신이 주목의 대상이 되지 않은 채 피할 수 있다면) 피하는 경향이 있다. 규칙이 있거나 사전에 역할이 정해져 있는 상황을 선호하는 경향이 있다(예: 피크닉보다는 업무 회의를 선호함). 자신이 실수를 저지르거나, 자신의 가치에 부합하지 않게 살거나, 올바르지 않게 행동한다고 인식할 때마다 스스로를 질책한다.

이 과잉통제 특징에 대한 원형 평가

다음 목록에서 해당하는 상자에 체크 표시하고, 맨 아래 상자에 총점을 기록하시오.

- ☐ 거의 혹은 전혀 일치하지 않음(해당되는 설명이 없음) = 0
- ☐ 일부 일치함(일부 특징을 지님) = 1
- ☐ 중등도로 일치함(상당한 특징을 지님) = 2
- ☐ 많이 일치함(대부분의 특징을 지님) = 3
- ☐ 매우 많이 일치함(전형적인 예임) = 4

이 특징에 대한 총점 = ☐

b. 비판적 피드백이나 새로운 정보를 무시하는 경향

1. 자신이 동의하지 않는 피드백을 받았을 때 곧바로 반박하거나(대개는 티 나지 않게), 대수롭지 않게 여기거나, 피하거나, 더 이상의 비판을 막기 위해 동의하는 척 하는 경향이 있음. 예를 들어, 반박을 반추하거나, 그에 반하는 근거를 찾거나, 중단하거나, 듣기를 거부하거나, 반격하거나, 주제를 바꾸거나, 지겹다는 듯이 행동한다.
2. 이의를 제기받거나, 질문을 받거나, 좌절하거나, 당황하거나, 원하는 목표를 달성하지 못할 것 같은 절망감을 느끼는 상황에서 은밀하게 원한을 품거나 복수하려는 계획을 세운다.
3. 비판적 피드백을 피하기 위해 진정한 신념이나 감정을 드러내기 꺼린다.
4. 논리나 이성에 근거하기보다는, 사소한 부정확성이나 '부적절한' 단어 사용(혹은 다른 모순)을 근거로 다른 의견을 거부한다.
5. 비판받는다고 느끼면 으레 공격 혹은 방어에 나선다(예: 질문에 질문으로 응수하거나, 반격하거나, 마치 피드백을 못 들은 것처럼 행동하거나, 부정하거나, 모호하게 대답함).
6. 자기가 먼저 자신이 이룬 것을 비판하거나 폄하함으로써 상상 속의 비판자를 이기려고 한다.

이 과잉통제 특징에 대한 원형 평가

다음 목록에서 해당하는 상자에 체크하고, 맨 아래 상자에 총점을 기록하시오.

☐ 거의 혹은 전혀 일치하지 않음(해당되는 설명이 없음) = 0
☐ 일부 일치함(일부 특징을 지님) = 1
☐ 중등도로 일치함(상당한 특징을 지님) = 2
☐ 많이 일치함(대부분의 특징을 지님) = 3
☐ 매우 많이 일치함(전형적인 예임) = 4

이 특징에 대한 총점 = ☐

2. 유연한 대응의 결핍
a. 구조와 질서에 대한 강박적 욕구를 지님

1. 과도한 완벽주의(예: 자신과 타인에게 높은 기준을 설정함)
2. 강박적으로 규칙을 따르고, 강한 신념이나 확고한 도덕적 확신을 지님(예: 행동에 옳고 그름이 있다고 믿거나, 오직 하나의 정답만 존재한다고 믿음). 자신이 처한 상황에서 설령 규칙이 합리적이지 않더라도 따라야 하다는 강박을 느낌. 매우 체계적이거나 규칙을 따르는 게임(예: 체스)을 선호하는 편임.
3. 나중에 필요할지도 모른다는 생각에, 당장 필요하지도 않은 정보나 물건을 강박적으로 수집함.
4. 현재의 기분이나 기대되는 보상이 아닌, 규칙에 따라 행동할 가능성이 높음. 예를 들어, 파티에 간 이유를 물었을 때 "그게 옳은 일이니까요."라고 대답하는 경향이 있음.
5. 일을 시작하기 전에 먼저 생각할 시간을 갖거나 필요한 만큼 휴식을 취하기보다는, (사소한 문제라도) 곧바로 '해결'해야 한다는 강박에 사로잡힘.

이 과잉통제 특징에 대한 원형 평가

다음 목록에서 해당하는 상자에 체크하고, 맨 아래 상자에 총점을 기록하시오.

- ☐ 거의 혹은 전혀 일치하지 않음(해당되는 설명이 없음) = 0
- ☐ 일부 일치함(일부 특징을 지님) = 1
- ☐ 중등도로 일치함(상당한 특징을 지님) = 2
- ☐ 많이 일치함(대부분의 특징을 지님) = 3
- ☐ 매우 많이 일치함(전형적인 예임) = 4

이 특징에 대한 총점 = ☐

b. 강박적 계획 또는 리허설에 참여함

1. 무능해 보이지 않기 위해 필요 이상으로 노력한다(예: 연설을 과도하게 리허설함).
2. 상황이 달라져서 예전에 했던 방식이 더 이상 현재 상황에서 유효하지 않다는 피드백을 받아도, 사전에 계획한 행동을 변경하거나 과거의 해결책을 수정하는 데 어려움을 겪는다.
3. 언뜻 보기에 위험해 보이는 스포츠나 기타 활동(예: 스쿠버다이빙, 스카이다이빙, 주식 거래 등)에 참여하지만, 항상 신중하게 사전에 계획된 대로 위험을 감수한다(즉, 즉흥적 활동이 아님).
4. 강박적 끈기를 보인다(예: 지속하면 손해를 볼 수 있음에도 불구하고 장기적 목표 달성을 위해 어려운 과업을 계속 수행함). 자신이나 타인에게 해(예: 신체적 부상, 관계의 손상)에도 불구하고 활동을 지속한다. 현재의 과정을 지속하는 것이 득이 되지 않는다는 것이 분명한 상황에서도 쉬거나(예: 낮잠 자기) 도움을 청하기 어려워한다.

이 과잉통제 특징에 대한 원형 평가

다음 목록에서 해당하는 상자에 체크하고, 맨 아래 상자에 총점을 기록하시오.

☐ 거의 혹은 전혀 일치하지 않음(해당되는 설명이 없음) = 0
☐ 일부 일치함(일부 특징을 지님) = 1
☐ 중등도로 일치함(상당한 특징을 지님) = 2
☐ 많이 일치함(대부분의 특징을 지님) = 3
☐ 매우 많이 일치함(전형적인 예임) = 4

이 특징에 대한 총점 = ☐

3. 감정 표현 및 인식의 결핍
a. 감정 경험 및 인식이 감소함

1. 감정 및 신체 감각에 대한 인식이 낮다(예: 감정과 신체 감각에 이름을 붙이고 구분하는 것이 어렵다고 보고함). 우울하거나 불안할 때, 기분을 설명하기 위해 감정 단어보다는 피곤하거나 지친다는 표현을 한다. 특정한 감정(예: 화)을 경험하지 않았다고 단호히 주장하기도 한다. 격렬한 감정(특히 화)을 경험할 때 무감각해지거나 공허함을 느낄 수 있다. 감정에 대한 질문을 할 때 감정 단어보다는 생각을 보고하는 경향이 있다. 감정을 설명할 때 특이하거나 독특한 표현을 사용한다(예: "플라스틱처럼 느껴져요.").

2. 냉철하고 불평이 없으며 공적으로나 사적으로(예: 가족들과 있을 때) 감정 경험(예: 화, 고통, 흥분)을 최소화하거나 무시하는 경향이 있다. 기분을 강도의 변화나 대비가 거의 없는 안정적이고 정적인 상태로 보고한다. 특정한 감정에 대해 특이한 믿음을 지니기도 한다(예: 화를 느끼는 것은 통제 불가능하고 분노가 치밀어 오르는 것을 의미하거나, 두려움이나 슬픔을 표현하거나 느끼는 것은 나약함이나 비겁함의 표시라고 믿기 때문에 한 번도 화난 적이 없다고 보고함). 감정을 과소 보고하는 경향이 있다. 예를 들어, 기분이 어떤지 묻는 질문에 현재 기분 상태와 상관없이(심지어 매우 고통스러울 때도) 습관적으로 "괜찮아요."라고 대답하기도 한다. 고통 감내력이 높고, 통증이나 불편함을 오랫동안 불평 없이 견딜 수 있으며, 손상이나 의학적 문제를 무시하기도 한다. 화가 나면(큰 소리를 내기보다는) 침묵시위마냥 더 조용해지고, 화날 때 삐치지만 막상 질문을 받으면 화나는 것을 부인한다. 분노를 폭발할 때는 공공장소(예: 길거리나 기차역)보다는 개인적 공간(예: 직계 가족이나 치료자가 있는 곳)에서만 하는 경향이 있다. 감정의 중요성을 폄하하는 태도를 드러내기도 한다(예: 감정을 다룰 때 주제를 바꿈, 다른 사람에게 조언을 함으로써 그 사람의 감정적 고통을 빠르게 '해결'하려고 시도함).

이 과잉통제 특징에 대한 원형 평가

다음 목록에서 해당하는 상자에 체크하고, 맨 아래 상자에 총점을 기록하시오.

☐ 거의 혹은 전혀 일치하지 않음(해당되는 설명이 없음) = 0
☐ 일부 일치함(일부 특징을 지님) = 1
☐ 중등도로 일치함(상당한 특징을 지님) = 2
☐ 많이 일치함(대부분의 특징을 지님) = 3
☐ 매우 많이 일치함(전형적인 예임) = 4

이 특징에 대한 총점 = ☐

b. (표정, 제스처, 행동을 통해) 내면의 감정을 숨김

1. 체면을 유지하고 통제력이 있어 보이기 위해 애쓴다.
2. 내적 경험과 불일치하거나 부조화스러운 얼굴 표정이나 신체 자세를 드러낸다(예: 두렵거나 화날 때 웃음, 화날 때 울음, 웃으면서 양손을 깍지 낀 채 경직된 자세로 똑바로 앉아 있음).
3. 긍정적이거나 부정적인 감정을 표현하거나 드러내는 강도에 별로 변화가 없다. 부정적 감정과 긍정적 감정 모두 표현을 억제하는 편이다. 극도의 흥분이나 기쁨은 거의 드러내지 않는다.
4. 자신을 흥겹거나 열정적이라고 표현하는 경우가 드물고, 진지한 편이고, 농담을 익혀서 타인을 웃길 수는 있지만 자발적으로 웃거나 깔깔대는 경우는 거의 없다. 자신이 위트 있는 사람이라는 자부심을 가지기도 한다.
5. 무표정하거나, 무감각하거나, 절제하는 경향이 있고(예: 화나거나 즐거울 때 늘 무표정함), 내적 경험을 숨기거나 일치하지 않는 표정을 보인다(예: 괴로울 때 웃거나 화날 때 걱정스러운 표정을 지음).
6. 겉으로 드러나는 제스처, 표정, 행동을 거의 안 한다(예: 큰 몸짓이나 제스처를 잘 안 함, 말하는 동안 손이나 팔을 잘 사용하지 않음).
7. 감정을 숨기는 것을 성숙함의 징표로 여긴다.

이 과잉통제 특징에 대한 원형 평가

다음 목록에서 해당하는 상자에 체크하고, 맨 아래 상자에 총점을 기록하시오.

☐ 거의 혹은 전혀 일치하지 않음(해당되는 설명이 없음) = 0
☐ 일부 일치함(일부 특징을 지님) = 1
☐ 중등도로 일치함(상당한 특징을 지님) = 2
☐ 많이 일치함(대부분의 특징을 지님) = 3
☐ 매우 많이 일치함(전형적인 예임) = 4

이 특징에 대한 총점 = ☐

4. 사회적 유대감과 친밀감의 결핍
a. 냉담하고 소원한 대인관계 스타일

1. 일반적으로 상호작용에 있어서 신중하고, 절제하며, 말이 없다.
2. 갈등을 회피한다. 갈등을 해소하기보다는 관계 자체를 포기해 버린다.
3. 일반적으로 사회적 상호작용을 피곤하거나 정신적으로 지치고 보람 없는 것으로 여긴다.
4. 진정한 참여 욕구(기대 보상)에 의한 것이 아닌, 의무감이나 책임감 때문에 사회 활동에 참여한다.
5. 타인과 함께하거나 내면의 경험을 공유하는, 정해진 역할이나 목표가 없는 자유로운 활동(예: 피크닉, 파티, 회식, 팀 빌딩 활동)을 싫어한다.
6. 상대방과 친해지는 데 시간이 걸리고, 상대방을 잘 알기 전까지는 자신의 의견을 잘 드러내지 않는다. 잘 감동하지 않거나 다른 사람이 자신을 알기까지 긴 시간이 소요된다는 것을 자랑스럽게 여기기도 한다. 자신의 얘기를 잘 하지 않는 경향이 있다(예: 자신에 대해 대놓고 자랑하거나 무용담을 늘어놓는 경우는 드물며, 의심이나 과거의 실패도 잘 드러내지 않음). 취약한 부분에 대한 자기개방을 잘 안 한다(예: 사회적으로 용인되지 않는 신념이나 감정을 거의 드러내지 않거나, 자신의 개인적 내용을 공개하기보다는 다른 사람에게 질문하는 편임).
7. 일반적으로 친사회적으로 행동하지만 개인 정보를 많이 드러내지는 않는다. 예를 들어, 특히 인사를 하거나 대화를 마무리할 때 포함한 대부분의 상호작용에서 예의 바르고 정중하게 행동하는 경향이 있다(악수하고, 고개를 끄덕이고, 적절한 질문을 함). 사회적 관계에 참여하기 전에 '적절한' 반응을 연습하거나, 어떤 말과 행동을 할지 신중히 계획하는 데 많은 시간을 할애할 수 있으며, 준비한 내용이 상황에 안 맞을 때 상호작용이 부자연스럽거나, 어색하거나, 가식적으로 보일 수 있다. 개인정보를 드러내지 않으면서 대화에 적극적으로 참여하는 것처럼 보일 수 있다. 개인적인 질문을 받으면 현학적이거나 모호한 대답을 하거나, 주제를 바꾸거나, 질문으로 되받기도 한다(예: 재빨리 대답한 뒤 상대방에게 같은 질문을 함). 비사교적(예: 정치, 날씨, 뉴스) 주제에 대해 토론하거나 감정과 무관한 주제(예: 음식 맛)에 대한 의견을 곧잘 제시한다. 장시간 사회적 상호작용을 한 후에는 외부와의 접촉을 차단하고 싶은 욕구를 느낀다(예: 창문 블라인드를 모두 내리고, 귀마개를 끼

고, 가족들에게 혼자 있고 싶다고 얘기하고, 두통약을 먹고, 잠자리에 듦).

이 과잉통제 특징에 대한 원형 평가

다음 목록에서 해당하는 상자에 체크하고, 맨 아래 상자에 총점을 기록하시오.

☐ 거의 혹은 전혀 일치하지 않음(해당되는 설명이 없음) = 0
☐ 일부 일치함(일부 특징을 지님) = 1
☐ 중등도로 일치함(상당한 특징을 지님) = 2
☐ 많이 일치함(대부분의 특징을 지님) = 3
☐ 매우 많이 일치함(전형적인 예임) = 4

이 특징에 대한 총점 = ☐

b. 성취, 성과, 능력(혹은 적어도 능력 있어 보이는 것)에 높은 가치를 부여함

1. 인간관계에서 취약한 느낌, 모욕, 당혹감을 피하는 것을 우선적으로 고려한다(예: 자신이 틀리거나, 무능하거나, 취약하게 안 보일 수 있다면 얼마든지 관계를 훼손할 수 있음).
2. 사회적 비교를 자주 하고, 자존감을 높이기 위해 자신보다 못한 사람들과 비교한다.
3. 원한이나 과거의 상처에 매달리며, 심한 시기심이나 억울함을 경험한다.
4. 라이벌이나 자신보다 불공정한 이점을 가지고 있다고 여겨지는 사람에 대해 은밀하게 악감정을 가진다.
5. 스스로를 사회 부적응자, 아웃사이더, 외톨이, 혹은 남들과 다르거나 괴짜로 여긴다.
6. 관계에 대한 냉소적 시각을 갖게 되고, 사랑과 진정한 배려를 거짓되거나 불가능한 것으로 믿게 된다.
7. 자신의 재능, 노력, 자기희생에 대한 인정을 받지 못하거나 인정받지 못하는 기분을 느낄 수 있고, 이러한 감정이 화나 억울함으로 이어지면서 인간관계에 부정적인 영향을 끼칠 수 있다. 자신의 노력에 대한 인정을 바라지만 이를 직접적으로 요청하는 일은 거의 없다.
8. 공감과 인정validation 기술이 부족하다. 타인의 관점을 이해하는 것의 중요성을 이해하기 어려워한다. 남을 돕기 위해 적극적으로 자기희생을 하더라도, 따뜻한 마음, 동정, 연민보다는 의무감이나 책임감 때문에 그렇게 행동한다. 뛰어난 성과만이 인정이나 감탄을 받을 가치가 있다고 믿는다. 뛰어난 성과를 달성하더라도 휴식을 취하거나 영광을 만끽할 시간을 거의 갖지 않는다. 새로운 아이디어나 제안을 거절하기 십상이다. 남을 칭찬하거나, 찬사를 보내거나, 도와주기 어려워한다(혹은 남들로부터 칭찬이나 도움을 받기 어려워함). 자신의 실수를 인정하지 못한다. 자신의 잘못에 대해 거의 사과하지 않거나, 사회적 비난을 피하기 위해 과도할 정도로 사과한다. 남에게 원치 않는 조언을 자주 한다.

이 과잉통제 특징에 대한 원형 평가

다음 목록에서 해당하는 상자에 체크하고, 맨 아래 상자에 총점을 기록하시오.

- ☐ 거의 혹은 전혀 일치하지 않음(해당되는 설명이 없음) = 0
- ☐ 일부 일치함(일부 특징을 지님) = 1
- ☐ 중등도로 일치함(상당한 특징을 지님) = 2
- ☐ 많이 일치함(대부분의 특징을 지님) = 3
- ☐ 매우 많이 일치함(전형적인 예임) = 4

이 특징에 대한 총점 = ☐

참고

___

___

___

___

8개 하위 기능 각각에서 점수를 합산한 뒤, 아래의 기준을 사용하여 과잉통제 기준을 충족하는 정도를 결정하시오.

과잉통제 임상적 평가 척도 총점 = ☐

0-7 = 과잉통제 가능성 낮음
8-16 = 과잉통제 특징이 낮음에서 중등도임
17-24 = 과잉통제에 잘 맞음
25-32 = 과잉통제의 전형임

서식 3.4. 과잉통제 하위유형 평가 척도

지침: 내담자가 과잉통제의 전반적 원형 평가 척도(서식 3.3)에서 **17점 이상을 받은 경우에만** 서식 3.4의 두 항목을 작성한다. 내담자가 과잉통제에 해당하지 않는 경우 이 두 항목은 작성하지 않아도 된다.

과잉비친화 하위유형

1. 순응보다는 유능한 사람으로 여겨지고 싶어 한다.
2. 사회적 승인, 예의 바름, 또는 사회적 올바름에 대한 관심이 적다. 목표 달성을 위해서라면 대인관계를 훼손하더라도 얼마든지 불친절하거나, 성질을 내거나, 불쾌한 모습을 보일 수 있다.
3. 공공장소에서 사무적이거나 진지한 모습을 보인다. 사회적 상호작용의 와중에 감정 표현이 없거나 억제되는 모습을 보인다.
4. 대개 책임감, 의무감, 야망에 따라 행동한다. 예를 들어 친밀하거나, 정중하거나, 사근사근하게 대할 때는 단순히 누군가를 특별히 따뜻하거나 다정하게 여겨서가 아니라, 그것이 관례적이거나 예의범절에 맞기 때문이거나(예: 결혼식장, 친구나 지인에게 인사, 판매원으로부터 물건 구입), 개인적 목표를 성취하기 위해서다(예: 업무 회의 중).
5. 중요한 개인적 목표를 이루지 못하거나 규칙이 깨지면 빠르게 친사회적 페르소나를 상실하고, 무관심하거나, 냉담하거나, 거리감 있거나, 비판적으로 행동한다.
6. 스스로를 의지가 강한 사람이라고 여기며, 사회적 압력에 저항하거나 대인관계 문제 및 갈등에 휩쓸리지 않는 능력에 자부심을 지닌다.
7. 긍정적 감정을 전달하는 것을 정말 어려워하거나, 편안하고 느긋하게 타인과 상호작용하는 것을 힘들어한다. 소속감에 대한 욕구를 전달하거나, 타인에게 자신의 취약한 감정을 표현하는 것을 어려워한다. 애정을 표현해야 하는 것이 확실한 상황에서도, 공개적으로 애정을 표현하는 것을 거부하거나 회피한다.
8. 타인에게 사과하거나 칭찬하거나 도움을 주는 것을 어려워한다(혹은 타인의 사과를 진심으로 믿지 못하고, 타인의 도움이나 칭찬을 받아들이는 데 어려움을 겪음).
9. 타인에게 냉담하거나 거만한 것처럼 보임. 관계보다 능력을 중시한다. 진정한 사랑이나 친밀감이란 없거나 시간 낭비라고 믿는다.

이 과잉통제 특징에 대한 원형 평가

다음 목록에서 해당하는 상자에 체크하고, 맨 아래 상자에 총점을 기록하시오.

☐ 거의 혹은 전혀 일치하지 않음(해당되는 설명이 없음) = 0
☐ 일부 일치함(일부 특징을 지님) = 1
☐ 중등도로 일치함(상당한 특징을 지님) = 2
☐ 많이 일치함(대부분의 특징을 지님) = 3
☐ 매우 많이 일치함(전형적인 예임) = 4

이 특징에 대한 총점 = ☐

과잉친화 하위유형

1. 유능하고 사회적으로 인정받는 사람으로 여겨지고 싶어 한다.
2. 자기 안의 불안과 남들로부터 거부당하는 징후를 모니터링하는 데 몰두한다.
3. 사회적 비난을 피하기 위해 솔직하지 못하거나 모순된 표현을 잘하는 편이다(예: 피로울 때 웃기, 재미없는데 웃기, 걱정이나 신경이 안 쓰이는데 걱정이나 신경 쓰이는 표현을 함). 자신이 쓰고 있는 수용성이라는 가면을 벗으면 극심한 사회적 거부감을 불러일으킬 것이라고 믿는다.
4. 개인적인 자기개방을 회피하면서도 친밀감을 높이는 것 같은 행동 스타일을 보일 수 있다. 예를 들어, 상대방의 삶에 대해 연민을 담은 것처럼 보이는 질문을 함으로써 대화의 주제를 자신에게서 멀어지게 할 수 있다. 관심 있는 척하거나(예: 대화 중에 메모함), 억지로 관심을 표현하거나(예: 정중한 동정적 표현), 거짓으로 겸손함을 보인다(예: 다른 사람보다 먼저 자신을 비판함).
5. 속으로는 동의하지 않으면서도 재빨리 동의나 인정을 표하거나, 시기심을 감추기 위해 라이벌에게 아부나 칭찬을 한다.
6. 자신의 지나치게 세심한 마음 씀씀이와 사회적으로 배려하는 태도가 제대로 인정받거나, 감사히 여겨지거나, 보답 받지 못하면 분개할 수 있지만, 적대적인 감정을 드러내지 않기 위해 굉장히 노력한다.
7. 치료자에게 자신이 괜찮거나 '정상'이라고 설득하기 위해 많은 노력을 기울인다.
8. 사교 모임 전에 어떤 말과 행동을 할지 강박적으로 리허설한다. 즉흥적 행동이 필요한 상황을 피한다. 인정받고 싶어 하지만 주목은 받기 싫어한다.
9. 오랜 시간 동안 사회적 수용성이라는 외피를 두르고 유지하는 것이 지치기 때문에, 사교 모임 후 지치는 느낌을 보고한다. 사회적 상호작용이 끝난 뒤 휴식에 대한 욕구가 너무 강해서 비정상적인 사회적 고립(예: 대낮에 불을 다 끄고 잠자리에 들거나 며칠 동안 아무하고도 연락하지 않음) 시간을 가지거나, 기능이 정지되거나 극도로 쇠약해지기도 한다(예: 잦은 병가 사용).

이 과잉통제 특징에 대한 원형 평가

다음 목록에서 해당하는 상자에 체크하고, 맨 아래 상자에 총점을 기록하시오.

☐ 거의 혹은 전혀 일치하지 않음(해당되는 설명이 없음) = 0

☐ 일부 일치함(일부 특징을 지님) = 1

☐ 중등도로 일치함(상당한 특징을 지님) = 2

☐ 많이 일치함(대부분의 특징을 지님) = 3

☐ 매우 많이 일치함(전형적인 예임) = 4

이 특징에 대한 총점 = ☐

과잉통제 평가 척도: 요약 점수 시트

		거의 혹은 전혀 안 맞음 (해당사항 없음)	어느 정도 맞음 (일부 특징을 지님)	중등도로 맞음 (상당한 특징을 지님)	잘 맞음 (대부분의 특징을 지님)	매우 잘 맞음 (전형적인 특징을 지님)
1. 수용성과 개방성의 결핍	위협적이거나, 비판적이거나, 모순되거나, 체계적이지 않거나, 대칭성이 결여된 것으로 보이는 자극에 대해 과잉경계한다.	0	1	2	3	4
	비판적 피드백이나 새로운 정보를 무시하는 편이다.	0	1	2	3	4
2. 유연한 대응의 결핍	구조와 질서에 대한 강박적 욕구를 지닌다.	0	1	2	3	4
	강박적으로 계획하거나 리허설한다.	0	1	2	3	4
3. 감정 표현과 인식의 결핍	감정 경험과 인식이 감소한다.	0	1	2	3	4
	(표정, 제스처, 행동으로) 내면의 감정을 숨긴다.	0	1	2	3	4
4. 사회적 유대감과 친밀감의 결핍	냉담하고 소원한 대인관계 스타일을 지닌다.	0	1	2	3	4
	성취, 성과, 능력(또는 적어도 능력 있어 보이는 것)에 가치를 부여한다.	0	1	2	3	4
	각 특징에 대한 점수를 합산한다. 0-7 = 과잉통제 가능성 낮음 8-16 = 과잉통제 특징이 낮음에서 중등도임 17-24 = 과잉통제에 잘 맞음 25-32 = 과잉통제의 전형임					
과잉통제 하위유형 정도를 평가함(서식 3.3의 점수가 17점 이상인 경우에만 해당)						
지나치게 까다로운 하위유형						
지나치게 사근사근한 하위유형						

부록 4

RO DBT 반구조화 자살경향성 면담

과잉통제 내담자와 생명을 위협하는 행동에 대한 논의를 시작하는 데 필요한 지문은 5장의 「**과잉통제 내담자에서 생명을 위협하는 행동을 평가하기**」절에 요약되어 있다. 임상 경험에서 도출된 다음의 질문들은 논의를 진행하기 위한 지침으로 권장되는 것들이다. 치료자는 내담자가 과거에 겪었거나 현재 겪고 있는 자해 및 자살 문제의 정도와 심각성에 따라 더 많은 질문을 하고 해당하는 주제에 더 많은 시간을 할애해야 한다.

별표(*)가 붙은 질문은 위험도가 높은 것이므로 꼭 물어봐야 한다.

	예	아니오
1. 인생이 살 가치가 없다는 생각을 해본 적이 있나요? (내담자가 그렇다고 대답하면 다음을 물어본다.) - 어떤 생각을 해보셨나요? - 언제 마지막으로 그런 생각을 해봤나요? 메모		

2. 가끔 자신이 죽었으면 좋겠거나, 자신이 없으면 세상이 더 나아질 것이라고 생각하나요? (내담자가 그렇다고 대답하면 다음을 물어본다.) - 언제 마지막으로 그런 생각을 해봤나요? 메모	예	아니오
3. 다른 사람을 벌하기 위해 자해나 자살하고 싶었던 적이 있나요?(예: '내가 죽으면 그들이 후회할 거야' 또는 '이게 그들에게 교훈이 될 거야'라고 생각함) (내담자가 그렇다고 대답하면 다음을 물어본다.) - 당신이 벌하고 싶은 사람은 누구인가요? - 언제 마지막으로 그런 생각을 해봤나요? 메모	예	아니오
4. 자살이나 자해에 대한 구체적인 계획을 세운 적이 있나요?* (내담자가 그렇다고 대답하면 다음을 물어본다.) - 어떤 계획인가요? - 여기에 대해 다른 사람에게 얘기한 적이 있나요? 메모	예	아니오
5. 자살할 의도 없이 고의로 자해한 적이 있나요?(예: 긋기, 화상, 주먹질하기, 창문 틈으로 손 넣기, 벽 치기, 머리 박기)* (내담자가 그렇다고 대답하면 다음을 물어본다.) - 얼마나 자주 고의적 자해를 하나요? - 가장 최근에 자해한 적은 언제였나요? - 무엇을 했나요? - 어디서 했나요? - 주변에 다른 사람이 있었나요?(예: 동거인) 아니면 혼자였나요? - 근처에 다른 사람이 있었다면, 누구였나요? - 발각되기를 바랐나요? - 자해 후 어떤 일이 있었나요? - 치료가 필요했나요? 메모	예	아니오

6. 고의로 자살을 시도한 적이 있나요?* (내담자가 그렇다고 대답하면 다음을 물어본다.) - 가장 최근에 자살을 시도한 것은 언제였나요? - 무엇을 했나요? - 그 후 어떤 일이 있었나요? - 치료가 필요했나요? - 미리 계획했나요? - 계획을 아는 사람이 있었나요? - 과거에 몇 번이나 자살을 시도했나요? 메모	예	아니오
7. 가까운 시일 내에 자살이나 자해 충동, 생각, 계획이 있나요?* (내담자가 그렇다고 대답하면 치료자는 내담자의 반응을 촉발한 사건을 파악한 뒤, 내담자와 협력하여 회기가 종료되기 전에 고위험 요인을 줄여야 한다. 이상적으로는 치료자가 내담자로부터 자해나 자살 행동을 하지 않기 위한 노력을 적극 하겠다는 다짐을 받는 것이 좋다.) 메모	예	아니오
8. 지금부터 다음 회기까지 자해나 자살 시도를 하지 않겠다고 약속해 주실 수 있나요?* (내담자가 거절하면 5장의 「RO DBT 위기 관리 프로토콜」을 참조할 것) 메모	예	아니오

다음 질문들은 내담자가 자살 및 자해를 문제라고 기입한 경우에만 물어봐야 한다.

9. 자해할 때 미리 계획을 세우나요?(예: 자해할 시간과 장소를 정하고 수단을 준비해 놓음) 메모	예	아니오

10. 자해 또는 자살 행동에 대해 아는 사람이 몇 명이나 되나요? (한 명 이상이라면 다음을 물어본다.) - 그들은 누구인가요? - 그들에게 뭐라고 말했나요? - 그들의 반응은 어땠나요? 메모	( )명	없음
11. 과거에 자해나 자살을 시도한 뒤 정신건강의학과에 입원한 적이 있나요? (내담자가 그렇다고 대답하면 다음을 물어본다.) - 입원을 바랐나요? - 얼마나 오래 입원했나요? - 입원한 적이 몇 번이나 되나요? 메모	예	아니오
12. 자해나 자살하고 싶은 이유가 뭔가요? (내담자가 잘 모르겠다고 하면, 다음의 질문들을 활용해 탐색한다.)		
a. 자신에게 화가 나서 자해한 적이 자주 있나요?	예	아니오
b. 감정을 변화시키기 위해(예: 견딜 수 없는 비참함과 절망감을 극복하기 위함) 자해하나요?	예	아니오
c. 자신을 벌하기 위해 자해하나요?	예	아니오
d. 주장을 증명하기 위해, 누군가에게 미안함을 느끼게 하려고, 복수하기 위해, 누군가에게 교훈을 주기 위해 자해나 자살을 시도한 적이 있나요?	예	아니오
e. 다른 이유는요? 메모	예	아니오
f. 만약 이유가 하나 이상이라면, 어떤 이유가 동기를 가장 잘 설명한다고 생각하시나요? 메모	예	아니오

부록 5

간접 사회적 신호를 대상으로 삼기: 회기 중 프로토콜

1. 회기에서 부적응적일 수 있는 사회적 신호 행동에 중점을 둔다. 단 그 행동이 여러 회기에 걸쳐 여러 차례 발생한 것이어야 한다.

치료자: 방금 하품을 하셨네요… 알고 계셨나요?
 (치료자는 눈썹을 추켜올리며, **편한 태도**를 전달함)

내담자: 네. 그냥 피곤해서요.
 (내담자는 살짝 어깨를 으쓱하고, 단조로운 어조로 말함)

내담자의 비언어적 행동은 운명론적 사고(『기술훈련 매뉴얼』 5장 11과)나 낮은 수준의 "나를 아프게 하지 말아요" 반응(10장 「"나를 아프게 하지 말아요" 반응」)일 수 있다.

2. 내담자가 사회적 신호 행동의 반복적인 특성을 얼마나 인지하고 있는지 평가한다.

치료자: 아, 네… 그냥 피곤하시군요. 하지만 똑같은 회기라도 어떤 때는 피곤한데 다른 때는 안 피곤하다는 걸 알아차린 적이 있나요? 예를 들면 우리가 다이어리 카드에 대해 얘기할 때나 지금은 어떤 것 같나요? 제가 보기엔 그럴 때 하품을 더

많이 하시는 것 같아서요. 혹시 눈치채신 적이 있나요?

(치료자가 **입을 다문 따듯한 미소**를 지으며 **편한 태도**를 전달하고 **개방적 호기심**을 보임)

내담자: 선생님은 그렇게 말씀하시지만… 전 아닌 것 같은데요…

(내담자의 목소리 크기가 다소 작아지고, 약간 억지 미소를 짓고, 시선을 피함)

내담자는 복잡한 감정을 지니고 있거나, 감정을 축소하거나 진정한 의도를 숨기려고 함을 시사하는 복잡한 사회적 신호를 보내고 있다. 예를 들어 내담자는 친사회적 자의식 감정인 당혹감(억제된 미소와 시선 회피로 드러남), 낮은 수준의 수치심(작은 목소리와 시선 회피로 드러남. 억제된 미소는 해당하지 않음), 비참여 우월성 신호인 은밀한 자부심(일명 강도 미소로도 알려져 있는 억제된 미소를 통해 알 수 있음)을 경험하는 중일 수 있다.

3. 사회적 신호 대상 선정에 대한 내담자의 약속을 재확인한다.

치료자: 물론 그것도 일리가 있습니다… 하지만 우리가 사람들 앞에서 행동하는 방식이 우리의 관계에 실질적인 영향을 미친다는 가정에 따르면, 당신이 거기에 대해 기꺼이 생각할 의향이 있다는 건 곧 사회적 신호 전달을 우리의 공동 작업에서 핵심적인 부분으로 여긴다는 거여서 진짜 짱cool인 것 같아요. 앞으로도 계속 노력하실 거죠?

(치료자가 '짱'이라는 단어를 사용한 것은 의도적인 것으로, 우정[친구끼리는 상호작용 중에 격의 없는 단어를 사용함]과 내담자가 하품을 인지하지 못해도 괜찮다는 신호를 전달하기 위한 것이다.)

내담자: 네, 물론… 사회적 신호가 중요하다고 생각해요.

(내담자가 눈을 마주치고, 긍정의 의미로 고개를 끄덕임)

내담자가 참여 중이다.

4. 이미 답을 알고 있다고 가정하지 말고 내담자에게 사회적 신호에 대해 직접 물어본다.

치료자: 좋네요. 그럼 당신이 그렇게 하품할 때는 무슨 말을 하려는 걸까요? 하품의 사

회적 신호는 뭘까요?

(치료자가 **입을 다문 따뜻한 미소**를 짓고, 눈썹을 추켜올리며 호기심을 드러냄)

내담자: 아무것도 없는데요… 그냥 피곤한 거예요.

(내담자의 목소리 톤이 약간 흥분되고, 어깨를 살짝 으쓱하며, 낮은 강도의 한숨을 내쉼)

내담자는 방금 하품을 사회적 신호로 인정했음에도 불구하고 다시 기존 태도로 되돌아갔다("그냥 피곤하다"). 그녀의 흥분된 목소리 톤과 낮은 수준의 유화 신호(어깨를 살짝 으쓱함)는 비참여나 낮은 수준의 "나를 아프게 하지 말아요" 반응일 수 있음을 시사한다 (10장「**"나를 아프게 하지 말아요" 반응**」).

치료자: 아, 알겠습니다. 피곤하시군요. 바로 지금 피곤하신 건가요?

(치료자가 **입을 다문 따뜻한 미소**를 짓고, 눈썹을 추켜올리고, 장난스럽고 호기심 어린 목소리 톤을 사용하고, 눈을 직접 마주침)

치료자는 내담자의 갑작스러운 반전을 알아차리지만, 내담자에게 이의를 제기하는 대신 낮은 강도의 치료적 놀림과 장난스러운 도발을 사용함으로써, 불신을 드러내고 의심의 여지를 남겨 놓는다.

내담자: 음… 네. 약간요.

(내담자가 어깨를 살짝 으쓱하고, 발을 이리저리 움직이고, 잠시 눈을 마주침)

내담자는 현재 자신의 피곤한 상태에 대해 완전히 솔직하지 않기 때문에, 타당한(정당한) 수준의 낮은 죄책감이나 수치심을 경험할 수 있다.

5. 오직 사회적 신호 대상에만 집중하며, 다른 잠재적 대상들로 주의를 분산시키지 않는다.

치료자: 네, 그렇죠, 그냥 피곤한 거죠… 근데 같은 회기에서도 어떨 때는 피곤하고 다른 때는 안 피곤하다는 걸 알아차린 적이 있을까요? 예를 들면 지금처럼 다이어리 카드 얘기를 할 때마다 하품을 더 많이 하는 것처럼요. 이런 걸 알아차린

적이 있나요?
(치료자는 입을 다문 따뜻한 미소를 지으며, 호기심을 드러냄)

치료자는 내담자가 거짓말했을 가능성을 무시한 채 무엇보다 중요한 것은 친절임을 모델링하며 사회적 신호 대상(하품)에 초점을 맞춘다. 당장 생명을 위협하는 행동이 있거나 동맹파열의 가능성이 있을 때만 예외적으로 사회적 신호 대상에 초점을 유지하지 않아도 된다.

내담자: 전 그저 우울증의 증상 중 하나인 피곤함을 느끼는 것뿐인 것 같아요.
(내담자가 음울한 목소리 톤을 사용하고, 어깨를 약간 축 늘어뜨리고, 시선을 다소 아래로 향함)

내담자의 목소리 톤, 내리간 시선, 축 처진 어깨는 "나를 아프게 하지 말아요" 반응을 암시한다(10장 「**나를 아프게 하지 말아요" 반응**」). 또한 내담자는 치료자의 질문에 대한 직접적인 답을 하지 않는다.

6. 부적응적 사회적 신호를 내담자에게 보여 준다.

치료자: 네, 알겠습니다. 그럼 다르게 생각해 보죠. 이게 얼마나 도움이 되는지에 대해서요… 지난 주말에 남편과 시간을 보냈다고 하셨던 것 같은데요, 말씀하신 내용을 가지고 우리가 방금 논의한 내용을 설명해드릴게요. 단, 말씀하시는 동안에는 꼭 제 눈을 계속 봐 주세요.
(치료자가 간헐적으로 **입을 다문 따뜻한 미소**를 지으며, 개방적이고 호기심을 담은 사실적인 목소리 톤을 사용함)

치료자는 내담자에게 주말에 대해 이야기해 달라는 가벼운 요청을 통해 모든 것이 괜찮은 것처럼 행동함으로써, "나를 아프게 하지 말아요" 반응이 소거되게 하고 하품이라는 사회적 신호 대상에 계속 초점을 유지한다(10장 「**나를 아프게 하지 말아요" 반응**」). 치료자는 앞으로 일어날 일에 대해 미리 설명하지 않는다(『**기술훈련 매뉴얼**』 5장 12과 「**계획 없이 참여하기**」 중 「RO 마음챙김 연습」).

내담자: 지난 주말은 한 달에 한 번 큰 쇼핑을 하는 날이었고, 벤은 항상 저와 함께 오는데요…

(내담자는 짧게 한숨을 쉬고 단조로운 목소리를 사용함)

내담자가 주말에 대해 이야기해 달라는 치료자의 요청에 기꺼이 응하는 것은 참여가 이루어지고 있음을 시사한다. 내담자의 한숨은 언어적 진술이 시작될 때 나오는데, 이는 내담자가 참여를 어쩔 수 없이 받아들이기로 했다는 신호일 가능성이 높으며(즉, 사회적 신호 대상에 대해 논의하지 않으려는 이전의 시도가 효과가 없다는 것을 받아들인다는 의미), 따라서 치료의 진전을 의미한다.

(치료자가 눈에 띄게 하품하기 시작함)
(내담자는 치료자의 하품을 알아차리고는 잠시 멈춰 그 모습을 바라봄)

내담자: 우리가 차에 탔을 때는 비가 억수같이 내리고 있었어요… 온통 다 젖었죠…

(치료자가 다시 하품함)

치료자는 내담자가 알아차리도록 의도적으로 과장되게 하품한다.

(내담자가 말을 멈춤)

내담자: 음… 뭘 말씀하시려는 건지 알 것 같아요.

7. 사회적 신호 시연에 대한 내담자의 반응을 평가한다.

치료자: 주말에 있었던 일을 말씀하실 때 제가 하품하는 걸 보면서 어떤 생각이 드셨나요? 그전에 먼저 제가 하품하는 걸 눈치 채셨는지 궁금하네요.

(치료자는 간헐적으로 **입을 다문 따뜻한 미소**를 지으며, 개방적이고 호기심을 담은 사실적인 목소리 톤을 사용함)
(내담자는 치료자와 함께 킥킥거리며 입을 가리고 웃음)

내담자의 행동은 약간의 당황스러움, 하품하는 것이 문제일 수 있다는 알아차림, 참여를 암시한다.

내담자: 눈치챘어요!
(내담자는 치료자와 눈을 마주치고, 생기 있는 목소리 톤을 사용하고, 눈썹을 추켜올림)

내담자가 참여하고 있다.

치료자: 네… 거기서 어떤 영향을 받았나요?
(치료자는 **입을 다문 따듯한 미소**를 짓고, 눈썹을 추켜올리고, 따듯한 목소리 톤을 사용하고, 천천히 고개를 끄덕이고 긍정하며, 말하는 속도를 약간 늦추고, 목소리 크기를 약간 낮춤)

치료자는 말하는 속도를 늦추고, 목소리 크기를 약간 낮추고, 다른 친사회적 신호들(입을 다문 따듯한 미소, 눈썹 추켜올림, 긍정적인 고개 끄덕임)을 함께 활용하여 비판적이지 않은 감사와 따듯함을 전달한다. 느린 말투와 낮은 목소리 크기를 치료적으로 활용하는 것은 우리가 가장 사랑하는 사람들에게 가장 친밀하게 말하는 방식을 모방한 것으로, 몇 초 만에 강력한 사회적 안전 신호 및 긍정적 강화제 역할을 한다(10장 「**자비로운 진지함**」).

내담자: 불편했어요. 제가 선생님을 지루하게 한 것 같았어요.
(내담자가 치료자와 눈을 잘 맞추고, 목소리 톤에는 생기가 넘침)

8. 내담자의 참여를 강화한다.

치료자: 네. 바로 그거예요.
(치료자가 눈썹을 추켜올리면서 장난스럽게 웃음)
(내담자가 고개를 끄덕임)
치료자: 근데 하품처럼 사소해 보이는 것도 때로는 의도치 않은 방식으로 사회적 상호작용에 영향을 끼칠 수 있다는 사실은 당황스럽기도 하고 놀랍기도 하죠.
(치료자는 긍정의 의미로 고개를 끄덕임)

치료자는 과잉통제 내담자가 주목받는 것을 싫어한다는 점을 상기하여, 내담자뿐만 아니라 일반인으로까지 주제를 확대하여 내담자의 참여를 더욱 강화함으로써, 치료 대상을 없애지 않으면서도 내담자의 열기를 식히고 있다.

        (내담자가 고개를 끄덕임)

내담자: 네. 말보다 행동이 더 중요하죠.
        (내담자는 빙그레 웃고, 눈을 마주치고, 생기 있는 목소리 톤을 사용하고, 눈썹을 추켜올림)

내담자가 참여하고 있다.

9. 내담자에게 사회적 신호의 정의를 상기시킨 다음, 사회적 신호 대상으로 돌아간다.

치료자: 네 확실히 그래요!
        (치료자는 내담자와 함께 빙그레 웃고, 장난기 어린 호기심을 드러내며, 비공식적이고 쉬운 방식으로 신호를 보내고, 살짝 윙크하며 따뜻하고 장난스러운 미소를 보냄)

치료자: 우리가 앞서 얘기한 것처럼, 하품이나 트림처럼 누군가 관찰할 수 있는 모든 행동이 다 중요하죠.
        (치료자가 트림하는 시늉을 함)

치료자: 죄송해요! 죄송합니다. 앞서 얘기한 것처럼 남들이 볼 수 있는 행동이나 목소리 톤, 단어는 의도했든 의도하지 않았든 사회적 신호로 작용할 수 있습니다. 그래서 하품이 그냥 하품일 수도 있지만, 때로는 단순한 하품 이상일 수도 있는 거죠.
        (치료자가 웃으며 윙크함)

    치료자의 장난기(예: 트림 흉내)는, 위협에 초민감하고hyper-threat-sensitive 지나치게 진지한 과잉통제 내담자에게 자신이 뭔가 잘못하고 있다고 생각하지 않는다는 신호를 보내는 데 필수적이다(즉, 내담자가 사회적 신호를 보내는 방식이 자신의 핵심 가치 목표를 반영하는지 여부를 결정하는 것은 내담자의 몫이며, 치료자의 역할은 이러한 결정을 촉진하는 것이다). 치료자의 유치함, 미소, 윙크는 친한 친구 사이는 물론 건강한 가족이나 부족에서 흔히 볼 수 있는 가벼운 놀림과 농담 같은 것을 반영하는 우정과 동등함에 대한 강력한 메시지를 전달한다.

치료자: 우리가 하고 싶은 질문은, 피곤하다는 메시지 외에 다른 의도를 가지고 하품을 하는 경우가 있는지 하는 겁니다. 이 말을 들으면 어떤 생각이 떠오르나요?

내담자: 음… 네, 제 딸은 자기 행동을 엄마가 싫어할 때를 항상 알 수 있다고 말해요. 그럴 때면 제가 피곤한 모습을 보이기 시작하고, 남편은 저한테 지겹냐고 물어보거든요. 인정하고 싶지 않지만 딸이랑 남편이 그런 말을 할 때 제가 하품을 하고 있을 수도 있다고 생각해요. 전에는 그런 생각을 해본 적이 없지만요.
(내담자가 진지한 목소리 톤으로, 고개를 살짝 숙이고, 어깨를 살짝 으쓱하고, 보일 듯 말 듯 한 미소를 짓고, 얼굴을 빨리 초조한 듯 만짐)

내담자가 참여하고 있다. 내담자는 개방적 질문과 낮은 수준의 쑥스러움을 나타내는 비언어적 신호를 통해, 자신의 하품을 부적응적 사회적 신호로 여길 수도 있다는 개방적 신호를 보낸다.

10. 사회적 신호 대상을 내담자의 가치 목표와 연결한다.

치료자: 훌륭하게 관찰하셨네요. 당신이 딸이나 남편과 같이 있을 때 지루하거나 무관심한 태도로 행동하는 게 꼭 핵심 가치일 필요는 없어요, 그리고…
(치료자는 **편한 태도**를 전달하고, **입을 다문 따듯한 미소**를 짓고, 눈썹을 추켜올리고, 따뜻한 목소리 톤과 약간 느린 속도로 말하고, **개방적 호기심**을 드러냄)

치료자는 일부러 내담자의 쑥스러움에 주의를 기울이지 않는다. 그러면 자칫 내담자가 자신의 취약성을 드러내는 것을 잘못인 것처럼 느낄 수 있기 때문이다. 또한 내담자의 쑥스러움에 초점을 맞추면 토론의 주된 목적(즉, 새로운 사회적 신호 대상을 파악하는 것)에서 멀어질 수 있다.

(내담자가 고개를 끄덕임)
치료자: … 그건 당신이 다른 사람들에게 보내고 싶은 신호도 아닐 거고요.
내담자: 네, 그건 제가 바라는 게 아니고 오히려 저를 곤경에 빠뜨리는 것 같아요. 생각해 보니 저는 업무 회의 때로 하품을 하는 것 같아요.
(내담자가 업무 회의를 언급하면서 진지한 목소리 톤, 고개 숙임, 어깨 으쓱임 등의 비언어

적 행동을 하면서, 치료자를 향해 살짝 미소 짓고 눈을 바라봄)

내담자는 참여와 친사회적 쑥스러움 신호를 보내고 있다. 쑥스러움을 표현할 때는 대부분 시선을 피하게 되지만, 내담자는 자기개방에 대한 치료자의 반응을 파악하기 위해 눈을 계속 마주친다.

11. 내담자의 다이어리 카드를 통해 사회적 신호를 모니터링하는 데 동의한다.

치료자: 네... 그런 것들을 알아차리다니 대단하시네요. 그리고 저와 공유해 주신 것도 정말 훌륭하시고요. 그건 제가 당신을 더 잘 알 수 있고 당신도 스스로를 더 잘 알 수 있는 방법이거든요. 하지만 앞서 우리 둘 다 동의한 것처럼, 당신이 문제를 발견할 때는 조심해야 해요. 당신은 자신에게 꽤 가혹한 편이고 문제를 발견하면 바로 고치려고 노력할 것이기 때문이죠. 우리는 또 문제해결 정신이 종종 당신을 곤경에 빠뜨릴 수 있고, 모든 걸 고치려고 노력하다 보면 지칠 수 있다는 점에도 동의했었죠.

(치료자가 잠시 말을 멈추고 이마를 손으로 두드림)

치료자: 우와! 그러고보니 우리가 지금 당신이 지쳐 있다는 얘기를 하고 있네요!

(치료자는 따뜻한 미소를 짓고, 가볍게 윙크를 하고, 말하는 속도를 늦춤)

치료자: 그러니 괜찮으시다면 우리의 주장을 증명할 데이터를 완전히 확보하기까지는 꼭 하품이 문제라고 단정하지 말고 좀 천천히 진행하는 게 좋겠습니다. 제가 이렇게 말씀드리는 게 어떻게 들리나요?

(치료자는 **편한 태도**를 전달하고, 호기심을 드러내며, 고개를 살짝 숙이고, 어깨를 살짝 으쓱하고, 손을 벌리는 제스처를 취하고, **입을 다문 따뜻한 미소**를 짓고, 눈썹을 추켜올리고, 눈을 마주침)

치료자는 유화 신호(살짝 고개 숙이기, 어깨 으쓱하기, 손을 벌리는 제스처)와 협력적 친화 신호(**입을 다문 따뜻한 미소** 짓기, 눈썹 추켜올리기, 눈 마주치기)를 결합하여, 내담자의 솔직한 자기개방을 장려하기 위한 비우월성 협력적 우호 신호를 보낸다. 치료자는 계속해서 진행하기 전에 먼저 내담자의 참여를 확인한다.

내담자: 네, 저도 동의해요… 가끔은 그렇게 너무 서둘러 고칠 필요가 없다는 걸 나중에서야 알게 되는 것 같아요.

(내담자가 사려 깊고 진지한 목소리 톤으로 말함)

내담자가 참여하고 있다.

치료자: 그렇군요. 제 생각에는요, 하품을 고치려고 하기보다는 한 일주일 정도 하품을 관찰하는 것부터 시작해 보면 어떨까요? 그렇게 하면 하품이 얼마나 자주 나타나는지, 하품을 특히 더 많이 하는 특정한 시간이나 주제가 있는지, 남편이나 딸, 아니면 직장 동료와 같은 특정한 사람들과 있을 때만 나타나는지 알 수 있거든요. 예를 들면 지금 하품을 안 하는 것처럼 늘 하품을 하지는 않으니까요. 어떤 것 같나요?

(치료자는 **편한 태도**를 전달하고, **개방적 호기심**을 드러냄)

치료자는 계속 진행하기 전에 내담자의 참여를 확인한다.

(내담자가 고개를 끄덕임)

내담자: 그럼 다이어리 카드에 하품을 얼마나 자주 하는지, 언제 하는지 기록해야겠네요. 하품하는 횟수만 세면 될까요?

(내담자는 생기 있는 목소리 톤으로 **개방적 호기심**을 드러냄)

내담자는 참여하고 있고, 하품하는 행동을 모니터링하라는 치료자의 제안을 어떻게 실행할지 이미 연구하고 있다.

12. 새로운 사회적 신호 대상을 모니터링하는 방법에 동의한다.

치료자: 네, 하루에 하품을 몇 번 했는지 빈도를 세고, 다이어리 카드의 '메모/댓글/체인분석'이라고 적혀 있는 작은 칸에 하품할 때 누군가와 함께 있었는지 아니면 혼자 있었는지, 누구와 함께 있었는지, 당시 대화 주제는 뭐였는지를 기록하면 될 것 같아요.

(치료자는 **입을 다문 따뜻한 미소**, 더 활짝 웃는 미소, 자비로운 염려의 표현 등을 드러냄. 관심의 표현에 대해서는 6장 참조)

13. 사회적 신호 대상과 관련 있는 비사회적 신호 행동(예: 감정, 생각, 치료제 복용, 식사 제한)을 한두 개 파악한다.

치료자: 또한 우리가 이미 모니터링하고 있는 원한이나 인정받지 못한 생각 같은 비사회적 신호 대상 중에서 하품과 관련된 게 있는지 알아보는 것도 좋을 것 같아요. 마지막으로, 하품과 관련한 새로운 비사회적 신호 대상을 추가하는 것도 유용할 것 같은데요, 혹시 동의하지 않으면 말씀해 주세요. 아침에 일어났을 때마다 얼마나 편안함을 느끼는지 0-5점 척도를 사용해서 매일 기록하는 것도 좋을 것 같아요. 하품을 유발하는 원인에 대한 기존의 가설 중 하나였던 피곤함의 정도가 어떻게 나타나는지 알아볼 수도 있고요.

14. **온전한 개방성**의 목표는 완벽함을 실천하는 것이 아니라, 개방적이고 유연하고 사회적으로 연결됨을 실천하는 것임을 내담자에게 상기시킨다.

치료자: 마지막으로 중요한 것은, 이 작업을 완벽하게 수행하려고 하지 않는 겁니다. 우리의 목표는 이런 사회적 신호들을 더 잘 이해할 수 있는지 알아보는 것이지, 정말로 완벽해지는 게 아닙니다. 우리가 이 작업을 잘 수행한다면, 우리가 발견하는 걸 보는 게 분명 재미있을 거예요.

15. 내담자에게 어떤 이유에서든 다이어리 카드를 작성하는 데 어려움이 생기면 알려줄 것을 상기시킨다.

치료자: 우리가 다른 대상들을 모니터링할 때와 마찬가지로, 하품이나 그와 관련된 것들을 모니터링하기 싫어지면 혼자서만 생각하지 마세요!
(치료자가 웃음)

치료자: 우리가 같이 해결할 수 있도록 저한테도 알려주세요. 전에 우리가 얘기한 것처럼, 다이어리 카드를 작성하지 않거나, 일부를 빼먹거나, 가짜로 작성하는 건

당신이 빠져 있다고 종종 보고하는 그 구멍에서 빠져나오기 어렵게 할 뿐만 아니라, 저한테도 큰 사회적 신호를 보내는 거니까요!

(치료자가 활짝 웃음)

치료자는 내담자가 다이어리 카드를 진지하게 작성해야 한다는 것과, 다이어리 카드를 작성하는 것이 힘들 때 치료자에게 알리는 것의 중요성을 모두 전달하고 있다. 이를 위해 치료자는 기꺼이 다른 옵션을 고려할 수 있다는 진정성 있는 의지와 더불어, 내담자를 진심으로 이해하고 있다는 것을 함께 표현하고 있다.

치료자: 다행히도 아직까지는 당신과 저에게 아무 일도 일어나지 않았어요. 하지만 앞으로 어떤 일이 일어난다면 저도 꼭 알고 싶습니다. 어떻게 생각하세요?

(내담자가 동의함)

치료자: 좋아요. 그럼 다른 주제로 넘어가기 전에 다이어리 카드에 새로운 대상을 잘 기록했는지 확인해 보죠.

(내담자가 고개를 끄덕임)

부록 6

효과적인 RO DBT 체인분석을 위한 단계 설정: 회기 중 프로토콜

다이어리 카드를 사용하여 회기 중 행동 체인분석에서 중점을 둘 사회적 신호 대상을 식별한다.

치료자: 여기 다이어리 카드를 보면 일요일이 최악의 날이었던 것 같네요. 일요일에 떠나기를 하셨던 것 같고, 화나면서도 미소를 지으며 도움을 거절했다고 보고하셨는데요, 월요일에도 화날 때 미소 짓는 일이 있었네요. 그리고 일요일에 운명론적 마음과 고정된 마음의 신호와 생각이 높았다고 보고하셨고요. 그날 수치심, 자기비판적 사고, 복수에 대한 충동이 높았던 것도 알 수 있군요. 여기를 아주 잘 채워 주셨네요. 오늘 우리가 여러 곳을 다룰 수 있지만 그중에서도 일요일이 가장 눈에 띕니다. 지난 주에 **매치+1** 기술을 사용해서 데이트를 신청하는 숙제가 있었죠?

(치료자는 호기심을 드러내고, 사무적인 말투로 말하며 내담자의 다이어리 카드를 훑어봄)

치료자는 한 주간의 사회적 신호 대상(이 사례에서는 '떠나기'로 명명된 행동)과 관련하여 가장 문제가 심했던 날을 찾는다. 치료자는 다이어리 카드를 검토하는 데 너무 많은 시간을 할애하지 않아야 하는데, 약 6-7분 정도의 시간을 들이는 것이 이상적이다(4장 「개인치료 구조와 의제」 참조). 다이어리 카드는 내담자의 한 주에 대한 간략한 개요를 제공한다. 목표는 회기 중 체인분석에서 중점을 둘 문제 행동을 식별하는 것이다.

대부분의 경우 이러한 문제 행동은 사회적 신호 결핍 중 하나(즉, 그 주의 '가장 큰' 또는 가장 두드러진 부적응적 사회적 신호)여야 한다. 유일한 예외는 생명을 위협하는 임박한 행동을 우선한다는 것이다(매치+1 기술에 대한 설명은 『기술훈련 매뉴얼』 5장 21강 「유연한 마음은 허용한다(ALLOWs)」를 참조).

치료자: 음… 궁금한 게 있어요. 일요일도 메리에게 데이트 신청을 하기로 한 날이었나요?

(치료자는 **입을 다문 따뜻한 미소**를 지음)

치료자는 내담자에게 **떠나기**라고 표시된 사회적 신호 대상이 누군가에게 데이트를 신청하는 숙제와 관련이 있는지 물어봄으로써 자기만의 가설을 확인한다.

내담자: 네, 그랬죠 음… 그녀에게 물어보고 나서 완전히 비참한 기분이 들었어요. 절대 잘 안될 것 같았어요. 모르겠어요… 그냥 '귀찮게 뭐하러 그러지?'라는 생각이 들기 시작했어요. 그래서 그냥 걸어 나왔어요.

(내담자가 시선 접촉을 유지함)

내담자는 무슨 일이 있었는지 정확히는 몰라도 계속 참여하고 있다.

대상을 가치 목표에 연결하기(같은 날에 두 개 이상의 대상이 있을 때 가장 영향력 있는 사회적 신호 문제를 선정하기)

치료자: 네… 알겠어요. 음, 그건 이해할 수 있는데 좀 중요한 부분 같아요. 특히 당신의 목표가 누군가와 오랜 연애 관계를 맺는 걸 고려하면요. 게다가 지난번 상담 때 같이 얘기하기로는, 메리가 최소한 친구로서 더 잘 알고 싶은 사람일 수도 있다고 했잖아요. 그러니 이 모든 것에서 떠나게 된 과정에는 분명 무슨 일이 있었을 것이고, 당신은 그걸 사회적으로 알리고 싶지 않으셨을 것 같아요.

(치료자는 **편한 태도**를 전달하며 **개방적 호기심**을 드러냄)

치료자는 내담자의 앞선 진술에 대한 설명을 요청하는 대신, 체인분석을 위한 사회적 신호 대상을 식별하고 남은 회기 시간의 의제를 설정하는 당면 목표에 집중한다. 의제를 설정할 때 흔히 저지르는 실수는, 실제 필요한 것보다 더 많은 정보를 요청하는 것이다. 그런 경우 다이어리 카드를 검토하는 데 예상보다 훨씬 오래 걸림으로써 귀중한 회기 시간을 잡아먹을 수 있다. 내담자의 다이어리 카드에 하루에 두 개 이상의 부적응적 사회적 신호가 기록되어 있는 경우(실제로 매우 흔하다), 치료자는 내담자의 관계에 가장 큰 지장을 줬거나 그럴 수 있었던 신호를 선택해야 한다.

      (내담자가 고개를 끄덕임)

치료자: 게다가 우리는 항상 가장 큰 사회적 신호를 다루잖아요. 그렇게 볼 때 일요일에 나타난 세 가지 사회적 신호 문제(화날 때 미소 짓기, 도움 거부하기, 떠나기) 중에서, 당신이 다른 사람들로부터 계속 고립되고 외로움을 느끼게 할 만한 가장 강력한 사회적 신호는 뭔 것 같나요?

내담자: 떠나기요. 그 뒤에 도움을 거부하는 행동을 했고, 화났을 때 웃는 것도 그랬고요. 하지만 제가 망치지 않고 떠나지 않았으면 적어도 그날만은 다른 문제가 나타나지 않았을 거예요... 아마 그녀는 다시는 저랑 말을 안 할 거예요.

      (내담자의 목소리 톤이 우울해지고, 시선을 약간 피함)

내담자는 계속 참여하지만 운명론적 사고 또는 낮은 수준의 "나를 아프게 하지 말아요"라는 반응으로 신호를 보내고 있다.

다른 잠재적 대상이나 이야기에 빠져 성급한 문제 해결을 하기보다는 나중에 체인분석을 통해 다루기

치료자: 그럼 우리가 의제 설정을 마친 후에 더 심도 있게 살펴보기 위해서는 떠나기를 다루는 게 가장 좋을 것 같네요. 어떻게 생각하세요?

      (치료자가 **편한 태도**를 전달함)

치료자는 문제를 해결하거나 더 탐구하려는 유혹을 피하고, 대신 사회적 신호 문제로서 떠나기를 체인분석의 대상으로 삼는 것에 대해 내담자로부터 동의를 받는다. 치료자는 다음 단계로 넘어가기 전에 내담자의 명시적 동의를 확인한다.

내담자: 네, 좋은 것 같아요.
(내담자는 사무적 말투로 얘기하고, 눈을 직접 마주침)

궁극적으로 치료자와 내담자는 의제 설정을 완료하고, 치료자는 실제 체인분석을 수행하기 전에 내담자가 RO 기술훈련 수업에 참여하는 것을 간단히 확인한다(**부록 7, 『RO DBT 체인분석 및 해결분석 활용: 원칙과 회기 중 프로토콜』**).

부록 7

RO DBT 체인분석 및 해결분석 활용: 원칙과 회기 중 프로토콜

문제가 되는 사회적 신호가 발생한 맥락(누가, 무엇을, 언제, 어디서, 신호의 강도)을 파악한다.

치료자: 네, 좋아요...잘하셨습니다. 그럼 이제 체인 분석을 시작해도 될 것 같네요. 당신과 제가 힘을 합쳐 이 문제를 이해할 수 있는지 보죠. 먼저, 당신이 메리를 떠났던 일요일에 어디 계셨고 몇 시였나요?

(치료자가 **입을 다문 따뜻한 미소**를 지으며 **개방적 호기심**을 드러냄)

치료자는 내담자의 참여를 강화한 뒤, 부적응적 사회적 신호를 둘러싼 맥락의 특징을 파악하는 데 집중한다. 이 사례에서 일부 맥락 정보는 이미 확보된 상태다(즉, 메리가 내담자의 부적응적 사회적 신호의 수신자다).

내담자: 아침 9시쯤이었어요. 아시는 것처럼 제가 속한 조류 관찰 클럽에서는 항상 가이드들끼리 모여 커피를 마시면서 누가 어떤 그룹과 함께 갈지, 어떤 경로로 갈지 계획하죠. 메리도 늘 그렇듯이 전형적인 자연 자원봉사자들과 함께 거기 있었어요. 아마 총 20명 정도였을 거예요.

(내담자의 목소리가 진지함)

내담자가 참여하며 주제에 집중하고 있다.

기여 요인(혹은 취약성 요인)을 파악하기

치료자: 기여 요인이 뭐였죠? 당신을 더 쉽게 떠나게 했을 것 같은 일이 그 직전이나 전날에 뭐 있었나요? 예를 들면 그날 식사를 했나요? 잠은 어땠죠? 사건이 있기 직전이나 전날에 인간관계에서 갈등이 있었나요?
(치료자는 편한 태도를 전달하고, 사무적인 말투를 사용하고, 개방적 호기심을 드러내고, 눈썹을 추켜올림)

치료자의 질문은 특정 날짜에 부적응적 사회적 신호의 발생 가능성을 높였을 가능성이 있는 요인을 파악하기 위한 것이다. 이는 1-2분 이내로 해야 하며, 기여 요인을 확인하는 데 너무 시간을 많이 들이지 말아야 한다. 이는 해결분석에 중요한 영역일 때도 있지만, 치료자는 대부분의 시간을 유발 사건에 의해 촉발된 체인의 연결고리에 집중해야 한다. 이 사례에서(현재 21회기로, 치료 후반부) 치료자와 내담자는 이미 여러 번의 체인 분석을 수행했으므로, 치료자가 기여 요인이나 유발 사건을 얘기하면서 그 의미를 정의할 필요는 없다. 치료자는 시간적으로 가까운, 즉 부적응적 사회적 신호가 발생하기 전 30분 이내에(실제로는 문제가 되는 사회적 신호가 발생하기 몇 초에서 몇 분 전에 유발 사건이나 촉발 요인이 있었던 경우가 대부분임) 있었던 유발 사건을 찾아야 한다. 이렇게 하면 불필요하게 긴 체인분석을 방지할 수 있다.

내담자: 사실 좀 피곤했어요. 어… 전날 밤부터… 무슨 일이 일어날지도 모른다는 걱정이 들어서 인터넷에 접속해서 데이트 팁을 찾아보기 시작했죠.
(내담자가 진지한 목소리로 얘기함)

내담자가 참여하고 있고 주제에 집중한다.

내담자: 선생님이 좋아할 만한 흥미로운 연구 결과를 발견했어요.

(내담자가 살짝 미소를 지으며 빠르게 반응함)

내담자: 우리가 너무 계획을 과도하게 세우지 않는 게 중요하다고 얘기했지만, 처음부터 끝까지 한 번 리허설하는 게 제일 좋다는 생각이 들었어요. 그래도 리허설 횟수는 10번만 하기로 자체적으로 정했어요.
(내담자가 살짝 웃음)

내담자: 문제는 예상보다 시간이 오래 걸렸다는 거예요. 그래서 평소 시간에 잠자리에 들지 못했고 꽤 불안한 밤을 보냈어요. 제가 생각보다 숙제에 신경을 많이 썼기 때문일 수도 있을 것 같아요.

치료자: 음, 그럼 일단 당신이 열라 신경 쓰고 있었던 건 맞네요!
(치료자가 살짝 윙크를 하고, **입을 다문 따뜻한 미소**를 짓고, 살짝 킥킥대고, 어깨를 살짝 으쓱함)

치료자: 당신이 얼마 전까지만 해도 남들에 대해서나 남들이 당신을 어떻게 생각하는지 별로 신경 쓰지 않는다는 걸 설득하려고 애쓰셨던 기억이 나네요.

치료자는 장난스러운 도발을 전달하고 있다. 그녀가 '열라'라는 단어를 사용한 것은 의도적이며 우정을 전달한다(친구끼리는 대화 중에 덜 공식적인 언어를 사용한다).

치료자: 한때는 아무도 신경 쓰지 않는다고 생각하셨는데, 이제는 그 사람들 때문에 잠을 설치고 있군요! 우와.
(치료자가 **입을 다문 따뜻한 미소**를 지으며 눈썹을 추켜올림)

치료자는 다른 사람 때문에 잠을 설치는 것을 배려의 증거로 제시하고, 따라서 굳이 내담자의 행동을 지적하지 않은 채 교정적 피드백을 제공한다. 이것이 바로 치료적 놀림이다(6장「**놀림, 비우호적 태도, 장난스러운 도발**」). 치료적 놀림은 기분을 밝게 하고(크게 문제 삼지 않고), 잘만 하면 내담자에게 자신이 잘못한 것이 없다는 신호를 보내는 데에도 사용할 수 있다. 이 사례에서 내담자는 숙제를 하는 데 어려움을 겪었지만 **매치+1** 기술을 연습했고 다이어리 카드도 완성했으며, 세션에도 참여하고 있다. 이는 자기비판인 과잉통제 내담자와 작업할 때 중요하다. 행동이 말보다 더 큰 힘을 발휘하는 경우가 많기 때문이다.

치료자: 이 말을 들으면서 어떤 생각이 드나요?
(치료자는 의자에 몸을 기대고, **입을 다문 따듯한 미소**를 짓고, 옅은 치료적 한숨을 내쉼)

치료자는 내담자에게 확인하는 동안 의자에 뒤로 기대어 입을 다문 미소를 지으며 치료적 한숨(6장 「치료적 한숨」)을 내쉼으로써, 내담자에게 자신이 그에게 '잔소리하는'(비웃거나 비난함) 것이 아닌, 내담자의 경험에 정말로 관심이 있다는 신호를 보낸다.

내담자: 네... 인정하기는 싫지만 무슨 말씀이신지 이젠 좀 알 것 같아요.
(내담자가 멋쩍은sheepish 미소를 짓고, 어깨를 살짝 으쓱하며, 눈을 맞추고, 고개를 살짝 숙임)

이것은 복잡한 사회적 신호다. 내담자는 여러 감정들(친사회적 쑥스러움, 진정한 즐거움, 우호적 협력)이 섞인 신호를 보내고 있을 가능성이 높다. 내담자가 어깨를 살짝 으쓱하고 고개를 숙이며 자신이 틀렸음을 구두로 인정하는 모습을 통해 쑥스러움을 알 수 있다. 멋쩍은 미소는(주로 쑥스러울 때 보이는) 억제된 미소와 진정한 즐거움의 미소가 혼합된 미소다(6장 참조). 내담자는 다른 사람의 생각에 신경 쓰지 않겠다는 자신의 과거 주장이 완전히 맞지는 않았을 수도 있음을 인정하고 있으며, 멋쩍은 미소와 어깨 으쓱거림은 비언어적 회복의 기능을 한다(회유 제스처 참조). 따라서 내담자가 참여하고 있음을 알 수 있다.

내담자: 적어도 과거에 생각했던 것보다는 더 신경 쓰고 있는 것 같다는 생각이 들기 시작했어요.

내담자가 치료자와 함께했다는 사실은 치료자가 관찰한 것을 내담자가 긍정적으로 경험했음을 암시한다. 만약 내담자의 표정이 밝아지지 않았으면 치료자는 즉시 의자에 몸을 기대고 따듯한 미소를 지으며 눈썹을 추켜올리면서, "제가 방금 왜 그렇게 말한 것 같으세요?"라고 물으며 자비로운 태도로 전환하는 것이 일반적인 프로토콜이다.

치료자: 네, 어떤 말씀인지 알겠어요. 알려 주셔서 감사합니다.
(치료자는 편한 태도를 전달하고, **입을 다문 따뜻한 미소**를 지으며, 눈썹을 추켜올림)

치료자는 내담자의 자기개방을 강화하되, 굳이 더 많이 칭찬하거나 더 깊이 탐색하지 않음으로써 이 사안을 크게 문제 삼지 않기로 선택한다. 대신 치료자는 내담자가 말한 내용을 조용히 메모한 뒤 다음 회기 때 논의할 수 있도록 보관한다. 이를 통해 치료자는 체인분석에 계속 집중하고 내담자를 더 강화할 수 있다(과잉통제 내담자는 주목받는 것을 싫어한다는 점을 기억하라). 하지만 꼭 정답은 없음을 명심하라.

치료자: 또 당신이 떠나기를 미리 계획하지 않았다는 것도 알고 있고요. 그래서 우리가 같이 알아본 결과로는, 당신에게 떠나기는 두 가지 목적이 있는 것 같아요. 하나는 마음에 들지 않는 행동을 한 사람을 벌주는 거고, 다른 하나는 갈등을 피하는 거예요. 맞나요?
(내담자가 고개를 끄덕임)

유발 사건을 파악하기

치료자: 일요일을 떠올려 보면, 무슨 일 때문에 퇴근하기로 마음먹은 걸까요?
(치료자가 **개방적 호기심**을 드러냄)
내담자: 제가 도착하니까 그녀는 늘 그랬던 것처럼 카운터 뒤에 있는 게 아니라, 보스턴에서 막 상경했다고 들었던 새로운 남자("제 기억이 맞다면 은퇴한 교수")와 커피를 마시며 얘기하고 있더라고요. 깜짝 놀랐죠. 제 생각과 전혀 달랐거든요.
(내담자가 "제 기억이 맞다면 은퇴한 교수"라고 말할 때 약간 비꼬는 듯한 말투가 섞였지만, 목소리 톤은 전반적으로 진지함)

내담자의 약간 비꼬는 듯한 말투는 질투나 시기를 암시한다. 내담자는 여전히 참여하고 있다.

유발 사건이 그럴 만한 것인지 확인하기(즉, 해당 사건이 일어나지 않았으면 부적응적 사회적 신호가 안 나타났을 것인지 확인함)

치료자: 여기서 여쭤 보고 싶은 게 있습니다. 메리가 처음 본 그 남자와 대화를 나누지 않았다면 당신은 안 떠났을까요?
(치료자가 사무적인 말투로 **개방적 호기심**을 드러냄)

치료자는 내담자가 파악한 유발 사건이 사회적 신호와 관련이 있는지 확인하기 위해, **말하기보다 물어보는** RO DBT 전략을 사용한다. 치료자는 시기와 억울함과 관련될 수 있는 새로운 대상은 무시한다. 대신, 내담자가 말한 내용을 조용히 메모하고 나중에 (해결분석 때 다루거나 별도의 대상으로 삼기 위해) 사용할 수 있도록 보관한다. 이렇게 하면 치료자와 내담자가 체인분석에 집중할 수 있다.

내담자: 네. 말씀하신 상황이었다면 확실히 떠나는 일은 없었을 거예요.
(내담자가 진지한 목소리 톤으로 말함)

부적응적 사회적 신호로 이어지는 일련의 사건(행동, 생각, 감정, 감각)을 파악하기

치료자: 네, 메리와 함께 있는 새로운 남자를 봤고… 그 다음에는 어떻게 됐나요? 그 장면을 본 직후에 들었던 생각이나 감정, 혹은 했던 행동이 있었나요?
(치료자가 **개방적 호기심**을 드러냄)

내담자: 그녀가 제가 생각했던 여자가 아니라고 생각했던 기억이 나요.
(내담자의 목소리 톤은 진지하지만 침울함)

내담자는 비록 생각을 다소 모호하게 표현하고 있지만, 참여하고 있다. 일반적으로 치료자는 과잉통제 내담자가 사회적 신호를 간접적으로 표현할 때마다, "당신이 생각했던 여자가 아니라는 말은 무슨 뜻이죠?"와 같이 명확히 설명해 달라고 요청하는 습관을 가져야 한다. 이는 내담자가 자신의 내적 경험(건강한 관계의 핵심 부분)을 드러낼 때 직접적이고 개방적이며 솔직해지는 연습을 할 수 있는 기회를 제공하고, 자신의 인식과 행동을 공개적으로 말함으로써 그에 대한 책임을 질 수 있게 한다. 이는 또한 치료자가 내담자에 대한 잘못된 가정에 빠지지 않는 데에도 도움이 될 수 있다. 하지만 지금 단계에서 추가 설명이 꼭 필요한 것은 아니다.

일반적으로 나는 크게 세 가지 원칙에 따라서 부연 설명을 요청할지 여부를 결정한다. 첫째, 치료 단계다. 치료 단계가 빠를수록 추가 해명을 요청할 때가 많다. 둘째, 체인분석에 사용할 수 있는 시간이다. 시간이 적을수록 내적 행동(생각, 감정, 감각)에 집중하지 않게 되므로 사회적 신호 결핍에 집중할 수 있는 시간을 충분히 가질 수 있다. 셋째, 체인의 어떤 연결고리도 특별히 관련성이 있으면 나중에 해결분석을 하면서 언제든 다시 살펴볼 수 있다는 점을 스스로 되새긴다.

모호한 생각과 관련된 체인의 연결고리는 종종 내담자가 치료자가 자신을 위해 해주기 바라기보다는 스스로 **자기탐구**를 연습할 수 있는 좋은 기회가 될 수 있다. 이 사례에서 치료자는 내담자가 **자기탐구**를 통해서 자신이 의도한 의미가 무엇인지 정리하도록 격려할 수 있다. 이 방법은 내담자가 "모르겠어요"라고 대답하거나 특정한 진술이 자신에게 어떤 의미인지 파악하는 데 어려움을 겪을 때 특히 유용하다. **자기탐구**는 숙제로 내줄 수 있으며, 다음 회기 때 진술의 의미에 대한 질문을 다시 검토할 수 있다.

치료자: 네, 메리와 함께 있는 새로운 남자를 봤고… 그 다음에는 어떻게 됐나요? 그 장면을 본 직후에 들었던 생각이나 감정, 혹은 했던 행동이 있었나요?
(치료자가 **개방적 호기심**을 드러냄)

이 사례에서 치료자는 내담자의 생각이 어떤 감정과 연결돼 있다고 추측하며 체인의 다음 연결고리로 이동한다(이 경우).

내담자: 배신감이 들었어요. 그 남자에게는 위협을 느꼈고요. 그는 꽤 말을 잘 했어요. 그래서 화가 났고, 시기와 질투 같은 감정이 들었던 것 같아요. 기술 수업에서 막 공부한 내용이거든요.
(내담자가 진지한 목소리 톤으로 눈을 마주보며 얘기함)

내담자가 참여하고 있다. 또한 내담자가 여러 감정적 대안을 생각해 내는 능력이 있다는 것은 지금이 치료 후반부임을 시사한다(그는 이미 개인치료와 기술훈련 수업에서 감정에 대한 많은 지식을 습득했다).

치료자: 네, 잘하셨어요. 당신이 느낀 감정을 아주 정확하게 알 필요는 없을 것 같아요. 하지만 분노, 질투, 시기심에 대해서는 동의합니다. 당신이 다이어리 카드에 복수하고 싶은 강한 충동과 더불어 운명론적 마음과 고정된 마음을 다 기록하신 이유도 이제 알 것 같네요. 중요한 것 같은 것들은 나중에 같이 결정할 수도 있습니다. 혹시 원하시면 이전에 사용했던 워크시트인 「신경 기질을 사용하여 감정에 이름 붙이기」를 숙제로 해볼 수도 있고요.

(치료자가 **편한 태도**를 전달하고 **입을 다문 따뜻한 미소**를 지음)

치료자는 유연성을 모델링하여 몰입 중인 내담자의 열기를 식히면서, 치료의 주요 대상인 사회적 신호에 계속 집중한다. 치료자는 내담자가 감정의 연결고리를 파악하는 데 어려움을 겪을 때 『**기술훈련 매뉴얼**』을 펼쳐서 **워크시트** 6B를 사용하는 습관을 들여야 한다. 이 워크시트는 신체 감각, 충동, 사회적 신호를 사용하여 과잉통제 내담자가 다양한 감정들에 이름을 붙이는 법을 배울 수 있게 해준다.

(내담자가 치료자의 제안을 **자기탐구 일지**에 적음)

치료자: 하지만 제가 정말 궁금한 건, 당신의 안에서 벌어진 이 모든 일들이 어떻게 사회적 신호에 영향을 주기 시작했는지 하는 거예요. 그 다음에는 무슨 일이 있었나요? 어떻게 해서 화나는 거에서 메리에게 데이트를 신청하기 위해 접근하게 된 거죠?

(치료자가 개방적 호기심을 드러내고, **입을 다문 따뜻한 미소**를 짓고, 눈썹을 추켜올림)

내담자: 그냥 대충 빨리 끝내자고 생각했어요. 하지만 그녀가 광대clown랑 말하고 있는데 데이터를 신청할 순 없잖아요. 그래서 그녀를 지켜보면서 기다렸고…

(내담자의 목소리 톤은 진지하지만 비꼬는 느낌이 강함)

내담자는 계속 참여한 상태로 주제에 집중하고 있으며, 치료자의 질문에 대한 직접적인 대답을 하고 있다.

치료자: 얼마나 오래 기다렸나요?

(치료자가 개방적 호기심을 드러내며 눈썹을 추켜올림)

치료자는 그럴 만한(정당한) 질투의 증거를 찾고 있다. 또한 내담자가 '광대'라는 단어를 사용한 것에 대해서는 다음의 몇 가지 이유로 언급하지 않기로 결정함. 첫째, 이 단어를 판단적이라고 강조하는 것 자체가 판단적일 수 있다. 둘째, 내담자가 더 폭넓은 언어를 사용하는 것은 우정을 드러내는 신호일 수 있다. 셋째, '광대'라는 단어를 강조하면 내담자가 체인분석에서 벗어나 **떠나기** 행동에 초점을 맞출 수 있다. 치료자는 내담자가 '광대'라는 단어를 사용한 것과 지난 몇 분 동안 비아냥거리는 어투를 사용한 것이 이번이 두 번째라는 사실에 주목한다. 하지만 풍자가 시기와 억울함이라는 과잉통제 주제와 연관된 중요한 부적응 사회적 신호임에도 불구하고, 치료자는 내담자와 이를 논의하기 전에 더 많은 자료를 수집하기로 선택하고, 그 결과 체인분석을 완료하는 데 집중할 수 있었다. 빈정대는 것은 대개 시기, 억울함, 업신여김이나 경멸(즉, 지배하려는 욕구와 연관된 사회적 지위와 관련된 감정)과 관련된다. 이는 내담자의 사회적 유대감에 부정적 영향을 끼치고 공정이나 친절에 대한 핵심 가치에 위배될 수 있는 강력한 간접 사회적 신호다. 치료자는 내담자가 여러 회기에 걸쳐 반복적으로 빈정대는 말을 할 경우 이 간접 사회적 신호를 다뤄야 한다(**부록 5 「간접 사회적 신호를 대상으로 삼기: 회기 중 프로토콜」**).

내담자: 음… 글쎄요… 그렇게 길지는 않았던 것 같아요. 몇 분 후에 누가 나타나서 대화에 끼어들었고, 그 남자는 그 사람과 함께 그냥 가버렸거든요. 그러고나서 저는 바로 메리에게 다가갔는데 그때는 제가 하려던 말을 다 잊어버린 상태였어요.

(내담자는 사무적 말투를 사용함)

질문에 대한 직접적인 대답에서 알 수 있듯이 내담자는 적극적으로 참여하고 있다. 메리와 다른 남자 사이의 짧은 상호작용 기간을 고려하면 내담자의 질투는 정당하지 않아 보인다.

치료자: 그녀를 향해 걸어가기 시작했을 때 어떤 감정이나 생각이 들었는지 기억 나세요?

(치료자가 **개방적 호기심**을 드러냄)

내담자: 그녀가 차갑고 계산적이고, 내가 상처받기 바란다는 생각이 들었어요.

(내담자가 무표정하게 단조로운 억양으로 얘기함)

치료자: 그녀한테 정확히 뭐라고 말씀하셨죠?
(치료자가 개방적 호기심을 드러내며 **입을 다문 따듯한 미소**를 지음)

치료자는 문제가 될 수 있는 행동에 대한 자세한 설명을 듣는 데 중점을 둔다.

내담자: 그냥 "저, 언제 한 번 같이 놀러 갈래요?"라고 말했어요.
(내담자는 사무적인 말투로 말하며 치료자를 바라봄)
치료자: 정말요? 정확히 그런 말투로 말했나요?
(치료자는 미소 없이 눈썹만 추켜올리고, 궁금한 말투로, 고개를 한쪽으로 살짝 기울이고 윗입술을 한쪽으로 빠르게 위로 실룩거린 뒤, 곧바로 **입을 다문 따듯한 미소**를 지으며 살짝 어깨를 으쓱함)

치료자의 비언어적 행동(즉, 복합적 사회적 신호)은 1초 이내에 이루어진다. 이것은 고전적인 치료적 놀림으로, 나는 이를 **"아 정말… 했나요?"** 반응이라고 부른다. 입술을 실룩거리는 것은 일반적으로 혐오감과 연관되어 있기 때문에, 많은 치료자들이 **"아 정말… 했나요?"** 신호의 치료적 가치를 충분히 인식하고 이를 친구나 가족에게는 쉽게 전달해도 치료에서 사용하기는 매우 어렵게 여긴다. 하지만 이것은 치료자가 위협 민감성이 높은 과잉통제 내담자와 함께 작업할 때 기꺼이 사용할 수 있는 중요한 사회적 신호다. 치료자는 이 신호를 통해 내담자의 결점을 비공식적이면서도 너무 강압적이지 않게 지적할 수 있다.

내담자: 네, 어차피 그녀는 원치 않을 거라고 생각했어요. 전 그냥… 모르겠어요. 생각이 없었던 것 같아요.
(내담자의 목소리 톤이 침울하고, 눈을 약간 내리뜨고, 축 처진 어깨에, 약간 움츠림)

내담자는 약간의 죄책감이나 수치심을 전달하는 것으로 보인다. 그가 자신이 잘못했다고 생각하는 것이 직접 말에 담겨 있지는 않지만, 비언어적 사회적 신호는 이를 암시한다. 죄책감은 자신의 가치관이나 이상화된 자기에 따라 살지 못할 때마다 발생하는 부정적 자기평가에서 비롯되며, 이는 수치심이 실제 또는 상상 속의 타인의 평가로 인해 발생하는 것과 대조적이다(『기술훈련 매뉴얼』 5장 8과 「재미있는 사실들: 수치심과 죄책감의 차이ㄴ) 죄책감은 수치심과 달리 얼굴, 신체, 생리적 반응이 동반되지 않는다. 연구에 따르면 사람들은 수치심의 전형적인 신체적 모습 없이 표현되는 죄책감(예: "미안해"라고 말하는 것)을 불신한다. 이 사례에서 내담자의 신체적 모습(움츠린 자세와 내리뜬 시선)은 전형적인 수치심의 표현으로, 그가 치료관계를 중시하며 숙제를 완수하기 위해 열심히 노력하는 것을 중요히 여김을 시사한다.

내담자: 그래서 당신이 데이트하자고 하니까 그녀가 뭐라고 하던가요?
(치료자가 **개방적 호기심**을 드러냄)

치료자는 내담자의 죄책감·수치심을 다루거나 내담자의 상태를 조절하려고 시도하지 않고 체인분석에 집중하고 있다.

내담자: 생각해 보겠다고요.
(내담자는 단조로운 억양으로 무표정하게 말함)

치료자: 그래서 어떻게 하셨죠?
(치료자가 **개방적 호기심**을 드러냄)

치료자는 생각, 행동, 감정의 체인에서 중요한 연결고리를 찾는 데 집중한다.

내담자: 그냥 "네, 알겠어요"라고 말했죠. 그러고는 돌아서서 커피메이커 쪽으로 걸어갔어요. 더 이상 아무 말도 안 했어요.
(내담자는 여전히 단조로운 억양으로 무표정하게 말함)

가능하면 내담자에게 부적응적 사회적 신호를 직접 보여 달라고 요청하기(신호에 대해 안다고 가정하지 말기)

치료자: 그럼 당신이 어떤 모습으로 떠났는지 보여 주실 수 있나요? 갑자기 뛰쳐나갔나요, 아니면 몰래 도망쳤나요? 커피메이커로 걸어가는 건 미리 정확히 계획해 놓은 거였나요? 그러니까 제가 궁금한 건, 메리는 당신이 그 상황에 대해 불쾌하게 여겼다는 걸 확실히 알고 있었나요?

(치료자는 보다 경쾌하고 자연스러운 억양을 지닌 말투로 전환하며, **입을 다문 따듯한 미소를** 지으며 살짝 윙크함)

(내담자가 일어나서 당찬 걸음으로 진료실 안을 걸어감)

(치료자가 개방적 호기심을 드러내며, **입을 다문 따듯한 미소를** 지음)

이 단계를 항상 수행할 수 있는 것은 아니다. 회기 중에 사회적 신호를 드러내는 것을 이해할 수 없거나 그러낼 수 없는 경우도 있기 때문이다. 예를 들면 내담자가 분노를 표출했다고 보고했어도 실제로 한 행동을 보면, 내담자의 행동 방식이 대부분의 사람들에게 부적응적으로 보이지 않음을 알 때도 있다. 이 단계를 수행하면 치료자가 실수로 적응 행동을 치료 대상으로 삼는 것을 방지할 수 있다(과잉통제 내담자는 모든 감정 표현을 부적응적인 것으로 간주하는 경향이 있다는 것을 기억하라). 종종 이 단계는 체인분석을 할 때(예: 치료자가 다이어리 카드를 검토하고 어떤 사회적 신호를 대상으로 삼을지 확인하려고 할 때) 가장 잘 실행할 수 있다. 사회적 신호의 부적응성이 그 강도에 따라 달라질 수 있거나(예: 표현 강도가 매우 낮거나 높을 때 적응적인 것으로 간주될 수 있음), 어떤 이유로든 치료자가 행동의 부적응적 가능성이 의심될 때는 체인분석을 시작하기 전에 내담자에게 그 행동을 시연하게 하는 것이 기본 원칙이다. 하지만 부적응 행동은 너무나 명확하게 부적응적일 때가 많아서 대개는 이 과정이 불필요하다.

(내담자가 미소 지음)

내담자: 확신이 없는 무미건조한 목소리로 "네, 알겠어요"라고 말은 했지만, 당장 지금 알 수 있는지는 모르겠어요… 또 그거를 하고 있으니까요…

(내담자가 살짝 키득거리고, 미소를 지으며 치료자와 눈을 마주침)

내담자는 참여 중이다. 내담자가 말한 "또 그거를 하고 있으니까요"는 내담자와 치료자 둘만 아는 농담이다(이번이 21회기라는 점을 기억하라). 여기서 '그거'는 치료적 놀림이다. 이전 회기에서 내담자는 치료자가 자신을 놀려도 우울하거나 화나지 않는다고 보고했다. 이는 내담자가 상처받거나 슬퍼 보이는 행동이(항상은 아니어도) 대부분 진심이라기보다는 사람들을 통제하는 데 사용된다는 사실을 이해하는 데 도움이 됐기 때문에 중요한 논의 거리가 됐다(10장 「**나를 아프게 하지 말아요**」, 『**기술훈련 매뉴얼**』 5장 16강 워크시트 16.A 「**유연한 마음은 드러낸다**(REVEALs)」).

내담자: 마치 이런 것 같아요…
  (내담자의 목소리가 작아짐)

내담자: "네, 알겠어요"라고 말하면서 눈썹을 추켜올리는 걸 깜박했는데… 웃지 않았던 건 확실해요.
  (내담자가 수줍은 미소를 지으며 평정심을 되찾으려고 함)

가능한 강화제를 포함해 문제가 되는 사회적 신호의 결과를 파악하기

치료자: 음… 그래서 무미건조한 말투와 표정으로 "네, 알겠어요"라고 말한 거로군요.
  (내담자가 고개를 끄덕임)

치료자: 당신이 떠난 뒤에는 어떻게 됐나요?
  (치료자가 **편한 태도**를 전달하고, 진지한 목소리 톤으로, 천천히 말함)

치료자는 장난스러운 도발에서 자비로운 진지함으로 옮겨간다(10장 「장난스러운 도발 vs 자비로운 진지함」).

내담자: 모르겠어요. 그냥 커피메이커로 가서 커피를 따라 마셨어요. 그리고 구석에 서서 모든 사람에게는 자기만의 생각이 있고, 기회만 된다면 저를 조종할 거라는 생각을 하기 시작했어요. 그후 거기서 나가기로 했어요. 방을 나온 뒤에 밖에 있는 벤치에 앉았어요. 그때는 그렇게 하는 게 맞다고 느껴졌어요. 근데 집에 돌아와서는 제가 애처럼 행동했다는 생각이 들기 시작했고… 쿵쾅쿵쾅 걷다가 일찍 일어났어요. 모르겠어요… 전 뭘 해도 안 될 운명인 것 같았어요.
  (내담자는 진솔하면서도 침울한 목소리로 얘기함. 내담자와 눈을 마주치지만 고개는 약간 숙이고 있음)

내담자는 참여하고 있으며, 어느 정도는 정당한 약간의 수치심을 느낄 가능성이 높다.

치료자: 그래서 결과적으로는 기분이 정말 안 좋았던 거네요. 그 전날 밤에 거의 잠을 못 주무셨으니 충분히 이해할 수 있어요. 게다가 평생 한 번도 데이트해 본 적도 없으니까요. 그래서 **매치+1** 기술을 처음 사용하려고 했을 때 어느 정도 어려

움을 겪었을 수도 있어요. 여기서 제가 여쭤 보고 싶은 건…

(치료자는 **입을 다문 따뜻한 미소**를 지음)

치료자: 이런 일을 당신이 우울증에서 벗어나지 못할 거라는 사실을 당신 자신과 남들에게 증명하기 위한 기회로 활용하고 계신 건 아닌가요?

(치료자가 잠시 말을 멈춘 뒤, 손을 들어 올려 앞에 내밀며 '정지' 신호를 보냄)

치료자: 근데 말하지 마세요. 이건 **자기탐구** 질문이라서 대답하면 안 됩니다.

(치료자가 따뜻한 미소를 지으며 키득거림)

(내담자가 웃음)

치료자: 오늘 우리가 생각해 볼 것들 중 하나는, 혹시 당신이 자신을 너무 가혹하게 대하지 않나 하는 거예요.

(치료자가 잠시 멈춤)

(내담자는 집중하고 있음)

치료자: 예를 들면 당신이 최선의 행동을 한 건 아니었을 수 있지만, 그 남자한테 다가가서 주먹질을 하거나 소리를 지른 것도 아니잖아요. 거기다 정말 중요한 내용은 아직 많이 듣지도 못했고요.

(치료자가 일부러 잠시 멈춤)

치료자: 제가 어떤 생각을 하고 있는지 아세요?

(내담자가 미소를 지으며 모르겠다는 듯 고개를 저음)

치료자: 제가 아는 한, 그녀는 실제로 당신과 데이트하는 걸 거절하지 않았어요. 또 혹시 처음에 문제가 있었다면 이를 되돌릴 수 있는 방법도 많이 있어요.

(치료자는 따뜻한 목소리 톤으로, **입을 다문 따뜻한 미소**를 지으며 고개를 끄덕이고, 약간 말하는 속도를 늦추며, 목소리 크기를 낮춤)

내담자: 네… 그런 것 같아요. 실제로 어떤진 모르죠.

(내담자가 어깨를 으쓱함)

치료자: 그 뒤에 다른 일은 없었나요? 예를 들면 메리한테 연락해서 피해를 복구하려고 시도하셨나요?

(치료자가 **개방적 호기심**을 드러냄)

치료자는 해결분석을 진행하기 시작한다(10장).

내담자: 아뇨. 그녀가 제 얘기를 안 듣고 싶어 할 것 같아서요.
(내담자가 고개를 숙임)

체인을 완성한 뒤 해결분석을 수행하기(하나의 체인에서 너무 많은 해결책을 제시함으로써 내담자를 질리게 하지 않도록 주의할 것. 해결책들은 시간이 지남에 따라 점차 늘려 갈 수 있음)

치료자: 네, 수치심을 느끼며 하루를 시작하는 건 좋은 방법이 아니죠.
(내담자가 **입을 다문 따뜻한 미소**를 지음)

치료자: 이제 우리가 말한 내용으로 돌아가서 체인에 있는 연결고리들을 살펴보고 다음번에 사용할 수 있는 기술이 있을지 생각해 보면 좋을 것 같아요. 예를 들어 당신이 **매치+1**을 연습하지 못하는 이유가 무엇이고, 당신이 사건 현장을 떠나는 게 사람들에게 어떤 메시지를 전달하는지 물어봤을 때 당신의 목소리 톤에 대해 얘기할 필요가 있을 것 같아요. 말씀해 주실 수 있을까요?
(내담자가 긍정의 의미로 고개를 끄덕임)

치료자: 먼저, **매치+1**을 연습하기 위해 얼마나 최선을 다해 노력하셨나요?
(치료자는 **편한 태도**를 전달하며 **개방적 호기심**을 드러냄)

치료자는 체인분석의 다음단계로, 각 체인의 부적응적 연결고리에 대한 해결책을 찾는 단계로 내담자를 인도한다. 치료자는 이전에 체인에서 다룰 부분으로 강조했던 몇 가지 부적응적 연결고리들을 검토하고, 우선적으로 내담자가 숙제(예: **매치+1** 기술을 사용하여 데이트 신청하기)를 다 하기 위해 얼마나 노력했는지 평가하면서 해결분석을 시작한다.

부록 8

RO DBT 준수: 자기평가 체크리스트

지침: 이 평가 척도는 RO DBT 치료 준수therapy adherence에 대한 전반적 자기 평가를 위한 것이다. 독립적인 RO DBT 치료자가 회기 영상을 보고 나서 평가하는 것이 바람직하다. 이 척도는 내담자가 아닌 치료자의 행동을 평가하기 위한 것이므로, 가능하면 척도 항목을 평가할 때 치료자의 행동과 치료자에 대한 내담자의 반응을 잘 구분해야 한다. 평가는 전체 회기를 바탕으로 시행하며, 관련 항목에 체크 표시가 많을수록 치료 준수율이 높음을 의미한다.

I. RO DBT 개인치료의 물리적·환경적 전략

치료 환경을 정확하게 설명하는 내용 옆에 체크 표시하시오.
- ☐ 개인치료 환경에서는 의자를 서로 45도로 바라보게 배치하고, 물리적 거리를 최대한 확보하는 것이 좋다. 실내 온도는 평상시 온도보다 낮게 설정한다.
- ☐ 에어컨이 없으면 선풍기 등을 사용하여 실내 온도를 낮춘다(사람들은 추운 것은 얘기하지만, 더운 것은 더위와 불안이 관련돼 있어서 잘 드러내지 않음).
- ☐ 치료자는 자신이 마실 물(차, 커피) 한 컵을 준비해 놓고, 회기가 시작할 때 내담자에게 마실 것(물, 차, 커피)을 제공한다.

II. RO DBT 개인치료, 오리엔테이션 및 약속 시기(1-4회기)

회기 중에 일어나는 일을 정확하게 설명하는 내용 옆에 체크 표시하시오.

A. 1회기

- ☐ 치료자는 1회기를 시작하면서 바로 RO DBT에서 내담자와 치료자 간의 양방향 대화와 협력적 자세를 내담자에게 소개한다(예: RO DBT에서는 치료자가 내담자의 말을 중간에 끊거나 특정한 주제에 대한 논의로 주제를 바꿀 수 있음을 포함하여 내담자와 치료자 간의 치료적 대화를 설명한다).
- ☐ 치료자는 내담자에게 1회기의 목표와 구조를 간략히 소개한다(예: 치료자는 몇 가지 중요한 배경 정보를 얻고, RO DBT가 내담자에게 적합한 치료인지 여부를 판단한다).
- ☐ 치료자는 RO DBT의 각 단계별 지문을 사용하여 논의를 진행한다(5장「1회기에서 과잉통제가 핵심 문제임을 파악하는 4단계」). 논의는 시간 제한(약 10분)을 두고 편한 태도로 진행한다.
- ☐ 치료자는 과잉통제와 과소통제 스타일을 대표하는 몸의 제스처와 얼굴 표정을 연기함으로써, 내담자가 자신의 스타일을 직관적으로 알 수 있게 한다.
- ☐ 치료자는 극적이고 과장된 표정, 제스처, 목소리 톤을 사용하여 과소통제 스타일을 설명한다.
- ☐ 치료자는 더 차분하고, 정확하고, 통제된 태도로 과잉통제 스타일을 설명한다.
- ☐ 치료자는 자살 및 자해 행동의 현병력과 과거력을 평가한다(일반적으로 이 평가를 해야 할 경우에는, 위험 평가 및 자살·자해 예방 계획에 충분한 시간을 할애할 수 있도록 회기 시작 약 30분 뒤부터 논의한다).
- ☐ 치료자는 RO DBT의 반구조화 자살경향성 면담을 통해 자살 평가를 진행한다.
- ☐ 치료자는 필요한 경우 RO DBT 위기 관리 프로토콜(5장)의 원칙에 따라 당장 생명에 위협이 되는 행동을 다룬다.
- ☐ 치료자는 내담자가 치료를 중단하기로 결정하기 전에 치료 중단에 대한 충동이나 생각을(이메일, 문자, 전화가 아닌) 직접 치료자와 대면하여 논의하기 위해 최소한 번은 오겠다는 약속을 받는다. 치료자는 나중에 그럴 상황이 오면, "전 당신이 예전에 약속한 것을 이행할 능력이 있다고 믿습니다."라고 말한다.

B. 1-2회기

- 치료자는 사무적인 말투로, 치료 과정에서 과거의 외상, 성적인 문제, 오랫동안 품어 온 원한과 분개를 해결하는 것이 중요할 수 있음을 내담자에게 안내한다(대개 이 대화는 몇 분 안 걸린다).
- 치료자는 내담자에게 어떤 사안도 편히 논의할 수 있다는 신호를 보낸다.
- 치료자는 과거의 외상, 성적인 문제, 오랫동안 품어 온 원한과 분개를 논의할 때 **개방적 호기심**과 **편한 태도**를 모델링한다.
- 치료자는 1회기 때 내담자에게 과거의 외상이나 고통스러운 사건을 자세히 다루지 않는 이유를 설명한다(예: 부족을 형성하기 위해서는 시간이 걸리며, 새로운 관계에서는 너무 많은 것을 너무 일찍 밝히지 않는 것이 일반적임).
- 치료자는 치료 후반부에, 치료자와 내담자가 협력적으로 결정할 수 있을 때 치료 대상을 선정하는 것이 중요함을 강조한다(이러한 지연을 통해 외상이나 애도 작업을 시작하기 전에 치료동맹을 구축할 수 있는 시간을 확보할 수 있다).
- 치료자는 내담자의 자기개방(예: 과거의 외상, 성적인 문제, 오랫동안 품어 온 원한)을 강화한다.
- 치료자는 내담자가 솔직하고 개방적인 노출을 하는 것에 대해 감사를 표한다(예: 내담자에게 감사하다고 말함).
- 치료자는 **열 식히기**를 통해 내담자의 자기개방을 강화한다(과잉통제 내담자는 주목받는 것을 싫어한다는 것을 상기하라).
- 치료자는 다음 주에(2회기와 함께) RO 기술훈련 수업에 참석하겠다는 내담자의 약속을 받아 낸다.
- 치료자는 방어적이거나 강압적이거나 미안해하지 않는 태도로 내담자가 RO 수업에 참석할 수 있다는 확신을 전달한다.
- 치료자는(만약 필요하다면) 내담자가 이미 많은 수업 경험을 지니고 있음을 상기시킨다(대부분의 과잉통제 내담자들은 학교나 그와 유사한 수업 환경을 매우 잘 보냈으며, RO 기술훈련 수업에 참석하는 것은 개인 교습보다는 교재에 중점을 두는 학교 수업과 비슷하다).
- 치료자는 치료 분량을 전부 이수하는 것이 중요하고, RO 기술은 필수적임을 강조한다.

C. 3-4회기

☐ 치료자는 과잉통제에 대한 RO DBT의 신경생물사회이론과 가설적 변화 기전을 쉽게 설명하기 위해 교육용 지문을 활용한다.

☐ 치료자는 이어서 필요한 만큼 내담자에게 치료의 전반적인 구조와 치료 원칙을 안내한다.

☐ 치료자는 내담자의 가치 목표 2-4개를 파악하며, 이중 적어도 1개(예: 연애하기, 친밀한 관계 향상, 가족 부양, 따듯하고 도움되는 부모 되기, 돈도 벌면서 행복도 느낄 수 있는 직업) 이상은 내담자의 사회적 유대감과 관련 있어야 한다(『기술훈련 매뉴얼』 워크시트 10.A(「유연한 마음은 깊다(DEEP): 가치 목표 파악하기」) 참조).

☐ 치료자는 내담자에게 RO DBT 다이어리 카드를 소개한다.

III. RO DBT 개인치료: 치료 시기(5-29회기)

회기 중에 일어나는 일을 정확히 설명하는 내용에 체크 표시하시오.

A. 타이밍과 순서화 전략

☐ 치료자는 치료 과정 중 언제라도 과잉통제 테마와 연결된 최소 3-5개의 핵심 사회적 신호 대상을 다이어리 카드를 통해 식별하고 모니터링한다(사회적 신호 대상은 시간이 흐르면서 내담자가 호전됨에 따라 서서히 변화하고, 개선되고, 새로운 목표로 대체될 것임을 예상할 수 있다).

☐ 치료자는 매 회기 때마다 사회적 신호 대상에 대한 체인분석과 해결분석을 수행한다(적어도 일부 회기는 정식 체인분석 없이 진행할 때도 있겠지만, 체인분석을 두 회기 이상 연속으로 하지 않으면 문제가 있는 것으로 여겨야 한다).

☐ 치료자는 핵심 과잉통제 생기질적 소인(예: 위협 민감성 증가)을 해결하는 사회적 안전 시스템을 활성화하기 위한 학습 기술이 중요함을 설명한다.(5-7회기)

☐ 치료자는 사회적 안전 시스템을 활성화하기 위해 고안된 RO 기술(예: 빅3+1)을 개인치료 회기 중에도 명시적으로 가르치고 실천한다.(5-7회기)

☐ 치료자는 **RO 자기탐구 일지**의 중요성을 설명하고, 내담자에게 일지 내용의 예(7장에 제시된 예시나 치료자의 RO 일지 등)를 보여 준다.(5-9회기)

☐ 치료자는 『기술훈련 매뉴얼』의 **자기탐구** 유인물(1.3 「**자기탐구를 통해 배우기**」)과 워크시트를 사용하여 내담자가 **자기탐구** 연습과 실천을 촉진하도록 권장한다.(5-9회기)

☐ 치료자는 자애명상을 소개하고, 회기 중에 약 15분 동안 자애명상을 연습한다.(7-9회기)

☐ 치료자는 『기술훈련 매뉴얼』에 나와 있는 자애명상 지문을 충실히 따른다.

☐ 치료자는 첫 번째 자애명상을 실습한 뒤, 내담자가 관찰한 내용을 바탕으로 문제점을 바로잡는다.

☐ 치료자는 회기 중 자애명상을 실습할 때(내담자의 스마트폰 등을 사용하여) 음성 녹음을 하고, 내담자가 매일 이 녹음을 사용하여 자애명상을 손쉽게 연습할 수 있도록 권장한다.

☐ 치료자는 다이어리 카드를 통해 자애명상을 모니터링한다.

☐ 치료자는 **유연한 마음은 피드백을 받아들인다**(ADOPTs)에 나오는 12가지 질문을

소개하고, 내담자가 비판받는다고 느낄 때 이를 활용하여 연습해 보도록 권장한다. (10–12회기)

☐ 치료자는 반발 및 "나를 아프게 하지 말아요" 반응에 특히 중점을 두고, **유연한 마음은 드러낸다**(REVEALs) 기술을 비공식적으로 가르치고, 이를 활용해 다이어리 카드에서 간접 사회적 신호를 대상으로 삼는 것을 촉진한다. (13-17회기)

☐ 치료자는 관계를 향상하는 데 있어 자기개방의 중요성을 논의하고, 회기에서 **매치+1** 기술을 연습하며, 이와 관련된 숙제를 부여한다. (11-18회기)

☐ 치료자는 용서의 개념을 소개하고, 비공식적으로 **유연한 마음은 사랑이다**(HEART) 기술을 가르친다. (13–24회기)

☐ RO DBT에서는 14회기까지는 치료자와 내담자가 동맹파열 복원을 연습할 수 있는 기회를 여러 번 가지는 것을 이상적으로 본다. 이는 좋은 작업관계의 증거다.

☐ 모든 복원은(사소한 것이라도) 이상적으로는 내담자의 가치 및 치료 목표와 연결되어 있다.[a]

☐ 치료자는 내담자에게(이상적으로는 최소 10주 전에는) 치료가 곧 종료될 것임을 알려 준다(즉, 외래 치료 때는 20회기 때 앞으로 10주 뒤에 치료가 종료됨을 안내한다).

☐ 치료자는 필요한 만큼 내담자가 무너지지 않고 관계의 상실을 애도하는 법을 가르친다(『기술훈련 매뉴얼』 유인물 29.3 「애도 작업을 통해 더 잘 용서하기」).

☐ 치료자는 재발 방지 계획의 일환으로 주요 RO 기술들을 검토한다. (25-28회기)

☐ 치료자는 마지막 회기 때 내담자의 삶을 축하하고, 시간이 흐름에 따라 내담자가 변화해 나간 것들을 내담자와 함께 살펴본다. 사소한 변화도 큰 변화만큼이나 축하하고, 주목할 만한 치료의 순간을 함께 회상한다. 변화의 상징으로 음식과 차 또는 커피를 나눌 수도 있으며, 치료자는 내담자가 원할 경우 치료가 끝난 뒤에도 계속 연락을 유지할 것을 권하는 것이 좋다.

B. 개인치료 회기 의제

☐ 치료자는 내담자가 돌아온 것을 따뜻하게 환영하고 간단한 확인을 한다. (1-3분)

☐ 치료자는 내담자를 따뜻하게 맞이하고(예: **입을 다문 따뜻한 미소**를 지음), 내담자가 회기에 돌아오는 것을 환영한다.

☐ 치료자는 내담자가 회기에 참여할 준비가 됐는지 알기 위해 간단한 확인을 한다(예: "괜찮으세요? 회기를 시작할 준비는 되셨나요?") 치료자는 장시간의 이야기나 잡담

은 하지 않는다.
- 치료자는 장황한 설명이나 이야기, 주제와 상관없는 잡담은 따뜻하면서도 사무적인 말투로 중단하고, 논의 주제의 중요성을 강조한다.
- 치료자는 내담자가 해당 주제를 회기 의제로 삼고 싶은지 물어본다(다이어리 카드를 검토한 뒤 체인분석과 해결분석이 완료된 후 논의할 수 있음).
- 치료자는 필요하면 회기 전반에 걸쳐 당장 생명을 위협할 수 있는 행동이나 동맹 파열 가능성에 주의를 기울인다.
- 치료자는 다이어리 카드를 검토한다.(6분)
- 치료자는 RO DBT 치료 대상 위계를 사용하여 의제를 설정한다.
- 치료자는 회기 중 체인분석과 해결분석에서 부적응적 과잉통제 사회적 신호 결핍을 우선적으로 다룬다.[b]
- 치료자는 지난주 개인치료에서 부여한 숙제를 완료했는지를 포함해, 내담자가 RO 기술훈련 수업을 어떻게 하고 있는지 확인한다.(1-3분)
- 치료자는 그 외 다른 회기 중 의제들을 파악한다.(2분)
    - 내담자의 요구(예: 재미있는 이야기, 성공을 축하하기)
    - 비과잉통제 대상(예: 식이 제한, 치료제 문제)
    - 회기 중에 가르칠 예정인 특정한 RO 기술, 새로운 과잉통제 테마 및 치료 대상 조정
    - 비공식적 노출 및 애도 작업(예: 과거의 외상, 원한, 용서, 칭찬 등)
    - 치료 종결 문제에 대한 논의
    - 기타
- 치료자는 다이어리 카드를 검토하면서 파악한 사회적 신호 문제에 대해 행동 체인분석 및 해결분석을 진행한다.(20분)
- 치료자는 회기를 시작 때 제시된 추가 의제를 처리한다.(15-20분)
- 치료자는 회기 중에 다른 내용들(예: 새로 배운 기술, 새로운 **자기탐구** 질문, 새로운 치료 대상, 새로운 숙제 연습)을 간략히 요약한다.
- 치료자는 내담자가 치료를 중단하고 싶은 충동이 들면 곧바로 실행에 옮기지 말고, 먼저 치료자와 직접 대면하여 논의하기로 한 약속을 상기시킨다.[c]
- 치료자는 우정의 제스처와 함께 회기를 마무리한다(예: 연락을 유지하고, 배려의 표현, 완벽하지 않은 것에 대한 친절한 놀림).

IV. 치료관계

회기 중에 일어나는 일을 정확히 설명하는 내용에 체크 표시하시오.

A. RO DBT 치료적 입장

- ☐ 치료자는 사전에 정해진 계획이나 전문가적 역할에 따라 움직이기보다는, 순간 순간 일어나는 일에 반응하고 유연하게 대처한다(즉, 치료자는 전문가로서의 진지한 얼굴을 내세우지 않는다).
- ☐ 치료자는 **온전한 개방성**과 **자기탐구**를 모델링하는 편안한 전문적 스타일을 추구한다.
- ☐ 치료자는 내담자가 어떤 사람인지 말하기보다는, 개방적 호기심과 내담자로부터 기꺼이 배우려는 자세를 통해 내담자를 동등한 지위를 지닌 사람으로 대한다.
- ☐ 치료자는 자신의 실수나 개인적인 취약성을 드러내고 온화하게 웃어 넘길 수 있다.
- ☐ 치료자는 원치 않는 어려움과 감정을 자신의 부족으로부터 피드백을 받고 **자기탐구**를 실천할 수 있는 기회로 삼는다.
- ☐ 치료자는 유연한 대응을 위해 변증법적 사고와 행동을 활용한다(예: 치료자는 친절하면서도 강인하고, 개방적이면서도 단호하며, 예측 불가능하면서도 체계적이고, 장난스러우면서도 진지하고, 자신감이 넘치면서도 겸손하다).
- ☐ 치료자는 친구나 가족과 대화하는 것처럼 내담자와 상호작용한다(우리는 친구와 함께 있을 때 스트레칭을 하거나, 뒤로 기대거나, 여유 있게 시간을 보낸다. 또한 우리의 제스처와 표정은 더 다양해지고, 격식을 덜 갖추며, 생생한 표현을 위해 속어나 욕을 하는 경향이 있다).

B. RO DBT 전반적 치료적 입장 체크리스트

다음 질문은 RO DBT 치료적 입장과 관련된 일반 원칙을 평가하기 위한 것으로, 1점은 '전혀 그렇지 않다'를, 7점은 '매우 그렇다'를 의미한다. 가능하면 똑같은 회기에 대한 자신의 평가를 독립적인 동료의 평가와 비교하는 것이 좋다(이 과정을 통해 종종 자신의 맹점을 알아차릴 수 있다).

	전혀 아니다	거의 아니다	약간 그렇다	보통이다	상당히 그렇다	매우 그렇다
1. 치료자는 어느 정도로 개방적 호기심을 드러냈나?						
2. 치료자는 얼마나 장난스럽게 도발했나?						
3. 치료자는 회기를 어느 정도로 통제하는 것 같았나?						
4. 치료자는 어느 정도로 말하지 않고 물어보았나?						
5. 치료자는 물어보거나 설명하는 데 있어서 어느 정도로 절대적인 표현이나 단정적 표현(예: "제가 보기에는… 입니다" 또는 "당신은… 이군요.")을 사용하지 않고 가정적 표현을 사용했나(예: "…일 가능성도 있겠네요." 또는 "어쩌면…")?						
6. 치료자는 감정 표현, 자세, 목소리 톤을 어느 정도로 상황에 맞게 조정했는가(예: 상실 소식을 듣고 부조리함과 슬픔을 느끼면서 믿을 수 없다는 듯 어리둥절한 표정을 지음)?						
7. 치료자는 내담자의 회기 중(잦은 확인으로 입증된) 사회적 신호 행동에 얼마나 주의를 기울였나?						
8. 치료자는 내담자가 현재 논의 중인 내용이나, 혹은 더 광범위하게 치료 전반에 참여하고 있는지에 대해 얼마나 자주 확인했는가?						
9. 치료자는 내담자가 회기 중 기분, 불일치, 감정 상태로부터 배울 점이 무엇인지에 대한 자기탐구를 얼마나 장려했는가?						

C. 동맹파열 복원 프로토콜

회기 중에 일어나는 일을 정확히 설명하는 내용에 체크 표시하시오.

☐ 치료자가 의제를 포기한다(즉, 치료자가 동맹파열 가능성이 있다고 판단하는 즉시 현재의 주제에 대한 이야기를 중단한다).
☐ 치료자가 잠시 눈을 마주치지 않음으로써 내담자의 열을 식힌다.
☐ 치료자가 의자에 기대어, 치료적 한숨을 내쉬고, 대화의 속도를 늦추고, **입을 다문 따뜻한 미소**를 짓고, 눈썹을 추켜올림으로써 치료자는 우호적인 협력과 애정을 전달한다.
☐ 치료자가 비우월성 친밀감을 전달하며(살짝 고개를 숙이고, 어깨를 약간 으쓱하고, 손을 벌리는 제스처와 함께 **입을 다문 따뜻한 미소**를 짓고, 눈썹을 추켜올리고, 눈을 마주침), 회기에서 어떤 변화를 관찰했는지 물어본다(예: 치료자가 "방금 뭔가 달라진 것 같았는데요"라고 말하면서 변화를 설명한 다음, "지금 무슨 일이 일어나고 있나요?"라고 물어봄)
☐ 치료자가 내담자가 질문에 답할 시간을 주고, 내담자가 말한 내용을 반영하여 다시 말한 뒤 그에 동의하는지 확인한다.
☐ 치료자가(감사를 표하는 식으로) 내담자의 자기개방을 강화한다.
☐ 치료자가 복원하는 동안 **온전한 개방성**을 실천한다.
☐ 치료자가 복원 시간을 짧게 유지한다(10분 이내).
☐ 치료자가 원래의 의제로 돌아가기 전에 내담자가 치료에 참여하고 있는지 재확인한다.
☐ 치료자는(약속을 잊었거나 지각하는 등의) 실제로 잘못한 것이 없으면 동맹파기에 대해 내담자에게 사과하지 않는다.

V. 치료 대상 선정의 원칙과 전략

회기 중에 일어나는 일을 정확히 설명하는 내용에 체크 표시하시오.

A. 전반적 원칙

- ☐ 치료자는 RO DBT 치료 대상 계층 구조를 통해 세션 중 행동을 파악한다(예: 회기 중에 갑자기 나타나는 생명을 위협하는 행동을 최우선 순위로 처리함).
- ☐ 치료자는 내담자에게, 다이어리 미완성, 지각, 결석, 숙제 미완성 등은 무언가를 전달하는 사회적 신호로 간주함을 상기시킨다.
- ☐ 치료자는 당장 생명을 위협하는 행동을 제외하면, 내적 경험(예: 감정조절 장애, 부적응 인지, 메타인지 인식 부족, 과거의 외상 기억)이나 기타 비사회적 신호 문제(예: 약물 복용 또는 식이 제한)보다 사회적 신호 결핍을 우선시한다.
- ☐ 치료자는 문제를 관계의 관점에서 공식화한다.
- ☐ 치료자는 새로운 치료 대상의 목표의 원천으로, 회기 중에 내담자가 보이는 사회적 신호 행동에 주의를 기울인다.

B. 사회적 신호 대상을 우선시하기

회기에서 사회적 신호 결핍을 대상으로 삼기

- ☐ 치료자는 여러 회기에 걸쳐 여러 번 발생한 부적응적 사회적 신호 행동에 대해서만 중점을 둔다.[d]
- ☐ 치료자는 내담자가 사회적 신호 행동의 반복적인 특성을 얼마나 인지하고 있는지 평가한다.
- ☐ 치료자는 사회적 신호를 대상으로 삼겠다는 내담자의 약속을 재확인한다.
- ☐ 치료자는 답을 알고 있다고 가정하지 않고 내담자에게 사회적 신호를 직접 물어본다.
- ☐ 치료자는 사회적 신호 대상에 집중하며, 다른 대상으로의 주의 분산을 방지한다.
- ☐ 치료자는(예: 목소리 톤, 표정, 신체 자세 등을 통해) 내담자에게 사회적 신호가 어떻게 보이거나 들리는지 직접 보여 준다.
- ☐ 치료자는 치료적 놀림의 일환으로 사회적 신호를 과장되게 보여 준다.
- ☐ 치료자는 사회적 신호를 시연한 것에 대한 내담자의 반응을 평가한다.

□ 치료자는 내담자의 참여를 강화한다.
□ 치료자는 내담자에게 사회적 신호의 정의를 상기시킨다.
□ 치료자는 새로운 사회적 신호 대상을 내담자의 가치 목표와 연결한다.
□ 치료자는 내담자로부터 다이어리 카드를 통해 새로운 사회적 신호를 모니터링 하겠다는 약속을 받고, 치료자와 내담자는 함께 새로운 대상에 이름을 붙이고 모니터링하는 방법(예: 0-5점 척도)을 합의한다.
□ 치료자는 내담자가 새로운 사회적 신호 대상과 함께 나타날 수 있는 한 가지 생각과 한 가지 감정을 파악하도록 도와주고, 내담자로부터 다이어리 카드에 있는 생각과 감정을 모니터링하겠다는 약속을 받는다.[e]

사회적 신호 대상을 식별하기 위해 과잉통제 테마 활용하기

□ 회기 시작 시 의제를 설정할 때 회기 중 논의할 예정인 과잉통제 테마(예: 냉담하고 소원한 관계)를 내담자에게 안내한다.[f]
□ 필요하다면 치료자는 내담자에게 과잉통제 테마의 전반적 목적을 상기시킨다(예: 치료자는 내담자에게 과잉통제 테마는 치료 대상 선정을 향상하는 데 유용한 지침이라고 설명한다).
□ 치료자는 내담자에게 사회적 신호의 정의를 상기시킨다.
□ 치료자는 과잉통제 테마 중 하나(예: 냉담하고 소원한 관계)를 언급하며, 내담자에게 "당신은 …를 생각하면 어떤 단어가 떠오르나요?"라고 물어본다.
□ 치료자는 과잉통제 테마를 내담자의 가치 목표와 연결한다. 예를 들면 이렇게 물어본다. "이 테마가 당신의 삶에 어떻게 적용되며, 누구와 관계되나요? 이 테마는 당신이 달성하기 바라거나 삶의 지침우로 삼는 어떤 가치 목표를 방해하나요?
□ 치료자는 과잉통제 테마 중 하나(예: 내담하고 소원한 관계)를 언급하며, 내담자에게 "제가 만약 벽에 붙어 있는 파리라면, 당신이 냉담하고 소원하게 행동하는 걸 어떻게 알 수 있을까요?"라고 물어본다.
□ 치료자는 새로운 사회적 신호 대상의 적합성(예: 내담자가 가치 목표를 달성하는 데 방해가 되는지)과 만연성(즉, 습관적이고, 빈번하고, 다양한 맥락에 걸쳐 존재하는지)을 검증한다.
□ 치료자는 사회적 신호 결핍에 대해 말만 하는 것이 아니라, 그것이 어떻게 보이고 들리는지까지 내담자에게 시연한다.

- 치료자는 내담자와 함께 새로운 사회적 신호의 이름을 붙인다.
- 치료자는 내담자가 새로운 사회적 신호 대상과 함께 나타날 수 있는 한 가지 생각과 한 가지 감정을 파악하도록 도와주고, 내담자로부터 다이어리 카드에 있는 생각과 감정을 모니터링하겠다는 약속을 받는다.[g]
- 치료자는 내담자로부터 새로운 사회적 신호와 기타 모든 치료 대상을 다이어리 카드를 통해 모니터링하겠다는 약속을 받는다.

VI. 행동 원리

회기 중에 일어나는 일을 정확히 설명하는 내용에 체크 표시하시오.

A. 수반성 관리 전략
- ☐ 치료자는 유도 자극, 사회적 신호를 지속하는 강화제, 사회적 신호가 내담자의 핵심 가치 목표에 부합하는 정도를 논의함으로써, 내담자가 사회적 신호의 기능을 파악하는 것을 돕는다.
- ☐ 치료자는 회기 중 내담자의 솔직한 자기개방과 거리낌없는 감정 표현을 강화한다. 예를 들면, 치료자는 내담자가 자신의 취약한 면을 공개할 때마다 이를 큰 문제로 여기지 않으며 늘 감사나 고마움을 표현한다(과잉통제 내담자가 주목받는 것을 싫어한다는 것을 상기하라).
- ☐ 치료자는 내담자의 참여, 새로운 학습, RO 기술 연습을 강화하기 위해 열 식히기 전략을 사용한다.
- ☐ 치료자는 부적응적 사회적 신호를 감소하고, 처벌하고, 소거하기 위해 가열하기 전략을 사용한다.

B. 간접 사회적 신호, 숨겨진 의도, 위장된 요구
전반적 원칙
- ☐ 치료자는 내담자에게 간접 사회적 신호와 그 기능, 그것이 얼마나 잘못 해석될 수 있으며 그로 인해 관계에 어떻게 부정적 영향을 끼치는지에 대해 교육한다.[h]
- ☐ 치료자는 내담자가 비언어적 사회적 신호 습관(예: 내담자가 즐거워서 진심으로 미소 짓는 빈도, 내담자가 예의 바른 미소를 짓는 빈도, 강도 미소를 짓는 빈도, 의도적으로 미소 짓지 않는 빈도, 눈썹을 추켜올리거나 손바닥을 드러내는 제스처의 빈도 등)을 알아차리도록 독려한다.
- ☐ 치료자는 내담자가 자기탐구 질문(예: '나는 사회적 신호를 보내는 방식을 얼마나 자랑스럽게 여기는가?', '내 아이에게도 나와 비슷한 사회적 신호를 보내게 가르칠 것인가?', 내가 배워야 할 점은 무엇인가?')을 통해 자신의 사회적 신호 습관이 가치 목표에 부합하는 정도를 조사하도록 독려한다.
- ☐ 치료자는 내담자의 간접 사회적 신호가 반복적으로 나타날 때만 그에 대해 자신

이 느끼는 당혹감이나 혼란스러움을 내담자에게 드러낸다. 예를 들면, 치료자는 "제가 특별히 어려운 주제에 대해 당신이 어떻게 느끼는지 물어볼 때마다, 당신은 항상 괜찮다고 대답하시는 것 같더라고요. 궁금한 게 있는데요, 당신은 정말 항상 괜찮은 건가요?"라고 말할 수 있다.

- 치료자는 회기 중에 **유연한 마음은 피드백을 받아들인다**(ADOPTS)와 **유연한 마음은 드러낸다**(REVEALs)(『기술훈련 매뉴얼』) 같은 주요 RO 사회적 신호 기술을 가르치고, 모델링하고, 실천한다.
- 치료자는 회기에서 간접적이고 모순적이며 모호한 사회적 신호가 나타날 때 이를 사회적 신호 기술(예: 비우월성과 협력-우호적 신호를 결합하여 누군가와 친밀한 관계를 원한다는 것을 겸손하게 주장하는 기술)을 연습할 수 있는 기회로 활용한다.
- 치료자는 반발 및 "나를 아프게 하지 말아요" 반응, 위장된 요구, 간접 사회적 신호를 논의할 때 태연하고 솔직하며 장난스러운 태도를 드러낸다.

'반발' 및 "나를 아프게 하지 말아요" 반응 다루기

- 치료자는 내담자에게 반발과 "나를 아프게 하지 말아요" 반응을 **유연한 마음은 드러낸다**(REVEALs) 기술을 통해 명확하게 가르친다.[i]
- 치료자는 내담자로부터, 회기 중에서나 밖에서나 모두 다이어리 카드를 통해 반발과 "나를 아프게 하지 말아요" 반응을 치료 대상으로 삼겠다는 다짐을 받는다.
- 치료자는 아무 일도 없었다는 듯이 아무렇지도 않게 현재 논의 중인 주제를 계속 진행함으로써, 반발 또는 "나를 아프게 하지 말아요" 반응을 스케줄에 맞춰 소거한다.
- 치료자는 회기 중에 반발 또는 "나를 아프게 하지 말아요" 행동이 나타날 때 이를 진지하게 걱정하기보다는, 장난스럽고 호기심 많은 태도를 더 보인다.[j]
- "나를 아프게 하지 말아요" 반응이 오래 지속되면(내담자가 고개를 숙이고 얼굴을 가린 채 1분 이상 시선을 피하는 경우), 치료자는 사무적인 말투로 내담자에게 어깨를 뒤로 젖히고 턱을 내밀며 똑바로 앉은 채로 치료자의 눈을 바라보라고 요청한다.
- 내담자는 내담자가 욕구, 바람, 욕망, 감정 등을 더 직접적으로 전달하려는 시도를 강화한다(예: 치료자가 회기의 남은 시간 동안 내담자가 꺼리는 주제를 생략함으로써 내담자가 진실을 전달한 것에 대한 감사를 표한다).
- 회기 중 내담자가 반발 혹은 "나를 아프게 하지 말아요" 행동을 지속하거나 치료

자의 개입에 반응하지 않으면, 치료자는 RO DBT 동맹파열 복원 프로토콜을 가동한다.

C. 행동 체인분석 및 해결분석(약 20-25분)

행동 체인분석
- ☐ 치료자는 부적응적 사회적 신호가 발생한 맥락(누가, 무엇을, 언제, 어디서)과 신호의 강도를 확인한다.[k]
- ☐ 치료자는(가능하면) 내담자에게 부적응적 사회적 신호를 보여 달라고 요청하며, 직접 경험하지 않은 상태에서 그 신호가 어떻게 보이거나 들릴 것이라고 예단하지 않는다.
- ☐ 치료자는 내담자가 기여 요인(취약성 요인이라고도 함)을 식별하게 한다.
- ☐ 치료자는 유발 사건을 식별하고, 해당 유발 사건이 발생하지 않았다면 부적응적 사회적 신호가 전달되지 않았을 것임을 확인한다.
- ☐ 치료자는 부적응적 사회적 신호로 이어지는 일련의 사건(행동, 생각, 감정, 감각)을 식별한다.
- ☐ 치료자는 강화제가 될 수 있는 것들을 포함해, 부적응적 사회적 신호의 결과를 식별한다.

해결분석
- ☐ 치료자는 내면 경험의 변화보다 사회적 신호 해결책을 우선시한다(예: 치료자는 내담자에게 사회적 불안을 덜 느끼는 방법보다는, 친구가 될 수 있는 사람에게 우호적 개방성을 전달하는 기술을 가르친다).
- ☐ 치료자는 체인분석 이후나 도중에 해결분석을 시행한다.
- ☐ 치료자는 내담자와 협력적으로 체인에서 가장 심각한 연결고리에 대한 해결분석을 진행한다.
- ☐ 치료자는 해결책을 내담자의 가치 목표와 연결한다.
- ☐ 치료자는 내담자가 사회적 신호 습관을 개선하거나 변화시킬 수 있는 방법에 대해, 말하지 않고 보여 준다(예: 치료자가 회기에서 새로운 사회적 신호 기술을 시연하고 내담자가 이를 회기 중에 연습하도록 요청함).
- ☐ 치료자는 내담자가 사회적 상호작용을 하기 전에 먼저 사회적 안전 시스템을 활

성화할 것을 상기시킨다(예: 자애명상 연습이나 빅3+1).
- 치료자는 내담자가 확신이 없을 때 치료자의 관점을 받아들이도록 설득기보다는 **자기탐구**를 실천하도록 독려한다.
- 치료자와 내담자는 회기에서 미니 롤플레잉을 통해 새로운 기술이나 사회적 신호 해결책을 연습하고, 치료자는 해결책이 구체적이고 실용적인지 확인한다(예: 치료자는 기술이 내담자의 상황에서 실제로 효과가 있는지 확인하지 않은 상태에서 연습부터 하라고 지시하지 않는다).
- 치료자는 연습을 촉진하지 위해 내담자가 **RO 자기탐구 일지**에 해결책을 적도록 독려하고, 필요하면 내담자가 활용할 만한 해결책을 적은 뒤 회기가 끝날 때 내담자에게 사본을 건넨다.
- 치료자는 내담자의 참여도를 평가하기 위해 자주 확인하기를 시행한다.
- 치료자는 한 회기에 너무 많은 해결책을 다룸으로써 내담자가 질리지 않게 한다.[1]
- 개인치료에서 치료자는, 내담자가 지금 바로 필요로 하는 기술이 있다면 RO 기술훈련 수업 때까지 기다리지 않고 해결분석의 일환으로 해당하는 RO 기술을 가르친다.

VII. 비언어적 사회적 신호 전략

회기 중에 일어나는 일을 정확히 설명하는 내용에 체크 표시하시오.
- ☐ 치료자는 그 순간에 일어나는 일에 맞춰서 신체 자세, 시선, 목소리 톤, 표정을 조절한다.
- ☐ 치료자는 내담자의 열을 식히기 위해 다음의 행동들을 할 수 있다.
  - ○ 내담자와의 거리를 늘리기 위해 몸을 뒤로 젖혀 의자에 기댄다.
  - ○ 어깨를 살짝 옆으로 돌리기 위해 내담자에게 가까운 쪽에 있는 다리를 다른 쪽 다리 위로 교차한다.
  - ○ 천천히 심호흡하거나 치료적 한숨을 내쉰다.
  - ○ 잠깐 시선을 다른 곳으로 돌린다.
  - ○ 눈썹을 추켜올린다.
  - ○ 내담자와 다시 시선이 마주칠 때 입을 다문 미소를 짓는다.
- ☐ 치료자는 내담자의 솔직한 자기개방을 독려하기 위해 유화 신호(살짝 고개를 숙이고, 어깨를 으쓱하고, 손바닥을 보이는 제스처)과 협력적 우호 신호(**입을 다문 따듯한 미소**, 눈썹을 추켜올리기, 눈 마주치기)를 결합하여 비우월성 협력적 친밀감을 전달한다.
- ☐ 치료자는 내담자의 사회적 신호에 대해 그저 말만 하지 않고, 장난스러운 행동을 통해 내담자에게 이를 보여 준다(예: 우스꽝스러운 목소리를 사용하거나, 갑자기 무표정한 얼굴을 하거나, 트림하는 척함).
- ☐ 치료자는 내담자에게 보편적 비언어적 신호(예: **입을 다문 따듯한 미소**, 진정한 기쁨의 미소, 눈썹 추켜올리기, 긍정의 고개 끄덕임, 자연스러운 억양, 손바닥을 드러내는 제스처)를 모델링하며 내담자와 이를 함께 실천한다.
- ☐ 치료자는 롤플레잉과 회기 중 연습을 통해 내담자가 사회적 신호 레퍼토리를 확장할 수 있게 도와준다.

VIII. 변증법적 전략

회기 중에 일어나는 일을 정확히 설명하는 내용에 체크 표시하시오.

A. 장난스러운 도발 vs 자비로운 진지함

☐ 치료자는 장난스러운 도발과 자비로운 진지함의 균형을 맞춘다(예: 회기 내내 장난스러움과 진지함 사이를 오감).

☐ 치료자는 친한 친구 사이에만 허용되는 방식으로(예: 크게 문제 삼지 않고 내담자에게 비판적 피드백을 제공하거나, 내담자가 자신을 너무 심각하게 받아들이지 않는 법을 배우는 것을 도와주기 위해) 내담자를 가정하게 놀리고, 장난치고, 농담하고, 웃음거리로 삼는다.

☐ 내담자가 싫어하는 것을 마주했을 때 이를 외면하곤, 인상을 찌푸리고, 고개를 돌리면, 치료자는 으레 내담자를 달래거나 그런 마음을 인정해 주기보다는 그냥 아무렇지도 않다는 듯이 행동함으로써 일시적으로 장난스러운 도발을 강화한다.

☐ 치료자는 자비로운 진지함을 통해, 내담자가 적응 행동을 하고 솔직하고 개방적이고 취약한 감정을 표현하는 것을 강화한다(예: 말하는 속도를 늦추고, 더 부드러운 톤으로 말하고, 부드럽게 눈을 마주치고, **입을 다문 따뜻한 미소**를 지음).

B. 확고부동한 중심성 vs 순순히 놓아 버림

☐ 치료자는 **확고부동한 중심성**과 **순순히 놓아 버림** 사이의 균형을 유지한다.

☐ 치료자는 순순히 놓아 버리는 자세로 동맹파열을 복원하거나 가설적 이론을 검증하기 위한 내담자의 건강한 자기회의와 **자기탐구**를 촉발한다.

☐ 치료자는 설령 내담자가(인간은 사회적 동물이라거나 자살과 자해는 선택 사항이 아니라는 의견에 대해) 강력히 반대하더라도 확고부동한 중심성을 견지한다.

IX. RO 기술훈련 원칙

RO 기술훈련 환경, 트레이닝, 강사의 행동을 정확히 설명하는 내용에 체크 표시하시오.

A. 물리적/구조적 및 전반적 원칙

- ☐ 강사는 RO 기술훈련을 '집단치료'가 아닌 '수업'으로 지칭한다 [m]
- ☐ RO 기술 강의실 가운데에는 긴 테이블을 놓고, 의자들을 나란히 놓고, 맨 앞에 강사가 필기할 수 있는 화이트보드나 플립차트를 배치하여 작은 교실 같은 모습과 느낌으로 설정한다.
- ☐ 강사와 보조강사는 기술 훈련 수업을 진행하면서 매우 즐거워 보인다.
- ☐ 강의실 온도를 시원하게 유지한다.
- ☐ 강사가 『**기술훈련 매뉴얼**』에 있는 기술을 직접 가르친다.
- ☐ 수업 참가자가 4명 이하일 때는 기본적으로 강사 1명이 진행한다.
- ☐ 강사가 가열하기와 열 식히기 전략을 활용해 참가자의 참여도를 조절한다.
- ☐ 강사는 수업 당 최소 한 번 이상씩 참가자들이 '계획되지 않은' 활동에 참여하게 한다.
- ☐ 강사는 수업 중에 "나를 아프게 하지 말아요", 인신공격, 숙제 미완성 같은 무시할 수 없는 부적응적 사회적 신호가 나타나면 RO 프로토콜을 활용해 이를 다룬다 (『**기술훈련 매뉴얼**』 3장).

B. 강의실에 정적이 흐를 때

- ☐ 강사는 직접 비판적 피드백을 요청함으로써(예: "방금 모두가 우리 수업 활동에 함께 참여하는 걸 방해하는 일이 벌어졌나요?"라고 질문함) **온전한 개방성**을 실천한다.
- ☐ 강사는 멍한 시선과 무표정한 얼굴로 가득 찬 강의실을 마주하면, 의도적으로 과장된 표정과 제스처를 사용함으로써 조용해지거나 엄숙한 태도를 지녀야 할 것 같은 충동과 반대로 행동한다.
- ☐ 강사는 침묵의 장벽을 깨기 위해, 무작위로 참가자들을 지명해서 유인물이나 워크시트에 나와 있는 다음 논점을 소리 내어 읽게 한다.
- ☐ 강사는 긴장감을 깨트리기 위해 신체 활동과 소리를 활용한다(예: 강사가 대뜸 "좋아요, 모두 일어나서 함께 손뼉을 치세요!"라고 말한다). [n]

- 강사가 이야기나 은유를 통해 수업의 열기를 식힌다.

C. 강사가 참가자의 사회적 책임을 활용하여 치료를 유도함
- 강사는 쉬는 시간이나 수업이 끝난 뒤에 참가자들과 사적인 대화나 토론을 통해, 참가자가 이전에 약속했던 내용을 상기시키거나, 자신의 행동이 다른 참가자들에게 끼칠 수 있는 영향을 설명하거나, 부족의 웰빙에 더 잘 기여할 수 있는 행동을 하도록 독려한다.º
- 강사는 참가자가 수업에 늦지 않고, 숙제를 완료하고, 수업 중 활동에 참여하며, 활발한 토론을 할 수 있는 동기를 부여하기 위해, 참가자가 공정함과 옳은 일을 하는 것을 핵심 가치로 삼고 있음을 상기시킨다.

D. 강사가 '계획되지 않은' 실습을 효과적으로 자주 활용함
- 실습은 항상 예고 없이 진행한다.
- 강사는 참가자들에게 앞으로의 진행 방향을 안내하지 않고 미리 일어날 일을 대비하지 않는다.
- 실습에는 항상 강사의 동작을 흉내 내는 것을 포함한다.
- 강사는 『기술훈련 매뉴얼』에 나와 있는 연습들 중 하나를 사용해 실습을 진행한다.
- 실습은 1분을 넘지 않는다.ᵖ
- 실습이 끝나면 강사는 실습을 논의하거나 다루지 않고 아무 일도 없었다는 듯이 의제를 계속 진행한다.ᑫ
- 강사는 참가자가 실습을 주도하지 못하게 한다.ʳ

a 14회기가 되도록 동맹파열이 없었다면, 치료자는 내담자와의 관계가 피상적일 가능성을 고려해야 한다(8장).
b 만약 당장 생명을 위협하는 행동이나 동맹파열이 있다면 이를 더 우선적으로 다룬다.
c 동맹파열이 있었던 회기, 힘이 들었던 모든 회기, 슈퍼바이저로부터 피드백을 받은 직후에 진행한 모든 회기를 마친 뒤 이를 상기시킨다. 무작위로 상기시킬 수도 있다.
d **부록 5, 「간접 사회적 신호를 대상으로 삼기: 회기 중 프로토콜」**(「하품 프로토콜」이라고도 함)을 참조.
e 일반적으로 치료자는 첫 주에는 새로운 사회적 신호의 변화를 목표로 삼기보다는, 내담자가 그냥 한 주 동안 관찰할 것을 권한다.
f 치료자는 한 번에 다섯 가지 테마를 전부 검토하려고 시도하지 말아야 한다(9장 「**치료 대상 선정: 흔한 함정들**」).
g 주석 e를 참조할 것.
h 예를 들어, 멍한 눈빛과 무미건조한 목소리, 호응하는 미소나 고개를 끄덕이지 않는 것은 대개 발신자의 실제 의도와 무관하게 위협이나 거부의 신호로 인식된다.
i '반발' 및 "나를 아프게 하지 말아요" 반응은 간접적으로 비참여와 거부의 신호를 보내는 것으로, 발신자가 자신의 의도를 부정하면서 원치 않는 피드백이나 커뮤니티에 참여하라는 요청을 차단하는 기능을 한다(10장 참조).
j 장난스러운 도발과 같은 태도는 더 직접적인 소통을 장려하면서, 부적응적 사회적 신호를 강화하지 않으며 너무 신랄하지 않게 교정적 피드백을 제공한다.
k 치료자는 체인분석이 쓸데없이 길어지지 않도록, 부적응적 사회적 신호가 나타나기 30분 전에 발생한 유발 사건이나 촉발 요인을 찾아야 한다. 실제로 부적응적 사회적 신호가 발생하기 몇 초에서 몇 분 전에 유발 사건이나 촉발 요인이 나타나는 경우가 가장 많다.
l 치료자가 체인 당 서너 개 이상의 해결책을 찾지 않는 것이 이상적이다.
m '수업'이라는 단어를 사용함으로써 교육(즉, 새로운 기술을 가르치고 배움)이 주된 목적임을 반영한다.
n 참가자가 일어나는 것을 거부하면, 강사는 방향을 바꿔 계속 서 있는 참가자들에게 "좋아요, 잘했어요! 이제 다시 앉으셔도 됩니다"라고 말한다.
o 5장을 참고할 것.
p 이는 참가자들이 너무 남의 시선을 의식하기 전에 실습을 약간 일찍 끝냄으로써, 부족에 참여하는 것의 보상을 제공하여 새로운 학습(즉, 부족에 참여하는 것은 재미있을 수도 있음)이 이루어질 수 있게 해준다.
q '예정에 없는' 실습을 정식으로 가르칠 때(『기술훈련 매뉴얼』을 참조)를 제외하면, 실습 내용을 다루는 것은 사회적 비교를 촉발하거나 의도치 않게 올바른 참여 방법이 있음을 암시함으로써 역효과를 낼 때가 많기에 권장하지 않는다.
r 참가자가 실습을 주도하게 되면 금방 경연 대회 분위기가 되면서 참가자들이 누가 가장 유치하거나 창의적인지 경쟁하면서 바람직하지 않은 사회적 비교를 불러일으킬 수 있다.

미주

서론

1 나와 동료들의 임상 경험에 따르면, 과잉통제 질환 내담자들은 흥미롭게도 심리학적 설명보다는 생물학적 설명을 선호하는 경향이 있다. 이는 심리적 도움이 필요하다는 것은 곧 개인적 통제의 실패를 의미한다는 믿음을 반영하는 것으로 보인다. "심리 치료가 중요하다는 설득이 상당히 많이 필요했던" 만성 우울증 환자 표본에서 심리 치료보다 항우울제 치료에 대한 선호도가 높음을 보고한 연구도 참조할 것(Kocsis et al., 2009, p. 1185).

2 RO DBT는 인류로서 우리의 핵심 가치는 같은 인간들을 돕는 기능을 함으로써 선하다고 가정한다. 독립에 대한 가치조차 누군가에게 도움을 구할 필요를 줄임으로써 다른 사람들의 복지에 기여한다. 따라서 부족으로서의 본성이야말로 인류의 핵심 속성이며, 우리의 가치는 이를 반영한다.

1장

3 횡문화적 현상으로서의 자기통제 개념은 새로운 것이 아니다. 예를 들어 고트프레드슨Gottfredson과 허슈키Hirschi(1990)의 '자기통제 이론'은 모든 인간 집단이 지연된 만족과 이타심과 같은 자기통제력을 중요시한다고 가정하며 횡문화적 연구를 통해 이러한 개념을 뒷받침해 왔다(Vazsonyi & Klanjšek, 2008).

4 문화적 규범은 중요하다. 미주와 서유럽에서 눈을 마주치는 것은 관심과 정직함을 전달하는 것으로 해석되며, 말할 때 눈을 마주치지 않는 사람은 부정적인 시각으로 바라보고 정보를 숨기거나 대개 자신감이 부족한 것으로 여겨진다. 하지만 중동이나 아프리카, 특히 아시아에서는 짧은 눈 맞춤을 정중하고 예의 바르게 여기고, 계속 눈을 마주치는 것은 무례하거나 심지어 상대방의 권위에 도전하는 것으로 여겨지기도 한다.

5 과소통제형 인간이 미래에 대한 계획을 세우고 감정에 따라 행동하려는 충동을 억제하는 데 어려움을 겪는 것으로 추정된다.

6 과소통제 대처의 특징적 생기질에 기반한 높은 보상 민감성은, 과소통제형 인간이 몇 시간 동안 그림을 그릴 때처럼 즉각적 보상을 얻는 활동을 지속할 가능성을 높인다. 반면 과잉통제 대처의 특징인 낮은 보상 민감성은 학생이 나쁜 성적을 받지 않기 위해 성실하게 공부하는 경우처럼 미래의 부정적 결과를 피하기 위한 끈기를 유발할 수 있다.

7 사회적 신호 결핍은 과소통제 및 과잉통제 질환 모두에서 발견된다. 하지만 사회적 신호가 표현되는 방식은 두 질환 간에 큰 차이가 있다. 과잉통제 질환의 사회적 신호는 절제되고, 통제되며, 예측 가능하고, 기분에 좌우되지 않는 경향이 있는 반면, 과소통제 질환의 사회적 신호는 극적이고, 억제되지 않으며, 예측 불가능하고, 기분에 좌우되는 경향이 있다. 과소통제형 인간에게서 억제된 표현

은 대개 혐오적 수반성에 의해 일시적으로만 나타난다.
8 첫 번째 RCT는 국립정신건강연구소의 자금 지원을 받았다(R03 MH057799-01, 연구 책임자: 토머스 R. 린치).
9 시범 운영된 기술들로 새로운 경험에 개방적일 때의 장단점 열거하기, 닫힌 마음에 대한 잘못된 믿음, 폐쇄적이고 유동적이며 순진한 마음 상태, 근본적 개방성을 실천하는 단계, 활기찬 마음Alive Mind으로 가는 길, 과잉통제 우울증의 변증법적 딜레마 등이 있었다.
10 두 번째 RCT는 첫 번째 RCT와 마찬가지로 국립정신건강연구소의 지원을 받았다(K23MH01614, 연구 책임자: 토머스 린치).
11 두 번째 RODBT-Early 매뉴얼에는 과잉통제 질환에 맞춘 표준 DBT 기술과 첫 번째 RCT에서 시범적으로 시행된 새로운 RO 기술 및 치료 대상이 포함됐다(T. R. Lynch et al., 2003).
12 이러한 새로운 기술에는 더 열린 마음으로 비판적 피드백을 받아들이기, 놀기, 다른 사람에게 협력 신호를 보내기, 새로운 행동을 해보기, 사회적 안전 시스템을 활성화하기, 용서하고 애도하기 등이 있다. 흥미롭게도 처음 두 번의 RCT에서 개발되고 검증된 새로운 개념과 기술의 대부분이 이 책과 함께 제공되는 RO 기술훈련 매뉴얼에도 나와 있다. 다만 새 매뉴얼에서는 위의 내용에 대한 단어나 설명이 다르게 나와 있기도 하다.
13 음식에 대한 혐오 반응에 대한 충동 서핑은 음식과 관련한 자극에 특화된 유일한 정식 마음챙김 연습이다(T. R. Lynch et al., 2013).
14 치료는 영국 데본파트너십 NHS 트러스트에 속한 입원 환자 병동 프로그램인 할든 섭식 장애 서비스Haldon Eating Disorder Service에서 시행했다. 할든 프로그램은 RO DBT 원칙에 따르고, 자기통제 성향의 개인차를 고려하는 범진단적 치료 철학에 기반한다는 점에서 독특하다(T. R. Lynch et al., 2013).
15 9명의 참가자들 중 한 명은 신경성 식욕부진증으로 인한 건강 악화와 입원 치료 필요성으로 연구에서 탈퇴했지만, 나머지 8명의 참가자들 중 추가적인 통원이나 입원, 또는 응급 진료가 필요한 사람은 없었다.
16 RO 기술 교육 모듈은 9주 동안 진행됐으며, 매주 2회씩 총 18시간의 기술 교육을 제공하는 3시간짜리 9개 강의로 이루어졌다.
17 사회적 안전감(치료 후 중간 효과)과 효과적인 대처 기술 사용(치료 후 큰 효과, 3개월 추적 관찰에서도 효과 크기 유지)에서 개선이 입증됐으며, 피험자가 참석한 훈련 회기 수, 약물 치료 여부, 다른 치료에 참여 여부를 통제한 후에도 유의미한 결과가 유지됐다. 추적 조사 결과는 RO 기술 교육을 이수한 피험자들 중 19명에서만 얻을 수 있었다. 사후검정에서 치료 전후 점수 사이에 통계적으로 유의미한 차이가 있었다($p<.01$). 하지만 치료 전과 추적 관찰 시점이나, 사후 검증과 후속 조치 간에는 유의미한 차이가 나타나지 않았다.
18 흥미롭게도 과잉통제 범죄자들은 치료의 효과가 없었을 뿐만 아니라, 치료 전 평가에서 자신의 폭력 범죄를 감정적 동기가 아닌 도덕적 동기로 설명하는 비율이 더 높았다.
19 RO DBT는 저장을 먼 목표를 달성하기 위해 만족을 지연하는 능력과 관련된 부적응적 억제성 통제의 한 형태로 개념화한다(예: 만일의 경우를 대비해 저축하기).

2장

20 최근 후성유전학 연구에 따르면, 스트레스와 관련된 몇몇 유전자는 중요한 발달 시기의 극심한 경험에 의해 변경될 수 있다.

21 RO DBT 관점에서 볼 때, 억압적 대처는 과잉비친화overly disagreeable 과잉통제 유형을 더 잘 반영하는 반면, 방어적 고불안high-anxiety 대처 스타일은 과잉친화overly agreeable 과잉통제 유형에 더 부합한다(3장 및 9장).
22 보상 민감성과 관련된 연구 결과와 관련하여 몇몇 상충되는 결과들을 언급할 필요가 있다. 예를 들어, 자기보고 척도만 활용하여 신경성 식욕부진증의 보상 민감성을 조사한 연구들 간에는 때때로 모순된 결과들이 나타났다. 즉 제한형은 보상 민감성이 낮고 위협 민감성이 높은 것으로, 폭식-제거형은 제한형 및 대조군에 비해 보상 민감성이 높다는 결론이 제시된 적이 있었다(I. Beck, Smits, Claes, Vandereycken, & Bijttebier, 2009; Claes, Vandereycken, & Vertommen, 2006). 어떤 연구에서는 신경성 식욕부진증 청소년은 하위유형 상관없이 위협과 보상이 모두 높다고 보고했다(Glashouwer, Bloot, Veenstra, Franken, & de Jong, 2014). 하지만 위의 연구들은 모두 기대 보상(즉, 도파민 혹은 흥분성 접근)과 소비 보상(즉, 뮤-오피오이드 이완 혹은 쾌락)을 구분하지 않았고, 보상을 평가하는 데 사용된 척도들은 가변적이거나 외현적 행동 반응(예: 충동성)을 보상 민감성과 유사한 것으로 가정했다. 따라서 이와 관련하여 더 많은 연구가 필요하다.
23 내 생각에는 과잉통제형 인간이 보이는 보상 반응의 범위를 이해하기 위해서는 반드시 비사회적 보상과 사회적 보상을 구분할 수 있어야 한다. 예를 들어 소비 보상의 가장 명확한 척도들 중 하나는, 참가자에게 당(설탕)이 함유된 용액을 맛보게 한 뒤 즐거움을 경험한 정도를 평가하게 하는, 일명 '단맛 과제'다. 이 과제의 장점은 기대 보상 혹은 보상 학습이 결과에 영향을 미칠 수 있는 정도를 제한한다는 것이다. 단맛 과제 연구 결과 우울증 피험자는 우울하지 않은 피험자와 비슷한 결과를 보였다(Amsterdam, Settle, Doty, Abelman, & Winokur, 1987; Dichter, Smoski, Kampov- Polevoy, Gallop, & Garbutt, 2010; Berlin, Givry-Steiner, Lecrubier, & Puech, 1998). 우울증이 과잉통제와 비슷한 특징을 공유하는 만성 질환으로 인식되고 있고, 우울증 환자 또한 낮은 기대 보상을 보이지만, 연구 결과들은 (비록 비사회적 보상에 대해서만 해당되지만) 우울증 환자의 쾌락 보상 체계는 온전함을 시사한다. 하지만 과잉통제 쾌락 반응을 포착하는 데 단맛 과제의 유용성은 제한적일 수 있다. 예를 들어 신경성 식욕부진증이 있는 과잉통제 내담자는 단순히 굶주려 있거나 단맛이 고전적 조건화된 혐오 반응을 유발함으로써 단맛 과제에 비정상적으로 반응할 수 있다.
24 앞서 언급한 바와 같이 PNS-VVC가 위축되고 SNS 매개 투쟁-도피 반응이 우세해지면, 사회적 소속감 및 참여와 관련된 생리적 반응이 손상되고, 얼굴 표정이 굳어지며, 타인과 유연하게 상호작용하는 능력이 상실된다(Porges (2001, 2003b)).
25 실제 연구에 따르면, 화났을 때나 부정적인 감정을 드러낼 때 미소 짓는 경향을 보이는 사람은 정서적 공감 능력이 낮은 반면, 정서적 공감 능력이 높은 사람의 표정은 내적 경험과 일치하는 경향이 있었다(Sonnby-Borgström (2002) 및 Sonnby-Borgström, Jönsson, & Svensson (2003)).
26 표현력이 부족한 사람의 이러한 반응에 대한 자세한 내용은 다음의 탁월한 연구 결과들을 참조할 것(Boone & Buck(2003), English & John(2013), Kernis & Goldman(2006), Mauss et al.(2011), Reis & Patrick(1996)).
27 다음을 참조할 것(Depue & Morrone-Strupinsky(2005)).
28 사회적 거부의 혐오적 결과가 명시적 및 암묵적 장기 기억을 인코딩하는 데 관여하는 뇌 영역(예: 편도 및 해마, LeDoux, 2012)을 활성화함으로써, 향후 사회적 자극에 대해 자동적으로 방어적 각성 및 회피 가능성을 높인다는 가설이 있다.

4장

29 표준 DBT에서 기술 일반화를 향상하는 것은 개인치료자의 전화 기반 코칭을 통해 가장 자주 이루어진다(Linehan, 1993a). 통제력이 부족하거나 경계성 성격장애를 가진 내담자와의 작업에서는 위기대응 코칭 전화가 자주 필요하지만, 과잉통제 내담자가 이 방식을 활용할 가능성은 낮다. 과잉통제 내담자는 내면의 고통이 크더라도 다른 사람, 심지어 치료자에게도 이를 드러내지 않으려는 동기가 강하다(한 과잉통제 내담자는 "저는 위기 상황을 안 겪어요"라고 말했다.) 실제로 대부분의 과잉통제 내담자에게는 겉모습을 유지하는 것이 핵심적인 행동 방식이다. 따라서 과잉통제 내담자는 대개 위기 상황 전화를 불필요하거나, 사회적으로 용납되지 않거나, 자신이 약하다는 신호로 간주할 가능성이 높아서, 위기 상황 전화 및 코칭 전화의 빈도가 낮을 것을 예상할 수 있다. 하지만 문자 메시지와 전화 연락은 매우 유용안데, 주로 과잉통제 내담자가 치료자와 연락을 유지하거나, 개별화된 숙제를 완료했거나, 새로운 기술을 시도했을 때 이를 치료자에게 알리는 수단으로 더 자주 사용된다. 즉 과잉통제 내담자는 문자 메시지와 전화 연락을 통해 동료 부족원(이 경우 치료자)과 성공을 축하하는 연습을 더 자주 한다. 하지만 이러한 반응 패턴이 모든 과잉통제 내담자에게 적용되는 것은 아니므로, 추가 연구(예: 청소년 대상)를 시행하는 것이 중요하다.

30 자문팀 회의는 몇 가지 중요한 기능을 수행합니다. 예를 들어 자문팀 회의는 치료자를 지원하고, 소진 가능성을 줄이며, 내담자에 대한 현상학적 공감을 향상하고, 치료 계획에 대한 지침을 제공한다. RO DBT는 내담자가 더 개방적이고 유연하며 사회적 유대를 형성하는 법을 배우도록 돕기 위해 치료자 스스로 이러한 특징을 지니고 실천함으로써 내담자에게 모범을 보여야 한다고 가정한다. 슈퍼비전과 상담은 RO DBT에서 필수는 아니지만, 치료자가 자신이 설파하는 내용을 실천할 수 있는 (따라서 치료 순응도를 유지할 수 있는) 중요한 수단으로 간주된다.

31 RO DBT를 배우는 과정에 있는 치료자를 위한 교육 지원은 http://www.radicallyopen.net 에서 확인할 수 있다. 이 웹사이트에서는 핵심 치료 전략을 보여주는 동영상과 새로운 업데이트 등 다양한 보충 교육 자료를 제공한다. 또한 RO DBT를 준수하는, 공인 치료자의 임상 슈퍼비전을 받을 수 있는 링크도 제공한다.

32 과잉통제 내담자의 자살 행동 및 자해를 평가하고 관리하기 위해 특별히 고안된 반구조화 면담 및 치료 프로토콜은 **부록 4**, 5장 **「과잉통제에서 생명을 위협하는 행동 평가하기」** 및 **「RO DBT 위기 관리 프로토콜」**을 참조할 것.

33 더 많은 치료가 필요해 보이는 특별한 지위와 관련하여, 한 신경성 식욕부진증 내담자는 자신이 "연약해" 보이지 않으면 "공주"로서의 지위를 잃을 것이라는 두려움을 보고했다(T. R. Lynch et al., 2013, p. 4).

34 표준 DBT(Linehan, 1993a)에 익숙한 독자들은 이를 주요한 편형으로 인식할 것이다. 표준 DBT에서는 치료를 방해하는 행동(예: 내담자가 회기에 나타나지 않거나, 회기 중에 말하기를 거부하거나 내담자가 치료자의 사기를 떨어뜨리는 방식으로 치료자의 개인적 한계점을 반복적으로 넘나드는 것)은 치료 계층 구조에서 두 번째로 중요한 목표로 간주한다.

5장

35 표준 DBT에서는 일반적으로 '4회 결석 규칙'을 강조한다. 이 규칙에 따르면, 기술 훈련 집단이나 개인 치료(두 개를 합산하지는 않음)에 연속으로 네 번 결석한 내담자는 더 이상 치료를 안 받는 것으로 (즉, 치료 중단으로) 간주한다. RO DBT에서는 '4회 결석 규칙'을 적용하지 않는다. 기술훈련 및 개인 치료에 출석을 잘 하기 바라는 것은 똑같지만, RO DBT는 결석을 동맹파열의 징조로 본다.

36 표준 DBT는 마케팅 전략에서 나온 '면전에서 문 닫기'와 '문간에 발 들여놓기' 전략을 모두 사용한다. 본질적으로 치료자는 내담자에게 DBT를 판매하는 사람이다(Linehan,1993a, 288-289 페이지 참조). 내담자가 기꺼이 제공할 수 있는 가장 큰 약속을 얻기 위한 수단으로, 치료자는 엄청나게 큰 약속(예: 내담자가 다시는 감정을 숨기지 않는다는 것)이나 거절당할 것이 분명한 요구를 하거나, 반대로 사소한 약속(예: 내담자가 치료자에 대한 비판적 생각을 회기당 한 번씩 드러내는 연습을 하는 것)을 요구하는 것 사이를 오간다.

37 서면 약정서는 비인격적이고 치료자가 내담자를 신뢰하지 않음을 의미할 수 있어서 RO DBT에서는 사용하지 않는다.

38 추가 정보를 원하는 내담자는 http://www.radicallyopen.net 으로 문의하면 된다.

39 표준 DBT에서는 내담자가 치료자가 자신이나 자신의 고유한 문제를 정말 이해하고 있는지 잘 모르겠다고 표현하면, 치료사는 '전능함omnipotence'이라는 도발irreverence 전략을 사용하여, "제가 아는 건, 당신이 절 믿으셔야 한다는 겁니다. 우리는 당신의 문제와 그 문제에서 벗어나는 법을 완전히 알고 있어요."라고 말한다(Linehan, 1993a, p. 397). 경계성 성격장애가 있는 내담자에게 이 접근법을 사용하면, 내담자의 주의를 사로잡고 변화가 가능하다는 확신을 심어주면서 치료에 대한 전념을 강화하는 데 도움이 될 수 있다. 하지만 과잉통제 내담자에게 똑같은 식으로 하면 비호감이나 잘난 척하는 것처럼 느껴질 수 있다. 대부분의 과잉통제 내담자들은 (잘못에) 주의를 잘 기울이고, 자신이 남들과 다르거나 이해하기 어려운 사람이라는 데 대해 은근한 자부심을 갖는 경우가 많다(10장 "수수께끼의 곤경" 참조).

40 자해 청소년을 대상으로 한 연구 결과, 전체 표본의 약 10%는 아무도 모르게 혼자 자해하는 것으로 나타났는데, 이들은 충동적이지 않게 계획적으로 자해하는 것으로 나타났다(Klonsky & Olino, 2008). 따라서 3장에서 언급한 내용을 다시 한번 강조하자면, 고의적 자해를 그저 기분에 따라, 충동적으로, 관심을 끌거나 이목을 집중시키기 위한 현상으로 간주해서는 안 된다. 자해는 다양한 기능을 하는 복합적인 행동이며, 자기처벌과 부정적 감정을 조절하는 데 가장 흔히 사용된다(Klonsky, 2007; Nock, 2009).

41 내가 아는 한 이 분야에 대한 연구는 없지만, 대부분의 종교적·정치적 테러 행위는 과잉통제형 인간이 주도하거나 수행했을 가능성이 있다(이러한 유형의 폭력 행위는 상당한 계획이 필요하며, 도덕적 신념처럼 핵심적인 과잉통제 문제와 관련 있는 경우가 대부분이기 때문에). 자살 혹은 자살테러를 하는 사람들은, 논리적으로 자살이나 타살이 자신의 주장을 관철하거나, 범법자를 처벌하거나, 대의명분을 환기하는 데 가장 좋은 수단이라는 결론을 내렸을 수 있다.

42 우리의 연구팀은 과잉통제 및 과소통제 자해 행동을 구분하는 것의 유용성을 평가하는 작업을 진행 중이며, 현재 과잉통제 자살 및 자해 행동과 연관된 몇 가지 고유한 특징을 다루기 위한 자기보고 설문지를 개발하는 중이다.

7장

43 따라서 RO DBT는 표준 DBT에서 핵심 선 원리를 말라마티 수피즘에서 파생된 원리로 대체한다 (Linehan, 1993a).

44 표준 DBT의 **현명한 마음** 개념은 직관적 지식의 가치를 강조하고, 근본적으로 무언가의 참됨이나 타당성을 알 수 있음을 강조하고, 내적 앎을 '거의 늘 고요함'이나 '평화로운' 감각으로 가정한다는 점에서 이와 대비된다(Linehan, 1993a). RO DBT의 관점에서 보면 사실이나 진실이라는 개념은 종종 오해의 소지가 있다. 이는 우리가 모르는 것이 무엇인지 모르기 때문이기도 하고, 상황이 끊임없

이 변화하고 있으며, 우리의 의식적인 인식 밖에서도 많은 경험이 일어나기 때문이다.
45 기술훈련 수업에서는 전체 수강생 앞이 아닌 짝을 이뤄서 자해와 관련된 실습을 진행한다. 수강생 앞에서 자신을 드러내는 법은 강사가 핵심 원칙을 모델링하거나 가르칠 때만 시연한다.
46 최근에 동맹파열이 있었다면, 치료자는 내담자의 사기저하가 부분적으로 파열이 완전히 복원되지 않았기 때문일 가능성을 고려해야 하며, 내담자와 함께 파열과 복원에 대한 논의를 다시 시작해야 한다.
47 고정된 마음과 운명론적 마음의 개념에 대한 설명은 『기술훈련 매뉴얼』 5장 11과를 참조할 것.

8장

48 내담자가 스스로 동기를 발견하도록 장려하는 것과 관련하여, RO DBT는 생명을 위협하는 행동이 발생할 경우에만 예외적으로 외적 수반성을 사용하여 변화를 이끌어 낸다(5장 참조).

9장

49 예를 들어, 리비우 리브레스쿠Liviu Librescu 교수는 버지니아공대에서 32명의 학생과 교직원을 살해한 총기 난사범 조승희로부터 다른 학생들이 탈출할 수 있도록 스스로 강의실 문을 막고 자기 목숨을 희생했다. 리브레스쿠는 이러한 영웅적인 행동으로 개인적 이득을 본 것이 없었기 때문에 이를 이기적인 행동이었다고 주장하기는 어렵다.
50 표준 DBT의 핵심 변증법적 딜레마는 수용 대 변화다(Linehan, 1993a).
51 지금까지의 연구에 따르면, 대부분의 치료자들은 임상적인 수준까지는 아니더라도 과잉통제 스타일로 기울어져 있다. 예를 들어, 현재 진행 중인 다기관 임상시험에 연구자로 참여 중인 26명의 치료자들 중 23명이 스스로를 과잉통제형이라고 밝혔다. 대부분의 임상심리 훈련 프로그램 및 기타 유사한 보건의료 프로그램에 들어가는 데 경쟁이 치열함을 생각해 보면, 이러한 프로그램에 들어가기 위해 탁월한 성적은 물론이고 우수한 시험 응시 능력, 끈기, 계획력 등의 기본적인 과잉통제 특징이 필요하다는 것은 딱히 놀라운 일이 아니다.
52 좋아요, 저를 드러내야 할 의무감이 드네요. 이 인용문은 요점을 강조하려고 지어낸 것입니다. 하지만 이 인용문은 RO DBT의 매우 중요한 원칙인, '유치함은 웃음 그 이상이다'라는 원칙을 잘 보여 준다고 생각합니다! 우리는 유치함을 **정말 진지하게 여깁니다.** 웃음과 경박함은 변화의 기회를 나타내는 엄숙한 기회입니다. 어쩌고저쩌고.
53 6장에서 가장 흔한 부적응적 과잉통제형 사회적 신호에 대한 자세한 설명과 치료자에게 권장되는 사회적 신호 개입을 다루고 있다.
54 마찬가지로, 치료자는 내담자가 혼자 생각할 수 있게 5개 주제에 대한 문서나 요약본을 제공하지 말아야 한다. 이는 단어 사용이나 문법 오류에 대한 긴 토론과 철학적 논쟁을 유발하고, 다른 주제에 대한 토론을 방해할 수 있다.
55 표준 DBT에 익숙한 치료자는 RO DBT에서 내담자가 다이어리 카드를 완성하지 않을 것을 표준 DBT에서처럼 치료를 방해하는 행동으로 여기지 않으며, 굳이 이 때문에 **체인분석**을 할 필요도 없음을 명심해야 한다. 대신 내담자가 다이어리 카드를 완성하지 않은 것을 동맹파열의 징후로 여기고 살펴볼 수 있다(8장 참조). 훈련 시간에 한계가 있으므로, 기술훈련 수업 중에는 다이어리 카드를 검토하면 안 된다. RO DBT에서 다이어리 카드는 개별 치료에만 사용한다.
56 개인치료 회기 중에 유인물이나 워크시트에 포함된 기술을 명시적으로 가르치는 경우, 개인치료에서 유인물을 다루지 않는다는 원칙을 면제할 수 있다.

57 과잉비친화형과 과잉친화형 인간 모두 갈등을 직접 해결하기보다는 그냥 관계를 포기하는 경향이 있다. 두 유형 간의 가장 큰 차이점은 자신의 의사를 전달하는 방식에 있다. 과잉비친화형 인간은 불쾌감을 명백하게 드러내는 반면(예: 방에서 나가거나 서면으로 관계가 끝났음을 통지함), 과잉친화형 인간의 사회적 신호는 간접적이고 겉보기에는 정중할 가능성이 높다(예: 갑자기 다른 약속이 있음을 알림, 관계를 계속하고 싶다고 주장하지만 이메일과 전화에 답장하지 않음).

10장

58 혹시 넘어가셨을까 봐 말씀드리면, 그냥 장난이에요.
59 여기서 요점은 유인물의 프로토콜을 따르는 것보다는, 수수께끼의 곤경'의 '나는 어떤 유형으로도 분류할 수 없어' 요소가 치료에서 어떻게 나타날 수 있는지에 대한 것이다.
60 행동주의에 대해 더 자세히 알고 싶은 독자들을 위한 훌륭한 자료들이 있다. 예를 들어, 파머Farmer와 채프먼Chapman의 교과서인 『인지행동치료에서 행동 개입Behavioral Interventions in Cognitive Behavior Therapy』(2016)이나 프라이어Pryor의 『개를 쏘지 마라Don't Shoot the Dog』(1999)는 인지행동 원리와 전략을 자세히 살펴보는 데 있어 (적어도 내 생각에는) 우열을 가릴 수 없을 정도로 훌륭한 자료들이다.
61 선천적 사회적 신호와 문화적으로 파생된 사회적 신호를 조사하는 연구는 복잡하고 논쟁적일 뿐만 아니라 다양한 연구 결과와 해석이 존재한다. 나는 개인적으로 이 방대한 연구 영역이 매우 흥미롭다고 생각하지만 이 책에서는 다루지 않기로 했다. 그 이유는 이미 이 부분에 대한 검토가 잘 돼 있기도 하고(Russell, Bachorowski, & Fernández-Dols, 2003), 더 중요하게는 이 책은 치료에 중점을 두고 있기 때문에 임상 경험 및 연구를 바탕으로 임상가들에게 과잉통제 내담자들의 사회적 신호 결핍을 개선하는 데 사용한 원칙과 과정을 다루기 위해서다.
62 '반발' 반응은 과잉비친화 하위유형 내담자들에게 가장 흔하다(9장 참조).

11장

63 우리의 연구팀은 이 척도의 심리계측적 특성을 조사하고 절단점을 파악하는 연구를 진행 중이다.
64 혹시 넘어가셨을까 봐 말씀드리면... 그냥 장난이에요.

참고문헌

Abrams, R. C., & Horowitz, S. V. (1996). Personality disorders after age 50: A meta-analysis. Journal of Personality Disorders, 10(3), 271–281.

Achenbach, T. M. (1966). The classification of children's psychiatric symptoms: A factor-analytic study. Psychological Monographs: General and Applied, 80(7), 1–37.

Adams, R. B., & Kleck, R. E. (2003). Perceived gaze direction and the processing of facial displays of emotion. Psychological Science, 14(6), 644–647.

Adler, R. B., & Proctor, R. F. II. (2007). Looking out/looking in (12th ed.). Belmont, CA: Thomson/Wadsworth.

Adolphs, R. (2008). Fear, faces, and the human amygdala. Current Opinion in Neurobiology, 18(2), 166–172. doi:10.1016/j.conb.2008.06.006

Aloi, M., Rania, M., Caroleo, M., Bruni, A., Palmieri, A., Cauteruccio, M. A.,…Segura-García, C. (2015). Decision making, central coherence, and set-shifting: A comparison between binge eating disorder, anorexia nervosa and healthy controls. BMC Psychiatry, 15(6). doi:10.1186/s12888–015–0395-z

Ambady, N., & Rosenthal, R. (1992). Thin slices of expressive behavior as predictors of interpersonal consequences: A meta-analysis. Psychological Bulletin, 111(2), 256–274. doi:10.1037/0033–2909.111.2.256

American Psychiatric Association. (2000). Diagnostic and statistical manual of mental disorders (DSM-IV-TR), text revision (4th ed.). Washington, DC: Author.

American Psychiatric Association. (2006). American Psychiatric Association practice guidelines for the treatment of psychiatric disorders: Compendium 2006. Arlington, VA: Author.

American Psychiatric Association. (2013). Diagnostic and statistical manual of mental disorders (5th ed.). Washington, DC: Author.

Amsterdam, J. D., Settle, R. G., Doty, R. L., Abelman, E., & Winokur, A. (1987). Taste and smell perception in depression. Biological Psychiatry, 22(12), 1481–1485.

App, B., McIntosh, D. N., Reed, C. L., & Hertenstein, M. J. (2011). Nonverbal channel use in communication of emotion: How may depend on why. Emotion, 11(3), 603–617. doi:10.1037/a0023164

Arbib, M. A. (2012). How the brain got language: The mirror system hypothesis. New York, NY: Oxford University Press.

Asendorpf, J. B. (2006). Typeness of personality profiles: A continuous person-centred approach to personality data. European Journal of Personality, 20(2), 83–106. doi:10.1002/per.575

Ashton, M. C., Lee, K., & Goldberg, L. R. (2004). A hierarchical analysis of 1,710 English personality-descriptive adjectives. Journal of Personality and Social Psychology, 87(5), 707–721. doi:10.1037/0022–3514.87.5.707

Bandura, A. (1973). Aggression: A social learning analysis. Englewood Cliffs, NJ: Prentice-Hall.

Barlow, D. H. (1988). Anxiety and its disorders: The nature and treatment of anxiety and panic. New York, NY: Guilford Press.

Baron-Cohen, S., & Wheelwright, S. (2003). The Friendship Questionnaire: An investigation of adults with Asperger syndrome or high-functioning autism, and normal sex differences. Journal of Autism and Developmental Disorders, 33(5), 509–517. doi:10.1023/A:1025879411971

Baumeister, R. F., & Cairns, K. J. (1992). Repression and self-presentation: When audiences interfere with self-deceptive strategies. Journal of Personality and Social Psychology, 62(5), 851–862.

Baumeister, R. F., Heatherton, T. F., & Tice, D. M. (1994). Losing control: How and why people fail at self-regulation. San Diego, CA: Academic Press.

Beauchaine, T. P. (2001). Vagal tone, development, and Gray's motivational theory: Toward an integrated model of autonomic nervous system functioning in psychopathology. Development and Psychopathology, 13(2), 183–214.

Beck, A. T., Freeman, A., & Davis, D. D. (2004). Cognitive therapy of personality disorders (2nd ed.). New York, NY: Guilford Press.

Beck, A. T., Kovacs, M., & Weissman, A. (1979). Assessment of suicidal intention: The Scale for Suicide Ideation. Journal of Consulting and Clinical Psychology, 47(2), 343–352.

Beck, A. T., Rush, A. J., Shaw, B. J., & Emery, G. (1979). Cognitive therapy of depression. New York, NY: Guilford Press.

Beck, I., Smits, D. J., Claes, L., Vandereycken, W., & Bijttebier, P. (2009). Psychometric evaluation of the behavioral inhibition/behavioral activation system scales and the sensitivity to punishment and sensitivity to reward questionnaire in a sample of eating disordered patients. Personality and Individual Differences, 47(5), 407–412.

Beevers, C. G., Wenzlaff, R. M., Hayes, A. M., & Scott, W. D. (1999). Depression and the ironic effects of thought suppression: Therapeutic strategies for improving mental control. Clinical Psychology: Science and Practice, 6(2), 133–148. doi:10.1093/clipsy/6.2.133

Bendesky, A., & Bargmann, C. I. (2011). Genetic contributions to behavioural diversity at the gene–environment interface. Nature Reviews Genetics, 12(12), 809–820.

Berlin, I., Givry-Steiner, L., Lecrubier, Y., & Puech, A. (1998). Measures of anhedonia and hedonic responses to sucrose in depressive and schizophrenic patients in comparison with healthy subjects. European Psychiatry, 13(6), 303–309.

Bernstein, A., Trafton, J., Ilgen, M., & Zvolensky, M. J. (2008). An evaluation of the role of smoking context on a biobehavioral index of distress tolerance. Addictive Behaviors, 33(11), 1409–1415. doi:10.1016/j.addbeh.2008.06.003

Berntson, G. G., Cacioppo, J. T., & Quigley, K. S. (1991). Autonomic determinism: The modes of autonomic control, the doctrine of autonomic space, and the laws of autonomic constraint. Psychological Review, 98(4), 459–487.

Berridge, K. C., & Robinson, T. E. (2003). Parsing reward. Trends in Neurosciences, 26(9), 507–513.

Berridge, K., & Winkielman, P. (2003). What is an unconscious emotion? (The case for unconscious "liking.") Cognition and Emotion, 17(2), 181–211.

Bieling, P. J., & Kuyken, W. (2003). Is cognitive case formulation science or science fiction? Clinical Psychology: Science and Practice, 10(1), 52–69. doi:10.1093/clipsy/10.1.52

Biggs, B. K., Vernberg, E., Little, T. D., Dill, E. J., Fonagy, P., & Twemlow, S. W. (2010). Peer victimization trajectories and their association with children's affect in late elementary school. International Journal of Behavioral Development, 34(2), 136–146. doi:10.1177/0165025409348560

Bijttebier, P., & Vertommen, H. (1999). Coping strategies in relation to personality disorders. Personality and Individual Differences, 26(5), 847–856. doi:10.1016/S0191–8869(98) 00187–1

Blatt, S. J. (1974). Levels of object representation in anaclitic and introjective depression. Psychoanalytic Study of the Child, 29, 107–157.

Blatt, S. J., D'Afflitti, J. P., & Quinlan, D. M. (1976). Experiences of depression in normal young adults. Journal of Abnormal Psychology, 85(4), 383–389. doi:10.1037/0021–843X.85.4.383

Blechert, J., Michael, T., Grossman, P., Lajtman, M., & Wilhelm, F. H. (2007). Autonomic and respiratory characteristics of posttraumatic stress disorder and panic disorder. Psychosomatic Medicine, 69(9), 935–943. doi:10.1097/PSY.0b013e31815a8f6b

Block, J. H., & Block, J. (1980). The role of ego-control and ego-resiliency in the organization of behavior. In W. A. Collins (Ed.), The Minnesota symposium on child psychology: Vol. 13. Development of Cognition,

Affect, and Social Relations (pp. 39–101). Hillsdale, NJ: Erlbaum.

Boehm, C. (2012). Moral origins: The evolution of virtue, altruism, and shame. New York, NY: Basic Books.

Bonanno, G. A., Davis, P. J., Singer, J. L., & Schwartz, G. E. (1991). The repressor personality and avoidant information processing: A dichotic listening study. Journal of Research in Personality, 25(4), 386–401.

Bonanno, G. A., Papa, A., Lalande, K., Westphal, M., & Coifman, K. (2004). The importance of being flexible: The ability to both enhance and suppress emotional expression predicts long-term adjustment. Psychological Science, 15(7), 482–487. doi:10.1111/j.0956–7976.2004.00705.x

Bond, C. F., & DePaulo, B. M. (2006). Accuracy of deception judgments. Personality and Social Psychology Review, 10(3), 214–234.

Bond, F. W., Hayes, S. C., Baer, R. A., Carpenter, K. M., Guenole, N., Orcutt, H. K.,...Zettle, R. D. (2011). Preliminary psychometric properties of the Acceptance and Action Questionnaire–II: A revised measure of psychological inflexibility and experiential avoidance. Behavior Therapy, 42(4), 676–688. doi:10.1016/j.beth.2011.03.007

Boone, R. T., & Buck, R. (2003). Emotional expressivity and trustworthiness: The role of nonverbal behavior in the evolution of cooperation. Journal of Nonverbal Behavior, 27(3), 163–182. doi:10.1023/a:1025341931128

Bouton, M. E. (2002). Context, ambiguity, and unlearning: Sources of relapse after behavioral extinction. Biological Psychiatry, 52(10), 976–986. doi:10.1016/S0006–3223(02)01546–9

Bracha, H. S. (2004). Freeze, flight, fight, fright, faint: Adaptationist perspectives on the acute stress response spectrum. CNS Spectrums, 9(9), 679–685.

Bradley, M. M., & Lang, P. J. (2007). Emotion and motivation. In J. T. Cacioppo, L. G. Tassinary, & G. G. Berntson (Eds.), Handbook of psychophysiology (3rd ed., pp. 581–607). New York, NY: Cambridge University Press.

Brand, N., Schneider, N., & Arntz, P. (1995). Information processing efficiency and noise: Interactions with personal rigidity. Personality and Individual Differences, 18(5), 571–579.

Brenner, S. L., Beauchaine, T. P., & Sylvers, P. D. (2005). A comparison of psychophysiological and self-report measures of BAS and BIS activation. Psychophysiology, 42(1), 108–115. doi:10.1111/j.1469–8986.2005.00261.x

Brown, R. A., Lejuez, C. W., Kahler, C. W., Strong, D. R., & Zvolensky, M. J. (2005). Distress tolerance and early-lapse smokers. Clinical Psychology Review, 25(6), 713–733.

Brown, W. M., Palameta, B., & Moore, C. (2003). Are there nonverbal cues to commitment? An exploratory study using the zero-acquaintance video presentation paradigm. Evolutionary Psychology, 1(1), 147470490300100104.

Brown, W. M., & Moore, C. (2002). Smile asymmetries and reputation as reliable indicators of likelihood to cooperate: An evolutionary analysis. In S. P. Shohov (Ed.), Advances in Psychology Research (Vol. 11, pp. 19–36). Hauppauge, NY: Nova Science.

Buck, R. (1999). The biological affects: A typology. Psychological Review, 106(2), 301–336. doi:10.1037/0033–295X.106.2.301

Butler, E. A., Egloff, B., Wilhelm, F. H., Smith, N. C., Erickson, E. A., & Gross, J. J. (2003). The social consequences of expressive suppression. Emotion, 3(1), 48–67.

Calvo, M. G., & Eysenck, M. W. (2000). Early vigilance and late avoidance of threat processing: Repressive coping versus low/high anxiety. Cognition and Emotion, 14(6), 763–787. doi:10.1080/02699930050156627

Cappella, J. N. (1985). Production principles for turn-taking rules in social interaction: Socially anxious vs. socially secure persons. Journal of Language and Social Psychology, 4(3–4), 193–212. doi:10.1177/0261927X8543003

Carroll, K. M., & Nuro, K. F. (2002). One size cannot fit all: A stage model for psychotherapy manual development. Clinical Psychology: Science and Practice, 9(4), 396–406.

Carter, J. C., Mercer-Lynn, K. B., Norwood, S. J., Bewell-Weiss, C. V., Crosby, R. D., Woodside, D. B., & Olmsted, M. P. (2012). A prospective study of predictors of relapse in anorexia nervosa: Implications for relapse prevention. Psychiatry Research, 200(2–3), 518–523.

Cashdan, E. (1998). Smiles, speech, and body posture: How women and men display sociometric status and power. Journal of Nonverbal Behavior, 22(4), 209–228.

Chagnon, N. A. (1974). Studying the Yanomamö. New York, NY: Holt, Rinehart and Winston.

Chambers, J. C. (2010). An exploration of the mechanisms underlying the development of repeat and one-time violent offenders. Aggression and Violent Behavior, 15(4), 310–323.

Chambless, D. L., Fydrich, T., & Rodebaugh, T. L. (2008). Generalized social phobia and avoidant personality disorder: Meaningful distinction or useless duplication? Depression and Anxiety, 25(1), 8–19.

Chaplin, T. M., Cole, P. M., & Zahn-Waxler, C. (2005). Parental socialization of emotion expression: Gender differences and relations to child adjustment. Emotion, 5(1), 80–88. doi:10.1037/1528–3542.5.1.80

Chapman, B. P., & Goldberg, L. R. (2011). Replicability and 40-year predictive power of childhood ARC types. Journal of Personality and Social Psychology, 101(3), 593–606.

Cheavens, J. S., Rosenthal, M. Z., Daughters, S. B., Nowak, J., Kosson, D., Lynch, T. R., & Lejuez, C. W. (2005). An analogue investigation of the relationships among perceived parental criticism, negative affect, and borderline personality disorder features: The role of thought suppression. Behavior Research and Therapy, 43(2), 257–268.

Chen, E. Y., Segal, K., Weissman, J., Zeffiro, T. A., Gallop, R., Linehan, M. M.,…Lynch, T. R. (2015). Adapting dialectical behavior therapy for outpatient adult anorexia nervosa: A pilot study. International Journal of Eating Disorders, 48(1), 123–132. doi:10.1002/eat.22360

Chen, Y. P., Ehlers, A., Clark, D. M., & Mansell, W. (2002). Patients with generalized social phobia direct their attention away from faces. Behavior Research and Therapy, 40(6), 677–687.

Claes, L., Klonsky, E. D., Muehlenkamp, J., Kuppens, P., & Vandereycken, W. (2010). The affect-regulation function of nonsuicidal self-injury in eating-disordered patients: Which affect states are regulated? Comprehensive Psychiatry, 51(4), 386–392.

Claes, L., Vandereycken, W., & Vertommen, H. (2006). Pain experience related to self-injury in eating disorder patients. Eating Behaviors, 7(3), 204–213.

Clark, L. A. (2005a). Stability and change in personality pathology: Revelations of three longitudinal studies. Journal of Personality Disorders, 19(5), 524–532. doi:10.1521/pedi.2005.19.5.524

Clark, L. A. (2005b). Temperament as a unifying basis for personality and psychopathology. Journal of Abnormal Psychology, 114(4), 505–521.

Cloitre, M., Miranda, R., Stovall-McClough, K. C., & Han, H. (2005). Beyond PTSD: Emotion regulation and interpersonal problems as predictors of functional impairment in survivors of childhood abuse. Behavior Therapy, 36(2), 119–124. doi:10.1016/S0005 –7894(05)80060–7

Cloitre, M., Stovall-McClough, C., Zorbas, P., & Charuvastra, A. (2008). Attachment organization, emotion regulation, and expectations of support in a clinical sample of women with childhood abuse histories. Journal of Traumatic Stress, 21(3), 282–289.

Coid, J., Yang, M., Tyrer, P., Roberts, A., & Ullrich, S. (2006). Prevalence and correlates of personality disorder in Great Britain. British Journal of Psychiatry, 188(5), 423–431.

Cole, P. M., Zahn-Waxler, C., Fox, N. A., Usher, B. A., & Welsh, J. D. (1996). Individual differences in emotion regulation and behavior problems in preschool children. Journal of Abnormal Psychology, 105(4), 518–529. doi:10.1037/0021–843X.105.4.518

Commerford, M. C., Licinio, J., & Halmi, K. A. (1997). Guidelines for discharging eating disorder inpatients. Eating Disorders: The Journal of Treatment and Prevention, 5(1), 69–74. doi:10.1080/10640269708249205

Constantino, M. J., Manber, R., DeGeorge, J., McBride, C., Ravitz, P., Zuroff, D. C.,…Arnow, B. A. (2008). Interpersonal styles of chronically depressed outpatients: Profiles and therapeutic change. Psychotherapy: Theory, Research, Practice, Training, 45(4), 491–506.

Couch, L. L., & Sandfoss, K. R. (2009). An analysis of BIS/BAS connections to reactions after romantic betrayal. Individual Differences Research, 7(4), 243–254.

Couper-Kuhlen, E. (2012). Exploring affiliation in the reception of conversational complaint stories. In M.-L. Sorjonen & A. Peräkylä (Eds.), Emotion in interaction. (pp. 113–146) New York, NY: Oxford University Press.

Coutts, L. M., & Schneider, F. W. (1975). Visual behavior in an unfocused interaction as a function of sex and distance. Journal of Experimental Social Psychology, 11(1), 64–77.

Crijnen, A. A., Achenbach, T. M., & Verhulst, F. C. (1997). Comparisons of problems reported by parents of children in 12 cultures: Total problems, externalizing, and internalizing. Journal of the American Academy of Child and Adolescent Psychiatry, 36(9), 1269–1277. doi:10.1097/00004583–199709000–00020

Cromwell, H. C., & Panksepp, J. (2011). Rethinking the cognitive revolution from a neural perspective: How overuse/misuse of the term "cognition" and the neglect of affective controls in behavioral neuroscience could be delaying progress in understanding the Brain-Mind. Neuroscience and Biobehavioral Reviews, 35(9), 2026–2035.

Darke, S., Williamson, A., Ross, J., & Teesson, M. (2005). Non-fatal heroin overdose, treatment exposure, and client characteristics: Findings from the Australian Treatment Outcome Study (ATOS). Drug and Alcohol Review, 24(5), 425–432. doi:10.1080/095952 30500286005

Darwin, C. (1872/1998). The expression of the emotions in man and animals (3rd ed.). New York, NY: Oxford University Press.

Daughters, S. B., Lejuez, C. W., Bornovalova, M. A., Kahler, C. W., Strong, D. R., & Brown, R. A. (2005). Distress tolerance as a predictor of early treatment dropout in a residential substance abuse treatment facility. Journal of Abnormal Psychology, 114(4), 729–734. doi:10.1037/0021–843X.114.4.729

Davey, L., Day, A., & Howells, K. (2005). Anger, over-control, and serious violent offending. Aggression and Violent Behavior, 10(5), 624–635. doi:10.1016/j.avb.2004.12.002

Davis, J. M., McKone, E., Dennett, H., O'Connor, K. B., O'Kearney, R., & Palermo, R. (2011). Individual differences in the ability to recognise facial identity are associated with social anxiety. PloS One, 6(12), e28800. doi:10.1371/journal.pone.0028800

De Jong, P. J. (1999). Communicative and remedial effects of social blushing. Journal of Nonverbal Behavior, 23(3), 197–217.

Depue, R. A., & Iacono, W. G. (1989). Neurobehavioral aspects of affective disorders. Annual Review of Psychology, 40, 457–492. doi:10.1146/annurev.ps.40.020189.002325

Depue, R. A., Krauss, S. P., & Spoont, M. R. (1987). A two-dimensional threshold model of seasonal bipolar affective disorder. In D. Magnusson & A. Öhman (Eds.), Psychopathology: An interactional perspective (pp. 95–123). Orlando, FL: Academic Press.

Depue, R. A., & Morrone-Strupinsky, J. V. (2005). A neurobehavioral model of affiliative bonding: Implications for conceptualizing a human trait of affiliation. Behavioral and Brain Sciences, 28(3), 313–349.

Derakshan, N., & Eysenck, M. W. (1999). Are repressors self-deceivers or other-deceivers? Cognition and Emotion, 13(1), 1–17.

DeScioli, P., & Kurzban, R. (2009). Mysteries of morality. Cognition, 112(2), 281–299. doi:10.1016/j.cognition.2009.05.008

Dichter, G. S., Smoski, M. J., Kampov-Polevoy, A. B., Gallop, R., & Garbutt, J. C. (2010). Unipolar depression does not moderate responses to the Sweet Taste Test. Depression and Anxiety, 27(9), 859–863.

DiGiuseppe, R., & Tafrate, R. C. (2003). Anger treatment for adults: A meta-analytic review. Clinical Psychology: Science and Practice, 10(1), 70–84.

Dijk, C., Koenig, B., Ketelaar, T., & de Jong, P. J. (2011). Saved by the blush: Being trusted despite defecting. Emotion, 11(2), 313–319. doi:10.1037/a0022774

Dijk, C., Voncken, M. J., & de Jong, P. J. (2009). I blush, therefore I will be judged negatively: Influence of false blush feedback on anticipated others' judgments and facial coloration in high and low blushing-fearfuls. Behavior Research and Therapy, 47(7), 541–547.

Dill, E. J., Vernberg, E. M., Fonagy, P., Twemlow, S. W., & Gamm, B. K. (2004). Negative affect in victimized children: The roles of social withdrawal, peer rejection, and attitudes toward bullying. Journal of Abnormal Child Psychology, 32(2), 159–173. doi:10.1023/B:JACP.0000019768.31348.81

Dillon, D. G., Rosso, I. M., Pechtel, P., Killgore, W. D., Rauch, S. L., & Pizzagalli, D. A. (2014). Peril and pleasure: An RDoC-inspired examination of threat responses and reward processing in anxiety and depression. Depression and Anxiety, 31(3), 233–249.

Dixon-Gordon, K. L., Whalen, D. J., Layden, B. K., & Chapman, A. L. (2015). A systematic review of personality disorders and health outcomes. Canadian Psychology/Psychologie Canadienne, 56(2), 168.

Downey, G., Lebolt, A., Rincón, C., & Freitas, A. L. (1998). Rejection sensitivity and children's interpersonal difficulties. Child Development, 69(4), 1074–1091.

Dunkley, D. M., Zuroff, D. C., & Blankstein, K. R. (2003). Self-critical perfectionism and daily affect: Dispositional and situational influences on stress and coping. Journal of Personality and Social Psychology, 84(1), 234–252. doi:10.1037/0022-3514.84.1.234

Du Toit, L., & Duckitt, J. (1990). Psychological characteristics of over- and under-controlled violent offenders. Journal of Psychology, 124(2), 125–141.

Ehrlich, H. J., & Bauer, M. L. (1966). The correlates of dogmatism and flexibility in psychiatric hospitalization. Journal of Consulting Psychology, 30(3), 253–259. doi:10.1037/h002 3378

Eisenberg, N., Fabes, R. A., Guthrie, I. K., & Reiser, M. (2000). Dispositional emotionality and regulation: Their role in predicting quality of social functioning. Journal of Personality and Social Psychology, 78(1), 136–157. doi:10.1037/0022-3514.78.1.136

Eisenberg, N., Guthrie, I. K., Fabes, R. A., Shepard, S., Losoya, S., Murphy, B. C.,…Reiser, M. (2000). Prediction of elementary school children's externalizing problem behaviors from attention and behavioral regulation and negative emotionality. Child Development, 71(5), 1367–1382. doi:10.1111/1467-8624.00233

Eisenberg, N., Zhou, Q., Losoya, S. H., Fabes, R. A., Shepard, S. A., Murphy, B. C.,… Cumberland, A. (2003). The relations of parenting, effortful control, and ego control to children's emotional expressivity. Child Development, 74(3), 875–895.

Eisenberger, N. I., & Lieberman, M. D. (2004). Why rejection hurts: A common neural alarm system for physical and social pain. Trends in Cognitive Sciences, 8(7), 294–300. doi:10.1016/j.tics.2004.05.010

Ekman, P. (1972). Universal and cultural differences in facial expressions of emotion. In J. Cole (Ed.), Nebraska symposium on motivation, 1971 (pp. 207–283). Lincoln: University of Nebraska Press.

Ekman, P. (1992). An argument for basic emotions. Cognition and Emotion, 6(3–4), 169–200. doi:10.1080/02699939208411068

Ekman, P., & O'Sullivan, M. (1991). Who can catch a liar? American Psychologist, 46(9), 913–920. doi:10.1037/0003-066X.46.9.913

Ekman, P., O'Sullivan, M., & Frank, M. G. (1999). A few can catch a liar. Psychological Science, 10(3), 263–266. doi:10.1111/1467-9280.00147

Ellsworth, P. C., Carlsmith, J. M., & Henson, A. (1972). The stare as a stimulus to flight in human subjects: A series of field experiments. Journal of Personality and Social Psychology, 21(3), 302–311. doi:10.1037/h0032323

English, T., & John, O. P. (2013). Understanding the social effects of emotion regulation: The mediating role of authenticity for individual differences in suppression. Emotion, 13(2), 314–329. doi:10.1037/a0029847

Fairburn, C. G. (2005). Evidence-based treatment of anorexia nervosa. International Journal of Eating Disorders, 37(Suppl.), S26–S30. doi:10.1002/eat.20112

Farmer, R. F., & Chapman, A. L. (2016). Behavioral interventions in cognitive behavior therapy: Practical guidance for putting theory into action (2nd ed.). Washington, DC: American Psychological Association.

Feinberg, M., Willer, R., & Keltner, D. (2012). Flustered and faithful: Embarrassment as a signal of prosociality. Journal of Personality and Social Psychology, 102(1), 81–97. doi:10.1037/a0025403

Feldman, C., & Kuyken, W. (2011). Compassion in the landscape of suffering. Contemporary Buddhism, 12(1), 143–155. doi:10.1080/14639947.2011.564831

Ferenczi, S., & Rank, O. (1925). The development of psychoanalysis (Caroline Newton, Trans.). Washington, DC: Nervous and Mental Disease Publishing Co.

Ferguson, T. J., Brugman, D., White, J., & Eyre, H. L. (2007). Shame and guilt as morally warranted experiences. In J. L. Tracy, R. W. Robins, & J. P. Tangney (Eds.), The self-conscious emotions: Theory and research (pp. 330–348). New York, NY: Guilford Press.

First, M., Gibbon, M., Spitzer, R. L., Williams, J. B. W., & Benjamin, L. S. (1997). Structured Clinical Interview for DSM-IV Axis II personality disorders (SCID-II). Washington, DC: American Psychiatric Press.

First, M., Williams, J., Karg, R., & Spitzer, R. (2015). Structured clinical interview for DSM-5, research version. Arlington, VA: American Psychiatric Association.

Foa, E. B., & Kozak, M. J. (1986). Emotional processing of fear: Exposure to corrective information. Psychological Bulletin, 99(1), 20–35.

Forsyth, J. P., Parker, J. D., & Finlay, C. G. (2003). Anxiety sensitivity, controllability, and experiential avoidance and their relation to drug of choice and addiction severity in a residential sample of substance-abusing veterans. Addictive Behaviors, 28(5), 851–870. doi:10.1016/S0306–4603(02)00216–2

Fournier, J. C., DeRubeis, R. J., Shelton, R. C., Hollon, S. D., Amsterdam, J. D., & Gallop, R. (2009). Prediction of response to medication and cognitive therapy in the treatment of moderate to severe depression. Journal of Consulting and Clinical Psychology, 77(4), 775–787.

Fox, E. (1993). Allocation of visual attention and anxiety. Cognition and Emotion, 7(2), 207–215.

Franco-Paredes, K., Mancilla-Díaz, J. M., Vázquez-Arévalo, R., López-Aguilar, X., & Álvarez-Rayón, G. (2005). Perfectionism and eating disorders: A review of the literature. European Eating Disorders Review, 13(1), 61–70. doi:10.1002/erv.605

Frank, E., Prien, R. F., Jarrett, R. B., Keller, M. B., Kupfer, D. J., Lavori, P. W.,…Weissman, M. M. (1991). Conceptualization and rationale for consensus definitions of terms in major depressive disorder: Remission, recovery, relapse, and recurrence. Archives of General Psychiatry, 48(9), 851–855.

Frank, R. H. (1988). Passions within reason: The strategic role of the emotions. New York, NY: Norton.

Freedman, J. L., & Fraser, S. C. (1966). Compliance without pressure: The foot-in-the-door technique. Journal of Personality and Social Psychology, 4(2), 195.

Fridlund, A. J. (1991). Sociality of solitary smiling: Potentiation by an implicit audience. Journal of Personality and Social Psychology, 60(2), 229.

Fridlund, A. J. (2002). The behavioral ecology view of smiling and other facial expressions. In M. Abel (Ed.), An empirical reflection on the smile (pp. 45–82). New York, NY: Edwin Mellen Press.

Friesen, W. V. (1972). Cultural differences in facial expressions in a social situation: An experimental test of the concept of display rules (Unpublished doctoral dissertation). University of California, San Francisco.

Furnham, A., Petrides, K. V., Sisterson, G., & Baluch, B. (2003). Repressive coping style and positive self-presentation. British Journal of Health Psychology, 8(2), 223–249.

Furr, R. M., & Funder, D. C. (1998). A multimodal analysis of personal negativity. Journal of Personality and Social Psychology, 74(6), 1580–1591. doi:10.1037/0022–3514.74.6.1580

Gailliot, M. T., Baumeister, R. F., DeWall, C. N., Maner, J. K., Plant, E. A., Tice, D. M.,… Schmeichel, B. J. (2007). Self-control relies on glucose as a limited energy source: Willpower is more than a metaphor. Journal of Personality and Social Psychology, 92(2), 325–336. doi:10.1037/0022–3514.92.2.325

Gallagher, N. G., South, S. C., & Oltmanns, T. F. (2003). Attentional coping style in obsessive- compulsive personality disorder: A test of the intolerance of uncertainty hypothesis. Personality and Individual Differences, 34(1), 41–57. doi:10.1016/S0191–8869(02)00025–9

Gansle, K. A. (2005). The effectiveness of school-based anger interventions and programs: A meta-analysis. Journal of School Psychology, 43(4), 321–341.

Gard, D. E., Gard, M. G., Kring, A. M., & John, O. P. (2006). Anticipatory and consummatory components of the experience of pleasure: A scale development study. Journal of Research in Personality, 40(6), 1086–1102.

Gardner, D. L., & Cowdry, R. W. (1985). Suicidal and parasuicidal behavior in borderline personality disorder. Psychiatric Clinics of North America, 8(2), 389–403.

Gazelle, H., & Druhen, M. J. (2009). Anxious solitude and peer exclusion predict social helplessness, upset affect, and vagal regulation in response to behavioral rejection by a friend. Developmental Psychology, 45(4), 1077.

Geller, J., Cockell, S. J., Hewitt, P. L., Goldner, E. M., & Flett, G. L. (2000). Inhibited expression of negative emotions and interpersonal orientation in anorexia nervosa. International Journal of Eating Disorders, 28(1), 8–19.

George, L. K., Blazer, D. G., Hughes, D. C., & Fowler, N. (1989). Social support and the outcome of major depression. British Journal of Psychiatry, 154(4), 478–485.

Ghaziuddin, M., Tsai, L. Y., & Ghaziuddin, N. (1991). Brief report: Haloperidol treatment of trichotillomania in a boy with autism and mental retardation. Journal of Autism and Developmental Disorders, 21(3), 365–371.

Giesler, R. B., Josephs, R. A., & Swann, W. B. Jr. (1996). Self-verification in clinical depression: The desire for negative evaluation. Journal of Abnormal Psychology, 105(3), 358–368. doi:10.1037/0021-843X.105.3.358

Gladstone, G. L., Parker, G. B., & Malhi, G. S. (2006). Do bullied children become anxious and depressed adults? A cross-sectional investigation of the correlates of bullying and anxious depression. Journal of Nervous and Mental Disease, 194(3), 201–208. doi:10.1097/01.nmd.0000202491.99719.c3

Glashouwer, K. A., Bloot, L., Veenstra, E. M., Franken, I. H., & de Jong, P. J. (2014). Heightened sensitivity to punishment and reward in anorexia nervosa. Appetite, 75, 97–102.

Glisky, M. L., Tataryn, D. J., Tobias, B. A., Kihlstrom, J. F., & McConkey, K. M. (1991). Absorption, openness to experience, and hypnotizability. Journal of Personality and Social Psychology, 60(2), 263–272. doi:10.1037/0022-3514.60.2.263

Goldberg, L. R. (1993). The structure of personality traits: Vertical and horizontal aspects. In D. C. Funder, R. D. Parke, C. Tomlinson-Keasey, & K. Widaman (Eds.), Studying lives through time: Personality and development (pp. 169–188). Washington, DC: American Psychological Association.

Goldberg, L. R., & Kilkowski, J. M. (1985). The prediction of semantic consistency in selfdescriptions: Characteristics of persons and of terms that affect the consistency of responses to synonym and antonym pairs. Journal of Personality and Social Psychology, 48(1), 82–98. doi:10.1037/0022-3514.48.1.82

Gottfredson, M. R., & Hirschi, T. (1990). A general theory of crime. Stanford, CA: Stanford University Press.

Gottheil, N. F., & Dubow, E. F. (2001). Tripartite beliefs models of bully and victim behavior. Journal of Emotional Abuse, 2(2–3), 25–47. doi:10.1300/J135v02n02_03

Grammer, K., Schiefenhovel, W., Schleidt, M., Lorenz, B., & Eibl-Eibesfeldt, I. (1988). Patterns on the face: The eyebrow flash in crosscultural comparison. Ethology, 77(4), 279–299.

Gray, J. A. (1987). The neuropsychology of emotion and personality structure. Zhurnal Vysshei Nervnoi Deyatel'nosti, 37(6), 1011–1024.

Gray, J. A., & McNaughton, N. (2000). The neuropsychology of anxiety: An enquiry into the functions of the septo-hippocampal system. Oxford: Oxford University Press.

Greenberg, J. R., & Mitchell, S. A. (1983). Object relations in psychoanalytic theory. Cambridge, MA: Harvard University Press.

Greville-Harris, M., Hempel, R., Karl, A., Dieppe, P., & Lynch, T. R. (2016). The power of invalidating communication: Receiving invalidating feedback predicts threat-related emotional, physiological, and social responses. Journal of Social and Clinical Psychology, 35(6), 471–493. doi:10.1521/jscp.2016.35.6.471

Gross, J. J., & John, O. P. (2003). Individual differences in two emotion regulation processes: Implications for affect, relationships, and well-being. Journal of Personality and Social Psychology, 85(2), 348–362. doi:10.1037/0022-3514.85.2.348

Gross, J. J., & Levenson, R. W. (1997). Hiding feelings: The acute effects of inhibiting negative and positive emotion. Journal of Abnormal Psychology, 106(1), 95–103. doi:10.1037/0021-843X.106.1.95

Gross, L. (2006). How the human brain detects unexpected events. PLoS Biology, 4(12), e443. doi:10.1371/journal.pbio.0040443

Hamilton, M. (1960). A rating scale for depression. Journal of Neurology, Neurosurgery and Psychiatry, 23(1), 56–62.

Hanson, R. K., Bourgon, G., Helmus, L., & Hodgson, S. (2009). The principles of effective correctional treatment also apply to sexual offenders: A meta-analysis. Criminal Justice and Behavior, 36(9), 865–891.

Happé, F., & Frith, U. (2006). The weak coherence account: Detail-focused cognitive style in autism spectrum disorders. Journal of Autism and Developmental Disorders, 36(1), 5–25. doi:10.1007/s10803–005–0039–0

Harrison, A., O'Brien, N., Lopez, C., & Treasure, J. (2010). Sensitivity to reward and punishment in eating disorders. Psychiatry Research, 177(1–2), 1–11.

Harrison, A., Tchanturia, K., & Treasure, J. (2010). Attentional bias, emotion recognition, and emotion regulation in anorexia: State or trait? Biological Psychiatry, 68(8), 755–761.

Hartmann, A., Weber, S., Herpertz, S., & Zeeck, A. (2011). Psychological treatment for anorexia nervosa: A meta-analysis of standardized mean change. Psychotherapy and Psychosomatics, 80(4), 216–226.

Haslam, N. (2011). The return of the anal character. Review of General Psychology, 15(4), 351–360. doi:10.1037/a0025251

Hawley, L. L., Ho, M. R., Zuroff, D. C., & Blatt, S. J. (2006). The relationship of perfectionism, depression, and therapeutic alliance during treatment for depression: Latent difference score analysis. Journal of Consulting and Clinical Psychology, 74(5), 930–942. doi:10.1037/0022–006X.74.5.930

Hayes, S. C. (2004). Acceptance and commitment therapy, relational frame theory, and the third wave of behavioral and cognitive therapies. Behavior Therapy, 35(4), 639–665.

Hayes, S. C., Brownstein, A. J., Haas, J. R., & Greenway, D. E. (1986). Instructions, multiple schedules, and extinction: Distinguishing rule-governed from schedule-controlled behavior. Journal of the Experimental Analysis of Behavior, 46(2), 137–147.

Hayes, S. C., Follette, W. C., & Follette, V. (1995). Behavior therapy: A contextual approach. In A. S. German & S. B. Messer (Eds.), Essential psychotherapies: Theory and practice (pp. 128–181). New York, NY: Guilford Press.

Hayes, S. C., Wilson, K. G., Gifford, E. V., Follette, V. M., & Strosahl, K. (1996). Experiential avoidance and behavioral disorders: A functional dimensional approach to diagnosis and treatment. Journal of Consulting and Clinical Psychology, 64(6), 1152.

Heerey, E. A., & Kring, A. M. (2007). Interpersonal consequences of social anxiety. Journal of Abnormal Psychology, 116(1), 125–134. doi:10.1037/0021–843X.116.1.125

Heisel, M. J., Duberstein, P. R., Conner, K. R., Franus, N., Beckman, A., & Conwell, Y. (2006). Personality and reports of suicide ideation among depressed adults 50 years of age or older. Journal of Affective Disorders, 90(2), 175–180.

Henderson, J. M., Williams, C. C., & Falk, R. J. (2005). Eye movements are functional during face learning. Memory and Cognition, 33(1), 98–106.

Henderson, M. (1983a). An empirical classification of non-violent offenders using the MMPI. Personality and Individual Differences, 4(6), 671–677.

Henderson, M. (1983b). Self-reported assertion and aggression among violent offenders with high or low levels of overcontrolled hostility. Personality and Individual Differences, 4(1), 113–115.

Henriques, J. B., & Davidson, R. J. (2000). Decreased responsiveness to reward in depression. Cognition and Emotion, 14(5), 711–724.

Hershorn, M., & Rosenbaum, A. (1991). Over- vs. undercontrolled hostility: Application of the construct to the classification of maritally violent men. Violence and Victims, 6(2), 151–158.

Hertenstein, M. J., Verkamp, J. M., Kerestes, A. M., & Holmes, R. M. (2006). The communicative functions of touch in humans, nonhuman primates, and rats: A review and synthesis of the empirical research. Genetic, Social, and General Psychology Monographs, 132(1), 5–94. doi:10.3200/MONO.132.1.5–94

Hess, U., & Blairy, S. (2001). Facial mimicry and emotional contagion to dynamic emotional facial expressions and their influence on decoding accuracy. International Journal of Psychophysiology, 40(2), 129–141. doi:10.1016/S0167–8760(00)00161–6

Hintikka, J., Tolmunen, T., Rissanen, M.-L., Honkalampi, K., Kylmä, J., & Laukkanen, E. (2009). Mental disorders in self-cutting adolescents. Journal of Adolescent Health, 44(5), 464–467.

Hock, M., & Krohne, H. W. (2004). Coping with threat and memory for ambiguous information: Testing the repressive discontinuity hypothesis. Emotion, 4(1), 65–86.

Hock, M., Krohne, H. W., & Kaiser, J. (1996). Coping dispositions and the processing of ambiguous stimuli.

Journal of Personality and Social Psychology, 70(5), 1052.

Hofmann, W., Rauch, W., & Gawronski, B. (2007). And deplete us not into temptation: Automatic attitudes, dietary restraint, and self-regulatory resources as determinants of eating behavior. Journal of Experimental Social Psychology, 43(3), 497–504.

Hofstede, G. (1983). National cultures in four dimensions: A research-based theory of cultural differences among nations. International Studies of Management and Organization, 13(1–2), 46–74.

Hollerman, J. R., & Schultz, W. (1998). Dopamine neurons report an error in the temporal prediction of reward during learning. Nature Neuroscience, 1(4), 304–309.

Hollin, C. R., Palmer, E. J., & Hatcher, R. M. (2013). Efficacy of correctional cognitive skills programmes. In L. A. Craig, L. Dixon, & T. A. Gannon (Eds.), What works in offender rehabilitation: An evidence-based approach to assessment and treatment (pp. 115–128). Chichester, England: Wiley-Blackwell.

Horstmann, G., & Bauland, A. (2006). Search asymmetries with real faces: Testing the anger-superiority effect. Emotion, 6(2), 193.

Hutcherson, C. A., Seppala, E. M., & Gross, J. J. (2008). Loving-kindness meditation increases social connectedness. Emotion, 8(5), 720–724. doi:10.1037/a0013237

Iizuka, Y. (1992). Eye contact in dating couples and unacquainted couples. Perceptual and Motor Skills, 75(2), 457–461.

Ikemoto, S., & Panksepp, J. (1999). The role of nucleus accumbens dopamine in motivated behavior: A unifying interpretation with special reference to reward-seeking. Brain Research Reviews, 31(1), 6–41.

Jessell, T. M. (1995). The nervous system. In E. R. Kandel, J. H. Schwartz, & T. M. Jessell (Eds.), Essentials of neural science and behavior (3rd ed). Stamford, CT: Appleton & Lange.

John, O. P., & Robins, R. W. (1994). Accuracy and bias in self-perception: Individual differences in self-enhancement and the role of narcissism. Journal of Personality and Social Psychology, 66(1), 206–219. doi:10.1037/0022–3514.66.1.206

Johnson, J. G., Smailes, E. M., Cohen, P., Brown, J., & Bernstein, D. P. (2000). Associations between four types of childhood neglect and personality disorder symptoms during adolescence and early adulthood: Findings of a community-based longitudinal study. Journal of Personality Disorders, 14(2), 171–187.

Joiner, T. E., & Metalsky, G. I. (1995). A prospective test of an integrative interpersonal theory of depression: A naturalistic study of college roommates. Journal of Personality and Social Psychology, 69(4), 778–788. doi:10.1037/0022–3514.69.4.778

Kagan, J. (1994). On the nature of emotion. In N. A. Fox (Ed.), The development of emotion regulation and dysregulation: Biological and behavioral considerations (pp. 7–24). Ann Arbor, MI: Society for Research in Child Development.

Kagan, J., Reznick, J. S., & Snidman, N. (1987a). The physiology and psychology of behavioral inhibition in children. Child Development, 58(6), 1459–1473.

Kagan, J., Reznick, J. S., & Snidman, N. (1987b). Temperamental variation in response to the unfamiliar. In N. A. Krasnegor, E. M. Blass, & M. A. Hofer (Eds.), Perinatal development: A psychobiological perspective (pp. 421–440). Orlando, FL: Academic Press.

Kanngiesser, P., & Warneken, F. (2012). Young children consider merit when sharing resources with others. PloS One, 7(8), e43979.

Kasch, K. L., Rottenberg, J., Arnow, B. A., & Gotlib, I. H. (2002). Behavioral activation and inhibition systems and the severity and course of depression. Journal of Abnormal Psychology, 111(4), 589–597.

Kaye, W. H., Wierenga, C. E., Bailer, U. F., Simmons, A. N., & Bischoff-Grethe, A. (2013). Nothing tastes as good as skinny feels: The neurobiology of anorexia nervosa. Trends in Neurosciences, 36(2), 110–120.

Keel, P. K., Dorer, D. J., Eddy, K. T., Franko, D., Charatan, D. L., & Herzog, D. B. (2003). Predictors of mortality in eating disorders. Archives of General Psychiatry, 60(2), 179–183.

Keiley, M. K., Howe, T. R., Dodge, K. A., Bates, J. E., & Pettit, G. S. (2001). The timing of child physical maltreatment: A cross-domain growth analysis of impact on adolescent externalizing and internalizing problems. Development and Psychopathology, 13(4), 891–912.

Keltner, D., Capps, L., Kring, A. M., Young, R. C., & Heerey, E. A. (2001). Just teasing: A conceptual analysis and empirical review. Psychological Bulletin, 127(2), 229.

Keltner, D., & Harker, L. (1998). The forms and functions of the nonverbal signal of shame. In P. Gilbert & B. Andrews (Eds.), Shame: Interpersonal behavior, psychopathology, and culture (pp. 78–98). New York, NY: Oxford University Press.

Keltner, D., Young, R. C., & Buswell, B. N. (1997). Appeasement in human emotion, social practice, and personality. Aggressive Behavior, 23(5), 359–374. doi:10.1002/(SICI)1098–2337(1997)23:5<359::AID-AB5>3.0.CO;2-D

Kendler, K. S., Hettema, J. M., Butera, F., Gardner, C. O., & Prescott, C. A. (2003). Life event dimensions of loss, humiliation, entrapment, and danger in the prediction of onsets of major depression and generalized anxiety. Archives of General Psychiatry, 60(8), 789–796. doi:10.1001/archpsyc.60.8.789

Kendler, K. S., Prescott, C. A., Myers, J., & Neale, M. C. (2003). The structure of genetic and environmental risk factors for common psychiatric and substance use disorders in men and women. Archives of General Psychiatry, 60(9), 929–937.

Keogh, K., Booth, R., Baird, K., & Davenport, J. (2016). The Radical Openness Group: A controlled trial with 3-month follow-up. Practice Innovations, 1(2), 129–143.

Kernis, M. H., & Goldman, B. M. (2006). A multicomponent conceptualization of authenticity: Theory and research. In M. P. Zanna (Ed.), Advances in experimental social psychology (Vol. 38, pp. 283–357). San Diego, CA: Academic Press.

Kiecolt-Glaser, J., & Murray, J. A. (1980). Social desirability bias in self-monitoring data. Journal of Behavioral Assessment, 2(4), 239–247. doi:10.1007/BF01666783

Kim, J., Cicchetti, D., Rogosch, F. A., & Manly, J. T. (2009). Child maltreatment and trajectories of personality and behavioral functioning: Implications for the development of personality disorder. Development and Psychopathology, 21(3), 889–912.

Kimbrel, N. A., Nelson-Gray, R. O., & Mitchell, J. T. (2007). Reinforcement sensitivity and maternal style as predictors of psychopathology. Personality and Individual Differences, 42(6), 1139–1149. doi:10.1016/j.paid.2006.06.028

Klonsky, E. D. (2007). The functions of deliberate self-injury: A review of the evidence. Clinical Psychology Review, 27(2), 226–239.

Klonsky, E. D., & Olino, T. M. (2008). Identifying clinically distinct subgroups of self-injurers among young adults: A latent class analysis. Journal of Consulting and Clinical Psychology, 76(1), 22–27. doi:10.1037/0022–006X.76.1.22

Klonsky, E. D., Oltmanns, T. F., & Turkheimer, E. (2003). Deliberate self-harm in a nonclinical population: Prevalence and psychological correlates. American Journal of Psychiatry, 160(8), 1501–1508.

Kocsis, J. H., Gelenberg, A. J., Rothbaum, B. O., Klein, D. N., Trivedi, M. H., Manber, R., ... Arnow, B. A. (2009). Cognitive behavioral analysis system of psychotherapy and brief supportive psychotherapy for augmentation of antidepressant nonresponse in chronic depression: The REVAMP Trial. Archives of General Psychiatry, 66(11), 1178–1188.

Kohlenberg, R. J., & Tsai, M. (1991). Functional analytic psychotherapy: Creating intense and curative therapeutic relationships. New York, NY: Plenum Press.

Kraus, M. W., & Keltner, D. (2009). Signs of socioeconomic status: A thin-slicing approach. Psychological Science, 20(1), 99–106. doi:10.1111/j.1467–9280.2008.02251.x

Krueger, R. F. (1999). The structure of common mental disorders. Archives of General Psychiatry, 56(10), 921–926. doi:10.1001/archpsyc.56.10.921

Krueger, R. F., Caspi, A., Moffitt, T. E., & Silva, P. A. (1998). The structure and stability of common mental disorders (DSM-III-R): A longitudinal-epidemiological study. Journal of Abnormal Psychology, 107(2), 216–227. doi:10.1037/0021–843X.107.2.216

Krueger, R. F., & Markon, K. E. (2014). The role of the DSM-5 personality trait model in moving toward a quantitative and empirically based approach to classifying personality and psychopathology. Annual Review of Clinical Psychology, 10, 477–501.

Kumar, P., Berghorst, L. H., Nickerson, L. D., Dutra, S. J., Goer, F., Greve, D., & Pizzagalli, D. A. (2014).

Differential effects of acute stress on anticipatory and consummatory phases of reward processing. Neuroscience, 266, 1–12.

Kuyken, W., Fothergill, C. D., Musa, M., & Chadwick, P. (2005). The reliability and quality of cognitive case formulation. Behavior Research and Therapy, 43(9), 1187–1201. doi:10.1016/j.brat.2004.08.007

Kyriacou, O., Treasure, J., & Schmidt, U. (2008). Expressed emotion in eating disorders assessed via self-report: An examination of factors associated with expressed emotion in carers of people with anorexia nervosa in comparison to control families. International Journal of Eating Disorders, 41(1), 37–46. doi:10.1002/eat.20469

Lakin, J. L., & Chartrand, T. L. (2003). Using nonconscious behavioral mimicry to create affiliation and rapport. Psychological Science, 14(4), 334–339. doi:10.1111/1467–9280.14481

Lakin, J. L., Jefferis, V. E., Cheng, C. M., & Chartrand, T. L. (2003). The chameleon effect as social glue: Evidence for the evolutionary significance of nonconscious mimicry. Journal of Nonverbal Behavior, 27(3), 145–162. doi:10.1023/A:1025389814290

Lane, P. J., & Kling, J. S. (1979). Construct validation of the Overcontrolled Hostility scale of the MMPI. Journal of Consulting and Clinical Psychology, 47(4), 781–782. doi:10.1037/0022–006X.47.4.781

Lane, P. J., & Spruill, J. (1980). Validity of the overcontrolled/undercontrolled typology usage on criminal psychiatric patients. Criminal Justice and Behavior, 7(2), 215–228.

Lane, R. D., Quinlan, D. M., Schwartz, G. E., Walker, P. A., & Zeitlin, S. (1990). The Levels of Emotional Awareness Scale: A cognitive-developmental measure of emotion. Journal of Personality Assessment, 55(1–2), 124–134. doi:10.1207/s15327752jpa5501&2_12

Lane, R. D., Sechrest, L., Riedel, R., Shapiro, D. E., & Kaszniak, A. W. (2000). Pervasive emotion recognition deficit common to alexithymia and the repressive coping style. Psychosomatic Medicine, 62(4), 492–501.

Lang, K., Lopez, C., Stahl, D., Tchanturia, K., & Treasure, J. (2014). Central coherence in eating disorders: An updated systematic review and meta-analysis. World Journal of Biological Psychiatry, 15(8), 586–598. doi: 10.3109/15622975.2014.909606

Lang, K., & Tchanturia, K. (2014). A systematic review of central coherence in young people with anorexia nervosa. Journal of Child and Adolescent Behavior, 2(140). doi:10.4172/2375–4494.1000140

Lawson, J., Baron-Cohen, S., & Wheelwright, S. (2004). Empathising and systemising in adults with and without Asperger syndrome. Journal of Autism and Developmental Disorders, 34(3), 301–310. doi:10.1023/B:JADD.0000029552.42724.1b

LeDoux, J. (2012). Rethinking the emotional brain. Neuron, 73(4), 653–676.

Lee, J. J., & Pinker, S. (2010). Rationales for indirect speech: The theory of the strategic speaker. Psychological Review, 117(3), 785–807. Retrieved from https://dash.harvard.edu/bitstream/handle/1/10226781/lee_pinker_rationales.pdf?sequence=2.

Lenzenweger, M. F. (2008). Epidemiology of personality disorders. Psychiatric Clinics of North America, 31(3), 395–403.

Lewis, M., & Weinraub, M. (1979). Origins of early sex-role development. Sex Roles, 5(2), 135–153. doi:10.1007/BF00287927

Linehan, M. M. (1993a). Cognitive-behavioral treatment of borderline personality disorder. New York, NY: Guilford Press.

Linehan, M. M. (1993b). Skills training manual for treating borderline personality disorder. New York, NY: Guilford Press.

Livingstone, M. S. (2000). Is it warm? Is it real? Or just low spatial frequency? Science, 290(5495), 1229–1229. doi:10.1126/science.290.5495.1299b

London, B., Downey, G., Bonica, C., & Paltin, I. (2007). Social causes and consequences of rejection sensitivity. Journal of Research on Adolescence, 17(3), 481–506.

Lopez, C., Tchanturia, K., Stahl, D., & Treasure, J. (2008). Central coherence in eating disorders: A systematic review. Psychological Medicine, 38(10), 1393–1404. doi:10.1017/S0033291708003486

Lopez, C., Tchanturia, K., Stahl, D., & Treasure, J. (2009). Weak central coherence in eating disorders: A step towards looking for an endophenotype of eating disorders. Journal of Clinical and Experimental

Neuropsychology, 31(1), 117–125. doi:10.1080/13803390802036092

Loranger, A. W., Janca, A., & Sartorius, N. (1997). Assessment and diagnosis of personality disorders: The ICD-10 International Personality Disorder Examination (IPDE). Cambridge, England: Cambridge University Press.

Losh, M., Adolphs, R., Poe, M. D., Couture, S., Penn, D., Baranek, G. T., & Piven, J. (2009). Neuropsychological profile of autism and the broad autism phenotype. Archives of General Psychiatry, 66(5), 518–526. doi:10.1001/archgenpsychiatry.2009.34

Low, K., & Day, A. (2015). Toward a clinically meaningful taxonomy of violent offenders: The role of anger and thinking styles. Journal of Interpersonal Violence, 32(4), 489–514. doi:10.1177/0886260515586365

Lundqvist, D., & Öhman, A. (2005). Emotion regulates attention: The relation between facial configurations, facial emotion, and visual attention. Visual Cognition, 12(1), 51–84.

Lynch, M. P. (2004). True to life: Why truth matters. Cambridge, MA: MIT Press.

Lynch, T. R. (2000). Treatment of elderly depression with personality disorder comorbidity using dialectical behavior therapy. Cognitive and Behavioral Practice, 7(4), 468–477.

Lynch, T. R. (2018). The skills training manual for radically open dialectical behavior therapy: A clinician's guide for treating disorders of overcontrol. Oakland, CA: New Harbinger.

Lynch, T. R., & Aspnes, A. (2001). Personality disorders in older adults: Diagnostic and theoretical issues. Clinical Geriatrics, 9, 64–70.

Lynch, T. R., Chapman, A. L., Rosenthal, M. Z., Kuo, J. R., & Linehan, M. M. (2006). Mechanisms of change in dialectical behavior therapy: Theoretical and empirical observations. Journal of Clinical Psychology, 62(4), 459–480. doi:10.1002/jclp.20243

Lynch, T. R., & Cheavens, J. S. (2007). Dialectical behavior therapy for depression with comorbid personality disorder: An extension of standard dialectical behavior therapy with a special emphasis on the treatment of older adults. In L. A. Dimeff & K. Koerner (Eds.), Dialectical behavior therapy in clinical practice: Applications across disorders and settings (pp. 264–297). New York, NY: Guilford Press.

Lynch, T. R., & Cheavens, J. S. (2008). Dialectical behavior therapy for comorbid personality disorders. Journal of Clinical Psychology, 64(2), 154–167. doi:10.1002/jclp.20449

Lynch, T. R., Cheavens, J. S., Morse, J. Q., & Rosenthal, M. Z. (2004). A model predicting suicidal ideation and hopelessness in depressed older adults: The impact of emotion inhibition and affect intensity. Aging & Mental Health, 8(6), 486–497.

Lynch, T. R., & Cozza, C. (2009). Behavior therapy for nonsuicidal self-injury. In M. K. Nock (Ed.), Understanding nonsuicidal self-injury: Origins, assessment, and treatment (pp. 211–250). Washington DC: American Psychological Association.

Lynch, T. R., Gray, K. L., Hempel, R. J., Titley, M., Chen, E. Y., & O'Mahen, H. A. (2013). Radically open–dialectical behavior therapy for adult anorexia nervosa: Feasibility and outcomes from an inpatient program. BMC Psychiatry, 13(293), 1–17. doi:10.1186/1471–244x-13–293

Lynch, T. R., Hempel, R. J., & Clark, L. A. (2015). Promoting radical openness and flexible control. In J. Livesley, G. Dimaggio, & J. Clarkin (Eds.), Integrated treatment for personality disorder: A modular approach (pp. 325–344). New York, NY: Guilford Press.

Lynch, T. R., Hempel, R. J., & Dunkley, C. (2015). Radically open–dialectical behavior therapy for disorders of over-control: Signaling matters. American Journal of Psychotherapy, 69(2), 141–162.

Lynch, T. R., Hempel, R. J., Titley, M., Burford, S., & Gray, K. L. H. (2012). Anorexia nervosa: The problem of overcontrol. Paper presented at the annual meeting of the Association for Behavioral and Cognitive Therapies, National Harbor, MD.

Lynch, T. R., Johnson, C. S., Mendelson, T., Robins, C. J., Krishnan, K . R . R., & Blazer, D. G. (1999). Correlates of suicidal ideation among an elderly depressed sample. Journal of Affective Disorders, 56(1), 9–15.

Lynch, T. R., & Mizon, G. A. (2011). Distress over-tolerance and distress intolerance: A behavioral perspective. In M. J. Zvolensky, A. Bernstein, & A. A. Vujanovic (Eds.), Distress tolerance (pp. 52–79). New York, NY: Guilford Press.

Lynch, T. R., Morse, J. Q., Mendelson, T., & Robins, C. J. (2003). Dialectical behavior therapy for depressed older adults: A randomized pilot study. American Journal of Geriatric Psychiatry, 11(1), 33–45.

Lynch, T. R., Robins, C. J., Morse, J. Q., & Krause, E. D. (2001). A mediational model relating affect intensity, emotion inhibition, and psychological distress. Behavior Therapy, 32(3), 519–536.

Lynch, T. R., Schneider, K. G., Rosenthal, M. Z., & Cheavens, J. S. (2007). A mediational model of trait negative affectivity, dispositional thought suppression, and intrusive thoughts following laboratory stressors. Behavior Research and Therapy, 45(4), 749–761.

Maclean, J. C., Xu, H., French, M. T., & Ettner, S. L. (2014). Mental health and high-cost health care utilization: New evidence from Axis II disorders. Health Services Research, 49(2), 683–704.

Malhi, G. S., Parker, G. B., Crawford, J., Wilhelm, K., & Mitchell, P. B. (2005). Treatment resistant depression: Resistant to definition? Acta Psychiatrica Scandinavica, 112(4), 302–309. doi:10.1111/j.1600-0447.2005.00602.x

Manly, J. T., Kim, J. E., Rogosch, F. A., & Cicchetti, D. (2001). Dimensions of child maltreatment and children's adjustment: Contributions of developmental timing and subtype. Development and Psychopathology, 13(4), 759–782.

Marean, C. W. (2015). How Homo sapiens became the ultimate invasive species. Scientific American, 313(2). Retrieved from http://www.phrenicea.com/ScientificAmericanMarean082015.pdf

Marlatt, G., & Gordon, J. (Eds.). (1985). Relapse prevention: Maintenance strategies in the treatment of addictive disorders. New York, NY: Guilford Press.

Marvel, F. A., Chen, C.-C., Badr, N., Gaykema, R. P. A., & Goehler, L. E. (2004). Reversible inactivation of the dorsal vagal complex blocks lipopolysaccharide-induced social withdrawal and c-Fos expression in central autonomic nuclei. Brain, Behavior, and Immunity, 18(2), 123–134.

Matsumoto, D. (1991). Cultural influences on facial expressions of emotion. Southern Journal of Communication, 56(2), 128–137.

Matsumoto, D., & Willingham, B. (2009). Spontaneous facial expressions of emotion of congenitally and noncongenitally blind individuals. Journal of Personality and Social Psychology, 96(1), 1.

Mauss, I. B., Shallcross, A. J., Troy, A. S., John, O. P., Ferrer, E., Wilhelm, F. H., & Gross, J. J. (2011). Don't hide your happiness! Positive emotion dissociation, social connectedness, and psychological functioning. Journal of Personality and Social Psychology, 100(4), 738–748. doi:10.1037/a0022410

McAdams, D. P. (1982). Experiences of intimacy and power: Relationships between social motives and autobiographical memory. Journal of Personality and Social Psychology, 42(2), 292.

McClernon, F. J., Westman, E. C., & Rose, J. E. (2004). The effects of controlled deep breathing on smoking withdrawal symptoms in dependent smokers. Addictive Behaviors, 29, 765–772. doi:10.1016/j.addbeh.2004.02.005

McCrae, R. R. (1987). Creativity, divergent thinking, and openness to experience. Journal of Personality and Social Psychology, 52(6), 1258–1265. doi:10.1037/0022–3514.52.6.1258

McCrae, R. R., & Costa, P. T. Jr. (1996). Toward a new generation of personality theories: Theoretical contexts for the five-factor model. In J. S. Wiggins (Ed.), The five-factor model of personality: Theoretical perspectives (pp. 51–87). New York, NY: Guilford Press.

McCrae, R. R., & Costa, P. T. Jr. (1997). Personality trait structure as a human universal. American Psychologist, 52(5), 509–516. doi:10.1037/0003–066X.52.5.509

McCullough, J. P. Jr. (2000). Treatment for chronic depression: Cognitive behavioral analysis system of psychotherapy. New York, NY: Guilford Press.

McCullough, M. E., Root, L. M., & Cohen, A. D. (2006). Writing about the benefits of an interpersonal transgression facilitates forgiveness. Journal of Consulting and Clinical Psychology, 74(5), 887–897. doi:10.1037/0022–006X.74.5.887

McEwen, B. S., Eiland, L., Hunter, R. G., & Miller, M. M. (2012). Stress and anxiety: Structural plasticity and epigenetic regulation as a consequence of stress. Neuropharmacology, 62(1), 3–12.

Megargee, E. I. (1966). Undercontrolled and overcontrolled personality types in extreme antisocial aggression. Psychological Monographs: General and Applied, 80(3), 1–29. doi:10.1037/h0093894

Megargee, E. I., & Bohn, M. J. (1979). Classifying criminal offenders: A new system based on the MMPI. Beverly Hills, CA: Sage.

Meyer, B., Johnson, S. L., & Carver, C. S. (1999). Exploring behavioral activation and inhibition sensitivities among college students at risk for bipolar spectrum symptomatology. Journal of Psychopathology and Behavioral Assessment, 21(4), 275–292. doi:10.1023/A:1022119414440

Miller, W. R. (1983). Motivational interviewing with problem drinkers. Behavioural and Cognitive Psychotherapy, 11(2), 147–172.

Miller, W. R., & Rose, G. S. (2009). Toward a theory of motivational interviewing. American Psychologist, 64(6), 527.

Miller, W. R., Taylor, C. A., & West, J. C. (1980). Focused versus broad-spectrum behavior therapy for problem drinkers. Journal of Consulting and Clinical Psychology, 48(5), 590.

Mineka, S., and Öhman, A. (2002). Learning and unlearning fears: Preparedness, neural pathways, and patients. Society of Biological Psychiatry, 52, 927–937.

Mizushima, L., & Stapleton, P. (2006). Analyzing the function of meta-oriented critical comments in Japanese comic conversations. Journal of Pragmatics, 38(12), 2105–2123.

Moffitt, T. E., Arseneault, L., Belsky, D., Dickson, N., Hancox, R. J., Harrington, H.,…Caspi, A. (2011). A gradient of childhood self-control predicts health, wealth, and public safety. PNAS (Proceedings of the National Academy of Sciences of the United States of America), 108(7), 2693–2698. doi:10.1073/pnas.1010076108

Montague, E., Chen, P.-Y., Xu, J., Chewning, B., & Barrett, B. (2013). Nonverbal interpersonal interactions in clinical encounters and patient perceptions of empathy. Journal of Participatory Medicine, 5, e33.

Montgomery, K. J., & Haxby, J. V. (2008). Mirror neuron system differentially activated by facial expressions and social hand gestures: A functional magnetic resonance imaging study. Journal of Cognitive Neuroscience, 20(10), 1866–1877. doi:10.1162/jocn.2008.20127

Moody, E. J., McIntosh, D. N., Mann, L. J., & Weisser, K. R. (2007). More than mere mimicry? The influence of emotion on rapid facial reactions to faces. Emotion, 7(2), 447–457. doi:10.1037/1528–3542.7.2.447

Morris, D. (2002). Peoplewatching. London, England: Vintage.

Morse, J. Q., & Lynch, T. R. (2000). Personality disorders in late life. Current Psychiatry Reports, 2(1), 24–31.

Morse, J. Q., & Lynch, T. R. (2004). A preliminary investigation of self-reported personality disorders in late life: Prevalence, predictors of depressive severity, and clinical correlates. Aging & Mental Health, 8(4), 307–315.

Mountford, V., Corstorphine, E., Tomlinson, S., & Waller, G. (2007). Development of a measure to assess invalidating childhood environments in the eating disorders. Eating Behaviors, 8(1), 48–58. doi:10.1016/j.eatbeh.2006.01.003

Muraven, M., & Baumeister, R. F. (2000). Self-regulation and depletion of limited resources: Does self-control resemble a muscle? Psychological Bulletin, 126(2), 247–259. doi:10.1037/0033–2909.126.2.247

Myers, L. B. (2010). The importance of the repressive coping style: Findings from 30 years of research. Anxiety, Stress and Coping, 23(1), 3–17.

Najavits, L. M., & Weiss, R. D. (1994). Variations in therapist effectiveness in the treatment of patients with substance use disorders: An empirical review. Addiction, 89(6), 679–688.

National Collaborating Centre for Mental Health. (2004). Eating disorders: Core interventions in the treatment and management of anorexia nervosa, bulimia nervosa and related eating disorders. Leicester, England: British Psychological Society/Gaskell.

National Institute of Mental Health. (n.d.). Research domain criteria (RDoC). Retrieved from https://www.nimh.nih.gov/research-priorities/rdoc/index.shtml.

Neal, D. T., Wood, W., & Drolet, A. (2013). How do people adhere to goals when willpower is low? The profits (and pitfalls) of strong habits. Journal of Personality and Social Psychology, 104(6), 959.

Neuberg, S. L., & Newsom, J. T. (1993). Personal need for structure: Individual differences in the desire for simpler structure. Journal of Personality and Social Psychology, 65(1), 113–131.

Nichols, K., & Champness, B. (1971). Eye gaze and the GSR. Journal of Experimental Social Psychology,

7(6), 623–626.

Nicolaou, M., Paes, T., & Wakelin, S. (2006). Blushing: An embarrassing condition, but treatable. Lancet, 367(9519), 1297–1299.

Niedenthal, P. M., Mermillod, M., Maringer, M., & Hess, U. (2010). The Simulation of Smiles (SIMS) model: Embodied simulation and the meaning of facial expression. Behavioral and Brain Sciences, 33(06), 417–433.

Nock, M. K. (2009). Why do people hurt themselves? New insights into the nature and functions of self-injury. Current Directions in Psychological Science, 18(2), 78–83.

Nock, M. K., Joiner, T. E., Gordon, K. H., Lloyd-Richardson, E., & Prinstein, M. J. (2006). Non-suicidal self-injury among adolescents: Diagnostic correlates and relation to suicide attempts. Psychiatry Research, 144(1), 65–72.

Nock, M. K., & Mendes, W. B. (2008). Physiological arousal, distress tolerance, and social problem-solving deficits among adolescent self-injurers. Journal of Consulting and Clinical Psychology, 76(1), 28–38. doi:10.1037/0022–006X.76.1.28

Novaco, R. W. (1997). Remediating anger and aggression with violent offenders. Legal and Criminological Psychology, 2(1), 77–88.

Ogrodniczuk, J. S., Piper, W. E., Joyce, A. S., McCallum, M., & Rosie, J. S. (2003). NEO-Five Factor personality traits as predictors of response to two forms of group psychotherapy. International Journal of Group Psychotherapy, 53(4), 417–442.

Ogrodniczuk, J. S., Piper W. E., McCallum, M., Joyce, A. S., & Rosie, J. S. (2002). Interpersonal predictors of group therapy outcome for complicated grief. International Journal of Group Psychotherapy, 52(4), 511–535.

Oltmanns, T. F., Friedman, J. N. W., Fiedler, E. R., & Turkheimer, E. (2004). Perceptions of people with personality disorders based on thin slices of behavior. Journal of Research in Personality, 38(3), 216–229. doi:10.1016/S0092–6566(03)00066–7

Oltmanns, T. F., Gleason, M. E. J., Klonsky, E. D., & Turkheimer, E. (2005). Meta-perception for pathological personality traits: Do we know when others think that we are difficult? Consciousness and Cognition: An International Journal, 14(4), 739–751. doi:10.1016/j.concog.2005.07.001

Olweus, D. (1992). Victimization among schoolchildren: Intervention and prevention. In G. W. Albee, L. A. Bond, & T. V. C. Monsey (Eds.), Improving children's lives: Global perspectives on prevention (pp. 279–295). Thousand Oaks, CA: Sage.

Osman, A., Kopper, B. A., Linehan, M. M., Barrios, F. X., Gutierrez, P. M., & Bagge, C. L.(1999). Validation of the Adult Suicidal Ideation Questionnaire and the Reasons for Living Inventory in an adult psychiatric inpatient sample. Psychological Assessment, 11(2), 115.

O'Sullivan, M., & Ekman, P. (2004). The wizards of deception detection. In P.-A. Granhag & L. Strömwall (Eds.), The detection of deception in forensic contexts (pp. 269–286). New York, NY: Cambridge University Press.

Padesky, C. A. (1993). Socratic questioning: Changing minds or guiding discovery? Keynote address delivered at the European Congress of Behavioural and Cognitive Therapies, London, England.

Panksepp, J. (1981). Brain opioids: A neurochemical substrate for narcotic and social dependence. Progress in Theory in Psychopharmacology, 149, 175.

Panksepp, J. (1982). Toward a general psychobiological theory of emotions. Behavioral and Brain Sciences, 5(03), 407–422.

Panksepp, J. (1986). The neurochemistry of behavior. Annual Review of Psychology, 37(1), 77–107.

Panksepp, J. (1998). Affective neuroscience: The foundations of human and animal emotions. New York, NY: Oxford University Press.

Panksepp, J. (2005). On the embodied neural nature of core emotional affects. Journal of Consciousness Studies, 12(8–10), 158–184.

Park, S. Y., Belsky, J., Putnam, S., & Crnic, K. (1997). Infant emotionality, parenting, and 3-year inhibition: Exploring stability and lawful discontinuity in a male sample. Developmental Psychology, 33(2), 218–227.

Parker, J. D. A., Taylor, G., & Bagby, M. (1993). Alexithymia and the processing of emotional stimuli: An experimental study. New Trends in Experimental and Clinical Psychiatry, 9(1–2), 9–14.

Parkinson, B. (2005). Do facial movements express emotions or communicate motives? Personality and Social Psychology Review, 9(4), 278–311.

Parr, L. A., & Waller, B. M. (2006). Understanding chimpanzee facial expression: Insights into the evolution of communication. Social Cognitive and Affective Neuroscience, 1(3), 221–228.

Pauls, C. A., & Stemmler, G. (2003). Repressive and defensive coping during fear and anger. Emotion, 3(3), 284–302.

Pelham, B. W., & Swann, W. B. (1994). The juncture of intrapersonal and interpersonal knowledge: Self-certainty and interpersonal congruence. Personality and Social Psychology Bulletin, 20(4), 349–357. doi:10.1177/0146167294204002

Perls, F. S. (1969). Ego, hunger and aggression: The beginning of Gestalt therapy. New York, NY: Random House.

Perren, S., & Alsaker, F. D. (2006). Social behavior and peer relationships of victims, bully victims, and bullies in kindergarten. Journal of Child Psychology and Psychiatry, 47(1), 45–57. doi:10.1111/j.1469-7610.2005.01445.x

Petrie, K. J., Booth, R. J., & Pennebaker, J. W. (1998). The immunological effects of thought suppression. Journal of Personality and Social Psychology, 75(5), 1264–1272. doi:10.1037/0022-3514.75.5.1264

Pinto, R. Z., Ferreira, M. L., Oliveira, V. C., Franco, M. R., Adams, R., Maher, C. G., & Ferreira, P. H. (2012). Patient-centred communication is associated with positive therapeutic alliance: A systematic review. Journal of Physiotherapy, 58(2), 77–87.

Pittam, J., & Scherer, K. R. (1993). Vocal expression and communication of emotion. In M. Lewis & J. M. Haviland (Eds.), Handbook of emotions (pp. 185–197). New York, NY: Guilford Press.

Polaschek, D. L., & Collie, R. M. (2004). Rehabilitating serious violent adult offenders: An empirical and theoretical stocktake. Psychology, Crime and Law, 10(3), 321–334.

Porges, S. W. (1995). Orienting in a defensive world: Mammalian modifications of our evolutionary heritage: A polyvagal theory. Psychophysiology, 32(4), 301–318.

Porges, S. W. (1998). Love: An emergent property of the mammalian autonomic nervous system. Psychoneuroendocrinology, 23(8), 837–861. doi:10.1016/s0306-4530(98)00057-2

Porges, S. W. (2001). The polyvagal theory: Phylogenetic substrates of a social nervous system. International Journal of Psychophysiology, 42(2), 123–146.

Porges, S. W. (2003a). The Polyvagal Theory: Phylogenetic contributions to social behavior. Physiology and Behavior, 79(3), 503–513.

Porges, S. W. (2003b). Social engagement and attachment: A phylogenetic perspective. In J. A. King, C. F. Ferris, & I. I. Lederhendler (Eds.), Roots of mental illness in children (pp. 31–47). New York: New York Academy of Sciences.

Porges, S. W. (2007). The polyvagal perspective. Biological Psychology, 74(2), 116–143.

Porges, S. W. (2009). Reciprocal influences between body and brain in the perception and expression of affect: A polyvagal perspective. In D. Fosha, D. J. Siegel, & M. F. Solomon (Eds.), The healing power of emotion: Affective neuroscience, development and clinical practice (pp. 27–54). New York, NY: Norton.

Porges, S. W., & Lewis, G. F. (2009). The polyvagal hypothesis: Common mechanisms mediating autonomic regulation, vocalizations, and listening. In S. M. Brudzynski (Ed.), Handbook of mammalian vocalizations: An integrative neuroscience approach (pp. 255–264). San Diego, CA: Academic Press.

Powers, T. A., Zuroff, D. C., & Topciu, R. A. (2004). Covert and overt expressions of self-criticism and perfectionism and their relation to depression. European Journal of Personality, 18(1), 61–72. doi:10.1002/per.499

Pryor, K. (1999). Don't shoot the dog: The new art of teaching and training (Rev. ed.). New York, NY: Bantam.

Quinsey, V. L., Maguire, A., & Varney, G. W. (1983). Assertion and overcontrolled hostility among mentally disordered murderers. Journal of Consulting and Clinical Psychology, 51(4), 550.

Rachman, S. (1997). A cognitive theory of obsessions. Behavior Research and Therapy, 35(9), 793–802. doi:10.1016/S0005-7967(97)00040-5

Reed, B. S. (2011). Beyond the particular: Prosody and the coordination of actions. Language and Speech, 55(1), 13–34.

Reis, H. T., & Patrick, B. C. (1996). Attachment and intimacy: Component processes. In E. T. Higgins & A. W. Kruglanski (Eds.), Social psychology: Handbook of basic principles (pp. 523–563). New York, NY: Guilford Press.

Reynolds, C., Arean, P., Lynch, T. R., & Frank, E. (2004). Psychotherapy in Old-Age depression: Progress and challenges. In S. Roose & H. Sackheim (Eds.), Late-life depression (287–298). New York, NY: Oxford University Press.

Reynolds, W. M. (1991). Psychometric characteristics of the Adult Suicidal Ideation Questionnaire in college students. Journal of Personality Assessment, 56(2), 289–307.

Riso, L. P., du Toit, P. L., Blandino, J. A., Penna, S., Dacey, S., Duin, J. S.,…Ulmer, C. S. (2003). Cognitive aspects of chronic depression. Journal of Abnormal Psychology, 112(1), 72–80.

Ritts, V., & Stein, J. R. (1995). Verification and commitment in marital relationships: An exploration of self-verification theory in community college students. Psychological Reports, 76(2), 383–386. doi:10.2466/pr0.1995.76.2.383

Robbins, S. J. (1990). Mechanisms underlying spontaneous recovery in auto-shaping. Journal of Experimental Psychology: Animal Behavior Processes, 16(3), 235–249.

Robins, R. W., John, O. P., Caspi, A., Moffitt, T. E., & Stouthamer-Loeber, M. (1996). Resilient, overcontrolled, and undercontrolled boys: Three replicable personality types. Journal of Personality and Social Psychology, 70(1), 157–171. doi:10.1037/0022-3514.70.1.157

Rogers, C. R. (1959). A theory of therapy, personality, and interpersonal relationships, as developed in the client-centered framework. In S. Koch (Ed.), Psychology: A Study of a Science (Vol. 3, pp. 184–256). New York, NY: McGraw-Hill.

Rosenthal, M. Z., Cheavens, J. S., Lejuez, C. W., & Lynch, T. R. (2005). Thought suppression mediates the relationship between negative affect and borderline personality disorder symptoms. Behavior Research and Therapy, 43(9), 1173–1185.

Rosenthal, M. Z., Kim, K., Herr, N. R., Smoski, M. J., Cheavens, J. S., Lynch, T. R., & Kosson, D. S. (2011). Speed and accuracy of facial expression classification in avoidant personality disorder: A preliminary study. Personality Disorders: Theory, Research, and Treatment, 2(4), 327–334. doi:10.1037/a0023672

Rossier, V., Bolognini, M., Plancherel, B., & Halfon, O. (2000). Sensation seeking: A personality trait characteristic of adolescent girls and young women with eating disorders? European Eating Disorders Review, 8(3), 245–252. doi:10.1002/(sici)1099-0968(200005) 8:3<245::aid-erv308>3.0.co;2-d

Rothbart, M. K., Ahadi, S. A., Hersey, K. L., & Fisher, P. (2001). Investigations of temperament at three to seven years: The Children's Behavior Questionnaire. Child Development, 72(5), 1394–1408. doi:10.1111/1467-8624.00355

Rounsaville, B. J., Carroll, K. M., & Onken, L. S. (2001). A stage model of behavioral therapies research: Getting started and moving on from stage I. Clinical Psychology: Science and Practice, 8(2), 133–142.

Rubin, K. H., Bukowski, W., & Parker, J. G. (1998). Peer interactions, relationships, and groups. In N. Eisenberg (Ed.), Handbook of child psychology (5th ed.): Vol. 3. Social, emotional, and personality development (pp. 619–700). Hoboken, NJ: Wiley.

Rubin, K. H., Burgess, K. B., & Hastings, P. D. (2002). Stability and social-behavioral consequences of toddlers' inhibited temperament and parenting behaviors. Child Development, 73(2), 483–495.

Rubin, K. H., Hastings, P. D., Stewart, S. L., Henderson, H. A., & Chen, X. (1997). The consistency and concomitants of inhibition: Some of the children, all of the time. Child Development, 68(3), 467–483.

Rumi, Mewlana Jalaluddin. (1230/2004). The guest house. In C. Barks (Ed. and Trans.), The essential Rumi: New expanded edition. San Francisco: HarperSanFrancisco.

Russell, J. A., Bachorowski, J.-A., & Fernández-Dols, J.-M. (2003). Facial and vocal expressions of emotion.

Annual Review of Psychology, 54(1), 329–349. Safer, D. L., & Chen, E. Y. (2011). Anorexia nervosa as a disorder of emotion dysregulation: Theory, evidence, and treatment implications. Clinical Psychology: Science and Practice,
18(3), 203–207. doi:10.1111/j.1468–2850.2011.01251.x

Safran, J. D., & Muran, J. C. (2000). Negotiating the therapeutic alliance: A relational treatment guide. New York, NY: Guilford Press.

Salavert, J., Caseras, X., Torrubia, R., Furest, S., Arranz, B., Dueñas, R., & San, L. (2007). The functioning of the behavioral activation and inhibition systems in bipolar I euthymic patients and its influence in subsequent episodes over an eighteen-month period. Personality and Individual Differences, 42(7), 1323–1331. doi:10.1016/j.paid.2006.10.010

Sander, D., Grandjean, D., Kaiser, S., Wehrle, T., & Scherer, K. R. (2007). Interaction effects of perceived gaze direction and dynamic facial expression: Evidence for appraisal theories of emotion. European Journal of Cognitive Psychology, 19(3), 470–480.

Sarra, S., & Otta, E. (2001). Different types of smiles and laughter in preschool children. Psychological Reports, 89(3), 547–558. doi:10.2466/PR0.89.7.547–558

Satir, D. A., Goodman, D. M., Shingleton, R. M., Porcerelli, J. H., Gorman, B. S., Pratt, E. M.,…Thompson-Brenner, H. (2011). Alliance-focused therapy for anorexia nervosa: Integrative relational and behavioral change treatments in a single-case experimental design. Psychotherapy, 48(4), 401–420. doi:10.1037/a0026216

Schaie, K. W., Willis, S. L., & Caskie, G. I. (2004). The Seattle longitudinal study: Relationship between personality and cognition. Aging Neuropsychology and Cognition, 11(2–3), 304–324. doi:10.1080/13825580490511134

Schauer, M., & Elbert, T. (2010). Dissociation following traumatic stress: Etiology and treatment. Zeitschrift für Psychologie/Journal of Psychology, 218(2), 109–127. doi:10.1027/0044–3409/a000018

Schneider, K. G., Hempel, R. J., & Lynch, T. R. (2013). That "poker face" just might lose you the game! The impact of expressive suppression and mimicry on sensitivity to facial expressions of emotion. Emotion, 13(5), 852–866. doi:10.1037/a0032847

Schug, J., Matsumoto, D., Horita, Y., Yamagishi, T., & Bonnet, K. (2010). Emotional expressivity as a signal of cooperation. Evolution and Human Behavior, 31(2), 87–94. doi:10.1016/j.evolhumbehav.2009.09.006

Segal, Z. V., Williams, J. M. G., & Teasdale, J. D. (2002). Mindfulness-based cognitive therapy for depression: A new approach to preventing relapse. New York, NY: Guilford Press.

Selby, E. A., Bender, T. W., Gordon, K. H., Nock, M. K., & Joiner, T. E. Jr. (2012). Nonsuicidal self-injury (NSSI) disorder: A preliminary study. Personality Disorders: Theory, Research, and Treatment, 3(2), 167–175. doi:10.1037/a0024405

Sequeira, H., Hot, P., Silvert, L., & Delplanque, S. (2009). Electrical autonomic correlates of emotion. International Journal of Psychophysiology, 71(1), 50–56. doi:10.1016/j.ijpsycho.2008.07.009

Shankman, S. A., Klein, D. N., Tenke, C. E., & Bruder, G. E. (2007). Reward sensitivity in depression: A biobehavioral study. Journal of Abnormal Psychology, 116(1), 95–104. doi:10.1037/0021–843X.116.1.95

Shapiro, J. P., Baumeister, R. F., & Kessler, J. W. (1991). A three-component model of children's teasing: Aggression, humor, and ambiguity. Journal of Social and Clinical Psychology, 10(4), 459–472.

Shaw, A., & Olson, K. R. (2012). Children discard a resource to avoid inequity. Journal of Experimental Psychology: General, 141(2), 382–395. doi:10.1037/a0025907

Smillie, L. D., & Jackson, C. J. (2005). The appetitive motivation scale and other BAS measures in the prediction of approach and active avoidance. Personality and Individual Differences, 38(4), 981–994.

Smith, G. T., Fischer, S., Cyders, M. A., Annus, A. M., Spillane, N. S., & McCarthy, D. M. (2007). On the validity and utility of discriminating among impulsivity-like traits. Assessment, 14(2), 155–170.

Smoski, M. J., Lynch, T. R., Rosenthal, M. Z., Cheavens, J. S., Chapman, A. L., & Krishnan, R. R. (2008). Decision-making and risk aversion among depressive adults. Journal of Behavior Therapy and Experimental Psychiatry, 39(4), 567–576.

Soltysik, S., & Jelen, P. (2005). In rats, sighs correlate with relief. Physiology and Behavior, 85(5), 598–602.

Sonnby-Borgström, M. (2002). Automatic mimicry reactions as related to differences in emotional empathy. Scandinavian Journal of Psychology, 43(5), 433–443. doi:10.1111/1467-9450.00312

Sonnby-Borgström, M., Jönsson, P., & Svensson, O. (2003). Emotional empathy as related to mimicry reactions at different levels of information processing. Journal of Nonverbal Behavior, 27(1), 3–23. doi:10.1023/A:1023608506243

Spitzer, R. L. (1983). Psychiatric diagnosis: Are clinicians still necessary? Comprehensive Psychiatry, 24(5), 399–411.

Steketee, G., & Frost, R. (2003). Compulsive hoarding: Current status of the research. Clinical Psychology Review, 23(7), 905–927. doi:10.1016/j.cpr.2003.08.002

Steklis, H., & Kling, A. (1985). Neurobiology of affiliative behavior in nonhuman primates. In M. Reite & T. Field (Eds.), The psychobiology of attachment and separation (pp. 93–134). Orlando, FL: Academic Press.

Stewart, S. H., Zvolensky, M. J., & Eifert, G. H. (2002). The relations of anxiety sensitivity, experiential avoidance, and alexithymic coping to young adults' motivations for drinking. Behavior Modification, 26(2), 274–296.

Sukhodolsky, D. G., Kassinove, H., & Gorman, B. S. (2004). Cognitive-behavioral therapy for anger in children and adolescents: A meta-analysis. Aggression and Violent Behavior, 9(3), 247–269.

Swann, W. B. Jr. (1983). Self-verification: Bringing social reality into harmony with the self. Social Psychological Perspectives on the Self, 2, 33–66.

Swann, W. B. Jr. (1997). The trouble with change: Self-verification and allegiance to the self. Psychological Science, 8(3), 177–180. doi:10.1111/j.1467-9280.1997.tb00407.x

Swann, W. B. Jr., de la Ronde, C., & Hixon, J. G. (1994). Authenticity and positivity strivings in marriage and courtship. Journal of Personality and Social Psychology, 66(5), 857–869. doi:10.1037/0022-3514.66.5.857

Swann, W. B. Jr., Rentfrow, P. J., & Gosling, S. D. (2003). The precarious couple effect: Verbally inhibited men + critical, disinhibited women = bad chemistry. Journal of Personality and Social Psychology, 85(6), 1095–1106. doi:10.1037/0022-3514.85.6.1095

Swann, W. B. Jr., Stein-Seroussi, A., & McNulty, S. E. (1992). Outcasts in a white-lie society: The enigmatic worlds of people with negative self-conceptions. Journal of Personality and Social Psychology, 62(4), 618–624. doi:10.1037/0022-3514.62.4.618

Tew, J., Harkins, L., & Dixon, L. (2013). What works in reducing violent re-offending in psychopathic offenders. In L. A. Craig, L. Dixon, & T. A. Gannon (Eds.), What works in offender rehabilitation: An evidence-based approach to assessment and treatment (pp. 129–141). Chichester, England: Wiley-Blackwell.

Thayer, J. F., & Lane, R. D. (2000). A model of neurovisceral integration in emotion regulation and dysregulation. Journal of Affective Disorders, 61(3), 201–216.

Thayer, J. F., & Lane, R. D. (2009). Claude Bernard and the heart–brain connection: Further elaboration of a model of neurovisceral integration. Neuroscience and Biobehavioral Reviews, 33(2), 81–88. doi:10.1016/j.neubiorev.2008.08.004

Thompson, M. M., Naccarato, M. E., Parker, K. C. H., & Moskowitz, G. B. (2001). The personal need for structure and personal fear of invalidity measures: Historical perspectives, current applications, and future directions. In G. B. Moskowitz (Ed.), Cognitive social psychology: The Princeton Symposium on the Legacy and Future of Social Cognition (pp. 19–39). Mahwah, NJ: Erlbaum.

Tobin, M. J., Jenouri, G. A., Watson, H., & Sackner, M. A. (1983). Noninvasive measurement of pleural pressure by surface inductive plethysmography. Journal of Applied Physiology, 55(1), 267–275.

Toussulis, Y. (2011). Sufism and the way of blame: Hidden sources of a sacred psychology. Wheaton, IL: Quest Books.

Tsoudis, O., & Smith-Lovin, L. (1998). How bad was it? The effects of victim and perpetrator emotion on responses to criminal court vignettes. Social Forces, 77(2), 695–722. doi:10.2307/3005544

Tsytsarev, S. V., & Grodnitzky, G. R. (1995). Anger and criminality. In H. Kassinove (Ed.), Anger disorders: Definition, diagnosis, and treatment (pp. 91–108). New York, NY: Taylor & Francis.

Tucker, D. M., Derryberry, D., & Luu, P. (2005). Anatomy and physiology of human emotion: Vertical integration of brainstem, limbic, and cortical systems. In J. C. Borod (Ed.), The neuropsychology of emotion (pp. 56–79). New York, NY: Oxford University Press.

Turkat, I. D. (1985). Formulation of paranoid personality disorder. In I. D. Turkat (Ed.), Behavioral case formulation (pp. 161–198). New York, NY: Plenum Press.

Turnbull, C. M. (1962). The peoples of Africa. Cleveland, OH: World. Van der Gaag, C., Minderaa, R. B., & Keysers, C. (2007). Facial expressions: What the mirror neuron system can and cannot tell us. Social Neuroscience, 2(3–4), 179–222. doi:10.1080/17470910701376878

Vazsonyi, A. T., & Klanjšek, R. (2008). A test of self-control theory across different socioeconomic strata. Justice Quarterly, 25(1), 101–131.

Vernberg, E. M. (1990). Psychological adjustment and experiences with peers during early adolescence: Reciprocal, incidental, or unidirectional relationships? Journal of Abnormal Child Psychology, 18(2), 187–198. doi:10.1007/BF00910730

Vollebergh, W. A. M., Iedema, J., Bijl, R. V., de Graaf, R., Smit, F., & Ormel, J. (2001). The structure and stability of common mental disorders: The NEMESIS Study. Archives of General Psychiatry, 58(6), 597–603. doi:10.1001/archpsyc.58.6.597

Vrana, S. R., & Gross, D. (2004). Reactions to facial expressions: Effects of social context and speech anxiety on responses to neutral, anger, and joy expressions. Biological Psychology, 66(1), 63–78. doi:10.1016/j.biopsycho.2003.07.004

Waltz, J., Addis, M. E., Koerner, K., & Jacobson, N. S. (1993). Testing the integrity of a psychotherapy protocol: Assessment of adherence and competence. Journal of Consulting and Clinical Psychology, 61(4), 620.

Warneken, F., & Tomasello, M. (2006). Altruistic helping in human infants and young chimpanzees. Science, 311(5765), 1301–1303.

Watson, D., & Naragon, K. (2009). Positive affectivity: The disposition to experience positive emotional states. In S. J. Lopez & C. R. Snyder (Eds.), Oxford handbook of positive psychology (2nd ed., pp. 207–215). New York, NY: Oxford University Press.

Watson, H. J., & Bulik, C. M. (2013). Update on the treatment of anorexia nervosa: Review of clinical trials, practice guidelines and emerging interventions. Psychological Medicine, 43(12), 2477–2500.

Wegner, D. M., & Gold, D. B. (1995). Fanning old flames: Emotional and cognitive effects of suppressing thoughts of a past relationship. Journal of Personality and Social Psychology, 68(5), 782–792. doi:10.1037/0022–3514.68.5.782

Weinberger, D. A. (1995). The construct validity of the repressive coping style. In J. L. Singer (Ed.), Repression and dissociation: Implications for personality theory, psychopathology, and health (pp. 337–386). Chicago, IL: University of Chicago Press.

Weinberger, D. A., Schwartz, G. E., & Davidson, R. J. (1979). Low-anxious, high-anxious, and repressive coping styles: Psychometric patterns and behavioral and physiological responses to stress. Journal of Abnormal Psychology, 88(4), 369–380. doi:10.1037/0021–843X.88.4.369

Weinberger, D. A., Tublin, S. K., Ford, M. E., & Feldman, S. S. (1990). Preadolescents' social-emotional adjustment and selective attrition in family research. Child Development, 61(5), 1374–1386. doi:10.2307/1130749

Wenzlaff, R. M., & Bates, D. E. (1998). Unmasking a cognitive vulnerability to depression: How lapses in mental control reveal depressive thinking. Journal of Personality and Social Psychology, 75(6), 1559–1571. doi:10.1037/0022–3514.75.6.1559

Wenzlaff, R. M., Rude, S. S., & West, L. M. (2002). Cognitive vulnerability to depression: The role of thought suppression and attitude certainty. Cognition and Emotion, 16(4), 533–548. doi:10.1080/02699930143000338

Westen, D., DeFife, J. A., Bradley, B., & Hilsenroth, M. J. (2010). Prototype personality diagnosis in clinical practice: A viable alternative for DSM–5 and ICD–11. Professional Psychology: Research and Practice, 41(6), 482–487. doi:10.1037/a0021555

Westphal, M., Seivert, N. H., & Bonanno, G. A. (2010). Expressibv ghfve flexibility. Emotion, 10(1), 92–100.

doi:10.1037/a0018420

White, C. N., Gunderson, J. G., Zanarini, M. C., & Hudson, J. I. (2003). Family studies of borderline personality disorder: A review. Harvard Review of Psychiatry, 11(1), 8–19.

Wieser, M. J., Pauli, P., Alpers, G. W., & Mühlberger, A. (2009). Is eye to eye contact really threatening and avoided in social anxiety? An eye-tracking and psychophysiology study. Journal of Anxiety Disorders, 23(1), 93–103.

Williams, J. M. G. (2010). Mindfulness and psychological process. Emotion, 10(1), 1–7. doi:10.1037/a0018360

Williams, K. D., Shore, W. J., & Grahe, J. E. (1998). The silent treatment: Perceptions of its behaviors and associated feelings. Group Processes and Intergroup Relations, 1(2), 117–141.

Williams, L. M., Liddell, B. J., Kemp, A. H., Bryant, R. A., Meares, R. A., Peduto, A. S., & Gordon, E. (2006). Amygdala–prefrontal dissociation of subliminal and supraliminal fear. Human Brain Mapping, 27(8), 652–661. doi:10.1002/hbm.20208

Williams, L. M., Liddell, B. J., Rathjen, J., Brown, K. J., Gray, J., Phillips, M.,…Gordon, E. (2004). Mapping the time course of nonconscious and conscious perception of fear: An integration of central and peripheral measures. Human Brain Mapping, 21(2), 64–74. doi:10.1002/hbm.10154

Wirth, J. H., Sacco, D. F., Hugenberg, K., & Williams, K. D. (2010). Eye gaze as relational evaluation: Averted eye gaze leads to feelings of ostracism and relational devaluation. Personality and Social Psychology Bulletin, 36(7), 869–882. doi:10.1177/0146167210370032

Wong, S. C. P., & Gordon, A. (2013). The Violence Reduction Programme: A treatment programme for violence-prone forensic clients. Psychology, Crime and Law, 19(5–6), 461–475. doi:10.1080/1068316X.2013.758981.

Wright, A. G., Thomas, K. M., Hopwood, C. J., Markon, K. E., Pincus, A. L., & Krueger, R. F. (2012). The hierarchical structure of DSM-5 pathological personality traits. Journal of Abnormal Psychology, 121(4), 951.

Yardley, L., McDermott, L., Pisarski, S., Duchaine, B., & Nakayama, K. (2008). Psychosocial consequences of developmental prosopagnosia: A problem of recognition. Journal of Psychosomatic Research, 65(5), 445–451.

Zanarini, M. C., Frankenburg, F. R., Reich, D. B., & Fitzmaurice, G. (2010). The 10-year course of psychosocial functioning among patients with borderline personality disorder and Axis II comparison subjects. Acta Psychiatrica Scandinavica, 122(2), 103–109.

Zimmerman, M., Rothschild, L., & Chelminski, I. (2005). The prevalence of DSM-IV personality disorders in psychiatric outpatients. American Journal of Psychiatry, 162(10), 1911–1918.

Zucker, N. L., Losh, M., Bulik, C. M., LaBar, K. S., Piven, J., & Pelphrey, K. A. (2007). Anorexia nervosa and autism spectrum disorders: Guided investigation of social cognitive endophenotypes. Psychological Bulletin, 133(6), 976–1006.

Zuroff, D. C., & Fitzpatrick, D. K. (1995). Depressive personality styles: Implications for future attachment. Personality and Individual Differences, 18(2), 253–265. doi:10.1016/0191-8869(94)00136-g

찾아보기

ㄱ

가열하기 전략 190-191
가족 정신병리 80-82, 84-85
가치 목표
　과잉통제 테마 316
　사회적 신호 317
　사회적 유대감 파악하기 154-159
　테마와 치료 대상 통합하기 315-316
각성 59
간단한 노출 395
간접 사회적 신호 208-211
　긍정적 예시 417
　대인관계 손상 280-281
　동맹 파열 257-258
　변화의 지침 304-312
　사회적 유대감 390
　위장된 요구 419-120
　체크리스트 514-515
　치료 대상 선정 284-286
　침묵의 예 289-290
　회기 중 대상 선정 프로토콜 469-480
　흔한 유형 287-290
간헐적 강화 389
감각수용체 과정 102
감정
　공감적 반응 93-94, 211
　과잉통제형 인간 92-94, 97-110
　라벨링 321-325
　마음챙김 324-325
　불인정 51, 371-372
　사회적 신호 대상 299
　신경조절모형 57-58
　자유로운 표현 320
　진화와 얼굴 표정 63-64
　집산주의 모형 370
　표현 억제 87-88, 318
감정 감소 318-319
감정 유출 172, 208-209
　내담자에게서 평가 98-99
　내담자와 논의 100-101
　본의 아니게 371
감정 표현
　가르치기 319
　결핍 평가 453-455
　변이성과 반응성 102-103
　보편성 408-409
　억제 86-87
　억제되거나 위장된 86-87
　인류의 진화 42, 57-63, 408
　얼굴 표정, 사회적 신호도 참조
감정 표현 억제
　부정적 영향 85-92
　설명 444-445
　치료 전략 318-325
감정표현불능증 89
강도 미소 195, 207-208
강박성 성격장애 55
강박장애 55, 107
강박적 노력 72-74, 445
강박적 욕구 333
강박적 해결 329-331
강의실
　물리적 환경 519
강의실
　정적이 흐를 때 519-520
강화
　고정적 vs 간헐적 389
　자연적 vs 임의적 388-389
　적응 반응 조성하기 388

개방성
  건강한 자기회의 222-226, 231, 353
  결핍 449-450
  경직된 반응과 낮은 개방성 90-92
  경험 139
  부족 접착제 215
  비판적 피드백 198, 335
  사회적 학습 220-221
  순응 218-220
  특성 217-218
  온전한 개방성도 참조
개방적 호기심 264
개인 공간의 필요성 201
개인치료
  구조화를 위한 치료 위계화 278-285
  기술 훈련의 목적 132
  순서화를 통한 참여 향상 174-177
  오리엔테이션과 약속 단계 117-171
  회기 의제 505-506
거울뉴런 180-183
거짓말 은밀한 142
  탐지 181
건강한 자기회의
  건강하지 않은 자기 회의 222
  함양 223-226
게슈탈트 치료 26, 349
겸손 275-277
경계 대처 74
경직된 행동
  계획되지 않은 것의 회피 91-92
  변증법적 사고 369-371
  부정적 영향 90-92
  사회적 신호 결핍 121
  위험 감수 행동 평가 103
  치료 전략 328-333
계획 수립
  진화 38
  참여 113
계획 없이 참여하기 연습 395
고유감각 피드백 43
고정적 강화 389
고조 효과 93-94
고통감내 91
공개적 페르소나 98
공개적 행동 97
공유할 가치가 있는 삶 276-278

공정 114, 155-156
과다경계 행동
  사회적 신호 결핍 121
  치료 전략 293
과소통제
  건강하지 못한 자기회의 222
  과잉통제와 대비하여 시연하기 135-136
  문제 평가 95
  사회적 신호 134-135
  성격장애 34-35
과잉보호 부모 85
과잉비친화 유형
  숙제 342-343
  치료 대상 선정 341-342
  평가 척도 460-461
과잉친화 하위유형 숙제 342-343
  치료 대상 선정 340-341
  평가 척도 462-463
과잉통제 25, 31-32
  과잉통제를 치료 대상으로 삼는 것에 대해 내담자의 약속받기 134-135
  사회적 신호 결핍 120-121
  생물사회이론 71-95
  성격장애 34-35
  원형적 특징 105
  자살 행동 및 자해 101-102, 139-144
  치료저항성 질환들 44-50, 55
  특정적인 약속 문제 171-173
  평가 95-97
  핵심 문제로 파악하기 135-136
  핵심 부적응적 결핍 32
  행동 테마 120, 292-294, 297-300
  자기통제도 참조
과잉통제 문제가 있는 부모 80-81, 84-85
과잉통제 전반적 원형 평가 척도 447-464
과잉통제 진단 103-111
  임상가 척도 109
  자기보고 척도 104-106
  진단적 면담 107-108
과잉통제 평가 척도 447-464
과잉통제 평가하기 95-110
  개념적 프레임워크 95-97
  면담 과정 107-108
  생명을 위협하는 행동 118-120
  임상가 척도 108-109
  자기보고 척도 104-107

진단 프로토콜 103-110
핵심 원칙 96
향후 방향 110-111
흔한 실수와 잘못된 가정 97-103
과잉통제 하위유형 평가 척도 460-461
과잉통제의 친사회적 측면 114
관찰 학습 220-221
교감신경계 41-42
교정적 피드백 162, 359, 361, 363
  고유감각 43
  반증적 363-364
  비판에 대한 개방성 335
  요청하기 228-229
교제 욕구 79
구조에 대한 개인적 욕구 106
굴욕감 54, 172
규칙 지배적 행동 102
  내담자에게서 평가 173-174
  변증법적 사고 369-371
  사회적 신호 결핍 121, 294
  자해 141-142
  치료 전략 328-333
그럴 듯한 부정 208-210
금욕주의 209
기능분석정신치료 254
기대 보상 77
기쁨 미소 192
『기술훈련 매뉴얼』 25
기술훈련 53-54
  개인치료의 목적과 비교 132
  내담자의 약속 이끌어 내기 153-154
  원칙 체크리스트 519-520
  치료 구조 116-117

ㄴ

'나는 남들과 달라' 374-378
'나는 어떤 유형으로도 분류할 수 없어' 380-385
"나를 아프게 하지 말아요" 426-433
  개입 427-432
  과잉친화 유형 345
  담긴 메시지 426
  동맹 파열 260
  수신자의 반응 427-428
  이의 제기의 예 429-430
  체크리스트 514-515
  치료자의 반응 428-429
  파악하기 어려움 427
낮은 개방성 90-92
내 안의 미지의 영역 437
내면 감정 숨기기 340
내재화 문제 96
놀림 203-205
  교정적 피드백 359
  장난스러운 도발 360-363
  효과가 없을 때 대처 363-369
놀이 장려하기 330
눈 맞춤 184-186
  눈썹 추켜올리기 198-199
  열 식히기와 가열하기 전략 188-191
  '헤드라이트 앞의 사슴' 반응 186-188

ㄷ

다이어리 카드
  구성 308-313
  미완성 305-308
  사회적 신호 기록하기 305-311
  서식 312-313
  소개 170-171
  치료 대상 부재 403-405
  핵심 용도 305
  회기 중 검토 프로토콜 313-315
단기관계치료 254
단서
  보상 64-65
  사회적 안전 61-62
  생소함 62-64
  압도적 65-67
  위협 65
단어 반복 397
단어 짝 체크리스트 104-105, 441-443
닫힌 마음 223-224
  긍정적 예시 230
  알아차리는 기술 228-229
  흥분성 보상 상태 225
달래지 않기 291, 431
대인관계 갈등 334-336
대인관계 잘못 337

대처 85-92
  경계 63
  부적응적 85-86
  억압적 86, 89
  유형 평가 39
  접근 393
  회피 74
도덕적 확신 33, 105
동기강화면담 26, 254
동맹 파열 256-266
  가치 253, 259
  다이어리 카드 304-315
  복원 119-120, 256-266
  비순응 305-308
  사회적 신호 256-260
  설명 258-259
  인지 256-262
  중도 탈락 266-271
  치료동맹 파열, 소원함, 사회적 신호 결핍도 참조
동맹파열 복원하기
  개방적 호기심 264
  관계증진 기술 334-335
  성공의 징후 266
  지문 예시 265
  프로토콜과 체크리스트 509
"되게 멋진 불륜이죠" 166-167
뒤셴Duchenne 미소 192-193
등쪽 미주 복합체DVC 52, 58-59, 66-70
등쪽 미주신경 운동핵 59
디테일 중심 처리 과정 75-76
떠나기 298-300, 314

ㄹ

라벨
  감정 298-299
  사회적 신호 298
  피하는 태도 380-381

ㅁ

마음챙김 기반 접근
  감정 숙제 325

비판단적 인식 324-325
신경성 식욕부진증 52
말라마티 수피즘 26, 226
말하기 vs 보여 주기 295-296
말하기보다는 물어보기 376-379, 428-430
매치+1 기술 176, 336
맥락에 부적합한 표현 42
맥락에 적합한 표현 88
면담
  자살경향성 465-468
  진단적 107
'면전에서 문 닫기' 전략 130, 278
모나리자(그림) 195
모방과 미세모방 43, 168-183
목소리 톤 211-212
목소리 톤 211-212
무감각 모니터링 322-323
무작위대조연구 44-45
무조건 자극 61
무표정 181-183, 359
'문간에 발 들여놓기' 전략 130, 278
문화 속 사회적 신호 407-411
물리적 환경
  내담자 참여 증진 126-129
  체크리스트 519
물리학자의 은유 382
미소
  강도 195, 207-208
  옅은 195
  예의 바른 혹은 사회적 193-194
  유화 187
  입을 다문 협력적 194-196
  진실된 192-193
민감한 사람 74

ㅂ

반대행동 기술 338
반명제 349
'반발' 반응
  개입 424-426
  과잉비친화 유형 341
  구성 요소 420
  다루기 어려움 424
  동맹 파열 260

비언어적 신호 420
  이의 제기의 예 424-425
  체크리스트 514-515
  치료적 반응 420-422
반복되는 행동 385
반응성 행동 391-392
반증적 피드백 32, 36, 71
반항적 행동 35
반항적 행동 102
방어적 각성 66-67, 92, 189, 226, 230
배쪽 미주 복합체VVC 42, 59, 62-67
법의학 환경
  과잉통제 범죄자 54-56
  RO DBT의 활용 54-56
변이성 103
변증법적 딜레마 352
변증법적 딜레마
  장난스러운 도발 vs 자비로운 진지함 354-356
변증법적 딜레마
  확고부동한 중심성 vs 순순히 놓아 버림 352-354
변증법적 사고
  개론 349-350
  경직된 사고의 완화 369-371
  체크리스트 518-520
변증법적 사고 안에서의 통합 349
변증법적 사고의 논지 349
변증법적 행동치료DBT 44-46
변화
  내담자를 축하하기 397
  자연스럽게 허용하기 329-330
보상
  기대 77
  소비 78
  유발 행동 83
보상 단서 64-67
보상 민감성 76-77
보상 학습 79-80
보여 주기 vs 말하기 416, 422, 428-430
본능적 학습 291
부교감신경계 41
부끄러움 표현 185, 206, 291
부적 강화 385
부적 처벌 386
부적응적 과잉통제 90

  핵심 결핍 109
부적응적 대처
  낮은 개방성과 경직된 반응 90
  내적 감정을 숨기기 86-89
부적응적 사회적 신호
  간접 소통 208-211, 256-257, 280-281
  강도 미소 195, 207-208
  내담자에게 시연하기 290-291
  맥락을 파악하기 485
  운율과 목소리 톤 211-212
부적응적 완벽주의 91
부적절한 감정 표현 43
부정 260
부정적 자기관 90
부족 31, 36-39
  사회적 신호 62
  접착제로서의 개방성 215-218
  학습 199
부호 체계 111
불안장애 55
불일치
  강화 335
  격려 268
  미묘한 신호 432
비공식적 노출
  단계별 요약 396-397
  두려운 자극에 대한 습관화 395-397
  애도 작업 400
  정보 과부하 294
비난 및 남 탓하기 260, 315
비생산성 기술 330
비언어적 행동
  내담자에게 가르치기 183
  동맹파열의 징조 305
  부호 체계 111
  자비로운 진지함 356-357
  체크리스트 517
  탐지하기 286-287
  *얼굴 표정, 사회적 신호*도 참조
비우월성 신호 203, 205
비자살적 자해 행동 101-102
비판단적 인식 324-325
비판적 피드백 335-336
빈정대기 355-356
빠른 교정 296
빤히 쳐다보기 182

뿌루퉁하기 408

ㅅ

사건 체인 403
사기가 떨어진 치료자 233-237
사회생물학적 영향 93, 169
사회적 미소 193-194
사회적 배제 43, 81
사회적 비교 149, 336-338
사회적 비교
  치료 전략 338-339
사회적 상황
  먼저 생리적 각성을 변화시키기 319-320
  정신적 탈진 40-41
사회적 신호 92-93, 179-214
  가열하기 전략 190-191
  가치 목표 415-416
  간접 208-211, 간적 사회적 신호도 참조
  개방성과 편한 태도 199-201
  결핍 다루기 120-121
  과잉통제 vs 과소통제 282-283
  내담자에게 시연하기 295-296
  눈 맞춤 184-186
  눈썹 추켜올리기 198-199
  다이어리 카드 미완성
  동맥파열 119-120
  모방 180-183
  무표정 289-293
  문제가 되는 특징 391
  미소 191-196
  부재 vs 과잉 친사회성 289
  부적응적 신호 다루기 207-212
  부족의 중요성 212-214
  비우월성 신호 204-205
  사회적 유대감 134-169
  선천적 생물학적 vs 문화적 407-411
  열 식히기 전략 189-190
  운율과 목소리 톤 211-212
  유대 제스처와 접촉 201-203
  유화, 복종, 부끄러움 205-206
  인간적 탐지 186-187
  자기탐구 295
  장난스러운 도발 330-332
  정의 279-280

  진화적 발달 389-391
  치료자의 활용 196-206
  한숨 206
  행동 테마 121, 286-287, 297-300
  '헤드라이트 앞의 사슴' 반응 186-188
  협력적 혹은 친사회적 191-196
  회기 중에 나타나는 사회적 신호를 치료 대상으로 삼기 286-294
  얼굴 표정과 비언어적 행동도 참조
사회적 신호 과장 290
사회적 신호 테마 121
  단계별 치료 대상 선정 297-300
  임상 사례 300-303
  체크리스트 511-512
  치료 대상 선정에 활용하기 292-294
사회적 신호 하위유형 340
  과잉비친화 341-343
  과잉친화 343-346
사회적 안전 단서 61-62
사회적 안전 시스템 61-63
사회적 유대감
  가치 목표 154-158
  감정을 숨기는 것의 부정적 영향 86-89
  결핍 평가 456-459
  제스처와 접촉 201-203
  행동 노출 394
사회적 책임감 121, 210
사회적 포용 336
사회적 학습 220-221
사회정서의 신경조절모형
  개론 57-58
  교감신경계 sympathetic nervous system 58
  기본 가정 요약 68
  보상 단서 64-65
  부교감신경계 parasympathetic nervous system 58-59
  사회적 안전 단서 61-62
  생소함 단서 62-64
  압도적 단서 65
  위협 단서 65
  인간의 반응 59-61
상향식 1차 평가 286
상호 학습 219-223
생기질 61-63, 71-74
생리적 각성 87, 319-320
생명을 위협하는 행동

내담자에게서 감소하기 119
위기 관리 프로토콜 146-149
치료에서의 평가 144-145
생물학적 사회적 신호 407-411
생소함 단서 62-63
서기 248
서면 자료 131-133
서열화와 테마 300
선천적 생물학적 사회적 신호 407-419
선천적 요인 407
선행 사건 402
성격 스타일, 내담자 vs 치료자 237-238
성격장애
  과잉통제 35
  과잉통제에서 공통적 특징 32-33
  DSM-5 96
성인 자살사고 질문지, Adult Suicidal Ideation
  Questionnaire 145
성적인 문제 150
소거 387-388
소거 격발 387-388
소비 보상 65, 77-78
소원한 관계 120-121
  사회적 신호 결핍 122
  치료 전략 292-294
소크라테스식 질문 286
솔직하지 못한 감정 표현 93, 120-121
  부정적 영향 93
  치료 전략 318-346
솔직한 개방 204
수동 학습 221
수반성 관리 전략 368, 385, 391
수수께끼 같은 옅은 미소 195
수수께끼의 곤경 260, 373-374
수수께끼의 곤경
  '나는 남들과 달라' 374-378
수수께끼의 곤경
  '나는 어떤 유형으로도 분류할 수 없어' 380-382
수수께끼의 곤경
  '아무도 나를 이해할 수 없어' 378-379
수수께끼의 곤경
  '어떤 질문이든 대답할 수 있어' 379-380
수용과 행동 질문지-IIAAQ-II 106-107
수용성
  결핍 평가 449-450

생소하거나 모순적 피드백 71, 226
  개방성도 참조
수치심 표현 206
숙제 할당
  감정의 마음챙김을 개발하기 위해 325
  과잉비친화 유형 341-343
  과잉친화 유형 343-346
순순히 놓아 버림 352-354
순응 218-220
숨겨진 의도 360
슈퍼비전 239
스트레스 반응 시스템 92
습관 40
시기
  사회적 신호 결핍 121, 293-294
  치료 전략 338-340
시선 회피 94, 185, 189
시연하기
  부적응적 사회적 신호 290-291
  과잉통제 vs 과소통제 135-136
신경성 식욕부진증 51-52
신뢰성 62, 110
신체 감각 322-323
신호 감지 181-182
심리적 건강 혹은 웰빙 36

ㅇ

"아, ··· 가 정말인가요?" 361-362
아동기 외상
  과잉통제 문제 관련 81
  논의할 의향을 전달하기 150-152
'아무도 나를 이해할 수 없어' 378-379
안전감 29, 93
압도적 단서 65-67
약속
  과잉통제에서 특징적으로 나타나는 문제 171-174
  관련된 이슈 129-130
  기술훈련 수업 153-154
  내담자로부터 받기 153-154
  세 가지 핵심 원칙 268
  치료 중단 152
  오리엔테이션과 약속도 참조
'어떤 질문이든 대답할 수 있어' 379-380

어정쩡한 대답 260
억압적 대처 74
억압적 사람 74
억제성 장애물 319-320
억제성 통제 73-75
얼굴 표정
  감정과 관련 63-64
  눈썹 추켜올리기 198-199
  모방 180-181
  무표정 181
  미소 192-196, 207-208
  억제되거나 위장된 86-89
  원형적 185
  치료자의 활용 182-183
  비언어적 행동, 사회적 신호도 참조
얼굴을 붉힘 192, 319
열 식히기 전략 188-190
열린 마음 216-218
염려하는 표현 291
옅은 미소 67, 195
예의 바른 비소 193-194
오리엔테이션 및 약속 117, 129-173
  1-2회기 130-133
  3-4회기 154
  개론 129-130
  과잉통제에서 생물사회이론 가르치기 159-162
  기술훈련 수업 153-154
  내담자의 약속 받기 134-135
  다이어리 카드 소개 170-171
  사회적 신호를 유대감과 연결하기 134-139
  사회적 유대감과 관련된 가치와 목표 파악하기 154-159
  성적인 문제 논의 150-153
  외상 및 원한 다루기 150-152
  위기 관리 프로토콜 146-149
  자살 행동 및 자해 139-144
  체크리스트 501-503
온전한 개방성 25, 230-233
  닫힌 마음 알아차리기 228-229
  설명 226-227
  연습 단계 227
  영적인 뿌리 226
  자기탐구 240-244
  치료자의 실천 437
  핵심 역량 226
  개방성도 참조
온전한 수용 231
온전히 개방적인 변증법적 행동치료 RO DBT 25
  4개의 핵심 구성 요소 117
  감정의 신경조절 모형 57-71
  과잉통제 질환에 대한 생물사회이론 71-92
  기본 가정 35-44
  기술훈련 53-54
  물리적 환경 126-129
  발전 44-45
  사회적 신호 *사회적 신호 참조*
  심리적 건강 36
  오리엔테이션과 약속 *오리엔테이션과 약속 참조*
  온전한 개방성 *온전한 개방성 참조*
  위기 관리 프로토콜 146-149
  유치함 28-29
  자기탐구 연습 230-233
  자주 묻는 질문 435-438
  준수 자기평가 500-520
  치료 구조와 대상 116-123
  치료동맹 *치료동맹 참조*
  치료의 순서 174-177
  팀 자문과 슈퍼비전 233-249
  평가 전략 95-111
  핵심 교리와 가정 25, 114-116
  효과성 연구 44-56
온전히 개방적인 삶 276-278
완벽주의
  부적응적으로 표현되는 경직성 91
  수용하는 연습 333
외상
  과잉통제 문제 80-85
  기꺼이 논의하려는 의지 전달하기 150-153
  접촉에 대한 혐오 반응 201
외현화 문제 33, 81
용서 훈련 가르치기 339-340
우울
  굴욕 337
  보상 민감성 41
  언어적 표현 211, 289
  자살 행동 139
  RO DBT 연구 46-50
우정의 기초 232
운명론적 마음 사고방식 166, 245

운율 211-212
원망 336-341
  사회적 신호 결핍 121
  치료 전략 338-341
원한
  과잉통제형 인간에서 150, 337
  기꺼이 논의하겠다는 신호 150-152
웰빙 *심리적 건강 혹은 웰빙 참조*
위기 관리 프로토콜 146-149
위장된 요구 361-392, 419-433
위협 단서 65
위협 민감성 34, 41, 76
유능한 행동 103
유대감 제스처 201-203
유발 감정에 따른 분류 59-60
유연하게 반응하기 451-452
유연한 마음은 변화한다(VARIEs) 기술 327
유연한 마음은 피드백을 받아들인다(ADOPTS) 기술 176, 336
유의성 59
유치함의 치료적 가치 208-209
유혹하기 203, 359
유화 미소 187
유화 신호 192
은밀한 거짓말 142
은밀한 자부심 91, 207, 260, 377-378
은밀한 적대감 424
은연중에 전달하기 137-138, 417
음성 메시지 268
응원하기 246, 438
의사소통 208-212
의제 설정 247-248
의존 350-351
의지 결핍 39
이타적 행동 43
『인간과 동물의 감정 표현』 42
인간의 반응 59-67
인류의 생존 68, 92, 220, 408
인상 관리 75
인식
  감정 소실 453-454
  비판단적 324-325
인정 기술 336
임상 예시
  과잉통제 테마를 활용한 치료 대상 설정 300-303

임상가 평정 과잉통제 특성 평가 척도, Clinician-Rated OC Trait Rating Scale (OC-TS) 109, 444-446
임의적 강화 388
입을 다문 협력적 미소 194-196

ㅈ

자기개방 336, 366
자기검증이론 140
자기관 90
자기동정 139
자기보고 척도
  구조에 대한 개인적 욕구 척도 106
  대처 스타일 평가: 단어-짝 체크리스트 137, 441-444
  수용과 행동 질문지-II 106-107
자기비난 245
자기비판적 인간 91
자기비하적 말 166
자기애성 성격장애 35, 212
자기탐구
  기저의 행동 437-438
  다이어리 카드 미완성 305-308
  독려하기 324
  변증법적 사고 350
  빈정대기 356
  사회적 신호 295
  실천 230-233
  온전한 개방성 230-233
  질문 정하기 437-438
  치료자를 위한 질문 234-236
  팀 자문 233-234
자기탐구 일지 242-245
자기통제
  결핍 vs 과잉 31
  숨은 비용 38-39, 159, 179
  진화적 가치 36-38
  탈진 40-41
  과잉통제도 참조
자기판단 169
자기평가
  건강한 vs 건강하지 못한 222
  치료동맹 436-437
  RO DBT 준수 500-520

자문팀 239-249
  기능 239
  기능 모니터링 248-249
  자기탐구 연습 245-247
  중도 탈락 논의 270
  치료 영상 검토 239-241
  회의 구성 247-248
자비 274-276
자비로운 진지함 354-364
자살 행동
  과잉통제 질환 140-144
  내담자에게서 평가하기 144-145
  면담 466-467
  프로토콜 146-149
자살사고 척도 145
자신을 드러내기 230-233
자애명상
  연습 339
자연스러운 변화 329
자연적 강화 388
자율신경계 58-59
자폐스펙트럼장애 35, 56, 75
자해 행동
  과잉통제 질환 101
  위기 관리 프로토콜 146-149
  치료에서의 평가 144-145
작업동맹 *치료동맹 참조*
장난스러운 도발
  행동적 기능 358-359
  놀림 355-356
  성공적으로 활용하지 못했을 때 프로토콜 363-364
  자비로운 진지함과의 대비 354
  치료 전략 359-363
장벽을 치는 제스처 212
저강도 사회적 신호 208-211
"전 괜찮아요" 304, 320-321
전화 자문 116
접근 대처 393
접촉에 대한 혐오 반응 201
"정말 흥미로운 소식이 있습니다" 167-169
'정상' 단어 연습 376
정서적 외로움 390
정신건강 38, 439
정신건강 *심리적 건강 혹은 웰빙도 참조*
정적 강화 385

정적 처벌 386-387
정향반응 63
"제가 지금 이 말을 왜 했을까요?" 364-369
조건 자극 60-61, 394
조성 388
조심스러운 행동 326
  사회적 신호 결핍 121
  치료 전략 326-327
조작 행동 391-392
조증 취약성 64
좌석 배치 126-128
죄책감
  치료적 유도 405
  표현 206
중추신경계 57-58, 61
즐거운 미소 192
지배적 옅은 미소 195
지속적 강화 389
지연전술 411-415
진단적 면담 107-108
진실된 미소 192-193
진화이론 36
집단 괴롭힘의 피해자 84, 86
집산주의적 접근 370

ㅊ

차단 반응 65-66
차원적 평가 96
창의적 애착 전략 271
처벌 386-387
첫인상 287
체인분석 122-123
  단계적 설명 402-403
  실행 원칙 400-401
  여건 마련하기 481-484
  평가에 필요한 체크리스트 515
  해결분석 400-401
  회기 중 프로토콜 485-499
체크리스트
  단어 짝 104, 442-443
  RO DBT 준수: 자기평가 체크리스트 500-520
충동 서핑 333
취약성 드러내기 89, 110

취약성 요인 402
치료 구조 116-124
  개인치료 의제 122-123
  오리엔테이션과 약속 117
  치료 대상 위계화 118
치료 대상 선정 273, 278, 280-317
  가치 목표와 테마 297-298
  개선해야 할 사회적 신호 하위유형 340
  과잉통제 테마의 예 300-305
  다이어리 카드로 모니터링 304-308
  대상 부재 다루기 403-405
  사회적 신호 테마를 통해 증진하기 292-294
  사회적 신호 테마를 활용한 단계별 접근 287-300
  어떤 대상을 선정할지 알기 300-305
  체크리스트 510-512
  회기 중 문제가 되는 사회적 신호 287-290
치료 대상 위계화 118-123
  동맹 파열 복원 119
  사회적 신호 결핍 다루기 120
  생명을 위협하는 행동 감소 119
  치료 회기 구조화 122-123
치료 작업 단계 504-506
치료 전략 317-340
  감정 표현 억제 318-325
  경직되고 규칙 지배적인 행동 328-333
  지나치게 조심스럽고 과잉경계하는 행동 326-328
치료 중도 탈락
  내담자의 약속 이끌어 내기 153-154, 268
  유발 요인 269-270
  조기 중도 탈락 방지 261-270
치료 환경 126-128
치료 회기 녹음하기 242, 339
치료동맹
  강화를 위한 접촉 201-203
  오리엔테이션 258-259
  자기평가 436-437
  조기 중도 탈락 266-272
  체크리스트 507-509
  특징 253-256
  파열 복원하기 262-264
  파열 인지하기 256-262
  파열의 가치 253-256
  파열의 징조 260, 305, 379
  파열의 촉발 요인 258-259

치료실 가구 배치 127
치료실 온도 128
치료의 순서화 174
치료자
  RO DBT 준수에 대한 자기평가 500-520
  내담자의 성격 스타일 282-283
  부족 대사 196-198
  사회적 신호 196-206
  소진의 징후 237
  온전한 개방성 연습 283, 404, 437
  자기탐구 연습 116, 176, 242, 245-246
  자문 팀 244-249
  필요한 도움 233-237
  회기 영상 녹화 241
치료자의 소진 237
치료적 놀림 354-355, 359-361, 363
치료적 입장 251-253
치료적 한숨 206
친밀감 결핍 평가 456-457
친밀감 *사회적 유대감도 참조*
친사회적 신호: 부재 vs 과잉 289-290
  치료적 사용 289-292
친절함 274-276
침묵시위 209-210

ㅋ

커뮤니티 36-38
큰 제스처 202, 365

ㅌ

탐정의 은유 400-401
통제
  부적응적 329
  억제성 73-75
  과잉통제 및 과소통제도 참조
통찰 295
투쟁-도피 43, 66, 141
특성 개방성 217-218
팀 자문 *자문 팀 참조*

ㅍ

파르헤지아 231
편한 태도 130, 197-201
편향된 세계관 223, 357
평가 척도
  과잉통제 전반적 원형 평가 척도 108, 447-464
  과잉통제 하위유형 평가 척도 460-464
  임상가 평정 과잉통제 특성 평가 척도 108, 444-446
폭력 범죄자 149
표현 규칙 407
플라톤의 『프로타고라스』 38
피곤함
  과도한 자기통제 40-41
  사회적 상황 40-41

ㅎ

하위유형 *사회적 신호 하위유형 참조*
하품 프로토콜 288
하향식 평가 41, 61, 68, 74
학습
  기본 원리 385-391
  보상 76-80
  부정적 영향 90-92
  사회적 220-221
한계점 190, 231, 247, 401
해결분석 400-401
행동
  개인적 vs 공개적 97
  과잉경계 326-327
  반응적 vs 조작적 391-392
  사회적 신호 문제 391
  사회적 신호로부터 멀어짐 389
  생명을 위협하는 118-120, 143-145, 278
  자해 66, 102, 140-146
  정의 389
  지나치게 조심스러운 304
  처벌 vs 보상 386-387
행동 노출 321-322
행동 원리 384-398
행동 전략
  간단한 노출 395
  강화 392-394
  비공식적 노출 398-401
  체인분석과 해결분석 400-407
  평가 체크리스트 513-516
  행동 노출 321-322
행동 테마 *사회적 신호 테마 참조*
행동강화이론 384
행동의 결과 38, 338
헤겔 변증법 350
'헤드라이트 앞의 사슴' 반응 186-188
혐오적 수반성 392-394
협업의 유익 218
호기심
  동맹 파열과 개방 264
  체인분석 400-401
  치료 대상 설정 284-286
호혜성 409
확고부동한 중심성 351-354
확장 제스처 202
회기 영상 녹화 241
  자문팀에서 검토 239
회기 중 프로토콜
  간접 사회적 신호 대상 선정 469-480
  체인분석 481-484
  체인분석 및 해결분석 활용 485-499
회피 대처 74
회피성 성격장애 35, 48, 82, 89

A-Z

DSM-5 96-97, 103-104, 107-108
EATS 402
PNS-DVC 차단 반응 368
RefraMED 프로젝트 50
RO DBT *온전히 개방적인 변증법적 행동치료 참조*
RO DBT 반구조화 자살경향성 면담 145, 465-468
RO DBT 연구들
  법의학적 대상 54-55
  불안장애 55
  신경성 식욕부진증 51-53
  우울증 45-50
  자폐스펙트럼장애 56
RO DBT 준수 435-436

RO DBT 준수: 자기평가 체크리스트 500-520
SNS 욕구 보상 활성화 64

인명

드루 웨스틴Drew Westen 109
레오나르도 다 빈치Leonardo da Vinci 195
리 애나 클라크Lee Anna Clark 110
마틴 보후스Martin Bohus 322
메블라나 잘랄루딘 루미Mewlana Jalaluddin Rumi 256
시드니 블랫Sidney Blatt 91
에밀리 버틀러Emily Butler 87
윌리엄스Williams L.M. 286
찰스 다윈Charles Darwin 42
폴 에크먼Paul Ekman 287

RO DBT: 온전히 개방적인 변증법적 행동치료

첫판 1쇄 펴낸날 2024년 1월 31일

지은이 토머스 R. 린치
옮긴이 나경세
디자인 신미경

펴낸곳 해피한가 | **펴낸이** 김완규
출판등록 2021년 2월 22일 제385-2021-000011호
주소 경기도 안양시 동안구 시민대로 230 평촌아크로타워 B305-150 (우편번호14067)
이메일 happy_han-ga@naver.com

ⓒ해피한가, 2024
ISBN 979-11-974869-5-1(93180)

* 이 책의 판권은 지은이와 해피한가에게 있습니다.
* 이 책 내용의 전부 또는 일부를 재사용하려면 반드시 양측의 서면 동의를 받아야 합니다.